Supplement zu den älteren Auflagen von Koch's Landrecht.

Das Pfand- und Hypothekenrecht

des

Preußischen Landrechts

in seiner heutigen Gestalt

insbesondere mit Rücksicht

auf das Gesetz über den Eigenthumserwerb rc. vom 5. Mai 1872.

Mit Kommentar in Anmerkungen

herausgegeben

von

Alexander Achilles,
Stadtgerichts-Rath in Berlin.

(Separat-Abdruck aus der 6/5. Ausgabe des Koch'schen Landrechts.)

Zweite unveränderte Ausgabe.

Berlin, 1878.
Verlag von J. Guttentag.
(D. Collin.)

Vorwort.

Koch hatte sich in seinem Kommentar zu dem Allgemeinen Landrecht die Aufgabe gestellt, nicht bloß den noch geltenden Text dieses Gesetzbuches zu erläutern sondern zugleich „eine möglichst vollständige Statistik des gegenwärtig bestehender Rechtszustandes zu geben.“ Er selbst bemerkte zu der letzten Ausgabe:

„Die Gesetzgebung und die Rechtsfortbildung durch die Praxis ist in einem solchen Flusse, daß sowohl der Theoretiker, wie besonders der Praktiker, dessen Zeit und Kräfte meistens durch die ermüdenden Dienstverrichtungen verzehrt werden, sich nur mit Aufmerksamkeit und Mühe auf der Höhe der Lage des augenblicklich geltenden Rechtsstandes halten kann. Dabei Hülfe zu leisten, war der Zweck dieses Werkes von Anfang an.“

Die preußischen Juristen wissen, wie der Schöpfer ihrer Wissenschaft das angedeutete Ziel erreicht hat. **Koch** hatte die Genugthuung, von dem ersten Bande fünf und von den übrigen Bänden vier Ausgaben zu erleben.

Bald nach seinem im Januar 1872 erfolgten Tode ist die 6./5. Ausgabe in Angriff genommen worden. Die Bearbeiter derselben haben sich bemüht, das Werk im Sinne seines großen Verfassers fortzusetzen.

Bei der Bearbeitung des 19. und namentlich des 20. Titels war dies von besonderer Schwierigkeit wegen der eigenthümlichen Stellung, welche die Gesetze vom 5. Mai 1872 zu diesen Titeln einnehmen. Es genügt hier im Allgemeinen, in dieser Beziehung auf den Inhalt der Anmerkungen * S. 1, 17 und 95 zu verweisen.

Die Novellennatur des Gesetzes über den Eigenthumserwerb ꝛc. vom 5. Mai 1872 machte die Einschaltung des größten Theils desselben in den Text des Landrechts nothwendig. Denn nur wenn der Leser das Alte und das Neue neben einander gestellt sieht, vermag er den Einfluß des Neuen auf das Alte richtig zu würdigen. Diesen Einfluß aber, wenigstens andeutungsweise, zu veranschaulichen, war eine

Hauptaufgabe für den Bearbeiter der Titel 19 und 20 des ersten Theils unseres Landrechts. Der Herausgeber hofft gerade dadurch, daß er sich dieser Arbeit unterzogen hat, seinen Berufsgenossen eine Erleichterung bei der Anwendung der in Rede stehenden Rechtssätze zu verschaffen. Denn so viel auch schon über die Gesetze vom 5. Mai 1872 geschrieben ist, — eine Arbeit, welche den Einfluß dieser Gesetze auf die Titel 19 und 20 paragraphenweise verfolgte, ist dem Herausgeber bisher nicht bekannt geworden. Die Verlagshandlung glaubte daher die vorliegende Bearbeitung durch Veranstaltung eines Separatabdrucks weiteren Kreisen zugänglich machen zu sollen.

Die **Koch**'schen Anmerkungen sind, soweit sie nicht veraltet erschienen, meist dem Wortlaute nach beibehalten. Die Zusätze des Herausgebers sind dadurch kenntlich gemacht, daß ihnen das Zeichen der fünften Ausgabe — (5. A.) — jedesmal vorangestellt worden ist; nur da, wo sie nicht zugleich die ganze Anmerkung schließen, steht die zweite Klammer hinter dem Zusatze des Bearbeiters.

Die Abkürzungen, welche der Herausgeber sich gestattet hat, werden kaum einer Erläuterung bedürfen. Die Literaturnachrichten in den Anmerkungen ** S. 17 und * S. 95 geben jedenfalls den wünschenswerthen Aufschluß.

Möge die Arbeit eine freundliche Aufnahme und eine milde Beurtheilung finden!

Berlin im Juni 1875.

Der Herausgeber.

Neunzehnter Titel.

Von dinglichen und persönlichen Rechten auf fremdes Eigenthum überhaupt*).

§. 1. Das Eigenthum einer Sache oder eines Rechts kann durch Befugnisse, die einem Andern in Beziehung auf dieselben zukommen, eingeschränkt und belastet werden [1]).

*) Mit dem achtzehnten Titel endigt die Lehre von dem Eigenthume. Für das Sachenrecht sind noch übrig die s. g. jura in re, welche in den vier Titeln 19 bis 22 abgehandelt werden, und die, dem Eigenthume zur Seite stehenden, selbstständigen Gerechtigkeiten (Zwangs- und Bannrechte), welche der Schlußtitel dieses Theils vorträgt. Hierbei ist zu erinnern an die große Verschiedenheit des L.R. von den positiven Bestimmungen des Rechts anderer Nationen, sowohl in der Scheidung zwischen Sachenrecht und Obligationenrecht, als in der Beziehung beider Rechtstheile zu einander. Während betreffs der Scheidung das R.R. und nach ihm das Recht vieler anderen Nationen das Eigenthum scharf hervortreten läßt und in einen charakteristischen Gegensatz stellt zu denjenigen Obligationen, welche den Zweck haben, durch die Handlung eines Anderen (Schuldners) ein dingliches Recht zu erwerben oder doch zur Ausübung und zum Genusse eines solchen zu gelangen (jura ad rem), dergestalt, daß das Eigenthum einestheils gegen totale Entziehung durch die Vindikation von unbedingter Wirkung, und anderentheils gegen qualitative Verminderung durch Beschränkung der Möglichkeit seiner Belastung auf eine kleine Zahl bestimmter jura in re geschützt ist, — tritt es im A. L.R. in beiden Beziehungen zurück, indem es einestheils mit Hülfe der Gesinnung (des guten oder bösen Glaubens) von jedem persönlichen Rechte überholt werden kann, und anderentheils durch eine unbeschränkte Zahl von dinglichen Rechten überschüttet ist, da jedes Gebrauchs- und Nutzungsrecht, ohne Unterschied des Anlasses und des Zwecks, für dinglich erklärt ist, wenn Besitz oder Eintragung hinzutritt. Damit ist die Möglichkeit einer Kollision solcher persönlichen Rechte sowohl unter sich als mit dinglichen Rechten und dem Eigenthume selbst gegeben, wodurch eigenthümliche Bestimmungen nöthig geworden sind, welche dieser Titel, gleichsam als allgemeiner Theil für die Lehre von den dinglichen Rechten, giebt. Auch erklärt sich daraus die Zusammenstellung der obligatorischen Gebrauchs- und Nutzungsrechte mit den dinglichen Dienstbarkeitsrechten. (5. A. Die landrechtliche Theorie der dinglichen Rechte ist indeß durch das Gesetz über den Eigenthumserwerb ꝛc. v. 5. Mai 1872 mehrfach geändert worden. Soweit die Aenderungen den 19. Titel betreffen, sind sie in den Anmerkungen zu den einzelnen Paragraphen angedeutet. Eine vollständige Kommentirung der Vorschriften des neuen Gesetzes über die dinglichen Rechte an dieser Stelle ist durch den Plan der vorliegenden Ausgabe des Landrechts ausgeschlossen. Siehe das Vorwort Bd. 1 S. V. Des besseren Verständnisses wegen sind jedoch die einschlägigen Paragraphen des Gesetzes als Zus. zu §. 1 d. T. abgedruckt und mit kurzen Noten versehen worden.)

Was die Beziehung des Sachenrechts und des Obligationsrechts auf einander betrifft, so haben die Verf. des A. L.R. die dinglichen Rechte als den Hauptgegenstand der Rechtsbestimmungen aufgefaßt und die Obligationen nur als Mittel zur Erwerbung derselben betrachtet. Wie demzufolge die den Erwerb von eigenthumsartigen Besitzrechten bezweckenden obligatorischen Verträge und die Testamente nur als Titel zum Erwerbe und als Mittel zur Erhaltung des Eigenthums behandelt worden sind, so finden sich hier, in dem Kapitel von den Rechten auf eine fremde Sache (jura in re) und zu einer fremden Sache (jura ad rem), zugleich diejenigen Verträge abgehandelt, welche die Erlangung eines Gebrauchs- oder Nutzungsrechts bezwecken, wie Prekarium, Kommodat, Pacht und Miethe. (5. A.) Vergl. hierzu Förster, Theorie und Praxis des heutigen gemeinen preußischen Privatrechts §§. 7, 23, 156, 3. Aufl., Bd. 1 S. 20—23, 117 ff., Bd. 3 S. 1 ff.

1) Die Ungeschlossenheit der dinglichen Rechte und die Nichtspezialisirung der verschiedenen einzelnen dinglichen Rechte hat zur Folge, daß man bei neu vorkommenden Verhältnissen über deren rechtlichen Charakter ungewiß ist. Ein Stellenbesitzer hatte z. B. einem Anderen das ausschließliche Recht eingeräumt, auf seinem Grundstücke Eisenerze und Thon, nicht regale und dem Bergrechte nicht unterworfene Fossilien, gegen Zahlung von 4 Pf. für jedes Bergkübel zu fördern. Später wurde die Stelle verkauft und nun verlangte der neue Besitzer die Zahlung des Preises für die aus der Substanz seines Grundstückes entnommenen Fossilien. Daraus entstand ein Streit über den rechtlichen Charakter des Rechtsverhältnisses. Die geschehene Eintragung des Uebereinkommens in das Hypothekenbuch konnte den speziellen Begriff desselben nicht bestimmen; sie verhinderte nur die noch-

Gesetz über den Eigenthumserwerb und die dingliche Belastung der Grundstücke, Bergwerke und selbstständigen Gerechtigkeiten. Vom 5. Mai 1872. (G.S. S. 433.)

Erster Abschnitt.

Von dem Erwerb des Eigenthums an Grundstücken.

§. 11. Beschränkungen des Eigenthumsrechts an dem Grundstück erlangen Rechtswirkung gegen

---

malige Veräußerung an einen Anderen. Anm. 19. Von der Entscheidung des Streites aber hing es ab, ob der neue Besitzer für die während seiner Besitzzeit entnommenen Fossilien den Preis, den man Zins nannte, aus eigenem Rechte zu fordern berechtigt sein sollte, oder nicht. War das Rechtsverhältniß als ein dingliches, als eine Art Personalservitut (Gebrauchs- oder Nutzungsrecht) aufzufassen, so mußte dem Besitzer des belasteten Grundstücks während seiner Besitzzeit der s. g. Zins zufallen; war hingegen das Rechtsgeschäft als ein Kauf- und Verkauf beweglicher Sachen aufzufassen, so konnte der neue Stellenbesitzer nicht ohne Cession der actio venditi den Preis der entnommenen Fossilien einfordern. — Man hat „das konstituirte Recht als eine Gerechtigkeit charakterisirt, vermöge deren der jedesmalige Besitzer des Grundstücks die Förderung der gedachten Fossilien gegen Entrichtung des bestimmten Zinses gestatten muß." O.Tr. III v. 22. Novbr. 1861, Entsch. 47 S. 170. Diese Auffassung hat den Mangel des wesentlichen Erfordernisses einer Gerechtigkeit, nämlich den der perpetuitas causae gegen sich. Sobald das Feld von den verkauften Fossilien erschöpft ist, ist das Rechtsgeschäft vollständig erledigt. Der Umstand, daß der jedesmalige Besitzer des Grundstücks die Besitzergreifung der geförderten Fossilien dem Käufer gestatten muß, ist nicht eine, ausschließlich einer Gerechtigkeit angehörige Wirkung; das thut auch die Eintragung eines Kaufkontrakts, durch welchen dem Käufer die Besitzergreifung des losgemachten Thons ꝛc. freigestellt worden ist. In einem jüngeren Falle ist dieses Rechtsverhältniß als eine Bergwerksgerechtigkeit und der „Zins" als eine darauf ruhende Reallast aufgefaßt worden. O.Tr. III v. 4. Dezbr. 1863, Entsch. 53 S. 260; Str. Arch. 52 S. 153. Vergl. unten die Anm. 24.

(5. A. Zu den Belastungen und Einschränkungen des Eigenthums gehören auch die Reallasten, d. h. — wie das Ablösungsgesetz v. 2. März 1850 in §. 6 sich ausdrückt — „beständige Abgaben und Leistungen, welche auf Grundstücken oder Gerechtigkeiten haften." Das Landrecht bestimmt den Begriff der Reallast nicht; es behandelt nur einzelne Seiten dieses Rechtsinstituts, und zwar an verschiedenen Stellen, namentlich Th. I. Tit. 2 §§. 36—39, Tit. 5 §§. 333—335, Tit. 7 §§. 80, 218, 235, Tit. 11 §§. 105—107, 117, 118, 175 ff., Tit. 12 §. 325, Tit. 17 §. 45, Tit. 18 §§. 11, 714 ff., Tit. 19 §§. 14, 16, 22 ff., Tit. 20 §§. 154—156, Tit. 21 §§. 11, 288, 292—294, 413, 414; Th. II. Tit. 7 §§. 31, 308—494. Ueber das Wesen der Reallast gehen die Ansichten weit auseinander. Drei Hauptrichtungen, die auch in der preußischen Praxis Vertreter gefunden haben, lassen sich unterscheiden:

a. Einige sagen, die Reallast sei ein ihrer Natur nach dingliches Recht; das verpflichtete Subjekt sei das belastete Grundstück, welches durch seinen Eigenthümer dem Berechtigten gegenüber nur vertreten werde. Duncker, die Lehre von den Reallasten. Marburg 1837; Strohn, in Str. Arch. 12 S. 347; O.Tr. Pl. v. 22. April 1844, Entsch. 10 S. 13, v. 29. Jan. 1848, Entsch. 16 S. 196, II v. 22. Septbr. 1853, Str. Arch. 10 S. 323. „Eine Reallast wird in das Hypothekenbuch eingetragen, nicht weil die Berechtigung dadurch dinglich werden soll, sondern weil und insofern sie dinglich ist." O.Tr. III v. 29. Sept. 1849, Entsch. 18 S. 316. Siehe auch das Erk. des O.Tr. I v. 14. Jan. 1856, ebenda 31 S. 190. Eine Konsequenz dieser Theorie ist, daß der Eigenthümer mit dem belasteten Grundstück für die Rückstände aus der Besitzzeit seines Vorgängers verhaftet ist, — O.Tr. II (Pr. 2288) v. 10. April 1851, Entsch. 21 S. 44; Str. Arch. 2 S. 61, — und von der Verpflichtung der in seine Besitzzeit fallenden Leistungen durch die Veräußerung des Grundstücks frei wird. Duncker a. a. O. §. 36; Strohn a. a. O. S. 349 u. 354.)

In dem vorausgesetzten Sinne hat auch die an Stelle eines Erbpachtkanons getretene Amortisationsrente die Natur einer Reallast; sie ist daher bei dem Verkaufe des belasteten Grundstücks behufs Bestimmung des Kaufstempels nicht mit in Anschlag zu bringen. O.Tr. I v. 13. Febr. 1863, Str. Arch. 49 S. 78. Eben so steht es mit dem auf einer Mühle als Reallast haftenden Wasserlaufzinse. Durch dessen Verwandlung in eine feste Geldrente und durch deren Uebernahme von Seiten der Rentenbank ist eine Novation nicht in dem Sinne eingetreten, daß die Rente die Natur einer dinglichen Last verloren hätte und zur persönlichen Schuld des damaligen Besitzers der Mühle geworden wäre, für welche das Grundstück ferner nur als Hypothek verhaftet bleibe; die Rente ist nach wie vor eine Reallast geblieben. O.Tr. V v. 27. Okt. 1863, Str. Arch. 51 S. 172. Vorausgesetzt ist überall, daß die Belastung vor der Eintragung des Subhastations-Vermerks geschehen ist. O.Tr. II v. 2. Febr. 1869, ebenda 73 S. 305.

(5. A.) Von den Grundgerechtigkeiten unterscheiden sich die Reallasten dadurch, daß sie den Eigenthümer zu positiven Leistungen verpflichten, während bei jenen die Verpflichtung nur in einem Dulden oder Nichtthun besteht. O.Tr. II v. 4. April 1865, Str. Arch. 58 S. 253, und v. 7. November 1872, Entsch. 68 S. 121.

Dritte nur, wenn dieselben die Beschränkungen gekannt haben oder letztere im Grundbuch eingetragen sind [2]).

Zweiter Abschnitt.

Von den dinglichen Rechten an Grundstücken.

§. 12. Dingliche Rechte an Grundstücken, welche auf einem privatrechtlichen Titel beruhen, erlangen gegen Dritte nur durch Eintragung Wirksamkeit [3]) und verlieren dieselbe durch Löschung.

Der Eintragung bedürfen jedoch nicht die gesetzlichen Vorkaufsrechte [4]), die Grundgerechtigkeiten [5]),

---

b. Nach einer zweiten Meinung sind die Reallasten Obligationen, bei denen der Schuldner durch den Besitz des Grundstücks verpflichtet wird. v. Savigny, Oblig.-Recht 1 S. 124; v. Gerber, in den Jahrb. für Dogmatik 2 S. 35; Friedlieb, die Rechtstheorie der Reallasten S. 179. O.Tr. II v. 3. Juli 1856, Str. Arch. 22 S. 78, und v. 12. Nov. 1857, ebda 27 S. 105. Die Verpflichtung des Besitzers zur Entrichtung der während seiner Besitzzeit fällig gewordenen Leistungen ist eine persönliche, die, einmal entstanden, durch die Veräußerung des Grundstücks nicht erlischt. O.Tr. II (Pr. 2479) v. 11. Oktbr. 1853, Entsch. 26 S. 310. Der Nachfolger im Besitz haftet nicht für die Rückstände aus der Zeit seines Vorbesitzers. Ist die Reallast im Grundbuch eingetragen, so hat sie ganz die Natur einer Hypothek. O.Tr. III v. 23. Mai 1850, Entsch. 20 S. 196.

Gegen die Annahme eines Forderungsrechts als Grundlage der Reallast spricht hauptsächlich die geschichtliche Entwickelung des Rechtsinstituts. Beseler, System des gem. deutschen Privatrechts §. 190, 3. Aufl. (1873) S. 780.

c. Eine dritte Meinung sieht in der Reallast eine dem deutschen Rechte eigenthümliche Vermischung dinglicher und obligatorischer Momente. Darnach kann das der Last korrespondirende Recht unmittelbar gegen das Grundstück verfolgt und der Besitzer wegen der während seiner Besitzzeit fällig gewordenen Leistungen persönlich belangt werden. Wächter, Erörterungen 2c. 1 S. 127; v. Meibom, in dem Jahrb. für das gem. deutsche R. 4 S. 498; Beseler, System 2c. 3. Aufl. S. 781. Die persönliche Verpflichtung des Besitzers hat darin ihren Grund, daß die Reallast aus den Nutzungen des Grundstücks zu entrichten ist und folglich derjenige, der diese Nutzungen gezogen hat, für die dieselben vermindernden Lasten aufkommen muß. Förster, Theorie und Praxis §. 188 (3. Aufl.) 3 S. 351. Für die Rückstände des Vorbesitzers hat auch nach dieser Auffassung der zeitige Besitzer nicht einzustehen. Das Grundstück bleibt indeß für dieselben verhaftet, wenn die Reallast im Grundbuche eingetragen ist. Konk.-O. v. 8. Mai 1855 §§. 51 u. 52. Die Deichlasten, die öffentlichen Abgaben und die gemeinen Lasten bedürfen der Eintragung nicht, um ihren Rückständen die Befriedigung aus dem Grundstücke zu sichern. §§. 47—49 a. a. O. Die Dinglichkeit aller sonstigen Lasten ist gegenwärtig durch die Eintragung bedingt. Ges. über den Eig.-Erw. v. 5. Mai 1872 §. 12; Gr.B.O. §. 11. Siehe unten Anm. 8.

2) (5. A.) Die Grundbuch-O. v. 5. Mai 1872 bestimmt unter §. 73: „Beschränkungen des Verfügungsrechts des Eigenthümers, sowie auf einem privatrechtlichen Titel beruhende dingliche Rechte, welche an dem Tage, wo dieses Gesetz in Kraft tritt, ohne Eintragung rechtsgültig bestehen, müssen bis zum 1. Okt. 1873 eingetragen werden, widrigenfalls sie dritten Personen gegenüber nicht geltend gemacht werden können." Ueber das Verhältniß dieser Bestimmung zu dem §. 11 des Gesetzes sind zu vergleichen: Heidenfeld, das preuß. Immobiliarrecht S. 69; Förster, preuß. Grundbuchrecht S. 49, Theorie und Pr. 3. Aufl. 1 S. 130; Achilles, die preuß. Ges. über Grundeigenthum 2c. 2. Ausg. S. 53 u. 203; Dalcke, bei Gruchot 17 S. 476; Strützki, ebenda S. 767; Johow, in seinem Jahrbuch 3 S. 288; Turnau, die Grundb.-O. S. 339.

3) (5. A.) Die Fassung dieser Vorschrift bringt den Gedanken des Gesetzgebers nicht klar zum Ausdruck. Die Worte gestatten die Auslegung, daß es dingliche Rechte ohne Rechtswirkung gegen Dritte gebe. Diese Meinung liegt aber dem Gesetze nicht zu Grunde. „Dingliche Rechte, welche auf einem privatrechtlichen Titel beruhen, können nur durch Eintragung begründet werden." So lautete der §. 12 in dem Entwurf der Regierung. Die Kommission des Herrenhauses war mit dem Prinzip einverstanden, fürchtete aber, daß durch die Bestimmung der durch das Gesetz begründete Nießbrauch des Vaters und des Ehemannes als aufgehoben angesehen werden könnte, und wählte deshalb die jetzt vorliegende Fassung. Darnach ist der Sinn des Gesetzes der: Rechte der in Rede stehenden Art, welche nach der bisherigen Theorie ohne Eintragung dinglich waren, wirken fortan nur gegen denjenigen Eigenthümer, der sie eingeräumt hat oder dessen Grundstück gesetzlich den Gegenstand des Rechtes bildet; Rechtswirkung gegen Dritte, d. h. dingliche (absolute) Natur, erlangen solche Rechte nur durch die Eintragung. Sie können mithin auch durch Ersitzung nicht mehr erworben werden. Achilles a. a. O. S. 54 u. 55; Förster, Th. u. Pr. 3 S. 282; Turnau S. 345. (Für die Zulässigkeit des Erwerbs durch Ersitzung gegen den nämlichen Eigenthümer: Bahlmann, Grundbuchrecht 2. Aufl. S. 54; Peters, die preuß. Grundbuchgesetze 2c. S. 65.) Daß Rechte an einem Grundstück, welche dinglich sind, ohne eingetragen zu sein, auch jetzt noch ersessen werden können, ist nicht zweifelhaft.

4) (5. A.) Gesetzliche Vorkaufsrechte giebt es im Geltungsbereiche des Landrechts nur noch

die Miethe und Pacht [6]) und diejenigen Gebrauchs- und Nutzungsrechte, welche nach §§. 8, 142 des Allgemeinen Berggesetzes vom 24. Juni 1865 im Wege des Zwangsverfahrens erworben werden können [7]).

Inwieweit die den Rentenbanken überwiesenen Renten und die Domänen-Amortisationsrenten der Eintragung bedürfen, wird durch das Gesetz v. 2. März 1850 über die Rentenbanken für dessen Geltungsbereich bestimmt [8]).

§. 13. Zur Eintragung eines Rechts in der zweiten Abtheilung des Grundbuchs genügt der Antrag des eingetragenen oder seine Eintragung gleichzeitig erlangenden Eigenthümers unter bestimmter Bezeichnung des Rechts und des Berechtigten [9]).

Auf Antrag des Berechtigten findet die Eintragung statt, wenn der eingetragene Eigenthümer ihm gegenüber in einer beglaubigten Urkunde die Eintragung bewilligt hat [10]).

§. 14. Fehlt die Einwilligung des Eigenthümers, so kann die Eintragung, auch wenn das Recht auf einer letztwilligen Verfügung des Erblassers des Eigenthümers beruht, nur auf Grund eines rechtskräftigen Erkenntnisses [11]) auf Eintragung oder auf Ersuchen einer zuständigen Behörde [12]) erfolgen.

---

zwei, nämlich „das Vorkaufsrecht derjenigen, die eine Sache gemeinschaftlich zu vollem Eigenthum besitzen, an deren Antheilen" (vergl. oben Tit. 17 §. 61 und Tit. 18 §§. 304—307 sowie die Anm. zu §. 304) und das Vorkaufsrecht des zeitigen Eigenthümers eines durch Expropriation verkleinerten Grundstücks wegen aller Theile desselben, „welche in Folge des verliehenen Enteignungsrechtes zwangsweise oder durch freien Vertrag an den Unternehmer abgetreten sind, wenn in der Folge das abgetretene Grundstück ganz oder theilweise zu dem bestimmten Zweck nicht weiter nothwendig ist und veräußert werden soll." Ges., betr. die Ablösung der Reallasten 2c., v. 2. März 1850 §. 2 Nr. 6 u. §. 4; Ges. über die Enteignung von Grundeigenthum v. 11. Juni 1874 §. 57.

5) (5. A.) Anh. §. 58 zu Tit. 22 §. 18.

6) (5. A.) Tit. 21 §§. 2, 3, 4, 358.

7) (5. A.) Vergl. §. 47 des Gesetzes. Nach §. 68 desselben erlangen „Hülfsbaue, welche unter die Vorschriften der §§. 60 ff. des Allg. Berggesetzes v. 24. Juni 1865 fallen, auch ohne Eintragung in das Grundbuch durch Uebergang des Besitzes die Eigenschaft dinglicher Rechte. Dieselben erlöschen nicht durch Ertheilung des Zuschlages in Folge gerichtlicher Zwangsversteigerung."

8) (5. A.) Diese Renten bedürfen der Eintragung nur, wenn sie an die Stelle eingetragener Reallasten treten. Sonst haben sie die Natur der Staatssteuern. Ges. über die Errichtung von Rentenbanken v. 2. März 1850 §§. 7, 18, 58, 64.

Die Grundb.-O. v. 5. Mai 1872 bestimmt unter §. 11: „Von der Eintragung sind ausgeschlossen die an den Staat zu entrichtenden öffentlichen Abgaben und Leistungen. Der Eintragung bedürfen nicht die Leistungen zur Erfüllung der Deichpflicht und die im §. 49 der Konk.-O. v. 8. Mai 1855 aufgeführten gemeinen Lasten."

9) (5. A.) Der §. 13 bezieht sich auf alle Rechte, welche nach §. 11 der Gr.B.O. in die zweite Abtheilung des Grundbuchs gehören, also namentlich auch solche Rechte, welche eine Beschränkung des Eigenthumsrechts im Sinne des §. 11 des Gesetzes zur Folge haben. Turnau S. 347. Vergl. jedoch die Gr.B.O. §. 74.

10) (5. A.) Ohne die Bewilligung des eingetragenen Eigenthümers findet die Eintragung auf Antrag des Berechtigten selbst dann nicht statt, wenn die Last, deren Eintragung verlangt wird, auf einem Gesetze beruht. Verf. des Appell.-Ger. zu Breslau v. 21. März 1873, Johow, Jahrb. 3 S. 187.

Das einzutragende Recht muß in der Eintragungsbewilligung bestimmt bezeichnet sein, weil die Eintragung den Zweck hat, jedem Dritten die Beschaffenheit und den Umfang der auf dem Grundstück ruhenden Lasten erkennbar zu machen. Es genügt nicht, daß die zunächst Betheiligten wissen, was zu leisten ist. Die Bewilligung der Eintragung des Rechts einer Kirche auf Messalien (Meßgetreide) ist daher in dieser Allgemeinheit nicht eintragungsfähig. Verf. des App.-Gerichts zu Posen v. 8. Novbr. 1873, ebenda S. 148. Dagegen braucht das Rechtsgeschäft, in dessen Erfüllung die Eintragung beantragt oder bewilligt wird, nicht aufgedeckt zu werden.

11) (5. A.) Es ist angenommen worden, daß das Erkenntniß, auf Grund dessen die Eintragung erfolgen soll, nicht bloß rechtskräftig, sondern auch noch vollstreckbar (exekutionsfähig) sein müsse. Bahlmann, Grundbuchrecht 2. Ausg. S. 32 Note 29; Achilles, die Pr. Ges. über Grundeig. 2c. 2. Ausg. S. 40 Anm. 4; Turnau, Grundb.-O. S. 205 u. 354. Diese Annahme ist jedoch bedenklich. Der Grundbuchrichter vollstreckt nicht das Erkenntniß, wenn er in Gemäßheit desselben einträgt. Wäre dies der Sinn des §. 14, so würde das Gesetz die Vermittelung des Prozeßrichters vorgeschrieben haben. Der Antrag auf Eintragung wird aber von demjenigen, der das Erkenntniß

§. 15. Der Erwerb des eingetragenen dinglichen Rechts wird dadurch nicht gehindert, daß der Erwerber das ältere Recht eines Anderen auf Eintragung eines widerstreitenden dinglichen Rechts gekannt hat, oder daß sich Letzterer bereits in der Ausübung dieses Rechts befindet [13]).

§. 16. Eine Vormerkung zur Erhaltung des Rechts auf Eintragung eines dinglichen Rechtes kann nur nach Vorschrift des §. 8 eingetragen und gelöscht werden [14]).

---

erstritten hat, unter Ueberreichung des mit dem Attest der Rechtskraft versehenen Urtheils, unmittelbar bei dem Grundbuchrichter gestellt. Das Erkenntniß hat also als Erforderniß für die Eintragung lediglich die Bedeutung der Eintragungsbewilligung des eingetragenen Eigenthümers; es „ersetzt", wie es in §. 3 des Gesetzes heißt, diese Bewilligung. Förster, Grundbuchrecht S. 90. Ein Grund, der den Grundbuchrichter berechtigte, den Nachweis der Vollstreckbarkeit des Urtheils zu verlangen, scheint nicht erfindlich. Freilich kann ein übermäßig langer Zeitraum zwischen dem Eintritt der Rechtskraft des Erkenntnisses und dem Eintragungsantrage liegen. Allein diese Unzuträglichkeit hat man auch in dem Falle, wenn die Eintragung ohne rechtlichen Zwang von dem Eigenthümer bewilligt und die Urkunde, welche die Bewilligung enthält, dem Berechtigten ausgehändigt ist.

12) (5. A.) Ein Grundbuchamt hatte die von dem Prozeßrichter nachgesuchte Eintragung abgelehnt, weil das Erkenntniß, auf welches die Requisition sich stützte, vor dem 1. Okt. 1872, dem Tage des Beginns der Geltung des Gesetzes v. 5. Mai, die Rechtskraft beschritten hatte. Im Beschwerdewege dagegen wurde dieser Ablehnungsgrund verworfen, und dafür Folgendes geltend gemacht: „Wenn es auch richtig, daß für die Beantwortung der Frage über die Entstehung oder den Erwerb der sicher zu stellenden Rechte die älteren gesetzlichen Vorschriften maßgebend sind, so müssen doch, soweit es sich um die Eintragung solcher Rechte in das Grundbuch handelt, die Vorschriften der neueren Gesetze zur Anwendung kommen. Vergl. §. 49 der Gr.B.O." Verf. des App.-Ger. zu Hamm v. 8. Jan. 1873, Johow, Jahrb. 3 S. 147. Das Bedenken des Grundbuchrichters war gewiß nicht gerechtfertigt, da der Prozeßrichter auch schon nach dem bisherigen Recht zu Requisitionen um Eintragungen berufen war. Ges. v. 24. Mai 1853 §. 6. Dagegen fragt es sich, ob eine solche Requisition überhaupt noch nöthig ist, wenn die Eintragung aus einem vor dem 1. Okt. 1872 rechtskräftig gewordenen Erkenntnisse begehrt wird. Die Frage ist zu verneinen, wenn durch das Erkenntniß nicht bloß das dingliche Recht festgestellt, sondern zugleich die Eintragungsbewilligung des jetzt eingetragenen Eigenthümers ersetzt ist. Wenigstens liegt ein Grund nicht vor, der zu der Annahme berechtigte, daß das Gesetz den unter seiner Herrschaft rechtskräftig gewordenen Erkenntnissen hier eine höhere Bedeutung beilegte, als den älteren Judikaten.

13) (5. A.) Das persönliche Recht hat, insofern es im Sinne des Landrechts ein Recht zur Sache ist, das Geben oder Gewähren derselben, das dingliche Recht dagegen die Sache unmittelbar zum Gegenstande. Dem dinglich Berechtigten haftet die Sache selbst, dem persönlich Berechtigten eine bestimmte Person mit ihrem Vermögen. Diese genaue Abgrenzung beider Rechtsgebiete gegen einander schließt an sich eine Kollision derselben aus. Das Landrecht hat jedoch, in übertriebener Berücksichtigung des guten Glaubens, eine solche Kollision ermöglicht. Nach seiner Theorie kann derjenige, dem das ältere (persönliche) Recht eines Anderen zu einer Sache bekannt ist, an dieser Sache ein dingliches Recht nicht erwerben.

Das Gesetz v. 5. Mai 1872 hat die landrechtliche Theorie durchbrochen. Es bringt den Grundsatz zur Geltung, daß beim Vorhandensein mehrerer Rechte, welche nur durch Eintragung dinglich werden können, die Kenntniß des Erwerbers von dem früher entstandenen Anspruch des Anderen auf Eintragung eines Rechts den Rechtserwerb nicht hindert, der letztere vielmehr auch in diesem Falle lediglich durch die Eintragung vollendet wird. (§§. 4, 12, 15, 17, 18, 34.) Der §. 15 regelt in diesem Sinne den Fall, in welchem die in Rede stehenden Rechte einander widerstreiten, d. h. das eine nicht oder wenigstens nicht vollständig ausgeübt werden kann, wenn das andere zur Wirksamkeit gelangt. Der Nießbraucher, der sein Recht hat eintragen lassen, schließt also den älteren nicht eingetragenen Nießbrauch eines Anderen aus, selbst wenn dieser im Besitz des Grundstücks sich befindet. Dem so Verdrängten ist indeß die Eintragung seines Rechts, wenn sonst deren Voraussetzungen vorliegen, nicht zu versagen. Sie hat für ihn den Vortheil, daß sie den Eigenthümer an ferneren ihm nachtheiligen Verfügungen über das Grundstück hindert und ihm den Grund seines Rechtes von dem Zeitpunkt ab sichert, in welchem der vor ihm eingetragene Nießbrauch erlischt.

Der §. 15 bezieht sich nicht auf die Kollisionsfälle des §. 11, auch nicht auf die Fälle, in denen ein der Eintragung nicht bedürfendes dingliches Recht konkurrirt. (§. 12.)

Die Frage, ob der Erwerb des eingetragenen dinglichen Rechts dadurch gehindert wird, daß der Erwerber das ältere Recht eines Andern auf Auflassung des belasteten Grundstücks gekannt hat, ist ausdrücklich in dem Gesetz nicht entschieden, nach der Eintragungstheorie der §§. 1 u. 4 desselben aber wohl zu verneinen. Vergl. Anm. 21 zu §. 3 d. T. — Dagegen kann Niemand ein dingliches Recht erwerben, wenn er weiß, daß derjenige, der ihm die Eintragung desselben bewilligt hat, zwar im Grundbuch als Eigenthümer eingetragen, in Wirklichkeit aber nicht der Eigenthümer ist.

14) (5. A.) Nach §. 8 des Gesetzes „kann eine Vormerkung zur Erhaltung des Rechts auf Auflassung oder auf Eintragung des Eigenthumsüberganges nur unter Vermittelung des Prozeßrichters

Durch die Vormerkung wird für die endgültige Eintragung die Stelle in der Reihenfolge der Eintragungen gesichert [15]).

§. 17. Die Rangordnung der auf demselben Grundstück eingetragenen Rechte bestimmt sich nach der Reihenfolge der Eintragungen [16]), die letztere nach der Zeit, zu welcher der Antrag auf Eintragung dem Grundbuchamt vorgelegt worden ist [17]).

Eintragungen unter demselben Datum haben die Rangordnung nach ihrer Reihenfolge [18]), wenn nicht besonders dabei bemerkt ist, daß sie zu gleichen Rechten neben einander stehen sollen.

---

oder mit Bewilligung des eingetragenen Eigenthümers eingetragen und nur auf Ersuchen des Prozeßrichters oder auf Antrag desjenigen, für welchen die Vormerkung erfolgte, gelöscht werden." Der Prozeßrichter aber hat gemäß §. 70 auf den Antrag einer Partei die Eintragung einer Vormerkung bei dem Grundbuchamt nachzusuchen, wenn ihm der Anspruch, welcher durch die Vormerkung gesichert werden soll, glaubhaft gemacht ist. Hieraus erhellt zur Genüge, daß die Vormerkung der §§. 8 und 16 nicht die Natur eines Arrestes hat. Das Obertribunal hat dies in einem Falle gegen die abweichende Ansicht der Instanzgerichte, welche eine Relaxationsklage des Eigenthümers auf Beseitigung der Vormerkung zugelassen hatten, festgestellt und dabei ausgesprochen, daß, abgesehen von einem Antrage des Berechtigten, „die Löschung nur auf Grund eines den Anspruch selbst zur endgültigen Entscheidung bringenden richterlichen Urtheils, aber zuverlässig nicht vermittelst einer nach Vorschrift der §§. 63 ff. I. 29 der Allg. Ger.-Ord. anzubringenden sogenannten Relaxationsklage beansprucht werden kann." O.Tr. III v. 14. Juli 1873, Str. Arch. 89 S. 183; Johow, Jahrb. 3 S. 296.

Die Vormerkung, deren Eintragung der §. 16 gestattet, hat im Wesentlichen die rechtliche Natur der Protestatio pro conservando jure et loco. Sie dient nicht bloß zur Erhaltung eines bereits begründeten dinglichen Rechts (Gr.B.O. §§. 73 und 102), sondern auch zur Sicherung der Dinglichkeit eines Rechts, welches nur durch Eintragung dinglich werden kann, — „zum Schutz des Rechts zur Sache." Die Fälle der letzteren Art sind sogar die häufigsten. Die Vormerkung setzt einen Titel zum dinglichen Recht voraus, nach welchem der Prozeßrichter es für glaubhaft halten muß, daß dem Eigenthümer die Verpflichtung obliege, die Eintragung des Rechtes selbst zu bewilligen. Die Sicherung der definitiven Eintragung, trotz des Widerspruchs des Eigenthümers, bildet den Zweck der Vormerkung. Das Recht wird vorläufig eingetragen, weil der definitiven Eintragung der Mangel der Eintragungsbewilligung entgegensteht. Behrend, in seiner Zeitschrift für die deutsche Gesetzgebung rc. 7 S. 117; Förster, Theorie u. Pr. 3. Aufl. 3 S. 462; Achilles, die Preußischen Gesetze über Grundeigenthum rc. 2. Ausg. S. 47 u. 59; Turnau, Gr.B.O. S. 330.

15) (5. A.) „Die endgültige Eintragung an der Stelle einer Vormerkung erfolgt auf Ersuchen des Prozeßrichters oder mit Bewilligung dessen, gegen welchen die Vormerkung gerichtet war." Gr.B.O. §. 89. Ist die letztere auf den Antrag einer zuständigen Behörde eingetragen, so erscheint es unbedenklich, diese Behörde auch zur Nachsuchung der definitiven Eintragung für berechtigt zu erachten. Vergl. das Ges. §. 19 Nr. 3, §. 22 Abs. 2; Gr.B.O. §. 41.

Die Wirkung der endgültigen Eintragung ergiebt sich aus dem Wesen der Vormerkung. Das vorgemerkte Recht erlangt bereits durch seine vorläufige Einschreibung Rechtswirkung gegen Dritte, vorausgesetzt, daß später das Hinderniß, welches anfänglich der Eintragung entgegenstand, wegfällt. Diesen Wegfall beurkundet die definitive Eintragung. Das an Stelle der Vormerkung eingeschriebene Recht ist daher ganz so anzusehen, wie wenn es bereits damals, als es vorgemerkt wurde, endgültig eingetragen worden wäre.

16) (5. A.) Dieser Grundsatz gilt selbst dann, wenn derjenige, dessen Recht zuerst eingetragen ist, damals wußte, daß der nach ihm Eingetragene früher, als er, das Recht auf Eintragung erworben hätte. §§. 12 u. 15.

Konkurrirt ein durch Eintragung dinglich gewordenes Recht mit einem nicht eingetragenen, aber gleichwohl dinglichen Recht, so geht dieses nur vor, wenn es bereits begründet war, als jenes eingetragen wurde. Mehrere nicht eingetragene dingliche Rechte rangiren unter einander lediglich nach der Zeit ihrer Entstehung. Achilles, die Preuß. Ges. über Grundeigenthum rc. 2. Ausg. S. 88; Bahlmann, Grundbuchrecht 2. Ausg. S. 105.

17) (5. A.) „Aus mehreren Eintragungsgesuchen für dasselbe Grundstück erfolgt die Eintragung in der durch den Zeitpunkt der Vorlegung der Gesuche bei dem Grundbuchamte bestimmten Reihenfolge, und aus gleichzeitig vorgelegten Gesuchen zu gleichem Recht, wenn nicht in denselben eine andere Reihenfolge bestimmt ist." Gr.B.O. §. 45. Vergl. Achilles a. a. O. S. 173 und 174; Turnau, die Grundb.-O. S. 157 ff.

18) (5. A.) „D. h. nach der Ordnung im Raum, die freilich insofern mit der Zeitfolge identisch ist, als der vorstehende Eintrag nothwendigerweise früher als der nachfolgende erlassen sein muß. Aus diesem Grundsatze folgt, daß auch Eintragungen unter demselben Tage verschiedene Priorität haben und daß für Eintragungen derselben Rubrik das Datum überhaupt ohne Bedeutung ist. Sol-

§. 2. Persönliche[19]) Rechte zu einer fremden Sache äußern ihre Wirkung auf dieselbe nur so lange, als die Sache sich noch im Besitze des persönlich Verpflichteten befindet[20]).

§. 3. Ist die Sache, zu welcher Jemanden ein bloß persönliches Recht zustand, an einen Dritten veräußert worden; und dieser hat die persönliche Pflicht des vorigen Besitzers nicht mit übernommen: so ist der persönlich Berechtigte in der Regel nur von seinem Schuldner Schadloshaltung zu fordern befugt[21]).

§. 4. Wenn also zwei oder mehrere zu einer und eben derselben Sache von dem

---

len diese zu gleichem Rechte stehen, so müssen sie unter *einer* Nummer oder mit dem ausdrücklichen Vormerke gleicher Priorität eingetragen werden." Bericht der 10. Komm. des Abg.-Hauses v. 15. Dez. 1869, Drucks. 212 S. 56.

Ueber die Rangordnung zwischen den Belastungen zur zweiten und zur dritten Abtheilung siehe §. 36 des Gesetzes.

19) Ein Pleonasmus. Denn Rechte zu einer fremden Sache (jura ad rem) sind immer persönliche; *dingliche* Recht zu einer fremden Sache giebt es nicht. Tit. 2 §. 124 und Anm. 99 dazu. Damit soll nicht geleugnet sein, daß durch Eintragung eines solchen Rechts, z. B. der Verbindlichkeit des Eigenthümers, daß er das Grundstück vermöge eines Kaufkontrakts nach Verlauf einer gewissen Zeit an eine bestimmte Person übergeben müsse, bewirkt werden könne, daß jeder Dritte, dessen Recht jünger ist, dasselbe gegen sich gelten lassen muß. Das ist aber nur die Wirkung der Unredlichkeit, denn es wird fingirt, daß Jeder den Inhalt des Hypothekenbuchs weiß.

20) (5. A.) Vergl. Tit. 2 §. 133 und die Anm. 109 dazu, oben Bd. 1 S. 110; *Ziebarth*, Realexekution und Obligation S. 203 ff.; *von Brünneck*, über den Ursprung des sogen. jus ad rem, ein Beitrag zur Geschichte dieses Dogma; *Förster*, Theorie und Praxis 3. Aufl. Bd. 1 S. 121 und Bd. 3 S. 4; *Dernburg*, Lehrb. 1 S. 378—383; *Behrend*, das Recht zur Sache, in seiner Zeitschrift für die deutsche Gesetzgebung ꝛc. 7 S. 113.

21) (5. A. Nach diesem Grundsatz überwindet also das stärkere Recht des Eigenthümers das von dem früheren Eigenthümer hergeleitete *Recht zur Sache*. Die Abschwächung, welche das Prinzip nach §. 5 d. T. durch die Kenntniß des Erwerbers der Sache von dem älteren Recht zu derselben erleidet, ist durch das Gesetz v. 5. Mai 1872 für den Fall der freiwilligen Veräußerung eines Grundstücks aufgehoben. Nach §. 4 des Gesetzes steht „die Kenntniß des Erwerbers eines Grundstücks von einem älteren Rechtsgeschäft, welches für einen Anderen ein Recht auf Auflassung dieses Grundstücks begründet, dem Eigenthumserwerb nicht entgegen." Und nach §. 15 wird „der Erwerb des eingetragenen dinglichen Rechts dadurch nicht gehindert, daß der Erwerber das ältere Recht eines Anderen auf Eintragung eines widerstreitenden dinglichen Rechts gekannt hat." Freilich sind durch diese Bestimmungen nur zwei einzelne Fragen entschieden. Allein wenn die Entscheidung nicht als eine rein willkürliche angesehen werden soll, so kann sie nur ein Ausfluß des Grundsatzes sein, daß das Recht zur Sache, welches nur durch Eintragung dinglich werden kann, dem durch Eintragung dinglich gewordenen Rechte weichen muß. Dieser Grundsatz folgt speziell für die Rechte an einer fremden Sache aus der Vorschrift des §. 12, daß Rechte, deren Dinglichkeit von der Eintragung abhängig ist, *Rechtswirkung gegen Dritte nur durch Eintragung erlangen*. Der Erwerber eines Grundstücks aber ist für denjenigen, dem der Veräußerer ein Recht zur Sache eingeräumt hat, ein Dritter. Gegen ihn kann mithin ein solches Recht, auch wenn es ihm beim Erwerb bekannt gewesen ist, nicht geltend gemacht werden. Vergl. oben die Anm. 13 zu §. 15 des Gesetzes.)

Wenn der Eigenthümer eines Grundstücks dasselbe verpachtet oder vermiethet, die Forderung auf künftig fällig werdende Pacht- oder Miethzinse einem Dritten cedirt, und hiernächst das Grundstück freiwillig veräußert, so ist der neue Eigenthümer auch hinsichts der während seiner Besitzzeit fällig werdenden Zinsen den Cessionsvertrag gegen den Cessionar anzufechten selbst dann nicht berechtigt, wenn er erst nach Abschluß des Kaufs von der Cession Kenntniß erlangt hat. O.Tr. III v. 4. Oktbr. 1849, Str. Arch. 3 S. 187. (5. A. Die §§. 3—5 sind hier unanwendbar, weil der Erwerber des Grundstücks durch den Erwerb desselben ein dingliches Recht an den künftigen Nutzungen nicht erworben hat, ein Rechtsgrund mithin, der ihn legitimirte, die Miethsforderung dem Cessionar derselben streitig zu machen, nicht erfindlich ist.) Das Rechtsverhältniß aber, welches durch die Cession entsteht, ist ein krankes. Der neue Eigenthümer ist persönlich dem Miether nicht gehalten, er muß nur den Besitz desselben dulden. Deshalb wird der Miether nicht den Zins bezahlen, wenn ihm das Quartier nicht in Ordnung gehalten und gehörig gewährt wird. Der Cessionar kann gegen den Miether mit der cedirten Miethsklage nicht durchdringen, weil diese durch gehörige Gegenleistung bedingt ist; und der Vermiether und Besitzer ist nicht in der Lage, für gehörige Erfüllung des Miethskontrakts zu sorgen, wenn er auch der Verpflichtete des Miethers geblieben ist und dieser sich an ihn hält. Es ist also nach keiner Seite hin das Verhältniß mit befriedigendem Erfolge in Vollzug zu setzen.

Besitzer derselben ein persönliches Recht erlangt hatten: so schließt zwar derjenige, dessen persönliches Recht durch die Einräumung des Besitzes in ein dingliches übergegangen ist, den andern aus[22]).

§. 5. Kann aber der Besitznehmer überführt werden, daß ihm das zu derselben Sache erlangte persönliche Recht des andern zur Zeit der Besitzergreifung schon bekannt gewesen sei[23]): so kann er sich seines durch die Uebergabe entstandenen dinglichen Rechts gegen denselben nicht bedienen[24]).

---

22) (5. A.) Der §. 4 beruht auf der Regel des Tit. 2 §. 135, daß das Recht zur Sache dadurch dinglich wird, daß auf Grund desselben der Berechtigte den Besitz der Sache erlangt. Diese Regel aber ist jetzt für die Rechte an Immobilien zur Ausnahme geworden. Nach §. 12 des Gesetzes v. 5. Mai 1872 ist die Dinglichkeit der meisten Rechte von der Eintragung abhängig. Nur in den Ausnahmefällen mithin, in denen auch jetzt noch der Besitz der Sache das Kennzeichen der Dinglichkeit bildet, hat der §. 4 d. T. seine Bedeutung behalten. Der im Besitz befindliche Pächter z. B. kann von demjenigen, welchem das Grundstück früher verpachtet, aber nicht übergeben war, nicht verdrängt werden, vorausgesetzt, daß er beim Erwerb seines Rechts keine Wissenschaft von dem älteren Rechtstitel des Anderen gehabt hat. (§. 5 d. T.)

Ebenso braucht der besitzende Nießbraucher, dessen Recht nicht eingetragen und deshalb nicht dinglich ist, anderen Berechtigten, die weder die Eintragung noch den Besitz erlangt haben, namentlich einem anderen Nießbraucher oder einem Pächter oder Miether, bloß um deswillen, weil die persönlichen Rechte dieser Prätendenten älter sind, nicht zu weichen. Unmittelbar von dem §. 4 werden zwar die Fälle dieser Art nicht mehr betroffen; allein sie sind nach dem nämlichen Prinzip zu entscheiden, weil bei der Konkurrenz persönlicher Rechte das neue Gesetz die Wirkung des Besitzes nicht aufgehoben hat. Turnau, die Grundbuch-Ordnung S. 344. Der Besitz des persönlich Berechtigten verliert nur dann seine ausschließende Bedeutung, wenn der konkurrirende — bisher gleichfalls nur persönlich — Berechtigte sein Recht im Grundbuche hat eintragen lassen. Die Eintragung überwindet den Besitz da, wo der letztere nicht mehr zur Dinglichkeit führt. Anm. 3, 13, 16, 21 oben. Vergl. auch Tit. 21 §. 4.

23) (5. A. Die Kenntniß ist nicht zu vermuthen, sondern dem Besitznehmer zu beweisen. O.Tr. I v. 3. Juni 1864, Str. Arch. 54 S. 213, und III v. 11. Juli 1859, ebd. 37 S. 24. Zu diesem Beweise ist die Aufstellung von Thatsachen erforderlich. O.Tr. III v. 26. Okt. 1868, Entsch. 60 S. 1. Vergl. auch das Erk. desselben v. 29. Juni 170, Str. Arch. 78 S. 309.) Der Antrag eines Eides bloß dahin, daß dem Besitznehmer das persönliche Recht des Anderen bekannt gewesen sei, ist unzulässig, weil die Frage nach der Existenz eines solchen Rechts ein Urtheil zum Gegenstande hat. O.Tr. II (Pr. 2455) v. 14. Juni 1853, Entsch. 26 S. 28. Vergl. die Allg. Gerichts-O. I. 10 §. 252. (5. A.) Die Kenntniß einer Thatsache kann nach der Ansicht des Obertribunals direkt durch Eideszuschiebung bewiesen werden. Anm. 15 zu §. 5 des Ges. v. 9. Mai 1855, oben Bd. 1 S. 866.

24) Zu vergl. Tit. 10 §§. 1 — 3, 18, 20 — 23, 25.

Die §§. 4—6 d. T. beziehen sich auch auf den Fall der Kollision eines Eigenthumsprätendenten mit dem Prätendenten eines dinglichen Rechts, näher also auf den Fall, in welchem der Eine einen Titel zum Eigenthum und der Andere einen Titel zu einem dinglichen Recht an derselben Sache hat. Das Obertribunal hatte indeß in den Gründen des (an sich gerechtfertigten) Plenar-Beschlusses v. 12. Juni 1843, Entsch. 9 S. 25, die entgegengesetzte Meinung vertreten, weil der Titel 19 von Rechten auf fremdes Eigenthum handele, mithin nicht der Ort sei, wo eine Vorschrift darüber gesucht und gefunden werden könne, wie der Konflikt zwischen Eigenthumsansprüchen mit anderen Rechten zu derselben Sache gelöst werden müsse. Diese Ansicht ist jedoch als richtig nicht anzuerkennen. Denn in dem §. 3 ist der Erwerber des Eigenthums augenscheinlich mit dem Prätendenten eines dinglichen Rechts in Konflikt gedacht und die Entscheidung zu Gunsten des Ersteren getroffen. Der §. 4 enthält nur eine Anwendung, und der §. 5 eine Ausnahme von dem Grundsatz des §. 3. Die Anwendung der §§. 5 und 6 d. T. auf den Fall der Kollision zwischen Eigenthumsansprüchen und anderen Rechten ist überdies noch besonders vorgeschrieben im Tit. 21 §§. 5 und 6 bei den Nutzungsrechten und §. 359 bei der Pacht und Miethe. Auch ist der nämliche Grundsatz in Bezug auf das Vorkaufsrecht in Tit. 20 §. 630 wiederholt. Später ist die richtige Meinung auch bei dem Obertribunal zur Geltung gelangt und angenommen, daß die §§. 4—6 d. T. nicht bloß bei solchen Rechten, welche auf Besitzeinräumung gerichtet sind, sondern auch bei anderen Rechten Platz greifen: „Diese Bestimmungen erleiden Anwendung, auch wenn ein Anspruch auf das Eigenthum einer Sache mit einem Titel zu einem dinglichen Recht anderer Art auf dieselbe Sache, mit Ausschluß der bloß accessorischen dinglichen Rechte (Pfand- und Hypothekenrecht), insbesondere mit einem Titel zu einer Reallast sich in Kollision befindet.“ O.Tr. II (Pr. 1981) v. 29. Jan. 1848, Entsch. 15 S. 513, 16 S. 194. Der Uebergang einer Reallast wird nach dem Landrecht nicht bloß durch die Eintragung, sondern auch durch die Kenntniß des Erwerbers des Grundstücks von der Last vermittelt. O.Tr. II

§. 6. Vielmehr muß zwischen ihnen die Frage: welchem von beiden durch die Einräumung des Besitzes ein dingliches Recht beizulegen sei? lediglich nach der Beschaffenheit ihres beiderseitigen persönlichen Rechts zur Sache entschieden werden[25].

(Pr. 932) v. 10. Okt. 1840, Präjud.-Samml. S. 108. Dies gilt selbst dann, wenn das Recht auf die Abgabe durch Ersitzung erworben ist. O.Tr. I v. 12. Okt. 1857, Str. Arch. 28 S. 43. „Dasselbe ist der Fall, wenn auf den neuen Erwerber des mit einer Reallast behafteten Grundstücks ein Recht mit übergegangen ist, zu welchem sich die Reallast als Ausfluß und korrespondirende Gegenverpflichtung verhält, z. B. ein auf einem Gute haftendes Patronatrecht, welches die Patronatverpflichtungen nach sich zieht, und deren Dinglichkeit erhält." O.Tr. III v. 29. Novbr. 1849, Entsch. 18 S. 317. Das wirkende Prinzip ist hier überall nicht der dingliche Charakter des Rechts an sich, sondern nur in Verbindung mit der Wissenschaft des Besitzers oder Erwerbers der belasteten Sache; und diese Wissenschaft macht, daß ein Recht zur Sache, also ein bloß persönliches Recht, dem dinglichen gleich steht, indem eben die Dinglichkeit durch das A. L.R. ihre absolute Geltung eingebüßt hat. Das Prinzip ist auch auf folgenden Fall angewendet: Ein Gutsbesitzer hatte Jemand, gegen eine jährliche Entschädigung, das Recht eingeräumt, auf seinen Gründen Eisenerz zu fördern (Bergwerksgerechtigkeit). Diese Gerechtigkeit war auf dem Folium des Gutes eingetragen und in dem Eintrage auch der jährlichen Gegenleistung (Reallast, welche auf dem Bergeigenthume haftete), gedacht worden. Auf beiden Seiten wechselten die Besitzer und der neue Besitzer des Bergwerksrechts verweigerte die Entschädigung für die Zukunft. Das O.Tr. verurtheilte den Bergwerkserwerber, weil er die auf dem Bergeigenthume haftende Reallast gekannt habe oder doch aus dem Hypothekenbuche und der Konstitutionsurkunde habe kennen müssen. O.Tr. III v. 4. Dezmbr. 1863, oben Anm. 1 Abs. 1 a. E. — Eine gleiche Beurtheilung hat das von dem Grundeigenthümer einem Anderen eingeräumte Recht, ein Mergellager auf einem bestimmten Terrain auszubeuten, erfahren. Erk. dess. v. 11. März 1864, Str. Arch. 52 S. 326.

(5. A. Durch das Gesetz über den Eigenthumserwerb ɪc. vom 5. Mai 1872 ist der geschilderte Rechtszustand wesentlich geändert worden. Denn nach diesem Gesetz braucht derjenige, welcher das Eigenthum an einem Grundstück durch Eintragung auf Grund der Auflassung oder ein Recht an einem fremden Grundstück durch die Eintragung erworben hat, den von seinem Rechtsurheber konstituirten Titel zur Auflassung oder zu einem dinglichen Recht nicht gegen sich gelten zu lassen, selbst wenn ihm der Titel beim Erwerb seines Rechtes bekannt gewesen ist. Die Kenntniß des älteren Rechts zur Sache schadet dem Eingetragenen niemals, der Besitz des mit ihm kollidirenden Berechtigten nur, wenn das Recht des letzteren durch den Besitz des Grundstücks dinglich geworden ist. Siehe oben die Anm. 13, 16, 21, 22. Die §§. 4—6 d. T. können somit bei Immobilien nur noch dann zur Anwendung kommen, wenn die mit einander kollidirenden Rechte entweder überhaupt der Eintragung nicht bedürfen, um dingliche Natur zu erlangen, oder zwar der Eintragung bedürfen, aber nicht eingetragen sind. Hübner, die Reformen auf dem Gebiete des Immobiliar-Sachenrechts nach dem Entwurfe eines Gesetzes über den Eigenthumserwerb ɪc. 1869 S. 26 u. 27; Turnau, die Grundbuch-Ordnung S. 343, 344, 354, 355.) —

Die §§. 5 u. 6 d. T. sind auch auf den Fall der Kollision einer Hypothekenforderung mit einer nicht eingetragenen Reallast angewendet worden. „Die eingetragene Hypothek steht einer nicht eingetragenen älteren beständigen Reallast auf dasselbe Grundstück nach, wenn letztere dem Hypothekengläubiger bei der Eintragung seiner Forderung bekannt gewesen ist." O.Tr. III v. 23. März 1850, Entsch. 20 S. 193; Str. Arch. 1 S. 56. (5. A. Dieser Satz ist durch das Gesetz v. 5. Mai 1872 beseitigt. Reallasten, welche dinglich sind, ohne eingetragen zu sein, gehen der jüngeren Hypothek vor, gleichviel ob der Hypothekengläubiger sie gekannt hat oder nicht. (Anm. 16 oben.) Solche Lasten hingegen, welche nur durch Eintragung dinglich werden können, äußern vor ihrer Eintragung gegen Dritte überhaupt keine Wirkung, kommen mithin auch dem Hypothekengläubiger gegenüber nicht in Betracht. §§. 12 u. 36 des Gesetzes. — Ueber die Kollision einer Hypothek mit dem Eigenthum und mit dem Titel zu einer Hypothek siehe die folgende Anm. 25.)

Die §§. 4—6 finden keine Anwendung, wenn mehrere Gläubiger sich dieselbe Forderung im Wege der Exekution überweisen lassen, und einer derselben einen Titel zum Pfandrechte hatte. O.Tr. IV v. 14. Juni 1855, Str. Arch. 18 S. 58.

25) Ist eins der in Frage stehenden Rechte eine Hypothek, so wird die Kollision nicht nach den Grundsätzen der §§. 4—6 gelöst. Das Unterpfandsrecht hat zwei Eigenthümlichkeiten. Einmal nämlich kann mit eben derselben Sache Mehreren nach einander Pfand bestellt werden; die dadurch veranlaßte Kollision unter ihnen wird nicht nach dem Alter des Titels, sondern unbedingt nach dem Alter der wirklichen Erwerbung (Eintragung) entschieden, ohne daß etwas darauf ankommt, daß de eingetragene Gläubiger gewußt hat, die Sache sei schon vor ihm noch Anderen auch verschrieben worden. Tit. 20 §§. 500—503; (5. A. Ges. über den Eig.-Erw. v. 5. Mai 1872 §§. 17, 18, 34.) Der Grund hierfür liegt in der anderen Eigenthümlichkeit. Das Unterpfandsrecht ist an sich eine Realbürgschaft, und hat daher eine nur accessorische Natur; es dient bloß zur Sicherung des Gläubigers wegen seines Prinzipalrechts. (Vergl. Anm. 29 zu §. 203 Tit. 14.) Der Gläubiger, welcher

§. 7. Die aus dinglichen Rechten auf fremde Sachen entstehenden Verpflichtungen muß in der Regel jeder Besitzer derselben anerkennen[26]). (Tit. 2, §. 137 sqq.)

§. 8. Ist aber der Besitzer der Sache nicht zugleich persönlich verpflichtet: so dauert seine Verbindlichkeit nur so lange, als er sich in dem Besitze der verpfändeten Sache befindet[27]).

§. 9. Der Eigenthümer kann in seiner Verfügung, sowohl über die Substanz, als über den Gebrauch und die Nutzung seiner Sache, durch dergleichen fremde Rechte eingeschränkt sein[28]).

§. 10. Ein Rechtsstreit, durch welchen die Richtigkeit eines dinglichen Rechts auf die Substanz einer fremden Sache ausgemittelt[29]) werden soll, kann nur mit dem

---

sich eine Hypothekverschreibung geben läßt, hat dadurch kein selbstständiges persönliches Recht zur Sache (jus ad rem) erlangt, denn sein persönliches Recht ist nicht der Titel zur Hypothek, sondern sein Prinzipalrecht, die Forderung; ihm ist nur die Befugniß eingeräumt, eine Hypothek zu nehmen, wenn er will. Er findet dies vielleicht nicht nöthig, weil ihm sein Schuldner ohnehin sicher genug ist, wenigstens hat es damit, nach seiner Meinung, noch Zeit. Dadurch kann er den Hypothekenverkehr mit Anderen, die von seiner Forderung Kenntniß haben, nicht hemmen: er erklärt sich stillschweigend mit der persönlichen Sicherheit seines Schuldners zufrieden, indem und so lange er die Erwerbung der Hypothek unterläßt, er kann mithin keinem Anderen, welcher seine Forderung hat eintragen lassen, ohne nach ihm zu warten, den Vorwurf der Unredlichkeit machen; denn dieser kann mit allem Fug glauben, Jener verlange vor ihm kein Vorrecht. Das Gleiche gilt aus gleichen Gründen bei einer nach der Hypothekverschreibung stattfindenden Veräußerung der Sache: der Gläubiger kann seinen Titel zur Hypothek gegen den dritten Besitzer nicht verfolgen, wenn schon dieser von der Verschreibung Kenntniß hatte. Das Obertribunal hat, nachdem der zweite Senat desselben in einem Erkenntniß (Pr. 621) v. 22. Februar 1839 von der entgegengesetzten Ansicht ausgegangen war, folgenden Grundsatz festgestellt: „Die §§. 4 u. 5 finden in dem Falle keine Anwendung, wenn die Kollision zwischen einem Hypothekengläubiger und einem Eigenthumsprätendenten dergestalt stattfindet, daß entweder jener zur Zeit der nachgesuchten Eintragung der Hypothek, oder dieser zur Zeit der nachgesuchten Eintragung des Besitztitels, auf den Grund des, mit dem früheren Besitzer geschlossenen Kontrakts, so wie auf den Grund der geschehenen Uebergabe, von dem früher entstandenen persönlichen Rechte seines Gegners unterrichtet gewesen ist." Pl. Beschl. (Pr. 1302) v. 12. Juni 1843, Entsch. 9 S. 25. Eine Anwendung von dem Plenarbeschluß macht das O.Tr. III in dem Erk. v. 3. Febr. 1854, Str. Arch. 12 S. 101. Vergl. das Präjudiz 1981 in der vorigen Anmerkung.

(5. A.) Der Pl.-Beschl. hat auch noch jetzt seine Bedeutung: Der eingetragene Eigenthümer braucht die von seinem Rechtsurheber bewilligte, aber vor der Auflassung nicht beantragte Eintragung einer Hypothek oder Grundschuld sich nicht gefallen zu lassen, auch wenn er bereits damals, als ihm das Eigenthum aufgelassen wurde, Kenntniß von der Eintragungsbewilligung gehabt hat. Andererseits steht aber auch die Wissenschaft des Gläubigers von einem älteren Rechtsgeschäft, welches für einen Anderen ein Recht auf Auflassung des verpfändeten Grundstücks begründet, der Entstehung des Hypotheken- oder Grundschuldrechts durch die Eintragung nicht entgegen. Ges. v. 5. Mai 1872 §§. 4, 15, 18. Vergl. die Anm. 6 zu §. 8 Tit. 10, oben Bd. 1 S. 572. Ist die Eintragung der Hypothek oder Grundschuld einmal beantragt, so darf der Grundbuchrichter, bevor dieselbe erfolgt oder abgelehnt ist, die Auflassung des verpfändeten Grundstücks nicht entgegennehmen. Gr.B.O. §§. 45, 46, 48. —

Auf den Fall einer Kollision des Retentionsrechts mit einer Hypothek oder Grundschuld sind die §§. 4—6 nicht anwendbar. Der Retentionsberechtigte muß dem Grundschuld- und dem Hypothekengläubiger, als einem Dritten im Sinne des Tit. 20 §. 546, weichen, auch wenn dem Gläubiger beim Erwerb der Hypothek oder Grundschuld das Retentionsrecht bekannt gewesen ist. O.Tr. III v. 9. Okt. 1857, Str. Arch. 28 S. 33.

26) (5. A.) Vergl. oben die Anm. 3, 13, 21.

27) Vergl. oben Tit. 2 §. 126 und unten Tit. 20 §. 54 sowie die Anm. dazu, auch die Allg. Ger.-O. I 50 §. 392. (5. A.) Der §. 8 findet auch auf Grundgerechtigkeiten Anwendung. Tit. 22 §. 26; O.Tr. II v. 12. Nov. 1867, Str. Arch. 69 S. 93. Wegen der Reallasten siehe oben die Anm. 1 zu §. 1.

28) (5. A.) Vergl. oben Tit. 8 §§. 9 ff., 21. 25, das Ges. über den Eig.-Erw. v. 5. Mai 1872 §. 11 und die Gr.B.O. §. 73.

29) Wenn aber das Bestehen eines solchen dinglichen Rechts von dem Eigenthümer anerkannt wird oder doch unbestritten ist, so steht nichts im Wege, daß mehrere Prätendenten unter sich über die Zuständigkeit desselben oder über den Umfang ihrer mit einander in Kollision kommenden Gerechtigkeit streiten. Tit. 15 §. 3; O.Tr. v. 18. Febr. 1821, Ges.-Rev. Pens. 13 S. 42, und v. 29. De-

Eigenthümer[30]) oder vollständigen Besitzer[31]) derselben gültig verhandelt werden[32]).

§. 11. Bei getheiltem Eigenthume ist ein solcher mit dem Untereigenthümer allein geführter Rechtsstreit, gegen den Obereigenthümer, und so umgekehrt, von keiner Wirkung[33]).

§. 12. Bei näherer Bestimmung der Rechte auf fremdes Eigenthum muß zuvörderst auf den Inhalt der Willenserklärungen, wodurch sie bestellt worden; hiernächst aber auf die Natur und den Zweck des Geschäftes, und die darüber ergangenen gesetzlichen Vorschriften gesehen werden[34]).

§. 13. Dagegen geben, bei dergleichen Rechten, die unmittelbar aus dem Gesetze entstehen, nur diese Vorschriften den Bestimmungsgrund an die Hand, so weit sie durch gültige Willenserklärungen nicht ausdrücklich geändert sind.

§. 14. Einschränkungen und Belastungen des Eigenthums werden niemals vermuthet[35]).

---

zember 1845, Ulrich, Arch. 13 S. 17. Vergl. §. 19 d. T. und Anm. 9 b zu §. 3 Tit. 15, oben S. 283.

30) Bei einem Prozesse über eine dingliche, einem Grundstücke aufzulegende Last, oder über einen Vindikations-Anspruch auf ein derartiges Grundstück muß die mit ihrem Ehemanne in Gütergemeinschaft lebende Ehefrau zugezogen werden. O.Tr. II v. 18. Sptbr. 1849, Entsch. 19 S. 423. Vorausgesetzt wird, daß das Grundstück von der Ehefrau in die Gemeinschaft eingebracht worden ist. O.Tr. II vom 22. Mai 1862, Entsch. 48 S. 178; Str. Arch. 45 S. 276, und I vom 6. Novbr. 1863, Entsch. 50 S. 262. Vergl. die Prozeß-O. Tit. 1 §. 23 und die Anm. dazu.

31) Damit ist der Usukapionsbesitzer gemeint, dem das Landrecht die Publizianische Klage giebt. (5. A.) Die Klage gegen den Eigenthümer des Grundstücks auf Anerkennung des dinglichen Rechts ist die actio confessoria. Förster, Th. und Pr. 3. Aufl. 3 S. 285. Gegen den Besitzer des Grundstücks kann dieselbe dann nicht angestellt werden, wenn der Eigenthümer im Grundbuch eingetragen ist. Ges. über den Eig.-Erw. v. 5. Mai 1872 §§. 6, 7, 14, 37.

32) Vergl. Tit. 17 §. 10 und die Anm. dazu. — Auf Grund dieser Bestimmung hat das Ratiborer Appell.-Gericht eine Wegerechtsklage abgewiesen, weil es ex officio annahm, daß von der Fläche, welche der Kläger für die Ausübung der behaupteten Wegegerechtigkeit beanspruchte, ein Theil durch einen Rain gebildet werde, welcher vermuthlich ein gemeinschaftliches Eigenthum des Beklagten und des anstoßenden Nachbars sei, weshalb der Kläger seine Klage auch gegen diesen Nachbar hätte richten müssen. Nach welchem Rechte es geboten ist, eine Klage auch gegen Leute zu richten, die Einem nichts zu Leide thun und nichts streitig machen, sagt dieses Gericht nicht. Es sagt auch nicht, daß der Beklagte einen hierauf bezüglichen Einwand vorgebracht hätte, es beruft sich aber auf seine Berechtigung, die Passivlegitimation von Amts wegen zu prüfen. Dazu sagt das O.Tr. treffend: „eine solche Verpflichtung resp. Berechtigung des Richters kann jedenfalls nicht bis zur Suppeditirung von Rechtseinwänden ausgedehnt werden, und einen solchen stellt der Appellationsrichter dem Kläger entgegen, indem er, nicht verkennend, daß die Klage gemäß §. 10 gegen den Beklagten zu richten war, den Kläger dennoch abweist, weil die Klage auch noch gegen einen Dritten als Miteigenthümer zu richten gewesen sein würde. — Es scheint daher der ihm gemachte Vorwurf gerechtfertigt, daß er unter Verstoß gegen Art. 3 Nr. 1 der Dekl. v. 6. April 1839 den Kläger über einen der Entscheidung zum Grunde gelegten Rechtseinwand, über welchen Kläger hätte gehört werden sollen, nicht gehört habe.“ Betreffs des §. 10 sagt das O.Tr. sehr richtig: „Es bestimmt der §. 10 aber auch nur, daß ein Rechtsstreit, durch welchen — — werden soll rc., und entscheidet also die Frage, ob, wenn die fremde Sache sich im gemeinschaftlichen Eigenthume Mehrerer befindet, unter allen Umständen die Klage gegen die mehreren Miteigenthümer zusammen gerichtet werden muß, in keiner Weise.“ O.Tr. II v. 7. Juli 1864, Str. Arch. 55 S. 194. Wer von ihnen dem Kläger nichts streitig macht, der hat ja mit ihm keinen „Rechtsstreit“. (5. A.) Vergl. das Erk. des O.Tr. III v. 20. Nov. 1871, Str. Arch. 86 S. 17, Anm. 4 zu §. 1 Tit. 15, oben S. 282. — Ueber die Klage des dinglich Berechtigten gegen den Dritten, der ihm das Recht entzieht (vindicatio juris) oder sonst verletzt (actio negatoria), trifft der §. 10 keine Bestimmung. O.Tr. II v. 12. November 1861, Str. Arch. 43 S. 186.

33) Tit. 18 §. 258; II. 4 §§. 117 ff.

34) (5. A.) Der Umfang der lediglich durch Eintragung im Grundbuch dinglich gewordenen Rechte bestimmt sich nach dem Inhalt des Eintragungsvermerkes. Ges. über den Eig.-Erw. v. 5. Mai 1872 §§. 12, 13, 23, 24. Eine Ausnahme hiervon macht nur der Altentheil. Gr.B.O. §§. 43, 76. Vergl. das Erk. des O.Tr. II v. 29. Nov. 1859, Str. Arch. 35 S. 317.

35) Zu vergl. oben Tit. 7 §. 181 und Tit. 8 §. 23.

§. 15. Ist das Dasein einer Einschränkung klar; die Art derselben aber streitig und zweifelhaft: so findet die Vermuthung für diejenige Art der Einschränkung statt, welche dem Eigenthümer am wenigsten lästig ist [36]).

§. 16. Ist es also zweifelhaft: ob der Verpflichtete in seiner Sache etwas zu thun, oder nur etwas zu dulden verpflichtet sei, so wird letzteres angenommen [37]).

§. 17. Auch wenn die Art und Gattung des Rechts auf eine fremde Sache an sich bestimmt ist, muß dennoch dasselbe im zweifelhaften Falle, so viel es seine Natur und der ausdrücklich erklärte Zweck seiner Bestellung zulassen, zum Besten des Eigenthümers [38]) eingeschränkt werden [39]).

§. 18. Doch ist dabei dahin zu sehen, daß der Berechtigte an dem nützlichen Gebrauche seines Rechts nicht gehindert [40]), oder ihm dasselbe gar vereitelt werde.

---

36) (5. A. Die Vorschrift entspricht dem §. 268 Tit. 5.)

Wenn dem zum Brennholze Berechtigten Torf statt Holzes gegeben werden darf, so ist er zwar die Anweisung im Torfmoor anzunehmen verbunden; der Torf muß ihm aber, schon gestochen und zubereitet, dort überwiesen werden. Ed. v. 14. Sept. 1811 §. 15 (G.S. S. 281); O.T. II vom 27. Januar 1848, Entsch. 16 S. 203.

Ein für die Verwaltung eines Amts (namentlich des Schulzenamts) eingeräumtes, einem der Benutzung des Beamten überlassenen Grundstücke nicht zugehöriges Fischereirecht, dessen Umfang nicht näher bestimmt worden, ist auf den Hausgebrauch beschränkt. Eine Ausdehnung desselben durch Ersitzung von Seiten der Beamten ist nicht zulässig. O.Tr. II v. 11. Juni 1850, Entsch. 20 S. 203. Vergl. oben Tit. 9 §. 613 und unten Tit. 15 §. 75.

37) Anwendungen dieses Grundsatzes finden sich im Tit. 21 §. 11 ff. und im Tit. 22 §§. 30 und 35.

38) Sowie zum gemeinen Besten nach Vorschrift der Polizeigesetze. Tit. 22 §. 213 ff.

39) Derjenige, welchem freies Bauholz zur Nothdurft zugesichert ist, muß sich statt des Fachwerksbaues auf den Bau in Wellerwänden beschränken lassen, wenn nach dem Urtheile von Sachverständigen der Fachwerksbau mit gleicher Wirkung durch Wellerwände ersetzt werden kann. O.Tr. II (Pr. 1685) v. 2. Febr. 1846, Präj.-Sammlung S. 109. Auch wird nach einer durch die Jurisprudenz des O.Tr. unterstützten Ansicht angenommen, daß es dem belasteten Waldeigenthümer zustehe, statt einer bestimmten feststehenden Art oder Gattung von Brennholz auch andere Holzgattungen zu substituiren, wenn dadurch die Natur und der Zweck der Berechtigung nicht beeinträchtigt wird, woraus folgt, daß in den Fällen, in welchen der bestimmten feststehenden Gattung des zu liefernden Brennholzes eine andere von minderem Brennwerthe substituirt, z. B. wenn Knüppelholz statt Klobenholz gegeben wird, der geringere Werth durch einen verhältnißmäßigen Zusatz in der Menge ersetzt werden muß. Wenn dabei ein Dritter wegen der Abfuhre interessirt, wie z. B., wenn rezeßmäßig das Brennholz der Geistlichkeit eines Orts in bestimmter Klafterzahl (Kloben) von dem Fiskus als Waldeigenthümer gegeben und von den Einsassen angefahren werden muß; so sind auch Diese wegen der vermehrten Fuhren von dem Servitutverpflichteten schadlos zu halten, da die Veränderung in seinem Interesse liegt. Die Entscheidung hierüber steht in dem gesetzten Falle den ordentlichen Gerichten zu. Erk. des Gerichtsh. zu E. d. K. K. v. 16. Septbr. 1854, J.M.Bl. S. 438.

Wenn der Servitutberechtigte die Servitut in einem größeren Umfange beansprucht, als der Eigenthümer des belasteten Grundstücks dieselbe anerkennt, so hat der Erstere jenen größeren Umfang zu beweisen, weil die Vermuthung für die Freiheit des Eigenthums nur insoweit widerlegt wird, als das Zugeständniß reicht. O.Tr. II v. 16. Jan. 1855, Str. Arch. 15 S. 332.

Die Gerechtigkeit der Nachweide schließt die Berechtigung des Grundeigenthümers, das Recht zur Vorweide auf einen Dritten zu übertragen, nicht aus. Erk. dess. v. 8. Juli 1856, Str. Arch. 20 S. 103.

(5. A.) Es darf niemals vermuthet werden, daß der Eigenthümer eines Grundstücks, der an demselben einem Anderen ein Nutzungsrecht eingeräumt hat, sich des an sich möglichen Mitgebrauchs der Sache habe begeben wollen. O.Tr. II v. 14. Sept. 1871, Str. Arch. 82 S. 300.

40) Darunter ist nicht jede Verhinderung, sondern nur eine erhebliche Erschwerung der Ausübung des Rechts zu verstehen, so daß der Wegeberechtigte der Anlage eines offenen Schlagbaums seitens des Eigenthümers nicht widersprechen kann, da Servituten möglichst restriktiv zu interpretiren sind. O.Tr. v. 21. Juni 1839, Ulrich, Arch. 6 S. 420.

Wer z. B. seinem Nachbar die Fußweggerechtigkeit durch seinen Hof oder Garten eingeräumt hat, kann durch ihn nicht gehindert werden, den Durchgang durch eine verschließbare Thüre, zu welcher ihm ein Schlüssel gegeben wird, gegen jeden Dritten verschlossen zu halten; und der Berechtigte kann sich nicht entbrechen, die Thüre jedesmal hinter sich zuzumachen.

Die §§. 17 und 18 passen und sind anwendbar ebensowohl auf diejenigen Fälle, in welchen

§. 19. Der Eigenthümer kann also das dem Einen eingeräumte dingliche Recht einem Zweiten nur in so fern zugestehen, als es ohne Nachtheil des zuerst Berechtigten geschehen kann [41]).

§. 20. Kann das Recht, mit gleicher Wirkung für den Berechtigten, auf mehr als eine Art ausgeübt werden: so ist allemal diejenige zu wählen, welche dem Eigenthümer am wenigsten lästig oder nachtheilig ist [42]).

§. 21. Ungewöhnliche, dem Eigenthümer zur Beschwerde gereichende Arten der Ausübung kann der Berechtigte sich ohne Einwilligung des Eigenthümers, oder einen andern besondern Rechtsgrund, nicht anmaßen [43]).

§. 22. Rechte, welche nur zur Nothdurft einer bestimmten Person oder Sache bewilligt worden, können auf andere Personen [44]) oder Sachen [45]) einseitig nicht übertragen werden [46]).

Rechte auf eine fremde Sache Jemandem durch einen Pachtvertrag zugesichert worden, als auf diejenigen, wo dergleichen Gerechtsame dem Berechtigten vermöge einer Servitut zustehen. O.Tr. III v. 29. März 1858, Str. Arch. 28 S. 213.

41) Auf Hypothekenrechte findet diese Regel keine Anwendung. Tit. 20 §§. 438, 439, und oben Anm. 24 Abs. 4 zu §. 5 d. T.

Wenn bäuerliche Wirthe eine beschränkte Gerechtsame, z. B. die Fischerei zu ihrem Bedarfe auf dem gutsherrlichen See, hatten, so folgt daraus, daß sie im Wege der Regulirung zum Eigenthume ihrer Stellen gelangten, nicht die Unbeschränktheit der mitverliehenen Gerechtsame. O.Tr. II v. 30. April 1857, Entsch. 36 S. 163.

Wer das dem Einen eingeräumte ausschließliche Recht, statt es ihm während der ganzen Dauer zu gewähren, einem Zweiten einräumt, und dadurch die Alleinberechtigung des Ersten faktisch hemmt, verletzt unberechtigt dessen Kontraktsrechte und macht sich durch eine unbefugte Versagung der Kontraktserfüllung entschädigungspflichtig. Tit. 5 §. 285. O.Tr. IV v. 30. Januar 1862, Entsch. 47 S. 64; Str. Arch. 49 S. 4.

42) Zu vergl. oben Tit. 6 §. 37, und hier die Anm. 36 und 39; auch unten Tit. 22 §. 29 und die Anm. dazu. Hier ist der Grundsatz des §. 20 d. T. näher entwickelt. Durch Anwendung desselben darf aber die Lage des Berechtigten nicht verschlimmert werden, es darf daher z. B. ein bestimmter Weg nicht an eine andere Stelle verlegt werden, wenn der neue Weg länger ist als der alte. O.Tr. I v. 20. Dezbr. 1866, Str. Arch. 66 S. 214.

(5. A.) Die §§. 17, 18 u. 20 sind auch auf Altentheilsrechte anwendbar, sofern letztere durch Eintragung dinglich geworden sind. Denn der Altentheil ist nicht etwa ein Reservat, welches der Altsitzer bei der Veräußerung des Grundstücks sich vorbehalten hätte, also kein Bestandtheil des Eigenthums, sondern ein das Eigenthum beschränkendes Recht an dem Grundstück. Der Berechtigte muß sich daher nach §. 20 die Anweisung der Altentheilswohnung auch in einem anderen Hause, als in dem vertragsmäßig bestimmten, zu Gunsten des Eigenthümers gefallen lassen, vorausgesetzt, daß in der neuen Wohnung der Zweck des Wohnungsrechts nicht vereitelt wird. O.Tr. II v. 22. April 1873, Str. Arch. 89 S. 48. Aus demselben Grunde kann der Auszügler, wenn das Altentheilsgebäude gänzlich untergegangen ist, auch nicht ohne Weiteres verlangen, daß das neue Altentheilshaus gerade auf derselben Stelle, auf welcher das alte stand, erbaut werde. O.Tr. II v. 10. Dez. 1872, ebenda 87 S. 183. Vergl. die Gr.B.O. v. 5. Mai 1872 §. 102.

43) (5. A.) Vergl. Tit. 21 §§. 23 ff., 270.

44) Darunter ist nur der Fall zu verstehen, wenn der Berechtigte das ihm zu seiner Nothdurft eingeräumte Recht oder dessen Ausübung ohne Zustimmung des Verpflichteten einem Anderen dergestalt überläßt, daß er selbst ganz ausscheidet und der Andere an seine Stelle als Inhaber des Rechts tritt; nicht aber ist dem Berechtigten zu wehren, bei eigener Ausübung des Rechts Andere daran Theil nehmen zu lassen. Namentlich ist ein Altsitzer, welcher eine anderweite Ehe eingeht, berechtigt, seine Ehefrau und demnächst die mit ihr erzeugten Kinder in den Altsitz aufzunehmen, sofern ihm eine abgesonderte Wohnung eingeräumt und zu seinem Unterhalte besondere Präftationen oder Ländereien überwiesen worden sind. O.Tr. II (Pr. 519) v. 25. Mai 1838, Entsch. 4 S. 23. — Das Wohnungsrecht eines Leibgedingers fällt gleichfalls unter die Bestimmung des §. 22; dieselbe setzt aber eine gänzliche Uebertragung des Rechts auf einen Dritten, mit dem Ausscheiden des Leibgedingers, voraus, nicht aber den Fall, da der Leibgedinger einen Anderen an dem Wohnungsrechte nur Theil nehmen läßt. Wenn daher ein Altsitzer, gleichviel ob Mann oder Frau, sich verheirathet, so ist er berechtigt, seinen Ehegatten und demnächst die aus der Ehe hervorgehenden Kinder in den Altensitz aufzunehmen, sofern ihm eine abgesonderte Wohnung eingeräumt und zum Unterhalte besondere Präftationen oder Ländereien überwiesen sind. O.Tr. III v. 19. Sept. 1862, Entsch. 48 S. 134; Str. Arch. 46 S. 220. Auch darf z. B. dem Miether eines städtischen Grundstücks das diesem zu-

§. 23. Ist dergleichen Einschränkung nicht vorhanden: so hängt die Uebertragung eines solchen Rechts von dem Gutbefinden des Berechtigten in so weit ab, als die Verpflichtung und Belastung des Eigenthümers dadurch nicht vergrößert oder erschwert wird [47]).

---

stehende Durchfahrtsrecht gegen das Grundstück eines Andern mit vermiethet werden. O.Tr. II v. 16. Febr. 1860, Str. Arch. 36 S. 224. Nur für sich und ohne das berechtigte Grundstück würde die Servitut nicht vermiethet werden dürfen. L. 44 D. locati. 19, 2; L. 5, 20 D. quemadmodum servitut. amitt. 8, 6; L. 16 D. de servitut. 8, 1.

Durch die Vererbpachtung eines Theils der Pfarrgebäude und Ländereien geht das der Pfarre gegen den Patron zustehende Recht auf Gewährung von Baumaterialien nicht von selbst für die in Erbpacht genommenen Gebäude auf den Erbpächter über, sagt das O.Tr. II in dem Erk. v. 4. April 1854, Str. Arch. 14 S. 3. Ist zweifelhaft. Vergl. Tit. 22 §. 203 u. die Anm. dazu.

(5. A.) Die an die Person gebundenen Gebrauchs- und Nutzungsrechte eignen sich nicht zur Konstituirung eines Nießbrauches. Dies gilt in der Regel auch von dem Wohnungsrecht, Jus habitationis. O.Tr. III v. 10. Oktbr. 1853, Str. Arch. 10 S. 205.

45) Keine Grundgerechtigkeit kann mithin von dem berechtigten Grundstücke einseitig abgezweigt und auf ein anderes übertragen werden, denn alle Grundgerechtigkeiten sind lediglich auf das Bedürfniß des berechtigten Grundstücks berechnet. Diesem Prinzipe entsprechend sagt das O.Tr.: „Das Schäfereirecht ist eine auf die Nothdurft, d. h. auf die individuellen Verhältnisse und Bedürfnisse einer bestimmten Sache berechnete Grundgerechtigkeit, und kann deshalb einseitig auf eine andere Sache nicht übertragen, noch weniger aber ein Theil derselben für eine andere Sache abgezweigt werden." Erk. II v. 4. Dezbr. 1847, Entsch. 16 S. 212. Zu vergl. das R. des J.M. v. 30. August 1824, (Jahrb. 24 S. 254), welches sich in einem ähnlichen Sinne ausläßt, und unten die Anm. 47. Dagegen hat das O.Tr. angenommen, daß die Ausübung der einem Gute zustehenden Schafhütungsgerechtigkeit von einem andern Gute aus, also das Austreiben der Schafe aus dem Schafstalle dieses Gutes zulässig sei. Erk. II v. 21. April 1857, Str. Arch. 25 S. 70. So unbedingt ist das nicht für richtig anzuerkennen; es kommt sehr viel auf die Entfernung des berechtigten Gutes von den Weideplätzen an. Wenn die Schafe einen weiten Weg hin und zurück zu machen haben, so können sie nur einen kleinen Theil des Tages und an Tagen, wo es mitunter regnet, gar nicht auf der Weide sein, weil an solchen Regentagen, wenn es nach Stunden auch wieder abtrocknet, die Zeit viel zu kurz ist, um auf die Weide zu kommen und vor Abend wieder zurück zu sein. Die praktische Folge davon ist, daß die Schafe viel im Stalle gefüttert werden müssen, und die fernere Folge ist, daß die Heerde, des Futterbedarfs wegen, nur in der Zahl gehalten werden kann, daß sie nicht Mangel leidet. Ganz anders ist es, wenn die Weide nahe ist und die Benutzung jeder Stunde möglich macht: unter diesen Umständen kann die Heerde, bei dem nämlichen Futtergewinne, viel größer sein. Wenn nun also der Hütungsberechtigte ganz in der Nähe des Weideterrains einen Schafstall auf einem nicht zu dem berechtigten Gute gehörigen Grunde anlegte und von seinem entfernten Gute die Schäferei dahin verlegte, so würde ja dadurch die Verpflichtung und Belastung des Eigenthümers jenes Terrains augenscheinlich vergrößert werden, in sofern sich die Heerde bei dem nämlichen Futtergewinne vermehren könnte.

46) Hierher gehören auch die §§. 24—28 d. T. und die §§. 185, 186 Tit. 21. Diese Bestimmungen beziehen sich auf die römischen Personal-Servituten Usus und Habitatio, so wie die Lehre im Gemeinen Rechte um die Zeit vor Erscheinung des Allg. Landrechts allgemein gangbar war und vorzugsweise von Noodt, de usufructu, Lib. I cap. 2 dargestellt wird. Seitdem aber Thibaut, Versuche über einzelne Theile der Theorie des Rechts (1798) 1 Abh. 3 dieselbe angegriffen hat, herrscht unter den neueren Juristen eine Verschiedenheit der Ansichten über den Inhalt dieser Servituten. Darüber: Scheurl, Bemerkungen zur Lehre von Servituten in der Zeitschrift für geschichtliche Rechtswissenschaft, 15 S. 21 ff. Zu notiren ist hier: Hellfeld, Jurisprudentia etc. §§. 648—652, welcher natürlich die damals läufigen Lehren vorträgt. Dazu: Glück, Erläuterung der Pandekten, Th. 9 S. 430. Von Neueren: Heimbach sen., Usus und Habitatio, in Weiske's Rechtslexikon, 11 S. 955 ff. Preußische Literatur: Bornemann, System, 4 S. 249 ff. Koch, Privatrecht, 3. Ausg. §. 328, Bd. 1 S. 543.

47) Durch die Vorschrift des §. 23 kann die Verwandlung einer Grundgerechtigkeit in ein persönliches Nutzungsrecht ohne Zuziehung des Besitzers des verpflichteten Grundstücks nicht gerechtfertigt werden. Eine Abtrennung der Grundgerechtigkeit von dem berechtigten Gute, und eine einseitige Uebertragung an eine Person ist unstatthaft. O.Tr. III (Pr. 1362) vom 17. November 1843, Entsch. 9 S. 246. Der Satz ist in Beziehung auf die römischrechtlichen Prädialservituten unbedingt anzuerkennen; aber er ist in Anwendung auf die deutschrechtliche Schäfereigerechtigkeit ausgesprochen und diese Anwendung ist doch sehr zweifelhaft. Diese Gerechtigkeit ist von gleicher Natur mit der ehemaligen Jagdgerechtigkeit, die für sich besessen werden konnte und sich gar nicht nach der Nothdurft des Gutes, zu welchem sie zufällig gehörte, begrenzte. In der That ist, wenn

§. 24. Sind Rechte in Ansehung einer fremden Sache Jemanden zum Gebrauch nach seiner Nothdurft eingeräumt worden: so ist allemal auf die zur Zeit der Einräumung vorgewalteten Umstände Rücksicht zu nehmen [48]).

§. 25. Durch bloß willkürliche in dem vorhergehenden Zustande nicht gegründete [49]) Veränderungen der persönlichen Umstände des Berechtigten, darf also die Last des Verpflichteten nicht erschwert werden.

§. 26. Auf Rechte, die Jemanden zu seiner persönlichen Nothdurft eingeräumt worden, haben seine Hausgenossen für ihre Personen keinen Anspruch [50]).

z. B. einer Schäferei, die selbstständig und auf fremde Weiden angewiesen, die Gebäulichkeiten (die Anstalt) mit ihrem Grunde und Boden, während die zahlreiche Heerde auf ihren Weiden abwesend ist, durch ein Erdbeben gänzlich zu Grunde gehen, nicht begreiflich, warum nun die Schafe aufhören müssen, auf den fremden Weiden zu fressen, wo sie bis dahin ernährt worden sind. Hier ist der Fall des §. 23 allerdings vorhanden. Anders, wenn in dem gegebenen Falle das Schäfereirecht nicht die Natur einer Gerechtigkeit in dem gedachten Sinne (§. 146 Tit. 22), sondern nur die einer bloßen Servitut hat. Auf diese sind selbstverständlich die Grundsätze von den römischen Prädialservituten anwendbar. Ein solcher Fall ist der in der Anm. 45 bezeichnete.

(5. A.) Wird das berechtigte Grundstück parzellirt, so fragt es sich, welchen Einfluß dies auf die Gerechtigkeit hat. Die Holzgerechtigkeit wird als untrennbar mit den Gebäuden des Gutes verknüpft gedacht; sie verbleibt daher der Hofesstelle, d. i. demjenigen Theil des Gutes, auf welchem sich die zur Bewirthschaftung erforderlichen Gebäude befinden. O.Tr. II v. 4. Dez. 1847, Rechtsf. 3 S. 198, v. 7. Dez. 1852, Str. Arch. 7 S. 233, v. 9. Mai 1854, Str. Arch. 13 S. 86, v. 1. Juni 1854, ebenda S. 149, v. 14. Juli 1863, Str. Arch. 49 S. 338. Die Servituten sind nicht bloß nach römischem Recht, sondern auch nach Landrecht untheilbar. Eine Theilung der Holzgerechtsame folgt daher aus der Theilung des berechtigten Grundstückes selbst dann nicht, wenn diese zugleich die Gebäude trifft. Es verbleibt vielmehr die Gerechtsame dem alten Hofe, beziehungsweise dem nicht abverkauften Theile der Gebäude als der ursprünglichen Feuerstätte. Durch die Ablösbarkeit der Servituten wird hierin nichts geändert. O.Tr. IV v. 11. April 1861, Entsch. 45 S. 258; Str. Arch. 41 S. 156. Dieser Grundsatz findet auch auf die Bauholzgerechtigkeit Anwendung. O.Tr. III v. 26. Jan. 1872, Str. Arch. 83 S. 292. In einem Fall dagegen, in welchem dem Erwerber eines Theils der Gebäude auch der entsprechende Theil der Bauholzgerechtigkeit übertragen war, ist angenommen, daß dieser Uebertragung die Untheilbarkeit der Servitut dem Verpflichteten gegenüber nicht entgegenstehe. O.Tr. II v. 16. Jan. 1872, Entsch. 67 S. 68. Die Brennholzberechtigung kann beim Abverkauf der Hofesstelle auch dem Besitzer des nicht mit Gebäuden besetzten Restgrundstücks vorbehalten werden. O.Tr. II v. 5. Juni 1873, Entsch. 70 S. 49. Bei einer Translokation des Wirthschaftshofes durch Verlegung der Wohn- und Wirthschaftsgebäude von der alten Sohlstätte auf einen anderen Platz der Hofesländereien wird das Grundstück von dem neuen Hofe repräsentirt. Wenn demnächst eine Vereinzelung stattfindet, so erscheint in Bezug hierauf der tranzlozirte Hof als der alte, bei welchem somit die Holzgerechtigkeit verbleibt. O.Tr. II v. 29. Jan. 1863, Str. Arch. 48 S. 164.

Bei der Zerstückelung eines zur Weide auf fremden Grundstücken berechtigten Landgutes bleibt die Weidegerechtigkeit nicht von selbst ungeschmälert bei dem Trennstück, auf welchem sich die Hofesgebäude befinden. O.Tr. II (Pr. 2610) v. 6. März 1855, Entsch. 30 S. 227. Die Gerechtigkeit ist vielmehr von der Hofesstelle und dem abgetrennten Grundstück zusammen auszuüben, und zwar mit so viel Vieh, als vor der Theilung auf den fremden Grundstücken geweidet werden durfte. O.Tr. II v. 28. April 1868, Str. Arch. 70 S. 317.

Bei Parzellirungen eines Gutes wird eine demselben zustehende Gerechtigkeit auf Streuling weder der Hofstelle noch den übrigen Trennstücken ipso jure zugetheilt; sie kann vielmehr nur von den sämmtlichen Parzellen-Eigenthümern insgesammt in dem früheren Umfange ausgeübt werden. O.Tr. II v. 13. Jan. 1852, Str. Arch. 4 S. 257. Siehe oben Tit. 2 §. 107 und die Anm. dazu. Vergl. auch das Erk. desselben v. 9. März 1858, Entsch. 38 S. 126; Str. Arch. 29 S. 197; unten Anm. zu §. 12 Tit. 22. Ist die Parzelle nicht so groß, daß von derselben ein Stück Rindvieh erhalten werden kann, so geht für dieses Trennstück die Berechtigung verloren. O.Tr. II v. 14. März 1871, Entsch. 65 S. 140. Vergl. auch die allg. Verf. v. 18. Juli 1864, J.M.Bl. S. 203.

48) (5. A.) Die Vorschriften der §§. 24 u. 25 beziehen sich nur auf subjektiv persönliche Rechte und sind auf subjektiv dingliche Rechte nicht auszudehnen. O.Tr. v. 24. Febr. 1870, Zeitschr. des Revisions-Kollegiums 21 S. 49; v. Rönne, Ergänz. 6. Ausg. 2 S. 350.

49) Als eine solche willkürliche in dem vorhergehenden Zustande nicht gegründete Veränderung kann z. B. die Vermehrung einer Familie oder einer Gemeinde nicht betrachtet werden. Entsch. des O.Tr. 16 S. 30, unten Anm. 51.

50) (5. A.) Wenn ein Ehepaar bei der Veräußerung seines Grundstücks sich ein Wohnungsrecht an demselben vorbehalten hat, so verbleibt die vertragsmäßig für beide Eheleute bestimmte Wohnung

§. 27. Ist aber das Recht einer Familie [51]) beigelegt, so nehmen auch die in der Folge hinzukommenden Mitglieder derselben daran Theil.

§. 28. Ist Jemanden dergleichen Recht zu seiner Nothdurft, ohne weitere Bestimmung, als ein Theil seiner Besoldung eingeräumt: so ist anzunehmen, daß ihm dasselbe für sich und seine Familie mit Inbegriff seines Gesindes, so lange er im Amte steht, zukomme [52]).

§. 29. Rechte auf fremde Sachen erlöschen in der Regel mittelst der Verjährung durch bloßen Nichtgebrauch [53]).

§. 30. Durch freiwillige Entsagung auf den Gebrauch seines Rechts wird der Berechtigte von seiner dagegen übernommenen Verbindlichkeit nicht frei [54]).

§. 31. Wird er aber ohne sein Zuthun außer Stand gesetzt, sich seines Rechts ferner zu bedienen: so befreit ihn dieses auch von der dagegen übernommenen Verbindlichkeit [55]).

§. 32. So lange Jemand die Verbindlichkeit, gegen welche ihm ein Recht auf eine fremde Sache eingeräumt worden, erfüllt [56]), kann keine Verjährung wider ihn anfangen, wenn er auch von seinem Rechte keinen Gebrauch gemacht hätte.

---

ungeschmälert dem einen Ehegatten auch nach dem Tode des anderen. Ist anstatt der Wohnung eine jährliche Geldentschädigung festgesetzt, so kann der Verpflichtete bloß um deswillen, weil die Frau verstorben ist, nicht verlangen, daß der Mann sich die Herabsetzung der Entschädigungssumme auf die Hälfte gefallen lasse. Dies ist in einem Streitfalle von dem Stadtgericht in Berlin angenommen worden. Vergl. oben Tit. 11 §. 596 und Tit. 12 §. 368.

51) Die Familie steht in dieser Beziehung der Gemeinde gleich. Wie die Zahl der Familienglieder, so ist auch die Zahl der Gemeindeglieder dem Wechsel unterworfen; und wie der Bedarf der Familie, so ist auch der der Gemeinde ein wechselnder, durch die Anzahl der Mitglieder bedingter. „Nach gemeinem und sächsischem Rechte erstreckt sich die von einer Gemeinde vollendete Verjährung einer Holzungs- und Waldstreugerechtsame, deren Nutzungen den einzelnen Gemeindegliedern zustehen, auch auf den Bedarf der, erst nach dem Beginne der Verjährung hinzugetretenen Mitglieder, falls nicht besondere Gründe für eine Beschränkung desselben auf eine bestimmte Zahl oder Klasse der Mitglieder vorhanden sind". O.Tr. Plen. (Pr. 1982) v. 31. Jan. 1848, Entsch. 16 S. 29. Dieser Plenarbeschluß ist, wie seine Begründung ergiebt, auch nach den Vorschriften des A. L.R. gerechtfertigt. Die anscheinend entgegenstehenden Bestimmungen des Tit. 22 §§. 211 u. 212 sind auf den Fall der Verleihung zu beschränken, da Privilegien die strikteste Auslegung erfordern. Hiernach ist die in der Entscheidung eines älteren Rechtsfalles ausgesprochene, gerade entgegengesetzte Meinung des O.Tr., Centralbl. Jahrg. 1843 Kol. 168, verworfen. — Der Pl.-Beschl. bezieht sich auch auf die Theilnahme der erst nach der Vollendung der Ersitzung hinzugetretenen Gemeindeglieder. O.Tr. II vom 9. Novbr. 1865, Str. Arch. 61 S. 232.

52) Siehe oben §. 15 Anm. 36 Satz 3.

53) Vergl. Tit. 9 §§. 508—511; Tit. 22 §. 50. (5. A.) Rechte, welche im Grundbuche eingetragen sind, verlieren nach §. 12 des Gesetzes über den Eigenthumserwerb v. 5. Mai 1872 (oben S. 617) ihre dingliche Wirksamkeit nur durch Löschung. Förster, Grundbuchrecht S. 114.

54) Vergl. Tit. 21 §§. 182 u. 183. — Wenn z. B. der Fiskus neben einer bestehenden Landstraße eine neue Landstraße anlegt, ohne die alte Landstraße zu kassiren, sondern nur durch die Regierung erklärt, daß die alte Landstraße als Kommunikationsstraße fortbestehen solle, und daß bestimmte Wegestrecken an die Adjazenten überwiesen würden, so wird dadurch der Charakter der schon bestehenden Landstraße rechtlich nicht verändert, d. h. die Unterhaltungspflicht derselben wird dadurch nicht dem Fiskus abgenommen und auf die Adjazenten gewälzt. O.Tr. III v. 22. März 1861, Str. Arch. 41 S. 86.

55) Gemäß dem Grundsatze Tit. 5 §§. 364 u. 365. Vergl. jedoch Tit. 21 §. 183.

56) „Die Verjährung durch Nichtgebrauch wird dadurch nicht gehindert, daß der Berechtigte seine Verbindlichkeit aus dem Vertrage erfüllt hat, wenn die erfüllte Verbindlichkeit mit dem nicht ausgeübten Rechte nicht in einer solchen Beziehung steht, daß sie als Gegenleistung für das nicht ausgeübte Recht klar hervortritt." O.Tr. v. 1848, Entsch. 17 S. 284.

„Wenn dem Erbpächter gegen Entrichtung des Erbpachtzinses eine fortdauernde Gegenleistung von Holz verheißen worden, demnächst aber die Forst vom Gute des Erbpächters getrennt, und ein Dritter im Hypothekenbuche eingetragen wird, so ist der Erbpächter gleichwohl von demjenigen, welchem der Kanon verblieben ist, die Gewährung des Holzes zu fordern berechtigt. Durch die Annahme des Erbpachtpreises wird jede Extinktivverjährung ausgeschlossen, wenn auch der Erbpächter inzwischen

§. 33. Rechte auf und zu fremden Sachen erlöschen, wenn das Recht desjenigen, welcher sie bestellt hat, aufhört, und die Sache an einen Andern fällt, der auf selbige, schon vor der Einräumung jener Befugnisse, einen gegründeten Anspruch hatte[57]).

Zwanzigster Titel*).

Von dem Rechte auf die Substanz einer fremden Sache.

Erster Abschnitt.

Vom Rechte des Unterpfandes**).

§. 1. Das dingliche Recht, welches Jemanden auf eine fremde Sache zur Begriff.

seit rechtsverjährter Zeit das Holz in einer außerhalb des Guts belegenen Forst angewiesen erhalten und angenommen haben sollte." O.Tr. II (Pr. 1783) v. 21. Sept. 1846, Entsch. 14 S. 266. Vergl. auch das Erk. des O.Tr. III v. 29. Nov. 1849 Nr. V, Entsch. 18 S. 317, oben Anm. 24.

57) Resoluto jure concedentis resolvitur jus concessum. Einl. §. 101 und Tit. 7 §. 172. Anwendung davon: Tit. 21 §§. 388 ff. Die Redlichkeit des Erwerbers überwindet auch diesen Rechtsgrundsatz, d. h. das jus in re erlischt nicht durch Eintritt der Resolutivbedingung, wenn der Erwerber von der Beschränkung des Einräumenden nichts wußte und auch nichts wissen konnte oder mußte. (5. A. Ges. über den Eigenthumserwerb v. 5. Mai 1872 §§. 9—12 und 15, oben Bd. 1 S. 578 und Zus. zu §. 1 d. T.; Förster, Theorie und Pr. 3. Ausg. 3 (S. 290.) Anwendungen: Tit. 11 §§. 264, 265, 270, 311. Auf das Eigenthum aber findet die nur für Rechte auf eine fremde Sache geltende Regel keine Anwendung. Die Vindikationsklage wird durch die Redlichkeit des Besitzers allein nicht ausgeschlossen. Vergl. Tit. 4 §. 115 und die Anm. 116 dazu, ferner Tit. 15 §§. 24 ff. und die Anm. zu diesen §§. (5. A. Förster a. a. O. S. 247; Dernburg, Lehrb. §. 248; Achilles, die Preuß. Ges. über Grundeigenthum rc. 2. Ausg. S. 44.)

In wiefern das Recht auf eine Sache durch deren Untergang ein Ende nimmt, ist bestimmt im §. 108 der Einl. und §. 2 Tit. 16.

Dingliche Rechte, deren Dinglichkeit durch den Besitz bedingt ist, wie z. B. das eigentliche Pfandrecht, erlöschen durch freiwillige Aufgebung des Besitzes.

*) (5. A.) **Diejenigen Paragraphen des 20. Titels, welche durch die neuere Gesetzgebung, namentlich durch die Gesetze vom 5. Mai 1872, nach der Ansicht des Herausgebers ihre Geltung verloren haben, sind aus dem Text des Landrechts weggelassen worden. Bei denjenigen Bestimmungen indeß, welche materiell in die neuen Gesetze übergegangen oder durch dieselben nur unbedeutend modifizirt worden sind, erschien dies bedenklich. Der Novellen-Charakter des Gesetzes über den Eigenthumserwerb macht es nothwendig, daß jeder einzelne Paragraph des Landrechts genau darauf angesehen und geprüft wird, ob und inwiefern er dem neuen Gesetze gegenüber noch bestehen kann. Das Ergebniß dieser Prüfung ist in den Anmerkungen niedergelegt worden. Um indeß die Nothwendigkeit derselben auch äußerlich sofort erkennbar zu machen, sind die bezüglichen Paragraphen mit einem Stern bezeichnet worden. Dabei ist nur noch zu bemerken, daß diejenigen Vorschriften des Landrechts, welche ohne sachliche Aenderung (wenn auch in anderer Fassung) in den Gesetzen vom 5. Mai 1872 sich wieder finden, ihren Platz in dem Text zweckmäßig beibehalten, weil sie auch ferner noch die Normen bilden, nach denen die unter der Herrschaft des Landrechts eingetragenen Hypotheken in ihren rechtlichen Beziehungen der Regel nach zu beurtheilen sind.**

**) Aus der reichhaltigen Literatur des Pfandrechts sind hervorzuheben: Gesterding, die Lehre vom Pfandrecht nach den Grundsätzen des römischen Rechts. 1816. 2. Aufl. 1831; Sintenis, Handbuch des gemeinen Pfandrechts. 1836; (5. A. Dernburg, das Pfandrecht nach den Grundsätzen des heutigen römischen Rechts. 1. Bd. 1860, 2. Bd. 1864; Bremer, das Pfandrecht und die Pfandobjekte. 1867; Exner, Kritik des Pfandrechtsbegriffs nach römischem Recht. 1873; v. Meibom, das deutsche Pfandrecht. 1867; Derselbe, Deutsches Hypothekenrecht: 1. Bd.: das hannoversche Hypothekenrecht von L. v. Bar; 2. Bd.: das mecklenburgsche Hypothekenrecht von V. v. Meibom. 1871; 3. Bd.: das bayerische Hypothekenrecht von Ferd. Regelsberger. 1874;) Schmidt,

Sicherheit seiner Forderung eingeräumt [1]) worden, und vermöge dessen er seine Be=

Grundsätze des gemeinen und preußischen Pfandrechts. 1840; Bornemann, System. 4 S. 267; Koch, Preußisches Privatrecht 3. Ausg. 1 S. 604; (5. A. Förster, Theorie und Praxis 3. Aufl. 3 S. 375; Dernburg, Lehrbuch des Preuß. Privatrechts 1 S. 689.)

(5. A.) Das römische Recht bezeichnet in der Regel das Pfandrecht mit Besitz als pignus, das Pfandrecht ohne Besitz als hypotheca. Inter pignus autem et hypothecam tantum nominis sonus differt. L. 5 §. 1 Dig. de pign. et hypoth. 20, 1. Pignus und hypotheca folgen im Wesentlichen denselben Regeln. Der Hypothek können sowohl bewegliche als auch unbewegliche Sachen, und zwar nicht bloß einzelne Gegenstände, sondern auch das gesammte Vermögen des Schuldners unterworfen sein. Sie entsteht durch Vertrag, Vermächtniß, richterliche Verfügung und Gesetz. Das pignus erfordert zu seiner Begründung noch die Uebertragung des Besitzes der verpfändeten Sache an den Gläubiger. Vrgl. Windscheid, Lehrb. des Pandektenrechts §§. 227 ff. 2. Aufl. 1 S. 650 ff.; Regelsberger a. a. O. S. 227 und 228.

Das deutsche Recht hat den Unterschied zwischen Pfandrecht mit Besitz und Pfandrecht ohne Besitz schärfer ausgeprägt. Es gestattet an Mobilien nur ein Faustpfand und beschränkt das Pfandrecht ohne Besitz auf Grundstücke. Diese Unterscheidung hängt zusammen mit dem Grundsatz der Publizität (Erkennbarkeit) der dinglichen Rechte. Das Pfandrecht an einer beweglichen Sache läßt sich meist nur dadurch erkennbar machen, daß der Besitz derselben dem Gläubiger eingeräumt wird. Die Hypothek konnte daher nach deutscher Anschauung nur auf unbewegliche Gegenstände angewendet werden. Die Publizität wurde hier in alter Zeit durch die Auflassung, später durch die Eintragung in die öffentlichen Bücher erzielt. Die römisch rechtlichen Entstehungsgründe der Hypothek sind mithin verworfen. Aus der Publizität folgt von selbst das Prinzip der Spezialität des Pfandrechts. Eine Hypothek, die nach ihrem Gegenstande und Umfange Allen erkennbar sein soll, kann nur an einer speziellen Sache, nicht an den gesammten Gegenständen, die dem Schuldner gehören, und nur wegen einer bestimmten Forderung begründet werden. Gerber, System des deutschen Privatrechts §§. 149 ff., 11. Aufl. S. 395 ff.; Beseler, System des gem. deutschen Privatr. §§. 95 ff. 3. Aufl. S. 370 ff.; Regelsberger a. a. O. S. 3.

Das Landrecht faßt das Pfandrecht mit Besitz und die Hypothek unter der Bezeichnung „Unterpfandsrecht" zusammen. Es hat den Begriff desselben dem römischen Rechte entlehnt, das Institut selbst jedoch auf der Grundlage des deutschen Rechts ausgebaut. Die Erkennbarkeit (Publizität) des Pfandrechts ist unerläßliche Voraussetzung desselben; sie knüpft sich bei dem Faustpfande an den Besitz (§§. 6 ff., 104 ff.), bei der Verpfändung von Forderungen und solchen Sachen, deren Besitzübertragung nicht ausführbar ist, an Zeichen, aus denen auch für dritte Personen die Verpfändung ersichtlich ist (§§. 271 ff.), und endlich bei der Hypothek an die Eintragung im Grundbuch (§§. 8, 9, 411).

Das Pfandrecht ist nach römischem Rechte dinglicher Natur. Früher galt dies als zweifellos; jetzt ist es von einigen Lehrern des gemeinen Rechts bestritten. Für das preußische Recht interessirt indeß diese Kontroverse nicht, da der §. 1 d. T. ausdrücklich die Dinglichkeit des Pfandrechts anerkennt. In dem Fall, in welchem eine Forderung den Gegenstand des Rechtes bildet, kann freilich letzteres nicht eigentlich dinglich sein. Aber es hat doch die Wirkung des dinglichen Rechts, daß es den Gläubiger in die Lage setzt, unmittelbar auf den Gegenstand seines Rechtes einzuwirken. Förster, Theorie und Praxis §. 190, 3. Aufl. 3 S. 377.

Auf einen Unterschied zwischen dem Pfandrecht und den übrigen dinglichen Rechten ist hier noch aufmerksam zu machen. Während die letzteren den Grund ihrer Existenz in sich selber haben, entlehnt ersteres denselben aus einem anderen Recht. Das Pfandrecht dient zur Sicherung einer Forderung, es kann ohne eine solche nicht entstehen, es ist ein accessorisches Recht. Doch kommen schon in den römischen Rechtsquellen Fälle vor, in denen das Pfandrecht unabhängig von dem Fortbestande der Forderung erscheint, wenngleich die Forderung zur Wahrung des Prinzips, ihres Absterbens ungeachtet, als fortbestehend bezeichnet wird. Windscheid §. 225 S. 645. Das deutsche Recht ist weiter gegangen; es hat in der Reallast, dem Rentenkauf und der Satzung dingliche Rechte ausgebildet, welche ebenso wie das Pfandrecht die Zahlung einer Summe oder eine periodisch wiederkehrende Leistung aus der Sache verbürgen sollen, ein persönliches Schuldverhältniß jedoch nicht zur Voraussetzung haben. Das preußische Landrecht steht nicht auf diesem Standpunkt. Denn es hält grundsätzlich an der accessorischen Natur des Unterpfandsrechtes fest. Man hat sich indeß nicht verhehlen können, daß daraus Konflikte mit dem Publizitätsprinzip sich ergeben müssen. Um dieses Prinzip im Interesse des Realkredits zu wahren, sind Einreden aus dem persönlichen Anspruch, welcher durch die Hypothek gesichert werden soll, dem redlichen Cessionar gegenüber für unstatthaft erklärt. (Tit. 11 §. 739; Tit. 20 §§. 423 ff.) Auch ist die Hypothek des Eigenthümers mit der accessorischen Natur des Pfandrechts nicht zu vereinbaren. In Mecklenburg hat die Rücksicht auf die Kreditbedürfnisse des Grundbesitzes sogar dahin geführt, die Hypothek in ihrer Entstehung unabhängig von der persönlichen Schuld zu machen, eine selbstständige Kapitalsbelastung der Grundstücke zu konstruiren. v. Meibom a. a. O. S. 99. Die preußischen Gesetze v. 5. Mai 1872 sind diesem Beispiele gefolgt. Durch dieselben ist der accessorischen Hypothek die selbstständige Grundschuld

friedigung, selbst aus der Substanz [2]) dieser Sache verlangen kann, wird ein Unterpfandsrecht [3]) genannt.

§. 2. Das Recht, die Bestellung einer solchen Sicherheit zu fordern, kann durch Willenserklärungen und Gesetze [4]) begründet werden.

§. 3. Welchen Forderungen die Gesetze unmittelbar das Recht beilegen, daß der Gläubiger, auch ohne besondere Einwilligung des Schuldners, auf die Bestellung eines Unterpfandsrechts dafür antragen könne, ist bei den verschiedenen Geschäften, woraus diese Forderungen entstehen, im Gesetzbuche bestimmt [5]).

---

an die Seite gestellt. Vergl. hierüber die Anm. 29 zu §. 19 des Ges. über den Eigenthumserwerb, unten Zus. 11 zu §. 410.

1) Das „eingeräumt" ist nicht als Ergebniß einer Privatwillkür, sondern überhaupt als Erforderniß der Begründung, abgesehen von dem dazu berechtigten Subjekte, aufzufassen. Dann fällt der Tadel, daß die Begriffsbestimmung in diesem Ausdrucke zu enge gegeben sei, weg. Denn es ist wahr, das Unterpfandsrecht wird allemal eingeräumt, aber es kann geschehen sowohl durch Privatwillkür, als in manchen Fällen unmittelbar durch das Gesetz, und in manchen anderen Fällen auch durch den Richter.

2) Das ist nicht nothwendig; auch die künftigen Früchte der Sache können ausschließlich der Gegenstand des Pfandrechts sein (§§. 26, 225), wie es bei Hypothekbestellungen eines nutzbaren Eigenthümers ohne Zustimmung des Obereigenthümers immer der Fall ist. Der Ausdruck „aus der Substanz" hat aber, bei richtiger Beziehung, doch in allen Fällen Wahrheit, wenn man nämlich unter „dieser Sache" den wahren Gegenstand des Pfandrechts versteht. Denn die Früchte, wenn bloß diese verpfändet sind, kommen als selbstständige Sache in Betracht und haften mit der Substanz.

3) (5. A.) Siehe die Anm. ** Abs. 4.

4) Nicht also kann durch Verjährung der Titel (das Forderungsrecht) begründet werden, außer dem Darlehn. Vergl. Tit. 11 §. 839. Gleichwohl scheint dieses in einem Erk. des O.Tr. II vom 9. Dezbr. 1858, Entsch. 40 S. 144, angenommen worden zu sein; doch ist die Begründung der Entscheidung so ausdruckslos, daß daraus nichts zu machen ist. Es wird von der Begründung eines dinglichen Rechts durch Verjährung gesprochen; der vorliegende Fall ist aber der: ob die Eintragung einer persönlichen Verbindlichkeit zur Zahlung eines jährlichen Zinses ohne ursprünglichen Rechtsgrund durch Verjährung zu Kräften kommen, also: ob die Obligation zur Zahlung eines jährlichen Zinses (angeblich für eine Hütung) durch Akquisitivverjährung entstehen kann; denn ohne dieses würde die Eintragung für immer wirkungslos geblieben sein. Das bleibt unbeantwortet.

(5. A.) Der vorstehenden Polemik dürfte nicht beizupflichten sein. Schon die Annahme, daß eine Darlehnsforderung *ersessen* werde könne, ist bestritten. Siehe die Anm. zu §. 839 Tit. 11, oben Bd. 1 S. 749; *Förster*, Theorie und Praxis, §§. 46 und 137 Note 145, 3. Aufl. Bd. 1 S. 219 u. Bd. 2 S. 257. Sodann ist von dem Obertribunal a. a. O. nur gesagt, „daß, wenn die *Abgabe*, welche ohne Rechtsgrund eingetragen worden, dann durch Ersitzung erworben ist, dadurch der fehlende Rechtsgrund für die Eintragung herbeigeschafft worden, und diese in Folge dessen konvaleszire. Dem ist beizustimmen, und es hier auch nicht, wie *Koch* meint, von der Entstehung einer *Obligation* durch Ersitzung die Rede, sondern von dem Erwerb einer *Reallast* (eines objektiv dinglichen Rechts)." *Förster* a. a. O. §. 193 Note 1 Bd. 3 S. 404. Vergl. das Ges. über den Eigenthumserwerb v. 5. Mai 1872 §§. 12 u. 13, Zus. zu §. 1 Tit. 19.

5) (5. A.) Von den gesetzlichen *Titeln* zum Unterpfandsrecht, an welche hier gedacht ist, sind die gesetzlichen *Pfandrechte* wohl zu unterscheiden.

I. Gesetzliche *Titel* kennt das Landrecht folgende:

a. Der Verkäufer einer unbeweglichen Sache, der sich das Eigenthum bis zur Berichtigung des Kaufgeldes vorbehalten hat, ist berechtigt, das letztere im Hypothekenbuche der verkauften Sache eintragen zu lassen. Th. I. 11 §. 268. Ges. über den Eig.-Erw. v. 5. Mai 1872 §. 26.

b. Der Legatar hat wegen des Vermächtnisses einen Titel zum Pfandrecht an dem Nachlasse und beziehungsweise am Vermögen des Erben. I. 12 §. 290.

c. Die Allodialerben haben bei der Auseinandersetzung mit dem Lehnsfolger einen Titel zur Hypothek auf das Lehn wegen ihrer Ansprüche an dasselbe. I. 18 §. 601.

d. Der Ehemann hat wegen des Ehevermächtnisses einen Titel zum Pfandrecht am Nachlaß der Frau. Th. I. 12 §. 290, Th. II. 1 §. 454.

e. Der geschiedene Ehegatte, dem der andere Alimente verabreichen muß, ist deswegen berechtigt, Sicherheitsbestellung mit dem bereitesten Vermögen des Verpflichteten zu fordern, II. 1 §§. 802 und 810.

f. Die Kinder haben das Recht, von ihrem Vater, der zur zweiten Ehe schreitet, die Eintragung ihres Vermögens auf dessen Grundstücke zu fordern, II. 2 §. 187. Das gleiche Recht steht ihnen wegen des künftigen Pflichttheils im Fall der Ehescheidung ihrer Eltern zu. §. 463 daselbst.

§. 4. Auch außerdem kann der Gläubiger in allen Fällen, wo er Cautions=

g. Wenn der zur Uebernahme einer Vormundschaft Verpflichtete die Uebernahme ohne Rechtsgrund verweigert, so muß er den dann anderweit zu bestellenden Vormund honoriren und die Eintragung des Honorars auf seine Grundstücke sich gefallen lassen, II. 18 §. 206.

h. Der Pflegebefohlene ist befugt, zu verlangen, daß die Defekte in seinem Vermögen, die der Vormund oder der falsus tutor zu vertreten hat, auf die Grundstücke des Schuldners eingetragen werden, II. 18 §. 296.

Das von dem Gesetzrevisor, Pens. 3 S. 116 ff., mitgetheilte Verzeichniß ist theilweise antiquirt. Vergl. Förster, Th. und Pr. 3. Aufl. 3 S. 405.

Das Einführungsgesetz zur Konkurs=Ordnung v. 8. Mai 1855 bestimmt wörtlich:

„Art. 11. Außer den in dem A. L. R. und in anderen Gültigkeit behaltenden Gesetzen aufgeführten gesetzlichen Titeln zum Pfandrecht bleiben nur noch folgende ferner in Kraft:

1. für den Fiskus und die mit fiskalischen Rechten versehenen Anstalten in dem Vermögen ihrer Schuldner wegen aller Ansprüche an dieselben, mit Ausnahme der Geldstrafen;

2. für die Gemeinde=, Kreis= und Provinzialverbände, die landschaftlichen Kreditverbände, die Domkapitel, Kollegiatstifter, Klöster, Kirchen, Schulen und milden Stiftungen, in dem Vermögen ihrer verwaltenden Beamten wegen der Ansprüche aus der Verwaltung, ingleichen in dem Vermögen ihrer Mitkontrahenten wegen der Ansprüche aus den mit denselben geschlossenen Kontrakten;

3. für die Dienstherrschaften in dem Vermögen ihrer Hausoffizianten und Dienstboten wegen der denselben zum Behuf ihrer Dienstverrichtungen anvertrauten Gelder und Effekten;

4. für die Konkursmassen in dem Vermögen der dieselben verwaltenden Personen wegen der Ansprüche aus der Verwaltung."

„Art. 12. Der gesetzliche Titel zum Pfandrecht, welcher der Ehefrau in dem Vermögen ihres Ehemannes zusteht, ist vom 1. Okt. 1855 an dahin beschränkt, daß die Ehefrau nur die Befugniß hat, ihre Ansprüche wegen des gesetzlich in die Verwaltung des Mannes gekommenen Vermögens innerhalb eines Jahres nach dem Beginn der Verwaltung des Mannes in das Hypothekenbuch über die Grundstücke desselben eintragen zu lassen.

Erwirbt der Ehemann erst nach dem Beginn seiner Verwaltung des Vermögens der Ehefrau Grundstücke, so kann die Ehefrau noch binnen Jahresfrist seit der Erwerbung der Grundstücke ihre Ansprüche in das Hypothekenbuch derselben eintragen lassen.

Hat jedoch die Ehefrau einen gesetzlichen Titel zum Pfandrecht schon vor dem 1. Okt. 1855 erworben, so kann sie von demselben noch während der Dauer eines Jahres, von dem gedachten Tage an gerechnet, nach Maßgabe der bisherigen Vorschriften Gebrauch machen."

Der Titel gewährt das Recht auf Einräumung des Pfandrechts, d. i. im Fall der Hypothek auf Eintragung einer bestimmten Summe im Grundbuch. Weigert der Verpflichtete die Eintragungsbewilligung, so muß er deswegen verklagt werden. Ohne seinen erklärten oder durch Erkenntniß ersetzten Willen findet die Eintragung nicht statt. Ges. über den Eig.=Erw. v. 5. Mai 1872 §§. 19, 23, 24. —

II. Ein gesetzliches (stillschweigendes) Pfandrecht haben nach dem A. L.R.:

a. der Verpächter und der Vermiether auf die eingebrachten Effekten des Pächters und des Miethers, Tit. 21 §. 395 und Allg. Ger.O. I. 50 §. 382, und

b. Gastwirthe an den eingebrachten Sachen des Gastes, Th. II. 8 §. 455 und Anh. zur Allg. Ger.O. §. 359.

c. Ein fernerer Fall kommt noch im Seerechte vor, von den beiden ersten Fällen aber darin verschieden, daß das Pfandrecht erst durch eine Handlung des Richters zur Entstehung gelangt. Th. II. 8 §§. 1410 u. 1411.

d. Koch rechnete hierher noch „die Hypothek des Pächters und Miethers für die Entschädigung wegen vorzeitig verlangter Räumung, unter der Voraussetzung, daß der Kontrakt mit Erwähnung der besonderen Geldverbindlichkeiten des Verpächters im Hypothekenbuch vermerkt ist." Tit. 21 §. 356. Dieser Fall dürfte jedoch nicht hierher gehören. Denn die Hypothek entsteht auch für den Pächter oder Miether nur durch die Eintragung. Gesetzliche Hypotheken giebt es abgesehen von den Abgaben und Lasten, die im Subhastations= und im Administrations=Verfahren nach der Konk.=O. v. 8. Mai 1855 §§. 47 — 50, 57, 416 und der Subh.=O. v. 15. März 1869 §. 60 vorweg aus der Kaufgeld= und der Revenüen=Masse berichtigt werden, nach preußischem Rechte nicht.

Nach der Konk.=O. §. 33 haben folgende Personen mit den Faustpfandgläubigern gleiche Rechte, und zwar sowohl im Konkurse als außerhalb desselben (§§. 359 u. 376):

„1. der Fiskus und die Gemeinden wegen Zölle und Steuern, in Ansehung der zurückgehaltenen oder mit Beschlag belegten zoll= und steuerpflichtigen Gegenstände, soweit nicht etwa durch Konfiskation das Eigenthum derselben an den Fiskus oder die Gemeinden übergegangen ist;

2. der Fiskus wegen Vorschüsse, welche zur Ausrüstung einer Militärperson in der gesetzlich vorgeschriebenen Form gegeben worden sind, in Ansehung sämmtlicher Ausrüstungsgegenstände;

3. diejenigen, welchen eine Kaution bestellt worden ist, wegen der Ansprüche, für welche die Kaution haftet, in Ansehung des Gegenstandes der letzteren;

leistung für sein Recht von dem Schuldner zu fordern befugt ist[6]), auf die Bestellung eines wirklichen Unterpfandsrechts, selbst wider den Willen des Schuldners, bei dem Richter antragen[7]).

4. Vermiether und Verpächter wegen des Zinses und anderer Forderungen aus dem Mieth- und Pachtverhältnisse, in Ansehung der von dem Miether oder Pächter eingebrachten Sachen, welche ihm selbst gehören oder welche er ohne Einwilligung des Eigenthümers zu verpfänden befugt ist, soweit der Vermiether oder Verpächter das ihm zustehende Zurückbehaltungsrecht an denselben ausübt; ingleichen in Ansehung der noch nicht abgesonderten Früchte der verpachteten Grundstücke;

5. Gastwirthe wegen Forderungen für Wohnung und Bewirthung, in Ansehung der eingebrachten und zurückbehaltenen Sachen des Gastes, welche diesem selbst gehören oder welche er ohne Einwilligung des Eigenthümers zu verpfänden befugt ist;"

6 — 8 fallen weg.

„9. Werkmeister, Handwerker und Arbeiter wegen ihrer Forderungen für Arbeit und Auslagen, in Ansehung der von ihnen gefertigten oder ausgebesserten und noch in ihrer Gewahrsam befindlichen Sachen;

10. diejenigen, welchen das Zurückbehaltungsrecht an einer körperlichen beweglichen Sache auf Grund einer zum Nutzen der Sache geschehenen Verwendung zusteht, wegen ihrer Forderungen aus dieser Verwendung, soweit der Vortheil derselben noch wirklich vorhanden ist, in Ansehung der zurückbehaltenen Sache."

Das Einführungsgesetz zum Allg. Deutschen Handelsgesetzbuch v. 24. Juni 1861 bestimmt unter Art. 28:

„Der §. 32 der Konk.-O. v. 8. Mai 1855" (in welchem die Rechte der Pfandgläubiger festgesetzt sind) „findet auch auf diejenigen Gläubiger Anwendung, welchen das Handelsgesetzbuch in den Artikeln 374, 382, 409, 624, 629, 675 und rücksichtlich der Ladung des Schiffs in den Artikeln 680, 697, 727, 753, 781 ein Pfandrecht beilegt. Diese Bestimmung tritt an die Stelle der Vorschriften unter Ziffer 6, 7, 8 im §. 33 der Konkurs-Ordnung."

6) Diese Fälle sind in den Anmerkungen 4 und 5 zu §. 180 Tit. 14 nachgewiesen.

7) Dieser Antrag besteht in der Anbringung der aus dem Rechtsverhältnisse entspringenden persönlichen Klage auf Sicherheitsbestellung. Wie diese zu bewerkstelligen sei, hat der Richter nach den allgemeinen Grundsätzen Tit. 14 §§. 186 ff. zu bestimmen, wenn für den Fall keine Spezialbestimmungen gegeben sind, wie z. B. in der A.G.O. I. 21 §. 13 geschehen ist. Aus der Vollstreckung des Urtheils entsteht dann ein wirkliches Unterpfandsrecht, selbst wenn es auf Zulassung eines Bürgen ausgefallen sein sollte; denn der Bürge selbst muß seine Bürgschaft hypothekarisch versichern. Tit. 14 §. 192. Mehr siehe oben Anm. 6 zu §. 180 daselbst.

Wenn ein Schuldner für diejenigen Forderungen, welche seinem Gläubiger aus einem zwischen ihnen stattgehabten oder auch noch fortgehenden Verkehre zustehen oder noch erwachsen werden, in einer Kautionsurkunde bis zu einem bestimmten Betrage eine hypothekarische Kaution bestellt und diese in das Hypothekenbuch eingetragen wird, so wird dem Gläubiger das Hypothekenrecht für den später nachzuweisenden Betrag seiner betreffenden Forderung bis zur Höhe der bestellten Kaution schon durch die Eintragung der Kaution erworben. Es bedarf daher, wenn später die Forderung durch ein rechtskräftiges Erkenntniß festgestellt und der Schuldner zu deren Zahlung verurtheilt wird, nicht erst der Umschreibung der Kaution in eine Hypothek für den innerhalb der Kautionssumme ausgewonnenen Betrag oder einer neuen Eintragung des in dem Judikate liegenden neuen Titels zur Hypothek. O.Tr. III v. 29. April 1867, Str. Arch. 67 S. 151. (5. A.) Der Gläubiger kann vielmehr den festgestellten Betrag bei der Subhastation ohne Weiteres liquidiren, vorausgesetzt, daß er denselben dann noch zu fordern hat. Ist die Forderung dagegen inzwischen theilweise berichtigt worden, so findet nur wegen des Rechtes ein Anspruch auf die Kaufgeldermasse statt. In einem Falle hatte der Schuldner die Umschreibung der Kaution in eine förmliche Hypothek auf Höhe des festgestellten Betrages bewilligt. Die Umschreibung selbst war jedoch erst erfolgt, nachdem der Gläubiger eine Abschlagszahlung empfangen und den ihm gezahlten Betrag dem Schuldner abgetreten hatte. Letzterer cedirte diesen Betrag als Hypothek des Eigenthümers weiter, und sein Cessionar, der die Sachlage kannte, trat bei der Kaufgelderveertheilung als Hypothekengläubiger auf. Die Hypothek wurde jedoch von nacheingetragenen Gläubigern bestritten. Das Obertribunal erklärte dieselbe für ungültig, und zwar einmal, weil die Kaution in Höhe des an den Gläubiger abgeführten Betrages gegenstandslos geworden und folglich zur Umschreibung in eine förmliche Hypothek, wegen Mangels der Forderung, nicht mehr geeignet gewesen wäre, sodann weil überhaupt die Grundsätze der Hypothek des Eigenthümers auf Kautionshypotheken nicht angewendet werden könnten. O.Tr. III v. 16. Dezbr. 1872, Str. Arch. 87 S. 240. Die Entscheidung gründet sich auf das Wesen der Kautionshypothek im Sinne des Landrechts. Ihre Richtigkeit ist indeß auch nach dem Gesetz über den Eig.-Erw. v. 5. Mai 1872 §§. 24 und 67 unbestreitbar.

Wenn Jemand für den Kredit, der ihm und Anderen gegen solidarische Verhaftung von einem Dritten gewährt worden, diesem durch Eintragung einer Kaution auf sein Grundstück Sicherheit be-

§. 5. Wie im Wege der Execution ein Pfandrecht entstehe, bestimmt die Prozeßordnung.

1. V. v. 4. März 1834 über die Exekution in Civilsachen. (G.S. S. 36.)

§. 22*. Der Gläubiger erwirbt durch solche Erkenntnisse, Vergleiche und Zahlungsverfügungen, aus welchen eine Exekution stattfindet [8]), für Kapital, Zinsen und Kosten, und für die Kosten der

---

stellt hat, so genügt sein Schuldanerkenntniß zur Umschreibung der Kaution in eine förmliche Hypothek, weil die Kaution, vermöge der Solidarverbindlichkeit der Schuldner, für die jedem einzelnen gegebenen Vorschüsse in den Grenzen des eingetragenen Limitums ganz haftet. Bescheid des Appell.-Ger. zu Hamm v. 18. Jan. 1860, Gruchot, Beitr. 4 S. 88. Siehe auch Turnau, Grundbuch-O. S. 415.

8) Dies ist die Bedingung, ohne daß auf die, wenn nur an sich zuständige, Behörde, von welcher, und auf die Art des Verfahrens, in welchem die exekutorische Verfügung erlassen worden ist, etwas ankommt. Namentlich findet daher auch in dem Falle des §. 64 der Kriminalordnung die Eintragung der Unterhaltungskosten statt, in welcher Beziehung das O.Tr. folgende Sätze festgestellt hat: 1. Die subsidiarische Verpflichtung der Eltern und Kinder zur Bezahlung desjenigen, was zum nothwendigsten Unterhalte der hülflosen Kinder oder Eltern während der Untersuchung und Vollziehung der Strafe nach Festsetzung der Behörde erfordert wird, ist eine gesetzliche Folge der rechtskräftigen Verurtheilung, so daß es zur Sicherstellung dieses Anspruchs durch hypothekarische Eintragung auf die Immobilien der subsidiarisch Verpflichteten nicht erst der Erwirkung eines Judikats gegen dieselben bedarf. 2. Auch die bereits vor dem 1. Januar 1852 entstandenen Untersuchungskosten können sowohl gegen den Verurtheilten selbst, als auch gegen die subsidiarisch Verpflichteten, beim Eintritte ihrer Haftbarkeit, durch hypothekarische Eintragung auf die Immobilien derselben sicher gestellt werden, ohne daß es einer vorgängigen Einklagung dieser Kosten bedarf. 3. Diesem Pfandrechtstitel der Kostenforderung steht das behauptete Unvermögen des subsidiarisch Verpflichteten nicht entgegen, giebt demselben vielmehr nur einen Anspruch auf Niederschlagung und demnächst Löschung der Forderung. O.Tr. I (Pr. 2557) v. 23. Oktbr. 1854, Entsch. 29 S. 108.

Der §. 22 enthält keine Aenderung der landrechtlichen Bestimmung im §. 5 d. T., daß der dem exekutorischen Titel beigelegte Pfandrechtstitel eben nur ein Rechtsgrund zur Erwerbung des Unterpfandsrechts ohne oder selbst wider den Willen des Schuldners sei; der §. 22 der V. v. 4. März 1834, an sich eine Ergänzung der A. G.O. I. 24 §§. 110 ff., macht die rechtskräftige Forderung nicht von selbst zu einer realen, es muß noch die besondere Erwerbungsart der Eintragung (die Besitzergreifung — Pfändung giebt kein Realrecht und nach der Konk.-O. v. 8. Mai 1855 auch kein Vorrecht mehr) hinzutreten, was nicht möglich, so lange der Titel nicht perfekt ist, d. h. so lange die Exekution noch nicht oder nicht mehr stattfindet. Eine Ausnahme macht der Satz 3 dieses §. 22. (Anm. 14 u. 15.) Dagegen ist unter der gedachten Voraussetzung der §. 22 nicht auf Geldforderungen zu beschränken, sondern begründet auch für rechtskräftige, bestimmte fungible Naturalleistungen das prätorische Pfandrecht und den Titel zur Eintragung. O.Tr. III (Pr. 2347) v. 6. Febr. 1852, Entsch. 22 S. 222. (5. A. Gegenwärtig kann jedoch von der Eintragung eines Anspruchs auf Naturalleistungen (abgesehen von dem Fall einer Reallast, der hier nicht in Frage ist,) nicht mehr die Rede sein. Eine Hypothek darf nur für eine bestimmte Summe in gesetzlicher Währung eingetragen werden. Ges. über den Eig.-Erw. v. 5. Mai 1872 §§. 19 u. 23; Grundbuch-O. §§. 41 u. 43. Wenn daher der Eigenthümer eines Grundstücks zu einer (fungibelen) Naturalleistung rechtskräftig verurtheilt ist, so findet die Eintragung des daraus für den Berechtigten sich ergebenden Pfandrechtstitels im Wege der Exekution nur in der Form der Kautionshypothek oder der Vormerkung statt unter Angabe der höchsten Summe, bis zu welcher das Grundstück in Anspruch genommen werden kann. Ges. über den Eig.-Erw. §§. 22 u. 24.) Für Leistungen und Handlungen, wegen welcher nach §. 9 der V. v. 4. März 1834 executio ad faciendum eintritt, konnte schon nach dem bisherigen Recht eine Hypothek nicht genommen werden, so lange nicht eine Geldsumme, sei es daß sie als Exekutionsmittel, oder als Kostenvorschuß, oder als Entschädigung dienen sollte, wenigstens vorläufig durch die Exekutionsbehörde festgesetzt worden war; eher läßt sich nicht von „Kapital und Zinsen" sprechen. Die an sich eintragungsfähigen Forderungen müssen überdies gegenwärtig einziehbar sein; denn das Einziehungsverfahren ist der Entstehungsgrund dieses Pfandrechts. Daher können erst künftig fällig werdende und bedingte Forderungen, z. B. künftige Alimente, nicht eingetragen werden. O.Tr. (Pr. 1619) v. 4. Okt. 1845, Entsch. 12 S. 482, und III v. 10. Nov. 1871, Str. Arch. 83 S. 106. Der Fall, wo für eine künftige und bedingte Forderung von Rechts wegen Sicherheit bestellt werden muß, wie z. B. der Fall des §. 802 Tit. 1 Th. II macht hiervon keine Ausnahme: der Titel zur Hypothek ist hier kein prätorischer, sondern ein gesetzlicher. (5. A.) Ein noch nicht vollstreckbares Erkenntniß giebt demjenigen, der dasselbe erstritten hat, keinen Titel zur Hypothek. Ist daher gleichwohl aus einem solchen Urtheil auf Grund des §. 22 der Verordnung v. 4. März 1834 für den Gläubiger eine Protestatio pro conservando jure et loco auf das Grundstück des Schuldners eingetragen worden, so ist diese Protestation, auch wenn später die Entscheidung rechtskräftig bestätigt wird, ungültig und nament-

Eintragung [9]), einen Titel zum Pfandrecht auf die dem Schuldner [10]) zugehörigen Immobilien. (A. L.R. Th. I Tit. 20 §. 5.)

Er ist — [11]) befugt, die Eintragung auch ohne besondere Einwilligung des Schuldners bei dem Prozeßrichter nachzusuchen, und letzterer ist verbunden, die Eintragung bei der Hypothekenbehörde unter Mittheilung einer mit dem Atteste der Rechtskraft [12]) versehenen Ausfertigung des Erkenntnisses, Vergleichs 2c. und, wenn ein Instrument über den Anspruch vorhanden ist, unter Beifügung desselben, in Antrag zu bringen, auch gleichzeitig den Schuldner davon zu benachrichtigen.

Dem Gläubiger steht schon vor Nachsuchung des Zahlungsbefehls frei, u. s. w. [13]).

Kommt es noch auf die Feststellung des Betrages der Forderung an [14]), oder ist die Exekution

---

lich zur Umschreibung in eine Hypothek nicht geeignet. O.Tr. III v. 22. Septbr. 1851, Str. Arch. 3 S. 90. Das Gesetz über den Eig.=Erw. v. 5. Mai 1872 hat hieran nichts geändert.

9) Die Kosten der Eintragung gehören hier zu den Beitreibungskosten, für welche der Pfandtitel in dem Erkenntnisse 2c. liegt. Vergl. das Gesetz v. 24. Mai 1853 §. 29. (5. A.) Nach dem Gesetz v. 5. Mai 1872 §. 30 haftet das Grundstück, abweichend vom A. L.R. I. 20 §§. 484—488, stets für die Kosten der Eintragung und Beitreibung des Betrages der Hypothek.

10) Bei bestehender ehelicher Gütergemeinschaft ist ein gegen den Ehemann allein gerichtetes Erkenntniß zur Vollstreckung in das gütergemeinschaftliche Vermögen geeignet, also auch zur Eintragung genügend; doch kann die Ehefrau, wenn die Eintragung auf ein von ihr eingebrachtes Grundstück geschehen soll, andere gütergemeinschaftliche Gegenstände zur Befriedigung des Gläubigers nachweisen. Gutachten des O.Tr. v. 24. August 1840, J.M.Bl. S. 370. Das Abwendungsmittel ist unpraktisch, denn es setzt voraus, daß die Frau von der bevorstehenden Eintragung Kenntniß erhalte. Eine solche vorgängige Benachrichtigung, womit selbstverständlich auch eine Fristbestimmung verbunden sein müßte, bringt jedoch das Verfahren nicht mit sich.

11) Die hier im Gesetze stehenden Worte: „nach Ablauf der im Zahlungsbefehle (A. G.O. Tit. 24 §. 31) bestimmten Frist", fallen weg; der §. 31 ist aufgehoben, und der Erlaß eines monitorischen Zahlungsbefehls an den Schuldner findet nicht ferner statt. G. v. 20. März 1854 §. 15, G.S. S. 115. Die Eintragung muß nun auf Antrag des Exekutionssuchers mit der Exekution zugleich verfügt werden.

12) Ein Attest, worin bezeugt ist, daß bei dem Prozeßrichter innerhalb der vorgeschriebenen Fristen ein Rechtsmittel nicht eingelegt worden, genügt. R. v. 20. Dezbr. 1838, J.M.Bl. 1839 S. 19. Ist gegen das Erkenntniß ein ordentliches Rechtsmittel nicht zulässig, so bedarf es eines besonderen Attestes der Rechtskraft nicht. R. v. 26. März 1835, Jahrb. 46 S. 565. Die eingelegte Nichtigkeitsbeschwerde hindert die Eintragung nicht, wohl aber thut dies die Deposition der beizutreibenden Forderung. Wird erst nach geschehener Eintragung deponirt, so ist die Vermerkung der Deposition in der Kolonne „Cessionen" von Amts wegen zu veranlassen und auf dem einzufordernden Instrumente die Deposition vom Prozeßrichter zu registriren. R. v. 14. Juni 1838, Jahrb. 51 S. 384. (5. A.) Der Vermerk der Deposition im Grundbuch hat die Natur der Eintragung einer Beschränkung des Gläubigers in der Verfügung über die Hypothek. Eine solche Beschränkung darf von dem Grundbuchrichter, wenn der Gläubiger die Eintragung nicht bewilligt, nur auf den Antrag des Prozeßrichters (Exekutionsrichters) eingetragen werden. Ges. über den Eig.=Erw. §§. 60 u. 70. Der verurtheilte Schuldner hat sich deshalb an den letzteren zu wenden. Stellt sich dann heraus, daß der Gläubiger die Hypothek bereits einem Dritten abgetreten hat, so muß die Eintragung der Beschränkung unterbleiben und die niedergelegte Judikatsumme dem Deponenten zurückgezahlt werden. Vergl. die Grundbuch=Ordn. v. 5. Mai 1872 §. 91 und die Verordnung v. 4. März 1834 §. 12.

13) (5. A.) Die Verordnung bestimmt hier wörtlich: „Dem Gläubiger steht schon vor Nachsuchung des Zahlungs=Befehls" (Exekutions=Befehls Anm. 11 oben) „frei, mit Ueberreichung des Erkenntnisses, Vergleichs 2c. oder einer beglaubten Abschrift derselben, sich unmittelbar an den Hypothekenrichter zu wenden, und die Eintragung einer Protestation zur Erhaltung seines Vorrechts nachzusuchen. Der Hypothekenrichter hat in solchem Falle die Eintragung sofort zu bewirken, ist jedoch verpflichtet, die Protestation von Amts wegen wieder zu löschen, wenn der Antrag des Prozeßrichters auf Eintragung einer förmlichen Hypothek nicht binnen drei Monaten eingeht." Diese Bestimmung ist weggefallen, da das Grundbuchamt die der Protestation entsprechende Vormerkung zur Erhaltung des Rechts auf Eintragung einer Hypothek, beim Mangel der Einwilligung des Schuldners, nur auf Ersuchen des Prozeßrichters eintragen darf. Ges. über den Eig.=Erw. v. 5. Mai 1872 §. 22; Grundbuch-Ordn. §. 41.

14) Dies bezieht sich auf Fälle, wo zuvor über den Grund der fälligen Forderung, nicht aber zugleich über den Betrag erkannt worden ist und nur aus diesem Grunde die exekutive Einziehung ausgesetzt wird; keineswegs auf die Fälle der Präjudizialklagen und bedingte terminliche Leistungen, z. B. künftige Alimente. Oben Anm. 8 Abs. 2.

nur provisorisch[15]) zulässig, so kann der Gläubiger auf denselben Wegen[16]) die vorläufige[17]) Eintragung seines Rechts verlangen.

§. 23. Besitzt der Schuldner mehrere[18]) Immobilien, und der Gläubiger will sich nicht mit der Eintragung auf eines derselben begnügen, so darf Letzterer nur einen von ihm zu bestimmenden Theil[19]) der Forderung auf jedes Immobile eintragen lassen.

2. K.O. vom 6. Mai 1836, über die Wirkung der von den Regierungen ꝛc. angeordneten exekutivischen Maßregeln. (G.S. S. 194.)

Den exekutivischen Maßregeln, welche die Regierungen innerhalb der Grenzen des durch die Verordnung v. 26. Dez. 1808 und durch die Instruktionen v. 23. Okt. 1817 und 31. Dez. 1825 gesetzlich ihnen verliehenen Exekutionsrechts anordnen, ist dieselbe Wirkung beizulegen, die das Gesetz den richterlichen Exekutionen beilegt[20]).

3. Gesetz, betr. den Ansatz und die Erhebung der Gerichtskosten. Vom 10. Mai 1851. (G.S. S. 622.)

§. 15. Jede Kostenforderung giebt einen Titel zum Pfandrecht auf die dem Schuldner gehörigen Immobilien[21]).

Erwerbungsart des Pfandrechts. §. 6. Der vorstehendermaßen entstandene Titel zum Pfandrechte giebt für sich allein noch kein wirkliches dingliches Recht auf eine gewisse bestimmte Sache; sondern es muß, um dieses zu erlangen, annoch die gesetzmäßige Erwerbungsart hinzukommen.

§. 7. Geschieht die Einräumung dieses dinglichen Rechts durch Uebergabe der Sache: so ist ein Pfandrecht im engern Sinne vorhanden[22]).

---

15) In diesem Falle bedarf es selbstverständlich keines Attestes der Rechtskraft.

16) (5. A.) Der direkte Weg zum Hypothekenrichter (Grundbuchamt) ist jetzt abgeschnitten. Anmerk. 13.

17) (5. A.) Die vorläufige Eintragung des Rechts aus dem Judikat kann jetzt nur noch im Wege der Vormerkung durch Vermittelung des Prozeßrichters erlangt werden. S. die vor. Anm.

18) Mehrere auf Ein Folium zusammengeschriebene Grundstücke gelten in dieser Beziehung für ein Immobile, sagt der J.M. in den Besch. v. 25. April 1836 und v. 12. Januar 1841, J.M.Bl. 1841 S. 38. Diese Auslegung halte ich für unrichtig. Die Absicht des Gesetzes geht dahin, die solidarische Belastung mehrerer selbstständiger Grundstücke im Wege der Exekution auszuschließen. (5. A.) Ihre Selbstständigkeit verlieren aber die Grundstücke dadurch, daß sie im Grundbuche auf Einem Blatte oder unter Einem Artikel verzeichnet sind, noch nicht. Grundbuch-Ordn. §§. 13, 14, 61.

19) Theilen muß auch ein solcher Gläubiger seine Forderung, welcher bereits eine Konventionalhypothek hat und die Eintragung im Wege der Exekution noch auf einem anderen Grundstücke des Schuldners verlangt; er muß mithin auf die Konventionalhypothek zu dem Betrage, welchen er auf ein anderes Grundstück eintragen lassen will, verzichten. R. v. 17. September 1836, Jahrb. 48 S. 219.

20) Hiernach können die Regierungen, soweit ihnen das Exekutionsrecht zusteht, um die Eintragung ihrer Forderungen, gleich dem Prozeßrichter, requiriren. R. v. 9. Oktober 1840, J.M.Bl. S. 327.

21) (5. A.) Die Kassenverwaltung ist hiernach befugt, zur Sicherung ihrer Kostenforderung eine Hypothek auf die Grundstücke des Schuldners eintragen zu lassen. Zu der Requisition um Eintragung ist der Kurator der Kasse zuständig. (Instr. für die Kassenverwaltungen v. 17. Dezember 1872 §. 41.) Seinem Ersuchen ist von dem Grundbuchrichter stattzugeben. Ges. über den Eig.-Erw. §. 19 Nr. 3; Grundbuch-Ordn. §. 41. — Das Gesetz v. 9. Mai 1854 (G.S. S. 273) bestimmt unter Art. 1: „In Untersuchungssachen findet zwar die Erhebung eines Kostenvorschusses nicht statt; es kann jedoch, sobald die Einleitung der Untersuchung oder die definitive Versetzung des Beschuldigten in den Anklagestand beschlossen worden ist, das Vermögen desselben insoweit, als es nach dem Ermessen des Gerichts zur Deckung der Kosten des Verfahrens erforderlich ist, mit Beschlag belegt werden." Die Beschlagnahme auf Grund dieser Bestimmung hat aber nur die Wirkung des Arrestes. Einen Titel zum Pfandrecht giebt nur die gegen den Schuldner bereits festgesetzte Kostenforderung. O.Tr. III v. 10. März 1871, Entsch. 65 S. 123; Str. Arch. 80 S. 311. Hieran ändert auch das Vorhandensein eines rechtskräftigen Strafurtheils, aus dessen Vollstreckung eine künftige Forderung von Haftkosten sich ergiebt, nichts. Denn dieses Urtheil ist für sich allein noch kein Pfandtitel für die Kosten der künftigen Haft des Verurtheilten. Ueberdies gehören zu den Kosten des Verfahrens, welche der Art. 1 des Ges. v. 9. Mai 1854 im Sinne hat, nicht die Kosten der Strafvollstreckung. O.Tr. III v. 30. Sept. 1872, Entsch. 68 S. 36.

§. 8*. Geschieht dieselbe durch gerichtliche Eintragung auf Grundstücke, und solche Gerechtigkeiten, welche die Gesetze den unbeweglichen Sachen gleich achten: so hat der Gläubiger das Recht einer Hypothek[23]).

§. 9*. So lange weder Uebergabe, noch Eintragung erfolgt ist[24]), kann zwar der Gläubiger die seiner Forderung im Gesetze beigelegten Vorrechte auf das Vermögen des Schuldners, und die darin befindlichen Sachen ausüben[25]).

§. 10. Er kann aber dieselben auf Sachen, die rechtsgültiger Weise aus dem Vermögen des Schuldners herausgegangen sind, gegen einen dritten Besitzer derselben nicht verfolgen[26]).

§. 11. Für jeden[27]) an sich rechtsbegründeten Anspruch kann durch Pfand oder Hypothek[28]) gültig Sicherheit bestellt werden. Für welche Ansprüche ein Pfandrecht bestellt werden könne.

---

22) Durch die behufs Sicherstellung des Wechselgläubigers wegen der Wechselforderung von dem Wechselschuldner geschehene Deposition einer Kaution erlangt der Gläubiger an dieser Kaution ein Pfandrecht. O.Tr. IV v. 15. Juli 1854, Str. Arch 14 S. 173.

23) (5. A.) Das ist auch der Grundsatz des Gesetzes über den Eigenthumserwerb rc. v. 5. Mai 1872 §§. 18 u. 69. Vgl. §. 411 d. T.

24) Erst mit Vollendung der Eintragung ist das dingliche Recht, die Hypothek, erworben. Die Anmeldung (Präsentation des Eintragungsgesuchs) ist ohne Wirkung für die Entstehung der Hypothek. Die in der Hyp.=O. Tit. 2 §. 30 dem Hypothekenbuchführer gegebene Vorschrift regelt lediglich den Fall, wenn ihm mehrere Befehle von einerlei Art und dasselbe Grundstück betreffend, zu gleicher Zeit zugestellt werden und es deshalb auf die Folgeordnung der zu bewirkenden Eintragung ankommt, und setzt in der Anwendung gleichartige persönliche Rechte, namentlich Darlehnsposten, die sämmtlich erst mit Titel zur Hypothek versehen sind, voraus, findet mithin auf den Fall nicht Anwendung, wenn ein Besitztitel und ein Hypothekentitel von verschiedenen Personen präsentirt werden. (Entsch. des O.Tr. 12 S. 199.) Der Besitzer hat schon ein dingliches Recht, das Eigenthum, der Gläubiger des Vorbesitzers nur ein persönliches gegen Diesen, der Letztere wird daher durch den Grundsatz des §. 10 ausgeschlossen. (5. A.) Nach diesem Grundsatz muß auch noch jetzt verfahren werden, wenn Jemand, der vor dem 1. Oktober 1872 das Eigenthum erworben hat, seine Eintragung als Eigenthümer beantragt, zugleich mit diesem Antrage aber dem Grundbuchamt das Gesuch um Eintragung einer Hypothek oder Grundschuld vorgelegt wird, deren Eintragung der eingetragene Vorbesitzer des jetzigen Eigenthümers nach der Veräußerung des Grundstücks bewilligt hat. In diesem Fall ist nur der Eigenthümer einzutragen, der Gläubiger des Vorbesitzers dagegen mit seinem Eintragungsgesuche abzuweisen. Die Vorschrift des §. 45 der Grundbuch=Ordn. v. 5. Mai 1872, daß die Eintragung aus gleichzeitig vorgelegten Gesuchen für dasselbe Grundstück zu gleichem Recht erfolge, ist auf einen solchen Fall nicht berechnet.

Hat der eingetragene Eigenthümer unter der Herrschaft des Gesetzes über den Eig.=Erw. v. 5. Mai 1872 die Eintragung einer Hypothek rc. bewilligt und hiernächst das Grundstück aufgelassen, so kann die Hypothek ohne die Zustimmung des Erwerbers nur dann eingetragen werden, wenn der Eintragungsantrag vor der Auflassung bei dem Amte eingegangen ist. Vergl. das Gesetz §§. 17—19 und die Grundbuch=Ordn. §§. 46 und 49.

25) (5. A.) Durch die hypothekarische Verpfändung wird der Schuldner nicht gesetzlich verhindert, das Grundstück zu veräußern. Hat der Gläubiger vor der Veräußerung von seinen Rechten keinen Gebrauch gemacht, so giebt das Gesetz in einem solchen Falle dem Gläubiger nicht das Recht auf Kautionsbestellung. Die Verpflichtung zur Bestellung einer Hypothek ist wesentlich verschieden von der Kautionspflicht, sie steht zu dieser nicht in dem Verhältniß, wie das Mehr zu dem Geringeren. O.Tr. IV v. 26. Sept. 1872, Str. Arch. 86 S. 196.

26) Vergl. unten §§. 400 u. 401. — Suarez scheint nach einer Aeußerung in der rev. monit. (Jahrb. 41 S. 58) der Meinung gewesen zu sein, daß der mit einem gesetzlichen Titel zur Hypothek versehene Gläubiger sein Recht auch einem dritten dinglich Berechtigten gegenüber geltend machen könne, wenn dieser die Forderung desselben gekannt habe. Allein diese Meinung ist nicht zum allgemeinen Rechtsgrundsatze erhoben worden und ist auf den Fall zu beschränken, wo ein solcher Gläubiger bereits Schritte gethan hat, das dingliche Recht (die Hypothek) auf Grund seines gesetzlichen Titels wirklich zu erwerben, z. B. durch Präsentation seines Eintragungsgesuches bei dem Hypothekenbuche; und dieses der Dritte schon vor der Erwerbung seines Rechts wußte. Oben Anm. 24 u. 25 zu Tit. 19.

Der Cessionar einer Hypothekenforderung kann die Löschung eines auf die cedirte Forderung eingetragenen Arrestes, dessen Eintragung zwar nach der Cession verfügt, aber vor derselben zu den Hypothekenakten beantragt ist, nicht verlangen. O.Tr. III v. 17. Dezember 1852, Str. Arch. 7 S. 351.

27) Dieser allgemeine Grundsatz entscheidet auch für Wechselforderungen. Wegen der Vorschr. in der Hyp.=O. 2 §§. 105 u. 106 hat man Zweifel gegen die Zulässigkeit einer Hypothekbestellung zur Sicherung einer Wechselschuld gehabt. Diese Vorschrift hat es jedoch nur mit dem Verfahren zu thun

§. 12. Ist der Anspruch in sich ungültig [29]): so ist auch die dafür bestellte Sicherheit ohne Wirkung [30]).

und verbietet, einen Wechsel einzutragen, wenn auch darin eine Hypothek bestellt sei. Das ist in der Ordnung; Wechsel sind keine zur Eintragung bestimmte und geeignete Urkunden. Aber, daß für die Erfüllung einer Wechselverbindlichkeit Sicherheit durch Hypothek bestellt werden könne, ist nirgend verboten; vielmehr sogar unter gewissen Voraussetzungen durch eine besondere Klage zu erzwingen gestattet. A. W.O. Art. 25. Auch der Großkanzler Goldbeck hat sich für die Zulässigkeit einer besonderen Hypothekbestellung für eine Wechselschuld belehrend ausgesprochen in dem Besch. v. 12. Septbr. 1803, N. Arch. 3 S. 190; Rabe 7 S. 494. Später wurde es jedoch, nach einem Antwortschr. des Justizministers auf eine Beschwerde v. 14. August 1835 (Erg. ad h. §.) zweifelhaft, da dieses R. des Großkanzlers nur in das neue Archiv und nicht auch in die akademische Ediktensammlung aufgenommen, mithin nach dem Publ. Pat. v. 11. April 1803 als eine gesetzliche Vorschrift nicht zu betrachten, überdies auch das Bedenken dagegen zu erheben sei, daß auf diese Weise eine und dieselbe Forderung zweimal verbrieft sei und dadurch Betrügereien leicht veranlaßt werden könnten. Beide Gründe sind ungültig. Durch das „auch" im Publ. Pat. ist nicht eine Bedingung der Rechtskraft vorgeschrieben, sondern nur angedeutet, welche Abdrücke als authentisch gelten sollen (Anm. 43 zum Publ. Pat.); und durch die Hypothekbestellung wird nicht eine und dieselbe Schuld zweimal verbrieft, sondern für eine bestimmt bezeichnete Wechselverbindlichkeit, über welche ein Wechsel kursirt, nur Sicherheit bestellt. Wenn aber das Goldbeck'sche R. v. 12. September 1803 auch gar keine Gesetzeskraft hätte (wie ich selbst annehme), und wenn auch durch die Hypothekenurkunde ein Betrug möglich wäre (was gleichfalls zugegeben werden kann), so ist der Zweifel dennoch unbegründet. Denn der Art. 25 der W.O. giebt das Recht, Sicherstellung für eine Wechselforderung zu verlangen; diese Sicherheit kann unbestreitbar auch durch Hypothek bestellt werden, und was sogar erzwungen werden kann, das kann zuverlässig auch freiwillig geschehen. „Die Vorschrift der Hyp.-O. Tit. 2 §§. 105 und 106, wonach Wechsel, wenn auch darin, außer der wechselmäßigen Verbindung, eine Konventionalhypothek verschrieben ist, dennoch zur Eintragung nicht angenommen und, wenn sie gleichwohl eingetragen worden, der Gläubiger daraus kein mehreres Recht, als er vorher gehabt, erlangen soll, — bezieht sich nur auf die Hypothekenbestellung im Wechsel selbst und schließt nicht aus, daß neben dem Wechsel für die dadurch verbriefte Forderung, hypothekarische Sicherheit dem Gläubiger, mit rechtlicher Wirkung eingeräumt werden könne." O.Tr. IV (Pr. 2460) v. 10. Mai 1853, Entsch. 26 S. 314.

(5. A.) Nach dem Ges. über den Eig.-Erw. v. 5. Mai 1872 §§. 18 u. 19 Nr. 1 besteht nicht das geringste Bedenken, daß auch eine Wechselforderung durch Hypothek gesichert werden kann.

28) (5. A.) Nach dem Ges. über den Eig.-Erw. §. 23 muß „die Eintragungsbewilligung eine bestimmte Summe in gesetzlicher Währung angeben," und nach der Grundbuch-Ordn. v. 5. Mai 1872 §. 43 ist „die Eintragungsformel dem Antrag gemäß von dem Richter wörtlich in der Fassung zu entwerfen, in welcher sie in das Grundbuch eingetragen werden soll." Der Eintragungsantrag aber muß selbstverständlich, wenn er nicht zugleich selbst die Eintragungsbewilligung ist, dieser entsprechen. Eine Hypothek kann daher nur für eine bestimmte Summe eingetragen werden. Daraus folgt, daß die Bestellung einer Hypothek für einen Anspruch, dessen Gegenstand nicht in einer bestimmten Geldleistung besteht, nur in der Form der Kautionshypothek ausführbar ist.

29) Soll heißen: „insoweit der Anspruch in sich ungültig ist" u. s. w. Denn das z. B. für eine simulirte Forderung bestellte Hypothekenrecht ist nur insoweit ungültig, als die Forderung wirklich simulirt ist; soweit die Forderung in der That vorhanden ist, besteht auch die Hypothek. O.Tr. III v. 21. März 1851, Str. Arch. 1 S. 315. Vergl. unten §. 415 d. T. und die Anm. dazu.

30) Auch die auf Grund einer Schuldverschreibung über ein Darlehn erfolgte Eintragung ist ungültig, insoweit keine Valuta darauf gezahlt worden. Zu vergl. §. 423 d. T.

Aus den §§. 11, 12 hat das O.Tr. den Rechtsgrundsatz abgeleitet, daß eine schriftliche Hypothekenbestellung, wenn ihr nur überhaupt eine „an sich" rechtsgültige Forderung zum Grunde liege, auch dann von rechtlicher Wirksamkeit sei, wenn der eigentliche Verpflichtungsgrund in der Urkunde nicht seinen richtigen Ausdruck gefunden hat. O.Tr. IV v. 16. November 1858, Entsch. 40 S. 138; Str. Arch. 30 S. 350. Die Meinung ist, daß, wenn Jemand eine Schuldurkunde wie über ein Gelddarlehn ausstellt und dafür eine Hypothek eintragen läßt, demnächst sich aber findet, daß er ein Darlehn weder verlangt noch erhalten hat, aber eine der verschriebenen gleiche Summe als Legat schuldig ist, alsdann die für ein nicht vorhandenes Darlehn aus jener Urkunde bestellte Hypothek als für das Legat — wovon gar nicht Rede gewesen ist — gültig bestellt zu erachten sei. Damit wäre denn das Fachwerk des juristischen Gebäudes glücklich niedergerissen, die Rechtswissenschaft gründlich nullifizirt und der gesammte Rechtsstoff in eine unfaßbare quecksilberähnliche Masse verwandelt. Schon in einem Erk. des O.Tr. III v. 20. Febr. 1854, Str. Arch. 12 S. 172, ist diese Idee zur Geltung gebracht worden. Dort wird gesagt: Dadurch allein, daß über die schuldige Summe ein Schuldschein unrichtig als über ein Darlehn ausgestellt worden, wird die bestellte Hypothek nicht wirkungslos; es kommt vielmehr lediglich darauf an, daß überhaupt ein Rechtsgeschäft besteht, welches geeignet ist, eine Zahlungsverbindlichkeit rechtlich zu begründen. In dem jüngeren Erk. v. 13. Juli 1866 über einen ähn-

§. 13. Wird jedoch eine von Anfang ungültige Forderung in der Folge zu Recht beständig: so erlangt auch die dafür bestellte Sicherheit, von Zeit der Bestellung an, ihre volle Kraft [31]).

§. 14. So weit wegen künftiger Ansprüche Kaution gefordert und geleistet werden kann; so weit können dergleichen Ansprüche auch durch Pfand oder Hypothek sichergestellt werden. (Tit. 14, §§. 5—8, Abschn. 3) [32]).

---

lichen Fall sagt das O.Tr. III: „Diese Gesetze (§§. 11 u. 12) verordnen zwar, daß für einen an sich rechtsbegründeten Anspruch eine Hypothek bestellt werden kann und wenn der Anspruch an sich ungültig ist, auch die dafür bestellte Hypothek ohne Wirkung bleibe. Allein im §. 13 ist bestimmt, daß eine Sicherheit, welche für eine von Anfang an ungültige Forderung bestellt war, wenn dieselbe in der Folge rechtsbeständig wird, von Zeit der Bestellung an ihre volle Kraft erlangt. Die Gültigkeit einer für eine schon von Anfang an rechtsbeständige Forderung bestellten Hypothek kann daher (?) nicht davon abhängig sein, daß die der Eintragung zum Grunde liegende Urkunde die Entstehung der Forderung nicht genau so angiebt, wie sie in der Wirklichkeit Statt gefunden hat. Die §§. 11 u. 12 legen alles Gewicht auf das Wesen des Rechtsgeschäfts, nicht auf dessen urkundlichen Ausdruck." Str. Arch. 63 S. 304. — Dies die neue Beweisführung für die eigenthümliche Theorie des Obertribunals; deren Mittel bestehen in einer Folgerung und in der Hinstellung eines Satzes ohne Verknüpfung mit einer Folgerung. Jene Folgerung „daher" ist ohne innere logische Verbindung mit den Vordersätzen. Der Schlußsatz, wenn daraus eine Folge in Beziehung auf das Beweisthema gezogen werden soll, stößt dasselbe um; denn wenn das Gesetz alles Gewicht auf das Wesen des Rechtsgeschäfts, wofür Sicherheit bestellt wird, legt, so ist es ja gerade erforderlich, daß dasselbe wesentlich das ist, wofür es ausgegeben wird, also in casu ein Darlehn und nicht irgend etwas anderes, etwa eine Schenkung, ein Kaufpreis, eine Mitgift oder was es sonst sei. Der Beweis ist also wohl mißlungen. Die Theorie selbst ist unhaltbar; sie läuft darauf hinaus, daß eine Sicherheitsbestellung nicht gerade mit einem individuell bestimmten Forderungsrecht verknüpft zu sein brauche, sondern daß, wenn das versicherte Forderungsrecht nicht existire, ohne Weiteres jedes beliebige andere Unbenannte untergeschoben werden könne. Vergl. oben Tit. 11 §. 867 Anm. 81 (5. A.) und Förster, Theorie und Praxis 3. Aufl. 3 S. 392. Das Reichsoberhandelsgericht II hat sich der Ansicht des Obertribunals angeschlossen in den Urtheilen v. 9. März und v. 27. April 1872, Entsch. 5 S. 259 und 428. Diese Ansicht wird auch nach dem Gesetz über den Eig.-Erw. v. 5. Mai 1872 §§. 18 u. 19 Nr. 1 als die richtige angesehen werden müssen. Es kommt wesentlich nur darauf an, ob der eingetragene Eigenthümer, der die Eintragung der Hypothek bewilligt, für die nachgewiesene Schuld die Hypothek hat bewilligen wollen. Wird diese Frage bejaht, so kann der Gläubiger sein Hypothekenrecht dadurch nicht einbüßen, daß der Schuldner den Grund seiner Schuld in der Schuldurkunde und der Eintragungsbewilligung unrichtig bezeichnet hat. Ebenso wenig schadet es der Rechtsbeständigkeit der Hypothek, wenn der richtig angegebene Schuldgrund in dem Eintragungsvermerk inkorrekt wiedergegeben ist. O.Tr. III v. 3. Juli 1871, Str. Arch. 82 S. 238.

31) Ausnahme von der katonianischen Regel. Siehe oben Tit. 3 §. 43 und L. 9 §. 1, L. 11 §. 1 D. qui potior. 20, 4.

Wenn daher bei einem Darrlehnsgeschäfte die Eintragung vor der Auszahlung geschieht, wie dies die Hyp.-O. 2 §. 171 ausdrücklich voraussetzt, so konvaleszirt die Hypothek mit rückwirkender Kraft von der Zeit der Eintragung ab. Daraus folgt, daß die vor der Valutenzahlung hinterher eingetragenen Gläubiger gegen die Gültigkeit der prälozirten Post nichts erinnern, und auch einen Vorzug nicht beanspruchen können, wenngleich sie ihr Kapital dem Verpfänder früher, als der vorstehende Gläubiger, gezahlt haben. Auch der Umstand, daß vor Auszahlung der Valuta wieder in die Löschung der Post gewilligt worden, weil das Darlehnsgeschäft rückgängig geworden, ändert darin nichts, wenn die Löschung unterblieben und das Darlehn, unter Aufhebung des Löschungskonsenses, doch wirklich gegeben worden ist. O.Tr. IV v. 26. April 1860, Str. Arch. 37 S. 196. Die Konvaleszirung des Hypothekenrechts tritt nicht mehr ein, wenn und in soweit der Gläubiger die Darlehns-Valuta nach verfügter Subhastation und Eintragung des Subhastations-Vermerks oder nach erfolgtem Zuschlage des verpfändeten Grundstücks gezahlt hat. O.Tr. III v. 19. Mai 1865, Entsch. 54 S. 169; Str. Arch. 58 S. 307.

Einer im Wege des Arrestes erfolgten Eintragung einer Protestation ist gleiche Wirkung, wie derjenigen Protestation, deren Eintragung im Wege der Exekution stattgefunden hat, beizulegen. Und zwar muß diese Wirkung mit rückwirkender Kraft sofort eintreten, sobald das die Feststellung der Forderung enthaltende, den Titel zum Pfandrechte gewährende Erkenntniß ergangen ist. Das Pfandrecht selbst tritt an diejenige Stelle, wo die Protestation eingetragen worden, so daß die Forderung allen nachher ingrossirten Posten vorgeht. O.Tr. IV v. 15. Dezbr. 1868, Str. Arch. 73 S. 175.

Hierdurch wird wieder das Gegentheil von dem ausgesprochen, was durch das Erk. v. 25. Febr. 1867, unten Anm. zu §. 421 d. T., erkannt worden ist.

32) §§. 188 u. 199 ebd. — Für künftige Ansprüche kann hiernach nur insoweit, als Kaution

Wer ein Pfandrecht bestellen könne.

§. 15. So weit Jemand über eine Sache zu verfügen [33]) fähig und berechtigt ist; so weit kann er auch damit durch Pfand oder Hypothek gültig Sicherheit bestellen [34]).

§. 16. Ueberkommt der Verpfänder das Recht, über die Sache solchergestalt [35]) zu verfügen, erst nach geschehener Verpfändung: so erlangt letztere dadurch von selbst ihre Wirksamkeit [36]).

§. 17. Ist aber in der Zwischenzeit einem Dritten ein an sich gültiges Recht auf oder zu der Sache von dem, welcher darüber zu schalten befugt war, eingeräumt worden: so kann der Pfandgläubiger gegen diesen Dritten seines dinglichen Rechts sich nicht bedienen [37]).

§. 18. Mangelte es dem Verpfänder, zur Zeit des bestellten Pfandrechts, an der persönlichen Fähigkeit, über die Sache solchergestalt zu verfügen [38]), so erlangt das Pfandrecht, nach gehobener Unfähigkeit, nur durch ein an sich verbindliches Anerkenntniß seine Gültigkeit. (Tit. 5, §§. 37, 38.)

§. 19. Eine Zurückerstreckung dieser Gültigkeit auf einen früheren Zeitpunkt kann zwar in Ansehung des Schuldners, nicht aber eines Dritten, welcher in der Zwischenzeit ein Recht auf die Sache [39]) erlangt hat, stattfinden.

dafür gefordert und geleistet werden kann, Pfand oder Hypothek bestellt werden. Dazu wird ein entweder schon begründetes oder zwar noch bevorstehendes aber doch bestimmtes Rechtsverhältniß erfordert. Mithin hat eine Hypothekbestellung für Ansprüche aus „künftigen Geschäften" oder aus „künftigen Geschäftsverbindungen" ohne nähere Bezeichnung keine rechtliche Wirkung. (5. A.) Vergl. Förster a. a. O. S. 391 und das Ges. über den Eig.-Erw. §. 23 unten Zus. 11.

33) Nämlich für sich oder im eigenen Namen, nicht etwa wenn ihm von dem Eigenthümer eine bestimmte Verfügungsart bloß durch einen Bevollmächtigungsvertrag aufgetragen ist. Siehe Tit. 13 §. 63 und die Anm. 43 dazu.

34) Von selbst versteht sich, daß die Verpfändung auch nach erfolgter Eintragung auf eine Sache, welche dem Verpfänder künftig anfallen soll, nur soweit gilt, als dem Verpfänder nach dem Anfalle ein Verfügungsrecht zustehen wird. Deshalb hat der gegenwärtig Berechtigte kein Widerspruchsrecht gegen eine solche Eintragung. Zu vergl. ein R. des J.M. v. 27. Oktober 1820, welches sich gleichfalls in diesem Sinne ausspricht. Erg. ad h. §.

Der zahlende Hypothekenschuldner ist von dem Augenblicke der geleisteten Zahlung an Eigenthümer der Forderung und materiell zur Verfügung über dieselbe berechtigt; nur, um seine Legitimation als Cessionar der Forderung darzuthun, bedarf er eine vom bezahlten Gläubiger ihm schriftlich ertheilte Cession oder Quittung. Verpfändet er vor Empfang dieser Legitimation die bezahlte Post, und beantragt er bei der Hypothekenbehörde, daß die bei derselben noch behufs der Eintragung befindlichen Original-Schulddokumente an den Pfandnehmer ausgehändigt werden, so enthält dieser Antrag eine Anweisung im Sinne des §. 66 Tit. 7. Durch dieselbe, wenn sie zur wirklichen Aushändigung führt, ist die Uebergabe der Dokumente an den Pfandnehmer erfolgt, und damit ist dem Erforderniß des §. 281 d. T., daß ausstehende Forderungen nur durch Aushändigung der darüber auf einen bestimmten Inhaber ausgestellten Dokumente gültig verpfändet werden können, von Anfang an genügt. O.Tr. III v. 9. Oktober 1865, Str. Arch. 61 S. 86.

35) Die Ausgabe von 1817 hat statt solchergestalt, wie es im Ges. B. und allen übrigen Ausgaben des A. L.R. heißt, den Druckfehler „gemeinschaftlich". — Zu vergl. unten §§. 77 ff.

36) Dieser Grundsatz ist nicht bloß auf das konventionelle Pfandrecht anwendbar, sondern findet auch auf das gesetzliche Pfandrecht Anwendung. O.Tr. III v. 29. November 1852, Entsch. 24 S. 93; Str. Arch. 8 S. 64.

(5. A.) Verpfändet der Erbe während des Konkurses über das Vermögen des Erblassers ein Nachlaßgrundstück, so erlangt die Verpfändung nach Beendigung des Konkurses volle Wirksamkeit, soweit das Grundstück nicht zu Befriedigung der Gläubiger verwendet worden ist. O.Tr. IV v. 21. Juni 1853, Str. Arch. 9 S. 302.

37) Vergl. die §§. 406—408 d. T. und die Anm. dazu.

38) (5. A.) Eine Zusammenstellung der Personen, welche in der Befugniß zur Verpfändung beschränkt sind, siehe bei Turnau, Grundbuchordnung S. 375.

39) Nicht bloß ein Recht zur Sache, worin dieser §. von den §§. 17, 77, 406 abweicht. Die Weglassung ist hier gewiß nicht unbeabsichtigt. Wenn z. B. der Eigenthümer, welcher während seiner Unfähigkeit ein ungültiges Pfand mit seiner Sache bestellt hat, dieselbe verkauft und vor der Uebergabe das Pfandrecht anerkennt, so kann der Käufer, abgesehen von dem Falle der Unredlichkeit des Pfandinhabers, nicht fordern, daß das nun gültige Pfandrecht ihm nachstehe, d. h. nicht gelte.

§. 20. Wie weit Verpfändungen einer gemeinschaftlichen Sache in Ansehung des Ganzen, oder einzelner Antheile, gültig sind, ist nach den Vorschriften des Siebenzehnten Titels Abschn. 1 zu beurtheilen [40]).

§. 21*. Mit der Sache selbst sind in der Regel auch deren Pertinenzstücke, Zuwüchse, und Früchte für verpfändet zu achten [41]).

§. 22. Wer eine durch Pfand oder Hypothek bestellte Sicherheit einmal angenommen hat, muß sich damit bis zur Zahlungszeit begnügen [43]). Wirkung des Pfandrechts [42]).

§. 23. Er kann aber bessere Sicherheit fordern, wenn durch Zuthun des Schuldners [44]), durch Zufälle von außen her [45]), oder durch erst offenbar gewordene Mängel und Fehler der Sache, der Werth derselben so gemindert wird, daß sie die bedungene Sicherheit nicht mehr vollständig gewähren kann [46]).

§. 24. Der Eigenthümer der verpfändeten Sache kann darüber so weit, als es den Rechten und der Sicherheit des Gläubigers unnachtheilig ist [47]), frei verfügen [48]).

§. 25*. Nach eingetretenem Zahlungstermine aber ist der Gläubiger auf Veräußerung der verpfändeten Sache, nach Vorschrift der Prozeßordnung, anzutragen berechtiget [49]). besonders wegen der Veräußerung der verpfändeten Sache.

---

40) (5. A.) Die Berechtigung des eingetragenen Miteigenthümers zur Belastung seines Grundstücksantheils mit Hypotheken ist anerkannt in §. 21 des Ges. über den Eig.-Erw. v. 5. Mai 1872.

41) (5. A.) Was für die Hypothek haftet, bestimmt das angeführte Gesetz unter §. 30. Im Uebrigen siehe die §§. 157 und 158 d. T.

42) Dieses Marginale müßte schon neben §. 21 stehen.

43) Für die bei der nothwendigen Subhastation des verpfändeten Grundstücks ausgefallene Hypothekenforderung kann der Gläubiger eine anderweitige Sicherstellung durch Hypothek von dem persönlichen Schuldner nicht verlangen. O.Tr. III v. 18. April 1856, Str. Arch. 21 S. 97.

44) Zu vergl. u. die §§. 441, 442. Verwüstet ein dritter Besitzer die verpfändete Sache, so haftet er aus der Beschädigung des Gläubigers durch unerlaubte Handlung für den Ausfall, welcher in Folge der Entwerthung des Pfandstücks entstanden ist.

45) Zu vergl. §. 260 d. T.

46) In einem Befrachtungskontrakte wurde die Ladung für die Frachtgelder und Zölle ausdrücklich verpfändet. Bei der Abladung ergab sich, daß das geladene Gut von so schlechter Beschaffenheit war, daß es die Frachtgelder angeblich nicht deckte. Der Rheder forderte deshalb Verbesserung der Sicherheit, und erstritt in beiden Instanzen ein günstiges Urtheil. Das O.Tr. dagegen wies in letzter Instanz die Klage als an sich unbegründet zurück, den 22. März 1815. (Simon, Rechtsspr. 2 S. 136.) Diese Entsch. ist nach dem §. 23, auf den weiter nicht eingegangen wird, nicht gerechtfertigt.

47) Siehe die Anm. 44 zu §. 23. Ein Pächter z. B. kann von den eingebrachten Effekten während der Pachtzeit nichts veräußern und dadurch dem Verpächter das Pfandrecht nicht entziehen; der Verpächter kann die Fortschaffung hindern und die heimlich fortgeschafften Stücke von dem Käufer abfordern, da diesem das Pfandrecht nicht unbekannt sein darf. Das O.Tr. entscheidet in dem Erk. (Pr. 22) v. 30. März 1833, Simon, Rechtsspr. 3 S. 285, die Frage zu Gunsten des Verpächters in einem Falle, wo der Pächter dergleichen Sachen unter der Pachtzeit verkauft und dem Käufer durch ein constitutum possessorium übergeben, den Gebrauch aber für die Dauer der Pachtung vorbehalten hatte. Doch ist der Umstand, daß die Sachen am Ende der Pacht noch vorgefunden wurden, in solchem Falle nicht entscheidend. (5. A.) Vgl. die §§. 438 u. 439 d. T.

48) Die Uebereinkunft, daß der Verpfänder ohne Konsens des Pfandgläubigers auf die Sache keine weiteren Schulden eintragen lassen, sowie, daß er ohne solchen Konsens das Grundstück nicht verkaufen solle, ist wirkungslos. (5. A.) Ges. über den Eig.-Erw. v. 5. Mai 1872 §. 48. Vergl. den §. 439 d. T. und die Anm. dazu. Durch eine Protestation (Vormerkung) kann ein solcher Vertrag nicht gültig werden. In einem Reskript v. 14. Febr. 1834, Jahrb. 43 S. 97, ist die Eintragung einer Protestation zu diesem Zweck ausdrücklich verboten.

49) Wiederholt in den §§. 197 u. 490 d. T. (5. A. und in dem §. 43 des Ges. v. 5. Mai 1872.) — Vergl. auch §. 289 d. T.

Um den Verkauf des Pfandes zu bewirken, sind in der Regel Klage und Exekution gegen den Schuldner und Pfandbesteller nothwendig, denn der Verkauf ist nur als Exekutionsmittel zuläßig. §. 28. Eine Ausnahme findet zum Vortheile des zum Pfandleihe-Gewerbe Konzessionirten statt. (5. A.) Auch im Handelsrecht kommen mehrere Fälle vor, in denen ein Verkauf des Pfandes gestattet ist,

§. 26*. Ist ausdrücklich verabredet, daß der Gläubiger den Verkauf der verpfändeten Sache zu verlangen nicht berechtigt sein solle[50]:, so ist ein solcher Vertrag so zu deuten, daß der Gläubiger seine Befriedigung nur aus den Früchten und Nutzungen suchen könne[51]).

§. 27*. Erhellet aus der Natur des Geschäftes, oder aus der Beschaffenheit des Pfandes, daß dieses nicht die Absicht der Kontrahenten gewesen sein könne: so hat ein solcher Nebenvertrag nur die Wirkung, daß der Gläubiger nicht eher, als wenn über das Vermögen des Schuldners Concurs entsteht, auf die Veräußerung des Pfandes antragen kann[52]).

§. 28. Der Verkauf des Pfandes muß in der Regel[53]) gerichtlich an den Meistbietenden geschehen.

§. 29*. Ein Vertrag, daß es dem Gläubiger frei stehen solle, bei ausbleibender Zahlung das Pfand außergerichtlich zu verkaufen, ist zwar an sich zu Recht beständig[54]);

§. 30*. Ist jedoch[55]) dergleichen Vertrag gleich bei Schließung des Pfandkontrakts, oder sonst vor der Verfallzeit, errichtet worden: so kann der Gläubiger das Pfand nicht unter dem Betrage einer, mit Zuziehung des Schuldners[56]), durch Sachverständige aufgenommenen Taxe[57]), außergerichtlich verkaufen[58]).

---

ohne daß der Schuldner oder der Verpfänder vorher zur Bezahlung der Schuld verurtheilt sein müßte. A. D.H.G.B Art. 310, 375, 387, 409, 626, 629. —

Die in den §§. 25 ff. über die Realisirung des Pfandrechts gegebenen Vorschriften gelten nicht bloß für konventionelle, sondern auch für gesetzliche Pfandrechte. O.Tr. III v. 13. Mai 1872, Entsch. 67 S. 183; Str. Arch. 84 S. 351.

50) Ueber die Wirkung einer solchen Verabredung nach römischem Recht verordnet die Lex 4 Dig. de pign. act. 13, 7.

51) (5. A.) Ein solcher Vertrag zwischen dem Hypotheken- oder Grundschuldgläubiger und dem Eigenthümer des belasteten Grundstücks ist nach §. 45 des Ges. über den Eig.-Erw. v. 5. Mai 1872 nichtig. Eine sogen. Revenüenhypothek kann daher jetzt nur noch im Fall der Verpfändung eines Lehen- oder eines Fideikommißgutes entstehen. Th. I. 18 §. 228 u. II. 4 §§. 80 ff. Für allgemein zulässig hält dieselbe Dernburg, Lehrb. 1 S. 729. S. unten §. 225.

52) (5. A.) Die §§. 26 u. 27 sind für das Hypothekenrecht beseitigt. Förster, Grundbuchrecht S. 173. S. die vorige Anm.

53) Ausnahmsweise sind gewöhnlich die öffentlichen Kreditinstitute in ihren Privilegien und Statuten zum Privatverkaufe der bei ihnen eingelegten Pfandstücke ermächtigt, z. B. die Bank, die Seehandlung (K.O. v. 26. Mai 1826, G.S. S. 44; K.O. v. 31. Januar 1827, G.S. S. 24), die städtischen Leihanstalten und dergl.

54) (5. A.) Die §§. 29—32 sind für das Hypothekenrecht nicht mehr praktisch. Der Gläubiger, der seine Befriedigung sucht, kann durch den außergerichtlichen Verkauf des ihm verhafteten Grundstücks nicht zum Ziele gelangen, weil er nicht in der Lage ist, dem etwaigen Käufer das Eigenthum aufzulassen. Ges. v. 5. Mai 1872 §§. 2 und 43.

55) Bei der mit einer Verkaufskommission in Handelssachen zur Deckung des Kommissionärs verbundenen Verpfändung des Kommissionsguts bleiben die allgemeinen Bestimmungen der Gesetze über den dem Pfandgläubiger nur unter gewissen Beschränkungen gestatteten Verkauf der verpfändeten Sache, außergerichtlich, aus freier Hand, außer Anwendung. O.Tr. IV (Pr. 2023) v. 22. Mai 1848, Entsch. 17 S. 230.

(5. A.) Wenn die Bestellung eines Faustpfandes unter Kaufleuten für eine Forderung aus beiderseitigen Handelsgeschäften erfolgt und schriftlich vereinbart ist, daß der Gläubiger ohne gerichtliches Verfahren sich aus dem Pfande befriedigen könne, so geschieht die Veräußerung des letzteren lediglich nach den Vorschriften des Art. 311 des Handelsgesetzbuches.

56) Wenn der Schuldner sich zur Taxe nicht einfindet, oder mit derselben nicht einverstanden ist, so kann der Gläubiger außergerichtlich nicht weiter verfahren, weil die nothwendige Einwilligung des Schuldners (§. 32) fehlt; er muß den Rechtsweg betreten. Die Vorschrift setzt damit den Vertrag außer Kraft für den Fall, wo derselbe wirken soll. (5. A.) Der §. 30 enthält indeß ein absolutes Verbotsgesetz, so daß Verträge, die gegen dasselbe verstoßen, nicht zu Recht beständig sind. O.Tr. III v. 13. Mai 1872, Entsch. 67 S. 183; Str. Arch. 84 S. 351. Siehe jedoch die vorige Anmerkung.

57) Ist in dem Falle, wenn ein Vertrag, daß es dem Gläubiger freistehen sollte, bei ausbleiben-

§. 31*. Wenn der Schuldner, nach eingetretenem Zahlungstermine, sich den außergerichtlichen Verkauf durch den Gläubiger ohne weitern Vorbehalt gefallen läßt: so hat es dabei sein Bewenden.

§. 32*. Doch ist in beiden Fällen (§§. 30, 31) außer der Einwilligung des Schuldners, auch die des etwanigen von diesem verschiedenen Eigenthümers der verpfändeten Sache nothwendig [59]).

§. 33. Ein Vertrag, daß bei ausbleibender Zahlung die verpfändete Sache dem Gläubiger für die Schuld, oder für einen im voraus bestimmten Werth zufallen soll, ist in Ansehung beider Theile ohne Wirkung [60]).

§. 34*. Wenn aber, nach eingetretenem Verfalltage, der Gläubiger und Schuldner über den Werth, wofür die verpfändete Sache dem erstern überlassen sein solle, sich vereinigen: so hat ein solches Abkommen zwischen ihnen verbindliche Kraft [61]).

---

der Zahlung das Pfand außergerichtlich zu verkaufen, gleich bei Schließung des Pfandkontrakts, oder sonst vor der Verfallzeit errichtet worden, die verpfändete Sache eine einem *marktgängigen Preise* unterworfene *fungible* Sache, so bedarf es nicht der vorgängigen mit Zuziehung des Schuldners durch Sachverständige aufzunehmenden Taxe.` O.Tr. IV (Pr. 1908) v. 18. Juni 1847, Entsch. 15 S. 249.

Dieser Grundsatz findet auch auf verpfändete öffentliche Geldpapiere, welche einen Börsenkurs haben, Anwendung. O.Tr. IV v. 30. Mai 1857, Str. Arch. 24 S. 347. Die R. v. 12. August 1809 und 4. Dezbr. 1809 (*Rabe* 10 S. 129, 204), wonach dem Gläubiger die Befugniß, verpfändete auf jeden Inhaber lautende Obligationen unter dem Nominalwerthe nach dem Kurse zu verkaufen, nicht soll zugestanden werden können, sind, abgesehen davon, daß sie nicht Gesetzeskraft haben, durch die seitdem gesetzlich erfolgte Regulirung dieser Frage (G. v. 4. Juli 1822) beseitigt.

58) Besteht das Pfand in öffentlichen Werthpapieren, hat ferner der Darlehnsgeber und Pfandgläubiger sich nicht zur Rückgewähr bestimmter Nummern, sondern nur überhaupt zur Rückgewähr der Stückzahl verpflichtet, und ist endlich die Cession der Papiere als Form des Pfandvertrages gewählt, so ist der Pfandgläubiger berechtigt, am Verfalltage des Darlehns das Pfand ohne Weiteres außergerichtlich zu veräußern. O.Tr. IV v. 30. Mai 1857, Str. Arch. 24 S. 347.

59) Wenn der Gläubiger ohne die vorgeschriebene Taxe und Einwilligung verkauft, so berechtigt dies den Schuldner nicht, von dem Pfandgläubiger die Herausgabe des verkauften und in das Eigenthum eines Dritten übergegangenen Pfandes, sondern nur den Ersatz des ihm durch Nichtbeobachtung der Vorschrift etwa erwachsenen Schadens zu fordern, wozu dann der Nachweis gehört, daß bei Beobachtung der Vorschrift ein höherer Kaufpreis erzielt sein würde, als bei dessen *Nichtbeobachtung* geschehen sei. Entsch. des O.Tr. 15 S. 254.

60) Dieses Verbot der Lex commissoria bei dem Pfandvertrage ist aus L. 3 C. de pactis pign. 8, 35 aufgenommen. Vergl. §. 213 d. T. Sonst geschieht dieser Nebenabrede in dem A. L.R. weiter keine Erwähnung.

(5. A.) *Förster* erachtet das Verbot der Lex commissoria für einen Ausfluß der gegen den Wucher gerichteten Gesetzgebung und deshalb den §. 33 durch das diese Gesetzgebung aufhebende Gesetz v. 14. Nov. 1867 (B.G.Bl. S. 159) für beseitigt. Grundbuchrecht S. 174; Theorie und Praxis 3. Aufl. 3 S. 384. Dagegen bemerkt *Dernburg* in seinem Lehrbuch des Preußischen Privatrechts 1 S. 756 Note 7: „Das Bundesgesetz v. 14. Nov. 1867 hat das Verbot nicht getroffen, da dessen nächster Zweck nicht ist, die Höhe der dem Gläubiger für die Kapitalüberlassung zufallenden Vergütung zu beschränken, sondern zu erzwingen, daß die Befriedigung des Gläubigers aus dem Pfande im Wege der Pfandveräußerung vor sich gehe." Das Obertribunal ist ebenfalls der Försterschen Ansicht entgegengetreten. „Das Verbot der Lex commissoria bei dem Pfandrecht ist eine Spezialvorschrift für das letztere, und wird von dem Gesetze v. 14. Nov. 1867 über die Freigebung des Zinsfußes, als außerhalb dem Zwecke und den Grenzen desselben liegend, nicht berührt. Nicht die Absicht des Wuchers, die Höhe und der Umfang des unerlaubten Gewinnes und des unberechtigten Nachtheils, sondern die Eigenthumsübertragung an dem Pfande selbst, in ihrer Abstraktion von allen Nebenmomenten, begründen die absolute Wirkungslosigkeit und Nichtigkeit jenes Nebenvertrages." O.Tr. IV v. 30. März 1871, Entsch. 65 S. 38; Str. Arch. 80 S. 351. Das Reichsoberhandelsgericht I hat in einem Urtheil v. 9. Januar 1872, Entsch. 4 S. 357, die Frage für zweifelhaft erklärt, eine Veranlassung zur Lösung derselben jedoch nicht gehabt. —

Wenn dem Gläubiger das Recht eingeräumt ist, die ihm verpfändete Sache für einen bestimmten Preis noch vor dem Zeitpunkt der Fälligkeit seiner Forderung zu erwerben, so steht der Gültigkeit einer solchen Abrede die Vorschrift des §. 33 nicht entgegen. R.O.H.G. I v. 10. September 1872, Entsch. 7 S. 65.

61) (5. A.) Der Gläubiger erlangt in einem solchen Falle das Eigenthum des ihm verpfändeten

§. 35. Ein Vertrag [62]), daß das von dem Hauptschuldner eingelegte Pfand dem Bürgen verfallen solle, wenn dieser von der Bürgschaft nicht befreit würde, ist ungültig.

Vom Eintrittsrechte eines jüngern Pfandgläubigers oder eines Bürgen.

§. 36*. Die gerichtliche Veräußerung einer gültig verpfändeten Sache kann von andern, die darauf ebenfalls ein Recht erlangt haben, nur durch vollständige Befriedigung des Pfandgläubigers abgewendet werden [63]).

§. 37. Der Pfandgläubiger ist schuldig, einem jeden, der ein dingliches Recht auf die Sache [64]), ingleichen dem, welcher für die Schuld Bürgschaft geleistet hat, gegen eine solche vollständige Befriedigung sein Pfandrecht abzutreten.

§. 38. Er kann sich diesem auch durch die Vorschützung eines nach §. 34 mit dem Schuldner getroffenen Abkommens nicht entziehen [65]).

Grundstücks nur durch Auflassung und Eintragung. Ges. v. 5. Mai 1872 §. 1; Förster, Grundbuchrecht S. 174.

62) Ein solcher Vertrag wurde sonst zwischen dem Bürgen und dem Hauptschuldner, zur Sicherstellung der Bürgen, geschlossen. (5. A.) Nach L. 81 Dig. de in diem addictione 18, 1 war ein Abkommen der Art gültig.

63) Diese Vorschrift war nöthig, weil nach G.R. der jüngere Pfandgläubiger den Verkauf gegen den älteren nicht durchsetzen kann; wogegen ihm das R.R. das jus offerendi giebt, mittelst dessen er sich in den Besitz bringen und gegen den ihm zur Zeit schädlichen Verkauf bis zu einer besseren Zeit schützen kann. Der erste Entwurf enthielt davon nichts. Es wurde deshalb monirt: „Wenn unter dieser Vorschrift (§. 36) auch das bekannte jus offerendi begriffen ist, so wird wohl eine nähere Entwickelung desselben, als auch die Verfügung, daß der ältere Pfandgläubiger dem jüngeren gegen vollständige Befriedigung sein Pfandrecht abtreten müsse, nöthig sein." Daneben ist vermerkt (von Goßler): „daß solches einem Jeden, der ein dingliches Recht auf die Sache hat, ingleichen dem Bürgen zustehe; daß es gleich nach eingetretenem Zahlungstermine stattfinde, der Gläubiger möge auf den gerichtlichen Verkauf antragen, oder nicht, daß auch der Fall des §. 28 (34) keine Ausnahme mache." Ges.-R. Pens. 12 S. 353. Daraus sind die eingeschobenen §§. 37—41 entstanden. Nach dem A. L.R. ist dazu kein praktisches Bedürfniß. Denn auf den Verkauf antragen kann jeder Gläubiger des Eigenthümers (§. 36), jetzt sogar jeder Personalgläubiger; und den Eintritt in das Recht des andringenden Gläubigers kann mit Zustimmung des Schuldners gleichfalls ein Jeder, welcher ihn vollständig bezahlen will, erzwingen, gemäß §§. 47 bis 50 Tit. 16, wenn man die dortigen Vorschriften wörtlich versteht. Der übrig bleibende geringe praktische Vortheil des jus offerendi ist darnach nur die Unabhängigkeit desselben von dem Willen des Schuldners wie des Gläubigers.

(5. A.) In dem Gesetz v. 5. Mai 1872 geschieht des Eintrittsrechtes keine Erwähnung. Daraus folgt aber nicht, daß dieses Rechtsinstitut abgeschafft wäre. Denn die Bestimmungen des Landrechts, welche nicht unvereinbar mit dem neuen Gesetze sind, haben ihre Geltung behalten. Eine solche Unvereinbarkeit aber läßt sich hier nicht behaupten. Von praktischem Werth ist freilich das Eintrittsrecht nicht mehr, seit „der Gläubiger nach erhaltener Befriedigung dem Eigenthümer gegenüber verpflichtet ist, dem zahlenden Dritten Cession zu ertheilen." (§. 63 des Gesetzes.) „Dadurch wird leicht erreicht, daß der nacheingetragene Gläubiger eine vorstehende Hypothek erwerben kann." Motive zu dem Entw. des Ges. über dem Eig.-Erwerb, bei Werner 2 S. 29. Vergl. auch Förster, Grundbuchrecht S. 174; Theorie und Praxis 3. Aufl. 3 S. 380, 419, 484.

64) Hiernach soll Jedem, welcher ein dingliches Recht an der Sache hat, das Eintrittsrecht zustehen. Eine Anwendung des Grundsatzes auf den Miteigenthümer ist der §. 328 d. T. Servitutsberechtigte können darnach nicht ausgeschlossen werden.

Das O.Tr. hat als Rechtssatz ausgesprochen: „Die Verbindlichkeit eines Hypothekengläubigers, sein Hypothekenrecht einem Dritten abzutreten, ist nicht bloß auf den Fall zu beschränken, von welchem der §. 37 spricht." Pr. 119 b vom J. 1836. Damit wird dem jus subintrandi (Pr.-O. Tit. 50 §. 161; Anh. dazu §. 331; Tit. 51 §§. 34 u. 35), so wie den Zahlungen eines Fremden mit Zustimmung des Schuldners, nach dem A. L.R. I. 16 §§. 47—50, Raum gegeben.

65) Das Eingreifen dieser Bestimmung in die übrigen Vorschriften in Betreff des Eintrittsrechts und der Mangel eines Bedürfnisses derselben ist wohl schwerlich erwogen. Der §. 34 behandelt den Fall einer freiwilligen Veräußerung. Dadurch wird das Recht keines einzigen Realberechtigten berührt, es hat auch kein Realberechtigter ein Widerspruchsrecht gegen die Veräußerung der Sache. Deshalb ist keiner eines Eintrittsrechts in diesem Falle bedürftig. Was die Anwendbarkeit dieser Bestimmung betrifft, so ist ein Fall dafür kaum denkbar. Ein Hypothekengläubiger, dessen Forderung fällig ist, kauft die verpfändete Sache von dem Schuldner, oder nimmt sie in Zahlung. Dies ist der Fall des §. 34. Hinzuzudenken ist, daß dabei der Gläubiger wegen seiner fälligen Forderung durch Anrechnung auf das Kaufgeld befriedigt worden. Wie soll nun der gewesene Pfandgläubiger diese selbe Forderung

§. 39. Doch [66]) ist er zur Annahme der Zahlung, und Abtretung seines Pfandrechts, erst nach abgelaufenem Zahlungstermine verbunden [67]).

§. 40. Dagegen kann er beides, selbst alsdann, wenn der gerichtliche Verkauf bereits nachgesucht worden, nicht weigern; sobald ihm auch die dabei schon aufgelaufenen Kosten mit erstattet werden.

§. 41. Der jüngere Pfandgläubiger kann, durch diesen Eintritt in die Stelle des von ihm befriedigten älteren Gläubigers, seiner eigenen ursprünglichen Forderung kein Vorrecht vor denjenigen verschaffen, welche zwar später als dieser, aber früher als er, ein gültiges Realrecht auf die Sache erlangt haben.

§. 42*. Bei dem gerichtlichen Verkauf des Pfandes ist zwar das Gebot des Gläubigers [68]) gleich jedem andern; das Mitgebot des Schuldners aber nur gegen baare Zahlung zulässig [69]).

§. 43*. So weit der Gläubiger durch den Verkauf oder Zuschlag der verpfände- Wie weit der Gläubiger, außer seinem Pfandrechte,

---

an einen anderen Realberechtigten abzutreten vermögen? Er ist nicht mehr Gläubiger. Der Gedanke dieses neu erfundenen Gesetzes ist völlig unklar.

66) Hierdurch soll der vorhergehende Satz 38 eingeschränkt werden. Aber diese Einschränkung ist eben so unverständlich wie der §. 38 selbst in seiner Anwendung auf den Fall des §. 34. Denn hier wird ja ausdrücklich der bereits eingetretene Verfalltag vorausgesetzt. Auch durch Beziehung des §. 39 auf den Fall, wo der Gläubiger vorbereitend die Kündigungsklage angebracht hat, wird die Schwierigkeit nicht gehoben, da doch der Pfandbesteller und Schuldner jedem Anderen in der Befriedigung seines Gläubigers vorgeht, wenn er dieselbe nach Eintritt des Verfalltages in der Art, welche der §. 34 voraussetzt, bewerkstelligen will.

67) Zu vergl. Tit. 16 §§. 49—51.

68) (5. A.) Nach römischem Recht konnte der Gläubiger in dem regelmäßigen Falle, in welchem er selbst das Pfand verkaufte, nicht als Käufer auftreten. Denn Niemand ist im Stande, mit sich selbst zu kontrahiren. Das ist rechtlich unmöglich. Nach preußischem Recht liegt die Sache insofern anders, als nicht der Gläubiger, sondern der Richter im Wege der Exekution das Pfand ausbietet. In Wahrheit aber ist doch der Gläubiger als Verkäufer anzusehen. Das Veräußerungsrecht ist das wesentlichste Recht des Pfandgläubigers. Dasselbe wird nur unter der Leitung des Richters ausgeübt. Von einem Kauf des (verkaufenden) Gläubigers darf daher eigentlich nicht gesprochen werden. Wenn gleichwohl der Gläubiger mitbieten und als Meistbietender den Zuschlag erlangen kann, so wird auf diese Weise „nur der Preis gefunden, für welchen der Gläubiger das Pfand behalten oder annehmen darf: der Zuschlag genehmigt diese Annahme und schließt das Einlösungsrecht des Schuldners aus. Der Fall liegt juristisch ebenso, wie wenn Schuldner und Gläubiger nach eingetretenem Verfalltage sich darüber einigen. (§. 34 d. T.)" Förster, Th. u. Pr. 3 S. 418. Siehe dagegen Dernburg, Lehrb. 1 S. 767.

69) Auch von dieser Bestimmung, die sich nicht bloß auf das eigentliche Pfand, sondern auch auf hypothekarisch belastete Grundstücke bezieht, ist der juristische Gedanke nicht zu ergründen. Verschieden gedacht von der Auslösung durch Bezahlung ist der hier vorgesehene Fall gewiß, denn von der Auslösung vor dem Zuschlage wird weiterhin, §. 200, besonders gehandelt. Hier im §. 42 dagegen wird die Durchführung des Subhastationsverfahrens und namentlich vorausgesetzt, daß der Schuldner, nämlich der Hypothekenschuldner, in der Lizitation als Bieter auftritt und Meistbietender bleibt. Dieses wird für zulässig erklärt. Weiter geht die Vorschrift des §. 42 nicht; was weiter geschehen, und welche Wirkung der Zuschlag an den Schuldner haben soll, darüber enthält sie nichts. Der meistbietend gebliebene Schuldner, welcher — wie vorausgesetzt wird — das ganze Kaufgeld sogleich baar erlegt hat, kann die Sache damit und mit der Bezahlung der Gläubiger beendigen lassen; er kann aber unbestreitbar auch den Zuschlag und die vollständige Ausführung des Adjudikationsbescheides, folglich auch die Purifizirung des Hypothekenfoliums fordern. Welchen juristischen Erfolg die Anwendung dieser Formen für ihn bei dem Grundsatze, daß Niemand seine eigene Sache kaufen kann, in der Wirklichkeit hat, — das ist im Allgemeinen nicht zu sagen, es kommt dabei auf die besondere Beschaffenheit jedes einzelnen Falles an. Ohne eine solche Besonderheit ist das Geschäft kein wahrer Kauf. L. 40 pr. D. de pignor. actione 13, 7.

(5. A.) Nach dem jetzt geltenden Recht ist der Eigenthümer des zur Subhastation gestellten Grundstücks, d. i. der Schuldner im Sinne des §. 42 d. T., ebenfalls berechtigt, bei der Zwangsversteigerung mitzubieten. Er muß nur, wenn ein Betheiligter seiner Zulassung widerspricht, für sein Gebot sofort eine ausreichende Sicherheit bestellen. Bleibt er Meistbietender, ohne daß ein begründeter Widerspruch erhoben wird, so wird durch das Erkenntniß ausgesprochen, daß ihm das Eigenthum an dem Grundstück zu belassen sei. Ges. über den Eig.-Erw. §. 46. Damit ist außer Zweifel gestellt, daß der Eigenthümer juristisch nicht als Käufer des Grundstücks anzusehen ist.

auch an das übrige Vermögen, oder an die Person des Schuldners sich halten könne.

ten Sache befriediget worden[70]), entstehen daraus alle Wirkungen einer von dem Schuldner unmittelbar geleisteten Zahlung. (Tit. 16, §. 149 sqq.)

70) „Bei Subhastationen im Wege der Exekution verliert der Gläubiger, in soweit als seine Forderung durch das Kaufgeld gedeckt wird, sein persönliches Recht gegen den ursprünglichen Schuldner, auch durch die bei der Kaufgelderbelegung mit dem Käufer vereinbarte Uebernahme seiner Forderung von Seiten des Letzteren. Einer ausdrücklichen Entlassung des bisherigen Schuldners bedarf es dazu nicht." O.Tr. III (Pr. 1422) v. 9. März 1844, Entsch. 10 S. 152. Die Befriedigung des Hypothekengläubigers im Sinne des §. 43 und des §. 17 der Subhastationsordnung v. 4. März 1834 kann nicht bloß durch Uebernahme der Forderung des Pfandgläubigers von Seiten des Käufers und durch Zahlung, sondern auch durch jeden anderen Tilgungsgrund, z. B. Kompensation, erfolgen. O.Tr. III v. 22. März 1852, Str. Arch. 6 S. 81. Zu vgl. das Erk. dess. v. 8. Jan. 1836, Schles. Arch. 3 S. 314. Dieser Rechtssatz ist aus zwingenden inneren Gründen geboten und unumstößlich. Vergl. L. 26 D. de solutionibus 46, 3; L. 1 C. si antiquior creditor 8, 20. Er ist aber doch, als auf Irrthum beruhend, angefochten worden. Die Uebernahme sei nämlich nur dem Verkäufer gegenüber Zahlung, nicht aber dem Gläubiger gegenüber. Bei der Subhastation aber sei immer der Schuldner und Besitzer der wahre Verkäufer, denn das Gericht oder die verkaufenden Gläubiger handelten nur als dessen Vertreter, dessen Dispositionsbefugniß auf sie übergegangen. Die Sache sei also die: der Schuldner verkaufe und der Käufer (Adjudikatar) zahle durch Uebernahme. Dies sei der erste Akt des Geschäfts. Der zweite umfasse die Befriedigung der Gläubiger. Diese seien berechtigt, Baarzahlung zu verlangen; ließen sie sich die Uebernahme gefallen, so verzichteten sie damit nicht bloß auf Baarzahlung, sondern auf Befriedigung überhaupt, und seien damit einverstanden, daß die Forderung fortbestehe. Ihnen gegenüber sei also Uebernahme keineswegs Zahlung, aus dem einfachen Grunde nicht, weil der Uebernehmer nicht ihnen, sondern dem Schuldner das Kaufgeld, das er durch Uebernahme tilge, schuldig sei. Delbrück, die Uebernahme fremder Schulden, Berlin 1853, S. 68 u. 115. Die Vorstellung enthält zwar Wahrheit, aber nicht die ganze Wahrheit; und der von derselben weggelassene Theil führt nothwendig zu einem ganz anderen Ausgange. Die Gläubiger verkaufen zwar freilich als Vertreter des Schuldners, d. h. in Ausübung des Rechts des Schuldners, dessen Dispositionsbefugniß auf sie übergegangen; aber sie verkaufen nicht für ihn und in Vollziehung seines Willens, etwa wie ein Beauftragter; vielmehr verkaufen sie vermöge eigenen Rechts, nach ihrem Willen und für sich selbst. Damit machen sie ihr eigenes Geschäft. Sie haben kein anderes Recht, als sich aus der Sache des Schuldners bezahlt zu machen; sie müssen demgemäß verfahren und dabei wie rechtschaffene Leute zugleich im Interesse des Schuldners, dessen Eigenthum sie zu Gelde machen wollen und sollen, handeln, d. h. sie sind verpflichtet, neben ihrem eigenen Interesse zugleich das des Schuldners zu berücksichtigen. Sie haben kein Recht, die Sache ohne Bezahlung zu verkaufen und nun dem Schuldner die Sorge zu überlassen: woher er das Geld dafür einheben wolle. Sie wollen sogar noch viel mehr; sie wollen ihm diese Sorge nicht einmal überlassen, sondern willkürlich damit verfahren und dafür den Schuldner verantwortlich machen. Das ist doch wohl rechtlich unmöglich. Borgen sie das Kaufgeld oder verkaufen sie an einen Zahlungsunfähigen, so thun sie das für ihre eigene Rechnung; der Schuldner hat ihnen den Werth zu ihrer Befriedigung überliefert und sie haben ihn nicht gefragt: ob sie dem Käufer das Kaufgeld kreditiren dürfen, wie sie durch gestattete Uebernahme ihrer Forderungen thun. Ihr Recht gegen den Schuldner hat durch die Exekution die vollständigste Genugthuung erhalten, sie haben ausgeführt, was ihnen gegeben war. Weil sie für ihre eigene Rechnung das Geschäft so, wie es ihnen gefiel, ausgerichtet haben, so sind sie eben so wirksam abgegolten, als wenn sie sich hätten bezahlen lassen. Die wirkende Rechtsursache (causa efficiens) ist Annahme an Zahlungsstatt. Schon die klassischen Juristen haben die Frage erwogen: ob der Schuldner von seiner Verbindlichkeit befreit werde, wenn der Gläubiger von dem Käufer des Pfandes den Kaufpreis nicht erlangen könne. Paulus antwortet: daß, wenn dem verkaufenden Gläubiger keine Verschuldung zur Last falle, der Schuldner verpflichtet bleibe. L. 9 pr. D. de distractione pignorum 20, 5. Es ist aber ein Versehen und es geschieht auf eigene Gefahr, wenn das Pfandstück auf Borg verkauft wird; es muß gegen baare Zahlung oder gegen hinlängliche Kaution verkauft werden. L. 15 §. 7 D. de re judicata 42, 1.

(5. A.) Nach dem jetzt geltenden Recht sind die Fälle, in denen der Ersteher die Forderung des Gläubigers an den Subhastaten (Schuldner) übernimmt, von der Verweisung des Gläubigers auf die unberichtigt gebliebenen Kaufgelder zu unterscheiden.

a. Die Uebernahme der Schuld Seitens des Erstehers mit Zustimmung des Gläubigers enthält eine Expromission: die alte Forderung bleibt bestehen, nur der Schuldner wechselt. So ist das Rechtsgeschäft auch von Koch, Uebergang der Ford. S. 126, aufgefaßt worden. Derselben Meinung sind: Hinschius, Jur. Wochenschrift 1835 S. 318; Tilmann, in Ulr. Arch. 14 S. 59; Förster, Theorie u. Pr. 3. Aufl. 3 S. 423, Grundbuchrecht S. 210. Als Delegation wird das Geschäft behandelt von Fuchs, Jur. W. 1844 S. 569. Siehe auch Stieve, in Gruchot Beitr. 9 S. 502. Darüber, daß der Schuldner (Subhastat) von seiner persönlichen Verbindlichkeit frei wird, herrscht jetzt kein Zweifel mehr. Dernburg, Lehrb. 1 S. 781. Augenscheinlich im Hinblick auf diesen Erfolg ist oben „die wirkende Rechtsursache" als Annahme an Zahlungsstatt bezeichnet worden.

§. 44. Dagegen wird der Schuldner durch die bloße Bestellung eines Unterpfandes von seiner Verbindlichkeit noch nicht frei [71]).

§. 45. Vielmehr kann der Gläubiger, nach eingetretenem Zahlungstermine, auch an die Person seines Schuldners und dessen übriges Vermögen sich halten [72]).

§. 46. Doch kann der Schuldner, in sofern er alsdann noch Eigenthümer der

---

b. Was die Fälle betrifft, in denen der Gläubiger auf die rückständigen Kaufgelder verwiesen wird, so hat die Gesetzgebung gewechselt. Nach §. 19 der oben erwähnten Verordnung v. 4. März 1834 wurden die Gläubiger, insofern ihre Forderungen durch das Meistgebot gedeckt, aber von dem Ersteher nicht freiwillig berichtigt wurden, auf den Kaufgelderrückstand von dem Subhastationsrichter „angewiesen". Das O.Tr. maß dieser Anweisung nicht die Wirkung der Zahlung bei und erachtete mithin durch dieselbe die persönliche Verbindlichkeit des Schuldners (Subhastaten) gegen die Gläubiger nicht für aufgehoben. O.Tr. IV v. 4. Nov. 1856, Entsch. 34 S. 133; Str. Arch. 22 S. 292. Vergl. gegen dieses Urtheil Koch, Proz.=O. Anm. zu §. 388 der Konk.=Ordn.

Die Konk.=O. v. 8. Mai 1855 bestimmte unter §. 388: „Soweit eine zur Hebung kommende Forderung nicht von dem Ersteher mit Bewilligung des Gläubigers übernommen wird, erfolgt die Berichtigung derselben durch Zahlung oder durch Uebereignung eines entsprechenden Betrages von dem etwa verbleibenden Kaufgelderrückstande." Diese Uebereignung eines Theils der Kaufgelderforderung an den Gläubiger hatte ganz die Natur der Cession (Hingabe) an Zahlungsstatt, wirkte also Befreiung des Schuldners von der persönlichen Schuld. O.Tr. III v. 31. Okt. 1862, Str. Arch. 48 S. 49, und v. 5. Juni 1863, Entsch. 49 S. 399; Stieve, in Gruchot Beitr. 9 S. 506. Dagegen: Heinrich, in der Preuß. Anw.=Zeitung 1866 S. 470.

Der §. 388 der Konk.=O. v. 8. Mai 1855 ist durch die Subhastationsordnung v. 15. März 1869 aufgehoben. Dieses Gesetz verordnet unter §. 66: „Soweit der Ersteher eine zur Hebung kommende Forderung nicht mit Einwilligung des Gläubigers übernimmt, wird dieselbe aus den Kaufgeldern bezahlt oder ein entsprechender Theil des Kaufgelderrückstandes dem Gläubiger überwiesen. Eine solche Ueberweisung wirkt nur die Tilgung des Realanspruchs." Die persönliche Verbindlichkeit des Schuldners (Subhastaten) bleibt also neben der Verpflichtung des Erstehers zur Zahlung des Kaufgeldes in Kraft. Damit ist die Gesetzgebung auf den Standpunkt zurückgekehrt, den nach der Ansicht des Obertribunals die Verordnung v. 4. März 1834 einnahm. Ein Fortschritt ist darin schwerlich zu erblicken. Billig wenigstens kann man es nicht nennen, wenn der Schuldner nicht bloß sein Grundstück verliert, sondern daneben noch für die Zahlungsfähigkeit des Erstehers, an den die Gläubiger das Grundstück verkaufen, haften soll. Förster, Th. u. Pr. 3 S. 424. —

Nach dem Ges. über den Eig.=Erw. v. 5. Mai 1872 entsteht noch die Frage, ob der §. 43 d. T. beziehungsweise der §. 66 der Subh.=O. v. 15. März 1869 in dem gesetzten Falle auch auf Grundschulden anzuwenden ist. Es ist behauptet worden, die Ueberweisung auf den Kaufgelderrückstand, auf eine persönliche causa debendi, sei nicht ausführbar. Gleichwohl werde der zur Hebung gelangende Grundschuldgläubiger, wenn der Ersteher nicht baar zahle oder die Grundschuld übernehme, verlangen können, daß ihm wieder eine Grundschuld ertheilt werde. Diese Grundschuld sei nicht die Ueberweisung eines entsprechenden Theils des Kaufgeldes, sondern die Konstituirung einer neuen Grundschuld an Stelle der alten, d. h. die alte bleibe unverändert im Grundbuch stehen. Förster, Grundbuchrecht S. 210. Dieser Ausführung kann jedoch nicht beigetreten werden. Das Recht des Gläubigers an dem Grundstück löst sich durch die Subhastation bei der Grundschuld ebenso wie bei der Hypothek in einen Anspruch auf das Kaufgeld auf. Zahlt der Ersteher das letztere zum Kaufgelder-Vertheilungstermine nicht, so wird die desfallsige Forderung an ihn den zur Hebung gekommenen Gläubigern überwiesen. Auf sein Recht, „das Eigenthum frei von allen Hypotheken und Grundschulden" zu erwerben, ist die Ueberweisung ohne Einfluß. Die Grundschulden erlöschen gleich wie die Hypotheken. Eine Verpflichtung des Erstehers aber, anstatt die Kaufgelder zu bezahlen, die Eintragung einer Grundschuld zu bewilligen, ist nicht nachweisbar. Es bleibt mithin nur übrig, dem Grundschuldgläubiger dadurch gerecht zu werden, daß ihm ein entsprechender Theil der Kaufgelderforderung überwiesen und in das Grundbuch hypothekarisch eingetragen wird. Vergl. die §§. 19, 30, 37, 43 und 47 des Ges. v. 5. Mai 1872.

71) Wenn er sich nämlich persönlich verbindlich gemacht hat. (5. A.) Unbedingt nöthig war dies schon nach altem Recht nicht. Siehe oben Tit. 11 §. 727 Anm. 54. Vergl. auch die Allgem. Gerichts=O. I. 24 §. 63. Bei der Grundschuld im Sinne des Gesetzes v. 5. Mai 1872 haftet der Eigenthümer, der dieselbe bestellt hat, immer nur mit seinem Grundstück, niemals mit seinem sonstigen Vermögen.

72) (5. A.) Siehe die vorige Anm.

verpfändeten Sache ist [73]), darauf antragen [74]), daß der Gläubiger zuerst aus dieser seine Befriedigung suchen solle [75]).

73) Die Verweisung des Gläubigers an das Unterpfand findet nicht statt, wenn dasselbe von einem Dritten bestellt, auch nicht, wenn der Dritte von dem Schuldner beerbt worden ist (vergl. die Anm. 75 und den §. 48), (5. A.) ferner nicht, wenn der Gläubiger die Hypothek nicht in Folge der Bewilligung des Schuldners, sondern im Wege der Exekution erlangt hat. O.Tr. IV v. 1. Dez. 1870, Behrend, Zeitschr. 5 S. 260.

74) Der Befugniß, hierauf anzutragen (beneficium ordinis), kann rechtsgültig entsagt werden. Bei Wechselschulden findet der Antrag nicht mehr statt. Ges. v. 11. Mai 1839 §. 3, G.S. S. 173. (5. A. R.O.H.G. v. 25. April 1871, Entsch. 2 S. 224.) Von Amts wegen ist der Richter, wie schon die Fassung des §. 46 zeigt, dem Exekutionsrichter den Einwand zu machen nicht befugt. Der Einwand kann noch bei der Vollstreckung gemacht werden. R. v. 16. Dez. 1831, Jahrb. 38 S. 340. Die entgegengesetzte Meinung hat nicht Grund. Die Erörterung und Entscheidung geschieht in den Formen des in der Proz.-O. Tit. 24 §§. 37 flg. in Beziehung auf die sog. privilegirten Einreden in der Exekutionsinstanz vorgeschriebenen Verfahrens unter Anwendung der Oeffentlichkeit und Mündlichkeit nach den heutigen Prozeßvorschriften. Vergl. R. v. 13. Okt. 1810 in Verb. mit dem voraufgegangenen Berichte des Königsberger Obergerichts v. 1. Oktober 1810, Mathis 10 S. 118; Rabe 10 S. 432.

75) Der §. 46 erledigt einen gemeinrechtlichen Meinungsstreit, wenigstens ist es wahrscheinlich, daß man an diesen gedacht hat. Der Einwand, der hier dem Schuldner gegeben wird, ist derselbe, welcher in der Kunstsprache der Neueren exceptio ordinis s. excussionis realis genannt wird. Er kommt unter der Voraussetzung, unter welcher er hier im §. 46 dem Schuldner gegeben wird, nämlich wenn der Gläubiger ein Spezialpfand hat und die Exekution in Sachen, welche seinem Pfandrechte nicht unterworfen sind, sucht, im Gemeinen Rechte nicht vor; es ist nur in dem Falle davon Rede, wenn der Gläubiger eine Generalhypothek und zugleich auch eine Spezialhypothek hat und zuerst Sachen, die nur der ersteren unterworfen sind, zu seiner Befriedigung angreifen will und dadurch die Sicherheit seines Mitpfandgläubigers gefährdet. Nach dem Pandektenrechte stand ihm die Wahl unzweifelhaft frei. L. 8 D. de distract. pign. 20, 5. Auch war er in der Wahl zwischen den persönlichen und den dinglichen (Pfand-) Klagen unbehindert. L. 56 pr. D. mandati 17, 1; L. 19 D. qui potior. in pignore 20, 4; L. 51 §. 3, L. 62 D. de solut. 46, 1; L. 14 C. de obl. et act. 4, 10; L. 8 C. mandati vel contra 4, 35; L. 14, 24 C. de pignor. et hypothecis 8, 14; L. 2, L. 17 C. de fidejussor. 8, 41. Dieses Wahlrecht hob Justinian durch die Einführung der Rechtswohlthat der Vorausklage auf. Nov. 4 c. 2. Die Abänderung wurde zunächst zu Gunsten aller Intercessoren getroffen, bezweckte also den Schutz der persönlichen Mit- und Nachschuldner. Es wird aber auch in Beziehung auf verpfändete Sachen von diesem sog. beneficium excussionis gesprochen, indem Justinian a. a. O. allgemein verordnet, daß der Gläubiger Sachen des Hauptschuldners im Besitze eines Dritten und Sachen der Intercessoren nicht eher sollte angreifen dürfen, als bis er die im Besitze des Hauptschuldners befindlichen Pfandstücke und die Person desselben selbst vergeblich in Anspruch genommen habe. Der Gläubiger, welcher einen Dritten oder Intercessor belangte, konnte also zuerst bald an eine andere Person, bald an eine andere Sache verwiesen werden. Im ersten Falle heißt die Rechtswohlthat bei den Neueren beneficium excussionis personale, im zweiten b. e. reale. Das alte Wahlrecht des Gläubigers blieb nach dieser Neuerung nur in dem einen Falle unverändert, wenn dieselbe Person sowohl mit der persönlichen, wie mit der dinglichen Klage belangt werden kann. Hier nun greift die Thätigkeit der Ausleger ein. Das beneficium excussionis reale setzt nämlich den Fall voraus, daß dem Gläubiger eine General- und eine Spezialhypothek bestellt worden ist, und es bezweckt, den Gläubiger zu zwingen, sich zuerst an die Spezialhypothek zu halten. Hierauf bezieht man die L. 9 C. de distractione pignorum 8, 28 und L. 2 C. de pignoribus 8, 14. Augenscheinlich werden, wie jene exceptio immer nur einem Nachschuldner zusteht, weil der Hauptschuldner seinen Gläubiger begreiflich nicht an einen Anderen weisen kann, dabei verschiedene Pfandbesitzer der den beiden verschiedenen Hypotheken unterworfenen Sachen vorausgesetzt, so daß in keinem Falle dem Hauptschuldner das beneficium zusteht. Aber schon von der Glosse her stammt eine Meinung, daß auch der Schuldner davon Gebrauch machen könne, dergestalt, daß, wenn er im Besitze des allgemein verpfändeten Vermögens und des Gegenstandes der Spezialhypothek verblieben und der Gläubiger zuerst Sachen, welche nur der Generalhypothek unterworfen waren, angreifen wolle, er denselben an das Spezialunterpfand verweisen könne. Glosse a ad verb. „jubebit“ L. 2 C. de pignoribus: „accipe hanc legem possidente debitore. Sed quid si aliquis extraneus possidet, vel creditor primus? Respondeo idem.“ Beide Fälle (eigentlich sind es drei Fälle; ob auch der extraneus possessor das beneficium habe, ist gleichfalls bestritten) werden also gleichgestellt. Ferner: Azo, Summa Codicis, L. 8 tit. 14 nr. 21: Illud notandum est, quod creditor pro quibusdam rebus repellitur ad tempus in hypothecaria actione; hoc est cum debitor obligavit quaedam specialiter, et alia generaliter et pure. Nam quamdiu potest ei satisfieri de speciali pignore, non extendat manum ad alia.“ Diese Meinung hat auch unter den heutigen Rechtslehrern Anhänger,

§. 47. Will aber der Gläubiger seinem Pfandrechte entsagen: so kann er sofort in das übrige Vermögen des Schuldners, oder auch, nach den Vorschriften der

---

weil die besondere Verpfändung einer Sache neben einer zugleich bestellten Generalhypothek nach der vermuthlichen Willensmeinung der Kontrahenten nur so zu erklären sei, daß der Gläubiger vorzüglich aus der Spezialhypothek seine Befriedigung suchen solle; und man giebt daher die Regel, daß der Gläubiger, dem eine allgemeine und besondere Hypothek bestellt worden ist, sich zuerst an die letztere halten müsse, und erst dann, wenn diese zu seiner Befriedigung nicht hinreicht, die zur generellen Hypothek gehörenden Sachen in Anspruch zu nehmen berechtigt sei; welcher Regel zufolge denn auch dem Schuldner selbst das beneficium excussionis reale zugestanden wird, wenn sowohl die General- als die Spezialhypothek noch in seinen Händen ist. Glück, Kommentar, Th. 18 S. 358; Carpzov, Jurispr. for., P. 2 const. 23 def. 29; Mevius, Decis., P. 2 dec. 117; Weber, vom pignore tacito subsidiario, oder der stillschweigenden Willenserklärung der Kontrahenten bei Verbindung einer allgemeinen und besonderen Hypothek, und ob die daher entspringende exceptio excussionis nicht auch dem Schuldner selbst zu Statten komme; in dessen Versuchen über das Civilrecht, S. 117 ff.; Thibaut, über die unbestimmte Verbindung eines Generalpfandes mit einem Spezialpfande; im Archiv für civilistische Praxis 17 S. 25 flg.; Schweppe, röm. Privatrecht, §. 357 Nr. 3 lit. c; Gesterding, die Lehre vom Pfandrechte, S. 389 flg.; Sintenis, Handbuch des gemeinen Pfandrechts, S. 494 ff. u. A.; von den Aelteren auch Donellus, de pignoribus, cap. 12; Brunnemann, Comment. ad L. 2 C. de pignor. 8, 14 u. ad L. 9 C. de distract. pignor. 8, 28. Der von Carpzov l. c. gleichfalls allegirte Negusantius, P. 8 m. 1 nr. 20 ist entgegen.

Nach dieser Dogmengeschichte komme ich zur preuß. Gesetzgebung zurück. Das preußische Landrecht P. 2 Buch 4 Art. 9 §. 5 schließt sich der anderen, quellenmäßigen Meinung an, welche auch die Praxis für sich hatte. Berger, Elect. discept. forens. Tit. 46 obs. 6 nr. 1; Haubold ad Bergeri Oeconom. juris, Tom 1 pag. 558 Not. a; Glück a. a. O. S. 246. Das erste allgemeine Prozeßgesetzbuch, das Corpus juris Frid. Th. 1 Tit. 24 §. 53, thut das Gleiche, indem es verordnet: „Im letzteren Falle (wenn der Gläubiger eine Hypothek hat) kommt ihm die Wahl zu: ob er zuvörderst die Exekution in das bewegliche Vermögen des Schuldners suchen, oder sich sofort an das ihm zum Unterpfande dienende Grundstück halten wolle.“ Diese Bestimmung findet sich im §. 63 Tit. 24 Th. I der A. G.O. unverändert wieder. Gleichzeitig ist aber in dem A. L.R. hinter dieser hier im §. 45 ebenfalls aufgenommenen Regel die Ausnahme unseres §. 46 eingeschoben, womit das preußische Recht durch Aufnahme der vorhin dargelegten Meinung eines Theils der Theoretiker grundsätzlich umgeändert wurde. Zwar fehlt die Voraussetzung des damit eingeführten beneficii excussionis realis ganz, da das A. L.R. eine Generalhypothek nicht kennt, doch lag die analoge Anwendung desselben auf das übrige Vermögen des Schuldners nahe, da die „cetera bona“ der L. 9 C. de distractione pignorum doch auch nichts anderes waren, als das, wenn auch mit einer Generalhypothek beschwerte, übrige Vermögen, welches der Schuldner noch außer der Spezialhypothek besaß. Die §§. 45, 46 u. 47 befanden sich schon im gedr. Entwurfe Th. 2 Tit. 19 §§. 33, 34 u. 35, und es waren dagegen mehrere Monita eingegangen. Darüber bemerkt Suarez in der revisio monitorum: „Hier sind die Monenten einander konträr. Einige wollen dem creditori verstatten, sich mit Vorbehalt seines Pfandrechts an die Person und das übrige Vermögen des Schuldners zu halten. Andere wollen, daß er schlechterdings zuerst das Pfand exekutiren müsse, und ihm nicht freistehe, auch omisso pignore sich an die Person und das übrige Vermögen des Schuldners zu halten. Der Text hält zwischen beiden Meinungen den Mittelweg, welcher auch der billigste zu sein scheint.“ Bornemann, System, §. 305 Nr. 3 lit. d in der Note. Die sich widersprechenden Monenten repräsentirten in ihren zwei Parteien die beiden geschichtlichen Meinungen und der Mittelweg des §. 47 ist neu erfunden.

Nach dieser Darlegung ist so viel klar, daß das beneficium excussionis reale, wenn es dem persönlichen Schuldner zustehen soll, voraussetzt, daß der Schuldner auch der Unterpfandsbesteller sei; außerdem ist die muthmaßliche Willensmeinung der Kontrahenten, nach welcher die Uebereinkunft, daß der Gläubiger sich zuerst an das ihm angewiesene Spezialunterpfand halten solle, für stillschweigend abgeschlossen gehalten wird, nicht zum Dasein gekommen. Daß das A. L.R. diese geschichtliche Unterlage beibehalten hat, beweiset der §. 46 in den Worten: „in so fern er alsdann noch Eigenthümer der verpfändeten Sache ist.“ Damit ist zugleich das beneficium in allen den Fällen ausgeschlossen, wo der persönliche Schuldner nicht zugleich der Unterpfandsbesteller ist und die von einem Dritten verpfändete Sache hinterdrein eigenthümlich erwirbt. Außer dem hier eintretenden Voraussetzungsmangel giebt es für die Unzulässigkeit der Exception noch einen anderen juristischen Grund. Durch die Eingehung des persönlichen Schuldverhältnisses unter Hinzutritt einer Unterpfandsbestellung von einem Dritten erhielt der Gläubiger das Recht der freien Wahl: ob er sich zuerst an seinen persönlichen Schuldner, oder an die verpfändete Sache des Dritten halten wolle. §. 49 d. T. Nun ist es ein feststehender Grundsatz, daß der Schuldner sein einmal kontrahirtes Schuldverhältniß nicht einseitig ändern kann; seine den Gläubiger gar nichts angehende Erwerbung der verpfändeten fremden Sache erwirbt ihm nicht das beneficium excussionis, was nicht einmal der Verpfänder selbst hatte. §. 49 d. T. Wodurch oder woher soll er also dasselbe erlangt haben? Man könnte in dem §. 46

Wechsel- und Executionsordnung, auf die Person desselben richterliche Hülfe nachsuchen [76]).

§. 48. Hat der Schuldner, zwischen der Zeit der Verpfändung und des Verfalltages, das Eigenthum der verpfändeten Sache an einen Andern übertragen: so kann der Gläubiger, mit Vorbehalt seines Pfandrechts gegen den Dritten, zuerst auf Vollstreckung der Execution gegen den Schuldner antragen [77]).

§. 49. Das Recht des Gläubigers, sich zuerst an das Pfand zu halten, findet statt, ohne Unterschied: ob dasselbe von dem Schuldner, oder von einem Dritten bestellt worden [78]).

§. 50. Doch hat letzterer die Vermuthung für sich, daß er nicht weiter, als das Pfand reicht, sich dem Gläubiger habe verpflichten wollen.

§. 51. Erhellet hingegen, daß der Verpfänder eine Bürgschaft für die Schuld überhaupt geleistet, und nur zur Sicherheit derselben das Pfandrecht bestellt habe: so ist zwar im Uebrigen [79]) die Verbindlichkeit des Verpfänders nach den Gesetzen von Bürgschaften zu beurtheilen;

eine positive Bestimmung im öffentlichen Interesse sehen wollen, welche den Zweck hätte, zu verhindern, daß der Schuldner im Gebrauche seiner Befriedigungsmittel beschränkt würde, was der Fall sein könnte (so möchte man meinen), wenn man ihn auspfändete und zugleich das Unterpfand zurückhielte. Allein diese Ansicht würde, wie auch die Fassung des §. 46 zeigt, geschichtswidrig sein und auch den angegebenen Zweck einer derartigen positiven Vorschrift nicht für sich haben; denn der Schuldner kann unbehindert das Pfandstück verkaufen und aus dem Kaufgelde seinen Gläubiger befriedigen; die Verpfändung ist dabei kein Hinderniß. — Man könnte vielleicht durch eine bloße Worterklärung die exceptio für den späteren Erwerber zu begründen suchen und sagen: das Gesetz erfordere weiter nichts, als daß der Schuldner zur Zeit der Einforderung der Schuld Eigenthümer der verpfändeten Sache sei; das noch beziehe sich eben auf diesen Zeitpunkt, nicht auf das Alter des Eigenthums und dessen Gleichzeitigkeit mit der Verpfändung. Allein so verstanden hat das noch keine Bedeutung und ist völlig übrig, da es sich von selbst versteht, daß der Schuldner den Gläubiger nicht an eine fremde Sache weisen kann; das noch bezeichnet eben eine bestimmte Sache, die der Schuldner noch von einem gewissen Ereignisse her, mit welchem sie in Beziehung steht, besitzt. Entscheidend aber ist, daß der §. 46 einen geschichtlich ausgebildeten Rechtssatz des Juristenrechts enthält, in welchem das „noch" aus der Entstehungsgeschichte in seiner Beziehung und Bedeutung unzweifelhaft ist.

76) In dem R. v. 24. Nov. 1812, Jahrb. 1 S. 276 erklärt der J.M., daß die Bedingung der Entsagung alsdann wegfalle, wenn das Pfand besonderer Umstände wegen nicht sofort realisirt werden könne, und der Schuldner im Stande sei, die Hindernisse der Befriedigung des Gläubigers aus dem Pfande zu beseitigen; in diesem Falle sei der Gläubiger für befugt zu erachten, retento pignore die Exekution in das übrige Vermögen des Schuldners zu verlangen, weil es sich widerspreche, daß der Schuldner den Gläubiger an das Pfand verweise, ohne ihm dessen Erlangung nach seinen Kräften möglich zu machen. Das hat Grund. Der Einwand des beneficii wird in solchem Falle durch die replica doli gelähmt. Wenn aber die Wegräumung des Hindernisses nicht in der Macht des Schuldners steht, so hat der Gläubiger keinen Rechtsgrund, die Verweisung an das Pfand abzulehnen, außer nach Analogie der Grundsätze, welche den Gläubiger berechtigen, den Bürgen mit Vorbeigehung des Hauptschuldners zu belangen.

Die Entsagung des Pfandrechts ist nur in soweit nöthig, als der Gläubiger sich wegen seiner Forderung an das anderweite Vermögen halten will; wer nur einen Theil derselben einziehen will, hat nicht nöthig, das Pfandrecht auch wegen des übrigen Theils der Forderung aufzugeben. Dieser Meinung ist auch der J.M. nach einem R. v. 14. Nov. 1815 (Erg. zu diesem §.).

Eine sonderbare Frage ist es: ob der Gläubiger zu dem aufgegebenen Pfandrechte wieder zurückkehren könne. Wie soll er denn zu Etwas zurückkehren können, was nicht mehr vorhanden ist! Wenn noch gefragt würde: ob er unter Umständen die Bestellung eines neuen Pfandrechts verlangen könne, so hätte die Frage Sinn.

77) „Ein Hypothekengläubiger, der seinem Pfandrechte an der, nicht mehr in den Händen des persönlichen Schuldners, sondern eines dritten Besitzers befindlichen verpfändeten Sache entsagt, verliert dadurch nicht sein Recht, sich wegen seiner Befriedigung an den persönlichen Schuldner zu halten." O.Tr. (Pr. 1301 a) v. 13. Mai 1843, Entsch. 9 S. 257. Ueber den Grund siehe die Anm. 20 zu §. 304 Tit. 14.

78) Das beneficium ordinis findet bei der Intercession durch bloße Pfandbestellung nicht statt. Anm. 25 Satz 3 zu §. 298 Tit. 14. Siehe auch das Erk. des O.Tr. IV v. 5. Dezbr. 1861, Str. Arch. 44 S. 113.

§. 52. Es kann aber auch in einem solchen Falle der Gläubiger sich an das Pfand nicht anders oder eher halten, als er den Bürgen in Anspruch zu nehmen berechtigt ist.

§. 53. Die Pflicht, dem Gläubiger zu gestatten, daß er seine Befriedigung sofort aus der verpfändeten Sache nehme, geht zwar, der Regel nach, auf jeden Eigenthümer derselben über;

§. 54*. Weiter aber, als die verpfändete Sache reicht[80]), ist ein solcher dritter Eigenthümer dem Gläubiger, welchem er sich nicht etwa noch außerdem persönlich verpflichtet hat, zu haften nicht schuldig[81]).

---

79) D. h. überhaupt, ganz und gar. Das Unterpfandsrecht ist in diesem Falle nur eine Versicherung der Bürgschaft und kann nicht anders und nicht eher angegriffen werden, als der Bürge für seine Person aus der Verbürgung verurtheilt worden ist. Dann aber muß der Bürge auch über den Werth des Pfandes hinaus haften, wenn dasselbe die verbürgte Schuld nicht deckt.

80) „Der dritte Erwerber eines verpfändeten Grundstücks, der sich den Gläubigern nicht zugleich persönlich verpflichtet hat, kann nach der Wiederveräußerung des Grundstücks von den Hypothekengläubigern auch nicht wegen der Zinsen persönlich in Anspruch genommen werden, die während seiner Besitzzeit fällig geworden und unberichtigt geblieben sind." O.Tr. III (Pr. 1478) v. 13. Sept. 1844. Den Grundsatz spricht schon der §. 8 Tit. 19 aus. Der dritte Besitzer haftet überhaupt nicht, also auch nicht für die in seiner Besitzzeit fällig werdenden Zinsen. Zu vergl. das Erk. des O.Tr. vom 2. Sept. 1836, Jur. Wochenschr. 1837 S. 10. Bei Reallasten ist es anders. Anm. 1[a]—[c] zu Tit. 19.

81) (5. A. Das Gesetz über den Eigenthumserwerb ꝛc. v. 5. Mai 1872 bestimmt unter §. 41: „Hat der Erwerber eines Grundstücks die auf demselben haftende Hypothek in Anrechnung auf das Kaufgeld übernommen, so erlangt der Gläubiger gegen den Erwerber die persönliche Klage, auch wenn er dem Uebernahmevertrag nicht beigetreten ist." Durch diese Bestimmung ist der §. 54 d. T. für diejenigen Fälle, in denen die Uebernahme der Hypothek in Anrechnung auf das Kaufgeld unter der Herrschaft des Gesetzes v. 5. Mai 1872 erfolgt ist, außer Kraft gesetzt worden. Die Fälle dagegen, in denen der Erwerber eines Grundstücks die auf demselben haftende Hypothek überhaupt nicht oder doch vor dem 1. Okt. 1872, dem Tage des Beginnes der Geltung des Gesetzes v. 5. Mai, übernommen hat, sind auch fernerhin nach dem §. 54 und der Deklaration desselben v. 21. März 1835 (G.S. S. 42) zu beurtheilen. Die Deklaration lautet:

„Um die Zweifel zu beseitigen, welche bei Auslegung des §. 54 Tit. 20 Th. I des A. L.R. darüber entstanden sind, ob bei Erwerbung einer unbeweglichen Sache die Uebernahme der darauf haftenden Pfand- und Hypothekenschulden zugleich eine persönliche Verpflichtung gegen die Gläubiger in sich schließe, verordnen Wir auf den Antrag Unseres Staatsministeriums und nach erfordertem Gutachten Unseres Staatsraths, wie folget:

§. 1. Wer durch speziellen Rechtstitel eine mit Pfand- oder Hypothekenschulden belastete unbewegliche Sache erwirbt, und dabei erklärt, daß er diese Schulden mit übernehme, wird durch eine solche Uebernahme allein dem Gläubiger persönlich nicht verpflichtet, vielmehr bedarf es zu dieser Verpflichtung eines besonderen Vertrages zwischen dem Erwerber und dem Gläubiger.

§. 2. Auch dadurch entsteht eine persönliche Verpflichtung nicht, daß der Erwerber dem Gläubiger auf eine solche Pfand- oder Hypothekenschuld Zinsen oder einen Theil des Kapitals bezahlt.

§. 3. Wenn jedoch der Erwerber nicht bloß die Pfand- oder Hypothekenschulden übernimmt, sondern außerdem zu deren Tilgung sich persönlich verpflichtet, so ist der Veräußerer befugt, seinen Anspruch aus diesem Versprechen den Gläubigern abzutreten.

§. 4. Richter und Notare, welche bei der Aufnahme oder Anerkennung eines Veräußerungsvertrages amtlich mitwirken, sind verbunden, alle aus dem Hypothekenbuche ersichtlichen Gläubiger von der erfolgten Veräußerung in Kenntniß zu setzen. Wie diese Benachrichtigung erfolgen soll, wird Unser Justizminister durch eine besondere Instruktion anordnen.

§. 5. Auf nothwendige Subhastationen findet die gegenwärtige Verordnung keine Anwendung. Der Adjudikatar haftet vielmehr für sein Gebot mit seiner Person und seinem ganzen Vermögen."

Der §. 4 dieser Deklaration und die darin vorbehaltene Instruktion, welche am 12. Juni 1835 erlassen ist, erscheinen jetzt nur noch beschränkt, und auch nur in dem einen Fall anwendbar, wenn ein Grundstück veräußert wird, für welches ein Grundbuchblatt noch nicht angelegt werden kann. Denn lediglich in diesem Fall wird die Veräußerung durch den darüber errichteten Vertrag und die Uebergabe vollzogen. Abgesehen hiervon kann ein Grundstück jetzt nur noch durch die Eintragung des Eigenthumsüberganges auf Grund der Auflassung veräußert werden, und dabei ist der etwa vorhandene Veräußerungsvertrag ohne rechtliche Bedeutung, mithin den Realberechtigten nicht bekannt zu machen. Ges. über den Eig.-Erw. §. 1; Grundbuch-Ordn. v. 5. Mai 1872 §§f 48 u. 49. Die Gläubiger werden übrigens von der Veräußerung eines im Grundbuche nicht verzeichneten Grund-

Aufhebung des Pfandrechts,

§. 55. Außer den allgemeinen Arten, wie Rechte und Verbindlichkeiten über-

stücks nach §. 8 der Instruktion v. 12. Juni 1835 nicht benachrichtigt. Dagegen ist nach §§. 1 ff. daselbst eine beglaubigte Abschrift des Vertrages über die Veräußerung eines solchen Grundstücks von dem Richter oder Notar der Hypothekenbehörde, also jetzt dem Grundbuchamt, einzureichen. Darauf ist die Bedeutung des §. 4 der Deklaration zu beschränken. Vergl. Achilles, die Preuß. Ges. über Grundeigenthum ꝛc. v. 5. Mai 1872, 2. Ausg. S. 190. Im Uebrigen ist zur Erläuterung des §. 54 d. T. Folgendes zu bemerken:)

Daß dem Gläubiger gegenüber durch die Erwerbung der verpfändeten Sache allein keine persönliche Verbindlichkeit des Erwerbers begründet werden könne, ist zweifellos. Dem Veräußerer gegenüber aber kontrahirt der Erwerber allemal und nothwendig eine persönliche Verbindlichkeit durch die Uebernahme der Hypothekenschulden, und der Verkäufer wird bloß dadurch, daß er das Grundstück nicht dem Käufer, sondern dessen Cessionar übergiebt, noch nicht seines Rechts verlustig, von dem Käufer Zahlung der von ihm in Abrechnung auf das Kaufgeld übernommenen Hypothekenpost oder Befreiung von seiner desfallsigen persönlichen Verbindlichkeit gegen den Hypothekengläubiger zu erlangen. O.Tr. IV v. 15. Sept. 1853, Str. Arch. 13 S. 316, es ist dabei nur in Frage gestellt worden, inwiefern und mit welchem Erfolge der Veräußerer seinen Anspruch aus dem Vertrage abzutreten vermöge. Der §. 3 der Dekl. hat durch seine Fassung, wonach außer der Uebernahme der Schulden noch eine persönliche Verbindlichmachung zu deren Tilgung erforderlich sein soll, die Zweifel und Meinungsverschiedenheiten, statt sie zu beseitigen, noch vermehrt. Hierauf beziehen sich folgende Aussprüche des Obertribunals:

a) Pr. 185 v. 3. März 1837: Die bloße Uebernahme hypothekarischer Schulden auf Abrechnung des Kaufgeldes von Seiten des Käufers begründet die persönliche Verbindlichkeit des letzteren zur Exnexuation des Verkäufers. Zu vergl. die Erk. v. 15. August 1833, Simon, Rechtsspr. 3 S. 170; v. 18. März 1836, Entsch. 1 S. 90; v. 10. Juni 1836, Schl. Arch. 1 S. 161; ferner die Erk. des O.Tr. III v. 27. Sept. 1850, Str. Arch. 6 S. 342, v. 24. Januar 1851, ebd. 2 S. 292, und IV v. 4. April 1865, ebd. 57 S. 307.

b) Pr. 363 v. 13. Okt. 1837: Wenn der Käufer eines Grundstücks sich ausdrücklich verpflichtet hat, eine darauf eingetragene Schuld ad rationem pretii zu einer bestimmten Zeit an den Gläubiger zu berichtigen und dadurch den Verkäufer ex nexu setzen zu wollen, so kann der Gläubiger, welchem der Verkäufer sein diesfälliges Recht aus dem Kaufkontrakte cedirt, oder welcher in Gemäßheit des Gesetzes v. 4. Juli 1822 (G.S. S. 178) eine gerichtliche Ueberweisung desselben erhalten hat, seinen Anspruch auf Zahlung gegen den Käufer unmittelbar verfolgen, Präj.-Sammi. 1 S. 111. M. s. auch das Erk. des O.Tr. IV v. 15. September 1853, Str. Arch. 13 S. 316.

c) Pr. 1096 (Pl.-Beschl.) v. 14. Febr. 1842: Durch die bloße Uebernahme hypothekarischer Schulden auf Abrechnung des Kaufgeldes von Seiten des Käufers, wird derselbe gegen den Verkäufer persönlich verpflichtet, Zahlung der übernommenen Post zu leisten, oder die Befreiung des Verkäufers von seiner Verbindlichkeit gegen den Hypothekengläubiger zu bewirken. Entsch. 7 S. 302; J.M.Bl. S. 212. Hierdurch ist das Pr. 185 unter a gegen neue Anzweiflung aufrecht erhalten. Darnach ist zur Begründung dieser persönlichen Verbindlichkeit nicht nothwendig, daß, außer der Uebernahme, noch die persönliche Verpflichtung ausdrücklich im Kaufkontrakte ausgesprochen wäre. O.Tr. v. 18. März 1836, Entsch. 1 S. 90. Dieser Grundsatz gilt auch im Falle der Uebernahme einer Altentheilsrente, was ein Appellationsgericht auf Grund der Natur des Altentheils, als einer Reallast, bestritten hatte, weshalb sein Urtheil vernichtet wurde. O.Tr. III v. 10. Juli 1863, Str. Arch. 49 S. 319. Die Wahl aber zwischen den beiden gedachten Erfüllungsarten steht nicht dem Verkäufer, sondern dem Käufer zu. O.Tr. III v. 24. September 1855, Str. Arch. 18 S. 152. (5. A. Wenn aber der Gläubiger auf eine Befriedigung in anderer Weise, als durch Zahlung, sich nicht einlassen will, so braucht der Veräußerer nicht erst auf Befreiung von seiner Verbindlichkeit gegen den Erwerber des Grundstücks zu klagen, sondern kann von demselben ohne Weiteres die Zahlung der Hypothek an den Gläubiger verlangen. O.Tr. III v. 4. Oktober 1872, Str. Arch. 86 S. 224.) Ist die übernommene Post zugleich auf einem anderen Grundstücke eingetragen, so ist der Käufer gehalten, dieselbe auf dem ihm nicht verkauften anderen Grundstücke löschen zu lassen, wenn er gewußt hat oder doch aus dem Hypothekenbuche ersehen konnte, daß das zweite Grundstück für die übernommene Hypothek mitverpfändet war. O.Tr. III v. 24. Sept. 1855, Str. Arch. 18 S. 153, und v. 7. Juli 1871, Entsch. 65 S. 308. Dieser Grundsatz findet auch in dem Falle Anwendung, wenn der Verkäufer nicht der Eigenthümer des anderen Grundstücks war, jedoch für die Hypothekenpost gehalten ist. O.Tr. III v. 23. Jan. 1860, Str. Arch. 36 S. 148. Wie, wenn der dritte Eigenthümer des zweiten Grundstücks nicht löschen lassen will, wie soll der Käufer da erfüllen? Dann muß er den Gläubiger veranlassen, den Verkäufer von der persönlichen Verbindlichkeit zu befreien.

Der Plenarbeschluß ist jedoch nicht dahin zu verstehen, daß der Käufer ohne Rücksicht auf die Fälligkeit der übernommenen Hypothekenschuld zur sofortigen Zahlung oder Befreiung verpflichtet ist; vielmehr setzt der Anspruch des Verkäufers auf Zahlung oder Befreiung der Schuld immer voraus, daß die Zahlung der Schuld überhaupt gefordert werden kann. O.Tr. III (Pr. 2157) v. 8. Novbr. 1849, Entsch. 19 S. 203, und v. 21. Oktober 1872, Str. Arch. 85 S. 363. Dieser Ausspruch muß

haupt aufgehoben werden können, erlöscht das Pfandrecht insonderheit alsdann, wenn der Anspruch, für welchen die Sicherheit bestellt worden, getilgt oder erloschen ist[82]. 1) wenn der Hauptanspruch getilgt, oder erloschen ist,

§. 56. Hat Jemand für eine fremde Verbindlichkeit durch Pfand oder Hypothek ausdrücklich nur auf eine in sich bestimmte Zeit Sicherheit bestellt: so finden die bei Bürgschaften, die nur auf eine gewisse Zeit eingeschränkt worden, überhaupt ertheilten Vorschriften Anwendung[83]. (Tit. 14, §. 316[84]) sqq.) 2) wenn die bestimmte Zeit verlaufen ist,

---

aber wieder beschränkt werden, und zwar auf den Fall, wenn über die Zeit nichts verabredet worden ist. Vergl. Abs. lit. d. Verabreden aber können die Kontrahenten darüber, was sie wollen, und wenn es ausgemacht ist, daß der Käufer sofort den Verkäufer freimachen solle, so ist er dieses zu thun verbunden; wenn aber der Gläubiger sich vor dem Verfalltage auf nichts einlassen will, so muß er so viel thun, als er zur Genügeleistung des Verkäufers zu thun vermag, d. h. er muß ungesäumt kündigen, und allenfalls deponiren, wenn der Gläubiger ohne erheblichen Grund die Annahme der Zahlung ablehnt.

Die aus der Uebernahme eingetragener Forderungen in Anrechnung auf das Kaufgeld hervorgehende Verbindlichkeit des Käufers ist erfüllt, wenn der Käufer die übernommene eingetragene Forderung an deren Inhaber zahlt, demnächst aber, statt sie löschen zu lassen, auf Grund der ihm ertheilten Quittung anderweitig cedirt; denn die persönliche Verbindlichkeit des Verkäufers ist durch die geleistete Zahlung untergegangen. O.Tr. III v. 1. Oktober 1856, Entsch. 33 S. 370; Str. Arch. 22 S. 225, und v. 16. Oktober 1871, Entsch. 66 S. 63. Durch diese Praxis kann der Cessionar, der vielleicht nur mit Rücksicht auf den persönlichen Schuldner die Post an sich gebracht hat, sehr getäuscht werden. Denn aus dem Instrumente ist daran, daß die persönliche Verbindlichkeit getilgt sei, nicht das mindeste zu ersehen, der Cessionar muß mithin glauben, daß die Forderung unverändert fortbestehe. Fällt die Hypothek hinterdrein aus und der Cessionar will sich an die Person des Schuldners halten, so erfährt er nur zu spät, daß er keinen persönlichen Schuldner hat. Hier ist also wieder der Fall, wo eine Hypothekenforderung ohne eine persönliche Verbindlichkeit besteht. Vergl. die Anm. 6 zu §. 52 des Anh. (zu §. 484 Tit. 16). — Wenn der Käufer eine in Abrechnung auf das Kaufgeld übernommene Hypothek, statt sie behufs Tilgung zu bezahlen, sich cediren läßt und dann weiter cedirt, so ist seine durch Uebernahme der Hypothek gegen den Verkäufer begründete persönliche Verbindlichkeit, wie sich von selbst versteht, nicht untergegangen. O.Tr. IV v. 4. April 1865, Str. Arch. 57 S. 302.

d) Pr. 1116 v. 19. März 1842: Der Verkäufer kann das nach dem Pr. 1096 (lit. c) für ihn entspringende Recht auch an den Hypothekengläubiger abtreten und Letzterer auf Grund dieser Cession gegen den persönlich verpflichteten Käufer sofort auf Zahlung der ihm zustehenden Forderung klagen, falls die Post an sich nicht an besondere Zahlungsfristen gebunden ist. Entsch. 7 S. 298. Der Gläubiger kann dieses Recht auch im Wege der Exekution durch richterliche Ueberweisung erlangen. Vergl. lit. b. Beides ist von Neuem anerkannt und angewendet in den Erk. des O.Tr. IV v. 4. April 1865, Str. Arch. 57 S. 302, und III v. 26. Juni 1868, Entsch. 60 S. 110.

e) Erk. IV v. 26. Nov. 1850: Durch die in einem Mobiliar-Kaufvertrage erklärte selbstschuldnerische Uebernahme bestimmter Personalschulden des Verkäufers auf Abrechnung des Kaufgeldes erwächst für den Letzteren nur die Befugniß, von seinem Käufer Liberation bezüglich der übernommenen Posten zu verlangen; es kann daher nur diese Befugniß, nicht aber das die Schulden deckende Kaufgeld im Wege der Exekution einem nicht übernommenen Personal-Gläubiger des Verkäufers zur eigenen Einziehung überwiesen werden. Entsch. 20 S. 173. Vergl. das Erk. des O.Tr. III v. 26. Juni 1868, ebd. 60 S. 117.

82) Zu vergl. Tit. 16 §. 8 und Tit. 2 §. 140. Die Erlöschung durch Verjährung macht eine Ausnahme. §. 247 und die Anm. dazu.

„Mit der Tilgung der Hauptforderung erlischt für den Gläubiger auch dessen Hypothekenrecht, ohne daß es gegen ihn dazu der Löschung bedarf." O.Tr. v. 30. August 1849, Entsch. 18 S. 264, und III v. 16. Dezember 1861, Str. Arch. 43 S. 268.

Die Vorschrift, daß die Löschung von dem Antrage des Schuldners abhängig sei (§§. 520 ff.), betrifft nur das Verhältniß des Besitzers des verpfändeten Grundstücks zu seiner Sache. Der Gläubiger aber, welcher befriedigt worden ist und keine Forderung mehr hat, kann auch ein Pfandrecht nicht mehr haben, ohne Unterschied: ob die Löschung geschieht, oder unterbleibt. Entsch. a. a. O. S. 268.

83) Nämlich auf das Verhältniß zwischen dem Pfandgeber und dem Pfandnehmer (Gläubiger), nicht etwa auch gegen den Schuldner, denn dieser ist ja nicht Mitkontrahent bei dem Pfandkontrakte. Daraus erhellet, daß, wenn zwischen dem Pfandgeber und dem Schuldner ein Vertrag besteht darüber: daß der Verpfänder für die Schuld des Anderen zwar Pfand bestellen aber nur bis zu einem bestimmten Termine bestellen wolle, der Pfandgeber aus diesem Paktum auch gegen den Schuldner nach Eintritt des Termins auf Befreiung klagen kann. In dem Erk. des O.Tr. III v. 19. März 1860, Str. Arch. 36 S. 327, ist zwar ganz richtig der Pfandgeber mit seiner Klage auf Befreiung gegen den Schuldner auf Grund des §. 56 abgewiesen; aber die Begründung ist nicht aus den Vertragsverhält-

§. 57. Hat der Schuldner die Sicherheit durch Verpfändung seiner eigenen Sache bestellt: so wird, im zweifelhaften Falle, vermuthet, daß durch Beifügung der Zeit nur der Zahlungstermin, nicht aber die Dauer des dinglichen Rechts, hat bestimmt werden sollen.

§. 58. Erhellet aber aus der Fassung des Vertrages, daß es wirklich die Absicht der Contrahenten gewesen sei, durch Beifügung der Zeit die Dauer des Realrechts zu bestimmen: so hat dennoch ein solcher Vertrag, zum Nachtheile des Gläubigers[85]), keine Wirkung[86]).

§. 59. Ist jedoch in der Zwischenzeit das Eigenthum der verpfändeten Sache auf einen dritten Besitzer übergegangen: so hat dieser mit demjenigen, der von Anfang an für eine fremde Verbindlichkeit Sicherheit bestellt hat, gleiche Rechte. (§. 56.)

besonders bei Pfandrechten, die auf der Einwilligung eines Dritten beruhen,

§. 60. Ist zur Verpfändung einer Sache die Einwilligung eines Dritten[87]) erforderlich, so hängt es von diesem ab, bei Ertheilung derselben zugleich die Dauer ihrer Gültigkeit zu bestimmen.

§. 61. Ist dem Consense eine auflösende Bedingung, oder derselben gleich geltende Zeitbestimmung beigefügt: so hat von dem Augenblicke an, wo dieselben zur Wirklichkeit gelangen, der Einwilligende eben das Recht, welches dem nur auf eine bestimmte Zeit sich verpflichtenden Bürgen beigelegt ist. (Tit. 14, §§. 316[88]) sqq.)

§. 62. Wegen der, zur Verpfändung eines Lehns, von dem Lehnsherrn oder den Agnaten ertheilten Consense, hat es bei den besonderen Bestimmungen des Achtzehnten Titels §§. 252 sqq. sein Bewenden.

§. 63. Dadurch, daß mit dem Ablaufe der Zeit, oder dem Eintritte der Bedingung, der Consens seine Wirksamkeit verliert, geht das Pfandrecht des Gläubigers nur so weit, als dessen Wirkungen dem Consentirenden[89]) nachtheilig sein würden, verloren.

§. 64. War aber der Consens nicht bloß zur Gültigkeit der Verpfändung, sondern zur Gültigkeit der Schuld selbst nothwendig; und erlöscht also letztere mit der Kraft des Consenses zugleich: so hört auch das ganze Realrecht auf.

nissen geschöpft, es ist von einer Ausnahme, welche der §. 56 enthalten soll, die Rede, der §. 56 enthält aber keine Ausnahme, die Rechtsverhältnisse sind nicht klar aufgefaßt, es läuft sehr Verschiedenartiges dort durcheinander. Jede Klage auf Befreiung von einer Bürgschaft sowohl wie aus einer Pfandbestellung, ist eine Klage aus einem Vertrage. Davon ausgegangen ist es von selbst klar, daß nur gegen den anderen Paziszenten geklagt werden kann. Das allein war dort der Abweisungsgrund, der mit zwei Worten ausgedrückt werden konnte. Alles andere ist übrig.

84) Statt 316 muß es „320" heißen. R. v. 29. Dezember 1837, Jahrb. 50 S. 469.

85) Es sollte heißen: zum Vortheile des Schuldners. Denn zum Nachtheile des Gläubigers wirkt das Paktum allerdings, sobald die verpfändete Sache in den Besitz eines Dritten gelangt. §. 59.

86) (5. A.) Das Appellationsgericht zu Naumburg hat in einem Bescheide v. 4. Febr. 1870 angenommen, daß, wenn das auf bestimmte Zeit beschränkte Realrecht vom Schuldner verlängert werde, zur Eintragung dieser Verlängerung die Einwilligung der nacheingetragenen Gläubiger nicht erforderlich sei. Johow, Jahrb. 1 S. 138; v. Rönne, Erg. zum A. L.R. I. 20 §§. 56 ff. 6. Aufl. Bd. 2 S. 369.

87) In der Ausgabe von 1806 steht statt „Dritten" der Druckfehler „Darlehns".

88) Muß heißen: 320. Anm. 84 zu §. 56.
Eine weitere analoge Anwendung der Grundsätze über die Bürgschaft auf die Interzession durch Pfandbestellung ist unzulässig, namentlich darf nicht von der Zulässigkeit der Belangung des Bürgen mit Uebergehung des Hauptschuldners in gewissen Fällen auf eine Zulässigkeit des Angriffs des Pfandes ohne Vorausklagung des Schuldners in denselben Fällen geschlossen werden. Denn der Bürge steht, wie ein Korreus, in der Verbindlichkeit, kann also wegen und aus derselben auch belangt werden; der dritte Pfandbesteller aber nicht; vielmehr muß, nach §. 198, nothwendig der Schuldner rechtlich gehört werden, bevor das Pfand in Angriff genommen werden kann. So führt das Obertribunal I aus in der Entsch. v. 20. Dezember 1847, Rechtsf. 3 S. 250. Nach R.R. würde das ganz unrichtig sein; der Pfandgläubiger kann sein dingliches Recht ungehindert und willkürlich gebrauchen.

89) Die Veräußerung des gegen andere Lehnsbetheiligte wirksamen Pfandes geschieht dann mit Vorbehalt der Rechte Jenes, dessen Konsens durch Eintritt des Termins oder der Bedingung erloschen ist.

§. 65. Der Consens in Verpfändungen muß, sobald die Forderung Funfzig Thaler übersteigt, schriftlich ertheilt werden[90].

§. 66. Der Schuldner ist verpflichtet, diesen Consens dem Gläubiger zuzustellen und auszuhändigen.

§. 67. In der einmal ertheilten Einwilligung kann nachher, zum Schaden des Gläubigers, nichts geändert werden.

§. 68. Durch Bestellung oder Annahme einer ferneren Sicherheit wird die vorige noch nicht aufgehoben. 3) durch die Annahme einer andern Sicherheit.

§. 69. Ein Pfandgläubiger begiebt sich also bloß dadurch, daß er die Bestellung eines Bürgen fordert oder annimmt, noch nicht seines Pfandrechts[91].

§. 70. Aus der Aufhebung des Pfandrechts folgt noch keine Entsagung des Anspruchs, für welchen ersteres bestellt worden[92].

I. Vom eigentlichen Pfandrechte. 1) Gegenstand.

§. 71. Das Pfandrecht im engern Sinne kann, mittelst Einräumung des Besitzes, auf bewegliche und unbewegliche Sachen bestellt werden.

Von Verpfändung fremder Sachen.

§. 72. Auch die Verpfändung fremder Sachen kann, unter Einwilligung ihres Eigenthümers, gültig geschehen.

§. 73. Sind fremde Sachen ohne diese Einwilligung zum Pfande gegeben worden: so kann der Eigenthümer dieselben zwar von dem Pfandinhaber zurückfordern;

§. 74. Doch haftet dem Gläubiger auch alsdann das dingliche Recht, welches der Verpfänder auf die Sache hatte, zu seiner Sicherheit[93].

§. 75. Die Dauer und Wirkungen dieser Sicherheit aber erstrecken sich nicht weiter, als das Recht des Verpfänders selbst.

§. 76. Wird der Eigenthümer des Verpfänders Erbe[94]: so besteht das

---

90) Die Vorschrift bezieht sich auf den Fall, wenn der Eigenthümer nicht unmittelbar selbst als Kontrahent auftritt und den Realkontrakt im eigenen Namen, wenngleich zur Sicherung einer fremden Schuld, schließt: in diesem Falle bleibt es bei dem Grundsatze §. 94. Vergl. §. 122 d. T.

91) Das wurde auch nach R.R. nicht angenommen. Die desfallsige Behauptung in den Erg. zu §§. 68 u. 69 ist unrichtig; die L. 6 §. 2 D. quibus modis pignus 20, 6 und L. 9 §. 3 de pign. act. 13, 7 sagen das Gegentheil, indem ausdrücklich von einer Uebereinkunft des Gläubigers mit dem Schuldner über das Zurücktreten vom Pfandrechte gegen Genügeleistung gehandelt wird.

(5. A.) Die §§. 68 u. 69 enthalten eine Anwendung der Regel des Tit. 16 §. 381, daß Entsagungen und Verzichtleistungen eine ausdrückliche Willenserklärung erfordern. Gestützt hierauf hat das Obertribunal angenommen, daß der Vermiether sein gesetzliches Pfandrecht an den Illaten und Invekten des Miethers dadurch, daß er in den Verkauf dieser Sachen willigt, nicht verliert, vorausgesetzt natürlich, daß dieselben auf dem Miethsgrundstück verbleiben. O.Tr. III v. 19. Juni 1874, Entsch. 72 S. 214.

92) Zu vergl. Tit. 12 §. 427 und die Anm. dazu.

93) (5. A.) Der Fall ist der, daß der Schuldner, dem an einer fremden Sache ein Recht zusteht, die Sache selbst ohne Zustimmung des Eigenthümers verpfändet hat. Hier ist die Verpfändung der Sache ungültig. Dagegen erstreckt sich das Pfandrecht des Gläubigers auf das dingliche Recht des Schuldners. — Die Frage, ob dingliche Rechte an fremden Sachen für sich allein verpfändet werden können, ist im Landrecht nicht allgemein entschieden. Förster hat sie auf der Grundlage des gemeinen Rechts ausführlich erörtert und ist dabei für das preußische Recht zu dem Schlusse gelangt, daß „jedes dingliche oder absolute Vermögensrecht, welches selbst veräußerlich ist oder dessen Ausübung wenigstens veräußert werden darf, verpfändet werden kann, wenn die vom preußischen Recht allein anerkannten Formen der Verpfändung, Uebertragung des Besitzes an der Sache, auf welcher das Pfandrecht haftet, oder Eintragung in das Grundbuch anwendbar sind." Förster, Theorie und Praxis 3. Aufl. 3 S. 399—403.

94) „Ohne Vorbehalt" ist hinzuzudenken. Zu vergl. Tit. 11 §§. 140—142. (5. A. Auf Benefizialerben findet die Vorschrift keine Anwendung.) So hat auch das O.Tr. IV in dem Erk. (Pr. 2390) v. 29. Juni 1852, Entsch. 23 S. 216; Str. Arch. 7 S. 38, sich ausgesprochen. Der §. 76 entscheidet einen gemeinrechtlichen Zweifel, welcher durch den scheinbaren Widerspruch zwischen der L. 41 Dig. de pign. act. 13, 7 und der L. 22 Dig. de pignor. et hyp. 20, 1 veranlaßt ist.

Als landrechtlicher Grundsatz ist es anzusehen, daß ein Rechtsgeschäft, dessen Unwirksamkeit in dem Mangel der Verfügungsbefugniß über die Sache ihren Grund hat, durch Konvaleszenz gültig wird, wenn der Verfügende die Verfügungsbefugniß nachher erwirbt. Zu vergl. Tit. 5 §. 46; Tit. 11

Pfandrecht des Gläubigers in Ansehung seiner eben so, als wenn die Verpfändung von Anfang an mit seiner Einwilligung geschehen wäre.

§. 77. Hat aber der Eigenthümer Rechte auf oder zu der ohne seinen Consens verpfändeten Sache, schon vor dem Erbanfalle Andern übertragen; so kann der Pfandinhaber gegen diese von seinem Pfandrechte keinen Gebrauch machen [95]).

§. 78. Wird der Verpfänder des Eigenthümers Erbe: so hat es bei der Vorschrift des §. 16 sein Bewenden.

§. 79. Hat der Eigenthümer des Pfandes, nach geschehener Verpfändung, für die Schuld sich verbürgt: so enthält dieses eine Genehmigung der Verpfändung, sobald erhellet, daß ihm letztere bei Uebernehmung der Bürgschaft bekannt gewesen sei [96]).

§. 80. Ist der Gläubiger zum Besitze des Pfandes nach der Bestimmung Tit. 15, §. 25 redlicher Weise gelangt: so ist er zur Ausantwortung des Pfandes an den Eigenthümer [97]) nur gegen Entrichtung dessen, was er dem Schuldner darauf wirklich gegeben hat [98]), verpflichtet.

§. 81. Wegen der auf das Pfand selbst verwendeten Kosten, und sonst überall, hat er gegen den Eigenthümer die Rechte eines jeden redlichen Besitzers.

§. 82. Die Bezahlung auch schon verfallener Zinsen aber kann er von dem Eigenthümer nicht fordern [99]).

---

§. 142; Tit. 20 §§. 16 u. 17. Nicht zu verwechseln mit der Verfügungsfähigkeit. Dies ist besonders bei Ehefrauen zu beachten.

95) Zu vergl. §. 17 und die Anm. 39 zu §. 19 d. T.

96) Aufgenommen aus der L. 5 §. 2 D. in quibus causis pignus 20, 2, bei der rev. mon. Dort findet sich vermerkt: „Notetur casus: wenn der Eigenthümer für die Schuld Bürgschaft leistet. Quaeritur: involvirt solches einen Konsens in die Verpfändung, und zwar ohne Unterschied: ob er tempore fidejussionis die Verpfändung gewußt hat, oder nicht?" Concl. „Negative, wenn er von der Verpfändung nichts weiß." Motive zum bürg. G.B. (1840) S. 361. Die Fassung ist jedoch affirmative ausgefallen, wie in der L. 5 §. 2 cit., welche augenscheinlich als Muster gedient hat. Der §. 79 steht übrigens nicht, wie a. a. O. behauptet wird, mit dem §. 258 Tit. 14 im Widerspruche; der §. 258 hat es mit der persönlichen Verbindlichkeit des Bürgen zu thun, welche über ihren Gegenstand nicht hinausgeht. Anders mit dem Pfande. Das Rechtsverhältniß steht nun so: Der Gläubiger hat zu seiner Sicherheit ein Pfand und auch eine Bürgschaft. Hinsichtlich des Pfandes kommt der Grundsatz des §. 49, nicht der der §§. 51 u. 52, zur Anwendung. Wenn das Pfand unzureichend ist, so kommt wegen des unberichtigten Theils die Bürgschaft zur Aushülfe.

97) Oder Arrestanten. A. G.O. I. 29 §. 83. O.Tr. IV v. 6. Mai 1862, Str. Arch. 45 S. 217.

98) Das ist der Grund, warum der Gläubiger, welchem für eine Forderung, die künftig noch erst entstehen soll, eine fremde Sache zum Pfande gegeben worden ist, das Zurückbehaltungsrecht nicht haben kann, warum z. B. dem Vermiether und Verpächter, auf Grund des §. 395 Tit. 21, gar kein Recht an den eingebrachten Sachen, welche dem Pächter oder Miether nicht gehören, zusteht. Denn ein Pfandrecht mit einer fremden Sache kann überhaupt gar nicht bestellt werden, sowenig wie der Verkäufer einer fremden Sache das Eigenthum derselben auf den Käufer zu übertragen vermag. Der Eigenthümer kann seine Sache vindiziren. Nun aber soll der redliche Pfandnehmer ebendieselben Rechte nach §. 80 haben, welche dem redlichen Käufer und Besitzer, dem vindizirenden Eigenthümer gegenüber, zustehen, er soll also seine auf die Erwerbung gemachten Ausgaben erstattet verlangen dürfen. Wendet man dieses auf den Fall des Verpächters und Vermiethers an, so springt in die Augen, daß er von dem vindizirenden Eigenthümer der eingebrachten Sachen nichts zu fordern hat; er hat gegen Erwerbung des Pfandrechts nichts ausgegeben; das Pfand sollte ihm nur für eine künftige Forderung, die obenein nur in soweit, als er selbst bedungenermaßen vorleisten wird, zur Entstehung kommen kann, Sicherheit gewähren, und für die Forderung selbst soll der fremde Eigenthümer mit seiner Sache keinesweges aufkommen. §§. 86 und 87. So einfach und natürlich die Frage nach dem Rechte des Gläubigers, der eine fremde Sache zum Pfande erhalten hat, in jedem einzelnen Falle sich von selbst entscheidet, so willkürlich und ungerechtfertigt ist es, die Entscheidung von der Unterscheidung des konventionellen und gesetzlichen Pfandrechts abhängig zu machen, wie das Obertribunal in der Entsch. Bd. 1 S. 151 gethan hat. Die Entstehungsart eines Rechts hat auf die Wirksamkeit desselben gar keinen Einfluß; nirgend im ganzen L.R. oder sonst wo ist ein solcher Grundsatz auch nur angedeutet. Koch, Beurtheilung der Entsch. des O.Tr. S. 37 ff. (5. A.) Derselben Meinung ist Förster, Theorie und Praxis §. 192 Note 26 (3. Aufl.) 3 S. 394.

99) Er kann überhaupt nichts fordern, was er nicht aus seinem Vermögen für das Pfand wirk-

§. 83. Löst der Eigenthümer das Pfand solchergestalt durch baare Zahlung aus; so tritt er in so weit in alle Rechte [100]) des Gläubigers gegen den Verpfänder.

§. 84. Gegen die dem Eigenthümer alsdann zu leistende Befriedigung kann sich der Verpfänder mit dem Einwande, daß die Schuld, nach dem mit dem Gläubiger geschlossenen Hauptvertrage, noch nicht fällig sei, keineswegs schützen [1]).

§. 85. So weit der Pfandgläubiger wegen Zinsen und Kosten von dem einlösenden Eigenthümer nicht befriedigt wird, kann er sich an den Verpfänder halten; in sofern nicht etwa die Kosten ihm selbst, wegen eines ohne Zuziehung des Verpfänders mit dem Eigenthümer geführten unnützen Prozesses, zur Last fallen.

§. 86. Ist die fremde Sache nicht wegen einer schon vorhandenen Verbindlichkeit [2]), sondern nur wegen eines künftigen Anspruchs verpfändet: so muß der Pfandinhaber dieselbe zwar, auch in dem Falle des §. 80, dem wahren Eigenthümer unentgeltlich herausgeben;

§. 87. Er ist aber alsdann das mit dem Schuldner geschlossene Hauptgeschäft, zu dessen Sicherheit das Pfand gegeben worden, wieder aufzuheben berechtigt.

§. 88. Kann oder will er dieses nicht: so ist der Schuldner auf andere Art Sicherheit zu bestellen verpflichtet.

§. 89. Wer wissentlich fremde Sachen als seine eigenen verpfändet, der begeht ein Verbrechen und ist nach den Criminalgesetzen von Unterschlagungen zu bestrafen [3]).

§. 90. Gleiche Strafen treffen denjenigen, welcher von seinem Schuldner wissentlich fremde Sachen, ohne Consens des Eigenthümers, als Pfand annimmt [4]).

§. 91. Wer bei Annehmung fremder Sachen zum Pfande, ohne Bewilligung des Eigenthümers, sich ein grobes oder mäßiges [5]) Versehen zu Schulden kommen läßt, ist in Ansehung der unentgeltlichen Zurückgabe einem unredlichen Besitzer gleich zu achten.

§. 92. Insonderheit findet dieses gegen denjenigen statt, welcher Pfänder, die einem Andern eigenthümlich gehören, von verdächtigen Personen angenommen hat. (Tit. 15, §. 19.)

§. 93. Wegen der Form des Hauptvertrages, zu dessen Sicherheit das Pfandrecht bestellt wird, hat es zwar bei den allgemeinen gesetzlichen Vorschriften sein Bewenden; 2) Form.

§. 94. Zur Einräumung des Pfandrechts selbst aber ist, bei beweglichen Sachen, die bloße Uebergabe ohne weitere besondere Form hinreichend [6]).

---

lich gegeben hat. Es kommen lediglich die bei der Vindikation geltenden Grundsätze zur Anwendung. Ist der Eigenthümer zum Besitze seiner Sache redlicher Weise gelangt, so hat der Pfandnehmer gar kein Klagerecht gegen ihn. (5. A.) Vergl. die Art. 305—308 des Handelsgesetzbuchs, oben Zus. 7 zu Tit. 15.

100) Also auch in die etwanigen Vorrechte, gegen die Regel des §. 47 Tit. 16.

1) Das ist nicht folgerecht, wenn der Eigenthümer vermöge des auf ihn übergegangenen Rechts des Pfandnehmers verfahren soll. Die Bestimmung ist, im Falle der Pfandgeber selbst ein redlicher Besitzer war, und der Eigenthümer nicht aus eigenem Rechte Entschädigung fordern kann, aus dem Prinzip der §§. 23 u. 87 d. T. abzuleiten. (5. A.) Vergl. Förster §. 194 Note 51, 3. Aufl. 3 S. 418.

2) Die Bestimmung soll den Gegensatz zu §. 80 feststellen, sie muß deshalb auf solche Forderungsrechte bezogen werden, welche nicht durch Geben oder Leisten des Gläubigers eingegangen sind. (Konsensualkontrakte, im Gegensatze von Realkontrakten.) Anm. 98 zu §. 80.

3) R.Str.G.B. §§. 246 u. 248. Die Verordnung ist hier überflüssig.

4) Er wird als Theilnehmer an der Unterschlagung angesehen.

5) Ein singulärer Fall, wo ein mäßiges Versehen zur Fiktion der Unredlichkeit genügt. Zu vergl. Tit. 15 §. 19 u. die Anm. dazu.

6) Der Pfandkontrakt ist ein Realkontrakt, folglich bedarf er nicht der Schriftform. Das pactum de oppignorando aber ist, als ein Konsensualkontrakt, den allgemeinen Bestimmungen über die Form

§. 95. Ist bei Uebergebung des Pfandes ein Empfangschein von dem Gläubiger ausgestellt, und von dem Schuldner angenommen worden: so vertritt derselbe die Stelle des fehlenden schriftlichen [7]) Hauptkontrakts [8]).

§. 96. Doch müssen aus einem solchen Empfangscheine die wesentlichen Bedingungen des mündlichen Hauptvertrages zu entnehmen sein.

§. 97. Ist der Hauptvertrag, zu dessen Versicherung das Pfand bestellt worden, wegen Vernachlässigung der gesetzlichen Form [9]) nichtig: so erwirbt zwar der Empfänger kein Pfandrecht;

§. 98. Doch kann der Pfandgeber die Sache bloß gegen Erstattung dessen, was er darauf wirklich erhalten hat, zurückfordern [10]).

§. 99. Soll eine unbewegliche Sache zum Pfande gegeben werden: so ist die bloße Naturalübergabe zur Einräumung des wirklichen Pfandrechts noch nicht hinreichend.

§. 100*. Vielmehr muß annoch die gerichtliche Verlautbarung [11]) und der Vermerk des bestellten Pfandrechts im Hypothekenbuche hinzukommen [12]).

---

solcher Verträge unterworfen. Vergl. §. 65. (5. A.) Dernburg, Pfandrecht 1 S. 184, Lehrb. 1 S. 788.

7) Nicht aber den gerichtlichen oder notariellen, wenn die Form für das Hauptgeschäft im Fragefalle vorgeschrieben ist. §§. 97 u. 98. (5. A.) Vergl. die Entsch. des R.O.H.G. 3 S. 153.

8) (5. A.) D. h. wenn der Gläubiger den Empfang des Pfandes schriftlich bescheinigt und in dem Schein zugleich die wesentlichen Bedingungen des Vertrages, aus welchem die durch das Pfand gesicherte Forderung entspringt, angegeben hat, so wird der Schuldner durch die Annahme des Scheins, ohne daß es seiner Unterschrift bedürfte, an den Vertrag, d. i. an den einseitig von dem Gläubiger (Pfandinhaber) beurkundeten Vertrag, gebunden, auch wenn sonst die Gültigkeit dieses Vertrages durch die Schriftform bedingt wäre. Siehe Bornemann, Erörterungen 1 S. 184. Koch bekämpft in seinem Recht der Forderungen, 2. Ausg. 2 S. 170, die Ausführungen Bornemann's. Es scheint jedoch nicht, wie von anderer Seite angenommen wird, zwischen Beiden eine Meinungsverschiedenheit darüber bestanden zu haben, daß bei dem Hauptkontrakt in dem §. 95 an etwas Anderes gedacht sein könne, als an den Vertrag, der die Ansprüche begründen soll, zu deren Sicherung der Gläubiger das Pfand erhalten hat. Vergl. Förster §. 193 Note 36, 3. Aufl. 3 S. 408; v. Rönne, Erg. zum A. L.R. I. 20 §. 95, 6. Ausg. 2 S. 370.

9) D. h. im Gegensatze zum §. 95 eine andere als bloß schriftliche Form, z. B. die gerichtliche oder notarielle. Frage ist: ob in diesem Falle der Empfangschein, wenn er die gerichtliche oder notarielle Form hat, ebenfalls so wie der Empfangschein unter Privatunterschrift in dem Falle des §. 95, die mangelnde Form des Hauptgeschäfts ersetzen kann. Ich meine: nein. Die Anwendung des §. 95 könnte nur eine analoge sein, und dazu fehlen die gleichen Voraussetzungen. Die besondere (gerichtliche oder notarielle) Form bezweckt hauptsächlich den Schutz des Schuldners, hier des Pfandgebers, kann mithin durch die besondere Form des von dem Pfandnehmer ausgestellten Empfangscheins in keiner Hinsicht ersetzt werden.

10) Die §§. 97 u. 98 beziehen sich nur auf bewegliche Sachen. O.Tr. IV v. 2. Dezbr. 1862, Str. Arch. 46 S. 343.

11) Der gerichtlichen Verlautbarung bedarf es behufs der Eintragung im Hypothekenbuche nicht mehr. Ges. v. 23. April 1821 §§. 1 u. 4. (5. A.) Nach §. 33 der Grundbuchordnung v. 5. Mai 1872 genügt die gerichtliche oder notarielle Beglaubigung der Urkunde. Vergl. Tit. 10 §. 15 u. die Anm. 16 dazu.

12) Gegen Dritte ist die Eintragung hier eben so nothwendig wie bei Hypotheken. Aber gegen den Verpfänder ist die Uebergabe hinreichend. Die Verf. des Entw. zu einem neuen bürg. G.B. meinen in den Motiven S. 521 das Gegentheil, weil es in der rev. mon. heiße: „Dieser §. wird nach der neuen Theorie wegbleiben können, der Pfandgläubiger erlangt allerdings ein jus reale auf die Sache selbst, da ihm deren Besitz eingeräumt wird, und ihm solche nicht entzogen werden kann, ohne ihm sein jus quaesitum an die Früchte zu nehmen;" und weil daneben bemerkt stehe: „Eintragung im Hypothekenbuche". Das bezieht sich jedoch auf die Wirksamkeit des Rechts gegen Dritte. Der Verpfänder entbehrt jedes Recht zur Abforderung; er kann seine Handlung nicht nullifiziren. §§. 102 u. 103. (5. A. Vergl. das Ges. über den Eig.-Erw. §§. 12, 18, 19 und die Grundbuch-Ordn. §. 12; Förster, Theorie u. Praxis §. 193 Note 52, 3. Aufl. 3 S. 408.)

In der auf Grund mündlicher Verabredung erfolgten Hingabe eines Grundstücks zur Benutzung statt der Zinsen für ein empfangenes Darlehn liegt eine mündliche oder stillschweigende Pfandbestellung, sagt das Obertribunal. Darüber läßt sich streiten. In der Uebeweisung der Nutzungen einer Sache

§. 101. In sofern bei gewissen Arten von Sachen besondere gesetzliche Förmlichkeiten [13]) wegen deren Veräußerung vorgeschrieben sind, müssen dieselben auch bei ihrer Verpfändung, so weit sie nach der Natur des Pfandgeschäfts stattfinden können, beobachtet werden.

§. 102. Daraus allein, daß obige Vorschriften (§§. 100, 101) nicht beobachtet worden, kann der Schuldner selbst kein Recht herleiten, den Gläubiger des einmal eingeräumten Besitzes wieder zu entsetzen.

§. 103. Vielmehr ist er, wenn sonst ein gültiger schriftlicher Vertrag über die Einräumung eines solchen Pfandrechts vorhanden ist, die ermangelnden Förmlichkeiten, auf jedesmaliges Erfordern des Gläubigers, nachzuholen verpflichtet.

3) Vollziehung des Pfandgeschäftes durch Uebergabe.

§. 104. Die Uebergabe des Pfandes muß in der Regel so geschehen, daß die Sache in die körperliche Gewahrsam des Gläubigers [14]) wirklich gelange und darin verbleibe [15]).

§. 105. Wird die Sache in der Naturalgewahrsam des Schuldners [16]) gelassen, oder dahin zurückgegeben, damit er sie im Namen des Gläubigers besitzen solle [17]): so ist kein Pfandrecht vorhanden [18]).

---

auf die Zinsen liegt nur ein Zahlungsmodus hinsichtlich der Zinsen, aber keine Pfandbestellung. Weiter sagt dass.: Die Vereinbarung, daß der Darlehnsgeber nicht lediglich gegen die Zinsen, sondern außerdem noch gegen einen jährlich zu zahlenden bestimmten Geldbetrag nutzen solle, widerstreitet dem Begriffe eines antichretischen Pfandgeschäfts nicht. §§. 139—141 d. T. O.Tr. III v. 23. Nov. 1860, Str. Arch. 40 S. 66. Dies kann man zugeben. Warum sollte Verpachtung eines Grundstücks und Verpfändung desselben an den Pächter nicht mit einander verbunden werden können? Ein solches vermischtes Geschäft ist das fragliche.

13) Was für Förmlichkeiten gemeint sind: ob die zur Eingehung des Geschäfts erforderlichen Formen, wie z. B. bei Kirchen- und Pupillengütern die nöthigen Konsense und Dispensationen von der öffentlichen Lizitation, oder nur gewisse Solennitäten, wie Verreich, Investitur, — ist nicht bekannt. Wahrscheinlich die letzteren. (Anm. 11.) Bei Verpfändung von Lehen wird der Pfandbesitzer die Investitur noch jetzt nöthig haben.

14) Oder seines Stellvertreters.

15) Was unter dem „verbleiben" zu verstehen, ergiebt der folgende §. 105: Der Verpfänder darf nicht in die Gewahrsam kommen; sonst erlischt das Pfandrecht.

16) Damit ist der Pfandbesteller gemeint, mag er der Schuldner, oder ein Fremder sein.

17) Dieser klaren und bestimmten Vorschrift entgegen hat das O.Tr. doch den Rechtssatz angenommen: „Der §. 105 findet keine Anwendung, und die nach §. 104 erforderliche Uebergabe ist als geschehen zu betrachten, wenn auch der Eigenthümer des Pfandobjekts, welcher solches dem Schuldner der Forderung, für welches dasselbe als Pfand dienen sollte, zu diesem Zwecke ausgehändigt hatte, in der Eigenschaft eines Vertreters des eigentlichen Gläubigers der Forderung dasselbe in Empfang genommen und besessen hat." Pr. 1487 v. 18. September 1844. Dieses Pr. scheint identisch zu sein mit dem Erk. v. 21. September 1844, welches in den Entsch. 12 S. 271 in folgender Fassung mitgetheilt ist: „Uebergiebt Jemand ein Hypothekeninstrument über eine ihm zustehende Forderung einem Dritten mit der schriftlichen Ermächtigung zur Verpfändung für ein aufzunehmendes Darlehn — und dieser Dritte bekommt sodann das Darlehn aus einer unter der Kuratel oder Verwaltung des Pfandgebers selbst stehenden Vermögensmasse gegen Verpfändung und Behändigung jener Obligation, so ist dies eine gültige Pfandbestellung, die jedenfalls so lange wirkt, als der Pfandgeber und resp. Nehmer das Besitzverhältniß unverändert fortsetzt." Also Pfandgeber und Nehmer in einer Person! Daß der hierin ausgesprochene Satz mit dem von Verträgen geltenden Axiom, daß Niemand mit sich selbst kontrahiren kann, in geraden Widerspruch tritt, ist schon oben in der Anm. 2 zu §. 1 Tit. 5 gesagt. (5. A.) Diese Auffassung ist jedoch nicht zu billigen. Von einem Kontrahiren mit sich selbst kann nach dem Präjudiz keine Rede sein. Es sind zwei verschiedene Geschäfte, die Koch nicht auseinander gehalten hat. Der Eigenthümer ist nicht der Verpfänder. Er giebt vielmehr seine Sache dem Anderen, um sie für ein Darlehn einer bestimmt bezeichneten Person zu verpfänden. Dies ist das erste Geschäft. Das zweite wird dadurch vollzogen, daß der Schuldner die Sache dem Darleiher zum Pfande giebt. Letzterer steht aber unter Vormundschaft des Eigenthümers. Dieser nimmt deshalb die Sache für seinen Kuranden in Pfandbesitz. Das ist durch den §. 105 nicht verboten, überhaupt rechtlich nicht unstatthaft. Vergl. Förster, Theorie und Praxis §. 196 Note 5, 3. Aufl. 3 S. 444.

18) Auch diese Abweichung — sagt Suarez in den Schlußvorträgen — von den bisherigen Rechten fließt aus obigem principio (der Publizität oder Erkennbarkeit). Die bisher stattgefundene entgegengesetzte Vorschrift kann eine Quelle unendlicher Betrügereien werden. Jahrb. 41 S. 59.

§. 106. In welchen Fällen durch bloße symbolische Uebergabe (Tit. 7, §§. 61 sqq.) ein gültiges Pfandrecht bestellt werden könne, ist unten festgesetzt. (§§. 271 sqq.)

§. 107. Auch wenn durch die symbolische Uebergabe noch kein Pfandrecht entsteht, erwirbt dennoch der Gläubiger dadurch [19]) die Befugniß, bei dem Richter darauf anzutragen, daß ihm die solchergestalt übergebene bestimmte Sache, so weit sie hinter dem Schuldner noch befindlich ist, in seine Naturalgewahrsam überliefert werde.

§. 108. Sobald dieses geschehen ist, gelangt das Pfandrecht selbst zur Wirklichkeit.

§. 109. Diejenigen, deren Pfandrecht auf gewisse bestimmte Sachen unmittelbar aus dem Gesetze entspringt, bedürfen keiner symbolischen Uebergabe, um sich durch richterliche Hülfe gegen den Schuldner in den Naturalbesitz [20]) dieser Sachen zu setzen.

§. 110. Gleiche Bewandtniß hat es mit denjenigen, denen in einem an sich gültigen Vertrage eine gewisse bestimmte Sache zum Pfande verschrieben worden.

§. 111. Aber auch diese (§§. 109, 110) erlangen ein dingliches Recht auf die Sache erst durch die wirkliche Besitzergreifung.

§. 112. Wird durch das Gesetz, oder den Vertrag, nur ein allgemeines Pfandrecht begründet: so kann der Berechtigte die Auslieferung gewisser bestimmter Sachen nur alsdann fordern, wenn er Cautionsbestellung zu verlangen befugt ist [21]).

Verpfändung künftiger Sachen.

§. 113. Künftige Sachen, die [22]) nicht übergeben werden können, können auch nicht verpfändet werden.

§. 114. Auch die Verpfändung künftiger Früchte kann ohne die Uebergabe der fruchttragenden Sache [23]) selbst nicht vor sich gehen.

§. 115. So weit jedoch eine symbolische Uebergabe künftiger Sachen oder Früchte statt hat, findet die Vorschrift §§. 107, 108 Anwendung.

4) Rechte und Pflichten des Pfandinhabers. a) Besitz.

§. 116. Durch ein gehörig bestelltes Pfandrecht erlangt der Gläubiger die Befugniß, das Pfand so lange in Besitz und Gewahrsam zu behalten, bis der Hauptverbindlichkeit, zu deren Versicherung es gegeben worden, ein Genüge geschehen ist.

§. 117. Der Pfandinhaber hat also alle Rechte und Pflichten eines unvollständigen Besitzers. (Tit. 7, §§. 169 sqq.)

---

19) Durch diese unvollkommene Uebergabe, wenn auch kein wirksames pactum de oppignorando vorhanden ist. Denn dieser Sinn muß der Bestimmung beigelegt werden, wenn sie neben dem §. 110 einen davon verschiedenen Sinn haben soll.

20) Der hier und ein zweites Mal im §. 275 gebrauchte Ausdruck „Naturalbesitz“ hat keine andere Bedeutung als der Ausdruck „Naturalgewahrsam“ in den §§. 105 und 107, und soll den Gegensatz vom bloßen Titel und dem Ergebnisse der symbolischen Uebergabe bezeichnen, nämlich die wirkliche Gewahrsam oder körperliche Verwahrung. (5. A.) Vergl. oben §. 3 u. die Anm. 5 dazu.

21) Ein den Schuldner verurtheilendes Erkenntniß auf gesetzliche Sicherstellung berechtigt den Gläubiger auch zu dem Antrage auf Bestellung eines Unterpfandes, der Gläubiger kann daher die Auslieferung gewisser bestimmter Sachen gegen Kautionsbestellung verlangen. — Auch ein Unterpfand kann im Wege der Exekution durch Uebergabe abgepfändeter Effekten und baarer Gelder bestellt werden. O.Tr. IV v. 15. Dezbr. 1853, Str. Arch. 11 S. 123.

22) Ob dieses „die“ den Sinn von „weil sie“, oder den von „insoweit sie“ habe, ist Gegenstand tiefsinniger Betrachtung gewesen. Es ist aber völlig einerlei, wie man es verstehen will. Giebt es künftige Sachen, welche körperlich oder auch nur symbolisch (§. 115) übergeben werden können, so kann auch an ihnen ein Pfandrecht bestellt werden, welches mit ihnen zugleich ins Dasein tritt; giebt es deren keine, so verbietet sich die Verpfändung von selbst. Die Vorschrift ist müßig, sammt dem §. 115. Nach dem Ostpreuß. Prov. R. Zus. 72 und dem Westpreuß. Prov. R. §. 12 gilt ein anderer Grundsatz.

23) Aber die ausgestellte Zinsrekognition eines schlesischen Pfandbriefes kann abgesondert von diesem verpfändet werden. Die bloße Verpfändung des Pfandbriefes, ohne Aushändigung der Rekognition, giebt kein Pfandrecht an der letzteren. O.Tr. IV v. 8. Oktober 1847, Entsch. 15 S. 404. Eine unmittelbare Anwendung kann der Satz, nachdem die Zinsrekognition der Schles. Pfandbriefe abgeschafft worden, nicht mehr finden; für künftige ähnliche Erscheinungen aber ist er wichtig.

Sind bei der Uebergabe der zur Kaution bestellten Pfandbriefe (§. 286) zugleich die Koupons mit übergeben worden, so sind dieselben für mitverpfändet zu erachten. O.Tr. IV v. 5. Dezember 1861, Str. Arch. 44 S. 113.

§. 118. So lange er sich dieses Besitzes nicht freiwillig [24]) begeben hat, ist er befugt, das ihm entzogene Pfand von einem Jeden, auch von dem Schuldner selbst [25]), zurückzufordern. b) Vindication.

§. 119. Doch findet die Rückforderung gegen einen dritten redlichen Besitzer nur unter eben den Umständen und Bestimmungen statt, unter welchen der Eigenthümer seine Sache von einem solchen Besitzer vindiciren kann. (Tit. 15, §§. 24 sqq.)

§. 120. Setzt der Schuldner selbst den Gläubiger, durch Gewalt oder List, aus dem Besitze des Pfandes: so begeht er ein Verbrechen, und soll dafür nach Vorschrift der Criminalgesetze von Entwendungen [26]) bestraft werden.

§. 121. Der Pfandinhaber ist schuldig, die verpfändete Sache als ein guter Hausvater aufzubewahren, und dabei für alles grobe oder mäßige Versehen zu haften. c) Verwahrung.

§. 122. Nur zu diesem Grade des Versehens ist der Pfandinhaber auch alsdann verpflichtet [27]), wenn der Verpfänder nicht der Schuldner selbst, sondern ein Dritter ist; sobald nicht ein Anderes ausdrücklich verabredet worden.

§. 123. Ohne Genehmigung des Verpfänders darf der Pfandinhaber von der Sache keinen Gebrauch machen. d) Gebrauch.

§. 124. Thut er es dennoch: so muß er nicht nur allen selbst durch das geringste Versehen [28]) entstandenen Schaden ersetzen; sondern auch den durch den Gebrauch gehabten Vortheil herausgeben, oder dafür, nach richterlichem Ermessen, billige Vergütung leisten [29]).

§. 125. War das Pfand versiegelt oder verschlossen niedergelegt: so findet gegen den Pfandinhaber, bei eigenmächtigem Gebrauche desselben, alles statt, was gegen den Verwahrer fremder Sachen in gleichem Falle verordnet ist. (Tit. 14, §§. 26 sqq.)

§. 126. Auch ist der Verpfänder, wider dessen Willen der Gläubiger das Pfand gebraucht hat, nach richterlichem Ermessen, entweder die Leistung einer besondern

---

24) Anwendung des Grundsatzes §. 1 Tit. 15. Als zu den Schl. Pfandbriefen, in Folge der Außerkurssetzung, noch besondere Zinsrekognitionen behufs Erhebung der Zinsen ohne Produktion des Pfandbriefs, abgezweigt wurden, verlor der Pfandinhaber eines außer Kurs gesetzten Pfandbriefs sein Pfandrecht an den Zinsen und konnte die Zinsrekognition, auch unter dem Vorgeben, daß sie ein Zubehör zum Pfandbriefe sei, von dem dritten Besitzer nicht vindiziren, wenn er die Zinsrekognition aus den Händen gegeben hatte. O.Tr. v. 29. April 1836, Entsch. 1 S. 235; Schl. Arch. 1 S. 221. Vergl. die vor. Anm. 23 und unten §§. 253 u. 254 und die Anm. dazu.

25) Gegen diesen ganz unzweifelhaft, selbst mit der persönlichen Kontraktsklage, actio pignoratitia contraria. Ob die dingliche Klage (actio Serviana) gegen den Dritten Erfolg hat, hängt von Umständen ab. §. 119. Wird der Pfandgläubiger mit seiner Abforderungsklage gegen den Dritten aus dem Grunde, weil er das ihm bestrittene Eigenthum des Pfandgebers nicht hat beweisen können, abgewiesen, so schadet dies dem Pfandgeber nicht. Pufendorf behauptet auf Grund der L. 63 D. de re jud. 54, 1 das Gegentheil. Observat. Tom. 3 obs. 64. Aber den Grundsatz, daß res judicata gegen den Pfandgläubiger dem Pfandgeber schade, spricht die L. 63 nicht aus; die L. 9 §. 2 D. de except. rei jud. 54, 2 enthält vielmehr den entgegengesetzten Grundsatz, welcher unter den Neueren nicht streitig ist, und der selbstständige Grund Pufendorf's, daß der Pfandgläubiger bloßer procurator legitimus des Pfandgebers sei, ist nicht richtig. Der Pfandgläubiger tritt nicht auf als Stellvertreter des Pfandgebers, sondern er macht sein eigenes dingliches Recht in seinem eigenen Namen geltend.

26) Von strafbarem Eigennutze, nach dem R.Str.G.B. §. 289.

27) Die Fassung ist unzutreffend. Zu einem Versehen giebt es keine Verpflichtung, man ist vielmehr zur Vermeidung des Versehens, d. h. zu dem entsprechenden Grade der Aufmerksamkeit verpflichtet. Dies ist der Sinn der Vorschrift. Sie tritt übrigens der Meinung einiger gemeinrechtlichen Schriftsteller damaliger Zeit entgegen, daß der Pfandkontrakt für den Pfandnehmer ein wohlthätiger sei, wenn ein Dritter mit seiner Sache das Pfand bestelle. Vergl. oben Anm. 90 zu §. 65 d. T.

28) Den zufälligen Schaden aber nicht. Zu vergl. §. 131 d. T. und §. 85 Tit. 14.

29) Oeffentliche Pfandleiher, welche die von ihnen in Pfand genommenen Gegenstände unbefugt gebrauchen, werden wegen strafbaren Eigennutzes bestraft. R.Str.G.B. §. 290. Andere Pfandinhaber machen sich nur durch Unterschlagung strafbar. §. 246 a. a. O.

Caution gegen allen fernern dergleichen Mißbrauch, oder die gerichtliche Niederlegung[30]) auf Kosten des Gläubigers, zu fordern berechtigt.

e) Weiterer Versatz.

§. 127. Ohne ausdrückliche Einwilligung des Verpfänders ist der Pfandinhaber die ihm verpfändete bewegliche Sache weiter zu versetzen nicht befugt.

§. 128. Hat der Verpfänder in den weitern Versatz gewilligt: so kann er von seinem Eigenthums- und Rückforderungsrechte, zum Nachtheile des zweiten Pfandinhabers, keinen Gebrauch machen.

§. 129. Auch durch einen mit Bewilligung des Verpfänders geschehenen weitern Versatz erlangt der zweite Pfandinhaber, in Beziehung auf den ersten Verpfänder, kein anderes Recht, als was gegen diesen dem ersten Pfandinhaber zusteht[31]).

§. 130. Soll also der erste Verpfänder an einen Vertrag gebunden sein, wodurch das Pfand dem zweiten Pfandinhaber auf eine höhere Summe verpflichtet, oder ein ihm nachtheiliger Zahlungstermin festgesetzt wird: so muß er in diese Bedingungen des zweiten Versatzes ausdrücklich gewilligt haben.

§. 131. Ist der weitere Versatz ohne die Einwilligung des ersten Verpfänders geschehen: so muß der erste Pfandinhaber jeden Zufall tragen, von welchem die Sache bei dem zweiten betroffen wird, sobald nicht erhellet, daß eben dieser Schade sich auch in der Gewahrsam des ersten Inhabers ereignet haben würde[32]).

§. 132. Zwischen dem zweiten Pfandinhaber und dem ersten Verpfänder findet in diesem Falle eben das statt, was wegen Verpfändung fremder Sachen, ohne Bewilligung des Eigenthümers, verordnet ist. (§. 73 sqq.)

§. 133. So lange jedoch der erste Pfandinhaber noch nicht befriedigt worden, ist der zweite nicht befugt, das Pfand, auch gegen Erstattung dessen, was er selbst darauf zu fordern hat, dem ersten Verpfänder ohne die Einwilligung des ersten Pfandinhabers zurückzugeben[33]).

§. 134. Versagt der erste Pfandinhaber diese Einwilligung: so kann der erste Verpfänder nur auf gerichtliche Niederlegung des bei dem zweiten eingelöseten Pfandes, oder auf Cautionsleistung nach Vorschrift §. 126 antragen.

---

30) Oder, wenn die Sache zur Niederlegung nicht geeignet ist, gerichtliche Sequestration. Der Fall kommt vor bei verpfändeten Thieren.

31) Das Verhältniß des zweiten Pfandinhabers gegen den Afterverpfänder und den ersten Pfandbesteller (Eigenthümer) ist, wenn dieser eingewilligt hat, das eines Pfandgläubigers, welchem von seinem Schuldner eine fremde Sache mit Bewilligung des Eigenthümers verpfändet worden ist, nur mit der Verschiedenheit, daß das Pfand nicht unbedingt für die Schuld, sondern höchstens auf den Betrag haftet, für welchen die Sache dem ersten Pfandnehmer als Pfand gegeben worden ist; und daß der Afterpfandgläubiger auch nur unter den Voraussetzungen auf den Verkauf antragen kann, unter welchen der Afterverpfänder dazu berechtigt sein würde. Daraus folgt, daß er wegen seiner Befriedigung sowohl gegen seinen Schuldner (den Afterverpfänder) aus seinem unmittelbaren Rechtsverhältnisse zu ihm, als auch gegen den ersten Verpfänder aus dem Rechte des ersten Pfandnehmers klagen muß. Das führt dahin, daß er sich die Klage desselben gegen den ersten Pfandbesteller überweisen lassen muß, nachdem er seine Forderung gegen seinen unmittelbaren Schuldner rechtskräftig hat feststellen lassen; denn der erste Pfandbesteller ist nur schuldig, seine eigene Schuld zu bezahlen und nur wegen dieser die Veräußerung des Pfandes sich gefallen zu lassen. Im praktischen Erfolge kommt daher das konsentirte Afterpfand der Verpfändung der mit einem Pfande versicherten Forderung (nominis pignus) gleich. Ein eigentliches pignoris pignus kommt nur unter den im §. 130 gedachten Voraussetzungen zu Stande, dergestalt, daß gegen den Eigenthümer (ersten Pfandbesteller) unmittelbar von dem Afterpfandinhaber verfahren werden kann. Was in Folge dessen von Jenem an Diesen geleistet wird, tilgt zugleich die erste Schuld. (5. A. Vergl. unten §. 293.)

Will im Falle des §. 129 der Eigenthümer sein Pfand einlösen, so muß er seinen Gläubiger (den Afterverpfänder) zuziehen und wenn eine Vereinigung nicht zu Stande kommt, den Betrag seiner Schuld deponiren.

32) Anwendung des Grundsatzes §. 13 Tit. 3. Warum dieser Grund nicht auch im Falle des §. 124 d. T. gelten soll, weiß man nicht.

33) Thut er es, so haftet er dem ersten Pfandinhaber, im Falle des Unvermögens des Schuldner (subsidiarisch), für die Forderung bis zum Belaufe des Werths des Pfandes.

§. 135. Wenn der Pfandinhaber das Pfand ohne Einwilligung des Verpfänders weiter versetzt hat: so ist letzterer befugt, dasselbe noch vor Ablauf des bedungenen Zahlungstermins, durch vollständige Befriedigung des ersten Pfandinhabers, als seines eigentlichen Gläubigers, wieder einzulösen[34].

§. 136. Das in das Hypothekenbuch eingetragene Pfandrecht auf eine unbewegliche Sache kann, gleich einer eingetragenen Hypothek, auch ohne besondere Einwilligung des Schuldners, weiter verpfändet oder veräußert[35]) werden.

§. 137. Doch ist der Pfandinhaber dem Verpfänder von einer solchen Verfügung Nachricht zu ertheilen schuldig.

§. 138. Hat der Pfandinhaber, ohne besondere Einwilligung des Verpfänders, den Besitz und die Verwaltung des Grundstücks einem Andern übertragen[36]): so muß er dessen Handlungen gegen den Verpfänder, gleich seinen eigenen, vertreten.

§. 139. Ist eine fruchttragende Sache zum Pfande gegeben worden: so hat, im Mangel besonderer Verabredungen, der Pfandinhaber das Recht und die Pflicht, dieselbe zu verwalten, und die Früchte und Nutzungen davon einzuziehen[37]). f) Verwaltung und antichretische Nutzung*).

34) Wenn er nicht bloß von dem ihm im §. 126 gegebenen Rechte Gebrauch machen will. Man hat ihm beide Befugnisse beilegen wollen, nach dem darüber in der rev. mon. vorfindlichen Vermerke: „Ponamus, der Verpfänder erfährt, daß der erste Pfandinhaber das Pfand, worauf er demselben 1000 Thlr. schuldig war, ohne seinen Konsens an einen Anderen für 500 Thlr. versetzt habe. Kann er verlangen, daß der Dritte gegen Erstattung der 500 Thlr. das Pfand ihm zurückgebe? Resp. quod non, sondern der Verpfänder kann alsdann nur von seinem Rechte auf Deposition und Kautionsleistung anzutragen, nach der Vorschrift §. 92 (126) Gebrauch machen." Concl.: „Er erhält auch das Recht, die Sache früher einzulösen." Motive z. d. Ges. B. (1840) S. 377.

35) Unter der Veräußerung muß die Cession der Forderung sammt dem Pfandrechte verstanden werden: eine selbstständige Veräußerung des Pfandrechts ist nicht denkbar nach den Grundsätzen des A. L.R., welchen das alte deutsche Institut des Pfandbesitzes als eine eigenthümliche selbstständige Form des Besitzrechts nicht bekannt ist. Aber die Ausübung des Pfandnutzungsrechts, z. B. durch Verpachtung, kann stattfinden.

36) Diese Bestimmung ist auf den Fall zu beziehen, wenn der Pfandbesitzer das Grundstück einem Anderen zur Nutzung gegeben hat. Von dem Falle, wo derselbe das Grundstück durch seine Wirthschaftsbeamten mit verwalten läßt, kann sie nicht verstanden werden, da der Pfandbesitzer nicht verbunden ist, den Acker mit eigener Hand zu bestellen.

*) Siehe hierüber Heimbach, Pactum antichreseos, in Weiske's Rechtslexikon 8 S. 62; Westphal, Pfandrecht 3. Aufl. S. 124; Koch, Preuß. Privatrecht 3. Aufl. §. 653, Bd. 2 S. 377.

(5. A.) Das antichretische Pfandrecht an Grundstücken ist für ein Volk, welches sich eines ausgebildeten Hypothekenwesens erfreut, kaum noch ein Bedürfniß. Das Institut ist bei uns auch nur wenig in Gebrauch. Wo die Antichrese vorkommt, ist sie in der Regel die Quelle verwickelter und kostspieliger Prozesse und oftmals der Ruin des Landmanns. Der Gesetzrevisor ist deshalb für die Abschaffung des antichretischen Pfandrechts an Grundstücken eingetreten. Pens. 3 S. 197. Der Bayersche Entwurf eines bürgerl. Gesetzbuchs hat das „Nutzungspfand an Liegenschaften" mit Rücksicht auf diejenigen Eigenthümer, denen die Verfügung über die Substanz entzogen ist, noch beibehalten. Mot. zum 3. Th. 7. Hauptst. Art. 415 ff.

37) Wenn nämlich das Nutzungsrecht nicht etwa abgezweigt ist. Zu vergl. die Anm. 23 zu §. 114 d. T.

Die Bestimmung des §. 139 hält der III. Senat des O.Tr. nur auf Sachen, welche natürliche Früchte tragen, nicht auf die Verpfändung ausstehender zinsbarer Kapitale für anwendbar. Erk. v. 17. Februar 1860, Str. Arch. 36 S. 237. Der Satz ist nicht unbedingt für wahr anzuerkennen. Nur in dem Falle, wo dem Verpfänder die Verwaltung (Einziehung der Zinsen, Erhebung neuer Koupons rc.) rechtlich möglich bleibt, läßt er sich behaupten; kann der Verpfänder hierin nichts thun, so muß der Pfandinhaber sich diesem Geschäfte unterziehen. Der von dem O.Tr. neu gefundene Grund für den fraglichen Satz ist nicht gültig. Anm. 2 zu §. 220 Tit. 9. Daß der Satz nicht auf Sachen, welche natürliche Früchte tragen, beschränkt werden kann, läßt sich schon aus der Verpfändung eines einträglichen Rechts, z. B. einer Mauth- oder einer Fährgerechtigkeit, erkennen. Vergl. die folgende Anm. 38.

(5. A.) Der vierte Senat hat an dieser Beschränkung auch nicht festgehalten. Erk. v. 5. Dezbr. 1861, oben Anm. 23 zu §. 114. Demjenigen, welchem ein eingetragenes zinsbares Kapital verpfändet worden ist, haften auch die bei der Pfandbestellung unerwähnt gebliebenen Zinsen desselben. O.Tr. IV v. 15. März 1870, Entsch. 63 S. 183. Vergl. P. Hinschius, in der Zeitschr. für Gesetzgebung und Rechtspfl. 5 S. 444.

§. 140. Die nach Abzug der Kosten übrig bleibenden Nutzungen muß er zuerst auf die vorbedungenen Zinsen, und sodann auf den Hauptstuhl seiner Forderung sich abrechnen [38]).

§. 141. Die Annahme eines nutzbaren Pfandes enthält also, wenn nicht ein Anderes ausdrücklich verabredet ist, die Einwilligung des Gläubigers, Abschlagszahlungen auf sein Capital, so weit die jährlichen Ueberschüsse hinreichen, anzunehmen.

§. 142. Auch bei der Verwaltung eines solchen Pfandes muß der Inhaber ein mäßiges Versehen vertreten.

§. 143. Ueber die Verwaltung selbst ist er dem Verpfänder Rechnung abzulegen schuldig [39]).

§. 144. Diese Rechnungslegung muß in der Regel bei der Rückgabe des Pfandes erfolgen.

§. 145. Ist aber ein Haus, ein Landgut, ein Inbegriff nutzbarer Sachen, oder sonst ein Grundstück, oder eine Gerechtigkeit von nicht ganz geringem [40]) Ertrage verpfändet worden: so kann der Verpfänder die Rechnungslegung alljährlich fordern.

§. 146. Auch wo die Rechnung erst bei der Rückgabe des Pfandes gelegt wird, muß sie dennoch alljährlich abgeschlossen werden; dergestalt, daß die §. 140 vorgeschriebene Anrechnung der Nutzungen, zuerst auf die Zinsen, und dann auf das Capital, mit dem Ablaufe eines jeden Jahres erfolge.

§. 147. Wenn solchergestalt durch die gezogenen Nutzungen der Pfandinhaber nach und nach befriedigt worden: so muß er dem Verpfänder davon Anzeige machen, und demselben das Pfand zurückgeben [41]).

§. 148. Thut er dieses nicht, so muß er die ferner erhobenen Nutzungen, nach den höchsten vermöge des Standes des Inhabers [42]) zulässigen Sätzen, verzinsen.

---

38) Nach den Grundsätzen der s. g. Staffelrechnung. Mit dem Ende des Wirthschaftsjahres werden die Zinsen bis zum Tage der Abrechnung berechnet, darauf der Reinertrag der Nutzungen angerechnet und der Ueberschuß des Ertrages von dem Kapitale abgezogen. §§. 141 u. 146. Vergl. L. 2 C. de partu pignoris 8, 25. — Zur Abrechnung der Nutzungen auf die vorbedungenen Zinsen ist der Pfandbesitzer berechtigt, wenn auch die Zinsen nur mündlich versprochen worden sind. O.Tr. IV v. 20. Novbr. 1855, Entsch. 31 S. 392.

Das auf einem Landgute befindliche Vieh- und Wirthschaftsinventarium ist eine fruchttragende Sache im Sinne der §§. 139 u. 140. Der Gutsverpächter ist daher berechtigt, von dem für ihn mit Arrest belegten und nach Exmission des Pächters zurückbehaltenen Vieh- und Wirthschaftsinventar desselben in Anrechnung auf seine Pfandforderung die Früchte und Nutzungen zu ziehen und dieselben nur soweit, als sie seine Forderung übersteigen, herauszugeben verpflichtet. O.Tr. III v. 13. Juli 1855, Str. Arch. 18 S. 97.

39) (5. A.) Die Pflichten des Besitzers der Antichrese sind durch den Abschluß eines schriftlichen Vertrages nicht bedingt. Auch ein mündlicher Vertrag, auf Grund dessen die Uebergabe des Grundstücks an den Pfandgläubiger stattgefunden hat, begründet die Verpflichtung des letzteren zur Rechnungslegung und zur Rückgabe des Pfandes. O.Tr. III v. 23. November 1860, Str. Arch. 40 S. 69, u. IV v. 2. Dezember 1862, ebenda 46 S. 343.

40) Darüber hat lediglich das richterliche Ermessen zu befinden, wenn die Parteien in Meinungsverschiedenheit gerathen; eine positive Größe — etwa der Ertrag von der höchsten Bagatellsumme (50 Thlr.), wie man entdeckt haben will, ist dahinter nicht versteckt.

41) Vergl. die Anm. 39 zu §. 143.

42) Nicht des „Inhabers" (Schuldners dieser Obligation), sondern des Pfandbestellers als Gläubigers. Denn der Zinssatz richtet sich nach dem Gewerbsstande dessen, der die Zinsen zu fordern hat. Des „Inhabers" ist daher ein Redaktions- oder ein Druckfehler, wie auch schon aus der Wortfügung des Paragraphen zu erkennen ist. So ganz ohne allen Zweifel ist dies nach den Materialien freilich nicht, denn man hat allerdings auch an die Person des Pfandinhabers wirklich gedacht. In dem umgearbeiteten Entwurfe lautete der Paragraph so:

„Thut er solches nicht, so muß er die ferner erhobenen Nutzungen nach dem höchsten, vermöge seines Standes bei ihm zulässigen Satze verzinsen".

Das stimmt mit dem Wortsinne des §. 148 überein. Die Worte: „seines Standes bei ihm" wurden jedoch von Suarez durchstrichen und durch die Worte: „des Standes des Schuldners" ersetzt. In dem Manuskripte zum Gesetzb. hat jedoch der §. die Worte; „vermöge des Standes des

§. 149. Verweigert[43]) er dem Verpfänder, auf sein Anmelden, die Rückgabe des Pfandes: so wird er von dem Zeitpunkte seiner Befriedigung an als ein unredlicher Besitzer angesehen.

§. 150. Uebrigens sind die Pflichten des Pfandinhabers einer fruchttragenden Sache, nach den von Verwaltung fremder Güter überhaupt vorgeschriebenen Grundsätzen zu beurtheilen[44]). (Tit. 14, Abschn. 2.)

§. 151. Für die Verwaltung selbst kann keine besondere Belohnung angesetzt werden, wenn dergleichen nicht ausdrücklich bedungen worden.

§. 152. Dadurch, daß eine Sache zum Pfande gegeben worden, wird in den darauf bereits haftenden Realansprüchen nichts geändert.

§. 153. Der Pfandinhaber muß also für diese Ansprüche, aus der Sache und deren Nutzungen[45]), gleich dem Verpfänder, gerecht werden.

§. 154. Dagegen ist der Verpfänder nicht befugt, die Rechte des Pfandinhabers durch Auflegung neuer Reallasten zu schmälern.

§. 155. Aus der bloßen Einwilligung des Pfandinhabers in die Auflegung solcher neuen Reallasten folgt noch nicht, daß er sich, in Ansehung derselben, seines Vorrechts begeben habe.

§. 156. Besteht jedoch die neue Reallast in einer fortlaufenden alljährlich oder sonst zu gewissen Zeiten wiederkehrenden Prästation aus den Nutzungen[46]) der Sache: so ist der Pfandinhaber, welcher in deren Auflegung ohne Vorbehalt gewilligt hat, selbige aus den Nutzungen, vorzüglich von[47]) den ihm selbst daraus zukommenden Hebungen[48]), zu entrichten verbunden.

§. 157. An- und Zuwüchse verpfändeter beweglicher Sachen, sie mögen durch Natur oder Kunst entstehen, sind, im Mangel besonderer Verabredungen, für mitverpfändet zu achten[49]). g) Rechte auf An- und Zuwüchse.

Inhabers", ohne sichtbare Korrektur. Motive z. d. Ges. B. (1840) S. 374. Man hat also, als man statt des Wortes „Schuldners" das entsprechende „Pfandbestellers" setzen wollte, dieses mit „Pfandinhaber" verwechselt. Für das Dasein eines Fehlers sprechen, wie gesagt, die Wortfügung des §. 148 und der allgemeine Grundsatz: daß der Satz der erlaubten Zinsen immer nach dem Gewerbsstande dessen bestimmt wird, der die Zinsen zu fordern hat. Tit. 11 §§. 805 u. 806; Tit. 14 §§. 87 u. 119; Tit. 20 §. 220.

43) Die älteren Ausgaben (vor 1817) haben die Lesart „weigert".

44) Was bei der Verwaltung fremder Güter zur sofortigen Auflösung des Verhältnisses führt, muß hier sofortiges Einschreiten des Pfandbestellers, sowohl wegen Entschädigung für den ihm bereits verursachten Schaden, als auch wegen Sicherstellung gegen künftige Beschädigung (§. 126), gestatten, mittels der actio pignoratitia directa. Der Pfandbesteller kann wegen solcher Ansprüche diese Klage schon vor Beendigung des Pfandverhältnisses gebrauchen und es ist eine grundlose Behauptung, daß er die Verschlechterung und den Mißbrauch seiner Sache ruhig ansehen müsse und erst bei der Rückgabe derselben Schadensersatz fordern dürfe. Zu vergl. §. 135.

45) Nicht persönlich. Zu vergl. Anm. 80 zu §. 54 d. T.

46) Auf eine anderweitige Verpfändung oder Hypothekbestellung und die dazu gegebene Einwilligung ist diese Interpretationsregel nicht anzuwenden. Es ist hier überhaupt nur von Reallasten im Gegensatze von Hypotheken Rede.

47) Muß heißen „vor". Der Druckfehler „von" findet sich schon im Gesetzbuch.

48) Also auch vor den ihm zukommenden Zinsen. Anfangs beabsichtigte man den Zinsen den Vorzug zu lassen. Der §. 156 fehlte im ersten Entwurfe. In der rev. mon. wurde bemerkt: „Ad §. 107 (155) excipe, wenn der Verpfänder der Sache eine praestationem annuam auflegt, und der Pfandinhaber darin ohne Vorbehalt konsentirt. Dies involvirt eine Einwilligung, dem praestantiario die jährliche Abgabe ex fructibus, soweit solche nach Abzug der Zinsen des Pfandschillings hinreichen, zu entrichten. Der Kreditor kann also einen solchen Ueberschuß zum Nachtheile des praestantiarii auf sein Kapital nicht imputiren." Man schaltete eine entsprechende Bestimmung ein, welche anfangs so gefaßt war: „Besteht jedoch die neue Reallast in einer rc. Prästation aus der Sache oder deren Nutzungen, so ist der Pfandinhaber schuldig, solche aus den Nutzungen, soweit solche nach Abzug der Kosten und der ihm selbst zukommenden Zinsen hinreichen, zu entrichten." Dies ist dann dahin abgeändert, wie der §. 156 lautet. Mot. z. bürg. G.B. (1840) S. 528.

49) Zu vergl. oben Anm. 23 zu §. 114 und unten Anm. 98 zu §. 470.

§. 158*. Wie weit dergleichen An= und Zuwüchse bei unbeweglichen zum Pfande eingeräumten Sachen als mitverpfändet anzusehen sind, muß nach den Regeln des Hypothekenrechts beurtheilt werden. (§. 443 sqq.)

h) Rückgabe des Pfandes. §. 159. Nach[50]) gehörig geleisteter Erfüllung der Hauptverbindlichkeit, ist der Schuldner die Rückgabe des dafür gegebenen Pfandes zu fordern berechtigt[51]).

§. 160. Nur so weit, als vor Ablauf der gehörigen Zeit Zahlung geleistet werden kann, kann auch das dafür eingelegte Pfand zurückgefordert werden.

§. 161. Verursacht die Herbeischaffung des Pfandes, außer der Zeit, dem Pfandinhaber besondere Kosten: so ist der Schuldner dieselben zu ersetzen verpflichtet.

§. 162. Hat aber der Pfandinhaber das Pfand ohne Einwilligung des Schuldners weiter versetzt; oder sonst den Verwahrungsort desselben unbefugter Weise verändert (Tit. 14, §§. 14, 15, 16): so kann er für die daraus entstehenden Kosten der Herbeischaffung keinen Ersatz fordern.

§. 163. Nur gegen vollständige Erfüllung der Hauptverbindlichkeit, kann der Gläubiger zur Rückgabe des Pfandes angehalten werden.

§. 164. Zu dieser vollständigen Erfüllung gehört auch die Entrichtung der aus dem Hauptgeschäfte schuldig gewordenen Zinsen[52]) und Kosten;

§. 165. Ferner die Rückgabe oder Mortification des über das Pfand ausgestellten Empfangscheins; (Tit. 16, §§. 125 sqq.)

---

50) Nach, aber nicht vor. In einem Erl. v. 28. Februar 1840 ist indeß ausgesprochen, daß auch wider den Willen des Gläubigers der Schuldner auf öffentlichen Verkauf des Pfandes antragen könne, insofern das dem Gläubiger nach den §§. 116 u. 150 d. T. zustehende Recht nicht verletzt werde, die Herausgabe der Sachen bis zur erfolgten Tilgung der ganzen Schuld verweigern zu dürfen. Dieses Recht werde gewahrt, wenn der Verkauf in der Wohnung des Gläubigers geschehe und bei der Versteigerung jeder einzelnen Sache der Kauf und die Uebergabe von der Bedingung abhängig gemacht werde: wenn der Gesammterlös zur Deckung der Schuld ausreiche. Sobald nun bei der Versteigerung der Erlös zur Deckung der Auktionskosten und zur Befriedigung des Gläubigers ausreiche, werde mit der Auktion inne gehalten; entgegengesetzten Falls würden die bedingt geschlossenen Käufe rückgängig und die gesammten Sachen blieben im Pfandbesitze des Gläubigers. J.M.Bl. S. 104. Bei diesem schön zusammengefügten Gebäude ist nur Eins übersehen, nämlich daß der Pfandgläubiger keine Sache ist. Wenn dieses Rechtssubjekt von seinem Hausrechte gegen Jeden, der sich in seine Wohnung behufs einer aufgenöthigten Auktion eindrängen will, Gebrauch macht, so verliert das Gebäude den Boden.

Die Verurtheilung des Pfandschuldners zur Zahlung der Pfandschuld „nur gegen Rückgabe der Pfandstücke, z. B. bestimmter Aktien, seitens des Klägers, wenn auch das Pfandverhältniß nur in den Entscheidungsgründen festgestellt ist, hat nicht die Wirkung, daß die Unmöglichkeit der Rückgabe die Befreiung des Beklagten von der Verbindlichkeit zur Zahlung zur Folge hätte; vielmehr ist jene Gegenleistung des Klägers nach dem Wesen des Pfandrechts zu beurtheilen, und bleibt daher in diesem Falle dem Beklagten nur überlassen, Schadensersatz nach den über den Pfandkontrakt geltenden Grundsätzen zu fordern." O.Tr. IV v. 19. Juni 1855, Str. Arch. 17 S. 284. Vergl. §§. 121—124, 188—190, 192, 193.

51) Ebenso hat er, falls er auf eine Hypothek zahlte, das Recht auf eine löschungsfähige Quittung, d. h. auf eine solche, welche die Löschung ermöglicht, mithin auch die Befugniß des Quittungsleisters, über die Post zu disponiren, außer Zweifel stellt. O.Tr. III v. 3. Februar 1864, Str. Arch. 53 S. 90. (5. A.) Der Cessionar einer Hypothek, bei welcher für Gläubiger des Cedenten Arreste eingetragen sind, kann daher die Zahlung von dem Schuldner nicht fordern, und zwar auch nicht ad depositum, weil er nicht in der Lage ist, löschungsfähig zu quittiren. Er muß, wenn anders er zum Ziele gelangen will, entweder die Löschung der Arreste herbeiführen oder in Gemeinschaft mit den Arrestlegern, gegen gemeinschaftliche Quittung, die Zahlung ad depositum verlangen. O.Tr. III v. 25. Oktober 1869, Entsch. 62 S. 127; Str. Arch. 76 S. 245.

52) Im Konkurse auch der älteren als zweijährigen. A. Ger.=O. I. 50 §§. 150 u. 381. Das galt nicht bloß von beweglichen, sondern auch hinsichtlich der unbeweglichen Pfänder. §§. 380 a. a. O. Das Corp. jur. Frid. bestimmte im §. 46 Tit. 12 Th. IV das Gegentheil. Diese Bestimmung wurde weggelassen und durch den §. 380 ersetzt. Die Konk.=O. v. 8. Mai 1855 beschränkt in §. 32 das Pfandrecht auf die sämmtlichen rückständigen noch nicht verjährten Zinsen. Das von einem Dritten bestellte Pfand haftet ebenfalls für die Zinsen der Forderung. O.Tr. IV v. 5. Dezbr. 1861, Str. Arch. 44 S. 113. Bei Hypotheken gelten in Ansehung der Zinsen einige Verschiedenheiten. §. 482 ff.

§. 166. Ingleichen der Ersatz der zur Erhaltung des Pfandes nothwendig oder nützlich [53]) verwendeten Auslagen.

§. 167. Für Verbesserungen verpfändeter Sachen kann der Inhaber in der Regel nur in sofern Ersatz fordern, als der Verwahrer fremder Sachen dergleichen zu verlangen berechtigt ist. (Tit. 14, §§. 41, 44, 45.)

§. 168. In sofern aber der Verpfänder [54]) die Sache zugleich zu verwalten hatte, ist er, auch in Ansehung der gemachten Verbesserungen, als ein Verwalter fremder Güter anzusehen. (Tit. 14, Abschn. 2.)

§. 169. Ist eine fehlerhafte Sache zum Pfande gegeben worden, und hat der Verpfänder die ihm bekannten Fehler dem Pfandgläubiger nicht angezeigt: so ist letzterer, wegen des ihm dadurch entstandenen Schadens, auch [55]) an das Pfand sich zu halten berechtigt.

§. 170. Gegen diesen Ersatz kann sich der Verpfänder durch den Vorwand der Unwissenheit, die er bei Anwendung der gewöhnlichen Aufmerksamkeit hätte vermeiden können, nicht schützen.

§. 171. Wegen Forderungen, die dem Gläubiger aus einem andern Geschäfte an den Schuldner oder Verpfänder zustehen, kann sich ersterer an das Pfand nicht halten [56]).

§. 172. Nur in Fällen, wo der Gläubiger, wegen solcher anderweitigen Forderungen an den Verpfänder, Arrest anzulegen berechtigt sein würde, kann er die Ausantwortung des Pfandes versagen.

§. 173. Doch kann auch in diesen Fällen der Verpfänder auf die Ablieferung des Pfandes in gerichtliche Verwahrung antragen.

§. 174. Nur in Fällen, wo der Gläubiger abschlägliche Zahlungen anzunehmen verpflichtet ist, kann er auch angehalten werden, einen Theil der verpfändeten Sache herauszugeben [57]). (Tit. 16, §. 57 sqq.)

---

53) Dergleichen Verwendungen kann der Schuldner oder Verpfänder auch nicht mit Erfolg verbieten; denn der Pfandinhaber kann aus eigenem Interesse die Erhaltung der Sache fordern. Zu vergl. §. 274 Tit. 21; L. 14 D. de relig. 11, 7; Leyser, med., sp. 156 m. 4.

54) Dieser Druckfehler findet sich schon im Gesetzbuche. Statt „Verpfänder" muß es Pfandinhaber heißen.

55) Das ist der eigentliche Gegenstand der Bestimmung. Der Anspruch, von welchem hier die Rede ist, hat einen besonderen selbstständigen Entstehungsgrund, nämlich den Pfandkontrakt, und ist kein Accessorium derjenigen Forderung, für welche das Pfand bestellt worden ist. Die Forderung hingegen, auf welche sich unsere §§. 169 und 170 beziehen, wird mit der actio pignoratitia contraria verfolgt, für welche das Pfand nicht bestellt ist. Nach R.R. haftete freilich die schadenbringende Sache für den Schaden (noxa), L. 31 D. de pign. act. 13, 7, und wenn dieses Prinzip nicht Anwendung finden konnte, so konnte der Pfandinhaber das Retentionsrecht ausüben. Aber ein Pfandrecht an der Sache hatte er nicht. Der §. 169 schreibt ihm ein solches zu. Dies ist eigentlich ein gesetzliches, kein konventionelles, wenn es überhaupt als Pfandrecht genommen wird. Ich halte es für ein Retentionsrecht, also für keine neue Rechtsbestimmung. Der Ausdruck: „sich an das Pfand halten" sagt nicht, daß ein Pfandrecht zustehe, wird vielmehr in dem folgenden §. 171 geradezu von dem dadurch abgeschafften Retentionsrechte gebraucht, welches dem Pfandgläubiger nach R.R. (L. un. C. etiam ob chirographariam pecuniam pignus teneri posse, 8, 27) an dem Pfande auch wegen anderer Forderungen, als wofür das Pfand bestellt war, zustand. (5. A.) Vergl. das Erk. des O.Tr. IV v. 8. Juli 1862, Str. Arch. 45 S. 308.

56) M. s. die vor. Anm. a. E. und §. 543. Vergl. die L. un. C. etiam ob chirograph. 8, 27. Der Pfandgläubiger, welcher das Pfandstück im Auftrage des Pfandschuldners veräußert hat, ist berechtigt, auf den Ueberschuß des Erlöses seine anderweitigen Forderungen an den Pfandschuldner zu kompensiren. O.Tr. IV v. 15. April 1856, Str. Arch. 21 S. 79.

57) Abänderung des R.R. L. 19 D. de pignor. 20, 1; L. 65 D. de evict. 21, 2.
Zu den Fällen, wo die Theilzahlungen angenommen werden müssen, gehören auch die nach dem G. v. 8. Februar 1811 (Zus. 2 zu §. 399 Tit. 11) zugelassenen Partialkündigungen und Partialcessionen, wenn der, welchem solchergestalt gekündigt wird, nicht sogleich von seiner Befugniß, auch den Rest zu kündigen, Gebrauch macht.

§. 175. Doch gilt dieses nur alsdann, wenn die verpfändeten Stücke nicht zusammen ein Ganzes ausmachen, sondern der Werth eines jeden einzeln bestimmt ist [58]).

§. 176. Auch ist er zu dieser Herausgabe eines Theils der verpfändeten Sachen nur in sofern schuldig, als sämmtliche verfallene Zinsen bezahlt sind, und der Rest des Pfandes, nach der Taxe, den doppelten Betrag des Restes der Schuld, mit Beirechnung zweijähriger Zinsen, erreicht oder übersteigt.

§. 177. Nimmt der Gläubiger eine Abschlagszahlung freiwillig an: so kann er, wenn nicht ein Anderes verabredet ist, einen Theil des Pfandes herauszugeben nicht angehalten werden [59]).

§. 178. Wenn einer von mehreren Mitschuldnern nur seinen Antheil bezahlt; so kann er die Rückgabe des ganzen Pfandes, auch wenn er allein der Verpfänder wäre, nicht fordern.

§. 179. In wie fern er aber die Rückgabe eines Theils fordern könne, ist nach den Vorschriften §§. 174—177 zu bestimmen.

§. 180. Der Gläubiger ist das Pfand nur an den Schuldner [60]), oder dessen Erben oder Special-Bevollmächtigten, zu verabfolgen befugt und verpflichtet.

§. 181. Eine von mehreren Schuldnern verpfändete gemeinschaftliche Sache darf einem derselben, wenn er auch die ganze Schuld zu bezahlen erbötig ist, dennoch ohne ausdrückliche Bewilligung der übrigen nicht verabfolgt werden [61]).

§. 182. Ist also bei der Legitimation desjenigen, welcher das Pfand zurückfordert, ein Bedenken: so muß der Pfandgläubiger dasselbe gerichtlich niederlegen. (Tit. 16, Abschn. 3.)

§. 183. Das von dem Bürgen eingelegte Pfand muß, wenn auch der Hauptschuldner Zahlung leistet, doch nicht diesem, sondern dem Bürgen zurückgegeben werden [62]).

§. 184. Der Pfandinhaber muß dem Verpfänder für ein bei der Rückgabe des Pfandes begangenes grobes oder mäßiges Versehen haften.

§. 185. Ist durch ein solches Versehen des gewesenen Inhabers das Pfand in die Hände eines Dritten gekommen: so steht zwar dem Verpfänder auch gegen diesen das Rückforderungsrecht in eben dem Maße zu, wie die Gesetze dasselbe einem jeden Eigenthümer oder vollständigen Besitzer beilegen; (Tit. 15.)

---

58) Die Wortfassung setzt den Fall voraus, daß bei Eingehung des Pfandvertrages die Werthschätzung geschehen ist, wie es auch gewöhnlich zu sein pflegt. Sind mehrere Sachen zusammen ohne Schätzung in Pfand gegeben, so kann der Pfandbesteller hinterher eine Theilung nicht fordern; der Kontrakt ist einmal über das ungetheilte Ganze abgeschlossen. Vergl. §§. 194 ff. und 201.

(5. A.) „Diese Auslegung scheint jedoch nicht richtig, da der erste Satz im §. 175 ... der Gegensatz von dem letzteren Satze ist und dieser daher dahin verstanden werden muß, daß der Werth der einzelnen Stücke in sich bestimmt sei. Der Ausdruck „nach der Taxe" im §. 176 läßt ebenso gut die Deutung zu, daß die Taxe bei der Abschlagszahlung, als daß sie bei der Hingabe zum Pfande aufgenommen werde. Die Aufnahme der Taxe bei der Eingehung des Pfandgeschäftes beugt zwar späteren Weiterungen und Streitigkeiten vor; dem Wesen der Sache nach ist es jedoch gleichgültig, wenn der Werth der einzelnen Pfandstücke ermittelt wird, und wenn der Gläubiger gesetzlich zur Annahme einer Partialzahlung verbunden ist, z. B. in der Exekutionsinstanz, bei einem Moratorium, so spricht die Billigkeit dafür, daß der Schuldner einen Theil des Pfandes zurückerhalte, und er dieser Billigkeit nicht durch den Mangel einer bei Eingehung des Pfandgeschäfts nicht aufgenommenen Taxe verloren gehe". Motive zum bürgerl. G.B. (1840) S. 381.

59) Der §. 177 spricht nur von dem eigentlichen Pfande, in dessen Besitz der Gläubiger gesetzt worden, und kann daher auf Hypotheken nicht angewendet werden. O.Tr. III (Pr. 119 a) vom Jahre 1836, Präj.-Samml. S. 110.

60) Darunter ist der Pfandbesteller, der ein Dritter sein kann, zu verstehen. §§. 183 ff.

61) Wenn der Pfandbesteller mit Hinterlassung mehrerer Erben verstorben ist, kommt der Grundsatz §§. 63 und 64 Tit. 14 auch hier zur Anwendung.

62) Das Gleiche gilt, wenn ein Dritter ohne Verbürgung das Pfand bestellt hat. Anm. 60.

§. 186. Kann er aber das Pfand von diesem Dritten entweder gar nicht[63]), oder nur gegen Ersatz und mit Kosten zurück erhalten: so muß ihn der gewesene Pfandinhaber dafür entschädigen.

§. 187. Der Gläubiger kann die Verabfolgung des Pfandes an den Verpfänder, unter dem Vorwande eines ihm selbst oder einem Dritten daran zukommenden bessern Rechts, nur in den Fällen, und mit den Maßgaben verweigern, wie dergleichen Zurückbehaltung bei einem Verwahrer fremder Sachen stattfindet. (Tit. 14, §. 68 sqq.)

§. 188. Das eingelöste Pfand muß der Regel nach in eben dem Stande, in welchem es übergeben worden, zurück gewährt werden[64]).

§. 189. Alle daran durch grobes oder mäßiges Versehen gemachten Beschädigungen muß der Pfandinhaber ersetzen. (§§. 121, 122.)

§. 190. In wie fern der Verpfänder den Betrag dieser Entschädigung von dem Pfandschillinge sofort abziehen, oder einen verhältnißmäßigen Theil des letztern mit Arrest beschwingen und[65]) gerichtlich niederlegen könne, ist nach den Vorschriften der Gesetze von Compensationen, Arrestanlegungen und Depositionen überhaupt, zu beurtheilen.

§. 191. War mit dem Besitze des Pfandes zugleich die Verwaltung desselben verknüpft: so ist der Pfandinhaber, auch wegen seiner Obliegenheiten bei der Rückgewähr, als ein Verwalter fremder Güter anzusehen.

§. 192. Sind Pfänder verschlossen oder versiegelt niedergelegt worden: so finden in Ansehung der Rückgabe eben die Vorschriften Anwendung, als wenn dergleichen Sachen Jemanden in Verwahrung gegeben sind. (Tit. 14, §. 26 sqq.)

§. 193. Auch wegen eines Verlustes[66]) des Pfandes, welcher sich im Besitze des Pfandinhabers ereignet, findet dasjenige statt, was für den Fall, wenn eine niedergelegte Sache bei dem Verwahrer verloren geht, verordnet ist. (Ebend. §. 35 bis 40.)[67]).

§. 194. Hat der Pfandnehmer, in dem über die Ablieferung des Pfandes ausgestellten Empfangschein, einen gewissen Werth desselben angegeben: so muß er in allen Fällen, wo es auf den Ersatz des Werths ankommt, dergleichen Angabe wider sich gelten lassen.

§. 195. Erhellet aber aus der Fassung, daß der im Empfangscheine ausgedrückte Werth sich bloß auf die Angabe des Verpfänders gründe: so ist der Pfandnehmer, wenn

---

63) Die Unmöglichkeit der Rückgabe des Pfandes hat nicht die Erlöschung der durch das Pfand sicher gestellten Forderungen ohne Weiteres zur Folge, sondern der Pfandbesteller hat nur Erlaß des Werths der Sache mittelst der actio pignoratitia directa zu fordern, welche Forderung durch das Versehen, welches der Pfandinhaber zu verantworten hat, bedingt ist. O.Tr. IV v. 4. Juni 1848, Rechtsf. 4 S. 143. Er kann aber kompensiren, wenn die Erfordernisse der Kompensation vorhanden sind. §. 190. Gelangt er später umsonst wieder zum Besitze der Sache, so kann ihm das dafür Empfangene condictione sine causa wieder abgefordert werden. Vergl. unten Anm. 67 zu §. 193.

64) Diese Verbindlichkeit findet nur bei dem, mit der Gewahrsam der Sache verbundenen Pfandrechte im engeren Sinne statt; erstreckt sich dagegen nicht auf das, unabhängig von dem Besitze der verpfändeten Sache, durch die Eintragung entstandene Hypothekenrecht. O.Tr. III (Pr. 1301[b]) vom 13. Mai 1843, Entsch. 9 S. 357. Ein persönlicher Schuldner hatte daraus, daß der Gläubiger sich mit der Hypothek hätte präkludiren lassen, den Einwand hergenommen, daß ihm der Gläubiger das ihm eingeräumte Unterpfand nicht wieder zurückgeben könne. Das Hypothekenrecht ist aber nicht das Unterpfand, sondern das Grundstück, und dieses hatte der persönliche Schuldner verkauft. Der Richter hatte sich jedoch durch den Einwand irre leiten lassen. Zu vergl. oben Anm. 77 zu §. 48 d. T.

65) Hier hat das „und" und das „können" dieselbe Bedeutung wie in dem verwandten aber streitigen Falle des §. 222 Tit. 11. Vergl. die Anm. dazu.

66) Vergl. §§. 150 u. 186 d. T.

67) Der Pfandinhaber hat hiernach auch die dem Verwahrer aufgelegte Verbindlichkeit zur alsbaldigen Anzeige eingetretenen Schadens oder Verlustes des Pfandes, was mit Unrecht in Zweifel gestellt worden ist. O.Tr. IV v. 7. Februar 1865, Str. Arch. 56 S. 342. Vergl. die Anm. 63 zu §. 186.

er kein Sachverständiger ist, an diese Angabe nicht gebunden, sondern muß, im vorkommenden Falle, mit dem Nachweise eines mindern Werths gehört[68]) werden.

§. 196. Der Verpfänder muß in allen Fällen mit dem von ihm nach Inhalt des Empfangscheines angegebenen Werthe sich begnügen; und kann nur alsdann, wenn der Inhaber den Verlust des Pfandes vorsätzlich veranlaßt hat, den Werth der besonderen Vorliebe fordern[69]).

i) Veräußerung.

§. 197. Wenn der Schuldner das Pfand zur Verfallzeit nicht einlöst: so ist der Gläubiger die gerichtliche Veräußerung desselben nachzusuchen befugt;

§. 198. Doch muß der Schuldner[70]) zuvor rechtlich gehört, und zur Wiedereinlösung des Pfandes, gleich jedem Beklagten, vorgeladen werden.

§. 199. Wie dabei[71]), ingleichen bei der gerichtlichen Veräußerung des Pfandes selbst, durch Auction und Subhastation zu verfahren sei, bestimmt die Prozeßordnung[72]).

§. 200. So lange der gerichtliche Zuschlag[73]) noch nicht erfolgt ist, kann der Verpfänder das Pfand, jedoch nur gegen baare Zahlung der gesammten Forderung des Pfandinhabers, mit Inbegriff der bereits aufgelaufenen Gerichtskosten, annoch einlösen[74]).

§. 201. Wenn mehrere Pfandstücke, die nicht zusammen ein Ganzes ausmachen, für eine Schuld eingelegt worden: so dürfen doch nur so viele davon, als zur Befriedigung des Gläubigers erforderlich sind, veräußert werden.

§. 202. Findet, nach Beschaffenheit der Pfandstücke, eine und eben dieselbe Art des gerichtlichen Verkaufs bei allen statt: so müssen zwar alle zugleich dazu ausgeboten werden;

§. 203. Im Verkaufstermine selbst aber ist mit dem Zuschlage nur so weit zu verfahren[75]), als es nöthig ist, um die zur Befriedigung des Gläubigers erforderliche Summe, mit Inbegriff der Kosten, herbeizuschaffen.

§. 204. In welcher Ordnung mit dem Zuschlage der einzelnen Stücke zu verfah-

---

68) Die bloße Angabe des Pfandbestellers soll in solchem Falle also doch als Beweis gelten und dem Pfandnehmer soll nur der Gegenbeweis erlaubt sein.

69) Nach Maßgabe seines Schätzungseides. S. oben Tit. 2 §. 115 u. die Anm. dazu, auch die Allg. Ger.-O. I. 22 §§. 10—12.

70) Der persönliche Schuldner in allen Fällen, aber auch der Pfandbesteller, wenn dieser ein Dritter ist. Der Gläubiger kann den Dritten, bei Belangung des Schuldners, nach Analogie des §. 311 Tit. 14, mit vorladen lassen. Eigentlich hat dieses Verfahren keinen Zweck, sondern nur den formellen Grund, daß nicht der Privatverkauf erlaubt ist, sondern das richterliche Exekutionsverfahren eintreten muß, welches ein prozessualisches Verfahren voraussetzt. Da nun aber der Gläubiger, obwohl er den Pfandbesitz hat, doch klagen muß, so hat der Dritte auch alle die Einwendungen gegen die Forderung, welche dem Schuldner zustehen. (5. A.) Vergl. die Anm. 92 zu §. 247 unten.

71) Dabei findet das ordentliche Prozeßverfahren Anwendung. Eine Ausnahme machen die konzessionirten Pfandleiher und die privilegirten öffentlichen Leihanstalten.

72) Das Verfahren bei Subhastationen bestimmt die Subh.-Ordnung v. 15. März 1869, G.S. S. 421.

73) Bei Auktionen nämlich. In Subhastationen hindert schon die Schließung der Lizitationsverhandlung die Wiedereinlösung, wenn ein Gebot gemacht worden ist und der Bieter den Zuschlag verlangt hat. O.Tr. II (Pr. 535) v. 28. September 1838. (5. A.) Vergl. die Subh.-O. v. 15. März 1869 §§. 33 ff.

74) Zu vergl. oben §. 42 d. T. und die Anm. dazu.

75) Dieses allmähliche Verkaufsverfahren, welches nur für bewegliche Pfänder vorgeschrieben ist, kann bei Subhastationen nur analoge Anwendung finden. Bei Einleitung der Subhastation ist mit Rücksicht auf den Werth des Grundstücks und den Betrag und Stand der Forderung zu arbitriren: ob nur ein Grundstück und welches, oder ob alle zur Subhastation zu stellen; und im Lizitationstermine ist mit der Lizitation auf die übrigen Grundstücke abzubrechen, wenn das Gebot für das eine Grundstück die erforderliche Summe erreicht. Zu vergl. das R. v. 23. März 1810, Rabe 10 S. 307; v. Rönne, Erg. zum A. L.R. I. 20 §§. 201—209, 6. Aufl. 2 S. 375.

ren sei, hängt, wenn der Verpfänder im Verkaufstermine gegenwärtig ist, von der Erklärung desselben ab.

§. 205. Ist der Verpfänder nicht gegenwärtig: so bestimmt der Richter die Folgeordnung.

§. 206. Dieser muß mit denjenigen Stücken, deren Veräußerung dem Schuldner am wenigsten nachtheilig sein dürfte, den Anfang machen.

§. 207. Ist, nach Beschaffenheit der Pfandstücke, bei einigen Subhastation, bei andern aber nur Auction erforderlich; so bestimmt der Betrag der Forderung des Gläubigers im Verhältnisse gegen die Taxe der einzelnen Pfandstücke: ob nur mit der Auction der Anfang gemacht; oder ob sämmtliche Pfandstücke zugleich durch Subhastation feil geboten werden sollen[76].

§. 208. Fällt weg[77].

§. 209. Im erstern Falle wird nicht eher zur Subhastation geschritten, als bis sich gefunden hat, daß die Auctionslosung zur Befriedigung des Gläubigers nicht hinreichend sei.

§. 210. Aus dem gelöseten Werthe der veräußerten Pfandstücke muß dem Gläubiger alles das berichtiget werden, was er von dem Schuldner auf den Fall der Einlösung, nach §. 163 bis 169 zu fordern berechtigt ist.

§. 211. Die Kosten des Prozesses[78]) und der Veräußerung müssen von dem gelöseten Gelde vorweg abgezogen werden.

§. 212. Was nach Abzug dessen und nach vollständiger Befriedigung des Gläubigers noch übrig bleibt, wird dem Schuldner zurückgegeben.

§. 213. Ein vor dem Verfalltage geschlossener Vertrag, daß der Gläubiger den bei der Veräußerung des Pfandes sich ergebenden Ueberschuß gewinnen, dagegen aber auch einen dabei entstehenden Ausfall an seiner Forderung tragen solle, ist für beide Theile unverbindlich[79].

§. 214. Auch diejenigen Pfandstücke, welche zur Befriedigung des Gläubigers nicht erforderlich gewesen sind, müssen dem Verpfänder, nach erfolgtem Verkaufe der übrigen, und angelegter Berechnung zurückgegeben werden.

§. 215. So weit der Gläubiger die Herausgabe des Pfandes selbst, wegen anderer Forderungen, zu weigern befugt sein würde (§§. 172, 173), so weit kann er dieses Recht auch auf den dem Schuldner sonst zukommenden Ueberschuß des Kaufgeldes, ingleichen auch auf die zur Deckung des Pfandschillings nicht mehr erforderlichen Stücke ausüben.

§. 216. Bei gerichtlich veräußerten Pfändern, ist der Gläubiger dem Käufer zur

---

76) Der Fall ist nur denkbar bei Grundstücken mit beweglichen Pertinenzstücken. Hier kann, nach Umständen, mit der Auktion der letzteren angefangen oder auch das Ganze durch Subhastation ausgeboten werden. Unmittelbare Anwendung kann die Vorschrift nicht mehr finden, denn die Voraussetzung, daß Mobilien von einem gewissen Werthe subhastirt werden müssen (Allg. Ger.-O. I. 52 §§. 65 und 4 verb. mit Tit. 50 §§. 228 u. 229) ist nach der V. II v. 4. März 1834 weggefallen.

77) Weil Mobilien nicht mehr subhastirt werden. S. die vor. Anmerkung. Der Wortlaut ist: „Im letzteren Falle finden die Vorschriften §§. 203—206 Anwendung."

78) Darunter sind diejenigen Kosten zu verstehen, welche der Gläubiger durch die Ausklagung der Schuld gehabt hat und von dem Schuldner erstattet verlangen kann. Man hat das auf die Kostenforderung der Gerichtskassen beziehen wollen, als wenn das Pfand dem Gerichtsherrn für seine Gebührenforderung bestellt worden wäre. Dieser Auslegung tritt ein R. v. 22. Juni 1811 entgegen. Daß die Kosten des Gerichts für den Prozeß über die Einklagung einer Hypothekenforderung ebenfalls nicht zum Nachtheile des Gläubigers aus den Kaufgeldern genommen werden dürfen, ist gar keine Frage. — Uebrigens bezieht sich die Vorschrift nur auf das eigentliche Pfandrecht. Ob beim Hypothekenrechte die Prozeßkosten ein gleiches Recht haben, hing früher von dem Inhalte der Hypothekenbestellung ab. §. 484 d. T. und A. G.O. I. 50 §. 153. Das ist durch §. 29 des Ges. v. 24. Mai 1853 geändert. (5. A.) Jetzt entscheidet der §. 30 des Ges. v. 5. Mai 1872.

79) Zu vergl. §. 33 d. T.

Gewährsleistung nur so weit verpflichtet, als dieselbe bei gerichtlichen Veräußerungen überhaupt stattfindet. (Tit. 11, §. 344.)

§. 217. Hat aber der Gläubiger das Pfand, vermöge eines mit dem Schuldner getroffenen Abkommens (§§. 29 sqq.), außergerichtlich veräußert: so ist er dem Käufer zur Gewährsleistung, gleich jedem andern Verkäufer, verpflichtet[80]).

§. 218. Ist der außergerichtliche Verkauf mit Zuziehung des Verpfänders geschehen: so haftet der Verpfänder hauptsächlich, der Pfandinhaber hingegen als Bürge, dem Käufer für die Eviction.

§. 219. Den bei einem außergerichtlichen Verkaufe verbleibenden Ueberschuß des Pfandwerthes muß der Pfandinhaber dem Verpfänder sogleich nach geschehenem Verkaufe herauszahlen[81]).

§. 220. Zögert er damit: so muß er dafür, vom Tage des Verkaufs, die gesetzmäßigen Zögerungszinsen entrichten.

§. 221. Unter eben den Umständen, unter welchen der Verpfänder[82]) den Gläubiger nöthigen kann, sich im Wege der Execution zuerst an das Pfand zu halten (§. 46 sqq.), hat er auch das Recht, nach abgelaufenem Zahlungstermine, auf die gerichtliche Veräußerung des Pfandes, selbst wider den Willen des Pfandinhabers, anzutragen.

4)*) Vorrecht im Concurs.

§. 222. Die Rechte und Pflichten des Pfandgläubigers werden durch einen über das Vermögen des Verpfänders entstandenen Concurs nicht geändert.

§. 223. Vielmehr genießt der Pfandinhaber alsdann die in der Concursordnung[83]) näher bestimmten Vorrechte.

5) Nebenverträge.

§. 224. Die Rechte und Pflichten des Pfandgläubigers und Schuldners können von den Parteien durch Nebenverträge, so weit solche nicht in den Gesetzen verboten sind, anders bestimmt werden.

§. 225*. Dem Schuldner ist erlaubt, sich vorzubedingen, daß der Gläubiger seine Befriedigung nicht aus der Substanz, sondern bloß aus den Nutzungen des Pfandes nehmen solle[84]).

---

80) Hier wird fingirt, der Pfandnehmer sei durch jenes Abkommen wirklich Nachfolger des Pfandbestellers geworden und verkaufe folglich im eigenen Namen. Die Bestimmung gründet neues Recht.

(5. A.) Man braucht nicht zu einer Fiktion zu greifen, um den §. 217 zu erklären. Die Eviktionspflicht des Gläubigers in den §§. 216 u. 217 ergiebt sich einfach daraus, daß der Gläubiger der Verkäufer des Pfandes ist. Förster, Theorie u. Praxis, 3. Aufl. 3 S. 422. Vergl. die Anm. 68 zu §. 42 d. T. — Nach gemeinem Recht hat der Gläubiger nur für sein Pfandrecht, also für seine Befugniß zum Verkauf gegenüber dem Verpfänder, nicht aber für das Recht des letzteren an der verkauften Sache einzustehen. Windscheid, Lehrb. des Pandektenrechts 2. Aufl. 1 S. 694; Baron, Pandekten S. 392.

81) Er kann aber wegen anderer an sich zur Kompensation geeigneten Forderungen kompensiren. Anm. 56 zu §. 171 d. T.

82) Also auch der dritte Pfandbesteller. Die Bezugnahme auf den §. 46 zwar zeigt, daß man nur an den Verpfänder gedacht hat, welcher zugleich persönlicher Schuldner ist. Allein die nächsten Gründe des Gesetzes gestatten die Anwendung desselben auch auf den dritten Pfandbesteller. In der rev. mon. wird nämlich gesagt: „Post. §. 155. Hier wird der Beisatz verlangt, daß elapso termino solutionis auch der Verpfänder auf die Veräußerung des Pfandes selbst wider den Willen des Pfandinhabers antragen könne. Dieser Beisatz scheint nun zwar überflüssig, weil schon oben §. 34 (46) verordnet ist, daß der debitor den creditorem nöthigen könne, sich in via executionis zuerst an das Pfand zu halten. Allein wenn der Kreditor gar keine Exekution sucht, sondern die Sache immer hängen läßt, um z. E. von den stipulirten hohen Zinsen zu profitiren, so dürfte doch nicht ganz unnütz sein, ausdrücklich zu sagen, daß alsdann der debitor selbst auf den Verkauf antragen könne, theils um den cursum usurarum zu sistiren, theils um der in dem Pfande steckenden hyperochae mächtig zu werden." Mot. z. bürg. G.B. (1840) II. 2 S. 393. Das R.R. kennt kein Rechtsmittel für den Pfandbesteller in solchem Falle; ein Naturale des Pfandkontrakts ist es nicht.

*) Statt „4" muß „k" gelesen werden. R. v. 29. Dezbr. 1837, Jahrb. 50 S. 469.

83) Konk.=O. v. 8. Mai 1855 §§. 46 ff. und §§. 383 ff. Danach brauchen die Pfand= und Hypothekengläubiger sich nicht mehr in den Konkurs einzulassen.

§. 226*. Dem Gläubiger kann die Verbindlichkeit, von den gezogenen Nutzungen des Pfandes Rechnung abzulegen, durch einen zur[85]) Verfallzeit geschlossenen Vertrag gültig erlassen werden[86]).

§§. 227—237. Fallen weg[87]).

---

84) (5. A.) Der §. 225 ist im Fall der Hypothek nicht mehr anwendbar. Nach §. 46 des Ges. v. 5. Mai 1872 (Anm. 51 zu §. 26 d. T.) ist ein Vertrag zwischen dem Hypothekengläubiger und dem Eigenthümer, durch welchen Ersterem das Recht der Veräußerung zum Zwecke seiner Befriedigung entzogen wird, nichtig. Der Schuldner (Eigenthümer des Grundstücks) kann auch nicht mehr wirksam sich vorbedingen, daß der Gläubiger seine Befriedigung nicht aus der Substanz, sondern bloß aus den Nutzungen des Pfandes nehmen solle. Hiergegen bemerkt Dernburg, Lehrb. 1 §. 328 Note 15: „Der Schluß ist gewagt und unbegründet. Konsequenterweise wäre nach demselben anzunehmen, daß der Pfandgläubiger, zu dessen Gunsten eine Revenuenhypothek eingetragen ist, das Recht der Veräußerung der Substanz erhalte." Das ist gewiß nicht anzunehmen. Die Eintragung einer Hypothek auf die Revenuen ist unstatthaft, weil das Gesetz über den Eigenthumserwerb eine die Substanz nicht ergreifende Hypothek verwirft. Wird gleichwohl eine solche eingetragen, so muß sie ohne Wirkung bleiben. Denn auf die Substanz ist die Eintragung nicht bewilligt, und auf die Revenuen allein durfte sie nicht bewilligt werden. Man vergleiche die §§. 18, 19, 23, 24, 30, 37 des Gesetzes. Anders liegt freilich der Fall, wenn der Eigenthümer mit dem bereits eingetragenen Substanzgläubiger übereinkommt, daß dieser auf die Veräußerung des Grundstücks nicht solle antragen dürfen. Durch eine solche Uebereinkunft kann, weil sie nach §. 45 cit. nichtig ist, der Gläubiger das Veräußerungsrecht nicht verlieren.

85) (5. A.) Der Vertrag kann jetzt gültig auch vor der Verfallzeit geschlossen werden. Vergl. die Anm. 87 zu §§. 227—237 und die Anm. 89 zu §. 45 des Ges. über den Eigenthumserwerb, unten Zus. 11.

86) Suarez sagt zur Rechtfertigung der hier folgenden Vorschriften über den antichretischen Pfandvertrag in den Schlußvorträgen: „Da unter pactis antichreticis, wodurch dem Gläubiger ein nutzbares Pfandrecht ohne Rechnungslegung eingeräumt wird, der ärgste Wucher versteckt werden kann, und auch wirklich oft versteckt wird, so ist es gewiß keine überflüssige Präkaution, wenn das Gesetzbuch hier verordnet, daß dergleichen pacta antichretica nicht anders als gerichtlich sollen abgeschlossen werden können. Uebrigens ist bei den Bestimmungen §§. 229—232 auf das mehrere oder mindere Risiko gesehen worden, welches der Pfandgläubiger übernimmt, indem er sich die künftigen, stets ungewissen und mannigfaltigen casibus fortuitis unterworfenen Revenuen der verpfändeten Sache auf seine Forderung anrechnen läßt." Jahrb. 41 S. 59.

87) (5. A.) Die weggefallenen Paragraphen lauten:

„§. 227. Dagegen ist zur Gültigkeit eines frühern Vertrags, vermöge dessen der Gläubiger das Pfand, statt der Zinsen seiner Forderung, ohne Rechnungslegung nutzen soll, die richterliche Bestätigung nothwendig.

§. 228. Vor der Bestätigung muß der Richter sorgfältig prüfen, ob unter diesem Vertrage nicht ein heimlicher Wucher verborgen liege.

§. 229. Bei der Beurtheilung, inwiefern dergleichen Wucher vorhanden sei, muß auf das Verhältniß des Ertrages gegen die erlaubten Zinsen des Vorschusses, und auf die mindere oder mehrere Zuverlässigkeit der statt der Zinsen zu erhebenden Nutzungen Rücksicht genommen werden.

§. 230. Daraus also, daß der Ertrag nach dem Anschlage die erlaubten Zinsen übersteigt, folgt allein noch nicht die Unzulässigkeit eines solchen Abkommens.

§. 231. Uebersteigt der nach wirthschaftlichen Grundsätzen ausgemittelte reine Ertrag die erlaubten Zinsen um mehr als Ein Drittel: so darf die Bestätigung nicht ertheilt werden.

§. 232. Hängt dagegen der Ertrag ganz oder doch hauptsächlich vom Zufalle ab: so ist das Geschäft nach den Regeln von gewagten Verträgen zu beurtheilen.

§. 233. Die gerichtliche Bestätigung soll in der Regel bei dem Richter der Sache nachgesucht werden.

§. 234. Der persönliche Richter des Schuldners, so wie der Richter des Orts, wo der Vertrag geschlossen worden, sollen diese Bestätigung nur insofern ertheilen, als ihnen von den Kontrahenten hinlängliche Nachrichten, um die Zulässigkeit eines solchen Vertrages nach obigen Grundsätzen (§. 228 sqq.) zu beurtheilen, vorgelegt werden können.

§. 235. Ist ein Vertrag, wornach der Gläubiger die Nutzungen des Pfandes, statt der Zinsen, ohne Rechnungslegung genießen soll, nicht gerichtlich bestätigt worden; so ist derselbe für beide Theile unverbindlich.

§. 236. Hat also der Gläubiger das Pfand in Besitz und Genuß wirklich übernommen; so ist er, des Vertrages ungeachtet, Rechnung zu legen befugt und schuldig.

§. 237. Ein Gleiches findet statt, wenn ein dergleichen Pfandgeschäft unter dem Namen eines Wiederkaufs verborgen worden. (Tit. 11 §. 321 sqq.)"

§. 238. Ist aber der Vertrag einmal gültig geschlossen worden: so sind beide Theile bis zum Ablaufe der contractmäßigen Zeit daran gebunden; und keiner von ihnen kann, wenn auch durch veränderte Umstände eine Erhöhung oder Verminderung des gewöhnlichen Ertrages verursacht worden, davon einseitig abgehen[88]).

§. 239. Ist bei Bestellung eines solchen nutzbaren Pfandrechts, wegen der Erhaltungs- und Verbesserungskosten der Substanz, nichts Besonderes verabredet worden: so ist der Pfandinhaber in so weit als ein Pächter anzusehen[89]).

§. 240. Ein Vertrag, wodurch der Schuldner dem Ersatze aller von dem Pfandinhaber verursachten Beschädigungen zum voraus entsagt, ist für ersteren unverbindlich.

§. 241. Doch kann die Vertretungspflicht des Pfandinhabers auf solche Beschädigungen, die aus Vorsatz oder grobem Versehen zugefügt worden, durch Vertrag gültig eingeschränkt werden.

§. 242. Fällt weg[90]).

6) Aufhebung des Pfandrechts.

§. 243. Außer den allgemeinen Arten der Aufhebung der Rechte und Verbindlichkeiten überhaupt, und der Pfandrechte insonderheit (§. 55 sqq.), können letztere auch durch Verjährung verloren gehen.

§. 244. Der Gläubiger verliert sein Pfandrecht, wenn er den Besitz des Pfan-

---

Diese Bestimmungen sind durch das die Beschränkungen des vertragsmäßigen Zinsfußes aufhebende Bundesgesetz v. 14. November 1867, Zus. zu Tit. 11 §§. 804—806, beseitigt worden. Der einzige Zweck der §§. 227—237 d. T. war nach §. 228 die Verhütung des Wuchers. Dieser Zweck aber läßt sich mit dem jetzt geltenden Prinzip der Wucherfreiheit nicht vereinbaren. „Freilich hat das Bundesgesetz die in den einzelnen Partikularrechten vorkommenden Formvorschriften nicht beseitigt; man wird aber deshalb nicht sagen können, daß die richterliche Bestätigung jetzt zwar immer zu ertheilen, aber doch immer nachzusuchen ist, widrigenfalls der Schuldner von dem im antichretischen Pfandbesitze befindlichen Gläubiger auch heute noch Rechnungslegung verlangen könne. Damit würde man ein reines Superfluum, welches nicht den mindesten Zweck hat, fordern, und weiter steht auch die vom Landrecht statuirte richterliche Kontrole jedenfalls in einem Widerspruch mit der von dem Bundesgesetz abgeschafften Bevormundung des Schuldners gegenüber etwaigen wucherlichen Absichten seines Gläubigers. Sie war nichts als Konsequenz des Wucherverbotes und eben, weil sie keine weitere selbstständige Bedeutung hat, muß sie mit demselben fallen." Paul Hinschius, das Gesetz, betr. die vertragsmäßigen Zinsen, in der Zeitschrift für Gesetzgebung und Rechtspflege 2 S. 50. Den Wegfall der richterlichen Prüfung und Bestätigung des antichretischen Pfandvertrages nehmen ferner an: Förster, Theorie u. Praxis, 3. Aufl. 3 S. 446; Dernburg, Lehrb. 1 S. 747.

Nach Beseitigung der §§. 227—237 besteht eine besondere Form für den Abschluß des Vertrages nicht. Es genügt also bei beweglichen Sachen eine mündliche Uebereinkunft (§. 94 d. T.), bei unbeweglichen die einfache Schriftform. Zur Rechtswirkung gegen Dritte muß indeß bei der antichretischen Verpfändung eines Grundstücks noch die Eintragung in das Grundbuch hinzukommen. (§§. 99 ff. d. T.) Hinschius a. a. O. S. 51. Zu vergl. das Ges. über den Eig.-Erw. §. 18 und die Grundbuch-Ordn. §. 12 Abs. 2.

88) Anwendung des Grundsatzes §. 377 Tit. 5 und Ausschließung des §. 378 ebd. Im gedr. Entw. §§. 166 u. 167 war dem Schuldner die Befugniß gegeben, das Pfand zu jeder Zeit einzulösen. Hierzu bemerkte Suarez in der rev. mon.: „Viele, besonders ständische, Monenten tragen auf die Weglassung dieser §§. an, denen ich aus den von ihnen angeführten Gründen beitreten und vielmehr ausdrücklich festsetzen würde, daß, wenn ein pactum einmal gültig geschlossen worden, kein Theil auch wegen einer noch so ungewöhnlichen Veränderung der Umstände, wodurch der Ertrag erhöhet, oder vermindert wird, davon abgehen könne." In Folge dessen sind jene §§. durch unseren §. 238 ersetzt worden. Motive z. bürg. Ges.-B. (1840) S. 525.

89) Gemeinrechtlich will man die Grundsätze vom Nießbrauche anwenden, daher die impensae modicae nicht sollen erstattet verlangt werden können. Ist Verbesserung vorbedungen, so können keine Meliorationskosten gefordert werden, weil dies nicht ein Mandat, sondern ein pactum pignori adjectum ist. Zu vergl. Leyser, Med. Sp. 157 m. 9 et 10. Die Vorschrift unseres §. 239 entspricht den Erfordernissen der Analogie weit mehr.

90) (5. A.) Aus dem in der Anm. 87 zu §§. 227—237 angegebenen Grunde. Der weggefallene §. 242 lautete: „Was von einem statt der Zinsen bestellten nutzbaren Pfandrechte §. 227 sqq. verordnet ist, gilt auch alsdann, wenn der Vertrag dahin geht, daß durch die auf einen gewissen Zeitraum ohne Rechnungslegung eingeräumte Nutzung des Pfandes, die Kapitalsforderung selbst getilgt sein solle."

des verloren, und sein Recht zur Rückforderung desselben innerhalb der gesetzmäßigen Frist nicht ausgeübt hat.

§. 245. Diese Verjährung durch Nichtgebrauch steht dem Gläubiger auch in Ansehung des Schuldners selbst und seiner Erben mit der im Neunten Titel §§. 568, 569 [91]) bestimmten Wirkung entgegen.

§. 246. So lange hingegen das Pfand, als ein solches, sich auch im Besitze des Gläubigers befindet, kann das Pfandrecht desselben durch keine Verjährung verloren gehen.

§. 247. So lange das Pfandrecht dauert, kann auch keine Verjährung der Schuld zum Besten des Schuldners anfangen [92]).

§. 248. Dagegen finden in Ansehung der verfessenen Zinsentermine, und desjenigen Theils der Schuld, welcher aus dem Pfande nicht bezahlt werden kann, die gewöhnlichen Regeln von der Verjährung statt [93]).

---

91) In dieser Stelle findet sich die einzige Bezugnahme auf die §§. 568 u. 569 Tit. 9. Vergl. die Anm. zu denselben.

92) Die Vorschrift ist nicht von der Verjährung der persönlichen Klage zu verstehen; diese fängt von der Fälligkeit der Schuld an. Aber der Schuldner wird durch diese mit dem Prozeßrechte zusammenhängende Vorschrift verhindert, der an ihn ergehenden Aufforderung zur Auslösung und dem in Antrag gebrachten Verkaufe des Pfandes (§. 198) unter dem Vorwande, daß die Schuld verjährt sei, zu widersprechen. Vergl. Th. I Tit. 5 §. 439 und Tit. 9 §. 508 sowie die Anm. dazu.

(5. A.) Die Koch'sche Auffassung ist nicht unbedenklich. Der §. 247 kann nach seinem klaren Wortlaut kaum anders als von der persönlichen Schuld verstanden werden. Diese aber verjährt während der Dauer des Pfandrechts nicht, wenn der Schuldner zugleich der Verpfänder ist. Denn der Pfandbesitz des Gläubigers widerlegt die Vermuthung der Tilgung der Schuld (Tit. 9 §§. 568 u. 569). Förster, Theorie u. Pr. 3. Aufl. 1 S. 304. Die Verjährung der Schuld wird durch die Bestellung eines Pfandes Seitens des Schuldners unterbrochen, weil die Pfandbestellung ein Anerkenntniß der Schuld enthält. Anders gestaltet sich dagegen das Verhältniß, wenn der Eigenthümer des Pfandes nicht zugleich der persönliche Schuldner ist. Hier haften dem Gläubiger zwei Correi debendi, der eine mit seinem ganzen Vermögen (persönlich), der andere nur mit dem Pfande (dinglich). Die Klage gegen den letzteren erhält das Recht auch gegen den ersteren (Tit. 5 §. 440), unterbricht also die Verjährung der persönlichen Schuld. Tit. 9 §. 570; O.Tr. Pl. (Pr. 1127) v. 2. Mai 1842, Entsch. 8 S. 13; J.M.Bl. S. 372, und v. 31. August 1844, Schl. Arch. 5 S. 462. (Vergl. dagegen das Erk. des O.Tr. v. 22. April 1843, Entsch. 9 S. 266, und Dernburg, Lehrb. 1 §. 168 S. 345 Note 23.) Macht dagegen der Gläubiger sein dingliches Recht erst nach Ablauf der Verjährung geltend, so ist sein Anspruch in Höhe des Betrages, der durch die Realisirung des Pfandes nicht gedeckt wird, erloschen (§. 248). Der persönliche Schuldner kann nicht mehr belangt werden. Daraus folgt aber nicht, daß nunmehr ein Pfandrecht ohne Forderung existirte. Die Forderung besteht noch gegen den Eigenthümer des Pfandes, den einen Correus debendi, aber nur in Höhe des Erlöses, der durch die Veräußerung des Pfandes erzielt wird. Es bedarf daher einer Klage nur gegen diesen, nicht auch noch gegen den durch die Verjährungseinrede geschützten Schuldner. Förster a. a. O. 3 S. 428—432. Vergl. die folgende Anm.

93) Das Obertribunal hat ausgesprochen, daß der Pfandgläubiger, welchem das Pfand von einem Dritten bestellt worden, sich an dasselbe nicht mit Uebergehung des persönlichen Schuldners — dieser hatte in dem gegebenen Falle das Land verlassen — halten könne, wie es unter gewissen Umständen in Beziehung auf den Bürgen gestattet sei, indem die Vorschr. des §. 298 Tit. 14 auf den dritten Pfandbesteller nicht Anwendung finde; denn der Schuldner müsse nach §. 198 d. T. gehört werden, bevor der Gläubiger sich an das Pfand halten könne. O.Tr. v. 20. Dez. 1847, Rechtsf. 3 S. 248. Wie bei diesem Grundsatze der Gläubiger soll zu seinem Gelde kommen können, wenn die Forderung gegen den persönlichen Schuldner verjährt ist, könnte zweifelhaft sein. Gegen diesen kann er nicht mehr klagen und ohne Ausklagung der persönlichen Schuld soll er sich nicht an das Pfand halten können. Allein in dieser Weise braucht der Pfandgläubiger auch nicht zu klagen. Warum soll der Pfandinhaber nicht ebenso gut wie der Hypothekengläubiger von seinem Realrechte Gebrauch machen dürfen, ohne nach dem Personalschuldner zu fragen?

Ueberhaupt trägt sowohl die Fassung der §§. 247 und 248, als auch die positive Beschränkung des Pfandrechts durch das Medium des Richters gleichviel bei zur Verdunkelung des Rechtsstandes. Der Pfandgläubiger hat zwei wesentlich verschiedene Rechte: eine Forderung mit einer persönlichen Klage und ein dingliches Recht. Die persönliche Klage ist der Verjährung nach allgemeinen Grundsätzen unterworfen. Davon völlig unabhängig ist der Gebrauch und die Verfolgung des dinglichen Rechts. Der ordentliche Zustand desselben ist, daß der Gläubiger das Pfand in Händen hat. Mag

§. 249. Wenn auch der Eigenthümer der Sache durch Verjährung geändert wird: so hat doch diese Veränderung auf das Pfandrecht des Pfandgläubigers keinen Einfluß.

§. 250. Der Pfandgläubiger selbst kann eine Verjährung zum Erwerbe des Eigenthums des Pfandes niemals anfangen[94]).

§. 251. Wohl aber kann dieses von seinen Erben geschehen[95]), wenn die übrigen Erfordernisse der Verjährung bei ihnen vorhanden sind. (Tit. 7, §§. 40, 41, 42.)

§. 252. Eine solche Verjährung nimmt mit dem Tage des Erbanfalls ihren Anfang.

§. 253. Wer sich des Besitzes der verpfändeten Sache freiwillig und ohne Vorbehalt entschlägt[96]), der verliert sein Pfandrecht[97]).

---

die Klage gegen den persönlichen Schuldner verjährt sein, oder nicht: nichts hindert ihn, zu jeder Zeit das Pfand ins Geld zu setzen und sich bezahlt zu machen. Reicht der Preis dazu nicht hin, so versteht sich, daß der Ausfall mit der verjährten persönlichen Klage nicht eingefordert werden kann. Hier tritt die erste positive Beschränkung des Pfandrechts durch die landrechtliche Gesetzgebung ein: der Gläubiger muß das Pfand durch den Richter verkaufen lassen und der Richter verkauft dasselbe nicht, bevor der Schuldner zur Zahlung der Schuld verurtheilt worden ist. Der Gläubiger muß also klagen. Aber auf was soll er klagen? Die persönliche Schuld ist verjährt und die dingliche Klage (actio Serviana) hat nur die Bestimmung und den Erfolg, das abhanden gekommene Pfand zu vindiziren; der Gläubiger hat aber das Pfand in Gewahrsam, wie wir annehmen, und hat mithin gar keine Ursache zur Klage. Betrachtet man nun die Fassung der in dieser Beziehung gegebenen Vorschriften, so wird man in der That auch nicht finden, daß der Gläubiger eine persönliche Klage, mit welcher er der Verjährung wegen nicht durchdringen kann, vergeblich anstellen oder die dingliche Klage wegen des Pfandes zwecklos gebrauchen soll. Vielmehr verlangt der §. 198 nur, daß, wenn der Gläubiger auf den gerichtlichen Verkauf des Pfandes anträgt, der Schuldner zuvor zur Wiedereinlösung des Pfandes vorgeladen und gehört werden soll. Ueber das Verfahren dabei verweist der §. 199 auf die Prozeßordnung; diese enthält davon nichts und die Praxis kann sich in einen Prozeß nicht hineinfinden, welcher nicht mit einem dahin formulirten Antrage beginnt: daß der Bekl. zu verurtheilen, so und so viel bei Vermeidung der Exekution zu bezahlen. In dieser Weise aber zu klagen und sich der Abweisung auszusetzen hat der Pfandgläubiger gar nicht nöthig. Er ist nach wortdeutlicher Fassung des Gesetzes mit dem Antrage zu klagen befugt: das Pfand wegen seiner Forderung von so und so viel gerichtlich zu verkaufen. Darauf hat der Richter die im §. 198 vorgeschriebene Vorladung an den Beklagten zu erlassen. Auf diese Weise macht der Gläubiger nicht von seinem persönlichen, sondern von seinem dinglichen Klagerechte Anwendung. Es folgt daraus, daß der Einwand der Verjährung gar nicht gegeben sein kann, und daß bei diesem Verfahren auch die Vorschrift der §§. 247 und 248, daß derjenige Theil der Schuld, welcher aus dem Pfande nicht bezahlt werden kann, nach den gewöhnlichen Regeln der Verjährung erlischt, — gar nicht in Betracht kommt. Ob viel oder wenig für das Pfand einkommen wird, ist vor der Hand ganz gleichgültig: der Gläubiger fordert keine bestimmte Summe von dem Bekl., er will nur sein Pfand verkaufen lassen, und hiergegen kann der Schuldner, wenn er dasselbe nicht einlösen mag und auch die Tilgung der Schuld nicht behaupten kann, mit Grunde Rechtens gar nichts einwenden; denn dem Einwande der Erlöschung durch Verjährung tritt der §. 247 ausdrücklich entgegen. Erst nach dem Verkaufe findet sich, ob der Gläubiger etwas herauszugeben oder einen Ausfall erlitten hat. Wegen des Ausfalls gelten in jeder Hinsicht und auch wegen des Anfangs die gewöhnlichen Regeln der Verjährung. Die Worte des §. 247 „so lange das Pfandrecht dauert, kann — keine Verjährung — anfangen" beziehen sich nicht auf den Anfang der Klageverjährung, sondern auf die Befugniß des Gläubigers, sich aus dem Pfande bezahlt zu machen: dieses Recht kann durch Nichtgebrauch gar nicht erlöschen, so lange der Gläubiger das Pfand im Besitze hat und auch seine dingliche Klage auf Wiedererlangung des ihm abhanden gekommenen Pfandes noch nicht erloschen ist. Das ist der Sinn des §. 247. Das Gesagte gilt auch von präjudizirten und verjährten Wechselforderungen, für welche Pfand gegeben worden ist. (5. A.) Vergl. die vorige Anm.

94) Nämlich auf Grund seines Pfandbesitzes, denn er kann nicht seinen Besitztitel ändern. Aber der Pfandbesitz kann, ohne daß es nöthig ist, die Gewahrsam zu unterbrechen, durch bloße Vereinbarung in einen anderen Besitz umgeändert werden.

95) Anwendung des Grundsatzes §. 617 Tit. 9. Zu vergl. die Anm. 8 dazu.

Wie es mit der Kontraktsfrage und der Entschädigung des seines Eigenthums ohne Weiteres verlustig gegangenen Pfandgebers gehalten werden soll, ist nirgend bestimmt; das O.Tr. meint, es sei mit der Usukapion des Erben alles erledigt. M. s. dagegen die all. Anm. 8 Abs. 2.

96) Zu vergl. oben §. 118 und die Anm. dazu.

97) (5. A. Wer das Dokument über eine ihm schriftlich verpfändete Hypothek, deren Verpfän-

§. 254. Auch ein Vorbehalt, mit welchem das Pfand dem Schuldner oder einem Andern ausgeantwortet wird, kommt dem Gläubiger nur gegen den Empfänger, nicht aber gegen einen Dritten [98]), zu Statten.

§. 255. Daraus, daß der Gläubiger den ihm eingeräumten Besitz eines unbeweglichen Pfandes wieder aufgegeben hat, folgt noch nicht der Verlust seines in das Hypothekenbuch eingetragenen dinglichen Rechts [99]).

§. 256. Wer den Besitz eines Pfandes gegen den Schuldner, oder den vindicirenden Eigenthümer vorsätzlich leugnet, wird seines Pfandrechts zur Strafe verlustig.

§. 257. Wie weit durch den Untergang eines unbeweglichen Pfandes das Pfandrecht selbst verloren gehe, ist nach den vom Verlust der Rechte durch Untergang überhaupt vorgeschriebenen Grundsätzen zu beurtheilen [100]). (Tit. 16, §§. 2, 3.)

§. 258. In wie fern der Pfandinhaber eines in Verfall gerathenen Gebäudes, bei verweigerter Wiederherstellung desselben, seines Pfandrechts verlustig werde, ist im Titel vom Eigenthume näher bestimmt. (Tit. 8, §. 44 sqq.)

§. 259. Durch den gänzlichen Untergang eines beweglichen Pfandes hört das Pfandrecht des Gläubigers auf, und eine von dem Schuldner statt der verlorenen angeschaffte neue Sache von derselben Art tritt in so weit nicht an die Stelle der vorigen.

§. 260. Doch kann der Gläubiger, dessen Pfand ohne seine Schuld verloren gegangen ist, von dem Schuldner Zahlung, oder Bestellung einer andern Sicherheit fordern.

§. 261. Ist das bewegliche Pfand nicht ganz verloren gegangen, sondern nur vermindert, oder in eine Sache von anderer Art verändert worden: so haftet das Pfandrecht auch auf dem Ueberreste, oder auf der veränderten Sache [1]).

§. 262. Wird die von dem Pfandgläubiger seiner Befriedigung halber vorgenommene Veräußerung rückgängig, und gelangt das Pfand wiederum in seinen Besitz: so tritt auch das Pfandrecht wieder in seine Wirksamkeit.

II. Vom Pfandgewerbe.

§. 263. Wer das Geldverleihen auf Pfänder als ein Gewerbe treiben will, muß

---

dung weder im Grundbuch, noch auf dem Dokument vermerkt ist, herausgiebt, damit ein Theil der Hypothek an einen Dritten abgetreten und ein Zweiginstrument zu diesem Behufe angefertigt werde, verliert diesem Dritten gegenüber sein Pfandrecht an dem cedirten Theil der Hypothek. O.Tr. III v. 7. Juli 1873, Entsch. 70 S. 191.) Hiervon abgesehen ist die bloße Zurückgabe eines verpfändeten Instruments, ohne Rückgabe der Verpfändungsurkunde, oder ohne deren Kassation, nicht geeignet zu dem sicheren Schlusse, daß das Pfandrecht aufgegeben sein solle; dazu ist, um eine solche Entsagung erkennen zu lassen, die erklärte Absicht erforderlich. O.Tr. IV v. 12. Juni 1860, Str. Arch. 38 S. 44.

Durch die Abforderung und Abholung des Pfandes zur gerichtlichen Asservation wird der Gläubiger seines Pfandrechts nicht verlustig. O.Tr. IV v. 15. Dez. 1853, Str. Arch. 11 S. 124, und v. 22. Juni 1854, ebd. 13 S. 219.

(5. A.) Gestattet der Vermiether im Konkurse des Miethers die Fortschaffung der ihm pfandweise haftenden Waaren zum Zwecke ihrer Realisirung, so verliert er dadurch sein ihm zustehendes Pfandrecht nicht, da die Erlaubniß zu einer Fortschaffung, welcher zu widersprechen er nicht befugt ist, weder als freiwillige Besitzaufgabe noch als Verzicht auf das Pfandrecht angesehen werden kann. R.O.H.G. I v. 28. März 1872, Entsch. 6 S. 292. Vergl. Tit. 21 §. 395 u. die Anm. dazu.

98) Welcher davon nichts weiß. Denn die Redlichkeit ist vorausgesetzt.

99) Nämlich des Unterpfandsrechts, vermöge dessen er aus der Substanz der Sache bezahlt werden muß. Aber daß das Nutzungsrecht durch das freiwillige Aufgeben des Besitzes ein Ende nimmt, ist eine sich von selbst verstehende Sache, ebenso, wie die Pachtnutzung nicht fortdauern kann, nachdem der Pächter das Gut retradirt hat. Die Zurückgabe kann ein Dritter nicht verhindern; ob sie von dem Anderen gefordert werden kann, hängt von der getroffenen Vereinbarung ab.

100) O.Tr. (Pr. 305) v. 29. Juli 1837, oben in der Anm. 2 zu §. 3 Tit. 16; vergl. auch die Anm. zu §. 456 d. T.

1) Das Pfandrecht an einer beweglichen Sache erstreckt sich vermöge des Gesetzes nicht auf die Versicherungsgelder, welche der Schuldner vertragsmäßig von einer Feuerassekuranzgesellschaft zu fordern hat. O.Tr. III (Pr. 1781) v. 19. Sept. 1846, Entsch. 13 S. 243. Zu vergl. §§. 309 u. 310 d. T. und (5. A.) das Gesetz über den Eig.-Erw. v. 5. Mai 1872 §. 30 a. E.

sich dabei der besonderen Aufsicht der Polizeiobrigkeit des Orts unterwerfen[2]), und die solchem Gewerbe in den Gesetzen vorgeschriebene besondere Form beobachten.

§. 264*. Er muß sich also bei der Obrigkeit melden, und die Eintragung in das über die öffentlichen Pfandverleiher zu haltende Register, so wie die Ertheilung des Erlaubnißscheins zu diesem Gewerbe, nachsuchen[3]).

4. Gewerbeordnung v. 21. Juni 1869. (B.G.Bl. S. 245.)

§. 35. Das Geschäft eines Pfandleihers kann demjenigen untersagt werden, welcher wegen aus Gewinnsucht begangener Vergehen oder Verbrechen gegen das Eigenthum bestraft worden ist.

Personen, welche die in diesem Paragraphen bezeichneten Gewerbe beginnen, haben bei Eröffnung ihres Gewerbebetriebes der zuständigen Behörde hiervon Anzeige zu machen.

§. 265*. Christliche Kaufleute, ingleichen Juden, welche christliche Rechte erlangt haben[4]), sind als öffentliche Pfandverleiher noch nicht anzusehen, wenn sie gleich bei Gelegenheit eines Darlehns, oder andern kaufmännischen Geschäfts, Pfänder nehmen.

§. 266. Dagegen sind alle andere Privatpersonen, welche mehr als Dreimal, binnen Jahresfrist, Geld gegen Pfand verliehen haben, dafür, daß sie das Pfandverkehr als ein Gewerbe treiben, zu achten; und daher als solche, wenn sie ferner auf Pfänder leihen wollen, sich in die Register eintragen zu lassen verpflichtet.

§. 267. Eben das gilt von denjenigen, die auch nur Einmal dergleichen Darlehne gemacht, sich aber dabei die bloß den öffentlichen Pfandverleihern erlaubten höheren Zinsen vorbedungen haben[5]).

§. 268. Oeffentliche Pfandverleiher müssen sowohl die allgemeinen Verordnungen des gegenwärtigen Titels, als die zur Sicherstellung des Publici gegen Wucher und Betrug abzielenden Verordnungen des für dies Gewerbe besonders ergangenen Reglements[6]), genau beobachten.

§. 269. Dagegen haben sie auch der in eben diesem Reglement bestimmten Vorrechte, sowohl im Prozesse, als wegen des ihnen gestatteten höheren Zinsfußes, sich zu erfreuen.

---

2) (5. A.) Nach der Gewerbeordnung v. 21. Juni 1869 §. 38 sind die Centralbehörden befugt, Vorschriften darüber zu erlassen, in welcher Weise die Pfandleiher „ihre Bücher zu führen und welcher polizeilichen Kontrole über den Umfang und die Art ihres Geschäftsbetriebes sie sich zu unterwerfen haben." Diese Kontrole ist indeß vielfach gegenstandslos, seitdem das Pfandgewerbe meist nicht mehr unter seinem wahren Namen, sondern in der Form des Kaufes mit „Rückkauf" betrieben wird. Die Inhaber solcher Rückkaufsgeschäfte kaufen dem Geldsuchenden seine Sachen ab und stellen dagegen einen Schein aus, nach welchem dem Verkäufer der Rückkauf bis zu einem bestimmten Termine freisteht. Die Frist ist natürlich möglichst kurz und der Rückkaufspreis erheblich höher als der erste Preis bemessen. Nach Aufhebung der Wuchergesetze scheint man diese Geschäfte für erlaubt zu halten. Vergl. Dernburg, Lehrb. 1 S. 794 Note 7.

3) (5. A.) Einer Konzession bedarf es jetzt nicht mehr. (Zus. 4.) Nach der Gew.-O. v. 17. Jan. 1845 §. 49 war eine solche noch erforderlich. Ges. v. 22. Juni 1861 §. 1, G.S. S. 441.

4) Diese Unterscheidung fällt nach heutigem Staatsrechte weg. (5. A.) Gew.-O. v. 17. Jan. 1845 §. 190; Ges. über die Verhältnisse der Juden v. 23. Juli 1847 §. 1; Verf.-Urk. v. 31. Jan. 1850 Art. 12; Ges., betr. die Gleichberechtigung der Konfessionen ꝛc., v. 3. Juli 1869, B.G.Bl. S. 392, unten Th. II Tit. 13, Zus. zu Art. 12 der Verf.-Urkunde. Der §. 265 ist daher jetzt auf alle Kaufleute anwendbar.

5) Auf dergleichen Personen werden die Gewerbegesetze, folglich auch die Strafen der Gewerbekontravention angewendet.

6) Suarez sagt in den Schlußvorträgen: „Das besondere Reglement dem Gesetzbuche einzurücken, schien nicht rathsam, theils weil dasselbe nur diejenigen, welche das Pfandgewerbe wirklich treiben, interessirt, und diese sich um dessen Inhalt ohnehin bekümmern müssen; theils weil diese bloße Polizeianstalt (denn das ist sie im Grunde nur) nach der verschiedenen Lokalität mancherlei Modifikationen erhalten kann, und wirklich schon erhalten hat." Jahrb. 41 S. 59. Nach einer Bemerkung im gedr. Entw. Th. II Abth. 3 S. 762 sollte das allg. Pfand- und Leihreglement v. 13. März 1787 künftig dem Gesetzbuche, als eine Beilage, angehängt werden.

§. 270. Diejenigen, welche nach §§. 266, 267 als öffentliche Pfandverleiher sich eintragen zu lassen schuldig sind, und es nicht thun, können auf diese Vorrechte nicht Anspruch machen; und müssen dennoch die den Pfandverleihern in dem Reglement ertheilten besonderen Vorschriften, bei Vermeidung der auf den Unterlassungsfall verordneten nachtheiligen Folgen, beobachten [7]).

III. Verpfändungen beweglicher Sachen ohne körperliche Uebergabe *). 1) Ueberhaupt.

§. 271. Verpfändungen durch symbolische Uebergabe finden nur bei Sachen statt, wo entweder die Natur des Gegenstandes keine eigentliche körperliche Uebergabe zuläßt, oder wo die Gesetze die Parteien davon ausdrücklich dispensiren [8]).

---

7) (5. A.) Das in den §§. 268—270 in Bezug genommene Reglement ist das „Pfand- und Leihreglement für die sämmtlichen Preußischen Staaten v. 13. März 1787. (N. C. C. 1787 S. 781; Rabe 1 S. 560.) Dasselbe enthält 137 Paragraphen. Die ersten fünf lauten wie folgt:

„§. 1. Zuvörderst sollen nur Privatpersonen, welche ein ordentliches Gewerbe und Verkehr mit Geldverleihen auf Pfänder treiben, an das Pfand- und Leihreglement gebunden sein und darnach beurtheilt werden.

„§. 2. Dagegen soll es in Ansehung der bereits subsistirenden öffentlichen Leihanstalten bei deren bisherigen Verfassung und den ihnen ertheilten besonderen Vorschriften und Privilegien fernerhin sein Bewenden haben.

„§. 3. Banquiers und andere Kaufleute, welche nur zufällig, bei Gelegenheit eines Wechsel- oder andern kaufmännischen Verkehrs, zu ihrer mehrern Sicherheit Pfänder nehmen, sind unter dem Pfand- und Leihreglement nicht mit begriffen, sondern werden bloß nach den allgemeinen gesetzlichen Vorschriften beurtheilt.

„§. 4. Andere Privatpersonen hingegen, welche sich mit Geldverleihen auf Pfänder abgeben und dabei die durch das Pfand- und Leihreglement bestimmten und gebilligten Vortheile genießen wollen, müssen solches bei derjenigen Behörde, welcher die Aufsicht über die Polizeianstalten ihres Wohnorts zukömmt, anzeigen, sich in eine von dieser Behörde zu haltende Rolle der Pfandverleiher eintragen und sich einen Conzessionsschein darüber ertheilen lassen.

„§. 5. Wer diese Anmeldung und Eintragung verabsäumt, gleichwohl aber überführt werden kann, daß er, ohne selbst ein Kaufmann zu sein, an einen Kaufmann, oder andere Privatpersonen, mehr als drei Male innerhalb Jahresfrist, Geld auf Pfänder verliehen, oder auch, daß er bei einem gegen Pfand gegebenen Darlehn sich über sechs vom Hundert als Zinsen ausbedungen habe, der soll als ein solcher, welcher aus dem Pfandverkehr ein Gewerbe macht, angesehen, folglich nach den Vorschriften des Pfand- und Leihreglements beurtheilt und sich für die Zukunft in die Rolle der Pfandverleiher eintragen zu lassen, angehalten werden."

Diese Bestimmungen ergeben, daß die Grenzen des Gebiets, auf welches das Pfand- und Leihreglement Anwendung findet, sehr eng gezogen sind. Nach §. 15 der Kab.-O. v. 28. Juni 1826, betr. die Grundsätze für die öffentlichen städtischen Leihanstalten (G.S. 1826 S. 81), sollten überdies „in solchen Orten, in welchen öffentliche städtische Leihanstalten bestehen, welche dem Bedürfnisse des Publikums Genüge leisten und zu begründeten Beschwerden keine Veranlassung geben, neue Konzessionen für Privatpfandverleiher nicht ertheilt werden." Die Konzession ist freilich jetzt weggefallen. Thatsächlich hat indeß die Freigebung des Pfandgewerbes eine Vermehrung der Zahl der dem Reglement unterworfenen Gewerbetreibenden schwerlich zur Folge gehabt. (Anm. 2 zu §. 263 d. T.) Die praktische Bedeutung des Reglements ist deshalb nur eine sehr geringe. Aus diesem Grunde ist der Abdruck der §§. 6—137 hier unterblieben.

Das Verfahren zur Realisirung der Pfänder bestimmt sich nach der Deklaration des Pfand- und Leihreglements, v. 4. April 1803. (N. C. C. 11 S. 1679; Rabe 7 S. 417.)

Ueber die Abänderungen des Reglements für den engeren Polizeibezirk von Berlin sind zu vergleichen die Verfügungen des Ministers des Innern v. 18. Juli 1866 und v. 14. Febr. 1867, Min.-Bl. der inn. Verw. 1866 S. 167 u. 1867 S. 98.

In Betreff der Buchführung der Pfandleiher und der Aufsicht der Polizeibehörden über den Umfang und die Art des Geschäftsbetriebes dieser Gewerbetreibenden sind auf Grund des §. 38 der Gew.-O. v. 21. Juni 1869 die bisherigen Verordnungen laut Ministerialanweisung v. 4. Sept. 1869 aufrecht erhalten worden.

*) Die §§. 271—389 sind aus der Deklaration v. 16. Juli 1785 (N. C. C. 8 S. 3152) entnommen.

(5. A.) Ueber die symbolische Verpfändung im Handelsrecht sind zu vergleichen: das Allg. D. H.G.B. Art. 309 u. 312; Einführungsgesetz v. 24. Juni 1861 Art. 27 u. 44; Rud. Koch, über Verpfändung mittelst symbolischer Uebergabe, in der Zeitschrift für Gesetzgebung u. Rechtspflege rc. 5 S. 341—357.

8) An Fabrikutensilien kann unter symbolischer Uebergabe derselben an den Gläubiger ein Pfand-

§. 272. Aber auch bei solchen Sachen kann die Verpfändung ohne körperliche Uebergabe nur in sofern mit rechtlicher Wirkung erfolgen, als ihr Besitz auf den Pfandgläubiger durch solche Zeichen übertragen werden kann, aus welchen diese mit dem Besitze vorgefallene Veränderung auch für andere, außer den contrahirenden Parteien, ersichtlich ist.

§. 273. Es muß also in einem solchen Falle nicht nur eine schriftliche Erklärung des Schuldners, der Besitz dem Gläubiger übertragen zu wollen, entweder im Pfandvertrage selbst, oder in einer eigenen Urkunde vorhanden sein; sondern auch eine symbolische Uebergabe hinzukommen[9]).

§. 274. Es müssen aber auch noch außerdem zwischen dem Verpfänder und dem Pfandgläubiger solche Maßregeln[10]) genommen werden, daß kein Dritter, ohne eigenes grobes Versehen[11]), verleitet werden könne, zu glauben, als ob dem Verpfänder über die Sache und deren Besitz annoch die freie Disposition zustehe.

recht bestellt werden. Die speziell bezeichneten drei Arten, nämlich: a) ausstehende Forderungen, b) Schiffe, c) gewisse Waarenartikel, wovon hier unter der Rubrik IV in den §§. 281 ff. gehandelt wird, sind mithin nicht die einzigen, an welchen eine Verpfändung durch symbolische Uebergabe stattfindet. O.Tr. III v. 19. Sept. 1846, Entsch. 13 S. 243.

(5. A.) Das Landrecht geht davon aus, daß ein Pfandrecht, als ein gegen Dritte verfolgbares Recht, nur besteht, wenn es äußerlich erkennbar ist. (Anm. ** zur Ueberschrift dieses Abschnitts.) Das ist auch bei dem §. 271 vorausgesetzt. (§§. 274—276.) „Nicht jede Sache, welche keine körperliche Uebergabe zuläßt, ist symbolisch zu verpfänden; denn nicht bei jeder ist die Bezeichnung des dinglichen Rechts möglich. Der §. 271 soll daher nicht eigentlich sagen, was alles der symbolischen Verpfändung fähig, sondern er spricht eine Beschränkung aus: daß dieselbe nur stattfinde, wo das Gesetz sie besonders gestattet oder körperliche Uebergabe nicht möglich wird." Gesetzrev. 3 S. 214.

9) (5. A.) Die schriftliche Erklärung des Verpfänders und die symbolische Uebergabe bilden nicht etwa bloß den Titel zum Pfandrecht, sondern bringen dieses Recht selbst zur Existenz. Die „Maßregeln", welche der §. 274 außerdem noch erfordert, dienen nur zur Veröffentlichung des bereits bestehenden Pfandrechts. Bornemann, Syst. 4 S. 320; R. Koch, in der angeführten Zeitschrift (Anm. 7) S. 253. Vergl. die folgende Anm. und das A. D. H.G.B. Art. 309.

10) Die Maßregeln sind ein zweites Erforderniß, außer den „Zeichen", welche der §. 272 allererst fordert. Denn diese bewirken den Uebergang des Besitzes, wodurch das Pfandrecht erworben wird. (Angenommen von dem O.Tr. III durch Erk. v. 20. Febr. 1865, Entsch. 53 S. 20, um der geltend gemachten Meinung, nach welcher diese Pfandbestellung als eine Hypothek im Sinne des röm. Rechts aufzufassen sein soll, entgegen zu treten); dann aber muß dieser Besitzübergang auch jedem Dritten erkennbar gemacht werden, wenn er wirken soll; und dieses geschieht durch die „Maßregeln". Diese können jedoch unter Umständen mit den „Zeichen" zusammentreffen. „Zeichen" und „Maßregeln" verhalten sich zu einander wie Erwerbungsart und Kundgebung.

11) Schon im Falle eines groben Versehens wird die Wissenschaft des Dritten, d. i. die Unredlichkeit, fingirt. Eine oft wiederkehrende Anomalie. Denn grundsätzlich kann nur die Unredlichkeit in den in Rede stehenden Verhältnissen wirken (§. 275), sie muß also, da sie bei einem bloßen wenn auch groben Versehen thatsächlich nicht vorhanden ist, fingirt werden.

Man will gefunden haben, daß die Worte: „ohne eigenes grobes Versehen", einer verschiedenen Auffassung empfänglich seien. Man könne sie so verstehen, daß der Dritte, sobald er ein grobes Versehen begehe, selbst im Falle die von den Kontrahenten getroffenen Maßregeln den gesetzlichen Vorschriften nicht entsprächen, kein dingliches Recht und keinen Entschädigungsanspruch erwerbe. Man könne aber auch folgern, daß, wenn solche Maßregeln nicht getroffen und der Dritte sich in Geschäfte über das Pfand eingelassen habe, er bei seinem Rechte geschützt werden müsse, ohne daß es darauf ankommen könne, ob er sich in concreto ein grobes Versehen habe zu Schulden kommen lassen, oder nicht; und dies sei das Richtige und darum enthielten die §§. 275 ff., welche, auch im Falle die getroffenen Maßregeln unzureichend, noch ein Pfandrecht unter den Kontrahenten anerkennen, einen Widerspruch. Motive z. n. b. G. B. (1840) S. 402. Die Auslegung halte ich nicht für richtig. Zu der möglich sein sollenden verschiedenen Auffassung jener Worte kann man nur dann gelangen, wenn das Verhältniß der „Zeichen" einer symbolischen Uebergabe zu den „Maßregeln" der Veröffentlichung nicht klar ist. Jene Zeichen der symbolischen Uebergabe sind die Erwerbungsart (Uebertragung des Besitzes), folglich wird durch sie ganz allein das dingliche Recht (das Pfandrecht) erworben, wenn auch gar keine weiteren „Maßregeln" getroffen werden. Darum enthält der §. 275 eine folgerichtige Bestimmung. Ob aber dieses dingliche Recht gegen Dritte wirksam sei, das ist bedingt durch die „Maßregeln" der Bekanntgebung. Sind diese vorschriftsmäßig, so gilt das Pfandrecht gegen jeden Dritten; sind sie aber mangelhaft, so kommt es im Falle der Kollision auf die Redlichkeit des Dritten

§. 275. Sind diese Maßregeln unzureichend: so kann der Pfandgläubiger gegen einen Dritten, welcher zum Naturalbesitze [12]) redlicher Weise gelangt ist, von seinem Pfandrechte keinen Gebrauch machen.

§. 276. Ist, wegen Unzulänglichkeit dieser Maßregeln, ein Dritter [13]) verleitet worden, mit dem Verpfänder über die Sache in Verträge sich einzulassen: so bleibt zwar, so lange noch keine Naturalübergabe an diesen Dritten erfolgt ist, das Pfandrecht des Gläubigers in seiner Kraft.

§. 277. Der Pfandgläubiger muß aber einem solchen Contrahenten, wegen alles demselben daraus entstehenden wirklichen Schadens, in sofern der Verpfänder selbst dazu nicht vermögend ist, gerecht werden.

§. 278. Von dieser Vertretung kann jedoch ein solcher Pfandgläubiger durch Entsagung seines Pfandrechts sich befreien.

§. 279. Auch fällt diese Vertretung ganz hinweg, wenn der dritte Contrahent sich eines groben Versehens schuldig gemacht hat.

§. 280. Für ein grobes Versehen von Seiten des Dritten ist es zu achten, wenn derselbe diejenigen Mittel, welche ihm die folgenden Vorschriften zur Einziehung näherer Erkundigungen über eine geschehene Verpfändung an die Hand geben, vernachlässigt hat [14]).

§. 281. Ausstehende Forderungen können nur durch Aushändigung [15]) der darüber auf einen gewissen Inhaber ausgestellten Urkunden [16]) gültig verpfändet werden. 2) Insonderheit bei ausstehenden Forderungen.

§. 282. Ist dieses geschehen, und der Schuldner der verpfändeten Post hat an den Verpfänder Capitalszahlungen geleistet, ohne sich das Instrument zurückgeben, oder die Abschlagszahlungen darauf vermerken zu lassen: so kann er sich damit gegen den Pfandinhaber nicht schützen; sondern muß sich deshalb an den Verpfänder, als seinen eigentlichen Gläubiger, halten [17]).

---

an. Kannte dieser die Verpfändung oder war sie so deutlich und glaubhaft angedeutet, daß sie ihm auch nur bei der allergeringsten Aufmerksamkeit nicht entgehen konnte; so muß er das in der That vorhandene Pfandrecht auch gegen sich gelten lassen und kann für sein eigenes grobes Versehen keinen Anderen verantwortlich machen. Vergl. §. 279.

12) Vergl. die Anm. 20 zu §. 109 d. T.

13) Ohne eigenes grobes Versehen. §. 279. Vergl. Anm. 11 a. E.

14) In diesem Falle wird ohne Weiteres das grobe Versehen fingirt, folglich kein Gegenbeweis zugelassen. Wird außer diesem Falle ein grobes Versehen Schuld gegeben, so muß es bewiesen werden. Der im §. 280 vorausgesetzte Fall ist nicht der einzige, wo die Behauptung eines groben Versehens erheblich ist. Anm. 11 Satz 2.

15) Ohne Aushändigung des vorhandenen Dokuments kann die Verpfändung einer Hypothekenforderung auch durch die Eintragung im Hypothekenbuche nicht vollzogen werden. Daher kann z. B. ein Hypothekengläubiger, welcher in der Subhastation des verpfändeten Grundstücks als Bieter auftritt oder die Ansetzung eines neuen Termins verlangt, mit seiner Forderung keine Kaution bestellen, wenn er nicht die Urkunden darüber aushändigen kann. O.Tr. Pl. v. 9. Mai 1842, Entsch. 8 S. 215. — Zur gültigen Bestellung eines Pfandrechts an dem Antheile einer Hypothekenforderung ist die Ausfertigung eines Antheildokuments und dessen Uebergabe an den Pfandgläubiger erforderlich. O.Tr. IV v. 14. Juni 1855, Str. Arch. 18 S. 57. Dem Gläubiger kann aber auch, mit der Antheils-Verpfändungserklärung, das Originalinstrument ausgehändigt werden, in welchem Falle es der Ausfertigung eines Theildokuments (Abzweigung) nicht bedarf, so lange der Verpfänder nicht über den Rest verfügen will. (5. A. Siehe hiergegen Hoffmann bei Gruchot, Beitr 16 S. 181.) Vergl. §. 15 und die Anm. 34 Abs. 2 dazu.

16) Und durch eine schriftliche Verpfändungserklärung. Verord. v. 2. Dez. 1809 §. 1, Zus. zu Tit. 16 §. 130. (5. A.) Ohne eine solche Erklärung kann durch die Aushändigung des Dokuments nur ein Faustpfand an dem letzteren begründet werden. O.T. III v. 14. Febr. 1870, Entsch. 63 S. 79; Str. Arch. 77 S. 242.

17) (5. A.) In Widerspruch hiermit bestimmt Tit. 16 §§. 125 u. 126: „Außer der Quittung kann der Zahlende auch noch die Rückgabe des über die berichtigte Schuld einseitig ausgestellten Instruments fordern. Ist das Dokument abhanden gekommen, so vertritt dessen Mortifizirung die Stelle der Rückgabe." Die Praxis faßt diese Bestimmung so auf, daß der Schuldner den Beweis

§. 283. Wenn also nur das verpfändete Capital dem Pfandinhaber zur Sicherheit haften soll: so ist eine ausdrückliche Bekanntmachung an den Schuldner zwar rathsam, aber nicht nothwendig [18].

§. 284. Sollen hingegen dem Pfandgläubiger auch die Zinsen einer solchen Activforderung mit verpfändet sein [19]: so muß derselbe dafür sorgen, daß die geschehene Verpfändung dem Schuldner von dem Pfandgeber ausdrücklich [20]) bekannt gemacht werde.

§. 285. Was bei Verpfändungen solcher Forderungen, die in das Hypothekenbuch eingetragen sind, zu beobachten sei, wird unten bestimmt. (§. 511 sqq.)

§. 286. Banknoten, Pfandbriefe, und andere auf jeden Inhaber lautende Instrumente, können zwar an sich durch körperliche Uebergabe gültig verpfändet werden;

§. 287. Wenn jedoch dergleichen Instrumente nicht außer Cours gesetzt sind: so dauert das dingliche Recht des Pfandgläubigers auf selbige nur so lange, als sie sich wirklich in seiner Gewahrsam befinden [21]); und hat gegen einen dritten Besitzer nur unter den im Funfzehnten Titel §. 53 beschriebenen Umständen statt.

§. 288. Sollen Activforderungen, über welche kein Instrument vorhanden ist, verpfändet werden [22]): so ist die Bekanntmachung an den Schuldner derselben dazu nothwendig.

§. 289. Sind Activforderungen nur verpfändet worden: so kann der Pfandgläubiger auf deren Einziehung nur unter eben den Umständen antragen, unter welchen er die Veräußerung des Pfandes zu suchen berechtigt ist [23]).

---

des Verlustes nicht fordern kann, vielmehr sich mit einem Mortifikationsschein begnügen muß, wenn der Gläubiger ihm erklärt, das Schulddokument sei verloren. O.Tr. III vom 17. April 1871, Str. Arch. 82 S. 16; Förster, Theorie und Pr. 3. Aufl. 1 S. 579. Den Widerspruch hat die Verordnung v. 9. Dezember 1809 gehoben, indem sie unter §. 2 vorschreibt, daß beim Mangel einer Bekanntmachung der Verpfändung an den Schuldner doch „diejenigen Zahlungen und rechtlichen Handlungen, soweit sie zu seinem Vortheil gereichen, gültig bleiben, welche er redlicher Weise aus Mangel dieser Wissenschaft vorgenommen hat.“ Dahin sind die §§. 281—284 durch die Verordnung „näher bestimmt und abgeändert worden“.

Diese Verordnung, namentlich §. 2 derselben, soll aber nach dem Plen.-Beschl. (Pr. 1137) des O.Tr. vom 30. Mai 1842, Entsch. 8 S. 39, auf verpfändete Hypotheken-Forderungen keine Anwendung finden. Doch bezieht sich der Plenarbeschluß nach seinen Gründen nicht auf die in Betreff der Form getroffenen Bestimmungen. O.Tr. III v. 7. Nov. 1863, Entsch. 49 S. 339; Str. Arch. 47 S. 141. Vgl. auch O.Tr. IV v. 12. Juni 1860, Str. Arch. 38 S. 44.

18) (5. A.) Vergl. die vorige Anm. Abs. 1.

19) Was sich von selbst versteht, wenn nicht das Gegentheil ausgemacht worden ist. §§. 139 u. 157 und Anm. 23 zu §. 114 d. T. Dieser Grundsatz wird durch die gegenwärtige Bestimmung nicht aufgehoben oder in Beziehung auf Forderungen außer Anwendung gesetzt; vielmehr betrifft sie lediglich die Wirksamkeit der Verpfändung gegen den Schuldner, welcher in gutem Glauben die Zinsen an seinen Gläubiger zahlt; denn er begeht keine Unvorsichtigkeit, wenn er dies thut, ohne sich jedesmal das Dokument vorzeigen zu lassen. Der J.M. hat in einem Bescheide vom 3. März 1826 (Erg. zu §. 284) gesagt, daß, wenn die Zinsen eines Kapitals als verpfändet oder verkümmert betrachtet werden sollen, dies ausdrücklich stipulirt sein müsse, nach §. 284. Darüber enthält jedoch der §. 284 gar keine Bestimmung.

20) Ohne eine ausdrückliche Bekanntmachung durch den Verpfänder, oder den instrumentirenden Beamten, oder durch Vorlegung der Verpfändungsurkunde in glaubhafter Form kann dem zahlenden Schuldner keine Unredlichkeit beigemessen werden.

21) Denn dergleichen Instrumente werden im Verkehre wie körperliche Sachen behandelt.

22) Dergleichen Forderungen können, wenn sie den Betrag von 50 Thlrn. nicht übersteigen, zwar durch mündlich geschlossenen Vertrag gültig verpfändet werden, und auch zur Legitimation bei der Verwirklichung des Pfandrechts ist dem Pfandinhaber der Ausweis unter Privatunterschrift entbehrlich, da er doch dazu der richterlichen Ermächtigung bedarf. Anm. 23 zu §. 289. — Zu vergl. §§. 384 bis 407 Tit. 11 und V. v. 9. Dezbr. 1809 (Zus. 1 zu §. 130 Tit. 16).

23) Hierdurch ist der Grundsatz ausgesprochen, daß der Pfandgläubiger nicht, wie aus einer bedingten Cession, ein unmittelbares Klagrecht gegen den Schuldner der verpfändeten Forderung hat, vielmehr nur im Wege der Exekution durch das Medium des Richters dazu gelangen kann. Gegen die entgegengesetzte Meinung sind folgende Sätze gerichtet:

§. 290. Besteht die verpfändet gewesene Activforderung nicht in baarem Gelde, sondern in Naturalien oder andern Sachen: so bekommt der Gläubiger, durch deren Einziehung [24]), auf diese Sachen nur die Rechte eines eigentlichen Pfandinhabers.

a. Sind Aktivforderungen verpfändet worden, so muß der Pfandgläubiger, wenn er aus ihnen seine Befriedigung im Wege der Exekution erlangen, und gegen den Schuldner der Forderungen auf Zahlung klagen will, sich die Forderungen zuvor durch den Richter in dem Prozesse zwischen ihm und seinem Schuldner, resp. dem Verpfänder, nach Vorschrift der V. v. 4. Juli 1822, mit den Rechten eines Assignatars oder Cessionars, zur eigenen Einziehung überweisen lassen.

b. Diese Ueberweisung ist auch dann, zur Begründung der Klage gegen den Schuldner der verpfändeten Forderungen, nothwendig, wenn der Letztere, der ihm geschehenen Bekanntmachung der Verpfändung zuwider, dem Verpfänder, zum Nachtheile des Pfandgläubigers, Zahlung geleistet hat. O.Tr. III (Pr. 1278) v. 4. März 1843, Entsch. 8 S. 279.

(5. A. Der Ansicht des Obertribunals sind beigetreten: die Gesetzrevisoren, Pens. 3 S. 408; Bornemann, System 4 (2. Ausg.) S. 204; von Rönne in der 2. Ausgabe von Kleins System §. 546; Schmidt, Pfandrecht S. 600. Dagegen hat Korte geltend gemacht, daß der §. 289 von einer Mitwirkung des Richters bei der Realisirung einer verpfändeten Forderung nichts enthalte, vielmehr nur vorschreibe, daß die Realisirung nur unter denselben Bedingungen (Umständen) zulässig sei, unter denen überhaupt die Pfandveräußerung gestattet ist, d. i. unter der Bedingung der Fälligkeit des durch die Verpfändung versicherten Anspruchs und der vorhergegangenen Verurtheilung des Schuldners. Die Verordnung v. 4. Juli 1822 beziehe sich nur auf die zwangsweise Einweisung des Gläubigers in Forderungen des Schuldners, also nicht auf die Fälle, in denen der Schuldner freiwillig die Einweisung in seine Forderungen dem Gläubiger ertheilt hat. Korte, in Ulr. Arch. 5 S. 181 u. 182. Auf diesem Standpunkt steht im Wesentlichen auch Förster a. a. O. S. 397, indem er zwar die von Korte vertretene Auffassung der Verpfändung als einer bedingten Cession der Forderung verwirft und an dem selbstständigen Veräußerungsrecht des Pfandnehmers festhält, aus diesem Rechte aber für den Pfandinhaber einer Forderung die Befugniß herleitet, die Klage des Verpfänders aus der Forderung gegen den Schuldner der letzteren zu erheben. Siehe hiergegen wieder v. Niebuhr, bei Gruchot, Beitr. 16 S. 440.)

Zur außergerichtlichen Veräußerung ist der Pfandnehmer nicht befugt. (5. A. Auch diese Behauptung Koch's ist nicht unbestritten. Die obigen Gründe werden dafür angeführt, daß der Gläubiger die ihm verpfändete Forderung bis zu dem Betrage, dessen er zu seiner Befriedigung bedürfe, cediren könne. Korte a. a. O. S. 183; Förster S. 396.)

Verpfändete öffentliche Geldpapiere, welche einen Börsenkurs haben (§. 286), werden, wie körperliche Sachen, nach Vorschrift der V. v. 4. Juli 1822, durch Vermittelung des Richters verkauft. Auf Instrumente, welcher einer bestimmten Person unter gewissen Bedingungen eine künftige Forderung zusichern, wie z. B. Lebensversicherungs-Polizen, Versorgungszusicherungen, Begräbnißpromessen und dergl., findet weder das eine noch das andere Verfahren Anwendung, vielmehr muß die Verwirklichung des Forderungsrechts abgewartet werden, wonächst die Zahlung ad depositum geschehen muß, wenn nicht schon vorher der Pfandgläubiger eine richterliche Ueberweisung ausgewirkt hat. R. des J.M. v. 17. Septbr. 1832, Jahrb. 40 S. 172, welches den öffentlichen Verkauf einer verpfändeten Polize für unzuläßig erklärt, weil der §. 25 d. T. sich auf Aktivforderungen nicht beziehe. — In ähnlicher Weise ist mit verpfändeten Kautionsscheinen, die möglicher Weise für den Pfandinhaber ganz werthlos werden können, zu verfahren.

24) Die praktische Frage ist: wie die Einziehung vermittelt werden soll. Hinsichtlich der beständigen Naturalrenten hat dieselbe ihre Wichtigkeit verloren, seitdem durch das Ablösungsgesetz v. 2. März 1850 auch dem Berechtigten die Befugniß gegeben ist, auf die Ablösung anzutragen. Aber die auf eine in sich oder beziehungsweise bestimmte Zeit ausgesetzten jährlichen Präſtationen, so wie überhaupt Forderungen von Quantitäten, die nicht in Geldsummen bestehen, machen noch die nämliche Schwierigkeit. Eine Ueberweisung zur Einziehung nach den Vorschriften der V. v. 4. Juli 1822 — sagen die Praktiker — findet nicht statt, denn diese V. bezieht sich nur auf Geldforderungen, welche nach ihrem Nominalwerthe auf die zu tilgende Forderung angewiesen werden müssen. Naturalleistungen, mit oder ohne marktgängigen Preis, können auf eine bestimmte Geldsumme nicht angeschlagen und folglich auch nicht überwiesen werden. Indeß giebt es keinen anderen Weg, das Pfand zu Gelde zu machen, als den Pfandgläubiger zur Ausklagung und Einziehung der Naturalleistungen durch richterliches Dekret zu ermächtigen und dadurch in den Stand zu setzen, sich den Besitz der Sachen, an welchen er nach Vorschrift dieses §. 291 ein Faustpfandrecht erlangen soll, zu verschaffen. Haben dieselben einen Marktpreis, so wird er durch dieselben, mittels Anrechnung des mittleren Marktpreises, gemäß §. 292, bezahlt. Andere Sachen muß er zum gerichtlichen Verkaufe an den Richter ausliefern, §. 291. In diesem Sinne hat die Frage durch das G. v. 20. März 1854 §. 17 (G.S. S. 115) ihre Erledigung gefunden; der autorisirte Exekutionssucher muß mit dem Antrage klagen, daß der Schuldner zur Ablieferung der Sachen an das Gericht verurtheilt werde. Demnächst soll die Exekution in die abgelieferten Sachen vollstreckt werden.

§. 291. Will er sich also daraus bezahlt machen: so muß wegen deren Veräußerung alles das beobachtet werden, was wegen Veräußerung der Pfänder überhaupt vorgeschrieben ist.

§. 292. Bestehen jedoch diese verpfändet gewesenen und eingezogenen Naturalien in Getreide, oder andern Erzeugnissen, die einen gewissen marktgängigen Preis haben: so muß der Gläubiger sich den Werth derselben nach dem mittleren Marktpreise der nächsten Stadt, zur Zeit der Einziehung, anrechnen lassen [25]).

§. 293. So weit der Gläubiger sein Recht an den Verpfänder einem Dritten abtreten kann; so weit kann er auch die ihm zum Unterpfande gegebene Forderung ferner versetzen [26]).

§. 294. Es muß aber dabei alles, was bei der ersten Verpfändung vorgeschrieben ist, ebenfalls beobachtet werden.

§. 295. Der zweite Pfandinhaber kann auf die verpfändete Forderung kein mehreres oder größeres Recht erlangen, als dem ersten eingeräumt worden.

§. 296. Der Schuldner der verpfändeten Forderung ist weder befugt, noch verbunden, dem Pfandinhaber, ohne ausdrückliche Anweisung des Verpfänders, oder ohne richterlichen Befehl, Zahlung zu leisten.

§. 297. Ist ihm die geschehene Verpfändung bekannt gemacht worden: so findet im übrigen zwischen ihm und dem Pfandinhaber eben das statt, was wegen des Verhältnisses zwischen dem abgetretenen Schuldner und dem Cessionario vorgeschrieben ist. (Tit. 11, §. 402 sqq.)

§. 298. Ueberhaupt können die Rechte und Pflichten des Schuldners, auch wegen des Zahlungstermins, durch Verpfändungen so wenig, als durch Cessionen, erschwert werden.

3) bei Kähnen und Stromschiffen;

§. 299. Kähne und andere dergleichen Schiffsgefäße, die nicht zur Frachtschifffahrt gebraucht werden, können nur, gleich andern beweglichen Sachen, durch die Naturalübergabe in die Gewahrsam des Gläubigers verpfändet werden.

4) bei Seeschiffen *);

§. 300*. Bei Seeschiffen und allen andern Schiffsgefäßen, welche zur Frachtschifffahrt bestimmt sind [27]), findet eine Verpfändung auch [28]) durch symbolische Uebergabe statt.

---

25) Eine Ausnahme von der Regel des §. 30 und 291; bei derartigen Naturalien ist von einer vor dem Verkauf aufzunehmenden Taxe keine Rede.

26) Die allgemeinen Bestimmungen über den Weiterversatz eines Faustpfandes §§. 127 ff. finden mithin auf verpfändete Aktivforderungen nicht Anwendung.

*) Sollte heißen: „Frachtschiffen". Das R. v. 29. Dezember 1837 (Jahrb. 50 S. 469) notirt auch das „Seeschiffen" als Druckfehler; es scheint aber ein Fassungsfehler zu sein.

27) Also auch dergleichen Stromschiffe. „Bei Flußschiffen, die zur Frachtschifffahrt bestimmt sind, vertritt, wenn eine Verpfändung derselben durch symbolische Uebergabe stattfinden soll, der Meßbrief die Stelle des Beylbriefs bei Seeschiffen. Er genügt zur Bestellung eines gültigen Pfandrechts auch für sich allein, ohne daß noch ein Kaufbrief, oder eine andere über das Eigenthum des Verpfänders an dem Schiffe lautende Urkunde vorgelegt werden muß." O.Tr. IV (Pr. 1877) v. 17. Mai 1847, Entsch. 15 S. 256.

28) Auch. Das hindert nicht, auf gewöhnliche Art, durch Naturalübergabe, ein Faustpfandrecht mit einem Schiffsgefäße zu bestellen. O.Tr. III v. 13. Febr. 1849, Entsch. 18 S. 315. A. M. sind die Verf. des Entwurfs eines n. bürgerl. G.B. (1840) in den Motiven S. 418, aus einem unzureichenden Grunde. Was sie aus den Materialien mittheilen, ist ihnen sogar entgegen. In dem umgearbeiteten, von Suarez eigenhändig geschriebenen Entwurfe lautete der §. 300: „Bei Seeschiffen und allen anderen Schiffsgefäßen, welche zur Frachtschifffahrt bestimmt sind, findet eine Verpfändung auch nur durch symbolische Uebergabe statt." Nach dieser Fassung würde eine gewöhnliche Pfandbestellung durch körperliche Uebergabe durch das „nur" ausgeschlossen sein, indem das „auch" auf den Einleitungsparagraphen §. 271 bezogen werden müßte. In dem Manuskripte zum Allg. Ges.B. aber, in welchem die Worte „auch nur" gleichfalls stehen, ist das „nur" durchstrichen und ein zweites „auch" darüber geschrieben, welches bei dem Drucke weggeblieben ist. Die Fassung des §. 300, wie sie im A. L.R. ist, soll darnach ein augenscheinliches Versehen sein. Augenscheinlich

§. 301*. An Orten, wo Seegerichte sind, können dergleichen Verpfändungen nur vor diesen; an andern Orten aber vor einem jeden Gerichte, oder auch vor einem Justizcommissario[29]), gültig vollzogen werden.

5. Einführungsgesetz zum allgem. deutschen Handelsgesetzbuch. Vom 24. Juni 1861. (G.S. S. 449.)

Art. 59. In den Landestheilen, in welchen das Allgemeine Landrecht gilt, treten in Betreff der Verpfändung von Seeschiffen, mit Ausschluß derjenigen, welche in das Schiffsregister nicht einzutragen sind[30]), an die Stelle der §§. 302—307 und 313 des A. L.R. Th. I Tit. 20 folgende Vorschriften:

§. 1. Die Verpfändung muß in das Schiffsregister eingetragen werden.

Die Eintragung erfolgt von dem Gericht, welches das Schiffsregister führt.

Sie muß enthalten:

1) den Namen des Gläubigers;
2) die Forderung, für welche die Verpfändung geschehen ist;
3) die Bezugnahme auf die Verpfändungsurkunde unter Bezeichnung des Orts und des Datums der Ausstellung;
4) die Zeit der Ausstellung.

Die geschehene Eintragung ist von dem Gericht auf der Verpfändungsurkunde und auf dem Certifikat des Pfandbestellers zu vermerken.

§. 2. Durch die Eintragung in das Schiffsregister wird die Verpfändung selbst vollzogen.

So lange die Verpfändung in das Schiffsregister eingetragen ist, kommen dem Gläubiger die Rechte eines wirklichen Pfandinhabers zu.

Die Eintragung der Verpfändung wird nach der Aufhebung des Pfandrechts im Schiffsregister gelöscht.

§. 3. Unter den in das Schiffsregister eingetragenen Pfandrechten bestimmt sich das Vorrecht nach der Zeitfolge der Eintragung.

---

ist es nicht; wenn daher in der Sache keine zwingenden Gründe liegen, ein Versehen anzunehmen, so ist der Wortlaut der Bestimmung nicht zu beseitigen. Daran fehlt es. Angerufen wird zwar die Quelle, nämlich die Dekl. v. 16. Juli 1785, worin es heißt: „§. 2. Schiffe und Schiffsgefäße, die an sich zwar als bewegliche Sachen anzusehen sind, gleichwohl aber bei einer Verpfändung dem Gläubiger nicht naturaliter übergeben werden können"; und es wird gesagt: darnach konnte eine Naturalverpfändung um so weniger nachgelassen sein, als es im §. 2 ausdrücklich heiße, daß solche Schiffe nicht naturaliter übergeben werden können. Aber das ist doch kein Verbot. Wenn nun doch die Uebergabe geschieht, so kann die Thatsache unmöglich durch jene Aeußerung des §. 2 widerlegt werden. Damit soll nur das, was meistens und gewöhnlich zu geschehen pflegt, als Grund für die nachgelassene symbolische Uebergabe angedeutet werden; eine Verordnung enthalten die Worte nicht. Erheblich scheint der aus der Sache hergenommene Grund gegen die Zulässigkeit der Verpfändung durch körperliche Uebergabe zu sein, „weil sonst an einem Schiffe ein Pfandrecht im engeren Sinne und ein durch symbolische Uebergabe konstituirtes Pfandrecht gleichzeitig würde bestehen können, ohne daß der eine Gläubiger von dem Pfandrechte des anderen etwas weiß, und auf diese Weise Betrügereien offener Vorschub geleistet würde." Allein die gefolgerten Thatsachen und Möglichkeiten sind nicht einzuräumen, ohne daß der Betrogene die größte Nachlässigkeit begeht. Denn um durch symbolische Uebergabe ein Pfandrecht an einem Schiffe zu bestellen, muß das Schiff im Hafen anwesend sein; ist es auf der Reise, so befinden sich die Schiffspapiere, namentlich der Beylbrief, auf dem Schiffe. II. 8 §§. 1392 u. 1424; Hand.-G.B. Art. 480. Wer auf einen Kahn oder ein Schiff Geld verleihen will, wird doch wohl, wenn er nicht gar zu fahrlässig ist, das ihm bestimmte Pfandstück ansehen. Das kann er aber, wenn das Schiff sich in dem Besitze eines Anderen befindet, nicht, ohne daß er es erfährt.

29) Unter dem „Justizkommissario" ist nicht ein Rechtsanwalt, sondern ein Notar zu verstehen. Reskr. v. 2. März 1835, Jahrb. 45 S. 179.

30) (5. A.) Nach der Verordnung, betr. die Registrirung von Seeschiffen, v. 27. Februar 1862, G.S. S. 61, sind in das Schiffsregister nicht einzutragen:

1. solche lediglich zur Küstenfahrt bestimmte Fahrzeuge, welche nicht mit einem festen Deck versehen sind, und

2. die in den Regierungsbezirken Stralsund und Stettin zu Hause gehörigen Küstenfahrzeuge, welche ihre Reisen über das Küstengebiet des Regierungsbezirks Stralsund und des Usedom-Wolliner Kreises nicht ausdehnen.

§. 302*. Der Verpfänder muß den Beilbrief, ingleichen den Kaufbrief, oder[31]) das Certificat[32]), und überhaupt diejenigen Urkunden, worauf sein Eigenthumsrecht sich gründet, im Originale vorlegen.

§. 303*. Unter diesen Urkunden[33]) muß die geschehene Verpfändung von dem Gerichte oder dem Justizcommissario[34]) verzeichnet werden.

§. 304*. Der Pfandnehmer erhält eine beglaubte Abschrift dieser Urkunden, und des unter den Originalien befindlichen Vermerks; in welchem zugleich, daß eine dergleichen Abschrift ertheilet worden, ausdrücklich erwähnt werden muß[35]).

§. 305*. Durch die Uebergabe dieser beglaubten Abschrift wird die Verpfändung selbst vollzogen.

§. 306*. Eine ausdrückliche Bekanntmachung an den Capitän, Schiffer oder Steuermann, ist nicht nothwendig: sie muß aber auf Verlangen des Pfandgläubigers erfolgen.

§. 307*. So lange die §. 304 bezeichnete Abschrift in den Händen des Gläubigers sich befindet, und eine geschehene Wiederaufhebung des Pfandrechts unter den Originalien in der §. 303 vorgeschriebenen Form nicht verzeichnet ist: so lange[36])

31) Bezieht sich bloß auf den Kaufbrief, nicht auf den Beylbrief. Bei Stromschiffen, welche gleichfalls nach §. 300 durch symbotische Uebergabe verpfändet werden können, pflegen nach dem R. v. 16. Dezbr. 1837, Jahrb. 50 S. 533, Beylbriefe nicht ertheilt zu werden; daher muß angenommen werden, daß die im §. 302 verlangte Vorlegung des Beylbriefes sich nur auf die im §. 300 erwähnten Seeschiffe bezieht, bei Stromschiffen aber die im §. 303 vorgeschriebene Verzeichnung der Verpfändung auf dem Kaufbriefe oder Certifikate genügt. Dies erhellt auch aus der Konk.-O. v. 8. Mai 1855 §. 403. O.Tr. IV v. 13. Nov. 1866, Str. Arch. 66 S. 157. (5. A.) Für die Verpfändung von Seeschiffen gelten die §§. 302—307 u. 313 jetzt regelmäßig nicht mehr. Zus. 5 zu §. 301.

32) Was für ein Certifikat gemeint wird, steht dahin, muthmaßlich das über das Schiffseigenthum, welches nach manchen Seerechten mit dem Schiffe fahren muß. Nach dem A. L.R. II. 8 §. 1424 war das Certifikat kein nothwendiges oder bestimmtes Schiffspapier. Das Certifikat über das Schiffseigenthum ist da, wo es ein nothwendiges Schiffspapier ist (z. B. nach Dän. Seerechte), ein obrigkeitliches Attest, welches in dem Heimathshafen des Schiffs oder an dem Orte, wo die Mehrzahl der Rheder wohnt, in Kriegszeiten auf den Eid der Rheder, daß das Schiff inländisches Eigenthum und nach einem genannten Orte bestimmt sei, nach vorheriger Prüfung der Stammpapiere des Schiffs, über die Angabe und das Eigenthum ausgestellt wird. Dieses Certifikat legitimirt zur Auswirkung der Seepässe. Das franz. R. (Code de comm. Art. 225, 226) kennt auch ein Certifikat, aber über die Seetüchtigkeit. Noch giebt es Certifikate über die Bewaffnung, über die Ladung, über die Waaren der Ladung, alle dem preuß. Seerechte unbekannt. — Nach dem geltenden Seerecht ist das Certifikat das Haupt-Schiffsdokument, welches über das Eigenthum des Schiffs und über das Recht zur Führung der Landesflagge Beweis giebt. Es besteht in einem Auszuge aus dem Schiffsregister und wird jetzt auf Papier (früher auf Pergament) ausgefertigt von dem Handelsgericht des Heimathhafens. H.G.B. Art. 435 u. 436; Einf.-Ges. v. 24. Juni 1861 Art. 53 §§. 2, 6, 8 und Art. 59 (G.S. S. 449), und Instr. v. 12. Dezbr. 1861 Th. II §. 17 (J.M.Bl, S. 362).

33) Diese werden als mit einander verbunden gedacht, wie ein Hypothekeninstrument mit den Cessionen, so daß der Vermerk unter das jüngste, welches den Verpfänder als Eigenthümer ausweist, gesetzt wird. Daraus ergiebt sich zugleich, daß das Erwerbsinstrument des Pfandbestellers dasjenige ist, auf welches es wesentlich ankommt und welches nothwendig den Vermerk enthalten muß. Die Kaufbriefe der Vorbesitzer dienen nur zum Nachweise des Zusammenhangs in der Folgeordnung der verschiedenen Besitzer. Vergl. Anm. 31 a. E.

34) (5. A.) Siehe die Anm. 29 zu §. 301.

35) Nichtigkeit ist nicht an die Unterlassung geknüpft. Es ist nicht abzusehen, daß durch die Unterlassung ein Schade verursacht werden könnte.

36) Diese Vorschrift soll bestimmen, wie ein so bestelltes Pfandrecht wieder erlischt; sie bestimmt aber, nach dem Wortsinne genommen, etwas Unrichtiges, indem sie sagt, daß das Pfandrecht des Gläubigers so lange dauere, wie seine Gewahrsam des Dokuments und der Verpfändungsvermerk auf den Originalurkunden nebeneinander fortbestehen. Jeder zufällige Verlust oder Untergang des Dokuments müßte also die sofortige Erlöschung des Pfandrechts zur Folge haben. Unmöglich kann das gemeint sein. Ganz richtig ist in den Mot. zu dem B.G.B. (1840) S. 418 gesagt worden, daß hier die Grundsätze über Erlöschung der Hypotheken analogisch zur Anwendung kommen; denn das s. g. wirkliche Pfandrecht ist, seiner Benennung ungeachtet, doch nichts weiter als ein Hypothekenrecht, d. i. ein Unterpfandsrecht ohne Besitz der eingesetzten Sache. Der Vermerk auf den Original-Schiffs-

kommen dem Gläubiger auf das verpfändete Schiff die Rechte eines wirklichen Pfandinhabers zu.

§. 308. Auch ist derselbe dergleichen Pfandrecht auf eben die Art, wie bei verpfändeten Activforderungen vorgeschrieben worden [37]), weiter zu versetzen wohl befugt. (§. 281 sqq.)

§. 309*. Das Pfandrecht des Gläubigers erstreckt sich jedoch nicht auf die für ein solches Schiff gezeichnete Versicherung [38]).

§. 310*. Wer auch auf diese ein Pfandrecht sich verschaffen will, muß sich die Original-Polize aushändigen lassen, und solche Vorkehrungen treffen, daß die Vergütung von dem Versicherer an Niemand andern, als an ihn, oder seine Ordre, gezahlt werden könne.

§. 311. Auch auf die von dem Schiffe verdienten Frachtgelder [39]) erlangt der Gläubiger, durch die bloße Verpfändung des Schiffes selbst, noch kein Pfandrecht.

§. 312*. Vielmehr muß derjenige, welcher dergleichen Recht erlangen will, sich die Urkunden, aus denen die Fracht gefordert werden kann, ausantworten lassen; und im Uebrigen die §. 310 wegen der Versicherungsgelder gegebene Vorschrift befolgen.

§. 313*. Ist ein Schiff auf vorstehende Art (§. 300 sqq.) mehreren Gläubigern verpfändet worden: so gehen die nach dem Dato des gerichtlichen Vermerks älteren Pfandrechte den jüngeren vor [40]).

§. 314*. Bodmerei [41]), welche ein fremder Schiffer in hiesigen Landen, oder

urkunden ist dem Eintrage in das Hypothekenbuch analog und die Hauptsache. Ob der Pfandgläubiger durch Aufhebung der Gewahrsam des Dokuments allein schon auch das Pfandrecht verliere, hängt von den Umständen, unter welchen die Gewahrsam aufhört, ab. Giebt der Gläubiger das Dokument mit der förmlichen Erklärung, daß er sich für befriedigt erachte, dem Schuldner zurück, so ist, ihm gegenüber, schon hierdurch allein und ohne Aufhebung jenes Vermerks, das Pfandrecht erloschen. Entkommt das Dokument der Gewahrsam des Pfandgläubigers ohne dessen Willen, so ist das Pfandrecht dadurch so wenig erloschen wie eine Hypothek durch den Verlust oder Untergang des Instruments, und dem Gläubiger kann nicht gewehrt werden, dasselbe von Jedermann abzufordern oder in dem dazu geeigneten Falle erneuern zu lassen. Es giebt keinen Rechtsgrundsatz, der ihm hieran hinderlich werden könnte.

37) Diese Vorschrift über die Form der Weiterverpfändung oder Cession kommt her aus der Bemerkung von Suarez in der rev. mon.: „Die weitere Verpfändung bedarf nicht der bei der ersten nothwendigen Formalitäten, sondern sie geschieht ebenso, wie die Verpfändung einer jeden anderen Aktivforderung.“ Ad marg. ist das Konkl. vermerkt: „Bei Cessionen ist ad legitimationem erforderlich, daß sie gerichtlich geschieht.“ Motive a. a. O. S. 418. Man wollte darnach hinsichtlich der Form Cessionen und Verpfändungen unterscheiden. Die Unterscheidung ist aber unterblieben, es ist kein dem Konkl. entsprechender Satz in das G.B. aufgenommen. Die Praxis aber muß nothwendig eine Erklärung in glaubhafter Form fordern, um die Wiederaufhebung des Verpfändungsvermerks gerichtlich oder notariell bewirken zu können, gerade so wie der Hypothekenbuchführer bei Löschungen.

38) Der künftige bedingte Entschädigungsanspruch aus der Versicherung ist ein ganz anderer Gegenstand als das Schiff; es ist eine selbstständige Aktivforderung, welche nur auf die für Aktivforderungen vorgeschriebene Art verpfändet werden kann. Diesem entspricht der folg. §. 310. Zu vergl. die Anm. 1 zu §. 261 d. T. (5. A.) Die Konkurs-O. v. 8. Mai 1855 bestimmt jedoch unter §. 64: „Zu der Masse, welche zur abgesonderten Befriedigung der Schiffsgläubiger dient, gehören: das Schiff selbst nebst Zubehör, sowie die für das Schiff gezeichnete Versicherung und die von demselben verdienten Frachtgelder.“ Diese Bestimmung gilt nach der Subhastations-O. v. 15. März 1869 §. 104 auch im Fall der Zwangsversteigerung außerhalb des Konkurses. Vergl. das A. D. Hand.-G.B. Art. 757 ff. und das Einführungsgesetz v. 24. Juni 1861 Art. 29.

39) Auch diese sind selbstständige Aktivforderungen, nicht bürgerliche Früchte, welche aus dem Schiffe entstehen. Denn sie werden hauptsächlich für Dienstleistungen bedungen und bezahlt, und das Schiff dient dabei nur als Werkzeug. Im Konkurse werden sie aber sammt der Versicherung (§. 309) zur Schiffsmasse gezogen. Siehe die vorige Anm.

40) Siehe oben den Zus. 5 zu §. 301 d. T.

41) (5. A.) Bodmerei im Sinne des A.D.Handels-G.B. Art. 680 ist „ein Darlehnsgeschäft, welches von dem Schiffer als solchem kraft der in diesem Gesetzbuche ihm ertheilten Befugnisse unter Zusicherung einer Prämie und unter Verpfändung von Schiff, Fracht und Ladung, oder von einem

ein hiesiger Schiffer in auswärtigen Häfen nimmt, ist an die gegenwärtigen Vorschriften nicht gebunden [42]).

§. 315. Andere Bodmerei hingegen, besonders die, welche der Rheder in hiesigen Landen nimmt, muß, gleich den Verpfändungen, auf den Schiffsurkunden verzeichnet werden.

§. 316*. Alsdann richtet sich das Vorrecht zwischen dem Pfandinhaber und Bodmereigeber nach dem Datum des Vermerks.

§. 317. Hat der Bodmereigeber sein Darlehn solchergestalt unter den Original-Schiffsurkunden nicht verzeichnen lassen: so steht er allen Pfandgläubigern; ohne Unterschied der Zeit des gemachten Darlehns, in der Regel nach. (§. 321.)

§. 318. Wer zum Baue oder zur Ausbesserung eines Schiffes Materialien geliefert, Arbeiten gethan, oder Gelder vorgeschossen hat [43]), ist befugt, die Einräumung eines Pfandrechts auf das Schiff, durch Verzeichnung seines Anspruchs auf die Original-Schiffsurkunden, zu fordern.

§. 319*. So lange aber die wirkliche Verpfändung solchergestalt in der gesetzmäßigen Form noch nicht vollzogen ist, bleibt ihm nur das in der Concursordnung bestimmte Privilegium hinter den Pfandgläubigern [44]).

§. 320*. Ist jedoch ein Schiff während der Reise auf Credit ausgebessert worden: so hat dergleichen Vorschuß, in sofern er nicht durch Assecuranz oder Haverei-Rechnung vergütet wird, vor allen, auch den wirklichen Pfandschulden, den Vorzug [45]).

§. 321*. Eben so geht Bodmerei, welche der Schiffer auf der Reise im Nothhafen genommen hat, allen, auch früheren Verpfändungen, vor [46]).

§. 322*. Aber auch eine solche Bodmerei steht den nach §. 320 zur Ausbesserung des Schiffs, während der Reise, später geleisteten Vorschüssen nach [47]).

§. 323*. Es ist aber das Vorzugsrecht der von dem Schiffer im Nothhafen ge-

---

oder mehreren dieser Gegenstände in der Art eingegangen wird, daß der Gläubiger wegen seiner Ansprüche nur an die verpfändeten (verbodmeten) Gegenstände nach Ankunft des Schiffs an dem Orte sich halten könne, wo die Reise enden soll, für welche das Geschäft eingegangen ist (Bodmereireise)." Dies ist die eigentliche Bodmerei, auf welche die Vorschriften des A. L.R. keine Anwendung finden. Dagegen ist die uneigentliche Bodmerei in Gemäßheit des Art. 701 des H.G.B. auch jetzt noch nach den Landesgesetzen zu beurtheilen.

42) D. h. der Bodmereigeber hat, nach Maßgabe des zur Anwendung kommenden fremden Rechts, ein dingliches Recht, wenn auch die Verbodmung nicht auf den Schiffsurkunden nach Vorschrift des A. L.R. vermerkt worden ist. §. 315 ff. Der §. 2411 widerspricht diesem Grundsatze nicht. Die dortige Vorschrift: „Nimmt der Schiffer Bodmerei, es sei in- oder außerhalb des Landes: so ist er schuldig dafür zu sorgen, daß selbige auf den Schiffsurkunden — gehörig verzeichnet werde," ist nur Instruktion des Schiffers, um möglichen Irrungen vorzubeugen. Denn wenn der Schiffer dieses unterläßt, so ist die Folge nur, daß er dem Dritten, welcher getäuscht worden ist und ein neues Darlehn gegen Verpfändung des Schiffes gegeben hat, für den Ausfall haften muß. §. 2412. (5. A.) Die Bestimmungen des A. L.R. II. 8 §§. 2359—2451 sind aufgehoben durch Art. 60 des Einf. G. zum A.D.H.G.B. v. 24. Juni 1861.

43) Welche auch zu diesem Behufe verwendet worden sind. A.G.O. I. 50 §. 424; Konk.-O. v. 8. Mai 1855 §. 69 Nr. 2; Subh.-O. v. 15. März 1869 §. 104.

44) Sie gehören nicht zu den Schiffsgläubigern, welche, im Falle des Konkurses, in einem Separatverfahren befriedigt werden müssen (Pr.-O. Tit. 50 §. 685), sondern müssen sich bei der Konkursmasse melden, wo sie nach altem Rechte in der vierten Klasse aus den abgelieferten Ueberschüssen der Schiffsmasse befriedigt wurden. §. 424 a. a. O. Dieses Privilegium ist durch die Konk.-O. v. 8. Mai. 1855 abgeschafft.

45) Dieses Vorzugsrecht ist in der Konk.-O. vom 8. Mai 1855 §. 68 Nr. 2 aufrecht erhalten. (5. A.) Vergl. das H.G.B. Art. 757 Nr. 7, 772 Nr. 3, 773; Einf. G. v. 24. Juni 1861 Art. 29.

46) (5. A.) Ebenso nach der Konk.-O. §. 58 und dem H.G.B. Art. 757 Nr. 7 u. Art. 779.

47) (5. A.) Jetzt entscheidet die Konk.-O. vom 8. Mai 1855 §§. 64 ff. und beziehungsweise das H.G.B. Art. 770 ff. Siehe die folgende Anm.

nommenen Bodmerei (§. 321) oder gemachten Reparaturschulden (§. 320) nur auf Ein Jahr eingeschränkt[48]).

§. 324*. Dieses Jahr wird bei der Bodmerei von dem Tage, da der Bodmereibrief zahlbar, und bei Reparaturschulden, von dem Tage, da das Schiff in den Hafen, wohin es gehört, zurück gekommen ist, an gerechnet.

§. 325*. Die Bergegelder[49]), ingleichen die Heuer des Schiffes und des Schiffsvolks, jedoch beide nur von der letzten Reise, gehen allen Verpfändungen und andern Schiffsschulden vor[50]).

§. 326*. Auch die auf der letzten Reise vorgefallene große Haverei hat vor allen Verpfändungen und Bodmereischulden der Rheder, ingleichen vor der von dem Schiffer im Nothhafen früher genommenen Bodmerei, und vor den früheren Reparaturschulden den Vorzug[51]).

§. 327. Was vorstehend von Verpfändung ganzer Schiffe und Schiffsgefäße verordnet ist, gilt auch von Verpfändung einzelner Schiffsparten; in sofern überhaupt ein Rhedereigenosse, oder der gemeinschaftliche Disponent der Rheder, nach den Gesetzen dazu berechtigt ist[52]).

§. 328. In allen Fällen, wo das Pfandrecht sich nur auf Eine oder mehrere einzelne Schiffsparten erstreckt, sind die Mitrheder befugt, von dem Gläubiger, gegen Bezahlung der Schuld, die Abtretung des Pfandes zu fordern[53]).

§. 329. Auch bei gewissen Waarenartikeln, welche der Gegenstand eines kaufmännischen Verkehrs sind, kann eine Verpfändung durch symbolische Uebergabe geschehen[54]). 5) bei Kaufmannswaaren;

§. 330. Doch gilt dieses nur von solchen Waaren, die nach ihrer Natur, oder nach der in Handelsstädten üblichen Art ihrer Aufbewahrung, oder weil sie sich in der Gewahrsam des Verpfänders selbst nicht befinden, entweder gar nicht, oder doch nicht ohne erhebliche Unbequemlichkeiten und Kosten, dem Pfandgläubiger körperlich übergeben werden können[55]).

§. 331*. Auch sind zu dergleichen symbolischen Verpfändungen nur Kaufleute berechtigt, die mit solchen Waarenartikeln Handlung treiben[56]);

48) Es muß aber wohl der Grundsatz der A.G.O. §. 367, daß, wenn die Forderung ohne Zeitverlust eingeklagt und die Exekution bis zum Ausbruche des Konkurses ununterbrochen fortgesetzt worden, das Vorrecht noch länger erhalten wird, auch hier Anwendung finden. Die Konk.-O. vom 8. Mai 1855 §. 68 Abs. 2 schreibt dies vor und setzt dabei die Frist auf ein Jahr fest. In Betreff der Seeschiffe bestimmen sich die Rechte der Schiffsgläubiger nicht mehr nach den Vorschriften der §§. 64—71 der Konk.-Ordnung, sondern nach den Vorschriften des H.G.B. Art. 757—781. Einf.G. Art. 29.

49) Wozu auch die Lootsen-, Tonnen-, Hafen- und andere Ungelder zur letzten Einbringung des Schiffes in den Hafen gerechnet werden müssen. Die Konk.-O. v. 8. Mai 1855 §. 66 führt sie ausdrücklich auf. (5. A.) Vgl. das H.G.B. Art. 771 u. 772.

50) (5. A.) Diese Forderungen müssen den übrigen Ansprüchen vorgehen, weil sie aus Leistungen entspringen, ohne welche das Schiff den Ort seiner Bestimmung nicht erreicht haben würde. Makower, A. D. Hand.-Gesetz-B. Note 29 zu Art. 772, 6. Aufl. S. 597.

51) (5. A.) Ebenso nach der Konk.-O. v. 8. Mai 1855 §. 68 Nr. 1 und dem H.G.B. Art. 771 u. 772 Nr. 3.

52) (5. A.) Das Pfandrecht an einzelnen Schiffsparten ist vom H.G.B. Art. 780 der landesgesetzlichen Regelung mit geringen Modifikationen vorbehalten.

53) Vergl. §. 37 d. T. und die Anm. dazu.

54) (5. A.) R. Koch, über Verpfändung mittelst symbolischer Uebergabe, in der Zeitschrift für Gesetzgebung rc. 5 S. 341.

55) (5. A.) Dies Prinzip ist mit der Ausdehnung auf Boden- und Bergwerkserzeugnisse und Fabrikate auch in dem Gesetz, betreffend die Gründung öffentlicher Darlehnskassen rc., vom 21. Juli 1870 §. 6 (B.G.Bl. S. 499) anerkannt.

56) (5. A.) Nach dem Einf.-Ges. zum H.G.B. v. 24. Juni 1861 Art. 27 steht diese Befugniß „denjenigen Personen zu, welche nach den Bestimmungen des Handelsgesetzbuches als Kaufleute an-

§. 332. Ferner Fabrikanten, welche die von ihnen für eigene Rechnung verfertigten Waaren, einzeln oder im Ganzen, an Andere absetzen;

§. 333. Desgleichen Besitzer adelicher Güter[57]) und Pächter Königlicher Aemter, welche Getreide oder andere Gutserzeugnisse[58]) in den Marktstädten aufschütten oder einsetzen.

§. 334. Bei anderen Privatpersonen hingegen, welche nur ein= oder anderesmal dergleichen Waare kaufen oder verkaufen, hat es bei der Regel, daß keine Verpfändung ohne körperliche Uebergabe geschehen könne, sein Bewenden.

§. 335. Ausnahmen hiervon, nach der besonderen Verfassung des Handelsverkehrs gewisser Provinzen, bestimmen die Provinzialgesetze.

§. 336. Wie bei symbolischen Waarenverpfändungen der allgemeinen Vorschrift des §. 274 eine Genüge zu leisten sei, wird zwar nach Bewandtniß der Umstände, und nach Beschaffenheit des Gegenstandes, den Verabredungen der Parteien, so wie bei entstehendem Streite, dem vernünftigen Ermessen des Richters[59]) hauptsächlich überlassen.

§. 337. Doch soll der Richter bei der Beurtheilung: in wie fern die von den Parteien genommenen Maßregeln für zu= oder unzureichend zu achten sind, auf nachstehende gesetzliche Anweisungen vorzüglich[60]) Rücksicht nehmen.

§. 338. Sollen einer Privatperson Waaren verpfändet werden, die in einem gewissen Gebäude oder Orte vor eines Dritten Zugang oder Disposition verschlossen sind: so muß die symbolische Uebergabe durch Aushändigung der Schlüssel an den Pfandgläubiger erfolgen[61]).

§. 339. Der Pfandgläubiger muß aber auch die Schlüssel dergestalt aufbewahren, daß sie dem Verpfänder zur freien Verfügung nicht in die Hände fallen.

§. 340. Macht die Beschaffenheit der Waare eine Bearbeitung derselben während der Verpfändungszeit nothwendig: so muß der Pfandinhaber dafür sorgen, daß die Bearbeitung in seiner eigenen oder eines von ihm bestellten Aufsehers Gegenwart geschehe.

§. 341. Wird nur ein Theil solcher Waaren verpfändet: so muß derselbe von dem zur freien Verfügung des Schuldners bleibenden Ueberreste abgesondert, und in ein eigenes verschlossenes Gelaß, wozu der Pfandgläubiger den Schlüssel erhält, geschafft werden.

---

zusehen sind.“ Nach Art. 4 des H.G.B. aber ist als Kaufmann anzusehen, wer gewerbemäßig Handelsgeschäfte betreibt. Die Beschränkung des §. 331 d. T. ist also weggefallen.

57) Das Gesetzbuch hatte statt „Besitzer adelicher Güter“, die Lesart: „adeliche Gutsbesitzer“, wodurch etwas ganz anderes verordnet war, als jetzt der §. 333 vorschreibt.

58) Z. B. Wolle, Holz, Torf, Kalk, Steine u. dergl.

59) Wie bei einem Streite, der bei der vertragsmäßigen Bestellung eines Pfandrechts entsteht, das richterliche Ermessen soll entscheiden können, ist nicht zu sehen. Wenn die Parteien sich nicht einigen können, so kann aus dem Pfandgeschäfte nichts werden. Der Fall ist wohl so gedacht, daß hinterher Streit mit einem Dritten über die Gültigkeit, wegen Unzulänglichkeit der getroffenen Maßregeln, entsteht. Wird der Pfandnehmer selbst mit den Maßregeln, welche im Einverständnisse mit ihm getroffen worden sind, unzufrieden, so kann er willkürlich schwerlich mehr oder etwas anderes in dieser Hinsicht fordern, als er in dem Vertrage mit dem Pfandbesteller verabredet hat.

60) Die hier gegebenen Anweisungen sollen mithin nur als Beispiele gelten, welche, wenn sie buchstäblich angewendet worden sind, jeden Einwand gegen die Zulänglichkeit der getroffenen Maßregeln ausschließen, aber auch noch andere zweckdienliche Maßregeln zulassen, worüber dann der Richter nach seinem Ermessen zu befinden hat.

61) Hierdurch ist die Uebergabe vollzogen und das Pfandrecht wirklich bestellt. Nun sind noch Maßregeln zu treffen, welche die Festhaltung der Sache oder die Erkennbarkeit der Verfändung für jeden Dritten bezwecken, und darüber treffen die §§. 339 ff. beispielsweise Bestimmung. Eine beständige Wache von hinlänglicher Stärke würde den Zweck vielleicht noch besser erfüllen. Zu vergl. oben die Anm. 10 und 11 zu §. 274 d. T.

§. 342. Können oder wollen die Parteien dergleichen Absonderung nicht vornehmen: so müssen sie den Schlüssel einem gemeinschaftlichen Aufseher anvertrauen, und denselben von der Verpfändung benachrichtigen[62]).

§. 343. Können die Parteien auch darüber sich nicht einigen: so muß das Behältniß, in welchem der ganze Vorrath sich befindet, mit doppelten von einander verschiedenen Schlössern versehen, und einer der Schlüssel dem Pfandgläubiger eingehändigt werden[63]).

§. 344. Findet über solche Maßregeln (§. 341, 342, 343) keine Vereinigung unter den Parteien statt, so kann die Verpfändung selbst keinen Fortgang haben[64]).

§. 345. Sind die Waaren in einem mehreren Kaufleuten gemeinschaftlichen Speicher oder Magazine befindlich: so muß der Verpfänder dem Gläubiger einen Schein zustellen, welcher von dem Eigenthümer des Speichers, oder dessen bestellten Aufseher vollzogen, und in welchem anerkannt ist: daß die verpfändete Waare wirklich daselbst für Rechnung des Verpfänders niedergelegt sei[65]).

§. 346. Dieser Schein muß doppelt ausgestellt, beide Exemplare müssen mit einem kurzen Vermerke der Verpfändung von dem Gläubiger und Schuldner unterschrieben, und ein Exemplar muß dem Eigenthümer oder Aufseher des Speichers eingehändigt werden.

§. 347. Der Pfandgläubiger muß dafür sorgen, daß diese Einhändigung geschehe, und dem Eigenthümer oder dem Inhaber der Schlüssel des Speichers aufgetragen werde: weder dem Verpfänder, noch einem Dritten, etwas von solcher Waare, ohne Vorzeigung des in den Händen des Gläubigers gebliebenen Empfangscheines, und ohne Abschreibung auf selbigen, verabfolgen zu lassen.

§. 348. Dergleichen Auftrag muß der Eigenthümer des Speichers, oder Inhaber der Schlüssel, bei eigener Vertretung genau befolgen, und sich dazu schriftlich verpflichten[66]).

§. 349. Sind die Waaren unter öffentlicher Aufsicht auf Packhöfen, in Magazinen, oder Niederlagen befindlich; so muß der Schuldner den über die geschehene Ablieferung erhaltenen Schein dem Gläubiger zustellen.

§. 350. Letzterer muß dafür sorgen, daß die geschehene Verpfändung dem zur Aufsicht über dergleichen Verwahrungsörter bestellten Beamten bekannt gemacht werde.

§. 351. Dieser muß die ihm geschehene Anzeige in seinen Büchern da, wo die erfolgte Niederlegung der Waaren selbst eingetragen ist, bemerken, und darüber ein Bekenntniß, mit der Versicherung: die Waare an Niemand, ohne Vorwissen des Pfandgläubigers, verabfolgen zu wollen, ausstellen.

62) In diesem Falle, so wie in dem Falle des folgenden §. 343, fällt die Erwerbungsart mit den „Maßregeln" (s. d. vor. Anm.) zusammen.

63) Damit der Eine nicht ohne den Anderen in den Raum, wo sich der verpfändete Gegenstand befindet, gelangen kann.

64) (5. A.) D. h. das an sich gültig konstituirte Pfandrecht wirkt nicht gegen Dritte, denen dasselbe nicht bekannt geworden ist. R. Koch a. a. O. S. 353. (Anm. 54 zu §. 329 d. T.)

65) In dem in diesem §. 345 vorausgesetzten Falle ist der Pfandgläubiger nicht, wie es der §. 340 für den Fall des §. 338 vorschreibt, verpflichtet, Aufsicht über die Aufbewahrung und Bearbeitung der Waare zu führen. O.Tr. IV v. 5. Februar 1856, Entsch. 32 S. 361.

66) Die in den §§. 345—348 vorgeschriebene Maßregel setzt voraus, daß der Eigenthümer des Speichers nicht lediglich die Räume desselben an mehrere Personen vermiethet und überliefert habe, sondern daß er selbst in der Gewahrsam desselben geblieben sei und die Waare, wie ein Depositarius, in Verwahrung genommen habe. Außerdem befindet er sich nicht in der Lage, den Speicher zu überwachen und über Zu- und Abgang Kontrole zu führen. Uebrigens reduzirt sich das Pfandrecht, wenn der Speicheraufseher wirklich die schriftliche Verpflichtung zur Vertretung übernimmt, auf ein persönliches Forderungsrecht an den Aufseher, da eine Verfolgung der weggekommenen Waaren unthunlich ist. Man müßte noch eine Tafel, auf welche die Verpfändung verzeichnet wäre, am Haupteingange des Speichers befestigen.

§. 352. Ob dies Bekenntniß unter dem Ablieferungsscheine selbst (§. 348)[67]) zu vermerken, oder besonders auszustellen sei, hängt von der Verfassung solcher öffentlichen Aufbewahrungsanstalten ab.

§. 353. Wird ein besonderer Schein darüber ausgestellt: so muß derselbe, gleich dem Ablieferungsscheine, dem Gläubiger eingehändiget werden.

§. 354. Wo nach den Handlungsverfassungen eines Orts manche Waarenartikel ohne Zuziehung gewisser öffentlich dazu bestellter Personen, einem Dritten nicht zugemessen, zugewogen, oder sonst körperlich übereignet werden können, muß der Verpfänder, außer den §. 348[68]) sqq. vorgeschriebenen Bestimmungen, diesen Personen von der geschehenen Verpfändung Nachricht geben, und dieselben bedeuten, daß die Waaren, ohne Vorwissen des Pfandgläubigers, einem Dritten nicht zugeeignet werden sollen.

§. 355. Ueber diese Bekanntmachung und Bedeutung müssen die Beamten ein schriftliches Zeugniß ausstellen, welches dem Gläubiger eingehändigt werden muß.

§. 356. Holzwaaren, die sich auf dem Lager befinden[69]), können durch Bezeichnung der zugänglichen Stücke mit einer Marke des Pfandnehmers, demselben übergeben werden[70]).

§. 357. Es muß aber dieser Bezeichnung noch eine ausdrückliche Bekanntmachung und Anweisung an die Holzwärter oder Aufseher, dergleichen Holz ohne Vorwissen des Pfandgläubigers an Niemanden zu verabfolgen, hinzukommen.

§. 358. Holzwaaren, die in der Zurichtung oder auf dem Transporte sind, werden durch Ausantwortung der darüber in den Händen des Verpfänders befindlichen Contracte, oder anderer das Eigenthum derselben begründenden Urkunden, verpfändet.

§. 359. Es muß aber auch den Regimentern, oder den Flößern, Schiffern, und Steuerleuten, die Verpfändung bekannt gemacht werden, mit der Anweisung, das in der Arbeit oder auf dem Transport begriffene Holz ohne Vorwissen des Pfandgläubigers an Niemanden zu verabfolgen.

§. 360. Auf gleiche Weise können auch Waaren, die in der Zurichtung, auf der Bleiche, in der Farbe, oder bei dem Tuchscheerer sich befinden, durch Ausantwortung der von den Inhabern darüber ausgestellten Empfangscheine, und durch Bekanntmachung an diese Inhaber verpfändet werden.

§. 361. In den §. 354[71]) bis 360 bestimmten Fällen muß die Bekanntma-

---

67) Es ist der §. 349 gemeint. Der Druckfehler findet sich schon im Gesetzbuche. Vergl. die folg. Anm.

68) Das Allegat ist ungewiß. In den Ausgaben nach 1817 steht 328, was augenscheinlich falsch ist. Der gedruckte Entwurf (§. 252 d. T.) allegirt 248, d. i. 349 des A. L.R., und ebenso der umgearbeitete Entwurf. In dem für den Druck bestimmten Manuskripte zum Gesetzbuche aber ist, offenbar aus Versehen, die Zahl 348 angegeben, gerade so wie im §. 352, wo sie auch augenscheinlich falsch ist. Die Dekl. v. 16. Juli 1785 giebt die Vorschriften §§. 354, 355 unter der Rubrik: „2) bei solchen Waaren, welche in öffentlichen Magazinen und Packhöfen niedergelegt sind", wonach das Allegat „349" heißen muß, und die Vorschriften der §§. 354 u. 355 nur auf Waaren, die in öffentlichen Niederlagen gelagert sind, zu beziehen sind. Der Abdruck der Dekl. v. 16. Juli 1785 in der N. C. C. hat gleichfalls ein falsches Allegat, und das handschriftliche Original wieder ein anderes, welches auf die §§. 338 ff. d. T. hinweiset. Mot. z. bürg. G.B. (1840) S. 430. Nach dem Zusammenhange ist „349" zu lesen.

69) Nämlich in fremder Gewahrsam. Denn die Holzwaaren, welche der Verpfänder auf seinen eigenen, lediglich in seiner Gewalt befindlichen Holzhöfen hat, können auf diese Art nicht verpfändet werden.

70) Dadurch ist das Pfandrecht erworben. Vergl. Anm. 10 zu §. 274. Die außerdem erforderlichen Maßregeln zur Sicherung und Kundgebung des Pfandrechts schreiben die §§. 357 ff. vor. Darnach reduzirt sich das Pfand auf ein Pfand an dem Forderungsrechte des Verpfänders an die Werkleute und Aufseher.

71) Es muß heißen „356" statt 354. R. v. 29. Dez. 1837, Jahrb. 50, S. 469, und Dekl. v. 16. Juli 1785 §. 42.

chung und Anweisung an die daselbst benannten Personen, durch die Gerichte, oder durch einen Justiz-Commissarium 72) geschehen, und darüber ein förmliches Protokoll aufgenommen werden.

§. 362. Von diesem Protokolle muß das Original 73) dem Pfandgläubiger zugestellt, denjenigen Personen aber, welchen die Bedeutung geschehen ist, eine Abschrift davon in Händen gelassen werden.

§. 363. In allen Fällen, wo die Verpfändung einem Dritten bekannt gemacht wird (§. 342) 74), ist derselbe zugleich ausdrücklich darüber zu vernehmen: ob die Waare seines Wissens noch gar nicht, oder auf wie hoch nur, an einen andern Gläubiger schon verpfändet sei.

§. 364. Seine Erklärung darüber ist der von ihm auszustellenden Bescheinigung, oder dem über seine Bedeutung aufgenommenen Protokolle einzuverleiben.

§. 365. Waaren und andere Sachen 75), auf welche der Bank ein Pfandrecht bestellt ist, können auf den Ueberrest ihres Werths einem Privatgläubiger verpfändet werden 76).

§. 366. Die Uebergabe geschieht alsdann durch Aushändigung des von der Bank an den Verpfänder ertheilten Empfangscheines; ohne dessen Rückgabe, oder gerichtliche Mortificirung, nach den Verfassungen der Bank, die an selbige verpfändeten Waaren niemals frei gegeben werden.

§. 367*. Eingehende Waaren, die noch auf dem Wasser- oder Landtransporte begriffen sind 77), können nur durch Aushändigung 78) des Connoissements und der Factur 79) zugleich, an den Gläubiger gültig verpfändet werden. 6) bei eingehenden Waaren;

6. Allg. deutsches Handelsgesetzbuch.

Art. 649. Die Uebergabe des an Order lautenden Konnossements an denjenigen, welcher durch dasselbe zur Empfangnahme legitimirt wird, hat, sobald die Güter wirklich abgeladen sind, für den

---

72) Vergl. Anm. 29 zu §. 301 d. T.

73) D. i. die Hauptausfertigung. Denn die Urschrift hat der instrumentirende Beamte aufzubewahren.

74) Die zutreffende Stelle ist §§. 346 u. ff. In dem Falle des §. 342, wo der Aufseher eben erst bestellt worden ist, kann seine Vernehmung nicht füglich über Dinge geschehen, die vor seiner Anstellung vorgefallen sein könnten.

75) Aller Art, außer den in den §§. 329 u. 330 bezeichneten Waarenartikeln. Anfangs wollte man hierauf die Bestimmung beschränken. Es wurde aber dazu monirt: „die Disposition dieses §. und des folgenden sollte auch auf Actien, Pfandbriefe und Hypothekenverschreibungen, welche der Bank verpfändet worden, ausgedehnt werden," und in der rev. mon. ist dazu bemerkt: „Diese §§. können unbedenklich auch auf andere Sachen, welche bei der Bank verpfändet sind, extendirt werden," worauf die Worte: „und andere Sachen", eingeschaltet wurden. Mot. z. n. b. G.B. (1840) S. 443. Hiernach können alle der Bank verpfändete Sachen durch symbolische Uebergabe weiter verpfändet werden.

76) (5. A.) Die Verpfändung bedarf aber zu ihrer Gültigkeit der Schriftform. §. 273.

77) Die hier folgenden Vorschriften der §§. 367—373 erleiden durch die in den Art. 649 u. 650 des H.G.B. (Zus. 6) aufgestellten Grundsätze über die rechtliche Wirkung der Uebergabe eines an Ordre lautenden Konnossements eine sich von selbst ergebende Aenderung. Vergl. das Einf.-Ges. v. 24. Juni 1861 Art. 27, oben in der Anm. 56 zu §. 331 d. T.

78) Diese stellt den Akt der körperlichen Uebergabe vor. Es versteht sich, daß sie von der entsprechenden Willenserklärung: wie dadurch der Verpfänder dem Pfandnehmer den Besitz übertragen wolle, begleitet sein müsse. Ein bloßes Giro des Ladescheins enthält keine Besitzübertragung, folglich auch nicht die Bestellung eines Pfandrechtes, sondern die Uebertragung des Forderungsrechts an den Frachtfahrer auf Ablieferung der Ladung.

79) Faktur oder Faktura heißt eigentlich die Rechnung über Waaren, welche im Auftrage eines Anderen angeschafft worden sind. In der heutigen Handelssprache versteht man darunter die Rechnung über versendete reale Waaren, welche der Absender dem Besteller übersendet. Die Rechnung des Kleinhändlers über Waaren, welche an Konsumenten auf Kredit gegeben sind, wird nie Faktura, sondern Nota oder Rechnung genannt.

Bei der Verpfändung von Seefrachtgütern kommt auf die Faktur nichts an. H.G.B. Art. 649 u. 650

Erwerb der von der Uebergabe der Güter abhängigen Rechte dieselben rechtlichen Wirkungen wie die Uebergabe der Güter.

Art. 650. Sind mehrere Exemplare eines an Ordre lautenden Konnossements ausgestellt, so können von dem Inhaber des einen Exemplars die in dem vorstehenden Artikel bezeichneten rechtlichen Wirkungen der Uebergabe des Konnossements zum Nachtheil desjenigen nicht geltend gemacht werden, welcher auf Grund eines anderen Exemplars in Gemäßheit des Artikels 647 die Auslieferung der Güter von dem Schiffer erlangt hat, bevor der Anspruch auf Auslieferung von dem Inhaber des ersteren Exemplars erhoben worden ist.

§. 368*. Uebrigens aber ist es die Sache des Gläubigers, aus der mit dem auswärtigen Absender geführten Correspondenz des Schuldners, oder sonst, sich hinlänglich zu versichern, daß die Waaren für Rechnung und Gefahr des Schuldners abgesendet, oder daß der Betrag derselben dem Absender bezahlt, oder sonst vergütet worden.

§. 369*. Kann das Connoissement dem Gläubiger nicht ausgehändigt werden, weil dasselbe zur Besorgung der Assekuranz versendet ist: so kann zwar die Verpfändung auch durch Uebergabe der Factur allein gültig geschehen;

§. 370*. Es muß aber dem auswärtigen Correspondenten, in dessen Händen das Connoissement sich befindet, von der geschehenen Verpfändung mit der nächsten Post Nachricht gegeben werden.

§. 371*. Unterläßt der Pfandnehmer für diese gehörige Bekanntmachung zu sorgen: so kann er, wenn inzwischen auch auf die versicherten Waaren ein anderes Darlehn genommen worden, gegen einen solchen Gläubiger von seinem Pfandrechte keinen Gebrauch machen.

§. 372*. Sind eingehende Waaren solchergestalt gültig verpfändet worden: so bleibt dem Gläubiger sein Pfandrecht darauf, wenn gleich der Schuldner in Concurs verfällt, ehe die Waare noch wirklich an dem Orte ihrer Bestimmung angekommen ist.

§. 373*. Hat aber der Besteller der Waare, vor dem Eingange derselben, solchergestalt noch nicht darüber disponirt: so verbleibt es bei den Vorschriften der Concursordnung [80]).

7) bei ausgehenden Waaren; §. 374. Ausgehende Waaren können ebenfalls durch Uebergabe [81]) der in den Händen des Absenders befindlichen Ladungsscheine, und anderer über die von ihm geschehene Versendung sprechenden Urkunden, verpfändet werden.

§. 375. Auch in diesem Falle ist es die Sache des Pfandgläubigers, sich aus der Correspondenz oder sonst zu überzeugen, daß die Versendung für Rechnung des Schuldners geschehen sei.

§. 376. Er muß ferner, bei Verlust [82]) seines Pfandrechts, dafür sorgen, daß der Commissionär oder Spediteur, an welchen die Waaren adressirt sind, spätestens den zweiten Posttag nach geschehener Verpfändung davon benachrichtiget werde.

§. 377. Schiffer und Fuhrleute sind, die von ihnen geladenen Waaren zu verpfänden, nicht berechtiget.

§. 378. Wer sich also mit einem Schiffer oder Fuhrmanne in Contrakt über dergleichen Waaren einlassen will, muß sich zuvörderst durch ein Attest von den Gerichten, oder andern zu dergleichen Geschäften bestellten Beamten des Abgangsortes, hinlänglich versichern, daß die Waaren von dem Schiffer oder Fuhrmanne für eigene Rechnung geladen, oder ihm von dem Eigenthümer die Befugniß, darüber zu disponiren, beigelegt worden.

---

80) §. 26. Vergl. §. 27 Nr. 3 und die Anm. 47 dazu.

81) In Verbindung mit der die Verpfändung ausdrückenden förmlichen Willenserklärung. Anm. 78 zu §. 367.

82) Damit wird die Unwirksamkeit des bestellten Pfandrechts gegen jeden redlichen Dritten gemeint, welcher in Folge der unterbliebenen „Maßregeln" Rechte auf die verpfändeten Waaren inzwischen erworben hat.

§. 379. Doch hat es wegen der Fälle, wo ein Schiffer, während der Reise, auf die geladenen Waaren, für Rechnung der Befrachter Darlehne oder Bodmerei zu nehmen befugt ist, bei den Vorschriften des Kaufmannsrechts [83]) sein Bewenden.

§. 380. Bei Verpfändungen der §. 323 [84]) sqq. beschriebenen Waarenartikel an die Bank ist ebenfalls die symbolische Uebergabe erforderlich. 8) bei Verpfändungen an die Bank.

§. 381. Außerdem aber sollen alle dergleichen Verpfändungen in die bei jedem Banko-Comtoir von vereideten Beamten zu führenden Pfandbücher eingetragen werden [85]).

§. 382. Die Banko-Comtoirs sind gehalten, einem jeden, der sich durch Consens des Eigenthümers, oder auf andere Art, wegen eines ihm bei der Sache zustehenden [86]) erlaubten Interesse ausweisen kann, Auskunft darüber zu ertheilen: ob ein gewisser Waarenartikel, über welchen der Anfragende ein Geschäft schließen will, bei ihnen ganz oder zum Theil verpfändet sei.

§. 383. Sind die Waaren in einer anderen Provinz, als wo der Eigenthümer wohnet: so erfordert es die Sicherheit eines solchen Contrahenten, die Anfrage an die Comtoirs beider Provinzen ergehen zu lassen [87]).

§. 384. Hiernach sind also die übrigen, nach §. 336 sqq. zur Sicherung des Publici gegen Gefährde zu nehmenden Maßregeln, bei Verpfändungen an die Bank nicht nothwendig.

§. 385. Nur wenn ein- oder ausgehende Waaren der Bank verpfändet werden sollen, ist dieselbe die, andern Privat-Pfandnehmern §. 366 [88]) sqq. ertheilten, Vorschriften ebenfalls zu beobachten schuldig.

§. 386. Uebrigens aber bleibt es der Bank überlassen, was für Maßregeln sie in jedem vorkommenden Falle mit dem Verpfänder treffen wolle, um zu verhindern, daß die ihr verpfändeten Waaren einem dritten redlichen Besitzer körperlich übergeben werden.

§. 387. Sind diese Maßregeln unzureichend: so findet die Vorschrift §. 275 sqq. [89]) auch gegen die Bank Anwendung.

§. 388*. Ein Kaufmann, welcher seinen Pfandgläubiger, durch heimlichen Verkauf und Naturalübergabe der symbolisch verpfändeten Waaren an einen Dritten, um

83) Th. II Tit 8 §. 1499, (5. A.) jetzt A. D. H.G.B. Art. 681.

84) Soll heißen: „329“, wie aus dem gedr. Entw. §. 278 und aus der Dekl. v. 16. Juli 1785 §§. 2 u. 50 erhellet. Vergl. auch R. v. 29. Dezember 1837, Jahrb. 50 S. 469.

85) Andere „Maßregeln“ sind nicht nothwendig. Diejenige Handlung also, wodurch der Besitz symbolisch übertragen wird, ist auch bei der Verpfändung an die Bank in jedem Falle nothwendig. An die Stelle der außer der Uebergabe noch zu treffenden „Maßregeln“ tritt lediglich die Eintragung in die Pfandbücher. §. 384. Diese haben mithin eine ähnliche Bedeutung wie die der Hypothekenbücher: was darin steht, von dem wird fingirt, daß es Jeder weiß.

86) Die älteren Ausgaben haben, statt: „eines ihm bei der Sache zustehenden“, die Lesart: „eines bei der Sache habenden“.

87) Die Vorschrift enthält nichts weiter als einen guten Rath, der sich in der Dekl. v. 16. Juli 1785 und in dem gedr. Entw. noch nicht befand und auch übrig ist.

88) Statt 366 ist „367“ zu lesen, wie der Augenschein ergiebt. Hinsichtlich der ein- oder ausgehenden Waaren ist die Bank den Privatpersonen gleichgestellt.

89) „275 sqq.“ ist ein Redaktionsfehler, es muß bloß „275“ heißen, wie aus der Vergleichung mit §. 384 (Anm. 85 zu §. 381) und aus dem Singular „Vorschrift“ erhellet. Die Vorschrift §. 376 kann aus dem Grunde gegen die Bank nicht angewendet werden, weil der Dritte den Schaden seinem eigenen Versehen beizumessen hat. Anm. 85. Außerdem ergeben die Materialien den Fehler. In Gemäßheit der Dekl. v. 16. Juli 1785 §§. 54 und 55 citirte der gedruckte Entwurf im §. 284 (d. i. unser §. 387) nur den §. 197 (d. i. §. 275 des T.). Im umgearbeiteten Entwurfe und im Manuskripte zum G.B. war das Citat (wahrscheinlich wegen der veränderten Paragraphenzahlen) offen gelassen; und von Suarez' Hand ist eingezeichnet: §. 275 sqq. (Mot. z. d. G.B. (1840) S. 437). Durch diese nicht beschlossene und sicher nicht vorbedachte Aenderung des Citats sind die ausgesprochenen Rechtsgrundsätze nicht umgeändert.

sein Recht bringt, soll —, nach Vorschrift der Criminalgesetze[90]) bestraft, und[91]) sein Urtel an der Börse, zur Warnung des Publici, öffentlich bekannt gemacht werden.

§. 389. Gleiche Strafen sollen denjenigen treffen, welcher durch Schließung von Verträgen über Waaren, mit Verschweigung des darauf bestellten Pfandrechts, entweder dem Pfandgläubiger, oder dem dritten Contrahenten, Schaden und Nachtheil zuziehet.

IV. Hypothekenrechte *). 1) Gegenstände derselben.

§. 390*. Hypothekenrechte können nur auf Grundstücke und solche Gerechtigkeiten, welche die Gesetze den unbeweglichen Sachen gleich achten, erworben werden. (Tit. 2, §§. 8, 9.)

§. 391*. Auch findet die Erwerbung eines solchen Rechts nur auf diejenigen Grundstücke und Gerechtigkeiten statt, die in die öffentlichen Hypothekenbücher eingetragen sind.

§§. 392—398. Fallen weg[92]).

7. Grundbuch=Ordnung v. 5. Mai 1872. (G.S. S. 446.)

§. 1. Für jeden Gemeinde=, selbstständigen Guts= oder besonderen Grundsteuer=Erhebungsbezirk werden ein oder mehrere Grundbücher angelegt. In diese werden die selbstständigen, in den Grundsteuerbüchern verzeichneten Grundstücke eingetragen.

Die Eintragung erfolgt in fortlaufender Nummerreihe.

§. 2. Für Domänen und andere dem Staat gehörige Grundstücke, für Grundstücke der Kirchen, Klöster, Schulen und Gemeinden, für Eisenbahnen und öffentliche Landwege bedarf es der Anlegung eines Grundbuchblatts nur im Fall der Veräußerung oder Belastung, oder wenn von dem Eigenthümer oder einem Berechtigten darauf angetragen wird.

Die Grundstücke der Eisenbahnen und die öffentlichen Landwege werden dann in dem Grundbuche eines jeden Bezirks (§. 1), in welchem sie liegen, eingetragen.

§. 3. Die für Grundstücke gegebenen Vorschriften dieses Gesetzes gelten auch für Bergwerke und Gerechtigkeiten[93]), sofern nicht ein Anderes ausdrücklich bestimmt ist.

---

90) Reichs=Str.G.B. §. 289.

91) Diese Vorschrift ist als eine solche anzusehen, welche nach Art II des Ges. über die Einführung des Str.G.B. v. 14 April 1851 außer Wirksamkeit gesetzt ist.

*) Suarez bemerkt in den Schlußvorträgen zu den §§. 390 ff.: „Alle nachstehende Vorschriften sind in der Hypothekenordnung de 1783, in der Konkursordnung und in der jetzt wirklich subsistirenden Verfassung des Hypothekenwesens gegründet, von welchem sie keine Abweichungen, sondern nur einige nähere Bestimmungen enthalten." Jahrb. Bd. 41 S. 90. Aus der neueren Literatur ist hierüber auszuzeichnen: Brackenhoeft, Hypothekenwesen, in Weiske's Rechtslexikon 5 S. 363. (5. A.) Siehe auch den Literaturnachweis in der Anm. ** zur Ueberschrift dieses Abschnitts.

92) (5. A.) In Folge der Grundbuch=Ordnung v. 5. Mai 1872, Zus. 7. Die weggefallenen Paragraphen lauten:

§. 392. Alle in einem Distrikte gelegene Immobilien, welche besonders besessen, veräußert, oder mit dinglichen Verbindlichkeiten belegt werden können, müssen in das Hypothekenbuch des Distrikts eingetragen werden.

§. 393. Jedem solchen Grundstücke ist in dem Hypothekenbuche eine gewisse Nummer, und ein eigenes Folium zu bestimmen.

§. 394. Pertinenzstücke und Gerechtigkeiten, welche zu gewissen Hauptgrundstücken geschlagen sind, und nur mit selbigen zugleich besessen oder ausgeübt werden, erhalten kein besonderes Folium.

§. 395. Dagegen müssen Gerechtigkeiten, die für sich selbst bestehen, und auch ohne den Besitz eines Grundstücks ausgeübt werden können, in das Hypothekenbuch in besondere Tabellen eingetragen werden.

§. 396. Wie die Hypothekenbücher einzurichten, und die Eintragung der Grundstücke und Gerechtigkeiten in dieselben zu bewerkstelligen sei, ist in der Hypothekenordnung vorgeschrieben.

§. 397. Zur Führung des Hypothekenbuches, und zu Eintragungen in selbiges sind, der Regel nach, nur diejenigen Gerichte, unter deren Sprengel die Sache gelegen ist, befugt.

§. 398. Ausnahmen davon bestimmen die Provinzialgesetze.

93) (5. A.) Es ist nicht ausgemacht, was für Realrechte als Gerechtigkeiten zu behandeln sind und also ein besonderes Blatt im Grundbuche haben können. Das Prinzip findet sich oben im Tit. 2 §. 9. Darnach sind Rechte, welchen durch besondere Gesetze die Eigenschaft einer unbeweglichen Sache

§. 4. Die Grund- und Gebäudesteuerbücher, von welchen dem Grundbuchamt eine Abschrift mitgetheilt werden soll, dienen zur Ausmittelung der in die Grundbücher einzutragenden oder bereits eingetragenen Grundstücke, ihrer Lage und Größe. Ihre Bezeichnung in den Steuerbüchern ist bei den Grundbüchern beizubehalten.

Bei Gutskomplexen genügt die Eintragung der Gesammtfläche und des Gesammt-Reinertrages.

Sofern in den Steuerbüchern die Größe von Gebäuden, Hofräumen und Hausgärten, welche nicht zu einem Gutskomplex gehören, nicht angegeben ist, hat der Eigenthümer bei dem Fortschreibungsbeamten die Vermessung und Vervollständigung der Grundsteuerbücher zu beantragen.

Die Zurückführung der bereits angelegten Grundbuchblätter auf die Grund- und Gebäudesteuerbücher erfolgt nach den Bestimmungen der darüber zu erlassenden Ausführungsverfügung [94]).

§. 5. Das Grundbuchblatt eines Grundstücks umfaßt dessen Bestandtheile, unbewegliche Zubehörstücke und Gerechtigkeiten [95]).

---

beigelegt ist, den Immobilien gleich zu achten. Aber dieses Prinzip ist nur einmal angewendet, und zwar im Th. II Tit. 16 §. 253 beim Bergwerkseigenthum, während noch manche andere Berechtigungen als selbstständige unbewegliche Sachen behandelt werden. Die Merkmale dieser Gerechtigkeiten sind: Unabhängigkeit vom Grundbesitz (Selbstständigkeit), Fortdauer ohne physische und juristische Begrenzung in der Zeit, und Veräußerlichkeit. Deshalb gehören nicht hierher: a. die ehemalige Erbpachtsgerechtigkeit und die Superfizies, als besondere Formen des Grundbesitzes; b. Geldrenten und Dienste, wegen ihrer Ablöslichkeit in Folge des Gesetzes v. 2. März 1850 §§. 6 ff.; c. das Wiederkaufsrecht nach dem Reskr. v. 4. März 1837, Jahrb. 49 S. 247; d. das Nießbrauchsrecht wegen seiner Unveräußerlichkeit und beschränkten Dauer. e. Stände in den Kirchen und den Synagogen eignen sich zur Eintragung, da sie nur beziehungsweise res extra commercium und dabei immobiles sind, weshalb ihnen auch das Reskr. v. 18. Mai 1804 die Eigenschaft eines eintragungsfähigen Immobile zuschreibt. Dagegen untersagt das spätere R. des J.M. v. 15. Januar 1813 (Jahrb. 2 S. 187) die Eintragung derselben, wo solche noch nicht geschehen.

Als Immobilien werden noch jetzt behandelt:

1. Das Bergwerkseigenthum und die Kohlen-Abbaugerechtigkeiten. Th. II 16 §. 253; Ges. über den Eig.-Erw. §. 68; Grundbuch-Ordn. §§. 5, 6, 9; Ges. v. 22. Febr. 1869; Allg. Berggesetz v. 24. Juni 1865 §§. 212 u. 213.

2. Die Apothekergerechtigkeiten, welche vor Erlaß des Gesetzes v. 2. November 1810 in den Landestheilen, welche nach dem Tilsiter Frieden bei Preußen geblieben und nicht der fremden Gesetzgebung unterworfen gewesen sind. Apotheker-Ordn. v. 11. März 1801 Tit. 1, Rabe 6 S. 611, und Reskr. v. 19. März 1840, J.M.Bl. S. 113. Die Vererblichkeit der Apothekerprivilegien in dem vormaligen Königreich Westfalen ist aufgehoben. O.Tr. v. 22. März 1839, Entsch. 4 S. 226.

3. Andere ausschließliche, vererbliche und veräußerliche Gewerbeberechtigungen, z. B. Barbier- und Badstuben, Kramläden, Fleischbänke. Die neuere Gesetzgebung hat diese Berechtigungen theils aufgehoben, theils für ablösbar erklärt und die Begründung derartiger Rechte verboten. Ed. v. 20. Nov. 1810 §. 17, G.S. S. 79; Ges., betr. die polizeilichen Verhältnisse der Gewerbe, v. 7. Sept. 1811 §§. 32 ff., G.S. S. 263; Reskr. v. 26. Juni 1816, Jahrb. 8 S. 56; Deklaration v. 11. Juli 1822, G.S. S. 187; Ges. v. 13. Mai 1833, G.S. S. 52; Gew.-Ordn. v. 17. Januar 1845 §§. 1, 4, 5, G.S. S. 41; Entschäd.-Ges. v. 17. Januar 1845 §§. 1 ff., 7 ff., 11 ff., 58, G.S. S. 79; Gew.-Ordn. für den Nordd. Bund v. 21. Juni 1869 §§. 7 u. 8, B.G.Bl. S. 246. Wegen der Abdeckereigerechtigkeit siehe das Ges. v. 31. Mai 1858, G.S. S. 333, und das Ges. v. 17. Dezember 1872, G.S. S. 717.

4. Das Zehntrecht nach den Reskr. v. 23. Mai 1820 und v. 19. Nov. 1829, Ges.-Rev. Pens. 3 S. 152. Doch hat sich seitdem hinsichtlich der Zehntrechte die beständige Fortdauer geändert; sie sind ablösbar, mithin jetzt den unbeweglichen Sachen nicht mehr gleich zu achten. Ges. v. 2. März 1850 §§. 6 u. 32 ff.

5. Schiffsmühlen, d. h. die Gerechtigkeit, auf einem öffentlichen Strome eine Mühle zu haben. Th. II. 15 §§. 229 u. 230; Reskr. v. 3. Sept. 1842, J.M.Bl. S. 303.

6. Die Fährgerechtigkeit.

7. Die Fischereigerechtigkeit.

Die Jagdgerechtigkeit auf fremdem Grund und Boden ist durch das Gesetz v. 31. Oktober 1848, G.S. S. 343, aufgehoben. Das Schäfereirecht erscheint meist nur als Prädialservitut; wo es als eine von dem Besitz eines Gutes unabhängige Gerechtigkeit vorkommt, ist es zu einem besonderen Folium geeignet. Koch, Allg. Hypotheken-Ordnung I. §. 14 Note 21 S. 13 u. 14.

94) (5. A.) Die Ausführungsverfügung ist am 2. September 1872 von dem Justizminister erlassen und durch das J.M.Bl. S. 178 ff. veröffentlicht worden. Der Art. 13 derselben ist aufgehoben durch die allgem. Verfügung v. 24. Mai 1873, J.M.Bl. S. 164.

95) (5. A.) Diese Gerechtigkeiten sind Zubehör des Grundstücks, mithin nicht nothwendig selbstständige Gerechtigkeiten, von denen in §. 3 die Rede ist. Vergl. die Anm. 93.

Zubehörstücke erhalten nur dann ein besonderes Blatt im Grundbuch, wenn das Hauptgut im Auslande oder in dem Bezirke eines anderen Grundbuchamtes liegt[96].

Im ersteren Fall ist das Zubehörstück, sofern nicht durch Staatsverträge ein Anderes bestimmt ist, als ein selbstständiges Grundstück zu behandeln[97].

Im letzteren Fall ist auf dem Titel des Zubehörstücks zu vermerken, zu welchem Hauptgut dasselbe gehört, demnächst das Blatt gegen weitere Eintragungen zu schließen[98], und auf dem Titel des Hauptgutes auf das Grundbuchblatt des Zubehörstücks hinzuweisen.

Diese Vorschriften gelten auch für die Zubehörstücke der Bergwerke.

§. 20. Zur selbstständigen Bearbeitung der Grundbuchsachen wird bei jedem Stadt- und Kreisgericht und jeder ständigen Kreisgerichtsdeputation ein Grundbuchamt gebildet[99].

Dasselbe besteht aus einem zum Richteramt befähigten Vorstand (Grundbuchrichter), einem Buchführer und den erforderlichen Schreibern und Unterbeamten.

§. 21. In größeren Städten und Kreisen können durch Anordnung des Justizministers mehrere Grundbuchämter für geographisch abzugrenzende Bezirke gebildet werden.

§. 22. Die Kreisgerichts-Kommissionen sind die Grundbuchämter für die in ihrem Bezirk belegenen Grundstücke, sofern nicht das Grundbuch über dieselben nach der Gerichtsverfassung bei den Kreisgerichten zu führen ist[100].

§. 23. Die Grundbuchämter stehen unter der geschäftlichen Aufsicht der Stadtgerichts-Präsidenten, der Kreisgerichts-Direktoren oder der Dirigenten der Kreisgerichts-Deputationen, welche in Verhinderungsfällen die Vertreter zu bestellen haben.

§. 24. Beschwerden über Verzögerungen im Geschäftsbetrieb werden zunächst von dem Präsidenten, dem Direktor des Stadt- oder Kreisgerichts oder dem Dirigenten der Deputation, in zweiter Instanz von dem Präsidenten des Appellationsgerichts, in letzter Instanz von dem Justizminister entschieden.

Beschwerden über Verfügungen des Grundbuchrichters gehen an das Appellationsgericht des Bezirks, bei dessen Entscheidung es bewendet.

§. 25. Liegen Grundstücke, welche einem einheitlichen Gutsverbande angehören, in den Bezirken verschiedener Grundbuchämter, so hat das Appellationsgericht zu bestimmen, welches Amt das Grundbuch zu führen hat; liegen sie in verschiedenen Appellationsgerichts-Bezirken, so hat der Justizminister diese Bestimmung zu treffen.

§. 26. Streitigkeiten über die Zuständigkeit mehrerer in dem Bezirk desselben Appellationsgerichts bestehender Grundbuchämter werden von dem Appellationsgericht, andernfalls von dem Justizminister entschieden.

§. 140. Wegen der Erwerbung von dinglichen Rechten auf Grundstücke, die in dem Grundbuche des Orts noch nicht eingetragen sind, bleibt es bei den Bestimmungen der Verordnung vom 16. Juni 1820 und der Deklaration vom 28. Juli 1838.

§. 143. Die Grundbuchordnung tritt mit dem 1. Okt. 1872 in Kraft.

Mit diesem Tage werden die Hypothekenordnung v. 20. Dez. 1783 und alle dieselbe ergänzenden und abändernden Gesetze aufgehoben.

---

96) (5. A.) Die beiden ersten Sätze enthalten altes Recht. Hyp.-O. v. 20. Dezbr. 1783 §§. 12, 13 und 34.

97) (5. A.) Die Vorschrift ist analog auch dann anzuwenden, wenn das Zubehörstück in einem Theile Preußens liegt, in welchem die Grundbuchordnung nicht eingeführt ist. Vergl. das Reskr. v. 13. Mai 1831, Jahrb. 37 S. 379, und Turnau, die Grundbuch-Ordn. S. 40.

98) (5. A.) Diese Vorschrift ist eine Konsequenz des in dem Gesetz über den Eig.-Erw. vom 5. Mai 1872 §. 30 zur Geltung gebrachten Prinzips, daß das unbewegliche Zubehörstück ohne Weiteres für die Hypotheken des Hauptgrundstückes haftet, wenn es dem letzteren auf dem Titel des Grundbuchblattes zugeschrieben ist. Nach altem Recht mußte die Hypothek auch auf dem Blatte des Zubehörstückes eingetragen werden.

99) (5. A.) Siehe hierzu die Allgem. Verf., die Bildung der Grundbuchämter betreffend, v. 1. Sept. 1872, J.M.Bl. S. 176.

100) (5. A.) Vergl. die Verordnung v. 2. Januar 1849 §. 22 Nr. 8, G.S. S. 1; das Geschäftsregulativ v. 18. Juli 1850 §. 20 Nr. 12, J.M.Bl. S. 232; das Reskr. v. 27. Oktbr. 1851, J.M.Bl. S. 347.

8. **Verordnung, betr. die Erwerbung und Ausübung der Realrechte, insbesondere der Hypothekenrechte, bei nicht vollständig eingerichtetem Hypothekenwesen**[1]**, v. 16. Juni 1820.** G.S. S. 106.

Da in einem Theile derjenigen Unserer Provinzen, worin das Allgemeine Landrecht, die Allgemeine Gerichtsordnung und die Hypothekenordnung stets in Anwendung geblieben sind, desgleichen in denjenigen neuen oder wiedererworbenen Provinzen, worin Wir diese Gesetze neu oder wieder eingeführt haben, die Einrichtung der Hypothekenbücher noch nicht hat vollendet werden können; und da zugleich über die Anwendung mehrerer Stellen aus jenen Gesetzen, worin das Dasein von Hypothekenbüchern vorausgesetzt wird, daselbst Zweifel entstanden sind; so verordnen Wir für die in den gedachten Provinzen noch nicht mit Hypothekenbüchern versehenen[2]) Gerichtsbezirke (jedoch mit Ausschluß des Herzogthums Sachsen, indem für dasselbe über diesen Gegenstand eine besondere Verordnung[3]) heute erlassen worden), nach erfordertem Gutachten Unseres Staatsraths, wie folgt:

§. 1. Wer auf ein in einem solchen Gerichtsbezirk gelegenes Grundstück künftig irgend einen Titel zu einer Hypothek erwirbt, hat denselben sofort zum Behuf der künftigen Eintragung bei der Hypothekenbehörde anzumelden, und derselben seine Urkunden und Beweismittel zu übergeben[4]).

§. 2. Die Hypothekenbehörde wird hierdurch angewiesen, den angemeldeten Titel nicht bloß für die künftige Eintragung genau aufzuzeichnen, sondern auch sofort zu prüfen, ob die Hypothek zur Eintragung schon geeignet ist, und in diesem Falle demjenigen, welcher die Eintragung sucht, eine Rekognition darüber unter dem Originalinstrumente[5]), worin die Hypothek bestellt worden ist, auszufertigen, sodann aber sämmtliche Urkunden und Beweismittel dem Gläubiger zurückzugeben.

§. 3. Ist in der vergangenen Zeit eine solche Anmeldung und Bescheinigung bereits vorgekommen, so soll dieselbe gleichfalls die in dieser Verordnung enthaltenen Rechte und Vorzüge genießen.

§. 4. Ist in einem solchen Falle zwar die Anmeldung bereits geschehen, jedoch die Prüfung und Bescheinigung von Seiten der Hypothekenbehörde noch nicht hinzugekommen (welches vorzüglich in den neuen oder wiedererworbenen Provinzen der Fall ist), so soll diese Prüfung und Bescheinigung noch jetzt auf Verlangen des Gläubigers unverzüglich nachgeholt werden.

§. 5. In allen diesen Fällen erwirbt der Gläubiger durch die Anmeldung und Bescheinigung[6]) das Recht:

---

1) Diese Verordnung bezieht sich als eine nothwendig gewordene Modifikation der §§. 411 und 412 d. T. lediglich auf die Erwerbung neuer Hypotheken seit dem 1. Januar 1815, nicht auf die vor diesem Tage unter der Herrschaft der damaligen Gesetzgebung gültig erworbenen Hypothekenrechte, für welche es lediglich darauf ankommt, inwiefern dieselben nach den Grundsätzen des Patents v. 22. Mai 1815 ihre Gültigkeit behalten haben. Hiernach schadet es solchen alten Hypothekenrechten nicht, daß für dieselben eine Rekognition nach Anleitung der §§. 2—5 dieser Verordnung nicht ertheilt worden ist. O.Tr. III v. 29. Mai 1865, Entsch. 54 S. 176; Str. Arch. 59 S. 209. Vergl. auch den Bericht des Obertribunals v. 10. Januar 1842, J.M.Bl. S. 45.

2) Bei bereits fertigen Hypothekenbüchern findet das sogenannte Rekognitionssystem aus dieser Verordnung keine Anwendung. Daher giebt in diesem Falle weder das über die nachgesuchte Eintragung einer Hypothek ertheilte Rekognitionsattest ein Hypothekenrecht, noch auch finden hinsichtlich solcher Forderungen die Vorschriften über das Kaufgelderbelegungs-Verfahren Anwendung, vielmehr sind die Vorschriften in Betreff des Prioritätsstreits über eine bewegliche Sache — das baare Geld — maßgebend. O.Tr. IV v. 11. Januar 1854, Str. Arch. 11 S. 200.

3) (5. A.) Es ist dies die „Verordnung wegen Einrichtung des Hypothekenwesens in dem mit den preußischen Staaten vereinigten Herzogthum Sachsen" v. 16. Juni 1820, G.S. S. 101.

4) Mehr zu thun liegt ihm vor der Hand nicht ob, um die im §. 2 vorgeschriebene Rekognition zu erwirken, namentlich braucht er das Eigenthum des Hypothekbestellers jetzt nicht nachzuweisen. Erst wenn er die im §. 5 bezeichneten Rechte ausüben will und dabei Widerspruch findet, muß er das Eigenthum seines Autors beweisen. §. 7. Unanwendbar ist die Vorschrift auf Trennstücke, welche nur noch nicht abgeschrieben und bloß aus diesem Grunde noch nicht auf ein besonderes Folium übertragen sind; ein Folium haben sie bereits. Zu vergl. R. v. 1. Mai 1838, Jahrb. 51 S. 410, und §. 1 der Dekl. v. 28. Juli 1838, Zus. 9.

5) Dies ist kein wesentliches Erforderniß, auch eine besonders ertheilte Rekognition giebt das Recht. §. 2 der Dekl. v. 28. Juli 1838, Zus. 9.

6) Die Anmeldung allein, ohne die Bescheinigung (Rekognition), verschafft die im §. 5 zugesprochenen Rechte nicht. „Nur eine solche Anmeldung eines Realrechts gewährt die Priorität, welche

a) seine Ansprüche gegen dritte Besitzer zu verfolgen;

b) auf Eintragung ins Hypothekenbuch bei dessen künftiger Vollendung, nach dem Zeitpunkte der geschehenen Anmeldung [7]);

c) bei einem, wenn gleich vor Vollendung des Hypothekenbuchs ausbrechenden Konkurse auf Ansetzung in die dritte Klasse [8]) gleichfalls nach dem Zeitpunkte der geschehenen Anmeldung [9]).

§. 6. Der nach b und c des vorigen Paragraphs an die Zeit der Anmeldung geknüpfte Rang soll jedoch in Unseren neuen und wiedererworbenen Provinzen für diejenigen Fälle eine Ausnahme leiden, in welchen eine solche neuerrichtete Hypothek mit einer alten (d. h. vor Einführung Unserer H.O. entstandenen) Hypothek konkurrirt. Ist nämlich in einem solchen Falle die alte Hypothek nur überhaupt innerhalb des durch das Hypothekenpatent vorgeschriebenen Präklusivtermins angemeldet worden; so soll sie der neu errichteten schlechthin vorgehen, selbst wenn diese früher als jene angemeldet sein sollte.

§. 7. Jeder Gläubiger, welcher die in der gegenwärtigen Verordnung enthaltenen Rechte geltend machen will, muß erforderlichen Falls das Eigenthum desjenigen, von welchem er seine Hypothek herleitet, nachweisen, und wird von diesem Beweise durch die ihm in Gemäßheit des §. 2 ertheilte Rekognition nicht befreit.

§. 8. Verlangt ein Gläubiger, welchem auf den Grund der gegenwärtigen Verordnung ein Hypothekenrecht zusteht, die Subhastation eines Grundstücks; so soll dabei nach den Vorschriften der A. G.O. Th. I Tit. 51 §. 99 u. folgenden verfahren werden [10]).

§. 9. Alle Bestimmungen Unserer Gesetze, welche mit dem Inhalte der gegenwärtigen Verordnung im Widerspruch stehen würden, und namentlich die in §§. 411 und 412 des A. L.R. Th. I Tit. 20, sowie der §. 394 der A. G.O. Th. I Tit. 50, sollen in den oben bezeichneten Gerichtsbezirken noch zur Zeit nicht in Anwendung kommen [11]), indem Wir alle diese Gesetzesstellen hierdurch

---

die Ertheilung des Interims-Rekognitionsscheins zur Folge gehabt hat." O.Tr. III (Pr. 1322 c) vom 19. August 1843, Entsch. 9 S. 276, und IV v. 21. Juni 1853, Str. Arch. 9 S. 302.

(5. A.) Die Verjährung gehörig angemeldeter und rekognoszirter Forderungen bestimmt sich nach den Vorschriften der §§. 247 u. 248 d. T., nicht nach der Vorschrift des Tit. 9 §. 511. O.Tr. III (Pr. 965) v. 28. Dez. 1840, Präj.-Samml. S. 35.

7) Hiernach bestimmt sich die Rangordnung der vor Berichtigung des Besitztitels angemeldeten und bei oder nach Berichtigung des Besitztitels einzutragenden Forderungen nach der Zeit der Präsentation der Dokumente. Die Gleichberechtigung der an demselben Tage eingetragenen Posten ist jedenfalls ausgeschlossen. Zu vergl. R. v. 8. Februar 1840, J.M.Bl. S. 66. Der Hypothekenbuchführer muß sich in der Art hiernach richten, daß er die mehreren Posten nach der Zeitfolge hintereinander einträgt. Wenn er dies aber nicht gethan hat, so kann die Priorität, welche durch die Präsentation der Urkunden begründet war, gegen den redlichen Inhaber der voreingetragenen Post doch nicht geltend gemacht werden. Insoweit liegt die Erwerbung des realen Vorrechts in der Hand des Hypothekenbuchführers, der die Interessenten bei der Operation der Eintragung nicht zuzieht.

Die nach dieser Vorschrift gebildeten Hypothekeninstrumente müssen, wenn sie verloren gehen, gleich den wirklich eingetragenen, durch öffentliches Aufgebot amortisirt werden. R. v. 2. Febr. 1821, Jahrb. 17 S. 98, vorausgesetzt, daß die Rekognition (Bescheinigung) wirklich unter das abhanden gekommene Dokument gesetzt worden ist. R. v. 10. September 1841, J.M.Bl. S. 298.

8) Jetzt in dem Separatverfahren, nach Vorschrift der Konkursordnung v. 8. Mai 1855 §§. 46 ff.

9) (5. A.) Es ist nicht die Absicht der Verordnung, Protestationen (Vormerkungen), insofern dieselben überhaupt eintragungsfähig sind, von dem für die Anmeldung und Bescheinigung dinglicher Rechte vorgeschriebenen Verfahren auszuschließen. Reskr. v. 19. Jan. 1824, v. Rönne, Erg. zum A. L.R. I. 20, Bd. 2 (6. Ausg.) S. 399. Vergl. auch die Gesetze über das Grundbuchwesen in Schleswig-Holstein v. 27. Mai 1873 §§. 19 u. 21 und in Hannover v. 28. Mai 1873 §§. 42 und 44.

10) (5. A.) Jetzt wird nach der Subhastations-Ordnung v. 15. März 1869 §§. 6 Nr. 4 ff. verfahren.

11) Aus dieser Suspension folgt noch:

a. Bei nicht vollendetem Hypothekenbuch bleibt die Vorschrift des §. 408 d. T. außer Anwendung. (5. A. Anderer Meinung ist Dernburg, Lehrb. 1 S. 713 Note 3.)

b. Nur eine solche Anmeldung gewährt dem Realrecht den Vorrang, welche die Ertheilung des Interims-Rekognitionsscheins zur Folge gehabt hat. O.Tr. III (1322 c) v. 19. August 1843, Entsch. 9 S. 276, (5. A.) und IV v. 21. Juni 1853, Str. Arch. 9 S. 302.

c. Die Anwendung des §. 52 des Anh. zum A. L.R. I. 16 §. 484 ist bei den in dem Hypotheken

dahin erklären, daß darin andere Verhältnisse, als für welche die gegenwärtige Verordnung erlassen wird, vorausgesetzt sind.

§. 10. Sobald in einem solchen Gerichte das Hypothekenbuch vollendet ist, hat das Gericht diese Vollendung in dem Amtsblatt der Regierung bekannt zu machen. Mit dieser Bekanntmachung hört für die betreffenden Grundstücke in einem solchen Gerichtsbezirke die im §. 9 ausgesprochene Suspension auf.

9. Dekl. der V. v. 16. Juni 1820, die Erwerbung und Ausübung der Realrechte auf Grundstücken, insbesondere der Hypotheken, bei nicht vollständig eingerichtetem Hypothekenwesen betr., v. 28. Juli 1838. (G.S. S. 428.)

Wir 2c. 2c. haben Uns vortragen lassen, daß über den Sinn der Verordnung v. 16. Juni 1820, betreffend die Erwerbung und Ausübung der Realrechte auf Grundstücke, insbesondere der Hypothekenrechte, bei nicht vollständig eingerichtetem Hypothekenwesen verschiedene Meinungen in den Gerichten entstanden sind. Zur Beseitigung dieser Zweifel und zur Feststellung des wahren Sinnes des angeführten Gesetzes verordnen Wir auf den von Unseren Justizministern im Einverständnisse mit dem Staatsministerium gemachten Antrag und nach erfordertem Gutachten Unseres Staatsraths, wie folgt:

§. 1. Die Verordnung v. 16. Juni 1820 ist auf jedes einzelne Grundstück bis zu seiner Eintragung in das Hypothekenbuch[12]) anwendbar, ohne Unterschied, ob andere, in demselben Gerichtsbezirke befindliche Grundstücke in das Hypothekenbuch dieses Gerichtsbezirks bereits eingetragen sind, oder nicht.

§. 2. Die in dem §. 2 derselben Verordnung enthaltenen Worte: unter dem Originalinstrumente, gehören zwar zu den Vorschriften über das Verfahren, welches der Hypothekenrichter zu beobachten angewiesen ist, aber nicht zu den nothwendigen Formen, ohne deren Beobachtung der eingetragene Gläubiger die im §. 5 bestimmten Rechte nicht erlangen kann. Es stehen demselben vielmehr diese Rechte auch dann zu, wenn die Rekognition nicht auf dem Originalinstrumente vermerkt, sondern besonders ertheilt worden ist.

§. 399*. Wegen des Titels, wodurch die Befugniß, auf Einräumung eines wirklichen Hypothekenrechts anzutragen, begründet werden kann, gelten zuvörderst die §§. 2 bis 5 ertheilten allgemeinen Vorschriften[13]). 2) Titel zur Erlangung eines Hypothekenrechts.

§. 400*. Wenn durch Gesetz auch nur ein allgemeines Pfandrecht begründet worden: so kann dennoch der Berechtigte dessen Eintragung auf die Immobilien des Verpflichteten nachsuchen[14]).

§. 401. Dagegen kann ein gesetzliches Pfandrecht, welches nur auf gewisse Gegenstände eingeschränkt ist[15]), auf andere Immobilien, ohne die besondere Einwilligung des Schuldners, nicht eingetragen werden.

§. 402. Ein Vertrag, durch welchen das gesammte Vermögen, oder auch gewisse benannte Immobilien des Schuldners, dem Gläubiger verpfändet worden, berechtiget letzteren noch nicht, seine Forderung gerichtlich eintragen zu lassen[16]).

---

buch noch nicht verzeichneten Grundstücken ausgeschlossen. O.Tr. III (Pr. 1804) v. 14. Nov. 1846, Entsch. 15 S. 232, und Reskr. v. 6. Mai 1835, Jahrb. 45 S. 502.

12) Vergl. die Anm. 4 zu §. 1 der Verordn. v. 16. Juni 1820, Zus. 8.

13) (5. A.) Der Titel zur Hypothek gewährt jetzt nur noch das Recht, von dem Verpflichteten zu fordern, daß er die Eintragung der Hypothek herbeiführe oder doch wenigstens bewillige. Ohne die erklärte oder durch Erkenntniß oder durch den Antrag einer zuständigen Behörde ersetzte Bewilligung des eingetragenen Eigenthümers findet die Eintragung der Hypothek nicht statt. Ges. über den Eig.-Erw. §. 19. Vgl. oben die Anm. 5 I a. E. zu §. 3 d. T.

14) (5. A.) D. h. er kann auf Bewilligung oder Herbeiführung der Eintragung klagen. Gesetzliche Hypotheken giebt es nicht mehr. Das Recht der Hypothek entsteht nur durch die Eintragung. Ges. über den Eig.-Erw. §. 18. Vergl. die vorige Anmerkung.

15) Zu vergl. Einführungsgesetz zur Konk.-O. v. 8. Mai 1855 Art. 11 und 12, oben in der Anm. 5 zu §. 3 d. T.

16) (5. A.) Ges. über den Eig.-Erw. v. 5. Mai 1872 §. 23, unten Zus. 11.

§. 403*. Vielmehr ist dazu eine besondere und ausdrückliche Einwilligung des Schuldners erforderlich[17]).

§. 404*. In allen Fällen muß das Hauptrecht, welches durch die Hypothek versichert werden soll, dem Berechtigten gegen denjenigen zustehen, welcher als vollständiger Besitzer der Sache in das Hypothekenbuch eingetragen ist[18]).

§. 405*. Ist also zu der Zeit, wo die Eintragung gesucht wird, der Schuldner als Eigenthümer der Sache im Hypothekenbuche nicht vermerkt: so findet auch die Einräumung einer gültigen Hypothek für den Gläubiger nicht statt[19]).

§. 406*. Doch hat, wenn nach erfolgter Hypothekenbestellung[20]) der Schuldner als Eigenthümer der Sache in das Hypothekenbuch wirklich eingetragen wird, die allgemeine Vorschrift §§. 16, 17, Anwendung[21]).

---

17) (5. A.) Dasselbe Ges. §. 19. Nach dem Ges. v. 24. Mai 1853 §. 8 war eine besondere Eintragungsbewilligung nicht erforderlich. Es genügte zur Eintragung der Hypothek die Verpfändungserklärung des Eigenthümers.

18) (5. A.) Nach dem Ges. über den Eig.=Erw. §. 19 kann nur der eingetragene Eigenthümer die Eintragung einer Hypothek bewilligen, weil nur diesem das Recht der Belastung des Grundstücks zusteht. Selbst der Erbe muß nach §. 5 sich eintragen lassen, bevor auf seine Bewilligung die Eintragung erfolgen kann.

19) Nach dem bisherigen Recht fand der in den §§. 404 u. 405 enthaltene Grundsatz nur dann Anwendung, wenn auf die als Nachfolger des Schuldners eingetragene Person wirklich das Eigenthum der Sache übergegangen war, so daß, wenn dieses nicht geschehen, gegen den Vorbesitzer noch Eintragungen genommen werden konnten. Man hat aber eine derartige Wirkungslosigkeit des Veräußerungsakts in dem Falle behauptet, wenn der in eigenem Namen auftretende Käufer in der Wirklichkeit nicht für sich, sondern für einen erwerbungsfähigen Dritten kauft. Hier soll das Eigenthum nicht auf den Käufer übergehen, sondern bei dem Verkäufer bleiben, und es soll gegen den Verkäufer Eintragung stattfinden, wenn auch für den Käufer schon der Besitztitel berichtigt ist. Das ist unrichtig. Ein Käufer nach der vorausgesetzten Art ist ein Mandatarius. Ein Mandatarius aber, welcher in seinem Namen kauft, wennschon er dadurch im Auftrage handelt, erwirbt für seine Person das Eigenthum der ihm tradirten Sache. O.Tr. Pl. (Pr. 2052) v. 2. Oktober 1848, Entsch. 17 S. 19.

(5. A.) Nach dem jetzt geltenden Recht kann mit einigem Grunde die gestellte Frage nicht aufgeworfen werden. So lange ein Anderer als derjenige, welcher die Eintragung der Hypothek bewilligt hat, als Eigenthümer eingetragen ist, findet die Eintragung der Hypothek nicht statt, selbst wenn sich feststellen ließe, daß nicht der als Eigenthümer Eingetragene, sondern der Konstituent der Hypothek der wahre Eigenthümer wäre. Der Grundbuchrichter darf die Hypothek nur eintragen, wenn derjenige, der die Eintragung bewilligt hat, zur Zeit der Präsentation des Eintragungsantrages der eingetragene Eigenthümer ist. Denn nur dieser hat, und zwar kraft seiner Eintragung, das Recht der Belastung des Grundstücks. (Vgl. Anm. 18 zu §. 404 d. T.) Ihm aber steht dieses Recht Dritten gegenüber, die in gutem Glauben sind, unbedingt zu, gleichviel, ob seine Eintragung anfechtbar ist oder nicht. Ges. über den Eig.=Erw. §§. 5, 9, und 19.

20) Das Wort „Hypothekenbestellung" ist doppelsinnig. Es wird gebraucht sowohl von dem Akte der Erwerbung einer Hypothek (der Eintragung), als auch von der Verlautbarung des Titels (von der Schuld= und Hypothekverschreibung). In der ersten Bedeutung wird der Ausdruck hier gebraucht, und in dieser Bedeutung wird die Hypothekbestellung vor der Besitztitelberichtigung des Bestellers für unzuläßig und ungültig erklärt. (§. 405.) Dagegen kann die Hypothekbestellung in der anderen Bedeutung zu jeder Zeit, also auch vor der Besitztitelberichtigung des Bestellers, rechtsgültig vollzogen und zur Eintragung angemeldet werden. Vergl. unten die Anm. zu §. 19 des Ges. über den Eig.=Erw. Zus. 11.

21) (5. A.) D. h. die Hypothek konvaleszirt, wenn derjenige, welcher sie bewilligt hat, hinterher als Eigenthümer eingetragen wird; nur gegen diejenigen, welche in der Zwischenzeit von dem eingetragenen Eigenthümer ein Recht an dem Grundstück eingeräumt erhalten haben, kann sie nicht geltend gemacht werden. Es fragt sich indeß, ob jene Konvaleszenz noch gegenwärtig eintreten kann.

Nach §. 5 des Gesetzes über den Eig.=Erw. erlangt der Eigenthümer das Recht der Belastung des Grundstücks erst durch seine Eintragung im Grundbuch. Hierzu hatte das Herrenhaus bei der Berathung des Entwurfes einen Zusatz des Inhalts beschlossen: „insofern früher von ihm vorgenommene Rechtshandlungen nicht nach den bisherigen gesetzlichen Bestimmungen mit der erfolgenden Eintragung von selbst in Wirksamkeit treten." Dieser Zusatz bezweckte nach dem Bericht der Kommission die Beibehaltung der Vorschriften des A. L.R. I. 20 §§. 16, 17, 406 u. 407 für Hypotheken und Grundschulden, ist aber von dem Abgeordnetenhause abgelehnt worden. Drucks. H. H. 1871—1872 Nr. 56 S. 2; Werner, die Preuß. Grundbuchgesetze nebst Materialien 2 S. 51 u. 111.

§. 407*. Die vor Berichtigung des Besitztitels eingetragenen Hypotheken folgen hinter einander, nach der Zeit der geschehenen Eintragung[22]).

§. 408*. Ist aber, bei der hiernächst erfolgten Eintragung des Besitztitels für den Schuldner, zugleich ein dingliches Recht für denjenigen, welcher zur Zeit der Eintragung jener Hypotheken, als Eigenthümer der Sache in dem Hypothekenbuche vermerkt war, mit eingetragen worden: so geht ersteres dem letztern vor[23]).

Daraus hat man gefolgert, daß die §§. 406 u. 407 beseitigt seien. Förster, Grundbuchrecht S. 159 und Theorie und Praxis 3. Aufl. 3 S. 394 Note 24; Achilles, die Preuß. Ges. über Grundeigenthum ꝛc. 2. Ausg. S. 42 Note 7 und S. 64 Note 3; Bahlmann, Grundbuchrecht 2. Ausg. S. 37 Note 41; Turnau, Grundbuchordnung S. 210. Neuerdings indeß ist Dernburg dieser Folgerung entgegengetreten. Er bemerkt, „daß die Ablehnung jenes Zusatzes im Abgeordnetenhause, mögen die Motive der Verwerfung gewesen sein, welche sie wollen, nur bewirkte, daß über die fragliche Materie im neuen Gesetze nichts bestimmt sei. Es treten daher in dieser Hinsicht die allgemeinen Grundsätze ein, und diese führen dahin, daß das Recht konvaleszirt, welches ein Nichteigenthümer bewilligte, wenn dieser später Eigenthümer wird, falls der Mangel nur in dem früher fehlenden Eigenthum des Bestellers lag. Dies hat schon das römische Recht anerkannt, obgleich dasselbe im Allgemeinen an der Regel streng festhält: „quod ab initio vitiosum est, non potest tractu temporis convalescere.“ Vergl. L. 5 Cod. si aliena res 8, 16; l. 9 §. 3 D. qui pot. 20, 4. Dieselben Grundsätze nimmt das A. L.R. an: I. 20 §§. 16, 17, 406, 407. Man darf behaupten, daß dessen Bestimmungen noch gelten, weil sie durch die neuen Gesetze, die darüber nichts enthalten, nicht besonders aufgehoben sind.“ Dernburg 1 S. 704 Note 10. Gegen diese Ansicht wird sich kaum Etwas sagen lassen. Das Gesetz über den Eig.-Erw. v. 5. Mai 1872 hat, soweit es das Hypothekenrecht regelt, lediglich die Natur einer Novelle, der gegenüber jeder einzelne Paragraph des Landrechts nach der Richtung hin zu prüfen ist, ob er neben dem neuen Gesetze bestehen kann. Dies scheint aber in Ansehung der §§. 16, 17, 406 und 407 d. T. bejaht werden zu müssen, weil weder der §. 5 noch der §. 19 des Gesetzes eine Vorschrift aufstellt, die mit ihnen unvereinbar wäre.

22) Wenn vor Berichtigung des Besitztitels Hypotheken noch nicht eingetragen, aber zur Eintragung angemeldet sind, so entscheidet auch in Ansehung dieser Hypothekentitel die Reihenfolge der Anmeldungen über die, bei der demnächst nach erfolgter Besitztitelberichtigung vorzunehmenden Eintragung der Hypotheken, denselben gebührende Priorität, jedoch mit Vorbehalt des im §. 408 d. T. angeordneten, im Pl.-Beschl. v. 4. November 1850 (Anm. 23) näher definirten Vorzugsrechts gewisser, von dem früheren Eigenthümer konstituirter Hypotheken. O.Tr. IV (Pr. 2535) v. 20. Juni 1854, Entsch. 28 S. 97.

(5. A.) Der Fall kann jetzt, wenn prompt und ordnungsmäßig verfahren wird, nicht mehr vorkommen. Denn Anträge auf Eintragung von Hypotheken, welche ein Anderer als der eingetragene Eigenthümer bewilligt hat, sind von dem Grundbuchamt sofort zurückzuweisen (Grundbuch-Ordn. §. 46), ein zurückgewiesener Eintragungsantrag aber sichert nicht die Priorität vom Tage seiner Anbringung. O.Tr. III v. 20. Dezember 1872, Str. Arch. 87 S. 285. Nur der begründete Antrag hat die Wirkung, daß auf den Zeitpunkt des Eingangs desselben bei dem Grundbuchamt die Entstehung der hiernächst eingetragenen Hypothek zurückzudatiren ist. O.Tr. III v. 16. Nov. 1866, ebd. 66 S. 164.

23) (5. A. Dernburg erachtet diese Bestimmung gegen die gemeine Meinung (Anm. 21) für fortbestehend. Seiner Ansicht nach beruht dieselbe auf dem Gesichtspunkte der versio in rem zu Gunsten der eingetragenen Gläubiger, deren Pfandrecht der Verkäufer zu Kräften bringt. Natürlich muß der Verkäufer die Priorität für seine Forderung gegenüber den früher eingetragenen Gläubigern erst klagend erstreiten, denn prima facie normirt sich die Priorität nach der Reihenfolge im Grundbuche, bis das bessere Recht des Verkäufers notariell oder gerichtlich anerkannt oder eingetragen ist. Dernburg, Lehrb. 1 S. 705 Note 11.)

Der §. 408 gründet sich auf die Erwägung, daß der neue Besitzer nur einen Titel mit einem Vorbehalte vorlegen kann, gemäß welches Vorbehalts zu allererst für den Vorbesitzer das vorbehaltene Recht eingetragen werden muß, bevor der neue Besitzer zu irgend einer Eintragung befugt wird. Zu vergl. das R. v. 23. April 1833, Jahrb. 41 S. 547. Deshalb können die schon vorher (aus Versehen) wirkungslos eingetragenen Titel des Letzteren (§. 407) nur unter der Bedingung zu Kräften kommen, daß sie hinter die für den bisherigen Besitzer bei Eintragung der Besitzveränderung eingeschriebene Hypothek zurücktreten.

Aus dem, den §. 408 stützenden Rechtsgrunde folgt, daß die Vorschrift nur von solchen Hypotheken gilt, die bei der Veräußerung vorbehalten oder bedungen worden sind. Das O.Tr. hatte aber durch das Erk. (Pr. 1094) v. 14. Jan. 1842 ausgesprochen: „Wenn bei der Berichtigung des Besitztitels für den neuen Erwerber eines Grundstücks zugleich für den bisherigen als Eigenthümer der

§. 409*. Der Richter, welcher Hypothekenrechte gegen einen solchen, der noch nicht als Eigenthümer im Grundbuche vermerkt ist, einträgt, haftet für allen aus einer solchen ordnungswidrigen Eintragung erwachsenden Schaden.

10. Grundbuch-Ordnung vom 5. Mai 1872.

§. 29. Die Beamten des Grundbuchamts haften für jedes Versehen bei Wahrnehmung ihrer Amtspflichten, soweit für den Beschädigten von anderer Seite her Ersatz nicht zu erlangen ist.

Soweit der Beschädigte nicht im Stande ist, Ersatz seines Schadens von dem Grundbuchbeamten zu erhalten, haftet ihm für denselben der Staat.

§. 410*. Jede, auf den Grund eines an sich rechtsgültigen Titels, gegen den eingetragenen Besitzer[24]) erfolgte Hypothekenbestellung[25]), behält ihre Kraft, wenn sich gleich in der Folge findet, daß dieser Besitzer nicht der wahre Eigenthümer gewesen sei[26]). (Tit. 10, §§. 7—11.)

Sache im Hypothekenbuche vermerkten Besitzer ein dingliches Recht mit eingetragen wird: so hat letzteres vor den, von dem neuen Erwerber vor der Eintragung seines Besitztitels bestellten Hypotheken, auch dann den Vorzug, wenn der bisherige Besitzer den Titel zu dem dinglichen Rechte nicht in dem Vertrage wegen Ueberlassung des Grundstückes, sondern erst später, sei es durch Einräumung seitens des neuen Erwerbers, oder durch richterliche Verfügung, erworben hat." Entsch. 7 S. 220. Dieser Satz ist weder durch die beigegebenen, unzutreffenden Gründe gerechtfertigt, noch überhaupt zu begründen, und ich bin ihm bald entgegen getreten mit der Behauptung, daß er jedenfalls beschränkt werden müsse auf Forderungen und Rechte, welche aus dem Uebertragungsgeschäfte entstanden sind. Koch, Beurtheilung der Entsch. S. 500. Dem ist Rechnung getragen durch den Pl.-Beschl. (Pr. 2244) v. 4. November 1850: „Der Vorzug (die Priorität) eines dinglichen Rechts, welches bei Berichtigung des Besitztitels für denjenigen, welcher als Eigenthümer der Sache im Hypothekenbuche vermerkt war, mit eingetragen worden, vor den von dem Erwerber der Sache vor der Besitztitelberichtigung eingeräumten und vor oder bei der letzteren eingetragenen Hypothekenrechten, beschränkt sich auf solche Forderungen, die sich auf das Veräußerungsgeschäft beziehen." Entsch. 20 S. 29. In gleicher Weise gebührt, wenn von mehreren Testamentserben der Eine die Grundstücke des Testators mit der ihm auferlegten Verpflichtung, den anderen Erben in Geldsummen bestimmte Erbtheile auszukehren, ererbt, das Testament zur Umschreibung des Besitztitels zu den Grundakten eingereicht, mit den ererbten Grundstücken eine neue Hypothek bestellt hat, und sowohl diese neue Hypothek, als jene Erbgelder, vor wirklich erfolgter Umschreibung des Besitztitels, die neue Hypothek aber früher als die Erbgelder zur Eintragung angemeldet worden ist, — den Erbgeldern die Priorität vor der neuen Hypothek. Erk. dess. v. 25. Februar 1867, Entsch. 58 S. 202. Den gleichen Grundsatz hatte das L.R. im Th. II Tit. 14 §. 55 bezüglich auf das fiskalische — nun aufgehobene — Vorrecht gegen eingetragene Gläubiger festgesetzt. —

Wenn das Hypothekenbuch noch nicht angelegt war, so kann der Käufer des Grundstücks die bei Berichtigung des Besitztitels für den Verkäufer und Käufer gleichzeitig erfolgte Eintragung einer dinglichen Last, welche von dem Verkäufer bei seinem Erwerbe des Grundstücks vertragsmäßig übernommen und deren Eintragung von dem Berechtigten beantragt war, als zur Ungebühr geschehen, nicht deshalb anfechten, weil er bei Erwerbung des Grundstücks jene Last weder übernommen, noch Kenntniß von ihrem Bestehen gehabt habe. O.Tr. v. 18. Novbr. 1859, Entsch. 42 S. 150. Denn hier hat der Rechtsgrundsatz, daß Niemand mehr Rechte übertragen könne, als er selbst hat, vollen Raum, da der Glaube des Hypothekenbuches, weil ein solches noch nicht vorhanden ist, nicht eingreifen kann. Aus diesem Grunde allein ist das Erk. des O.Tr., abgesehen von allem sonst in den Motiven Gesagten, völlig gerechtfertigt. Das Gesagte trifft den Punkt nicht.

24) (5. A.) Das ist im Sinne des Gesetzes v. 5. Mai 1872 derjenige, welcher im Grundbuche als Eigenthümer eingetragen ist.

25) (5. A.) Das Wort „Hypothekenbestellung" bezeichnet hier die Eintragung der Hypothek. Vgl. Anm. 20 zu §. 406. Anders §§. 488 u. 489.

26) (5. A. Das Gesetz über den Eig.-Erw. v. 5. Mai 1872 bestimmt unter §. 9: „Die Eintragung des Eigenthumsüberganges und deren Folgen können nach den Vorschriften des bürgerlichen Rechts angefochten werden. Es bleiben jedoch die in der Zwischenzeit von dritten Personen gegen Entgelt und im redlichen Glauben an die Richtigkeit des Grundbuches erworbenen Rechte in Kraft." Auch auf die Vorschrift des §. 410 d. T. konnte sich nur der im guten Glauben befindliche Hypothekengläubiger berufen. Siehe hierüber Paris, Kollision der Hypothek mit dem Eigenthum. Cöslin 1875.)

„Die Eintragung einer hypothekarischen Forderung, welche zu einer Zeit nachgesucht und bewirkt ist, zu welcher derjenige, welcher die Hypothek bestellt hat, in dem Hypothekenbuche als Besitzer eingetragen stand, verliert, insofern der Hypothekengläubiger in gutem Glauben sich befindet, nicht ihre rechtliche Wirksamkeit, wenn auch das Grundstück bereits vor Bestellung und Eintragung der Hypothek aus dem Eigenthume dessen, der die Hypothek bestellt hat, herausgegangen war und von Seiten des instrumentirenden Notars Abschrift des Veräußerungsvertrages zu den Hypothekenakten eingereicht worden, ohne daß jedoch auf Grund dieses Vertrages Eintragung und Protestation zur Sicherheit des neuen Erwerbers nachgesucht und erfolgt ist." Mit diesem Satze ist das Erkenntniß des O.Tr. III v. 28. Januar 1853 überschrieben. Entsch. 24 S. 386. Die Fassung ist unzutreffend darin, daß es sich nicht um den Verlust der Wirksamkeit, sondern von dem Eintritte derselben handelt. — Uebrigens gilt das, was vom Ganzen, auch von Theilen. Vergl. die Anm. zu §. 443 d. T.

Bedingung der Kraft einer solchen Hypothekbestellung ist, daß der Hypotheknehmer sich in gutem Glauben befinde. Darauf bezieht sich das Erk. des O.Tr. III (Pr. 677) v. 14. Mai 1839: „Weiß der Gläubiger zur Zeit der Hypothekenbestellung und Eintragung seiner Forderung, daß der im Hypothekenbuche eingetragene Besitzer, der die Hypothek bestellt hat, nicht wahrer Eigenthümer des Grundstücks sei, so kann er von seinem Hypothekenrechte zum Nachtheile des wahren Eigenthümers keinen Gebrauch machen." Hierher gehört auch das Erk. dess. (Pr. 1367) v. 11. Nov. 1843: „Die gesetzlich einer jeden, auf den Grund eines an sich rechtsgültigen Titels gegen den eingetragenen Besitzer erfolgten Hypothekenbestellung auch für den Fall beigelegte dingliche Kraft, wenn sich gleich in der Folge findet, daß dieser eingetragene Besitzer nicht der wahre Eigenthümer gewesen sei, setzt in der Anwendung den Fall der wirklich stattgefundenen Eintragung der Forderung voraus. Dagegen kann der Fall, wenn der Gläubiger auf den Grund eines gültigen Titels zur Hypothek gegen den eingetragenen Besitzer, die Eintragung zwar nachgesucht, diese aber, wegen eines, von dem dritten Besitzer des Grundstücks gleich nachher eingelegten Widerspruchs gegen die Eintragung, nicht stattgefunden hat, nicht unter die Vorschriften über die Wirkung eines durch die Eintragung entstandenen Hypothekenrechts gestellt werden." Entsch. 9 S. 286. Die Erwerbung der Hypothek ist durch die nun eingetretene mala fides des Hypothekenprätendenten rechtlich unmöglich geworden. Von einer mala fides kann aber dann keine Rede sein, wenn die Hypothekenbestellung vor dem Eigenthumswechsel stattgefunden hat. „Der nicht eingetragene Erwerber eines Grundstücks kann, der an ihn erfolgten Uebergabe ungeachtet, einem Gläubiger, dessen Hypothek vor der Eigenthumsveräußerung bestellt und bei der Hypothekenbehörde präsentirt worden, die Eintragung in das Hypothekenbuch nicht bestreiten, und macht es hierbei keinen Unterschied, ob der Gläubiger sein Recht von einem bereits eingetragenen Besitzer oder von einem solchen ableitet, dessen Besitztitel erst später berichtigt worden ist." O.Tr. Pl. (Pr. 2190) v. 21. Jan. 1850, Entsch. 19 S. 18. (5. A. Auch steht es dem Recht des Gläubigers auf Eintragung nicht entgegen, wenn nach Eingang des Eintragungsgesuchs der neue Eigenthümer die Berichtigung seines Besitztitels nachsucht. O.Tr. III v. 2. Dez. 1870, Entsch. 64 S. 128. Neuerdings hat das Obertribunal angenommen, daß der Käufer eines Grundstücks die Gültigkeit einer im Wege der Exekution eingetragenen Forderung der Gerichtskasse gegen den Verkäufer auch dann nicht anfechten könne, wenn der Antrag auf Eintragung erst gestellt ist, als sich der Veräußerungsvertrag bereits bei den Hypothekenakten befand, und wenn auch der Rendant der Kasse diesen Vertrag gekannt hat. Erk. v. 13. Nov. 1874. Zur Begründung dieses von Paris a. a. O. mitgetheilten Ausspruches ist auf die erwähnten Entscheidungen Bezug genommen und nur noch ausgeführt, daß die Eintragung völlig legal gewesen sei und der Hypothekenrichter keine Veranlassung gehabt habe, dem Kassenkurator, auf dessen bona fides es allein angekommen sei, von dem Veräußerungsvertrage Kenntniß zu geben). Ist dagegen der Besitztitel einmal berichtigt, so braucht der Erwerber sich die Eintragung einer von seinem Vorbesitzer bestellten Hypothek nicht mehr gefallen zu lassen. O.Tr. III v. 11. Mai 1857, Entsch. 35 S. 422. (5. A. Vergl. auch das Erk. dess. vom 29. Juni 1874, ebd. 73 S. 94.) —

„Die Vorschrift des §. 410 kommt auch bei den im Wege der Exekution eingetragenen Hypotheken zur Anwendung." O.Tr. Pl. (Pr. 380) v. 18. Dez. 1837, Entsch. 3 S. 235, und III v. 20. Jan. 1854, Entsch. 26 S. 324; Str. Arch. 11 S. 253. Das Gleiche gilt bei richterlichen Ueberweisungen eingetragener Posten. O.Tr. Pl. v. 7. Mai 1855, Entsch. 30 S. 408.

Der §. 410 setzt, wie bereits hervorgehoben, den guten Glauben des Hypothekennehmers voraus; über den Zeitpunkt, in welchem der gute Glaube vorhanden sein muß, entscheidet er nicht, und der entscheidende §. 10 Tit. 10, auf welchen verwiesen wird, handelt unmittelbar nur von Verträgen. Nach einer Meinung, die sich in die Praxis Eingang verschafft und vielen Schaden angerichtet hat, sollte es genügen, wenn der gute Glaube zu der Zeit, wo der Antrag auf Eintragung dem Hypothekenrichter vorgelegt wird, vorhanden, so daß, wenn dem Exekutionssucher auch vor der Eintragung gesagt worden, der Schuldner sei nicht mehr Eigenthümer, durch die durch Beschwerde und den darauf, zufolge jener Meinung, ergangenen Befehl mancher Appellationsgerichte erzwungene Eintragung dennoch eine gültige Hypothek gegen den dritten Eigenthümer erworben worden sein sollte. Die handgreifliche völlige Grundlosigkeit dieser Meinung hat das O.Tr. schlagend bewiesen, bei Rechtfertigung des Rechtssatzes: „Zur rechtsgültigen Erwerbung eines im Wege der Exekution eingetragenen Hypothekenrechts genügt es nicht, daß der Gläubiger zu der Zeit, als er bei der Hypothekenbehörde die Eintragung der gegen den titulirten Besitzer erstrittenen Forderung in Antrag bringt, in dem Glauden handelte, daß der titulirte Besitzer Eigenthümer des Grundstücks sei. Die erfolgte Eintragung ist vielmehr für den Gläubiger wirkungslos, wenn schon vor diesem Antrage die Veräußerung des Grundstücks erfolgt war, der neue Erwerber das Erwerbsdokument zu den Hypothekenakten eingereicht, auf Umschreibung des Besitztitels angetragen und die Hypothekenbehörde den Gläubiger auf sein Eintragungsgesuch hiervon in Kenntniß gesetzt hat." O.Tr. III (Pr. 2346) v. 30. Jan. 1852, Entsch. 22 S. 229. Das Pr. giebt den Rechtsfall, auf welchen es sich bezieht, gerade so wieder, wie er lag. Daraus darf nicht geschlossen werden, daß die Thatumstände nothwendig alle zusammen treffen müssen, um die Eintragung wirkungslos zu machen. Insbesondere ist dazu nicht erforderlich, daß der Erwerber bereits auf Einschreibung seines Besitztitels angetragen habe. Das allein Erhebliche ist das, daß dem Gläubiger vom Gerichte gesagt worden, sein Schuldner sei nicht mehr Eigenthümer. Denn, sagt das O.Tr., hierdurch wurde der Gläubiger in malam fidem versetzt, und diese machte ihm die Erwerbung einer Hypothek — die erst durch die wirkliche Eintragung erworben wird (§. 411) — rechtlich unmöglich. S. 240 a. a. O. Ist in solchem Falle die Benachrichtigung des Gläubigers vor der Besitzveränderung durch ein Versehen des Hypothekenrichters unterblieben und erlangt somit der Gläubiger ein gültiges Hypothekenrecht gegen den wahren Eigenthümer, so kann jenes Versehen den Verlust dieses Rechts für ihn nicht zur Folge haben. Erk. dess. v. 11. Dezbr. 1865, Str. Arch. 62 S. 81. Der im Wege der Exekution gegen den eingetragenen Besitzer die Eintragung suchende Gläubiger, welcher zwar erst nach Anbringung seines Gesuchs, aber noch vor verfügter Eintragung der Hypothek Wissenschaft davon erlangt hat, daß der eingetragene Besitzer nicht der wahre Eigenthümer sei, kann gegen den Letzteren sein Hypothekenrecht nicht geltend machen. Erk. dess. v. 16. Dez. 1853, Str. Arch. 11 S. 149.

(5. A. Auch nach dem Gesetz über den Eig.-Erw. §. 9 ist anzunehmen, daß für die Redlichkeit des Gläubigers die Eintragung der Hypothek der maßgebende Zeitpunkt ist. Turnau, Grundbuch-O. S. 337.)

„Der im §. 410 ausgesprochene Grundsatz findet auch Anwendung, wenn nicht eine förmliche Hypothekbestellung, sondern eine protestatio pro conservando loco im Wege der Exekution für den Gläubiger eingetragen worden ist." O.Tr. II (Pr. 981) v. 12. Febr. 1841, Pr.-Samml. S. 114.

„Ist eine Hypothekenforderung bei dem Widerspruche des eingetragenen Besitzers gegen die Legitimation des Nachsuchenden als Cessionars oder Erben nur protestativisch eingetragen, demnächst aber in dem Prozesse zwischen diesen Beiden die Legitimation des nachsuchenden Gläubigers rechtskräftig festgestellt; so kann sich der Letztere mit der Hypothekenklage an das Grundstück halten und die Subhastation desselben auch gegen den dritten Besitzer ausbringen, ohne daß dieser, selbst wenn er schon zur Zeit der protestativischen Eintragung das wirkliche Eigenthum erlangt hatte, die Wirksamkeit des gegen seinen eingetragenen Vorbesitzer ergangenen Judikats weiter in Frage stellen darf, und ohne insbesondere auch einwenden zu können, daß die protestativische Eintragung erst in eine unbedingte umgeschrieben werden müsse." O.Tr. III (Pr. 1821) v. 29. Dezbr. 1846, Entsch. 14 S. 274. Die protestative Eintragung ist nichts anderes als die bedingte Eintragung der Hypothek. Fällt die Bedingung weg, so verliert die Eintragung ihre Kraft; tritt sie aber ein, so wirkt sie ebenso, als wenn sie von Anfang unbedingt geschehen wäre. Denn das Eingetragene ist in der That die Hypothek selbst, nur die Eintragung (die Handlung) ist mit einem Vorbehalte vollzogen. Zu vergl. die Anm. 26. — Der wirkliche, im Hypothekenbuche aber noch nicht eingetragene Eigenthümer muß also das Hypothekenrecht eines Gläubigers seines noch eingetragenen Vorbesitzers anerkennen, wenn die Forderung des Gläubigers behufs protestativischer Eintragung zu den Grundakten bereits angemeldet ist, bevor der Antrag des wirklichen Eigenthümers auf Besitztitelberichtigung eingeht, mag auch die Eintragung der Forderung selbst erst später verfügt sein. Erk. dess. v. 21. März 1851, Str. Arch. 1 S. 324. Vorausgesetzt ist der gute Glaube des Gläubigers zur Zeit der verfügten Eintragung. O.Tr. III (Pr. 2346) v. 30. Jan. 1852, Entsch. 22 S. 229, und v. 4. Juli 1855, Str. Arch. 18 S. 84.

Nicht von dieser Wirkung ist ein eingetragener Arrest. „Eine im Wege des Arrestes gegen den eingetragenen Besitzer eingetragene protestatio de non amplius disponendo s. intabulando hat keine Wirkung gegen den wahren Eigenthümer, der das Grundstück schon vor der Beschlagnahme erworben und übertragen erhalten, aber bis dahin seinen Besitztitel noch nicht hat eintragen lassen." O.Tr. III (Pr. 1459) v. 8. Juni 1844, Entsch. 10 S. 160. Denn der Arrest ist kein Realrecht, sondern nur ein faktisches Hinderniß gegen künftige Verfügungen, vermag aber bereits geschehene gültige Veräußerungen nicht aufzuheben und trifft den dritten wahren Eigenthümer überhaupt nicht. (5. A. O.Tr. III v. 3. Nov. 1871, Str. Arch. 82 S. 360. Hierin ist für den Fall, daß die Eintragung des Arrestaten als Eigenthümers von dem wahren Eigenthümer angefochten wird, durch das Gesetz über den Eigenthumserwerb v. 5. Mai 1872 §. 9 nichts geändert. Behrend, in seiner und Dahn's Zeitschrift für die deutsche Gesetzgebung ꝛc. 7 S. 124.) Gegen die später eingetragene Hypothek behält der eingetragene Arrest seine Wirkung, auch wenn die Hypothek auf einem älteren, von einem früheren Eigenthümer sich herschreibenden Titel beruht. O.Tr. IV v. 31. Mai 1850, Entsch. 19 S. 218. (5. A.) Vergl. das Ges. v. 5. Mai 1872 §. 22 und die Anm. 30 dazu.

11. Gesetz über den Eigenthumserwerb und die dingliche Belastung der Grundstücke, Bergwerke und selbstständigen Gerechtigkeiten. Vom 5. Mai 1872. (G.S. S. 433.)

Dritter Abschnitt*).

Von dem Recht der Hypothek und der Grundschuld.

§. 18. Das Recht der Hypothek und der Grundschuld entsteht durch die Eintragung im Grundbuch [27]). 1. Von der Begründung dieser Rechte.

§. 19. Die Eintragung erfolgt:

1) wenn der eingetragene oder seine Eintragung gleichzeitig erlangende Eigenthümer sie bewilligt [28]).

---

*) (5. A.) Die Staatsregierung beabsichtigte, durch diesen Abschnitt das Hypothekenrecht einheitlich zu ordnen, und zwar in dem Sinne, daß die Hypothek losgelöst von dem ihr zu Grunde liegenden Schuldverhältnisse behandelt würde. Der Verfasser der dem Entwurf des Gesetzes beigegebenen Motive konnte deshalb mit Recht die Aufhebung der Bestimmungen des A. L.R. I. 20 §§. 227—238, 242, 390—457 und 466—535, der Anhangsparagraphen 52, 53 u. 54 und der Deklarationen v. 3. April 1824 u. v. 21. März 1835 in Aussicht nehmen. Bei der Gestalt, die das Gesetz im Landtage erhalten hat, trifft aber diese Auffassung nicht mehr zu. Das Herrenhaus fand es nämlich bedenklich, die eine Form der Kapitalsbelastung der Grundstücke als die ausschließliche anzunehmen. In Folge dessen ist die Beibehaltung der landrechtlichen (accessorischen) Hypothek neben der selbstständigen Hypothek des Entwurfes und die Bezeichnung der letzteren mit dem Namen Grundschuld beschlossen worden. Vergl. die Materialien bei Werner, die Preußischen Grundbuch- und Hypothekengesetze 2 S. 21, 35, 53. Von einer Beseitigung der bisherigen Vorschriften über die Hypothek kann hiernach nur insoweit die Rede sein, als dieselben mit dem neuen Gesetze unvereinbar sind. Das ältere Recht ist überdies noch auf alle die Hypotheken anwendbar, welche vor dem am 1. Okt. 1872 erfolgten Eintritt der Geltung des Gesetzes v. 5. Mai zur Eintragung gelangt sind, vorausgesetzt natürlich, daß nicht einzelne Bestimmungen des letzteren die Tendenz erkennen lassen, auch die alten Hypotheken zu treffen.

Diese Gesichtspunkte sind bei der vorliegenden Bearbeitung des Hypothekenrechts leitend gewesen. Eine vollständige Kommentirung des Gesetzes über den Eigenthumserwerb liegt nicht in dem Plane der neuen Ausgabe des Koch'schen Landrechts. Siehe die Anm. * zur Ueberschrift des neunzehnten Titels.

Aus der Literatur sind hervorzuheben: 1. Kommentare: Philler, das Gesetz über den Eigenthumserwerb u. s. w. v. 5. Mai 1872, dazu zwei Nachtragshefte aus dem Jahre 1873; Bahlmann, das Preußische Grundbuchrecht, 2. Ausg. 1872; Achilles, die Preußischen Gesetze über Grundeigenthum und Hypothekenrecht v. 5. Mai 1872, 2. Ausg. 1873; Werner, die Preußischen Grundbuch- und Hypothekengesetze v. 5. Mai 1872 mit Einleitung und Noten, 1873 (nicht zu verwechseln mit dem oben in Bezug genommenen Werke); Turnau, die Grundbuchordnung v. 5. Mai 1872 mit Ergänzungen und Erläuterungen, 1874; 2. systematische Werke: Förster, Preußisches Grundbuchrecht, 1872; Delius, das Grundeigenthum und die Rechte der Grundgläubiger nach dem Allg. Landrecht und den Gesetzen v. 5. Mai 1872, 1872; Heidenfeld, das Preußische Immobiliarrecht nach den Gesetzen vom 5. Mai 1872, 1873 (im Wesentlichen ein Separatabdruck der gleichnamigen Abhandlung aus der Juristischen Wochenschrift der Jahre 1872 und 1873); Förster, Theorie und Praxis des heutigen gemeinen preußischen Privatrechts, 3. Ausg. 1874, 3 S. 455—489; Dernburg, Lehrbuch des Preußischen Privatrechts, 1875, 1 S. 690—788; 3. Erörterungen aus dem Grundbuchrecht: John, Erörterung einiger praktischen Fragen, 1873; Neubauer, Kontroversen, 1874; Anonym, die Grundbuchordnung im Lichte und Dunkel der Praxis. Griesgrämliche Herzensergießungen eines alten Praktikers, 1874; Loebell, Studien zur Grundbuchordnung, 1875; zahlreiche Abhandlungen, welche durch Gruchot's Beiträge zur Erläuterung des deutschen Rechts, Jahrg. 17 ff., und durch Behrend's Zeitschrift für die deutsche Gesetzgebung ꝛc., Bd. 6 ff. veröffentlicht worden sind; 4. Johow, Jahrbuch für endgültige Entscheidungen der preußischen Appellationsgerichte Bd. 2—4. In diesem Werke sind vorzugsweise die das Grundbuchwesen betreffenden Verfügungen der Beschwerdeinstanz berücksichtigt.

27) (5. A.) Für die Hypothek findet sich das nämliche Prinzip bereits in dem §. 411 d. T.

28) (5. A.) Der Wille des Eigenthümers bildet hiernach den Rechtsgrund für die Eintragung. Man nennt dies das Konsensprinzip des Gesetzes. (Vergl. die §§. 3, 4, 399—403 d. T. und die Anm. dazu.) Die Bestimmungen des §. 19 unter Nr. 2 und 3 sind nicht Ausnahmen von dem Prinzip, sondern Anwendungen desselben. Denn dem Falle, in welchem Jemand thatsächlich will, steht es rechtlich gleich, wenn derselbe wollen muß (Nr. 2) oder für ihn ein Anderer kraft gesetzlicher Befugniß den Willen äußert (Nr. 3). Der Wille genügt in der Regel. Nur wenn der Eigenthümer die Eintragung einer Hypothek bewilligt, muß er den Grund seines Willens — den Schuldgrund — mit angeben.

Die Bewilligung kann mit Angabe eines Schuldgrundes geschehen (Hypothek), oder ohne An=

Mit dem Konsensprinzip nicht zu verwechseln ist die Vorschrift der Grundbuch=O. §. 30, nach welcher die Grundbuchämter in den gesetzlich nicht ausgenommenen Fällen nur auf Antrag verfahren dürfen. Die Bewilligung ist die materielle Voraussetzung, der Antrag die formelle Veranlassung für die Thätigkeit des Amtes. Das Gesetz sagt ausdrücklich nicht, wen es als befugt zur Stellung des Antrages auf Eintragung ansieht. Darüber besteht indeß kein Zweifel, daß der Eigenthümer, von dessen Bewilligung die Eintragung abhängt, auch legitimirt sein muß, die Eintragung nachzusuchen. Streit ist nur darüber, ob die Legitimation hierzu auch dem Gläubiger beiwohnt, der die Bewilligungsurkunde dem Grundbuchamt überreicht. Aus inneren Gründen ist die Bejahung der Frage ohne Bedenken. Denn der Eigenthümer, der die Eintragung urkundlich bewilligt und die Urkunde dem Gläubiger überläßt, ermächtigt denselben dadurch zugleich, den erforderlichen Antrag zu stellen. Auch ist zu beachten, daß dingliche Rechte und Vormerkungen, überhaupt Vermerke, welche in die zweite Abtheilung des Grundbuches gehören, nach §. 13 auf den Antrag des Berechtigten eingetragen werden können und daß dieser Antrag auch in dem Falle des §. 19 Nr. 2 ausdrücklich für ausreichend erklärt worden ist. Der Verfasser des Entwurfes des Gesetzes hatte freilich den Antrag des Eigenthümers immer für nöthig gehalten und deshalb anstatt „bewilligt" ursprünglich „beantragt" gesetzt. Es hängt damit zusammen, daß die Grundbuch=O. unter §. 122 die Aushändigung des Hypotheken= und des Grundschuldbriefes an den Eigenthümer vorgeschrieben und daß das Stempelgesetz vom 5. Mai 1872 §. 8 nicht die Bewilligung, sondern nur den Antrag des Eigenthümers auf Eintragung einer Hypothek oder Grundschuld als stempelpflichtig bezeichnet hat. Allein der Umstand, daß man schließlich sich für das Wort „bewilligt" entschieden hat, kann doch füglich nicht anders gedeutet werden, als daß von dem Erforderniß eines Antrages des Eigenthümers als conditio sine qua non der Eintragung hat abgesehen werden sollen. Und wenn damit die Bestimmungen der Grundbuchordnung und des Stempelgesetzes nicht ganz im Einklang stehen, so beweist das nur, daß man es übersehen hat, ihre Fassung zu ändern. Achilles S. 64. Derselben Meinung sind: Johow, in seinem Jahrbuch 2 S. 239; Werner S. LVIII; Neubauer S. 27; Philler, Nachtragsheft 1 S. 4; Turnau S. 381; Dernburg 1 S. 704 Note 8. Für die hier bekämpfte Auffassung sind eingetreten: Bahlmann S. 72; John S. 13 u. 24; Förster, Th. u. Pr. 3 S. 458 Note 17. Die Praxis schwankt noch. Das Appellationsgericht zu Stettin hat in einer Verfügung v. 25. Febr. 1873, Johow, Jahrb. 3 S. 136, den Antrag des Gläubigers auf Grund der Bewilligung des Eigenthümers für ausreichend erklärt. Das Appellationsgericht zu Posen dagegen hat in einer Verfügung v. 3. Jan. 1874 nur dem Eigenthümer die Berechtigung zur Stellung des Antrages zuerkannt, weil er es ist, von dem die Bewilligung ausgehen muß, und das Gesetz nur in den Fällen der §§. 13 und 19 Nr. 2 den Antrag des Berechtigten genügen ließe. Johow 4 S. 163. Wohin diese Auffassung führt, zeigt eine Verfügung desselben Gerichts v. 25. Okt. 1873, durch welche ein Eigenthümer, der in der Verpfändungsurkunde die Eintragung bewilligt und beantragt hatte, ungeachtet der Annahme seiner Erklärung Seitens des Gläubigers in derselben Urkunde, für berechtigt erachtet worden ist, den Antrag bei dem Grundbuchamt zurückzuziehen. S. 164 a. a. O. — Der Verfasser der „griesgrämlichen Herzensergießungen" bemerkt S. 41 nach Erwähnung der John'schen Ansicht: „Wäre das wirklich aus dem harmlosen Text herauszulesen und (man will es freilich aus den Motiven herauskonstruiren?!) wirklich richtig, so wäre es wenigstens — zum Verzweifeln." —

Wenn der Eigenthümer selbst den Antrag auf Eintragung stellt, so bedarf es nicht noch einer besonderen Eintragungsbewilligung. Denn die Bewilligung ist in dem Antrage enthalten, ja sie findet in demselben sogar ihren „stärksten Ausdruck". Johow, in seinem Jahrb. 2 S. 242; Turnau S. 135; Verf. des Appell.=Ger. zu Posen v. 12. Okt. 1872, Johow a. a. O. 3 S. 137. —

Soll die Eintragung auf ein Grundstück erfolgen, als dessen Eigenthümer Eheleute eingetragen sind, die mit einander in Gütergemeinschaft leben, so muß sie von beiden Eheleuten bewilligt werden. Die Genehmigung der Verpfändungserklärung des Mannes Seitens der Frau genügt nicht. Verf. des App.=Ger. zu Posen v. 9. Nov. 1872, Johow 3 S. 138. Dagegen ist die Zuziehung der Frau überhaupt nicht erforderlich, wenn weder deren Miteigenthum eingetragen, noch die Existenz der gütergemeinschaftlichen Ehe aus dem Grundbuch ersichtlich ist. Verf. des Appel.=Ger. zu Stettin v. 22. April 1874, ebd. 4 S. 68. Auch reicht die Bewilligung des Mannes aus, wenn derselbe allein ein Grundstück erwirbt und bei der Auflassung die Eintragung einer Restkaufgeldhypothek bewilligt. Denn dann gelangt das Grundstück nur mit dem Vorbehalt der Belastung in die Gütergemeinschaft. Verf. des App.=Ger. zu Cöslin vom Jahre 1874, ebend. S. 148. —

Der Eigenthümer ist erst dann befugt, eine Eintragung zu bewilligen, wenn er selber eingetragen ist oder doch wenigstens seine Eintragung als Eigenthümer gleichzeitig erlangt. Der letztere Fall liegt dann vor, wenn der Erwerber die Auflassung erhalten oder nach Erwerbung des Eigenthums ohne Auflassung seine Eintragung als Eigenthümer beantragt und zugleich oder später die Eintragung der Post bewilligt hat, vorausgesetzt, daß er auf Grund der Auflassung oder in Gemäßheit seines Antrags wirklich als Eigenthümer eingetragen wird. Daß die Eintragungsbewilligung nicht in demselben Protokoll, durch welches die Auflassung beurkundet ist, enthalten zu

gabe eines Schuldgrundes (Grundschuld)[29]). Im ersteren Falle muß die Schuldurkunde vorgelegt werden;

sein braucht, ist selbstverständlich. Verf. des Kammergerichts v. 7. Jan. 1874, Johow 4 S. 147. Dagegen ist streitig, ob die Eintragungsbewilligung, welche der Eigenthümer vor der Auflassung erklärt hat, durch dessen Eintragung auf Grund der Auflassung konvaleszirt. Dernburg nimmt die Konvaleszenz an. Nach der gewöhnlichen Meinung soll dieselbe indeß ausgeschlossen sein. Siehe oben die Anm. 21 zu §. 406 d. T. Die Praxis fordert, soviel bekannt, Wiederholung der vorzeitigen Bewilligung. Neubauer S. 40; Verf. des App.-Ger. zu Stettin v. 12. Juni 1873, Johow 3 S. 140. Wenn diese Ansicht richtig ist, so muß nach allgemeinen Rechtsgrundsätzen derjenige, welcher die Eintragung verlangt, dem Grundbuchamt urkundlich beweisen, daß dieselbe vor der Auflassung bewilligt worden ist. Man hat angenommen, daß dieser Beweis geführt sei, wenn die Betheiligten in der am Tage der Auflassung notariell errichteten Bewilligungsurkunde erklärt haben, die Auflassung sei bereits erfolgt. Verf. des App.-Ger. zu Posen vom 14. Juni 1873, Johow 3 S. 140. Das Irrige dieser Annahme liegt jedoch auf der Hand. Der notarielle Akt beweist an sich nur die Erklärung der Parteien. Diese Erklärung aber beweist nichts für die Zeit der Auflassung. Note * a. a. O. —

Der Gläubiger, der die Eintragung beantragt, ist nicht befugt, die Eintragungsbewilligung des Eigenthümers zu modifiziren. Verf. des Kammergerichts v. 11. Juni 1874, Johow 4 S. 152.

Ueber die Form der Anträge siehe die Grundb.-O. v. 5. Mai 1872 §§. 33 ff.

29) (5. A.) Die Gültigkeit der Hypothek ist durch die Gültigkeit des Anspruchs bedingt, der durch dieselbe gesichert werden soll. (§. 415 d. T.) Der (persönliche) Schuldgrund ist daher in dem Grade wesentlich, daß ohne dessen Angabe die Hypothek nicht eingetragen werden darf. Die Grundschuld dagegen ist von dem Gesetzgeber als unabhängig von dem persönlichen Schuldverhältnisse gedacht. Ihr Rechtsgrund liegt lediglich in dem Willen desjenigen, der ihre Eintragung bewilligt hat. Werner, Materialien S. 22, 54, 112. Der Schuldgrund findet demgemäß keinen Platz in der Eintragungsbewilligung. Man bezeichnet die Grundschuld als ein selbstständiges dingliches Recht, als eine selbstständige dingliche Belastung. Damit ist jedoch für die juristische Konstruktion nur wenig gewonnen. Eine Reallast ist die Grundschuld nicht. Denn eine solche Last ist auf die Dauer berechnet. Die Grundschuld dagegen soll nach einer bestimmten Zeit oder nach erfolgter Kündigung bezahlt werden. Eine Hypothek aber soll sie nicht sein. Denn das Gesetz stellt sie der Hypothek gegenüber. Bei näherer Betrachtung indeß findet man, daß beide Formen der Kapitalsbelastung der Grundstücke in ihrem Wesen nicht so sehr verschieden sind, als es bei dem ersten Blick den Anschein hat.

Das Gesetz bezeichnet im Fall der Grundschuld den Berechtigten als den Gläubiger (§§. 20, 27, 28, 37, 42, 43, 45 u. s. w.). Daraus folgt, daß auch ein Schuldner vorhanden sein muß. Das Grundstück aber, welches dem Gläubiger haftet, kann nur uneigentlich als der Schuldner angesehen werden. Denn eine Schuld setzt immer eine Person voraus, welcher die Tilgung obliegt. Diese Person aber ist dem Grundschuldgläubiger gegenüber der Eigenthümer des Grundstücks, auf welchem die Schuld eingetragen ist. Der Eigenthümer wird in dem Gesetz §. 61 und der Grundbuchordn. §. 95 geradezu als der Schuldner hingestellt. Er haftet dem Gläubiger für die Tilgung der Schuld mit dem Grundstück in Gemäßheit des Gesetzes §§. 30, 32, 37. Darüber sind die meisten Schriftsteller im Grunde einig, daß das dingliche Recht bei der Grundschuld ebenso wie bei der Hypothek zur Sicherung eines Anspruchs dient. Förster, Grundbuchrecht S. 138 und Theorie u. Praxis 3 S. 383; Dernburg, Lehrb. 1 S. 697; Stüler, Werthantheile, in der Zeitschrift für die deutsche Gesetzgebung ꝛc. 7 S. 267 ff.; Boß, zur Theorie der Grundschuld, ebenda 8 S. 492. Bei der Hypothek entspringt dieser Anspruch aus dem Schuldgrunde, in dessen Veranlassung die Eintragung bewilligt ist, bei der Grundschuld dagegen lediglich aus der Eintragungsbewilligung. Die Unabhängigkeit der Grundschuld von dem Schuldgrunde hat daher nur den Sinn, daß die Gültigkeit der Grundschuld nicht bedingt ist durch die Gültigkeit des Schuldgrundes, der die Eintragungsbewilligung veranlaßt haben kann. Während man bei der Hypothek noch an der hergebrachten Auffassung festhält, daß der Wille zur Begründung eines Schuldverhältnisses nur dann geeignet ist, wenn er von einer ihn rechtfertigenden causa getragen wird, kommt in der Grundschuld die Emanzipation des Verpflichtungswillens von der causa, die rechtsbegründende Kraft dieses Willens in ihrer Isolirtheit, zur rechtlichen Anerkennung.

Förster bestimmt das Recht aus der Grundschuld als „das Formalrecht auf die Leistung einer Summe, welche dem Eigenthümer desjenigen Grundstücks obliegt, dessen Werth zur Sicherung der Leistung eingesetzt ist.“ (Grundbuchrecht S. 139.) Die Grundschuld ist ihm „ein durch den Werth eines Grundstücks gesichertes Summenversprechen, ohne Rücksicht auf eine sog. cautio discreta; sie kann zwar in Veranlassung einer bestimmten Obligation von dem Leistungsverpflichteten bewilligt werden, aber die Bewilligung allein, nicht die Obligation, ist ihr Rechtsgrund.“ (Theorie u. Pr. 3 S. 383.) Die Definition Förster's darf jedoch nicht so verstanden werden, als ob der Werth des Grundstücks den Gegenstand des Grundschuldrechts bildete. Das dingliche Recht ergreift immer

2) wenn der Gläubiger auf Grund eines rechtskräftigen Erkenntnisses, durch welches der einge=

---

die Sache selbst. Das Grundstück ist mithin das eigentliche Objekt der Grundschuld. An dieses kann der Gläubiger unmittelber sich halten, wenn der Schuldner nicht das leistet, was er zu leisten hat. Dernburg a. a. O. S. 690—699.

Voß nimmt Anstoß daran, daß Förster das durch die Grundschuld dinglich zu sichernde Recht als ein Summen=Versprechen bezeichnet. „Der Eigenthümer," so bemerkt er a. a. O. S. 509, „welcher einem Dritten eine Grundschuld bestellt oder eine auf seinen Namen gebuchte Grundschuld abtritt, verspricht durch den Akt der Bestellung nichts; er belastet sein Grundstück und erkennt hierdurch an, daß er diejenige Zahlungspflicht auf sich nehme, welche kraft Gesetzes mit einer derartigen Sachbeschwerung verbunden ist." Darauf ist zu erwiedern, daß es sachlich wohl auf dasselbe hinauskommt, ob der Schuldner die Zahlung, welche der Gläubiger aus der Grundschuld zu fordern hat, verspricht, oder ob er die mit der Grundschuld verbundene Zahlungspflicht auf sich nimmt. Die Grundschuld selbst wird von Voß S. 505 definirt „als ein (dingliches) Recht an einer fremden Sache zur Sicherung einer nur durch die eingetragene Summe nebst Zubehör inhaltlich bestimmten Zahlungsverbindlichkeit." „Wir werden das Richtige treffen", sagt er S. 510, „wenn wir der obligatorischen Seite des Grundschuldrechts ihren Platz unter den Zustandsobligationen anweisen, also annehmen, daß die Obligation aus der Grundschuld aktiv an das Grundschuldrecht im subjektiven Sinne, passiv an das grundbuchmäßige — eingetragene oder nicht eingetragene — Eigenthum des verhafteten Grundstücks kraft Rechtssatzes sich anknüpft."

Die übrigen Auffassungen der Grundschuld können hier nur kurz angedeutet werden.

Das Mecklenburgsche Hypothekenrecht hat den Namen „Hypothek" beibehalten, dieselbe jedoch völlig unabhängig von der persönlichen Forderung aufgefaßt und als Realobligation der persönlichen Obligation gegenüber gestellt. v. Meibom, Mecklenb. Hypothekenrecht S. 99 ff.

Bähr dagegen, der die selbstständige Hypothek (Grundschuld) ebenfalls als „Realobligation" bezeichnet, erkennt an, daß die Grundschuld immer den Bestand einer Schuld voraussetze. Er findet das Eigenthümliche dieser Schuld darin, daß sie auf einem rein formalen Summenversprechen beruhe und die Haftung des Schuldners auf das für die Schuld eingesetzte Grundstück beschränke. Aber der aus der Grundschuld entspringende Anspruch ist ihm nicht eine persönliche, sondern eine dingliche Forderung, die diesen ihren Charakter aus der Beschränkung auf ein bestimmtes Exekutionsobjekt entnimmt. Bähr, die preußischen Gesetzentwürfe über die Rechte am Grundvermögen (1870) S. 49 ff. und 96 ff. Siehe dagegen Förster, Grundbuchrecht S. 137.

Nach Bremer, Hypothek und Grundschuld (1869), besteht der Inhalt des Grundschuldrechts in dem selbstständigen Recht zur Verwerthung des Grundstücks, auf welchem die Grundschuld haftet, in dem Recht zur Aneignung eines bestimmten Theils des Grundstückwerthes. Während sonst das Veräußerungsrecht des Gläubigers erst wirksam wird, wenn der Schuldner nicht leistet, ist es nach dieser Ansicht das prinzipale Recht, dessen Realisirung der Eigenthümer des Grundstücks, der persönlich nicht verpflichtet sei, nur dadurch abwenden könne, daß er sein Grundstück von dem darauf ruhenden Werthaneignungsrecht durch Tilgung der Grundschuld befreie. Der Bremerschen Theorie nähert sich Windscheid, Lehrb. des Pandektenrechts 1 §. 225 (2. Aufl.) S. 646. Gegen dieselbe: Förster S. 135.

Stüler giebt in dem ersten Theil seiner oben erwähnten Schrift eine Zusammenstellung und Kritik der Ansichten von Bremer, v. Meibom, Bähr und Förster. In dem zweiten Theil entwickelt er seine eigene Theorie von dem Werthantheilsrecht und in dem dritten kennzeichnet er den Unterschied der Sachenrechte von den Obligationen in einer den bisherigen Ansichten mehrfach widersprechenden Richtung. Die Stülersche Theorie von der Grundschuld geht von der Voraussetzung aus, daß der Eigenthümer zugleich mit der Sache deren Werth besitzt und nicht bloß die Sache selbst, sondern auch das Recht auf einen Theil des Werthes derselben veräußern kann. Eine Veräußerung der letzteren Art ist u. a. die Bestellung einer Grundschuld. Das Grundschuldrecht besteht in dem Recht zur Aneignung des Werthantheils. Die Ausübung dieses Rechts erfolgt gegenüber dem jeweiligen Besitzer. Dieser ist verbunden, dem Berechtigten zur Zeit der Fälligkeit das Kapital und bis dahin die fälligen Zinsen nach Kräften des Grundstücks zu gewähren. Seine Verbindlichkeit gegen den Berechtigten ist aber keine obligatorische, da sie nicht aus persönlichen Rechtsbeziehungen, aus einem Schuldverband (Obligation) hervorgeht. Sie stammt vielmehr aus dem Nebeneinanderbestehen von Herrschaftsansprüchen an dieselbe Sache. Das Werthantheilsrecht ist ein dingliches Recht. Der Besitzer haftet für das Kapital nur mit dem Grundstück, für die Zinsen dagegen, da er die Nutzungen gezogen hat, unbeschränkt. — Gegen die Konstruktion eines Werthrechts wendet sich Voß a. a. O. S. 483. —

Der Schuldgrund verliert das die Hypothek von der Grundschuld unterscheidende Moment, wenn die Hypothek abgetreten wird. Einreden aus dem persönlichen Schuldverhältnisse können der dinglichen Klage des redlichen Cessionars, der die Hypothek gegen Entgelt erworben hat, nicht entgegengesetzt werden. (§. 38.) Desgleichen ist die Beschränkung der Haftbarkeit des Eigenthümers auf das Grundstück nicht mehr eine Besonderheit der Grundschuld, wenn das Grundstück veräußert ist und der Erwerber die Hypothek nicht übernommen hat. (§§. 30, 37, 41.) Der Gegensatz zwischen beiden

tragene Eigenthümer zur Bestellung einer Hypothek oder Grundschuld verurtheilt worden ist, die Eintragung beantragt;

3) wenn eine zuständige Behörde gegen den eingetragenen Eigenthümer die Eintragung nachsucht.

§. 20. Der eingetragene Gläubiger erlangt das Verfügungsrecht über die Grundschuld erst durch die Aushändigung des Grundschuldbriefes an ihn [30]).

§. 21. Der eingetragene Miteigenthümer kann auf seinen Antheil eine Hypothek oder Grundschuld bewilligen; auch kann im Wege des gesetzlichen Zwanges gegen ihn auf seinen Antheil eine solche eingetragen werden [31]).

Arten der Kapitalsbelastung ist hiernach so bedeutend abgeschwächt, daß das Gegenüberstellen der Grundschuld und der Hypothek kaum noch als ein Bedürfniß anerkannt werden kann. Förster, Grundbuchrecht S. 201. Vergl. auch Brettner, Unterschied der Grundschuld und der Hypothek, in Gruchot's Beitr. 17 S. 165 ff.

30) (5. A.) Nach der Grundbuch-Ordn. §. 122 „werden über die Eintragungen der Hypotheken Hypothekenbriefe, über die Eintragungen der Grundschulden Grundschuldbriefe ausgefertigt und dem Eigenthümer des Grundstücks oder der Behörde, welche die Eintragung nachgesucht hat, eingehändigt." An den Gläubiger darf das Grundbuchamt den Hypotheken- und den Grundschuldbrief nur mit Genehmigung des Eigenthümers oder der Behörde herausgeben. Der Antrag des Notars, der die Eintragung Namens der Betheiligten beantragt hatte, genügt dazu nicht. Verf. des App.-Ger. zu Naumburg v. 15. Nov. 1872, Johow, Jahrb. 4 S. 144. Vergl. die Grundbuch-Ordn. §. 36.

31) (5. A.) Es fragt sich, ob die Eigenthumsquote grundbuchmäßig feststehen muß, wenn eine Hypothek oder Grundschuld auf den Antheil des Miteigenthümers eingetragen werden soll. Die Frage wird für den Fall des gemeinschaftlichen Eigenthums der Miterben, wo sie vorzugsweise praktisch ist, bejaht: von Koch, Ueberg. der Ford. S. 8 und Erbrecht S. 1199; Bornemann, Syst. 2. Aufl. 6 S. 330; Dernburg, Lehrb. 1 S. 729; Achilles S. 69; verneint: von Köchling, in Ulrich's Arch. 9 S. 80; Göppert, Miteigenthum S. 107; Förster, Grundbuchrecht S. 160 und Theorie und Praxis 3. Aufl. 4 S. 304; Bahlmann S. 80; Turnau S. 392.

Das Obertribunal hat früher, und namentlich noch in dem Plenarbeschluß v. 16. März 1857, J.M.Bl. S. 162; Entsch. 35 S. 352; Str. Arch. 26 S. 27, angenommen, daß vor der Theilung dem Miterben ein besonderer Antheil an den einzelnen Nachlaßsachen und folglich das Recht zur Verpfändung eines seiner Erbquote entsprechenden Antheils an einem Nachlaßgrundstücke nicht zustehe. Das Prinzip ist jedoch schon in den Gründen des Plenarbeschlusses auf das Verhältniß des Miterben zur Erbschaftsmasse beschränkt. (Anm. 47 zu Tit. 17 §. 60.) In späteren Entscheidungen ist die Eintragung einer Hypothek geradezu für zuläßig und die Hypothek selbst unter der Bedingung, daß das Grundstück oder ein Theil desselben dem Verpfänder übereignet würde, für gültig erklärt worden. (Anm. 9 Nr. III zu §. 10 a. a. O.) Die Konvaleszenz der Hypothek kann auch insoweit, als der Besteller der Hypothek das Alleineigenthum erlangt, nach dem Grundsatze des Tit. 20 §. 406 nicht bezweifelt werden.

Nach den Motiven zu dem Entwurf des Gesetzes über den Eigenthumserwerb (Werner 2 S. 30) hat durch den §. 21 die Kontroverse, ob Miterben vor der Theilung Miteigenthümer der einzelnen Erbschaftssachen sind, nicht zum Austrage gebracht, vielmehr das bestehende Recht einfach aufrecht erhalten werden sollen. Die Frage, ob das Gesetz die Eintragung auf einen Antheil, der weder seiner Quote noch überhaupt seiner Existenz nach feststeht, gestattet, ist daher eine offene. Ihre Beantwortung aber ist unabhängig von der Entscheidung jener Kontroverse. Das Gesetz gesteht die Belastung des Grundstücks nur dem eingetragenen Eigenthümer zu. (§. 5.) Nur wenn dieser die Eintragung bewilligt, darf sie erfolgen. (§. 19.) Die Eintragungsbewilligung aber muß das verpfändete Grundstück bezeichnen (§. 23), und zwar, wenn sie ihren Zweck erfüllen soll, so genau, daß der Grundbuchrichter nicht im Zweifel sein kann, daß der Verpfänder als Eigenthümer gerade desjenigen Grundstücks eingetragen ist, welches den Gegenstand der Verpfändung bildet. Man wird aus diesen Bestimmungen den Schluß ziehen dürfen, daß das Gesetz die Eintragung nur zulassen will, wenn das Eigenthum desjenigen, der dieselbe bewilligt, und das Objekt der Eintragungsbewilligung aus dem Grundbuche hervorgeht. Bei dem Miteigenthum der Erben aber giebt das Grundbuch diese Auskunft nicht, weil es ungewiß ist, ob der einzelne Miterbe das Objekt, welches er belastet, überhaupt jemals erwerben wird. Wollte man die Eintragung auf die Gefahr hin gestatten, daß dieser Erwerb nicht eintritt, so würde man Hypotheken und Grundschulden schaffen, die ihrer unbedingten Eintragung ungeachtet es von vornherein zweifelhaft ließen, ob die Wirkungen, welche das Gesetz in den §§. 18, 30, 37, 43 u. a. mit der Eintragung verbindet, in ihnen überhaupt jemals zur Existenz gelangten. Das aber scheint mit dem auf Zweifellosigkeit und Unanfechtbarkeit der dinglichen Rechte abzielenden System des Gesetzes nicht vereinbar zu sein, die an die Spitze gestellte Frage daher bejaht werden zu müssen. Mit dieser Auslegung des §. 21 stehen im Einklang die Verfügungen des Appellationsgerichts zu Stettin v. 1. Mai 1873, Johow, Jahrb. 3 S. 134,

§. 22. Der Gläubiger hat das Recht, unter Vermittelung des Prozeßrichters eine Vormerkung auf dem Grundstück seines Schuldners eintragen zu lassen[32]).

---

und des App.-Ger. zu Marienwerder v. 23. Oktober 1873, ebd. 4 S. 168. Der entgegengesetzten Meinung ist das App.-Ger. zu Insterburg gefolgt, ebd. 4 S. 161.

32) (5. A.) Die allgemeine Fassung dieser Bestimmung ist geeignet, die Meinung zu erwecken, daß durch die Vormerkung des §. 22 auch eine rein persönliche Forderung gesichert werden könne. Das ist jedoch nicht die Absicht des Gesetzes. Die beiden folgenden Sätze und die Motive des §. 22 (Werner 2 S. 30) ergeben vielmehr, daß hier nur von einer Vormerkung zur Erhaltung des Rechts auf Eintragung einer Hypothek oder einer Grundschuld gehandelt wird. Diese Vormerkung dient also zum Schutz eines Rechts zur Sache, eines Titels zum dinglichen Recht; sie hat ganz die rechtliche Natur der protestatio pro conservando jure et loco. (§§. 418 ff. d. T.)

„Die Vormerkungen sind provisorische oder bedingte Eintragungen, d. h. sie stellen den Inhalt des Grundbuches unter der Bedingung fest, daß das Recht auf die Sache oder das Recht zur Sache, zu dessen Schutz die Vormerkung dient, liquide werde. Die Beschaffenheit des vorgemerkten Rechts wird durch die Vormerkung nicht geändert, vielmehr gewährt dieselbe nur den Anspruch, daß, wenn dem Erforderniß der Liquidität genügt ist, der durch die Vormerkung begründete provisorische Zustand in ein Definitivum verwandelt werde. Dies gilt von allen Vormerkungen, insbesondere von denen, welche die Sicherung einer endgiltigen Eintragung bezwecken." Behrend, zum preußischen Grundbuchrecht, in seiner und Dahn's Zeitschrift für die deutsche Gesetzgebung 2c. 7 S. 120. Vergl. die Anm. 14 zu 16 des Ges., oben Zus. zu Tit. 19. Zur Vervollständigung der dort nachgewiesenen Literatur sind noch hervorzuheben: Strützki, die Vormerkungen, Beschränkungen und Vermerke der Grundbuchgesetze v. 5. Mai 1872, in Gruchot's Beitr. 17 S. 733; Jaeckel, die Vormerkung nach den Gesetzen v. 5. Mai 1872, ebd. 18 S. 41; Turnau S. 392.

Nahe verwandt mit der Vormerkung ist der Arrest. Das Gesetz über den Eigenthumserwerb hat jedoch über denselben eine Bestimmung nicht getroffen. „Die Absicht der Arrestlegung ist" nach der Allg. Gerichts-Ordn. I. 29 §. 1 „die Sicherstellung einer Forderung, welche der angebliche Kreditor zu verlieren besorgt, wenn dem Schuldner über das Objekt des Arrestes die freie Disposition verbliebe." Der Arrest soll also die Vollstreckung des künftigen Urtheils verbürgen. „Ein rechtmäßig angelegter Arrest" hat deshalb nach §. 81 „die Wirkung, daß so wenig der Eigenthümer als der Inhaber der verkümmerten Sache sich darüber irgend einer für den Arrestanten nachtheiligen Disposition anmaßen darf, vielmehr die Sache als ein bei ihm niedergelegtes Depositum aufbewahren muß." Dies führt bei dem Arrest auf ein Grundstück, dessen Zulässigkeit nach dem Plenarbeschluß des Obertribunals v. 30. Mai 1842, Entsch. 8 S. 65, außer Zweifel gestellt ist, dahin, daß der Eigenthümer das Grundstück zum Nachtheil des Arrestanten nicht veräußern und nicht belasten kann. Hierin findet die Vorschrift des §. 87, nach welcher „der Arrestschlag unter mehreren Gläubigern kein Vorzugsrecht begründet", ihre naturgemäße Begrenzung. Soll der Arrest seinen Zweck erreichen, so muß er dem Arrestanten das Recht zur Ausbringung der Subhastation des Grundstücks für den Fall, daß die Arrestlegung durch Erkenntniß für gerechtfertigt erklärt wird, so sichern, als wenn die Subhastation im Momente der Anlegung des Arrestes veranlaßt worden wäre. Im Vergleich zu der Distraktionsbefugniß des Arrestanten ist die Befugniß desselben, auf Grund des Judikats eine Hypothek zu nehmen, das mindere Recht. „Der auf ein Grundstück wegen einer Forderung ausgebrachte Arrest muß mithin für den Fall der Justifizirung und der Beibringung eines vollstreckbaren Titels auch die Möglichkeit gewähren, eine Judikatshypothek mit dem Rechte und Range eintragen zu lassen, wie wenn sie bereits zur Zeit der Arrestanlegung eingetragen worden wäre. Die endgiltige Eintragung erfolgt also mit dem Range vor den nacheingetragenen Gläubigern und ist auch nach Eintragung des Subhastationsvermerkes noch zulässig."

„Anders liegt die Sache, wenn über das Vermögen des Schuldners Konkurs eröffnet worden ist. In diesem Fall wirkt die Beschlagnahme nicht mehr zu Gunsten des einzelnen Gläubigers, der sie extrahirt hat, sondern zu Gunsten sämmtlicher Konkursgläubiger. Hier kommt demnach die Vorschrift der Allg. Ger.-Ordn. I. 29 §. 87 zur Geltung. Die Umschreibung ist mithin alsdann entweder überhaupt nicht mehr oder nur vorbehaltlich der Rechte der Konkursmasse zulässig, und bei der Kaufgelder-vertheilung wird der für den Arrestgläubiger zu liquidirende Betrag (immer unter der Voraussetzung, daß der Arrest justifizirt wird) der Konkursmasse zu überweisen sein."

„Nicht gerechtfertigt erscheint es dagegen, den §. 87 auch dann zur Anwendung zu bringen, wenn hinter dem Arrest weiter Arrestvermerke oder Judikatshypotheken eingetragen stehen." Der Grund ist, „daß das Objekt der Beschlagnahme bei dem Arrestvermerk nicht eigentlich das Grundstück selbst, sondern der freigebliebene Theil des Grundstückswerthes ist, der durch die freie Stelle im Grundbuch versinnlicht wird." Behrend a. a. O. S. 123 und 124. Eine andere Ansicht über den §. 87 vertritt Schultze, in Gruchot's Beitr. 15 S. 727. Vergl. auch Strey, die Lehre von den Arresten 2c. S. 194, und unten die Anm. zu §. 421 d. T.

Ueber das Verhältniß des Arrestgläubigers zu dem nicht eingetragenen Eigenthümer siehe oben die Anm. 26 a. E. zu §. 410 und das Erk. des O.Tr. III vom 11. Sept. 1874, Entsch. 73 S. 111.

Auch diejenigen Behörden, welche die Eintragung einer Hypothek gegen den Eigenthümer nachzusuchen gesetzlich berechtigt sind, können die Eintragung einer Vormerkung verlangen [33]).

Durch die Vormerkung wird für die endgültige Eintragung die Stelle in der Reihenfolge der Eintragungen gesichert [34]).

§. 23. Die Eintragungsbewilligung muß auf den Namen eines bestimmten [35]) Gläubigers lauten, das verpfändete Grundstück bezeichnen [36]), und eine bestimmte Summe [37]) in gesetzlicher

---

Mit der Vormerkung hat der Arrest das gemein, daß beide „kein Pfandrecht erzeugen, sondern nur die bedingte Möglichkeit begründen, durch die endgiltige Eintragung ein Pfandrecht zu erlangen. Der Unterschied liegt in der Verschiedenheit der Bedingung, von der diese Möglichkeit abhängt. Bei der Vormerkung besteht sie darin, daß der bloß glaubhafte Anspruch durch Erkenntniß oder sonst liquide gemacht werde; beim Arrest darin, daß die Forderung, welche den Grund des Arrestes bildet, durch einen vollstreckbaren Titel justifizirt werde. Die praktische Bedeutung dieses Unterschiedes zeigt sich namentlich dann, wenn vor der endgiltigen Eintragung über das Vermögen des eingetragenen Eigenthümers Konkurs eröffnet wird, sowie in Bezug auf das Verhältniß zum nichteingetragenen Eigenthümer. Die Wirkung der Vormerkung ist in diesen beiden Fällen (in letzterem unter der Voraussetzung, daß die Erfordernisse des §. 9 Abs. 2 vorhanden sind) ungehemmt, während die Wirkungen des Arrestes theils wesentlich alterirt, theils gänzlich beseitigt sind." Behrend a. a. O. S. 125.

Bei dieser Auffassung kann der Arrest nur in der dritten Abtheilung des Grundbuchblattes eingetragen werden. Achilles S. 70. Das ist auch die Praxis der Grundbuchämter des Stadtgerichts zu Berlin. Neubauer S. 26.

Andere empfehlen die zweite Abtheilung als die richtige Stelle, weil sie den Arrest zu den Beschränkungen des Verfügungsrechtes des Eigenthümers im Sinne der Grundbuch-Ordn. §. 91 rechnen, diese aber nach §. 11 daselbst in die zweite Abtheilung gehören. So namentlich: Bahlmann S. 82; Förster, Grundbuchrecht S. 69 und Theorie und Praxis 3 S. 463 Note 39; Neubauer S. 26; Turnau S. 401; Rintelen, in Johow's Jahrb. 4 S. 320; App.-Ger. zu Posen, in der Verf. v. 30. Mai 1874, ebd. S. 141. Die Absicht des Arrestes ist aber gar nicht, den Eigenthümer in der Verfügung über das Grundstück zu beschränken. Das würde weit über das Ziel hinausschießen. Der Arrestleger will nur seine Forderung gesichert haben, und dies geschieht dadurch, daß ihm die zunächst freie Stelle in der dritten Abtheilung zur Eintragung reservirt und deshalb dem Eigenthümer die Verfügung über diese Stelle entzogen wird. Dernburg, Lehrb. S. 427 und 711, stellt den Arrest geradezu der Vormerkung gleich.

Die Praxis des Obertribunals ist getheilt. Der dritte Senat sieht in dem Arrest eine Beschränkung des Eigenthümers in der Verfügung über das Grundstück. Erk. v. 13. Sept. 1861, Str. Arch. 43 S. 63; v. 25. Febr. 1867, ebd. 66 S. 251; v. 5. Dez. 1870 und v. 9. Sept. 1872, Johow, Jahrb. 2 S. 253. Der vierte Senat dagegen mißt der Arrestprotestation die Wirkung der protestatio pro conservando jure et loco bei. Erk. v. 5. Oktober 1854, Str. Arch. 13 S. 380; v. 3. März 1857, Entsch. 35 S. 211; v. 15. Dezember 1868, Str. Arch. 73 S. 175, und v. 10. Dezbr. 1873, Entsch. 71 S. 108.

33) (5. A.) Vergl. die Anm. 28 zu §. 19.

34) (5. A.) Ebenso nach §. 421 d. T.

35) (5. A.) Durch die Vorschrift, daß die Eintragungsbewilligung auf den Namen eines bestimmten Gläubigers lauten muß, ist die Ausstellung und Eintragung von Hypotheken und Grundschulden auf den Inhaber verboten. Kab.-O. v. 17. Juni 1833, G.S. S. 75. Grundschuldbriefe können indeß durch die in §. 55 des Gesetzes zugelassene Blanko-Cession die Eigenschaft von Inhaberpapieren annehmen.

Die Umschreibung auf die Deszendenz einer bestimmten Person ist nach einer Verf. des App.-Ger. zu Frankfurt v. 8. Juli 1873, Johow, Jahrb. 4 S. 247, unstatthaft. Merkwürdiger Weise hat dasselbe Gericht die Eintragung einer Hypothek für eine namhaft gemachte Frau und deren Deszendenten für zulässig erklärt. Verf. v. 25. April 1873, ebd. S. 245.

36) (5. A.) Hierdurch hat das Spezialitätsprinzip in Beziehung auf das Objekt schärfer als bisher betont werden sollen. Das Grundstück, welches dem Gläubiger haftet, muß in seiner Individualität, in seiner Gegensätzlichkeit zu anderen Grundstücken, aus dem Grundbuche erkennbar sein. Die Bezeichnung des Grundstücks durch Angabe des Grundbuchblattes erscheint daher genügend. Verf. des App.-Ger. zu Paderborn v. 10. Dezember 1873, Turnau S. 406.

Ueber die Frage, ob auch der Theil eines Grundstücks, ohne zugleich als ein selbstständiges Grundstück im Grundbuche nachgewiesen zu werden, mit Hypotheken und Grundschulden belastet werden kann, ist viel gestritten. Die Frage ist bejaht: von Kretschmann, in Gruchot's Beitr. 11 S. 227; Bahlmann S. 83; Steiner, Anleitung zur Bearbeitung der Grundbuchsachen ꝛc. (1873) S. 103; Neubauer S. 42; verneint: von Förster, Theorie und Praxis 3 S. 395 Note 32; Dernburg, Lehrb. 1 S. 405; Werner S. XIII und XLVII, Achilles S. 72. Die Verneinung der Frage erscheint geboten, wenn man sich streng an den Sachbegriff hält. Darnach haben die

Währung, den Zinssatz [38]) oder die Bemerkung der Zinslosigkeit, den Anfangstag der Verzinsung [39]) und die Bedingungen der Rückzahlung [40]) angeben [41]).

Bestandtheile einer Sache eine von der Sache selbst unabhängige juristische Existenz nicht. A. L.R. I. 2 §§. 1, 4, 31, 41 ff. Vergl. das Ges. über den Eigenthumserwerb §§. 30, 32, 33. Das Prinzip erleidet eine Modifikation nur durch die Zuschreibung von Grundstücken als Bestandtheilen, die bereits mit Rechten belastet sind, für welche das Stammgrundstück nicht eingesetzt ist. Hier tritt eine Mithaft des letzteren nicht ein. Jene Rechte bleiben von der Zuschreibung unberührt. Folgerechter und zweckmäßiger wäre es freilich, die Vereinigung mehrerer, verschieden belasteter Grundstücke zu Einem Grundstück überhaupt nicht zu gestatten. Die Unzweckmäßigkeit der Belastung eines einzelnen Bestandtheils mit Hypotheken und Grundschulden, welche das Grundstück in dessen Totalität nicht ergreifen, liegt auf der Hand. Das Grundbuchblatt könnte dadurch bald eine sehr bunte, die Uebersicht verhindernde Gestalt annehmen. Turnau, der S. 408 für die Zweckmäßigkeit eintritt, will doch die Eintragung nicht gestatten, wenn z. B. „von einem 50 □Meter Areal umfassenden Hause 10 □Meter für eine Forderung besonders verpfändet sind, so daß die künftige Scheidelinie vielleicht ein Zimmer mitten durchschneidet." Warum denn nicht, wenn die Belastung eines Bestandtheils überhaupt zulässig ist? Daß das Haus auf dem Grundstück steht, ist etwas rein Zufälliges. Morgen kann es abbrennen, und übermorgen würde dann die Belastung eines Bestandtheils des Grundstücks gestattet sein. Das Grundbuchblatt giebt nicht immer Auskunft darüber, ob ein Grundstück bebaut ist.

37) (5. A.) Nach dem bisherigen Recht war die Eintragung durch die Bestimmtheit der Summe, für welche oder bis zu welcher das Grundstück haften sollte, nicht bedingt. Vergl. die §§. 11 und 14 dieses Titels und die Anm. 28 und 32 dazu, ferner die Verordnung v. 4. März 1834 §§. 22, Zus. 1, und die Anm. 8, auch die Erkenntnisse des O.Tr. III (Pr. 2347) v. 6. Febr. 1852, Entsch. 22 S. 222, und v. 7. Dezember 1868, ebenda 60 S. 359.

Die Bedingung der Rückzahlung eines Darlehns in Pfandbriefen der preußischen Boden-Kredit-Aktien-Bank ist für nicht eintragungsfähig erklärt worden, weil diese Papiere dem Kurse unterworfen sind, mithin dem Erforderniß der bestimmten Summe, welches der §. 23 aufstellt, nicht genügen können. Verf. der Appellationsgerichte zu Stettin v. 13. Dez. 1872 und zu Posen v. 15. März 1873, Johow 3 S. 154 und 155, sowie des Kammergerichts v. 11. Juni 1874, ebd. 4 S. 153. Dagegen ist dem Antrage der Westpreußischen Landschaft auf Eintragung eines Darlehns mit der Verpflichtung des Schuldners, die Rückzahlung in Pfandbriefen des Instituts zu leisten, unter Berufung auf die Bestimmung der Grundbuch-Ordn. §. 47 von dem Appell.-Ger. zu Marienwerder durch Verf v. 23. April 1874, Johow 4 S. 158, stattgegeben worden. Gleicher Ansicht ist das App.-Ger. zu Cöslin, ebd. S. 249. Vergl. dagegen Neubauer S. 38.

38) (5. A.) Die Erhöhung des Zinssatzes von 5 auf 5½ Prozent für den Fall, daß die eingetragenen Zinsen nicht pünktlich entrichtet würden, eignet sich zur Eintragung, weil der Betrag, bis zu welchem das Grundstück haften soll, aus derselben zu ersehen ist. App.-Ger. zu Marienwerder, Johow 4 S. 157. Dagegen ist die Eintragung der für denselben Fall versprochenen Konventionalstrafe, als nur in der Form der Kautionshypothek zulässig, abgelehnt worden von dem Appell.-Ger. zu Hamm durch Verf. v. 19. August 1874, ebd. S. 156. Vergl. §. 24 und die Anm. dazu.

39) (5. A.) Ein bedingter, dem Eintritt oder doch der Zeit nach ungewisser Anfangs- oder Endtermin der Verzinslichkeit eines Darlehns ist eintragungsfähig. Verf. des App.-Ger. zu Posen v. 20. Juni 1874, Johow 4 S. 166 und 168.

40) (5. A.) Nach dem Gesetz v. 24. Mai 1853 §. 29 geschah „der Nebenbestimmungen über die Zahlung des Kapitals in dem Eintragungsvermerke keine Erwähnung." Das Gesetz über den Eigenthumserwerb hat dies durch den §. 23 geändert. Darnach sind die Bedingungen der Rückzahlung selbst dann in die Eintragungsbewilligung aufzunehmen, wenn sie den gesetzlichen Vorschriften entsprechen. Verf. des App.-Ger. zu Stettin v. 6. Oktober 1874, Johow 4 S. 155. —

Folgender Fall ist nicht ohne Interesse: Jemand hatte sich gegen Empfang eines Darlehns von einer Kreditbank vertragsmäßig verpflichtet: a. das Darlehn mit 5 % zu verzinsen, b. dasselbe in einer bestimmten Reihe von Jahren zu amortisiren, c. jährlich ⅓ % Verwaltungsgebühren zu entrichten, d. in gewissen Fällen ½ % Konventionalstrafe zu zahlen, e. 1 % als einmalige Abschlußprämie zu vergüten und f. die etwa von der Kreditbank vorauslagten Feuerversicherungsprämien-Beträge nebst 5 % Zinsen vom Tage der Zahlung zu erstatten. Die Eintragung dieser Bestimmungen wurde beantragt, und zwar mit dem Zusatze, „daß bei Abschlagszahlungen auf das Kapital vor denselben nebst Zinsen und Kosten die jedesmaligen aus diesem Vertrage der Kreditbank noch zustehenden Ansprüche und beziehendlich Restforderungen die Priorität haben sollten. Der Grundbuchrichter lehnte, während er das Darlehn mit den Nebenansprüchen eintragen ließ, die Eintragung des Zusatzes ab, weil er der Meinung war, daß derselbe, so lange die Ansprüche in Einer Hand vereinigt wären, die dingliche Seite des Geschäfts nicht beträfe und folglich nicht in das Grundbuch gehörte. Das Appellationsgericht zu Breslau ordnete jedoch mittelst Verfügung v. 29. November 1872, Johow 3 S. 150, die Eintragung an, indem es davon ausging, daß die Prioritätseinräumung auch gegenwärtig schon nicht ohne Bedeutung wäre, weil in Folge der verabredeten Amortisation und bewilligten Abschlagszahlung die Gläubigerin

§. 24. Wenn die Größe eines Anspruchs zur Zeit der Eintragung noch unbestimmt ist (Kautions-Hypotheken), so muß der höchste Betrag eingetragen werden, bis zu welchem das Grundstück haften soll [42]).

§. 25. Für Kapitalien, welche zinslos oder mit Zinsen unter dem Zinssatz von fünf vom Hundert eingetragen sind, kann der Eigenthümer des Grundstücks einen Zinssatz bis fünf vom Hundert mit der Rangordnung des Kapitals eintragen lassen. Der Einwilligung der nach dem Tage, an welchem dieses Gesetz in Kraft getreten ist, gleich- oder nachstehend eingetragenen Gläubiger bedarf es nicht [43]).

Auch bei denjenigen Hypotheken, welche seit der Geltung des Gesetzes vom 24. Mai 1853 mit Zinsen unter fünf vom Hundert eingetragen worden sind, bedarf es einer Zustimmung der gleich- oder nachstehenden Gläubiger zu diesem Zwecke nicht [44]).

§. 26. Der bei der Veräußerung eines Grundstücks zur Sicherstellung einer Forderung bedungene Vorbehalt des Eigenthums gewährt dem Veräußerer nur das Recht, für die bestimmte Summe eine Hypothek auf das Grundstück eintragen zu lassen [45]).

---

die Abtretung der zurückgezahlten Beträge an Dritte nicht verhindern könnte und mithin sehr dabei interessirt wäre, daß diese letzteren in der Rangordnung der Kapitalien der ihr verbleibenden Forderung nachständen. Dagegen ist S. 152 a. a. O. bemerkt, daß es, wenn die Kreditbank Quittung über die amortisirten oder bezahlten Beträge leistete oder dieselben dem Schuldner cedirte, immer noch Zeit genug sei, der Restforderung die Priorität vorzubehalten.

Der Fall birgt aber noch einen anderen Zweifel. Es scheint nämlich, als ob die Eintragung der unter d und f erwähnten Verpflichtungen wegen ihrer Unbestimmtheit und Ungewißheit dem Spezialitätsprinzip des §. 23 widerspräche. (Anm. 38.) Das Kammergericht hat in einem ähnlichen Falle die Ablehnung der Eintragung gut geheißen. Neubauer S. 37; Turnau S. 410. Vgl. §. 24 u. die Anm. dazu.

41) (5. A.) Der §. 23 ist seiner allgemeinen Fassung und seinem Zwecke nach auch auf Vormerkungen anwendbar. Dernburg, 1 S. 710, hält die Angabe einer bestimmten Summe oder einer Maximalsumme bei der Vormerkung nicht für nöthig.

42) (5. A.) Das Appell.-Ger. zu Posen hat angenommen:

a. Verzugszinsen rückständig bleibender Zins- (zc.-) Raten können nur im Wege der Kautionshypothek hypothekarisch sicher gestellt werden. Verf. v. 1. und 22. Febr. 1873, Johow, Jahrb. 3 S. 152. Vergl. die Anm. 38 zu §. 23 und Neubauer S. 38.

b. Die Eintragungsbewilligung der Verpflichtung zur Erstattung der von dem Gläubiger vorzuschießenden Brand- und Hagel-Versicherungsprämien und der Kosten einer etwaigen Mandatskündigungsklage enthält die Bestellung einer unbestimmten Kautionshypothek und genügt daher nicht zur Eintragung. Verf. v. 4. Juli und v. 12. Sept. 1874, Johow 4 S. 166. Vergl. die Anm. 40 zu §. 23. —

Ueber Kautionshypotheken sind der allgemeinen Vorschrift der Grundbuch-Ordn. §. 122 gemäß Hypothekenbriefe zu ertheilen. Neubauer S. 44. Verf. des App.-Ger. zu Naumburg, Johow 4 S. 175. Anderer Ansicht ist John, Erörterung S. 67, weil er die Kautionshypothek in materieller Beziehung der Vormerkung gleich achtet.

43) (5. A.) Der §. 25 findet auch auf Kautions-Hypotheken Anwendung. Wenn eine solche Hypothek ohne Zinsen eingetragen war und in eine verzinsliche Hypothek zu der ganzen versicherten Summe umgeschrieben werden soll, so können 5% Zinsen an derselben Stelle eingetragen werden, sofern die vor dem 1. Oktober 1872 hinter der Kaution eingetragenen Gläubiger darein willigen. Verf. des App.-Ger. zu Posen v. 11. Oktober 1873, Johow, Jahrb. 3 S. 163 und 4 S. 181.

44) (5. A.) Das Gesetz v. 24. Mai 1853, welches durch die Vorschrift der Grundbuch-O. §. 143 aufgehoben ist, bestimmte unter §. 30:

„Wenn Kapitalien mit vorbedungenen Zinsen unter dem Zinsfuße von fünf vom Hundert eingetragen werden, so steht dem Schuldner frei, einen erhöhten Zinsfuß bis zu fünf Prozent mit dem Vorzugsrechte der bereits eingetragenen Zinsen eintragen zu lassen, ohne daß es der Zustimmung der gleich- oder nachstehenden Gläubiger bedarf."

Vergleicht man mit dieser Bestimmung den vorliegenden §. 25, so ergiebt sich, daß, während bisher nur die vorbedungenen Zinsen, und auch diese nur von den nach Eintritt der Geltung des Gesetzes v. 24. Mai 1853 eingetragenen Kapitalien, bis zu 5% erhöht werden durften, jetzt dieser Zinssatz auch für zinslose Kapitalien und überhaupt für alle Kapitalien, auch wenn dieselben vor jenem Zeitpunkt zur Eintragung gelangt sind, mit der Rangordnung des Kapitals eingetragen werden kann. Achilles S. 73; Turnau S. 422.

45) (5. A.) Ueber die Aenderungen, welche durch den §. 26 die Vorschriften des A. L.R. I. 11 §§. 264 ff. erlitten haben, siehe Achilles S. 74.

§. 27. Der Eigenthümer kann auf seinen Namen Grundschulden eintragen und sich Grundschuldbriefe ausfertigen lassen[46]. Er erlangt dadurch das Recht, über diese Grundschuld zu verfügen[47]) und auf dritte Personen die vollen Rechte eines Grundschuldgläubigers zu übertragen.

Der Eigenthumsvorbehalt hat die rechtliche Natur der Eintragungsbewilligung, auf Grund welcher der Veräußerer, sobald der Erwerber als Eigenthümer eingetragen ist, bei dem Grundbuchamt die Eintragung der Hypothek nachsuchen kann. Achilles S. 74; Werner S. XL; Brettner, in Gruchot's Beitr. 17 S. 162; Philler S. 16 und Nachtr. 1 S. 5; Kayser, der preußische Grundbuchrichter S. 5; Turnau S. 428. (Anderer Ansicht sind: Heidenfeld S. 46 Anm. 20; Bahlmann S. 87; Steiner S. 62.) Da der Vertrag, in welchem der Vorbehalt gemacht ist, in der Regel der Auflassung vorhergeht, so enthält der §. 23 eine gewisse Modifikation der Vorschrift des §. 5, daß der Eigenthümer das Recht der Belastung erst durch seine Eintragung erlangt. Diese Modifikation ist aber gerechtfertigt, wenn man beachtet, daß der Erwerber das Eigenthum des Grundstücks nur mit dem Vorbehalt einer Hypothek für den Veräußerer erwirbt. Vgl. §. 408 d. T.

Das Appellationsgericht zu Posen hat in einer Verfügung v. 4. Juli 1874, Johow 4 S. 139, folgenden Grundsatz angenommen: „Das vorbehaltene Eigenthum an einem dem Gute einverleibten Zubehör (z. B. Brennereiapparat) kann im Grundbuche vermerkt werden.“ Die Richtigkeit dieses Ausspruches ist jedoch zu bezweifeln. Zur Begründung desselben sagt das Appellationsgericht: „Der von den Beschwerdeführern auf das verpfändete Rittergut gelieferte Brennereiapparat charakterisirt sich keineswegs als eine bewegliche Sache, sondern als eine unbewegliche Pertinenz, da derselbe mit dem Gebäude, in welchem er aufgestellt, in feste und dauernde Verbindung gebracht worden ist. (§. 6 u. §. 48. I. 2. A. L.R.)“ Dies ist rechtsirrthümlich. Der Brennereiapparat ist an sich eine bewegliche Sache. Dadurch, daß er mit einem Gebäude in feste Verbindung gebracht ist, hat er diese Eigenschaft nicht verloren. (§§. 44 u. 80 a. a. O.) O.Tr. III v. 14. Novbr. 1864, Str. Arch. 55 S. 287. Bewegliche Sachen bleiben auch als Pertinenzien einer unbeweglichen rechtlich immer beweglich. Der Brennereiapparat hat aber auch die Pertinenzeigenschaft nicht erlangt, wenn das Eigenthum nicht auf den Eigenthümer des Gutes übergegangen, sondern bei dem Lieferanten geblieben ist. Denn nach §§. 60 u. 108 hat das, was sonst, seiner Natur nach, ein Pertinenzstück ist, diese Eigenschaft nicht, sobald es einem anderen als dem Eigenthümer der Hauptsache gehört. Das Appellationsgericht sagt aber weiter: „Der Vorbehalt ist eintragbar, da es lediglich von dem freien Willen des Schuldners abhängt, einzelne Theile des Pfandobjekts von der Verpfändung auszuschließen und ebenso das Eigenthum solcher einzelnen Theile bis zum Eintritt einer den Eigenthumsvorbehalt (zu Gunsten des Gläubigers) beseitigenden Bedingung zu vertagen.“ Hiermit scheint gemeint zu sein, daß der Eigenthümer, der sein Grundstück veräußert oder belastet, einzelne Theile desselben von der Veräußerung oder der Belastung ausschließen und dieser Ausschließung durch Eintragung Rechtswirkung gegen Dritte sichern könne. Ob dies durchweg richtig ist, kann fraglich sein. (Vergl. Anm. 36 zu §. 23.) Jedenfalls beweist es das nicht, was es beweisen soll. Denn der Brennereiapparat ist nicht Theil des Gebäudes geworden. Wäre er dies, so würde er mit dem Gebäude oder dem Gute nur Eine Substanz ausmachen und folglich von einem Eigenthumsvorbehalt des Lieferanten nicht die Rede sein. Letzterer könnte dann wohl den persönlichen Anspruch auf Rückgabe des Apparates haben, diesen Anspruch aber nur in der Form der Kautionshypothek zur Eintragung bringen. Ist aber, wie hier vorauszusetzen ist, der Apparat Eigenthum des Lieferanten geblieben, so steht er mit dem Gute in gar keiner rechtlichen Verbindung. Die thatsächliche Verbindung setzt allerdings den Eigenthümer des Apparates der Gefahr aus, denselben bei einem redlichen Dritten vindiziren zu müssen. Allein gegen eine solche Gefahr läßt sich durch Eintragungen im Grundbuch kein Schutz erlangen. Dazu ist das Grundbuch, wie die Vorschriften der Gr.B.O. §§. 8 ff. ergeben, nicht bestimmt.

46) (5. A.) Die Grundschuld des Eigenthümers begründet nicht schon durch ihre Eintragung ein Recht an dem Grundstück, welches nicht an sich mit dem Eigenthum verbunden wäre. Sie enthält nur die Möglichkeit der Begründung eines selbstständigen Rechts. Sie verleiht dem Eigenthümer Befugnisse, durch deren Ausübung der Form auch der Inhalt der Grundschuld gegeben werden kann. Voß definirt die Grundschuld des Eigenthümers „als einen zur grundbuchmäßigen Selbstständigkeit erhobenen Inbegriff von Eigenthumsbefugnissen, welcher auf einen bestimmten Geldwerth veranschlagt und der Verfügung des Eigenthümers nur in der grundbuchmäßigen Form der Grundschuld unterworfen ist.“ Voß, zur Theorie der Grundschuld, in der Zeitschrift für die deutsche Gesetzgebung ꝛc. 8 S. 505. Das Grundschuldrecht gelangt zu Kräften, sobald das seiner Wirksamkeit entgegenstehende Hinderniß der Personeneinheit des Gläubigers und des Schuldners wegfällt, d. i. 1) wenn es einem Dritten abgetreten, 2) wenn das Grundstück subhastirt oder freiwillig veräußert wird.

47) (5. A.) D. h. das Recht aus der Grundschuld zu veräußern (sei es durch Cession oder durch letztwillige Verfügung) und zu verpfänden. Auch die Gläubiger des Eigenthümers können die Grundschuld im Wege der Zwangsvollstreckung in Anspruch nehmen.

Bei der Vertheilung der Kaufgelder in Folge einer gerichtlichen Zwangsversteigerung kann er die Grundschuld für sich geltend machen [48]).

§. 28. Hat der Eigenthümer das Eigenthum des Grundstücks abgetreten, so erlangt er an der auf seinen Namen eingetragenen Grundschuld alle Rechte eines Grundschuldgläubigers [49]).

§. 29. Eine Hypothek kann auf Antrag des Eigenthümers und des Gläubigers in eine Grundschuld umgewandelt werden, wenn diejenigen in der zweiten und dritten Abtheilung gleich- oder nacheingetragenen Berechtigten einwilligen, welche vor dem Tage, an welchem dieses Gesetz in Kraft tritt, eingetragen sind [50]).

§. 30. Für das eingetragene Kapital, für die eingetragenen [51]) Zinsen und sonstigen Jahreszahlungen [52]) und für die Kosten der Eintragung [53]), der Kündigung, der Klage und Beitreibung [54]) haften: 2. Von dem Umfang des Hypotheken- und des Grundschuldrechts.

---

48) (5. A.) Ist über das Vermögen des Eigenthümers der Konkurs eröffnet, so übt die Gläubigerschaft die Rechte desselben aus der Grundschuld bei der Kaufgeldervertheilung aus.

49) (5. A.) Vergl. die Anm. 46 zu §. 27.

50) (5. A.) Der Zustimmung des persönlichen Schuldners bedarf es nicht. Ist die Hypothek, welche umgewandelt werden soll, erst nach Eintritt der Geltung des Gesetzes über den Eigenthumserwerb eingetragen, so genügt der Antrag des Eigenthümers und des Gläubigers. „Die Umwandlung einer Hypothek in eine Grundschuld wird neben der Post in der zweiten Hauptspalte vermerkt. Die Hypothekenurkunde wird, von der Schuldurkunde gelöst und durch Zerschneiden vernichtet, bei den Grundakten zurückbehalten; die Schuldurkunde ist dem Gläubiger zurückzugeben, nachdem der vorhandene Eintragungsvermerk durchstrichen worden." Gr.B.O. §. 90.

Die Umwandlung einer Grundschuld in eine Hypothek ist unzulässig, weil das Gesetz sie nicht zugelassen hat. Eine analoge Anwendung der für den umgekehrten Fall gegebenen Bestimmungen ist ausgeschlossen, weil dieser Fall selbst eine Anomalie ist. Heidenfeld S. 142; Achilles S. 217. Anderer Meinung sind: Bahlmann S. 93; Dernburg S. 739; Steiner S. 61, 82, 115, 145; Brettner, in Gruchot's Beitr. 17 S. 162; Turnau S. 493. Letzterer verneint indeß das Bedürfniß.

51) (5. A.) Nach §§. 482 und 483 d. T. haftete das Grundstück dem Hypothekengläubiger nur für die vorbedungenen Zinsen, nicht auch für bloße Zögerungszinsen, für jene aber selbst dann, wenn sie nicht eingetragen waren. O.Tr. vom 18. Juli 1828, Simon, Rechtsspr. 1 S. 98, vom 13. August 1836, Ensch. 1 S. 212, III (Pr. 744) v. 22. Oktober 1839, Präjud.-Samml. S. 118, (Pr. 1227) v. 2. Dezbr. 1842, Entsch. 8 S. 337, und v. 26. Febr. 1856, Str. Arch. 21 S. 14. Gegenwärtig entscheidet für die Dinglichkeit des Anspruchs lediglich die Eintragung ohne Rücksicht auf den Entstehungsgrund der Verpflichtung des Schuldners zur Entrichtung von Zinsen. Ueber die dingliche Natur der Rückstände siehe unten die Anm. 12 zu §. 482 d. T.

52) (5. A.) Die Jahreszahlungen, welche außer den Zinsen zu leisten sind, müssen, wie die Fassung des Gesetzes ergiebt, eingetragen sein. Sonst ist der Anspruch darauf nicht dinglich.

53) (5. A.) Eine Haftung des Grundstücks für nicht eingetragene Kosten der Eintragung war dem bisherigen Recht unbekannt. (§. 489 d. T.) Der Justizminister hatte deshalb mittelst Verfügung v. 27. Dezbr. 1852 die Gerichtskassen angewiesen, im Fall der Eintragung rückständiger Kosten stets auch die Kosten der Eintragung mit eintragen zu lassen. Gegenwärtig ist diese Vorsicht überflüssig, weil das Grundstück kraft Gesetzes für die Eintragungskosten haftet. Der Justizminister ist deshalb um Abänderung der Verfügung v. 27. Dezbr. 1852 gebeten worden, hat sich jedoch nicht veranlaßt gefunden, darauf einzugehen, wohl aber bemerkt, daß es nicht Sache des Grundbuchrichters sei, zu prüfen, ob ein auf Eintragung gerichtetes Gesuch einer zuständigen Behörde (hier der Kassenverwaltung) auf den von ihm für wesentlich erachteten materiellen Voraussetzungen beruhe, da vielmehr nach der Gr.B.O. §. 41 das Grundbuchamt einem derartigen Ersuchen, sofern es den gesetzlichen Erfordernissen entspreche, und insbesondere alle wesentlichen Punkte des einzutragenden Vermerks enthalte, stattzugeben habe, falls sich nicht aus dem Grundbuche selbst ein Anstand ergebe. Diese Auffassung der Stellung des Grundbuchrichters erscheint indeß nicht ohne Bedenken. Das Ersuchen der zuständigen Behörde ersetzt nur die Eintragungsbewilligung, unterliegt mithin im Uebrigen, ebenso wie diese, in Ansehung der Rechtsgültigkeit nach §. 46 a. a. O. der Prüfung des Grundbuchrichters. Neubauer, in Johow's Jahrb. 4 S. 198. Der Grundbuchrichter dürfte daher nicht bloß berechtigt, sondern auch verpflichtet sein, die von einer zuständigen Behörde nachgesuchte Eintragung abzulehnen, wenn das, was darnach eingetragen werden soll, gesetzlich von der Eintragung ausgeschlossen ist. So liegt aber die Sache dann nicht, wenn das Ersuchen um Eintragung der Eintragungskosten auf eine bestimmte Summe gerichtet ist. Denn in diesem Fall handelt es sich nach §. 23 des Gesetzes um eine selbstständige Hypothek. Der §. 30 dagegen schließt die Eintragung der Kosten nur dann aus, wenn dieselben als Erweiterungen des ursprünglich nur das Kapital und die Zinsen umfassenden Anspruches des Gläubigers in Betracht kommen.

das ganze Grundstück mit allen seinen, zur Zeit der Eintragung nicht abgeschriebenen Theilen (Parzellen, Trennstücken) 55);

die auf dem Grundstück befindlichen oder nachträglich darauf errichteten, dem Eigenthümer gehörigen Gebäude 56);

die natürlichen An- und Zuwüchse, die stehenden und hängenden Früchte 57);

die auf dem Grundstück noch vorhandenen abgesonderten, dem Eigenthümer gehörigen Früchte 58);

die Mieth- und Pachtzinsen und sonstigen Hebungen 59);

die zugeschriebenen unbeweglichen Zubehörstücke (Pertinenzien) 60) und Gerechtigkeiten 61);

---

54) (5. A.) Der §. 484 d. T. verneinte das dingliche Recht des Hypothekengläubigers wegen dieser Kosten. Das Gesetz v. 24. Mai 1853 dagegen bestimmte unter §. 29: „Die Hypothek haftet, wenn von den Betheiligten nicht ein Anderes verabredet wird, auch für die Kosten der Kündigung, Ausklagung und Beitreibung. Der §. 484, Th. I Tit. 20 des A. L.R., wird hiernach abgeändert. Jener Kosten .... geschieht in dem Eintragungsvermerke keine Erwähnung.“ Dabei hat es das Gesetz über den Eigenthumserwerb gelassen. Das Hypothekenrecht bezieht sich aber nur auf solche Kosten der Klage und der Beitreibung, deren Erstattung dem Prozeßgegner gesetzlich obliegt. Soll gemäß Verabredung das Grundstück für weitere Kosten haften, so muß für dieselben eine besondere Hypothek, welche jedoch in Betreff ihres Maximums nach §. 24 des Gesetzes zu limitiren ist, eingetragen werden. Verf. des App.-Ger. zu Hamm v. 8. Okt. 1873, Johow 4 S. 151. Vergl. die Anm. 42 b. zu §. 24 des Gesetzes.

55) (5. A.) Vergl. die §§. 443 u. 467 d. T.

56) (5. A.) „Die Superfizies haftet also dem Hypothekengläubiger nicht, ebenso wenig die Baulichkeit, die sich ein Pächter für die Dauer seiner Pachtzeit zu seinen Zwecken errichtet hat. Der Pächter hat vielmehr bei Geltendmachung des Pfandrechts durch den Gläubiger nur das Recht der Wegnahme; bei vorhandener Superfizies kann der Gläubiger das Grundstück nur mit dieser Belastung zur Veräußerung bringen, falls nicht die Superfizies später als die Hypothek bestellt worden, in welchem Fall der Superfiziar zu weichen und auch nur das Recht der Wegnahme hat. Die eigenthümlichen Vorschriften des A. L.R. I. 20 §§. 472—474 beizubehalten, schien nicht empfehlenswerth. Sie sind ziemlich unpraktisch geblieben und beschränken den Hypothekengläubiger ohne Grund auf die höchste Taxe des Bodens, während bei dem nothwendigen Verkauf doch ein höherer Preis erzielt werden kann. Anderen Rechten ist eine solche künstliche Bestimmung unbekannt.“ Motive zu dem Entwurf des Gesetzes über den Eig.-Erwerb, bei Werner 2 S. 31. Was hier von der Hypothek gesagt ist, gilt auch von der Grundschuld.

57) (5. A.) Vergl. die §§. 470 u. 475. Das bisherige Recht hat nicht wesentlich geändert werden sollen. Die Früchte haften dem Hypotheken- und dem Grundschuldgläubiger nicht, wenn sie schon bei ihrem Entstehen nicht dem Eigenthümer des Grundstücks gehören. Tit. 9 §. 221. O.Tr. III v. 1. Mai 1874, Entsch. 72 S. 232 u. 234.

58) (5. A.) Vgl. Johow, zur Lehre von den Rechten des Pfandgläubigers an den Früchten ꝛc., in der Zeitschrift für Gesetzgeb. ꝛc. 5 S. 313. — Damit die von dem Boden getrennten Früchte dem Realgläubiger haften, ist erforderlich, daß sie von der Beschlagnahme noch erreicht werden. Der Beschlagnahme aber unterliegen nicht: a. die von dem Grundstück weggeschafften Früchte, gleichviel, ob mit der Wegschaffung ein Wechsel in der Person des Eigenthümers verbunden war oder nicht; b. die auf dem Grundstück zwar noch vorhandenen, aber von dem Eigenthümer veräußerten Früchte, sofern sie nicht als Zubehör eines verpfändeten Landgutes anzusehen sind. O.Tr. III v. 1. Mai 1874, Entsch. 72 S. 232 ff.

59) (5. A.) Die Mieth- und Pachtzinsen treten an die Stelle der Früchte. §. 476 d. T.

60) (5. A.) „Die Praxis hat zwischen Substanztheilen und Pertinenzstücken im Verhältniß zum Hypothekengläubiger unterschieden.

Während Substanztheile eines Gutes, welche vor der Eintragung der Hypothek in das Eigenthum eines Dritten übergegangen und von dem Blatt des Muttergutes zur Zeit der Eintragung der Hypothek nicht abgeschrieben waren, dem Gläubiger haften (Entsch. 30 S. 1), ist in Betreff der unbeweglichen Pertinenzstücke angenommen, daß sie dem Gläubiger nicht haften, wenn sie vor der Eintragung der Hypothek von dem Gute thatsächlich wie rechtlich getrennt worden (Entsch. 2 S. 267; Rechtsfälle 3 S. 426; Str. Arch. 11 S. 352; Präjudiz 416, in der Sammlung 1 S. 117). Eine solche Unterscheidung zwischen Substanztheil und Pertinenzstück läßt sich bei dem Vorhandensein eines Grundbuchs, welches in gleicher Weise sowohl die Parzellen und Pertinenzien nachweisen soll, nicht aufrecht halten. Das allein entscheidende Moment darf nur sein, daß Alles haftet, was im Buch zur Zeit der Eintragung der Hypothek als Zubehör des Grundstücks vermerkt ist, und daß nur durch die Abschreibung das Zubehörstück oder der Theil ausscheiden kann. Ueberdies ist jetzt der Fall nicht mehr denkbar, daß ein unbewegliches Zubehör oder der Theil ohne Abschreibung in das Eigenthum eines Dritten übergehen können, denn dieser Uebergang setzt die Auflassungserklärung voraus, mit der sich die Abschreibung unmittelbar verbindet, und nur durch die Eintragung

das bewegliche, dem Eigenthümer gehörige Zubehör, so lange bis dasselbe veräußert und von dem Grundstück räumlich getrennt worden ist[62]);

die dem Eigenthümer zufallenden Versicherungsgelder für Früchte, bewegliches Zubehör und abgebrannte oder durch Brand beschädigte Gebäude, wenn diese Gelder nicht statutenmäßig zur Wiederherstellung der Gebäude verwendet werden müssen oder verwendet worden sind[63]).

§. 31. Die Abtretung und Verpfändung[64]) der Ansprüche auf Versicherungsgelder, die Vorauserhebung, Abtretung und Verpfändung von Pacht- und Miethzinsen auf mehr als ein Vierteljahr, und die Veräußerung stehender und hängender Früchte ist, soweit sie zum Nachtheil der eingetragenen Gläubiger gereicht, ohne Wirksamkeit[65]).

---

auf das neue oder ein anderes Blatt geht das getrennte Stück in das Eigenthum des Erwerbers über." Motive bei Werner 2 S. 31. Vergl. die §§. 443 ff., 467—469 d. T.

61) (5. A.) Siehe die Anm. 95 zu §. 5 der Gr.B.O., Zus. 7 zu §§. 392—398 d. T.

62) (5. A.) Dieser Satz entspricht dem bisherigen Recht, wie solches von der Praxis aufgefaßt worden ist. Vergl. die §§. 445 und 446 und die Anm. 64 zu §. 446.

63) (5. A.) Nach gemeinem Recht ist es streitig, ob die Versicherungsgelder den Hypothekengläubigern haften. Dernburg, Pfandrecht 2 S. 565 und Lehrbuch des preußischen Privatrechts 1 S. 733; Windscheid, Pand. 1. §. 248 Note 9 (2. Aufl.) S. 725. Die preußische Praxis gelangte zu folgenden Sätzen: „Hypothekengläubiger sind nach allgemeinen Rechtsgrundsätzen nicht berechtigt, vermöge ihres dinglichen Hypothekenrechts und lediglich als Folge dieses Rechts die Feuerversicherungsgelder behufs ihrer Befriedigung in Anspruch zu nehmen. Diejenigen Rechte, welche die Hypothekengläubiger aus speziellen Rechtstiteln ableiten, und diejenigen Rechte, welche sie aus besonderen Feuer-Sozietäts-Reglements ableiten können, bleiben bei diesem Grundsatz unberührt." O.Tr. Pl. (Pr. 2490) v. 5. Dezbr. 1853, J.M.Bl. 1854 S. 65 u. 1855 S. 312; Entsch. 27 S. 1. Vgl. hierzu Förster, Theorie und Pr. 3. Aufl. 1 S. 114 Note 12, 2 S. 394, 3 S. 471. Das Gesetz über den Eigenthumserwerb hat das durch den Plenarbeschluß anerkannte Recht im Sinne der von dem Obertribunal verworfenen Meinung geändert. Die Bestimmung in dem §. 30 des Gesetzes „über die Ausdehnung des dinglichen Gläubigerrechts auf die Versicherungsgelder hat jedoch nicht die Natur einer Deklaration." O.Tr. IV vom 20. Februar 1873, Str. Arch. 88 S. 163. In dem Fall, bei dessen Entscheidung dies angenommen ist, war zur Zeit der Abfassung des Appellationsurtheils das Gesetz v. 5. Mai 1872 noch nicht in Geltung getreten, seine Anwendung mithin ausgeschlossen. Die Frage, ob die Bestimmung des §. 30 überhaupt auf die vor dem 1. Oktbr. 1872 eingetragenen Hypotheken anwendbar ist, kam daher nicht zum Austrage. Die Bejahung der Frage scheint nicht zweifelhaft, da die ganze Anlage und Tendenz des Gesetzes darauf hinweist, daß die Vortheile desselben auch den Hypothekengläubigern aus der Zeit des früheren Rechts zu Gute kommen sollen. Die Verneinung müßte im Fall der Konkurrenz solcher Gläubiger mit jüngeren zu dem Ergebnisse führen, daß diese befriedigt würden, während jene leer ausgingen, — einem Ergebnisse, dessen Unzuträglichkeit wohl am besten dafür spricht, daß es nicht beabsichtigt sein kann. —

Ein unmittelbares Recht steht dem Hypotheken- und dem Grundschuldgläubiger gegen den Versicherer nicht zu. Ihr dingliches Recht an den Versicherungsgeldern wird erst durch die Beschlagnahme wirksam. Achilles S. 82; Dernburg, Lehrb. 1 S. 733. Anderer Ansicht ist Bahlmann S. 98.

64) (5. A.) Die Erhebung der Versicherungsgelder ist hiernach, sofern dieselben nicht in Beschlag genommen sind, dem Versicherten nicht verschränkt. Der Versicherer kann an ihn, nicht aber an seinen Singularsuccessor, Zahlung leisten. Vergl. die vorige Anm. a. E.

65) (5. A.) Der §. 31 entspricht den §§. 477—481 dieses Titels. „Das A. L.R. erklärt im §. 477 Verträge, durch welche der Schuldner über künftige Früchte und Nutzungen im Voraus verfügt, soweit sie zum Nachtheil der schon eingetragenen Hypothekengläubiger gereichen, für unkräftig. Die §§. 480 und 481 unterscheiden in Betreff der Vorauserhebung der Pacht- und, wie die Praxis mit Recht annimmt, der Miethzinsen zwischen den eingetragenen und den erst später einzutragenden Gläubigern. Das ist eine unnöthige Kasuistik", welche das neue Gesetz vermeidet. Mot., bei Werner 2 S. 31. Der Realgläubiger, welcher die Verfügung des Eigenthümers, beziehungsweise die Zahlung an denselben, nicht gelten lassen will, muß in Gemäßheit der Allg. Gerichts-O. I. 13 §. 28 beweisen, daß er durch die Verfügung oder die Zahlung benachtheiligt wird. —

Die Veräußerung von Holz, welches durch Abholzung von einem Grundstück gewonnen wird, kann nach der Wegschaffung der gefällten Bäume von den Hypothekengläubigern nicht angefochten werden, und zwar deshalb nicht, weil Holzschläge der Art nicht innerhalb der Grenzen einer forstwirthschaftlichen Verwaltung liegen und folglich für Früchte nicht erachtet werden können, übrigens aber auch Früchte, welche veräußert und fortgeschafft worden, dadurch der Beschlagnahme und demgemäß auch dem dinglichen Recht der Realgläubiger entzogen sind. O.Tr. III v. 1. Mai 1874, Entsch. 72 S. 234; Str. Arch. 91 S. 233.

§. 32. Werden nach der Eintragung der Hypothek oder Grundschuld dem verpfändeten Grundstück andere Grundstücke als Zubehör zugeschrieben [66], so treten diese in die Pfandverbindlichkeiten desselben [67]; es gehen jedoch die mitübertragenen Posten des zugeschriebenen Stücks — soweit es sich um Befriedigung derselben aus diesem Stück handelt — den zur Zeit der Zuschreibung auf dem Hauptgut eingetragenen vor.

§. 33. Werden unbewegliche Zubehörstücke oder Theile des Grundstücks auf dem Blatt des bisherigen Haupt- oder Stammguts abgeschrieben und auf ein anderes Blatt übertragen, so haften sie für die eingetragenen Belastungen des bisherigen Haupt- oder Stammguts nur dann, wenn diese bei der Abschreibung auf das andere Blatt mitübertragen worden sind [68].

3. Von der Rangordnung der auf demselben Grundstück haftenden Hypotheken und Grundschulden.

§. 34. Die Rangordnung der auf demselben Grundstück haftenden Hypotheken und Grundschulden bestimmt sich nach den in §. 17 gegebenen Vorschriften [69].

§. 35. Ein voreingetragener Gläubiger kann sein Vorrecht einem nachstehenden einräumen. Die Einräumung des Vorrechts für das Kapital bezieht sich auch auf die Nebenleistungen. Die Vorrechte der Zwischenposten werden hierdurch nicht geändert [70].

---

66) (5. A.) Die Zuschreibung wird nach der Gr.B.O. §. 61 auf dem Titel und in der ersten Abtheilung des Grundbuchblattes vermerkt. Sie kann nur auf Grund einer beglaubigten Erklärung des Eigenthümers vorgenommen werden. Kretschmann, in Gruchot's Beitr. 4 S. 14 Note 10; Förster, Theorie und Pr. 3. Aufl. 1 S. 109 Note 35. Bei'm Mangel einer solchen Erklärung wird das Grundstück als ein selbstständiges übertragen. Turnau S. 292. Nur „das bei einer Gemeinheitstheilung, einer Regulirung behufs der Eigenthumsverleihung oder Ablösung von Reallasten zur Abfindung gegebene Land wird durch Gesetz Zubehör des Gutes, zu welchem die Sache oder das Recht gehört hat, wofür die Abfindung gegeben worden ist. Das Recht darauf geht auf jeden neuen Besitzer dieses Gutes über." O.T. II (Pr. 2508) v. 31. Januar 1854, Entsch. 27 S. 194.

67) (5. A.) Diese Wirkung tritt ein ohne Rücksicht darauf, ob das zugeschriebene Grundstück aus dem Eigenthume des Bestellers der Hypothek oder der Grundschuld oder „aus fremdem Eigenthum" dem Hauptgute hinzugefügt worden ist. Vgl. §§. 454 u. 470 d. T. Auf Zuschreibungen, welche vor dem 1. Oktober 1872 erfolgt sind, findet der §. 32 keine Anwendung. Bahlmann S. 101. Dagegen ist die Anwendbarkeit desselben nicht dadurch bedingt, daß die Belastungen des Hauptgutes unter der Herrschaft des Gesetzes vom 5. Mai eingetragen sind. Dernburg, Lehrb. 1 S. 400; Turnau S. 293.

68) (5. A.) Die Belastungen eines Grundstücks sind aber mit dem von demselben abgetrennten Stück stets auf das Blatt des Trennstücks zu übertragen, wenn nicht das Gesetz die lastenfreie Abschreibung gestattet. Gr.B.O. §§. 65 ff., Zus. 14 zu §. 457 dieses Titels. Unterbleibt die Uebertragung der Schulden und Lasten, so hat dies die Wirkung der Löschung. „Eine aus Versehen des Grundbuchamts gelöschte oder bei Ab- und Umschreibungen nicht übertragene Post ist" indeß nach §. 118 a. a. O. „auf Verlangen des Gläubigers oder von Amtswegen mit ihrem früheren Vorrecht wieder einzutragen. Diese Wiedereintragung wirkt jedoch nicht zum Nachtheil Derjenigen, die nach der Löschung Rechte an dem Grundstück oder auf eine der gelöschten gleich- oder nachstehende Post in redlichem Glauben erworben haben."

69) Siehe die Anm. zu §. 17 des Gesetzes, Zus. zu Tit. 19. Das Recht des §. 500 dieses Titels und des §. 60 der Subh.-O. v. 15. März 1869 ist beibehalten.

70) (5. A.) Das bisherige Recht ist im Wesentlichen nicht geändert. Vgl. die §§. 496—498 d. T. — Die rechtliche Natur der Prioritätseinräumung ist zweifelhaft. Turnau S. 481; Förster, Theorie und Praxis 2 §. 144 Anm. 6 (3. Aufl.) S. 355. Koch bemerkte zur Allg. Hypotheken-Ordnung v. 1783 S. 50: „Die Prioritätseinräumung ist eine Veräußerung des Ranges, aber nicht eine unbedingte und für die Gegenwart, sondern eine erst zukünftig und nur in dem Falle eintretende, wenn der Cedent alsdann noch als Theilnehmer (Konkurrent) auftreten sollte; in diesem Falle, aber auch nur in diesem Falle will der Cedent mit dem Cessionar den Platz in der Rangordnung vertauschen. Hieraus folgt: a. der Cedent ist in seiner Verfügung über die Post nicht behindert; er ist befugt, sie einzuziehen und darüber rechtsgültig zu quittiren; b. der Schuldner kann sie ohne Genehmigung des Cessionars löschen lassen; c. der Cessionar tritt dann künftig nicht an die Stelle des bezahlten Cedenten, weil dieser nicht auftritt, also keine Stelle einnimmt, welche mit einer anderen umgewechselt werden könnte; es ist auch, wegen der Löschung, kein offener Platz vorhanden, welchen der Cessionar einnehmen könnte, denn die Posten sind zusammengerückt; kurz, der vorausgesetzte Fall ist nicht eingetreten, der Cessionar muß daher seine Befriedigung an seiner ursprünglichen Stelle erwarten. Diese Sätze sind es, welche das Obertribunal durch das Präjudiz 547 festgestellt hat. Darin liegt der große Unterschied zwischen der Prioritätseinräumung und der Verpfändung der Post." Vergl. die Anm. 28 zu §. 497 d. T. — Gegen diese Auffassung, welche der Meinung der Kontrahenten und der formalen Kraft der Einschreibung wohl kaum die gebührende Rech-

§. 36. Die Rangordnung zwischen den Belastungen zur zweiten und dritten Abtheilung des Grundbuchs bestimmt sich nach dem Datum der Eintragung [71]).

Eintragungen unter demselben Datum stehen zu gleichem Recht, wenn nicht besonders dabei bemerkt ist, daß die eine der anderen nachstehen soll [72]).

§. 37. Durch die Eintragung der Hypothek und der Grundschuld wird für den Gläubiger die dingliche Klage gegen den Eigenthümer begründet [73]). Der Letztere haftet nur mit dem Grundstück nach Maßgabe der §§. 30, 32. 4. Von der Wirkung des Rechts der Hypotheken und der Grundschulden.

§. 38. Gegen die Klage aus einer Grundschuld sind Einreden nur soweit zulässig, als sie dem Beklagten gegen den jedesmaligen Kläger unmittelbar zustehen oder aus dem Grundschuldbrief sich ergeben, oder die Thatsachen, auf welche sich dieselben gründen, dem Kläger beim Erwerb der Grundschuld bekannt gewesen sind [74]).

---

nung trägt, siehe Prinz, Einfluß der Hypothekenverfassung auf das Sachenrecht S. 272, und Dernburg, Lehrb. 1 S. 743. —

Die Gr.B.O. bestimmt unter §. 86: „Zur Einräumung des Vorrechts genügt eine darauf gerichtete Erklärung des Einräumenden. Die Eintragung der Vorrechtseinräumung ist auf der Urkunde über die zurücktretende und auf Verlangen auch auf der Urkunde über die vortretende Post von dem Grundbuchamt zu vermerken." Der Gläubiger der zurücktretenden Post muß, wie der §. 35 des Gesetzes ergiebt, als solcher im Grundbuch eingetragen sein. Auf seinen Antrag ist die Einräumung des Vorrechts einzutragen, ohne daß die Annahme derselben Seitens des vortretenden Gläubigers nachgewiesen werden müßte. Gr.B.O. §. 80. Die Person des letzteren ist dabei ganz gleichgültig. Daraus folgt, daß die Prioritätseinräumung auch dann einzutragen ist, wenn der Inhaber zweier Posten der einen den Vorrang vor der anderen bewilligt. Verf. des Appellationsgerichts zu Frankfurt a. O. v. 29. Mai 1874, Johow, Jahrb. 4 S. 242. Sind die Posten in verschiedenen Händen, so erscheint auch der Inhaber der vortretenden zu dem Eintragungsantrage legitimirt, wofern er nur die beglaubigte Bewilligung des Inhabers der zurücktretenden Post mit der Urkunde über dieselbe beibringt. Ges. §§. 19 u. 53; Achilles S. 86 u. 214; Turnau S. 482. —

Wenn in einem Vertrage künftig einzutragenden Hypotheken das Vorrecht eingeräumt worden ist, so kann diese Einräumung auf Grundschulden nicht bezogen werden. Verf. des App.-Ger. zu Stettin v. 15. Septbr. 1874, Johow 4 S. 154.

71) (5. A.) Weniger präzis drückt denselben Grundsatz aus die Konk.-O. v. 8. Mai 1855 §. 55.

72) (5. A.) Siehe die Anm. zu §. 500 d. T.

73) (5. A.) Die Klagebitte ist mit Rücksicht auf die §§. 30, 32 u. 43 darauf zu richten, daß der Beklagte verurtheilt werde, an den Kläger zur Vermeidung der Exekution in das ... Grundstück die darauf im Grundbuche von ꝛc. Nr. Abth. 3 Nr. eingetragenen ... Mark (Hypothek oder Grundschuld) nebst .. % Zinsen seit dem ..... und ... Mark Kündigungskosten zu zahlen und die Kosten des Prozesses zu tragen. Wird im Fall der Hypothek die persönliche Klage mit der dinglichen verbunden, so ist die Verurtheilung des Beklagten zur Zahlung bei Vermeidung der Exekution, insonderheit in das verpfändete Grundstück, zu verlangen. Der Antrag ändert sich entsprechend, wenn die Klage im Mandatsprozesse erhoben wird. Der Mandatsklage müssen die Urkunden beiliegen. Im ordentlichen Prozesse genügt der Nachweis der Eintragung des Klägers. Achilles S. 88; Dernburg S. 759. Die Sachlegitimation der Parteien wird durch deren Eintragung im Grundbuch geführt. Sind dieselben nicht eingetragen, so liegt dem Kläger der urkundliche Beweis ob, daß er das Recht des eingetragenen Gläubigers und der Beklagte das Eigenthum an dem Grundstück ohne Eintragung (§. 5) erworben habe. Achilles S. 89; Dernburg Lehrb. 1 S. 758.

74) (5. A.) Die Einreden, welche gegen die Grundschuldklage Platz greifen, sind hiernach nicht nach ihrem Inhalt, sondern nach den Bedingungen ihrer Zulässigkeit gekennzeichnet. Es sind:

a. Einreden, welche dem Beklagten gegen den jedesmaligen Kläger unmittelbar zustehen, gleichviel, aus welchem Rechtsgrunde sie stammen. Die Ungültigkeit des Schuldverhältnisses jedoch, in dessen Veranlassung der Beklagte die Eintragung der Grundschuld für den Kläger bewilligt hat, kann für sich allein mit Erfolg nicht eingewendet werden, weil die Grundschuld ihre Existenz und ihre Wirksamkeit nicht auf jenes Verhältniß, sondern auf die Bewilligung des Eigenthümers gründet. Anders dagegen, wenn die Ungültigkeit des persönlichen Schuldgrundes zugleich die Ungültigkeit der Eintragungsbewilligung zur Folge hat oder doch wenigstens den Eigenthümer berechtigt, die Bewilligung zurückzunehmen. Folgende Beispiele mögen dies erläutern:

Behauptet der Beklagte, die den persönlichen Schuldgrund enthaltende Erklärung sei ihm abgezwungen, so entkräftet der Kläger die aus dem Zwange hergeleitete Einrede durch den Hinweis auf die Willensfreiheit des Beklagten bei der Eintragungsbewilligung. Die Einrede des Zwanges kann also nur dann zutreffen, wenn die Bewilligung erzwungen worden ist. Wendet der Beklagte hingegen ein, der persönliche Schuldgrund, der ihn zur Bewilligung der Eintragung veranlaßt habe, sei

Gegen die Klage aus einer Hypothek können Einreden aus dem persönlichen Schuldverhältniß

wegen **Betruges** ungültig, so ist dies ein zulässiger Einwand gegen die Klage, weil der durch den Betrug hervorgerufene Irrthum auch die **Bewilligung** entkräftet, sofern der Kläger nicht nachweist, daß der Beklagte damals, als er die Eintragung bewilligte, bereits Kenntniß von den den Betrug begründenden Thatsachen gehabt habe. **Achilles** S. 91; **Förster**, Theorie u. Praxis 3 S. 435.

Ist der persönliche Schuldgrund an sich gültig, aber der Kläger hat die ihm darnach obliegende Gegenleistung nicht erfüllt, so kann es sich fragen, ob der Beklagte hieraus eine Einrede herleiten kann. Z. B. der Beklagte hat von dem Kläger ein Pferd gekauft und für den Preis eine Grundschuld bestellt. Hier kann er gegen die dingliche Klage einwenden, das Pferd sei ihm nicht übergeben, wenn die Bestellung der Grundschuld nur **zur Sicherung** der Kaufgeldforderung des Klägers (§. 52) geschehen ist. War dagegen die Absicht bei Bestellung der Grundschuld die **Tilgung** der persönlichen Verbindlichkeit des Beklagten, so findet die Einrede nicht statt, weil der Mangel der Uebergabe bereits bei der Eintragungsbewilligung vorhanden gewesen ist und daher auf die Rechtsbeständigkeit der letzteren nicht von Einfluß sein kann. Dem Beklagten bleibt hier nur überlassen, die Uebergabe des Pferdes klagend oder widerklagend zu fordern. Ist in diesem Falle dem Kläger die Uebergabe aus einem Grunde unmöglich, den **er** zu vertreten hat, so ist der Vertrag aufgehoben und folglich auch die Grundschuld nicht zu halten, weil der Beklagte nunmehr berechtigt ist, die Herstellung des Status quo zu verlangen, d. i. das von ihm Geleistete zu kondiziren. Einem dritten Inhaber der Grundschuld gegenüber ist die Einrede nur gegeben, wenn der Dritte beim Erwerb der Grundschuld nicht bloß den **Mangel** der Uebergabe, sondern auch die **Unmöglichkeit** derselben gekannt hat. Vergl. **Stüler**, Werthantheile, in der Zeitschrift für die deutsche Gesetzgebung 2c. 7 S. 275.

Einreden, welche der Rechtsvorgänger des Beklagten gehabt haben würde, sind niemals solche, welche dem Beklagten **unmittelbar** gegen den Kläger zustehen. **Förster** a. a. O. S. 436. Dies muß selbst dann gelten, wenn der Rechtsvorgänger die Grundschuld bezahlt und dadurch das Recht erworben hat, die Bewilligung der Löschung oder Quittung oder Cession von dem Kläger zu verlangen. Hier kann ein unmittelbares Verhältniß zwischen den Parteien nur so begründet werden, daß der Beklagte von seinem Rechtsvorgänger dessen Rechte sich abtreten läßt. Geschieht dies nicht, so ist der Beklagte zur Bezahlung der Grundschuld zu verurtheilen. Die Rechte seines Rechtsvorgängers gegen den Kläger bleiben natürlich gewahrt.

b. Einreden, welche **aus dem Grundschuldbrief sich ergeben**. Vergl. die A. D. W. O. §. 82. In dem Entwurfe der Staatsregierung hieß es „**Grundbuch**“ anstatt „Grundschuldbrief“. Die Aenderung ist von der Kommission des Herrenhauses vorgenommen, nachdem ein Mitglied derselben bemerkt hatte, „daß die Frage sich so stelle, ob im Falle durch ein Versehen des Grundbuchamts der Grundschuldbrief von vornherein oder später nicht in vollständiger Uebereinstimmung mit dem Bucheintrag sei, der Inhaber des Grundschuldbriefs oder der, welcher eine abweichende Eintragung erlangt habe, den Vorzug haben solle und man werde sich um so mehr für Ersteres entscheiden müssen, als der Grundschuldbrief nach §. 122 der Grundbuchordnung stets dem Eigenthümer des Grundstücks ausgehändigt würde und es Sache desselben sei, zu prüfen, ob der Grundschuldbrief sich mit den Eintragungen im Grundbuche in Uebereinstimmung befinde.“ **Bericht der Komm. des H.H.**, bei **Werner** 2 S. 58. Diese Aeußerung ist natürlich für die Auslegung des Gesetzes, insoweit sie eine rechtsirrthümliche ist, nicht maßgebend, weil sich nicht feststellen läßt, ob sie für die Faktoren der gesetzgebenden Gewalt durchweg bestimmend gewesen ist. Man setze z. B. den Fall, daß der Eigenthümer die Eintragung einer Grundschuld von 1000 Mark bewilligt hat, demgemäß auch die Grundschuld eingetragen ist, durch ein Versehen des Amtes aber in dem Grundschuldbrief 10000 Mark geschrieben sind. Soll hier der Eigenthümer gegen die Klage auf 10000 nicht geltend machen dürfen, daß er mit dem Grundstück nur für die darauf eingetragenen 1000 Mark hafte? **Förster** (a. a. O. S. 438) verneint die Frage, weil dies nicht, wie **Achilles** S. 93 und **Heidenfeld** S. 136 bemerkt haben, ein Einwand sei, der dem Beklagten **unmittelbar** gegen den Kläger zustehe. Allein wenn der Einwand nicht ein solcher ist, dann ist es überhaupt kein Einwand, sondern eine einfache Negation des Klagegrundes. Denn das Recht der Grundschuld **entsteht** nach §. 18 durch die Eintragung im **Grundbuch** (vergl. §. 20), und die dingliche Klage wird nach §. 38 durch **diese** Eintragung und nicht durch die Eintragung in dem **Grundschuldbrief** begründet. Ein nicht entstandenes Recht kann nicht durch Klage verfolgt werden.

Ebenso dürfte der Fall zu entscheiden sein, wenn die Grundschuld ganz oder zum Theil gelöscht, die Löschung aber gegen die Vorschriften der Grundbuch-Ordn. §§. 114 u. 116 nicht auf dem Grundschuldbriefe vermerkt ist. Denn **nur** die Löschung im Grundbuch ist das die Grundschuld aufhebende Moment Ges. §. 57.

Anders dagegen liegt die Sache, wenn eine Beschränkung des Gläubigers in der Verfügung über die Grundschuld in dem Buche eingetragen ist. Diese Eintragung kann nach positiver Vorschrift des §. 49 dem dritten Inhaber der Grundschuld nur entgegengesetzt werden, wenn sie in dem Grundschuldbriefe vermerkt oder sonst dem Inhaber desselben beim Erwerb der Grundschuld bekannt gewesen ist.

c. Einreden, welche **sich aus Thatsachen ergeben, die dem Kläger beim Erwerb der Grundschuld bekannt gewesen sind**. Die Kommission des Herrenhauses, welcher die Zueinem Dritten, welcher ein Recht auf die Hypothek gegen Entgelt erworben hat, nur entgegengesetzt werden, wenn sie ihm vorher bekannt geworden sind oder sich aus dem Grundbuch ergeben [75]).

Einreden gegen das Verfügungsrecht des Klägers aus der Person seines eingetragenen Rechtsurhebers (Autors) sind sowohl gegen die Klage aus einer Grundschuld als gegen die aus einer Hypothek unzulässig [76]).

---

lassung solcher Einreden zu verdanken ist, hat sich dabei von der Erwägung leiten lassen, daß „der Glaube des Hypothekenbuches nicht zum Deckmantel der Unredlichkeit benutzt und der Schutz des Gesetzes wie im Wechselverkehr nur dem redlichen dritten Inhaber gewährt werden dürfe; es müßten daher auch einem Grundschuldgläubiger und dessen in mala fide befindlichen Cessionarien alle Einreden entgegengesetzt werden dürfen, welche sich auf das der Konstituirung der Grundschuld zu Grunde liegende obligatorische Verhältniß bezögen." Werner a. a. O. Die Fassung des Gesetzes geht aber über diese Erwägung weit hinaus; sie steht überdies mit den Prinzipien der §§. 4 und 15 in Widerspruch. Die Annahme, daß die Kenntniß jener Thatsachen bei dem Kläger eine dolose Handlungsweise voraussetzen lasse, ist oftmals eine bloße Fiktion der Unredlichkeit, „da trotz einer solchen Einrede die Eintragung der Grundschuld eine ganz richtige, mithin trotz der Kenntniß der Einrede dennoch der redliche Glaube an die Richtigkeit des Grundbuches vollkommen vorhanden sein kann, jene Kenntniß diesen Glauben nicht ausschließt". Förster a. a. O. S. 436. Vergl. auch Achilles S. 93; Bahlmann S. 112.

75) (5. A.) Durch diese Bestimmung ist das bisherige Recht nicht geändert. Gegen die hypothekarische Klage sind nach wie vor zulässig:

a. alle Einreden, welche dem Beklagten gegen den Kläger unmittelbar zustehen. Hierher gehören insbesondere die Einreden, deren Inhalt die Befriedigung des Klägers wegen des Anspruches ist, zu dessen Sicherung die Hypothek bestellt war (§. 415 d. T.), ferner, wenn der ursprüngliche Gläubiger klagt, die Einreden aus dem persönlichen Schuldverhältnisse, gleichviel, ob die ungültige Entstehung der Schuld oder der Mangel der Vertragserfüllung Seitens des Klägers ausgeführt wird (§. 422 d. T.);

b. alle Einreden, welche aus dem Grundbuch hervorgehen (§. 424);

c. andere Einreden nur, wenn der Kläger die Hypothek unentgeltlich erworben hat oder die Einreden ihm bei dem entgeltlichen Erwerb der Hypothek bekannt gewesen sind (§§. 423 u. 424).

Die Momente, in denen diese Einreden von den gegen die Grundschuldklagen zugelassenen Einreden (Anm. 74) abweichen, sind nicht von sonderlichem Gewicht. Förster, Grundbuchrecht S. 201 und Theorie und Praxis 3 S. 437; Dernburg 1 S. 762; Brettner in Gruchot's Beitr. 17 S. 165.

Die Klage aus der Kautionshypothek kann nur durch Aufdeckung des persönlichen Schuldverhältnisses begründet werden. (§. 20.) Gegen dieselbe müssen daher die Einreden dem Beklagten unbeschränkt zustehen, auch wenn der Kläger ein Dritter ist. In dem Entwurf der Regierung war dies ausdrücklich gesagt. Werner 1 S. 21. Die Kommission des Herrenhauses strich die Bestimmung (Entw. §. 35), weil sie überhaupt die Einreden gegen die Hypothek einer Beschränkung nicht unterwerfen wollte. Im Abgeordnetenhause hat man die Wiederherstellung versäumt. Werner 2 S. 59; Dernburg S. 740.

76) (5. A.) Die Fassung dieses Satzes ist aufs heftigste angegriffen worden von Paris, Collision der Hypothek mit dem Eigenthum (Cöslin 1875) S. 68—72. Wir lesen dort nach verschiedenen Versuchen, die Absicht des Gesetzgebers zu erforschen, auf Seite 71: „Welche Absicht er aber gehabt hat, wird aus den Worten des Gesetzes nie ein menschlicher Verstand zu ergründen vermögen. Es ist nicht erfindlich, wie man den Begriff der „Einrede gegen das Verfügungsrecht des Klägers aus der Person seines Autors" beschränken soll. Man soll das Recht des Klägers sondern von seinem Verfügungsrecht. Das Verfügungsrecht hat aber das Dasein eines Rechts überhaupt zur Voraussetzung. Der Mangel des Verfügungsrechts kann die verschiedensten Gründe haben, vor allen den, daß der Kläger überhaupt kein Recht erworben hat, dann aber auch den, daß er handlungsunfähig oder daß ihm die Verfügung über eine spezielle Sache durch eine richterliche Arrestverfügung entzogen ist." Man kann dieser Polemik zugeben, daß die Fassung des Gesetzes keine besonders glückliche ist. Allein was gemeint ist, das kann, wenn man die Bestimmung mit den aus den §§. 9, 38 Satz 1 u. 2, 49 sich ergebenden Einschränkungen versteht, ernstlich wohl nicht bezweifelt werden. „Der Sinn der Vorschrift ist der, daß die Eintragung des Ueberganges der Hypothek und der Grundschuld auf einen Anderen alle etwaigen Einreden gegen die Legitimation des letzteren beseitigt und daß daher der nicht eingetragene Kläger dem beklagten Eigenthümer nur den Nachweis zu führen hat, daß die Berechtigung des eingetragenen Inhabers der Post auf ihn übergegangen sei." Achilles S. 95. Diese Erklärung findet Paris S. 70 nicht weniger dunkel als den Absatz 3 des §. 38. Er vermuthet, daß Achilles hat sagen wollen, „die Eintragung des Autors beseitige alle Einwendungen, welche dahin zielen, daß der Uebergang der Rechte, welche der erste Gläubiger gehabt hat, auf den eingetragenen Autor nicht nachgewiesen sei." Diese Vermuthung ist gewiß begründet und die bemängelte Aus-

§. 39. Gegen die dingliche Klage auf Rückstände von Zinsen und sonstigen Jahresleistungen ist die Einrede der Tilgung unbedingt zulässig[77]).

Mit dem Grundschuldbriefe können Zinsquittungsscheine ausgegeben werden[78]). Ist dies geschehen, so ist nur der Inhaber des fälligen Zinsquittungsscheines gegen Aushändigung desselben zur Empfangnahme der Zinsen berechtigt[79]).

---

legung mit der Entstehungsgeschichte der Vorschrift im Einklange. Das Gesetz v. 24. Mai 1853 bestimmte unter §. 15:

„Einem Dritten, welcher redlicher Weise über eine im Hypothekenbuche eingetragene Post mit dem als Cessionar, Erbe oder sonstigen Erwerber eingetragenen und im Besitz des darüber ausgefertigten Dokuments befindlichen Inhaber sich eingelassen hat, können keine die Berechtigung seines Autors betreffende Einwendungen, soweit sie nicht aus der Urkunde oder dem Hypothekenbuch erhellen, entgegengestellt werden."

In den Motiven zu dem Gesetzentwurfe über den Eigenthumserwerb, wie solcher im Jahre 1871 dem Lande vorgelegt wurde, hieß es: „Zu den Einreden, die das Recht des Klägers ergreifen und zugleich unmittelbar gegen ihn zustehen, gehört auch die, daß er wegen eines Mangels in dem Recht seines Vorgängers (Autors) selbst nicht berechtigt sei. Das Gesetz v. 24. Mai 1853 hat in §. 15 diese Einrede, soweit sie nicht aus der Urkunde oder dem Grundbuche erhellt, gegen denjenigen Kläger versagt, der redlicher Weise, d. h. ohne Kenntniß von der fehlenden Berechtigung seines Autors, die Hypothek erworben hat. Es ist nicht zweifelhaft, daß der Glaube des Buches den Ausschluß einer solchen Einrede verlangt, und daß in dem gegenwärtigen Entwurf, der sich auf eine aus der Urkunde zu entnehmende Kenntniß nicht einlassen kann, der Ausschluß jener Einrede beibehalten werden muß, wenn sie nicht aus dem Grundbuche erhellt." Werner 2 S. 24. Der Entwurf schlug unter §. 34 folgenden Satz vor:

„Gegen die hypothekarische Klage sind Einreden, welche die Begründung des persönlichen Schuldverhältnisses betreffen oder gegen das Verfügungsrecht des eingetragenen Klägers aus der Person seines Rechtsurhebers (Autors) gerichtet sind, unzulässig; andere Einreden 2c." Werner 1 S. 21.

Aus der Fassung ergiebt sich, daß man sich das Verfügungsrecht des Gläubigers von dem eingetragenen Recht selbst getrennt gedacht hat. Darauf deutet auch der Bericht der Kommission des H. H., wenn darin bemerkt ist, daß „die Ausführung den Beifall der Kommission und des Regierungskommissars fand, daß es zu weit und hinter die Novelle v. 24. Mai 1853 zurückginge, wenn man gegen die Klage aus einer Hypothek Einreden gegen das Verfügungsrecht des Klägers aus der Person seines eingetragenen Autors zulassen und die vom Grundbuchrichter anerkannte und eingetragene Legitimation desselben noch zur prozessualischen Kontestation zulassen wolle, während der Erwerber der Hypothek mit Recht habe annehmen können und müssen, daß dieselbe feststehe." Die Kommission gab dem in Rede stehenden Satz folgende Fassung:

„Einreden gegen das Verfügungsrecht des Klägers aus der Person seines eingetragenen Rechtsurhebers (Autors) sind ausgeschlossen." Werner 2 S. 58.

In der Kommission des Abgeordnetenhauses ist dann der vorliegende Wortlaut des Gesetzes entstanden.

Man hat sonach durch den dritten Satz des §. 38 nur das sagen wollen, was oben als der Sinn der Vorschrift hingestellt worden ist. Förster, Grundbuchrecht S. 191; Dernburg, Lehrb. 1 S. 763.

77) (5. A.) Darüber war schon nach dem bisherigen Recht kein Zweifel, da das Grundbuch über die einzelnen Zinsraten keine Auskunft giebt, sondern nur über die Zinspflicht. Förster, Theorie und Praxis 3 S. 438.

78) (5. A.) Die Grundbuch-O. bestimmt unter §. 128: „Auf Antrag des Eigenthümers ist dem Grundschuldbrief ein Zinsquittungsbogen beizulegen, auf welchem die einzelnen Zinsquittungen für einen fünfjährigen Zeitraum, mit dem Stempel des Grundbuchamts versehen, enthalten sind. Auf dem Grundschuldbrief ist zu vermerken, ob und für welche Zeit Zinsquittungsscheine ertheilt sind. Nach Verbrauch der einzelnen Quittungsscheine ist der Inhaber des Grundschuldbriefs berechtigt, die Ertheilung eines neuen Zinsquittungsbogens nachzusuchen."

79) (5. A.) Aus dieser Bestimmung ergiebt sich, daß die Zinsquittungsscheine die rechtliche Natur der Inhaberpapiere haben. Achilles S. 96; Werner S. XXXIX; Heidenfeld S. 134; Dernburg, Lehrb. 1 S. 725; Turnau S. 582. Dieser Auffassung trägt auch die Grundbuch-Ordn. Rechnung, indem sie für den Fall, daß die Grundschuld gelöscht werden soll, folgende Vorschriften giebt:

„§. 95. Mit dem zur Löschung vorgelegten Grundschuldbrief sind die noch nicht verjährten Zinsquittungsscheine zu übergeben.

Der zur Berichtigung der fehlenden Zinsquittungsscheine erforderliche Betrag muß vor der Löschung gerichtlich niedergelegt werden. Die Hinterlegung des fälligen Betrages geschieht durch den Schuldner. Den nicht fälligen Betrag kann der Gläubiger für seine Rechnung hinterlegen. Verweigert er dies,

§. 40. Gleich- oder nacheingetragene Gläubiger können Grundschulden nur dann anfechten, wenn sie im Wege der Zwangsvollstreckung die Eintragung erlangt haben[80]).

§. 41. Hat der Erwerber eines Grundstücks die auf demselben haftende Hypothek in Anrechnung auf das Kaufgeld übernommen, so erlangt der Gläubiger gegen den Erwerber die persönliche Klage, auch wenn er dem Uebernahmevertrag nicht beigetreten ist[81]).

Der Veräußerer wird von seiner persönlichen Verbindlichkeit frei, wenn der Gläubiger nicht innerhalb eines Jahres, nachdem ihm der Veräußerer die Schuldübernahme bekannt gemacht, die Hypothek dem Eigenthümer des Grundstücks gekündigt und binnen sechs Monaten nach der Fälligkeit eingeklagt hat.

Ist das Kündigungsrecht für eine bestimmte Zeit ausgeschlossen oder an den Eintritt eines bestimmten Ereignisses geknüpft, so beginnt die Frist mit Ablauf der Zeit oder Eintritt des Ereignisses.

§. 42. Wenn eine Hypothek oder Grundschuld ungetheilt auf mehreren Grundstücken haftet[82]), so ist der Gläubiger berechtigt, sich an jedes einzelne Grundstück wegen seiner ganzen Forderung zu halten[83]).

---

so ist der Schuldner den Betrag für eigene Rechnung zu hinterlegen verpflichtet, und berechtigt, denselben von dem zurückzuzahlenden Kapital abzuziehen."

„§. 96. Der Inhaber eines noch nicht verjährten Zinsquittungsscheines kann gegen Aushändigung desselben den Betrag aus dem Depositorium in Empfang nehmen.

Sechs Monate nach Ablauf der Verjährungsfrist für jede einzelne Zinsrate ist der Hinterleger berechtigt, die Rückgabe des entsprechenden Betrages zu verlangen.

Wegen der Verjährung der Zinsraten gelten die Vorschriften des bürgerlichen Rechts für Verjährung eingetragener Zinsen.

Ein Aufgebot der Zinsquittungsscheine findet nicht statt."

Wegen der Verjährung ist das Gesetz v. 31. März 1838 §. 2 Nr. 5 zu vergleichen.

80) (5. A.) Die Zulässigkeit der Anfechtung von Hypotheken ist durch das Gesetz über den Eigenthumserwerb nicht eingeschränkt. Vgl. die Subh.-O. v. 15. März 1869 §§. 70 u. 71. Ebenso ist jeder betheiligte Realgläubiger befugt, bei der Vertheilung des Kaufgeldes eines subhastirten Grundstückes das Realrecht und das Vorrecht der ihm in der Rangordnung gleich- oder vorstehenden Grundschulden zu bestreiten. §. 70 cit. Dagegen ist die Anfechtung einer Grundschuld nur unter der Voraussetzung gestattet, daß der anfechtende Gläubiger die Eintragung im Wege der Zwangsvollstreckung erlangt hat. §. 71. Daß die Anfechtung, über welche das Gesetz durch §. 40 bestimmt, nur in diesem Sinne zu nehmen ist, also nur die sogenannte actio Pauliana trifft, ergeben die Berichte der Kommissionen des Herrenhauses und des Abgeordnetenhauses. Werner 2 S. 59 und 115; Achilles S. 98; Bahlmann S. 118. Vergl. Jaeckel, die Anfechtung der Grundschuld, in Gruchot's Beitr. 18 S. 561.

81) (5. A.) Die Vorschrift macht neues Recht gegen den Grundsatz, daß Dritte aus einem Vertrage, dem sie nicht beigetreten sind, weder berechtigt noch verpflichtet werden können. Siehe darüber die Anm. 81 zu §. 54 d. T. — Ueber die Tragweite des §. 41: Förster, Theorie und Praxis 3. Aufl. 1 S. 690; Achilles S. 99; Bahlmann S. 123.

82) (5. A.) Die Grundbuch-O. bestimmt unter §. 78: „Soll eine dauernde Last, eine Hypothek oder eine Grundschuld auf mehrere Grundstücke zur Gesammthaft eingetragen werden, so ist auf dem Blatt jedes Grundstücks die Mithaft der anderen zu vermerken." Vergl. hierzu: Achilles S. 207; Turnau S. 447 (6.).

83) (5. A.) Dieser Grundsatz folgt aus der Untheilbarkeit des Pfandrechts. Das A. L.R. erkannte denselben durch den §. 468 d. T. an. Die Konkurs-O. v. 8. Mai 1855 durchbrach ihn, indem sie unter §. 56 nachstehende Vorschriften gab:

„Wenn eine Forderung ungetheilt auf mehreren zur Konkursmasse gehörigen Grundstücken haftet, so ist bei Vertheilung der Kaufgelder nach folgenden Grundsätzen zu verfahren:

1. Der Gläubiger ist berechtigt, sich an die Kaufgelder jedes einzelnen Grundstücks wegen seiner ganzen Forderung zu halten.

2. Kommen die Kaufgelder aller oder einzelner Grundstücke gleichzeitig zur Vertheilung, so müssen von der Masse eines jeden dieser Grundstücke die der Forderung vorgehenden Posten abgerechnet und die verbleibenden Reste der einzelnen Massen zusammen gerechnet werden; nach dem Verhältniß dieser Summe zu den einzelnen Masseresten ist alsdann die Forderung aus den einzelnen Massen antheilig zu berichtigen. Sind die Grundstücke nur nach einem Gesammtgebote zugeschlagen, so werden die Taxwerthe der einzelnen Grundstücke der Berechnung zum Grunde gelegt.

3. Erfolgt die Vertheilung der Kaufgelder eines oder einiger Grundstücke früher, als die der übrigen, so wird von den Kaufgeldern der letzteren soviel auf die Forderung vertheilt, als daraus bei gleichzeitiger Vertheilung der Kaufgelder sämmtlicher verkauften Grundstücke auf die Forderung

Soweit der Gläubiger aus dem einen Grundstück seine Befriedigung erhalten hat, erlischt die Hypothek oder Grundschuld auf dem mitverhafteten Grundstück [84]). Der Eigenthümer desselben erlangt nicht das Recht, über diese Post zu verfügen, oder sie für sich zu liquidiren.

---

gefallen sein würde (Nr. 2). Der ermittelte Antheil kommt nach Befriedigung der Forderung den Gläubigern zu gut, welche auf den Grundstücken, deren Kaufgelder früher vertheilt worden sind, hinter der Forderung eingetragen waren und einen Ausfall erlitten haben. Dieser Anspruch der ausgefallenen Gläubiger ist sogleich nach jeder früheren Kaufgeldervertheilung in das Hypothekenbuch der übrigen Grundstücke bei der Forderung von Amtswegen einzutragen.

4. Verlangt der Gläubiger, vermöge des ihm nach Nr. 1 zustehenden Rechts, eine andere als die unter Nr. 2 und 3 vorgeschriebene antheilige Befriedigung aus einer oder der anderen Masse, so wird dadurch gleichwohl in dem Beitragsverhältnisse der einzelnen Massen unter sich nichts geändert, und es muß den Massen, welche zur Befriedigung des Gläubigers über ihren Antheil hergegeben haben, dieser Mehrbetrag aus den Massen, welche gar nichts oder weniger als ihren vollen Antheil hergegeben haben, verhältnißmäßig erstattet werden."

Der §. 56 der Konkursordnung hat indeß durch Art. I. des Gesetzes v. 12. März 1869 (G.S. S. 465) folgende Fassung erhalten:

„Wenn eine Forderung ungetheilt auf mehreren Grundstücken haftet, die sämmtlich oder von denen eins oder mehrere zur Konkursmasse gehören, so ist bei Vertheilung der Kaufgelder nach folgenden Grundsätzen zu verfahren:

1. Der Gläubiger ist berechtigt, sich an die Kaufgelder jedes einzelnen Grundstücks wegen seiner ganzen Forderung zu halten.

2. Soweit der Gläubiger aus den Kaufgeldern Eines Grundstücks seine Befriedigung erhält, erlischt die Korrealhypothek auf den mitverhafteten Grundstücken, und ist die Löschung derselben im Hypothekenbuche vom Subhastationsrichter von Amtswegen zu beantragen."

Diese Vorschriften kommen nach der Subh.=O. v. 15. März 1869 §. 74 bei der Vertheilung des Kaufgeldes in dem Subhastationsverfahren auch außerhalb des Konkurses zur Anwendung.

Das Gesetz über den Eigenthumserwerb hat den Grundsatz des §. 468 d. T. ganz allgemein wiederhergestellt.

84) (5. A.) Bei der Anwendung dieser Bestimmung ist zu unterscheiden:

a. Die mehreren Grundstücke stehen im Eigenthum verschiedener Personen. Wird ein Grundstück subhastirt und der Gläubiger aus dem Kaufgelde befriedigt, so erlischt das dingliche Recht auch auf den übrigen Grundstücken. Der Subhastationsrichter hat das Grundbuchamt um die Löschung auf allen Folien zu ersuchen. Versäumt er dies, so steht es dem Eigenthümer jedes einzelnen Grundstücks frei, den Löschungsantrag zu stellen.

Werden die verhafteten Grundstücke sämmtlich subhastirt, und der Gläubiger macht sein Recht auf volle Befriedigung aus Einem Grundstück nicht geltend, so tragen die verschiedenen Kaufgeldermassen zur Befriedigung des Gläubigers nach Verhältniß der Beträge bei, welche von jeder Masse nach Befriedigung der vorstehenden Gläubiger übrig bleiben. Dernburg, Lehrb. 1 S. 735.

Eine Befriedigung aus dem Einen Grundstück liegt auch dann vor, wenn dasselbe unter Zwangsverwaltung gestellt und der Gläubiger aus den Revenuen befriedigt wird. Turnau S. 441.

Desgleichen ist der Fall des zweiten Satzes in dem §. 42 dann gegeben, wenn der Eigenthümer des einen Grundstücks den Gläubiger befriedigt. Motive, bei Werner 2 S. 32; Achilles S. 208 (b); Turnau S. 443 (c). Auf Grund der ihm ertheilten Quittung ist die Post auch bei denjenigen Grundstücken zu löschen, welche ihm nicht gehören. Die Eigenthümer dieser Grundstücke sind unbedenklich zur Stellung des Löschungsantrages legitimirt. Der Grundbuchrichter wird, weil nur Eine Hypothek oder Grundschuld vorliegt, auch keinen Anstand nehmen, auf den Antrag des Eigenthümers, der die Quittung erhalten hat, die Post auf allen mitverhafteten Grundstücken zu löschen. John, Erört. S. 63.

Es kann sich fragen, ob der Eigenthümer auf Grund der Quittung über die Post verfügen darf? In der Praxis ist angenommen, daß, soweit die Hypothek oder die Grundschuld auf seinem Grundstück haftet, der Verfügung nichts entgegensteht. Achilles S. 208 (c). John S. 62 nimmt sogar an, daß die Verfügung auch das dingliche Recht auf den mitverhafteten Grundstücken ergreift. Diese Annahme ist aber nicht zutreffend, wenn man davon ausgeht, daß insoweit das Recht durch die Befriedigung des Gläubigers erloschen ist. Läßt sich dagegen der zahlende Eigenthümer Cession ertheilen, so erlischt die Post nicht, und die Weitercession ist folgeweise mit dem dinglichen Recht auf allen Grundstücken zulässig und wirksam. Achilles S. 109 (d); Turnau S. 443 (c).

b. Steht das Eigenthum an den mitverhafteten Grundstücken nicht verschiedenen Eigenthümern zu, so erlangt der Eigenthümer durch die Befriedigung des Gläubigers die freie Verfügung über die Post. Wenn jedoch die Befriedigung aus dem Kaufgelde eines subhastirten Grundstücks erfolgt, so erlischt auch in diesem Fall das dingliche Recht auf allen Grundstücken. Turnau S. 440. Als Befriedigung wird es jedoch nicht angesehen, wenn dem Gläubiger der auf ihn entfallende Theil

Bei den Vorschriften der Artikel V, VI, VII des Gesetzes vom 12. März 1869 verbleibt es für dessen Geltungsbereich [85]).

§. 43. Der hypothekarische oder Grundschuldgläubiger, dessen Anspruch vollstreckbar geworden, hat das Recht, auf gerichtliche Zwangsverwaltung und gerichtliche Zwangsversteigerung anzutragen [86]).

Haftet die Hypothek oder Grundschuld nur auf einem Antheil des Grundstücks, so kann nur der Antheil zur Zwangsverwaltung und Zwangsversteigerung gestellt werden [87]).

§. 44. Der Antrag auf Zwangsverwaltung und Zwangsversteigerung ist auch dann zulässig, wenn seit der Zustellung der Klage ein Wechsel in der Person des Eigenthümers des Grundstücks eingetreten ist [88]).

§. 45. Ein Vertrag zwischen dem hypothekarischen oder Grundschuldgläubiger und dem Eigenthümer, durch welchen Ersterem das Recht der Veräußerung zum Zweck ihrer Befriedigung entzogen wird, ist nichtig [89]).

---

des Kaufgeldes nicht gezahlt, sondern überwiesen wird. O.Tr. III v. 27. Juni 1873, Entsch. 70 S. 126. Anderer Meinung ist Strützki, in Gruchot's Beitr. 17 S. 537. Vergl. die Anm. 70 (b) zu §. 43 d. T.

85) (5. A.) Das Gesetz v. 12. März 1869 verordnet zu der Konk.-O. v. 8. Mai 1855 §. 56 Folgendes:

„Art. V. Der §. 56 der neuen Fassung kommt auch hinsichtlich derjenigen Hypotheken, welche vor dem 1. Juli 1869 hinter einer Korrealhypothek eingetragen sind, zur Anwendung, jedoch mit der Beschränkung, daß der Gläubiger einer solchen Hypothek im Kaufgelderbelegungs-Termine darauf anzutragen berechtigt ist, den ihm nach §. 56 der bisherigen Fassung von der Masse des mitverhafteten Grundstücks gebührenden Antheil zu ermitteln und ihm zu überweisen. In dem Falle der Nr. 3 des §. 56 der bisherigen Fassung wird der ermittelte Antheil im Hypothekenbuche des mitverhafteten Grundstücks an der Stelle der Korrealhypothek für den Gläubiger eingetragen.

Bei dieser Ermittelung gilt als Kaufgeldmasse eines mitverhafteten, aber nicht zur Subhastation stehenden Grundstücks diejenige Summe, welche sich zu dem Betrage der auf diesem Grundstücke haftenden Grund- und Gebäudesteuer ebenso verhält, wie der Kaufpreis des subhastirten Grundstücks zu dem Betrage der auf diesem haftenden Grund- und Gebäudesteuer, oder wenn bereits mehrere mithaftende Grundstücke subhastirt sind, wie die Summe der Kaufpreise zu der Summe der Steuerbeträge. Hierbei ist derjenige Steuerbetrag maßgebend, welcher am 1. Juli 1869 auf den Grundstücken haftet.

Der Eigenthümer des mitverhafteten Grundstücks und die auf demselben hinter der Korrealhypothek eingetragenen Gläubiger sind befugt, in dem Ermittelungsverfahren ihr Interesse wahrzunehmen und werden deshalb von den anzusetzenden Terminen benachrichtigt.

Art. VI. Nach der Vorschrift des Art. V. werden auch bei den auf Grund des §. 56 der bisherigen Fassung in dem Hypothekenbuche eingetragenen Vermerken die den betheiligten Gläubigern zustehenden Summen auf den Antrag eines Gläubigers oder des Eigenthümers ermittelt und an der Stelle des Vermerks eingetragen. Der Antrag ist bei dem Subhastationsrichter, auf dessen Ersuchen der Vermerk eingetragen worden, zu stellen.

Art. VII. Für das Ermittelungsverfahren, mit Ausnahme der Prozeßverhandlungen über hervortretende Streitpunkte, und für die Umschreibung in dem Hypothekenbuche werden Gerichtskosten nicht angesetzt. Baare Auslagen sind von dem Extrahenten einzuziehen."

86) (5. A.) Vergl. §§. 25, 28 u. 490 d. T.

87) (5. A.) Dieser Satz soll nach den Motiven zur Beseitigung der Zweifel dienen, welche in der Praxis bei Auslegung der Vorschrift des A. L.R. I. 17 §. 74 hervorgetreten sind. Werner 2 S. 32.

88) (5. A.) Der §. 44 „soll ein in der Praxis sehr lebhaft gefühltes Bedürfniß befriedigen. Er geht davon aus, daß durch die Anstellung der hypothekarischen Klage das Grundstück selbst die Streitsache wird, und soll verhüten, daß die Verfolgung des hypothekarischen Rechts durch Veräußerungen vereitelt werde." Mot., bei Werner 2 S. 32. Uebrigens hatte die Praxis nach dem bisherigen Recht wohl nur in vereinzelten Fällen ein Bedenken, die Exekution in das verpfändete Grundstück zuzulassen, wenn der verurtheilte Eigenthümer es nach der Klagebehändigung veräußert hatte. Man vergl. die Allg. Ger.-O. I. 7 §. 84c, 24 §. 9, 29 §§. 81 u. 83; A. L.R. I. 15 §§. 16 ff.; Reskr. v. 3. Juli u. v. 18. Nov. 1839, J.M.Bl. S. 247 u. 389.

89) (5. A.) Nach dem bisherigen Recht bestand in dem Falle eines solchen Vertrages die Hypothek als Revenuenhypothek. (Vergl. die Anm. 31 zu §. 500 d. T.) Die Beschränkung der Eintragung auf die Revenuen eines Grundstücks ist jetzt unzulässig. §§. 19 u. 23 des Gesetzes. Vgl. die §§. 26, 27 und 225 d. T. und die Anm. zu denselben. Das Faustpfand an einem Grundstück mit der Nebenbestimmung, daß der Gläubiger dasselbe anstatt der Zinsen nutzen solle, ist nicht ver-

§. 46. Der Eigenthümer ist berechtigt, bei der Zwangsversteigerung mitzubieten. Es muß jedoch, sobald ein Betheiligter seiner Zulassung widerspricht, für sein jedesmaliges Gebot im Termin eine Sicherheit baar oder in inländischen öffentlichen nicht außer Umlauf gesetzten Papieren einschließlich der Schuldverschreibungen des Deutschen Reichs erlegt werden. Diese Papiere müssen mit den laufenden Zinsscheinen und Talons eingereicht werden und sind nach dem Börsenpreise zu berechnen. Wenn der Eigenthümer der Meistbietende geblieben und ein begründeter Widerspruch nicht erfolgt ist, so wird durch Erkenntniß ausgesprochen, daß ihm das Eigenthum an dem Grundstück zu belassen sei [90]).

§. 47. Der Ersteher erwirbt das Eigenthum frei von allen Hypotheken und Grundschulden [91]). Diejenigen Gebrauchs- und Nutzungsrechte, welche nach §§. 8, 142 des Allgemeinen Berggesetzes vom 24. Juni 1865 im Wege des Zwangsverfahrens gegen den Eigenthümer des Grundstücks erworben werden können, gehen als Lasten auf den Ersteher über, sofern dieselben vor Einleitung der Zwangsversteigerung durch Besitzergreifung die Eigenschaft dinglicher Rechte erlangt haben.

Dingliche Lasten anderer Art, welche aus privatrechtlichen Titeln herrühren, müssen von dem Ersteher übernommen werden, wenn denselben keine Hypothek oder Grundschuld vorgeht. Gebote, durch welche der Bietende sich zur Uebernahme derartiger, einer Hypothek oder Grundschuld nach-

boten. Vergl. §§. 226 ff. d. T. Das Recht des Gläubigers wird aber gegen Dritte nur wirksam durch die Eintragung, und zwar in der zweiten Abtheilung des Grundbuchblattes. Gr.B.O. §. 12. Die Hypothek oder die Grundschuld, deren Zinsen durch die Nutzungen vergolten werden sollen, ist selbstverständlich noch außerdem einzutragen. §. 100 d. T.; §. 18 des Gesetzes.

90) (5. A.) Der §. 46 „gestattet dem Eigenthümer als Bieter aufzutreten und durch ein Meistgebot sich im Eigenthum seines Grundstücks zu erhalten. Da er durch die Ausbietung desselben zum öffentlichen Verkauf noch nicht sein Eigenthum daran verliert, so versteht sich von selbst, daß durch den auf sein Meistgebot ertheilten Zuschlag von ihm auch nicht das Eigenthum neu erworben wird, daß ihm nicht das Eigenthum an seinem eigenen Grundstück zugeschlagen, sondern daß durch das Erkenntniß nur ausgesprochen werden kann, daß ihm für das Meistgebot das Eigenthum zu belassen sei. In diesem Fall wird also das Subhastationsverfahren bis zu Ende durchgeführt und durch ein Erkenntniß abgeschlossen. Das scheint deshalb nöthig, weil sich Operationen bei dem Grundbuche daran knüpfen und für diese das Erkenntniß mit der Verhandlung über die Berichtigung und Vertheilung der Kaufgelder die Grundlage zu bilden hat. Weil nämlich der Eigenthümer das Grundstück als Meistbietender mit Einwilligung der Gläubiger behält, so tritt er auch letzteren gegenüber in die Lage des Erstehers: er wird ihnen auf Höhe des Meistgebots, nicht darüber hinaus, verhaftet. Der dadurch nicht befriedigte Gläubiger fällt aus, büßt sein durch die Subhastation erschöpftes hypothekarisches Recht ein und behält nur seinen etwaigen persönlichen Anspruch auf Höhe seines Ausfalls. §. 42 I. 20 A. L.R. verlangt noch die Baarzahlung seitens des mitbietenden Schuldners: es erscheint auch als nothwendig, dies besonders auszusprechen, weil die Subhastationsinteressenten gegen das Gebot eines zahlungsunfähigen Subhastaten geschützt werden und deshalb gegen seine Zulassung als Bieter ein Widerspruchsrecht erhalten müssen, was nur durch Baarzahlung beseitigt werden konnte. Daß die Zahlung auch durch inländische, öffentliche, nicht außer Kurs gesetzte Papiere erfolgen kann, ist nicht bedenklich.“ Mot. bei Werner 2 S. 33. Vgl. oben die Anm. zu §. 42 d. T.

91) (5. A.) Die Hypotheken wurden schon nach dem bisherigen Recht durch die Subhastation fällig; das Realrecht erlischt in Folge des Zuschlages, gleichviel, ob die Post bei der Kaufgelderverteilung zur Hebung kommt oder nicht. Ersteren Falls verwandelt sich das dingliche Recht in einen Anspruch auf Befriedigung aus dem Kaufgelde nach Maßgabe der Stellung, welche die Post in der Rangordnung einnahm. Allg. Hyp.-O. 2 §. 100; Allg. Ger.-O. I. 52 §. 35 und Anh. §. 401; Verordn. v. 4. März 1834 §§. 16 ff.; Konk.-O. v. 8. Mai 1855 §§. 386 ff.; Ges. v. 31. Mai 1860 Art. I u. XV; Ges. v. 3. Febr. 1864 Art. XV; Subh.-O. v. 15. März 1869 §§. 75 u. 79. Durch Verfügung des Justizministers v. 8. Juni 1870 wurde an die Appellationsgerichte im Gebiet des Allg. Landrechts die Frage gerichtet: „Ist ein Bedürfniß vorhanden, die bestehende Gesetzgebung dahin zu ändern, daß bei nothwendigen Subhastationen die Forderungen der Gläubiger, welche vor dem verkaufenden Gläubiger eingetragen sind, durch die Subhastation nicht berührt werden, sondern unverändert stehen bleiben?“ Die Frage ist von der Mehrzahl verneint. Man vergleiche die dem Landtage mitgetheilte Denkschrift in den Drucksachen des Herrenhauses aus der Sitzungsperiode von 1871—1872 Nr. 8 S. 71; Stieve, in der Zeitschrift für Gesetzgebung und Rechtspflege 4 S. 498; Suchel, ebenda S. 723. Für die Bejahung der Frage: Geck, ebd. 5 S. 195; das Herrenhaus in der erwähnten Sitzungsperiode und die Mehrzahl der landwirthschaftlichen Vereine. S. Achilles S. 107.

Ueber den Einfluß der Subhastation eines Antheils auf die Posten, für welche das ganze Grundstück haftet, siehe Strützki, in Gruchot's Beitr. 17 S. 530.

stehender Lasten bereit erklärt, dürfen nur dann berücksichtigt werden, wenn dieselben zugleich für sämmtliche der zu übernehmenden Last vorgehende Hypotheken oder Grundschulden vollständige Deckung gewähren [92]).

§. 48. Ein Vertrag, durch welchen sich der Eigenthümer einem Hypotheken- oder Grundschuldgläubiger gegenüber verpflichtet, das Grundstück nicht weiter zu belasten, ist nichtig [93]).

§. 49. Beschränkungen des eingetragenen Gläubigers in der Verfügung über die Hypothek oder Grundschuld erlangen Rechtswirkung gegen Dritte nur, wenn dieselben bei Hypotheken im Grundbuch eingetragen [94]) oder bei Grundschulden auf dem Grundschuldbrief vermerkt sind [95]) oder wenn sie den Dritten bei Erwerb ihres Rechts an dem Grundstück bekannt waren [96]).

Die Eintragung erfolgt entweder mit Bewilligung des Gläubigers, oder auf Ersuchen einer zuständigen Behörde [97]).

§. 50. Erhebliche Verschlechterungen des Grundstücks, durch welche die Sicherheit des Gläu-

---

92) (5. A.) Es muß daher eventuell das Grundstück mit der Last und ohne dieselbe ausgeboten werden. Wie dabei in dem Bietungstermin zu verfahren ist, darüber siehe Fürst, in Gruchot's Beitr. 17 S. 485; Dernburg, Lehrb. 1 S. 774 Note 5; Achilles S. 108.

Ist das Grundstück ohne besondere Verkaufsbedingungen ausgeboten und sind durch das Meistgebot die einer Last vorstehenden Hypotheken und Grundschulden gedeckt worden, so geht die Last, insonderheit ein eingetragener Altentheil, kraft des Gesetzes auf den Ersteher über. Letzterer kann nicht geltend machen, daß er den Altentheil nicht ausdrücklich übernommen habe. Die Regel des A. L.R. I. 11 §. 342, daß bei nothwendigen Verkäufen die auf privatrechtlichen Titeln beruhenden dinglichen Lasten auf den Ersteher übergehen, ist durch den §. 47 des Gesetzes nicht geändert worden. Nur wenn die Last mit einer ihr vorstehenden Hypothek oder Grundschuld wirklich kollidirt, tritt eine Ausnahme von der Regel ein. O.Tr. II v. 7. Mai 1874, Entsch. 72 S. 142.

93) (5. A.) Diese Bestimmung, welche mit den §§. 24, 438 u. 439 d. T. im Einklange steht, trifft nicht bloß, wie es nach dem Wortlaut den Anschein haben könnte, die nach Eintragung der Hypothek oder der Grundschuld geschlossenen Verträge, sondern auch die vorher errichteten Vereinbarungen. Achilles S. 109. Gleicher Ansicht ist Turnau S. 453. Vergl. Tit. 5 §. 228.

94) (5. A.) Die Grundb.-O. bestimmt unter §. 91: „Beschränkungen des Verfügungsrechts über ein in der zweiten oder dritten Abtheilung eingetragenes Recht werden neben demselben in der zweiten Hauptspalte vermerkt. Auf der über das eingetragene Recht gebildeten und beizubringenden Urkunde ist von dem Grundbuchamt die Eintragung der Beschränkung zu vermerken." Die Beschränkung darf daher nicht eingetragen werden, wenn die Urkunde nicht herbeigeschafft wird. Förster, Grundbuchrecht S. 202; Achilles S. 215 (Anm. 108 zur Gr.B.O. §. 87); Turnau S. 496. Anderer Meinung ist Strützki, in Gruchot's Beitr. 17 S. 755 u. 777. Fraglich ist, ob ein Hypothekenbrief nachträglich gebildet werden muß, wenn die Hypothek ohne einen solchen eingetragen ist. Vergl. darüber Achilles S. 243 (Anm. zu §. 129 a. a. O.). Die Frage wird von der Mehrzahl der Bearbeiter des neuen Rechts verneint. Turnau S. 497.

95) (5. A.) Vergl. die Anm. 74b zu §. 38 des Gesetzes.

96) (5. A.) Der §. 49 verstößt dadurch, daß er der Kenntniß des Erwerbers hier dieselbe Wirkung beimißt, wie der Eintragung im Grundbuch und dem Vermerk in dem Grundschuldbrief, nicht, wie Achilles S. 110 irrthümlich angemerkt hat, gegen die Prinzipien der §§. 4 u. 15 des Gesetzes. Denn es handelt sich hier nicht um Einschränkungen des dinglichen Rechtes selbst, sondern lediglich um Beschränkungen des Berechtigten in der Verfügung über das an sich durchaus wirksame Recht, namentlich um Beschränkungen, welche der Berechtigte durch die Eröffnung des Konkurses über sein Vermögen, durch Arreste, deren Anlegung gegen ihn verfügt ist, oder durch Mängel seiner Verfügungsfähigkeit erleidet. Wer mit Beschränkungen dieser Art bekannt ist und gleichwohl mit dem Beschränkten in Rechtsgeschäfte sich einläßt, handelt dolose. Jedenfalls kann er nicht von sich sagen, daß er dem redlichen Glauben an die Richtigkeit des Grundbuches gefolgt sei. Denn er weiß ja, daß die Verfügung, welche dem Berechtigten nach Inhalt des Grundbuches zusteht, in Wirklichkeit demselben nicht zusteht, daß also insoweit das Grundbuch mit der wahren Rechtslage nicht in Einklang ist. Unter solcher Voraussetzung aber kann der Rechtserwerb auf Schutz nicht Anspruch machen.

97) (5. A.) Hiernach kann die Eintragung auf Grund eines rechtskräftigen Erkenntnisses (§. 19 Nr. 2) nicht erfolgen. Wenn also z. B. der Gläubiger für geisteskrank oder für einen Verschwender erklärt ist, so muß, wenn die hieraus sich ergebende Verfügungsbeschränkung eingetragen werden soll, der Kurator oder Vormund des Provokaten die Vermittelung des Prozeßrichtets in Anspruch nehmen.

bigers gefährdet wird, berechtigen denselben, bei dem Prozeßrichter Sicherungsmaßregeln zu beantragen [98]), auch seine Befriedigung vor der Verfallzeit zu fordern [99]).

§. 51. An den bestehenden Vorschriften über die unter Aufsicht einer Behörde zu bewirkende Verwendung der dem Grundstückseigenthümer zufallenden Kapitalien im Interesse der dinglich Berechtigten wird durch dieses Gesetz nichts geändert [100]).

5. Von dem Uebergang der Hypotheken und Grundschulden.

§. 52. Die Hypothek kann nur gemeinsam mit dem persönlichen Recht abgetreten werden [1]).

Wird eine zur Sicherung eines persönlichen Rechts dienende Grundschuld ohne den persönlichen Anspruch abgetreten, so erlischt letzterer [2]).

§. 53. Die Eintragung der Abtretung oder Verpfändung einer Hypothek oder Grundschuld darf nur auf Grund der Bewilligung des Gläubigers oder seiner rechtskräftigen Verurtheilung zur Bewilligung oder auf Grund eines Ersuchens einer zuständigen Behörde gegen den eingetragenen Gläubiger erfolgen [3]).

---

98) (5. A.) Vergl. die §§. 23 u. 442 d. T., auch die Allg. Ger.-O. I. 29 §. 12.

99) (5. A.) Das Fundament der Klage liegt hier in den veränderten Umständen. §§. 22, 23, 441 d. T. Vergl. I. 11 §§. 758—760.

100) (5. A.) In den Motiven zu diesem Paragraph heißt es: „Die bestehenden Vorschriften über die Verwendung der Ablösungskapitalien im Interesse der Realgläubiger und über die Sicherstellung ihrer Rechte einer Revision zu unterwerfen, ist um so weniger erforderlich, als die Ablösungen und Gemeinheitstheilungen ihrem Ende entgegengehen. Auch hat sich ein Bedürfniß zu einer solchen Revision nicht herausgestellt. Der Paragraph hat aber eine allgemeine Fassung erhalten müssen, weil hier nicht bloß die Ablösungskapitalien in Betracht kommen, sondern auch andere, dem Eigenthümer geleistete Kapitalzahlungen, z. B. im Falle der Enteignung." Werner 2 S. 33. Vgl. das Gesetz über die Enteignung von Grundeigenthum v. 11. Juni 1874 §§. 37 u. 38.

1) (5. A.) Der Satz folgt aus der accessorischen Natur der Hypothek, deren Trennung von dem persönlichen Anspruch prinzipiell unzulässig ist. Das ist bereits in dem bisherigen Recht anerkannt. Tit. 11 §. 402; Tit. 20 §§. 1, 11, 12, 415, 422, 511, 512.

2) (5. A.) Die Vorschrift dient zur Sicherung des Schuldners gegen die Arglist des Gläubigers. Die Grundschuld ist ihrem Wesen nach ihr eigener Rechtsgrund. Nur ihrem Zwecke nach kann sie von einem anderen Anspruche abhängen. Durch die Bestellung einer Grundschuld kann Schenkung, Tilgung einer Schuld und Beschaffung von Geldmitteln bezweckt werden. Es kann aber die Grundschuld auch zur bloßen Sicherung einer bestehenden Verbindlichkeit dienen. In diesem Falle hat der Gläubiger zwei Ansprüche, den einen aus der Hauptverbindlichkeit, den anderen aus der Grundschuld, mit der Beschränkung jedoch, daß die ihm geschuldete Summe nur einmal geleistet zu werden braucht. Aus dieser Abhängigkeit des einen Anspruchs von dem anderen ergiebt sich, daß, wenn der Gläubiger oder dessen Cessionar die persönliche Klage erhoben hat, der Schuldner nur gegen Aushändigung des Grundschuldbriefes und Löschungsbewilligung zur Zahlung verurtheilt werden kann, daß dagegen, wenn beide Ansprüche abgetreten sind, der eine erlöschen muß, und zwar kann dies nur der persönliche sein, weil das Recht aus der Grundschuld in seiner Existenz durch Momente, welche weder aus dem Grundbuch, noch aus dem Grundschuldbrief zu ersehen sind, nicht gefährdet werden darf. Achilles S. 112; Turnau S. 457.

3) (5. A.) Der §. 53 enthält eine Anwendung des Konsensprinzips auf die Eintragung der Abtretung von Hypotheken und Grundschulden. §. 19. Es soll nichts ohne die erklärte oder durch richterliches Urtheil ergänzte oder durch den Antrag einer zuständigen Behörde ersetzte Bewilligung desjenigen eingetragen werden, gegen den die Eintragung gerichtet ist. Die Grundbuch-O. bestimmt:

„§. 79. Zur Eintragung der Abtretung einer Hypothek ist die Vorlegung der Hypothekenurkunde, zur Eintragung der Abtretung einer Grundschuld die Vorlegung des Grundschuldbriefes erforderlich.

§. 80. Die Abtretungserklärung muß den Namen des einzutragenden Erwerbers enthalten. Der Annahmeerklärung des letzteren bedarf es nicht.

§. 81. Bei der Eintragung einer Abtretung bedarf es nicht der Erwähnung der Zwischeninhaber der Hypothek oder der Grundschuld, dem Grundbuchamt müssen aber die Zwischenabtretungen in ununterbrochener Reihenfolge vorgelegt werden.

§. 82. Die Eintragung der Abtretung wird auf der Hypothekenurkunde oder dem Grundschuldbrief vermerkt und dieser Vermerk mit der Unterschrift und dem Siegel des Grundbuchamts versehen. Die vorgelegten Abtretungserklärungen werden bei den Grundakten entweder in Urschrift oder in beglaubigter Abschrift zurückbehalten.

§. 83. Erfolgt eine Theilabtretung, so ist von der Hypothekenurkunde oder dem Grundschuldbrief eine gerichtlich oder notariell beglaubigte Abschrift anzufertigen und zugleich auf die Haupturkunde der Vermerk, welcher Theil der Hypothek oder Grundschuld abgetreten, und auf die beglaubigte Abschrift der Vermerk, für wen und über welchen Theil derselben die Abschrift gefertigt ist, zu setzen.

§. 54. Der Erwerb der Hypothek oder Grundschuld durch Abtretung und die Wirksamkeit der Verpfändung derselben hängt nicht von der Eintragung ab[4]).

§. 55. Grundschulden können ohne Nennung des Erwerbers abgetreten werden (Blankoabtretung)[5]).

Soll die Theilabtretung eingetragen werden, so sind die Haupturkunde und die beglaubigte Abschrift dem Grundbuchamt vorzulegen, und ist die Eintragung der Abtretung gemäß §. 82 auf beiden Urkunden und neben dem Eintragungsvermerk auf der Haupturkunde zu vermerken:

noch gültig auf (mit Angabe der Summe).

§. 84. Die Vorschriften der §§. 79—82 finden auch Anwendung, wenn eine Hypothek oder Grundschuld auf andere Weise erworben oder verpfändet wird.

Der Vermerk der Verpfändung muß den Gläubiger und die Forderung, zu deren Sicherheit die Verpfändung erfolgt, bezeichnen.

§. 85. Soll die Hypothek oder Grundschuld auf einen Vermächtnißnehmer umgeschrieben werden, so muß die Einwilligung des Erben oder dessen rechtskräftige Verurtheilung zu derselben beigebracht werden."

Eine Vergleichung dieser Bestimmungen mit dem §. 53 des Gesetzes veranlaßt folgende Fragen:

a. Genügt die Bewilligung des Gläubigers zur Eintragung der Abtretung, oder muß noch eine besondere Cessionsurkunde vorgelegt werden? Die Kommission des Herrenhauses hat die Frage im Sinne der zweiten Alternative beantwortet. Werner 2 S. 61. Die Antwort steht jedoch weder mit der Fassung des §. 53, noch überhaupt mit dem Konsensprinzip im Einklang. Denn nach diesem Prinzip hat der Grundbuchrichter seine Prüfung nicht darauf zu richten, ob der Uebergang der Post, dessen Eintragung bewilligt ist, den Vorschriften des materiellen Rechts gemäß sich vollzogen hat. Gr.B.O. §. 46. Es wird deshalb ziemlich allgemein angenommen, daß die bloße Umschreibungsbewilligung ausreicht. Achilles S. 113 u. 209; Turnau S. 458.

b. Ist die Bewilligung immer erforderlich, oder kann die Umschreibung auch auf Grund der Abtretungserklärung erfolgen, deren die Gr.B.O. in dem §§. 79 ff. gedenkt? Für die Beantwortung ist die weitere Frage präjudiziell: Was ist unter dieser Erklärung zu verstehen? Das A. L.R. I. 11 bestimmt: „§. 393. Durch die Erklärung des Cedenten, daß der Andere das abgetretene Recht von nun an als das seinige auszuüben befugt sein soll, und durch die Annahme dieser Erklärung geht das Eigenthum des Rechts selbst auf den neuen Inhaber über. §. 394. Wird eine Schuldforderung, worüber briefliche Urkunden vorhanden sind, cedirt, so muß auch die Cession allemal, ohne Unterschied der Summe, schriftlich erfolgen." Hiernach ist die Cessionsurkunde dasjenige Dokument, durch welches die das Recht auf den Cessionar übertragende Erklärung des Cedenten beurkundet wird. Einen anderen Begriff verbindet auch die Gr.B.O. mit dem Worte „Abtretungserklärung" nicht. Wenigstens ist nirgends ersichtlich gemacht, daß der Gesetzgeber den Sprachgebrauch des Landrechts aufgegeben hätte. Insbesondere ist nichts dafür beigebracht, daß, wie Turnau S. 458 meint, unter den Abtretungserklärungen der Gr.B.O. nur solche zu verstehen seien, welche zugleich die Eintragungsbewilligung des Cedenten enthalten. Viel näher scheint es vielmehr zu liegen, daß der Gesetzgeber in jeder Abtretung eines im Grundbuche eingetragenen Rechts zugleich die stillschweigende Einwilligung des Cedenten in die Umschreibung des Rechts auf den Namen des Cessionars hat sehen wollen. Denn wenn der bisherige Berechtigte durch die Abtretung sein ganzes Recht aufgiebt und auf den Cessionar überträgt, so kann er auch nichts dagegen haben, daß letzterer nunmehr sich als den Berechtigten im Grundbuch einschreiben läßt. Aber er ist wohl nicht verpflichtet, nach Erklärung der Abtretung noch eine besondere Umschreibungsbewilligung zu erklären. Deshalb empfiehlt sich gewiß die Auslegung der Gr.B.O., welche auf Grund der bloßen Cessionsurkunde die Eintragung des Cessionars gestattet. Achilles a. a. O.; Dernburg 1 S. 411 u. 719 Note 22; Bahlmann S. 140; Neubauer S. 46; das Appellationsgericht zu Marienwerder in der Verf. v. 16. Dez. 1873, Johow 4 S. 187. Anderer Meinung sind: Turnau S. 459; das App.-Ger. zu Stettin in der Verf. v. 1. Mai 1873, Johow 3 S. 162; das Kammergericht in den Verf. v. 4. April und v. 27. Sept. 1873, Johow 4 S. 189; das App.-Ger. zu Hamm in der Verf. v. 6. Mai 1874, ebd. S. 186.

Zu dem Antrage auf Umschreibung sind legitimirt sowohl der Cedent als auch der Cessionar, nicht aber der Eigenthümer des Grundstücks, auch wenn er in der Abtretungsurkunde den Cessionar als seinen Gläubiger anerkennt. Verf. des Kammergerichts v. 24. April 1873, ebd. S. 189.

4) (5. A.) Ebenso der §. 513 d. T. — Vergl. Tit. 11 §. 393, in der vorigen Anm.

5) (5. A.) Ueber die Zulässigkeit der Blanko-Cession überhaupt sind die Ansichten getheilt. Für dieselbe: das Obertribunal IV in dem Erk. (Pr. 1965) v. 20. Dez. 1847, Entsch. 16 S. 142 und in dem Erk. v. 12. Jan. 1860, Str. Arch. 36 S. 139. Gegen die Zulässigkeit: Koch, Beurtheilung der Entsch. S. 40; Förster, Theorie und Praxis §. 99 II (3. Aufl.) 1 S. 638; O.Tr. v. 13. August 1836, Entsch. 1 S. 161. Vgl. Tit. 5 §. 116 und Tit. 13 §. 8; Turnau S. 464.

Die Blankocession der Grundschuld ist zugelassen, um derselben dadurch eine größere Verkehrsfähigkeit zu geben. Der Grundschuldbrief nimmt durch die (unausgefüllte) Blankoabtretung die recht-

Jeder Inhaber erlangt dadurch das Recht, die Blankoabtretung durch einen Namen [6]) auszufüllen, die Grundschuld auch ohne diese Ausfüllung abzutreten, und die dingliche Klage anzustellen [7]).

§. 56. In Ermangelung einer Vereinbarung der Betheiligten werden die Kosten der Verpfändung einer Hypothek oder Grundschuld und deren Eintragung von dem Verpfänder allein, die Kosten der Abtretung und deren Eintragung von dem abtretenden Gläubiger und dem Erwerber zu gleichen Theilen getragen; hat jedoch der befriedigte Gläubiger auf Veranlassung des Eigenthümers die Hypothek oder Grundschuld ihm oder einem Anderen abgetreten, so hat der Eigenthümer die Abtretungs- und Eintragungskosten zu zahlen [8]).

6. Von der Löschung der Hypotheken und Grundschulden.

§. 57. Das Hypotheken- und Grundschuldrecht wird nur durch Löschung im Grundbuch aufgehoben [9]).

§. 58. Die Löschung erfolgt auf Antrag des Eigenthümers [10]), oder auf Ersuchen einer zuständigen Behörde.

---

liche Natur des Inhaberpapiers an. Achilles S. 115; Dernburg 1 S. 723. Anderer Ansicht sind: Bahlmann S. 142; Förster a. a. O. §. 64 S. 367. Vgl. Tit. 15 §. 47 und die Anm. 86 dazu, oben S. 300. Soll die Eintragung erfolgen, so muß die Blanko-Abtretung mit einem Namen ausgefüllt werden. Gr.B.O. §. 80, in der Anm. 3 zu §. 53. Befriedigt der Eigenthümer den Inhaber des in blanco abgetretenen Grundschuldbriefes, so bedarf es keiner Quittung, um die Grundschuld löschen zu lassen. Es genügt, daß er die Blanko-Cession mit seinem Namen ausfüllt. Die Cession berechtigt ihn dann, die Grundschuld löschen oder auf seinen Namen umschreiben zu lassen oder über dieselbe zu verfügen. Ges. §. 64; Gr.B.O. §. 94 Nr. 4.

6) (5. A.) Daraus, daß das Gesetz nur die Ausfüllung durch einen Namen gestattet, ist gefolgert worden, daß die in blanco abgegebene Unterschrift des Gläubigers unter dem Grundschuldbrief zur Uebertragung nicht genügt, der Inhaber also nicht berechtigt ist, die Cessionserklärung über den Namen zu schreiben. Turnau S. 467 (5). Vergl. auch Pape, in der Jurist. Wochenschrift 1840 S. 458 u. 482; O.Tr. III v. 18. Juni 1860, Str. Arch. 37 S. 288. Anderer Meinung: Dernburg 1 S. 722; Brettner, in Gruchot's Beitr. 17 S. 163.

7) (5. A.) Hieraus folgt für das Wesen der Blanko-Abtretung, daß durch dieselbe der Inhaber in der That zum Gläubiger wird und nicht bloß die Ermächtigung erhält, durch Ausfüllung der Cession mit seinem Namen an die Stelle des Gläubigers zu treten. Dernburg S. 723; Achilles S. 117.

8) (5. A.) Ebenso regeln die §§. 517—519 d. T. das Rechtsverhältniß der Betheiligten zu einander. Die Gerichtskasse ist nach dem Gesetz v. 10. Mai 1851 §. 10 befugt, die Kosten von dem Extrahenten einzuziehen; sie hat wegen derselben ein Retentionsrecht an den Urkunden.

9) (5. A.) Der §. 57 reproduzirt das bisherige Recht. §. 524 d. T. und §. 52 des Anh. zu Tit. 16 §. 484.

10) (5. A.) Der befriedigte Gläubiger war auch bisher schon nicht legitimirt, den Löschungsantrag zu stellen. Allg. Hypoth.-O. v. 20. Dez. 1783 Tit. 2 §. 242; A. L.R. I. 20 §. 521 u. Anh. §. 52 zu Tit. 16 §. 484. — Die Grund.-O. bestimmt:

„§. 92. Die Löschung der Eintragungen in der zweiten und dritten Abtheilung darf, sofern nicht die Löschung von Amts wegen vorgeschrieben ist, nur auf Antrag des im Grundbuch eingetragenen Eigenthümers des Grundstücks oder auf Ersuchen einer zuständigen Behörde erfolgen.

§. 93. Zur Begründung des Löschungsantrages einer in der zweiten Abtheilung eingetragenen Last genügt die von dem Eigenthümer vorzulegende Löschungsbewilligung des eingetragenen Berechtigten oder dessen Rechtsnachfolgers.

§. 94. Zur Begründung des Antrags des Eigenthümers, eine Hypothek oder Grundschuld zu löschen, gehört entweder

1. die von dem Gläubiger ertheilte Quittung oder Löschungsbewilligung, oder
2. der Nachweis der rechtskräftigen Verurtheilung des Gläubigers, die Löschung zu bewilligen, oder
3. der Nachweis der eingetretenen Vereinigung (Konfusion oder Konsolidation), oder
4. die Vorlegung des rechtskräftigen Anschlußerkenntnisses nach erfolgtem Aufgebot der Post, oder
5. die Bescheinigung des Prozeßrichters, daß von dem Eigenthümer den in dem §. 106 dieses Gesetzes gestellten Anforderungen Genüge geschehen ist.

Mit dem Antrage muß in den Fällen 1—3 die über die Eintragung ausgefertigte Urkunde oder das rechtskräftige Erkenntniß, durch welches die Urkunde nach erfolgtem Aufgebot für kraftlos erklärt worden ist, vorgelegt werden."

Es fragt sich, ob der unbeglaubigte Antrag des Eigenthümers auf Löschung einer Hypothek oder einer Grundschuld genügt, wenn die Cession oder die Quittung oder die Löschungsbewilligung des Gläubigers überreicht wird. Nach der Gr.B.O. §. 33 „bedürfen schriftliche Anträge, welchen die beglaubigten Urkunden beiliegen, in denen die Betheiligten die beantragte Eintragung oder Löschung

§. 59. Vormerkungen werden gelöscht auf Ersuchen derjenigen Behörde, auf deren Antrag dieselben im Grundbuch vermerkt worden [11]), oder auf Bewilligung dessen, für den sie vermerkt worden sind [12]).

§. 60. Weigert der Gläubiger die Bewilligung der Löschung, so bleibt dem Eigenthümer überlassen, zugleich mit der Klage gegen den Gläubiger bei dem Prozeßrichter den Antrag zu begründen, das Grundbuchamt zu ersuchen, daß bei der Hypothek oder Grundschuld Widerspruch gegen weitere Verfügungen des Gläubigers vermerkt werde [13]).

§. 61. Die Kosten der Quittung und Löschung hat beim Mangel einer Vereinbarung der Betheiligten der Schuldner, die besonderen Kosten für den Nachweis der Berechtigung des Gläubigers der Letztere zu tragen [14]).

§. 62. An die Stelle einer gelöschten Hypothek und Grundschuld darf eine andere nicht eingetragen werden, vielmehr rücken die nachstehenden Posten vor [15]).

§. 63. Wenn eine Hypothek oder Grundschuld von dem Eigenthümer bezahlt oder auf andere Weise getilgt worden ist, so ist der bisherige Gläubiger nach der Wahl des Eigenthümers verpflichtet, entweder Quittung oder Löschungsbewilligung zu ertheilen, oder die Post ohne Gewährleistung abzutreten [16]).

---

schon bewilligt haben, keiner besonderen Beglaubigung." Hierdurch werden jedoch, wie die Gegenüberstellung von Anträgen und Bewilligungen ergiebt, nur die Anträge betroffen, welche den formellen Anstoß zu dem Verfahren des Grundbuchamtes geben, eine weitere Bedeutung aber nicht haben, namentlich zu einer Benachtheiligung des Antragstellers durch die beantragte Einschreibung nicht führen können. Der Antrag des Eigenthümers aber, den das Gesetz unter §. 58 erfordert, hat nicht eine bloß formelle Bedeutung. Denn der Eigenthümer, der den Gläubiger befriedigt, erlangt dadurch die Verfügung über die Post in Gemäßheit des §. 64. Dieses Verfügungsrecht aber wird durch die Löschung aufgehoben. Daher enthält der Löschungs-Antrag zugleich eine Löschungs-Bewilligung des Eigenthümers, und aus diesem Grunde bedarf der Antrag der Beglaubigung. Turnau S. 138. Nach John, Erört. S. 25, soll der unbeglaubigte Antrag genügen. Gleicher Ansicht ist das Appellationsgericht zu Marienwerder, Johow 4 S. 213.

11) (5. A.) Das Ersuchen der Behörde ersetzt nicht bloß die Bewilligung des Berechtigten, sondern auch den Antrag des Eigenthümers. Gr.B.O. §. 41.

12) (5. A.) Wer auf Grund der Bewilligung des Berechtigten den Antrag zu stellen hat, darüber entscheidet der §. 59 nicht. Die Vormerkung zur Erhaltung des Rechts auf Eintragung einer Hypothek oder einer Grundschuld (§. 22) kann nur auf den Antrag des Eigenthümers gelöscht werden, wenn nicht das Ersuchen des Prozeßrichters vorliegt. Der Grund ist, daß diese Vormerkung in eine Hypothek auf den Eigenthümer, der den Gläubiger befriedigt hat, umgeschrieben werden kann. (Anm. 10.) Achilles S. 119; John S. 119; Turnau S. 501. Neubauer, Kontroversen S. 55, erachtet auf Grund der Fassung des §. 59 auch den Antrag des Berechtigten für hinreichend.

13) (5. A.) Die Eintragung dieses Widerspruchs „dient zum Schutz des freien Eigenthums; denn der Anspruch des Eigenthümers auf Wegschaffung der Hypothek oder Grundschuld qualifizirt sich als „actio negatoria". Wird sonach durch die Eintragung „ein Recht auf die Sache" geschützt, so widerspricht es auch nicht der juristischen Konsequenz, den eingetragenen Widerspruch als Vormerkung zu bezeichnen." Behrend, in der Zeitschrift für Gesetzgebung ꝛc. 7 S. 119. Vgl. auch Heidenfeld S. 83; Förster, Th. u. Pr. 3 S. 462. Das materielle Recht ist durch den §. 60 nicht geändert. §. 523 d. T.

14) (5. A.) Der §. 61 entspricht dem bisherigen Recht. §. 532 d. T. und Anh. §. 54. Vergl. auch Tit. 16 §. 86 und dazu die Anm. 53 oben S. 331.

15) (5. A.) Das Hypotheken- und das Grundschuldrecht sind untheilbar. Dem Gläubiger haftet für seine Forderung das ganze Grundstück. §. 30 des Ges. und §§. 443 und 467 d. T. Die Lokustheorie ist verworfen. Werner 2 S. 28 u. 63. Aus der Fassung des §. 62 ergiebt sich, daß eine die Anwendung desselben ausschließende Uebereinkunft eine Wirkung nicht haben kann. Achilles S. 120; Turnau S. 519. Anderer Meinung ist Bahlmann S. 148.

16) (5. A.) Durch die §§. 63—67 werden die Rechte des Eigenthümers an der ungelöscht gebliebenen Hypothek, wie sie durch den §. 52 des Anhangs zum A. L.R. I. 16 §. 484 und die Deklaration v. 3. April 1824 eingeführt worden sind, systematisch kodifizirt. „Neu ist in diesen Bestimmungen nur, daß der befriedigte Gläubiger dem Eigenthümer gegenüber auch verpflichtet wird, die Hypothek abzutreten." Mot. bei Werner 2 S. 34. Die Hypothek des Eigenthümers und die zu ihrer Erklärung aufgestellten Theorieen sind in den Anmerkungen zu dem §. 52 des Anhangs und der Deklaration desselben, oben S. 419—425, ausführlich erörtert worden. Es genügt deshalb, in der Hauptsache auf dieselben zu verweisen. Nur folgende Bemerkungen mögen hier noch Platz finden:

§. 64. Der eingetragene[17]) Eigenthümer[18]) ist berechtigt, auf Grund der Quittung oder Löschungsbewilligung die Post auf seinen Namen umschreiben zu lassen[19]) oder über sie zu verfügen[20]).

§. 65. Ein gleiches Recht hat der eingetragene Eigenthümer, welcher die Hypothek oder Grundschuld von Todeswegen erworben hat, auf Grund des Testaments, des Erbvertrages oder der Erbbescheinigung.

Hat derselbe die Post als Vermächtnißnehmer erworben, so bedarf es zur Umschreibung der Einwilligung des Erben, oder seiner rechtskräftigen Verurtheilung zu derselben.

§. 66. Erwirbt der Gläubiger das verpfändete Grundstück, so kann er die Hypothek oder Grundschuld auf seinen Namen stehen lassen oder über sie verfügen[21]).

§. 67. Die Vorschriften der §§. 63—66 finden auf Kautionshypotheken keine Anwendung[22]).

Das neue Gesetz hat es vermieden, eine bestimmte Theorie der Hypothek des Eigenthümers zu legalisiren. Der Umstand jedoch, daß es in der Grundschuld eine selbstständige dingliche Kapitalsbelastung der Grundstücke in das Rechtssystem eingeführt hat, befreit die Theorie, welche durch den Uebergang der Hypothek auf den Eigenthümer den obligatorischen Anspruch als erloschen ansah, von einem erheblichen Einwande, dem Einwande nämlich, daß eine Kapitalsbelastung der Grundstücke ohne einen solchen Anspruch rechtlich unmöglich sei. Achilles hat sich deshalb in seinem Kommentar S. 123 dieser (schon von Koch, Uebergang der Ford. S. 91 aufgestellten) Theorie angeschlossen. Hiergegen bemerkt Turnau S. 529: „Achilles (S. 122 Anm. 119) versucht eine besondere Art der Hypothek zu konstruiren. Er ist der Ansicht, daß der persönliche Anspruch immer erlösche, wenn der Hypothekengläubiger befriedigt werde oder die Rechte desselben mit den Pflichten des ihm persönlich verhafteten Eigenthümers des belasteten Grundstücks in einer Person zusammentreffen, daß nur das Realrecht bestehen bleibe, die Hypothek des Eigenthümers also nur formell die Eigenschaft der Hypothek behalte, materiell aber mit der Grundschuld identisch sei. Die von ihm aufgestellten Unterschiede zwischen der Grundschuld des Gesetzes und seiner formellen Hypothek (daß letztere z. B. nicht in blanco abgetreten werden könne) führen aber zu einer neuen Art von Grundschulden, welche dem Gesetze unbekannt ist. Es kommt hinzu, daß die Hypothek ohne Ausnahme nur gemeinsam mit dem persönlichen Anspruche abgetreten werden kann. (§. 52 Ges.)" Hierauf ist zu erwiedern, daß diese Kritik eine Widerlegung jener Theorie nicht ist. Mit der Bemerkung, daß die Ansicht von Achilles zu einer besonderen Art von Hypotheken oder Grundschulden führe, welche dem Gesetze unbekannt sei, ist die Sache selbst sicherlich nicht getroffen. Auch der Hinweis auf §. 52 ist keine Begründung. Denn dieser §. hat selbstverständlich von einem persönlichen Anspruch nur für die Fälle sprechen können, in denen ein solcher vorhanden ist. Das Vorhandensein desselben bei der Hypothek des Eigenthümers aber ist von Turnau nicht bewiesen. Von Achilles wird es bestritten und die Negative aus Tit. 16 §. 476 gefolgert. Auf diesem Standpunkt steht auch Dernburg, Lehrb. 1 S. 751.

17) (5. A.) Der nicht eingetragene Eigenthümer erlangt die Rechte aus §. 63 nur durch eine förmliche Cession. Hat der eingetragene Eigenthümer den Gläubiger befriedigt, hiernächst aber das Grundstück veräußert, so ist er nicht mehr legitimirt, auf Grund der ihm ertheilten Quittung oder Löschungsbewilligung die Post auf seinen Namen umschreiben zu lassen oder darüber zu verfügen. Nach dem bisherigen Recht war dies streitig. Turnau S. 527. Vergl. die Verf. des App.-Ger. zu Posen v. 4. Januar 1873, Johow 3 S. 171.

18) (5. A.) Ein Miteigenthümer, welcher eine eingetragene Post bezahlt, ist zu deren Cession nur in Gemeinschaft mit den übrigen Miteigenthümern berechtigt. Verf. des App.-Ger. zu Posen v. 26. Sept. 1874, Johow 4 S. 180.

19) (5. A.) Nach dem bisherigen Recht wurde darüber gestritten, ob der Eigenthümer die von ihm bezahlte Post auf seinen Namen umschreiben lassen dürfte. Turnau S. 528.

20) (5. A.) Die Verfügung kann auch in der Weise geschehen, daß der Gläubiger, den der eingetragene Eigenthümer befriedigt hat, auf Verlangen des letzteren die Post an einen Dritten abtritt. Verf. des Appellationsgerichts zu Breslau v. 8. Novbr. 1873, Johow 4 S. 190.

Der Eigenthümer kann sich auch einem jüngeren Hypothekengläubiger gegenüber verpflichten, über eine ältere Post, falls er dieselbe bezahlen würde, nicht zu verfügen. Das App.-Ger. zu Posen hat die Eintragung einer solchen eventuellen Verfügungsbeschränkung in einem Bescheid vom 26. Okt. 1872, Johow 3 S. 168, unter Berufung auf die Gr.B.O. §. 91, für unzulässig erklärt. In einem durch Verf. v. 12. Januar 1874, ebenda 4 S. 184, entschiedenen Falle hat es dieselbe zugelassen. Die Beschränkung ist dabei als eine Modalität des Darlehns, welches der jüngere Gläubiger dem Eigenthümer gegeben hatte, aufgefaßt und deshalb bei dem Darlehn eingetragen worden. Der Grundbuchrichter hatte, wohl zutreffender, die Eintragung bei der älteren Post vornehmen wollen.

21) (5. A.) Ebenso nach dem früheren Recht. O.Tr. III v. 24. März 1862, Entsch. 47 S 138; Str. Arch. 44 S. 257.

Vierter Abschnitt.

Von dem Bergwerkseigenthum und den selbstständigen Gerechtigkeiten.

§. 68. Verliehene Bergwerke, unbewegliche Bergwerksantheile und die selbstständigen Kohlen-Abbaugerechtigkeiten in den vormals Königlich Sächsischen Landestheilen unterliegen den Vorschriften dieses Gesetzes mit folgenden gesetzlichen Bestimmungen:

1) Das Bergwerkseigenthum wird durch die von dem Oberbergamt ertheilte Verleihung, bestätigte Konsolidation, Theilung oder Vertauschung von Grubenfeldern und Feldestheilen erworben.

Der Erwerber ist in diesen Fällen von Amtswegen zur Eintragung seines Bergwerkseigenthums anzuhalten.

Zu diesem Zweck hat das Oberbergamt dem Grundbuchamt eine beglaubigte Abschrift der Verleihungsurkunde oder die Ausfertigung des bestätigten Konsolidations-, Theilungs- oder Tauschaktes zuzustellen.

2) In Betreff der Befugniß des eingetragenen Bergwerkseigenthümers, das verliehene Feld zu theilen, Feldestheile auszutauschen, oder auf dieselben zu verzichten, kommen die Vorschriften des Allgemeinen Berggesetzes vom 24. Juni 1865 zur Anwendung.

3) Hülfsbaue, welche unter die Vorschriften der §§. 60 ff. des Allgemeinen Berggesetzes vom 24. Juni 1865 fallen, erlangen auch ohne Eintragung in das Grundbuch durch Uebergang des Besitzes die Eigenschaft dinglicher Rechte. Dieselben erlöschen nicht durch Ertheilung des Zuschlages in Folge gerichtlicher Zwangsversteigerung.

§. 69. Wenn für selbstständige Gerechtigkeiten Grundbuchblätter eingerichtet sind, so wird die Veräußerung und der Erwerb des Eigenthums an ihnen, ihre Belastung und Verpfändung nach den Vorschriften dieses Gesetzes beurtheilt[23]).

Fünfter Abschnitt.

Allgemeine Bestimmungen.

§. 70. Der Prozeßrichter hat auf den Antrag einer Partei die Eintragung einer Vormerkung bei dem Grundbuchamt nachzusuchen, wenn ihm der Anspruch oder das Widerspruchsrecht, welche durch die Vormerkung gesichert werden sollen, glaubhaft gemacht sind[24]).

---

22) (5. A.) Kautionshypotheken sind wahre Hypotheken, deren volle Wirksamkeit nur bedingt ist durch die Feststellung des Betrages, für den das Grundstück haften soll. Die Feststellung erfolgt durch Uebereinkunft zwischen dem Schuldner (Eigenthümer) und dem Gläubiger. Die Hypothek wird dadurch zu einer unbedingten. Sie kann auf die vereinbarte Summe umgeschrieben werden. Die Umschreibung geschieht auf Grund der Bewilligung des Eigenthümers, und zwar in der zweiten Hauptspalte „Veränderungen". Verf. des App.-Ger. zu Posen v. 11. Oktbr. 1873, Johow 3 S. 163. Die auf eine bestimmte Summe umgeschriebene Hypothek hat den Charakter als Kautionshypothek abgestreift; sie ist eine gewöhnliche Hypothek, welche der Beschränkung des §. 67 nicht unterliegt. Der Eigenthümer, der dieselbe durch Befriedigung des Gläubigers an sich gebracht hat, kann darüber frei verfügen. Förster, Grundbuchrecht S. 149; Achilles S. 125; Heidenfeld S. 104; John S. 70; Johow in seinem Jahrb. 3 S. 291. Anderer Meinung: Bahlmann S. 155; Steiner S. 64 u. 92. Vergl. die Anm. 7 zu §. 5 d. T. und die Anm. zu §. 24 des Gesetzes.

23) (5. A.) Siehe die Anm. 93 zu §. 3 der Grundb.-O., Zus. 7 zu §§. 392 bis 398 d. Titels.

24) (5. A.) Nach dem früheren Recht erforderte das Einschreiten des Prozeßrichters, daß

1. in Betreff des behaupteten Realanspruchs die Klage wenigstens angemeldet und

2. der Anspruch, der Vorschrift des §. 291 Tit. 2 der Hypotheken-Ordnung gemäß, bescheinigt worden. Ges. v. 24. Mai 1853 §. 47. Vgl. §. 418 d. T.

Das Gesetz über den Eigenthumserwerb verlangt anstatt der Bescheinigung zu 2. daß dem Prozeßrichter der Anspruch oder das Widerspruchsrecht der Partei glaubhaft gemacht werde. Für das Erforderniß zu 1. hat es einen Ersatz ausdrücklich nicht geboten. Es ist deshalb angenommen, daß die Eintragung einer Vormerkung ohne Rücksicht auf ein prozessualisches Verfahren nachgesucht werden darf. Achilles S. 131; Bahlmann S. 161; Philler S. 30; Dernburg, Lehrb. 1 S. 429. Die Folge dieser Annahme ist, daß derjenige, gegen welchen die Vormerkung gerichtet ist, Klage erheben muß, wenn er die Löschung herbeiführen will. Achilles S. 60; Dernburg S. 430. O.Tr. III v. 14. Juli 1873, Str. Arch. 89 S. 183, oben in der Anm. 14 zu §. 16 des Gesetzes, Zus. zu Tit. 19. Daß bei einem solchen Verfahren der Eigenthümer eines Grundstücks durch Vor-

§. 71. Die statutenmäßigen Befugnisse der mit Korporationsrechten versehenen Kreditinstitute in Betreff der Zwangsverwaltung werden durch dieses Gesetz nicht berührt.

§. 72. Dieses Gesetz tritt am 1. Oktober 1872 in Kraft.

3) Erwerbungsart durch die Eintragung.

§. 411. Nur durch die wirkliche[25]) Eintragung in die öffentlichen Grundbücher wird das Hypothekenrecht[26]) selbst erworben.

merkungen, die sich schließlich als ungegründet herausstellen, arg geschädigt werden kann, liegt auf der Hand. Die Gerichte sträuben sich deshalb, jene Auslegung zu adoptiren. „Der Prozeßrichter ist", so wird behauptet, „im Fall des §. 70 die Eintragung einer Vormerkung bei dem Grundbuchamt nur alsdann nachzusuchen befugt, wenn wegen des Anspruchs, welcher dadurch gesichert werden soll, die Klage wenigstens angemeldet ist". Verf. des App.-Ger. zu Marienwerder v. 23. Sept. 1873, Johow 4 S. 159. Aehnlich das App.-Ger. zu Hamm in der Verf. vom 12. August 1874, ebd. S. 138. Man beruft sich für diese Auffassung auf die Wahl des Wortes „Partei" in §. 70, aus welcher mit Nothwendigkeit die Voraussetzung eines prozessualischen Verfahrens folge. Auch hat die Kommission des Herrenhauses, von welcher der §. 70 herrührt, dabei auf das Gesetz v. 24. Mai 1853 §. 47 verwiesen. Werner, Materialien S. 63. Richtig ist jedenfalls, daß der §. 70 nur die materielle Voraussetzung für das Einschreiten des Prozeßrichters festsetzt. Es ist deshalb behauptet, daß formell ebensoviel verlangt werden müsse, als im Fall des Arrestes. Werner, die preuß. Grundb.-Ges. mit Noten, zu §. 70. Vergl. §. 60.

Ist die Vormerkung in Folge Erhebung oder Anmeldung der Klage eingetragen, so wird der Prozeßrichter kein Bedenken haben, auf Antrag des Beklagten die Löschung nachzusuchen, wenn der Kläger die Sache liegen läßt oder rechtskräftig abgewiesen wird. Achilles S. 59 (a).

25) Unter der „wirklichen Eintragung" soll nicht die vollendete mechanische Einschreibung des Eintrags durch den Buchführer zu verstehen, vielmehr soll die Erwerbung der Hypothek schon mit der Präsentation des begründeten Eintragungsgesuches vollendet sein, wenn darauf die Eintragung wirklich erfolgt ist, weil unter der Eintragung, die aus einer Reihe von Manipulationen zusammengesetzt ist, die Gesammthandlung des Gerichts und seiner Organe, welche die Eintragung herbeiführt, zu verstehen. O.Tr. III v. 23. Dezbr. 1861, Entsch. 47 S. 149. Daher äußert eine vor der Konkurseröffnung zur Eintragung gehörig angemeldete Hypothek, wenngleich die wirkliche Eintragung erst nach der Konkurseröffnung erfolgt, mit dem Zeitpunkte der Anmeldung ihre Wirksamkeit und ist daher wie eine vor der Konkurseröffnung erlangte Hypothek zu behandeln. Der §. 10 der Konkursordnung steht dem nicht entgegen. O.Tr. III v. 27. Nov. 1863, Str. Arch. 52 S. 131, vom 16. Nov. 1866, ebd. 66 S. 165, v. 14. Juni 1867, Entsch. 58 S. 196, und IV v. 8. Sept. 1868, Gruchot, Beitr. 14 S. 127. (5. A.) Siehe dagegen: R. Koch, in der deutschen Gerichtszeitung 1863 S. 70 u. 71, und P. Hinschius, in der Preußischen Anwaltszeitung 1863 S. 174 und in der Zeitschr. für Gesetzgebung 2c. 2 S. 192. Nach dem Ges. über den Eigenthumserwerb 2c. §. 36, Zus. 11 zu §. 410 d. T., und der Gr.B.O. §. 45, Anm. 17 zu §. 17 des Gesetzes, Zus. zu Tit. 19, dürfte die Ansicht des Obertribunals die zutreffende sein. Dernburg, Lehrb. 1 S. 418 Note 9. Die Zeit zwischen der Vorlegung des begründeten Eintragungsantrages und der erfolgten Eintragung wird rechtlich ignorirt.

26) Das Hypothekenrecht. Die Erwerbung des Rechts auf Reallasten geschieht nicht erst durch die Eintragung. Denn das dingliche Element bei einer Reallast ist kein accessorisches Recht, kein Hypothekenrecht, kommt vielmehr der Berechtigung an und für sich selbst zu. — Eine Reallast wird in das Hypothekenbuch eingetragen, nicht weil die Berechtigung dadurch dinglich werden soll, sondern weil und in sofern sie dinglich ist. Die Eintragung in das Hypothekenbuch ist eins von den Mitteln, um die Dinglichkeit einer Reallast gegen jeden Besitzer der Sache zu erhalten. Sie vermittelt nämlich ebenso, wie die ausdrückliche Uebernahme einer solchen Last, oder wie die stillschweigende Uebernahme hinsichtlich der gemeinen oder der dem Erwerber der Sache erweislich bekannten nicht gemeinen Lasten, den Uebergang einer Reallast auf den neuen Besitzer der Sache. O.Tr. III v. 29. November 1849, Entsch. 18 S. 316. Mit anderen Worten: Reallasten sind an sich ein dingliches Recht. Ein dingliches Recht hat aber seine volle Wirkung gegen jeden Dritten nur dann, wenn es dieser kennt. Die Wissenschaft wird jedoch, außer den Fällen des erweislichen thatsächlichen Vorhandenseins, fingirt: a) wenn das Recht im Hypothekenbuche eingetragen steht: b) wenn es gemeine Lasten und Pflichten, welche nach der Verfassung des Orts (Urbarium), Kreises oder der Provinz von allen Grundstücken derselben Art an den Fiskus, die Obrigkeit, Kirche oder Geistlichkeit zu entrichten sind. Hyp.-O. Tit. 1 §. 48. Beruhen sie auf Spezialtiteln, wie z. B. Kanon, Laudemien u. dergl., so muß entweder die Eintragung geschehen sein — nicht zur Erwerbung, sondern behufs der Veröffentlichung —, oder die Wissenschaft des Dritten muß besonders bewiesen werden. (§. 49 a. a. O.). O.Tr. III vom 23. Mai 1850, Entsch. 20 S. 193. (5. A. Dies trifft für das jetzt geltende Recht nicht überall zu. Ges. über den Eigenthumserwerb §. 12; Gr.B.O. §§. 11 u. 71 in den Anm. 2 u. 8 zu Tit. 19; vergl. auch die Anm. 1 a und c daselbst.)

Im Kaufgelder-Belegungsverfahren, nach stattgehabter nothwendiger Subhastation, geschehener Einzahlung des Kaufgeldes und erfolgter Löschung der Intabulate, kann einer nur protestativisch ein-

§. 412. So lange daher ein gesetzliches, oder auch ein durch rechtsgültige Willenserklärungen bestelltes Pfandrecht noch nicht eingetragen ist; so lange hat dasselbe noch nicht die Eigenschaft eines dinglichen Rechts[27]).

§§. 413 u. 414. Fallen weg[28]).

§. 415. Die Gültigkeit des Hypothekenrechts hängt an und für sich von der Gültigkeit des Anspruchs ab[29]), zu dessen Sicherheit dasselbe bestellt worden[30]).

§. 416. So lange daher der angebliche Schuldner der Forderung selbst widerspricht; so lange findet die Eintragung einer Hypothek dafür nicht statt[31]).

§. 417*. Doch kann der Gläubiger, gegen die nachtheiligen Folgen dieses Widerspruchs, durch Eintragung einer Protestation, wider alle nachherige Verpfändungen sich decken[32]). Von Protestationen gegen präjudicirliche Eintragungen *).

---

getragenen Forderung die Befriedigung nach Maßgabe ihrer Stelle im Hypothekenbuche nicht versagt werden, wenn der Inhaber derselben einen wirklichen Titel zum Pfandrechte nachweist, — auch wenn bis dahin die Umwandlung der Protestation in eine wirkliche Hypothek nicht erfolgt wäre. O.Tr. III (Pr. 1707 a) vom 31. Januar 1846, Entsch. 13 S. 257. Zu vergl. die Anm. 26 zu §. 410 d. T. (Satz 7).

27) Die §§. 411 u. 412 kommen da, wo die Einrichtung des Hypothekenbuchs noch nicht vollendet ist, nicht zur Anwendung. V. v. 16. Juni 1820 §. 9, Zus. 8 zu §. 391. (5. A.) Im Uebrigen sind sie ersetzt durch das Ges. über den Eig.-Erw. §. 18.

28) In Folge der Verordnung v. 4. März 1834 §. 11. Die weggefallenen §§. lauten:

„§. 413. Doch wirkt ein gesetzliches noch nicht eingetragenes Pfandrecht so viel, daß derjenige, welchem dasselbe zukommt, sich, mit Uebergehung der Zwischengrade der Exekution, sogleich an die noch im Vermögen seines Schuldners befindlichen Immobilien halten kann.

§. 414. Gleiche Wirkungen hat ein durch Willenserklärungen bestelltes, obgleich nicht eingetragenes, Pfandrecht, wenn in der Willenserklärung gewisse Grundstücke benannt und diese zur Zeit der Exekution in dem Vermögen des Schuldners noch vorhanden sind."

Der Gläubiger ist jetzt an keine Exekutionsgrade gebunden, mithin sind die §§. 413 und 414 bedeutungslos geworden.

29) Eintragungen im Hypothekenbuche ohne einen gültigen Titel sind ganz wirkungslos, vorbehaltlich der Rekonvalescenz, gemäß der Vorschrift des §. 13 d. T. Die Einschreibung eines Vermerks in das Hypothekenbuch kann also niemals der Rechtsgrund oder das Rechtsgeschäft sein, durch welche das vermerkte Realrecht oder die eingetragene Realverbindlichkeit zum rechtlichen Dasein gelangt. O.Tr. v. 1. Dezember 1843, Schl. Arch. 5 S. 292; Reskr. vom 15. April 1835, Jahrb. 45 S. 500. (5. A. Vgl. das Ges. über den Eig.-Erw. §. 13 (Zus. zu Tit. 19), §§. 19 u. 38.) Eine offenbar zu Unrecht geschehene Eintragung kann in der Regel von Amts wegen, ohne Konsens der Betheiligten und ohne Erkenntniß gelöscht werden. Eine Ausnahme tritt ein, wenn bereits ein Dritter ein Recht darauf erworben hat. R. v. 12. Okt. 1832, Jahrb. 40 S. 478. (5. A. Vgl. die Gr.B.O. §. 118, in der Anm. 68 zu §. 33 des Ges.). Ist eine Dahrlehnsforderung, während sie noch eine bloß persönliche war, also vor der Eintragung, durch Zahlung untergegangen, so kann in Ermangelung eines gültigen Titels durch die spätere hypothekarische Eintragung ein Hypothekenrecht nicht mehr entstehen. Hieraus folgt rechtlich, daß der Schuldner durch die ihm ertheilte Quittung, in welcher das Kapital wahrheitswidrig als schon eingetragen bezeichnet ist, das Eigenthum der bezahlten Forderung nicht erwerben, also auch nach nunmehr erst auf sein Grundstück erfolgter Eintragung nicht weiter cediren kann. O.Tr. III v. 7. Novbr. 1862, Str. Arch. 47 S. 149.

30) (5. A.) Der §. 415 ist nicht aufgehoben. Ges. über den Eig.-Erw. §. 19 Nr. 1 u. §. 38. Vergl. §. 12 d. T. und die Anm. dazu.

31) (5. A.) Die Vorschrift versteht sich nach dem Ges. über den Eig.-Erw. §. 19 von selbst. Vgl. §. 403 d. T. Der Widerspruch des Eigenthümers gegen die Eintragung der Hypothek kann nur durch richterliches Urtheil beseitigt werden.

*) (5. A.) Die §§. 417—421 sind durch die Bestimmungen des Ges. über den Eig.-Erw. §§. 22 u. 70 ersetzt worden. Das materielle Recht ist indeß nicht wesentlich geändert. Die Vormerkung des §. 22 cit. ist mit der protestatio pro conservando jure et loco in der Hauptsache identisch.

32) D. i. die protestatio pro conservando. Hyp.-O. Tit. 2 §. 290. Auf den Arrest, d. h. die im Wege des Arrestverfahrens bisweilen gebräuchliche s. g. protestatio de non amplius intabulando beziehen sich die hier gegebenen Vorschriften nicht. R. v. 3. Oktbr. 1834, Jahrb. 44 S. 412. Zur Eintragung eines solchen Arrestschlages sind mithin auch nicht die hier vorgeschriebenen Voraussetzungen einer Protestation, namentlich ein Titel zur Hypothek (Hyp.-O. Tit. 2 §. 289) erforderlich. Zu vergl. die Anm. 35 zu §. 421 d. T.

§§. 418—420. Fallen weg[33]).

§. 421*. Durch eine gehörig eingetragene Protestation erhält der Gläubiger das Recht, die Forderung selbst[34]), nach gehobenem Widerspruche, oder ergänzter Formalität, an dem Orte, wo die Protestation bemerkt ist, zu allen Zeiten eintragen zu lassen[35]).

Eine gesetzwidrig eingetragene Protestation ist nicht minder wirkungslos, wie eine definitive Eintragung, die in ungesetzlicher Weise, ungeachtet des fehlenden Rechtstitels, erfolgt ist. O.Tr. vom 6. Juni 1846, Schles. Arch. 6 S. 342, und III v. 5. Juli 1858, Str. Arch. 30 S. 164. Vergl. die V. v. 4. März 1834 §. 22, Zus. 1 zu §. 5 d. T. und dazu die Anm. 8 a. E.

Gegen einen noch nicht eingetragenen Besitzer kann keine Protestation eingetragen werden, weil die Eintragung des Rechts selbst unzulässig ist (§. 405 d. T. und §. 6 Tit. 10), folglich nicht bloß ein formales Hinderniß, sondern ein wesentlicher Mangel bei der Erwerbung des Hypothekenrechts entgegensteht. R. v. 29. Juli 1831, von Rönne, Erg. zum A. L.R. I. 20 §. 419, 6 Ausg. 2 S. 408. Vergl. auch die Abhandlung in den Jahrb. 25 S. 212.

33) (5. A.) In Folge des Ges. über den Eig.-Erw. §. 70. Die weggefallenen §§. lauten:

„§. 418. Dergleichen Protestation soll aber nur von demjenigen angenommen werden, welcher eine solche Forderung, wodurch ein rechtsgültiger Titel zur Erlangung eines Hypothekenrechts an sich begründet wird, durch unverdächtige Urkunden, oder sonst, einigermaßen bescheinigt hat.

§. 419. Insonderheit ist die Eintragung einer Protestation zulässig, wenn der Eintragung des Anspruchs selbst der Mangel einer noch zu ergänzenden Formalität, welche nur mehrerer Zuverlässigkeit und Beglaubigung wegen bei einer Handlung erfordert wird, entgegen stehet.

§. 420. Betrifft aber der Mangel ein zum Wesen und zur Gültigkeit der Handlung, oder des Anspruchs, nach den Gesetzen nothwendiges, Erforderniß: so findet auch die Eintragung einer Protestation nicht statt.

Der §. 70 des Gesetzes hat das Erforderniß der Bescheinigung fallen lassen und statt dessen vorgeschrieben, daß dem Prozeßrichter, ohne dessen Vermittelung eine Vormerkung nach §. 22 nicht eingetragen werden kann, der Anspruch, welcher durch die Vormerkung gesichert werden soll, glaubhaft gemacht wird. Dabei ist indeß den an sich richtigen Gesichtspunkten, von denen die §§. 419 und 420 d. T. ausgehen, nach wie vor Beachtung zu schenken.

34) D. i. die unbedingte Hypothek; die Protestation ist nur eine bedingte Hypothek. Wenn aber auch die Purifizirung durch einen Nachtragsvermerk nicht geschehen ist, und darüber der Konkurs oder der Zwangsverkauf einbricht, so hindert dies die Wirksamkeit der bedingt eingetragenen Hypothek in dem Exekutionsverfahren gar nicht, sofern der Gläubiger nur die speziell hinzugefügte Bedingung, wovon die Gültigkeit und Wirksamkeit der Eintragung abhängig gemacht worden ist, erledigt, nämlich in dem Verfahren vor dem Prozeßrichter. O.Tr. III (Pr. 1821) v. 29. Dezbr. 1846, oben in der Anm. 26, Satz 7, zu §. 410 d. T., und vom 31. Januar 1846, in der Anm. 26, Satz 2, zu §. 411. Dieser Grundsatz ist auch der Konkurs-Ordnung vom 8. Mai 1855 §. 9 gegenüber aufrecht erhalten. O.Tr. III v. 23. Januar 1865, Entsch. 53 S. 365.

Durch Eintragung einer Protestation in das Hypothekenbuch wird die Verjährung durch Nichtgebrauch des protestativisch vermerkten Anspruchs unterbrochen und ausgeschlossen. Vergl. I. 9 §. 511. O.Tr. II v. 26. Nov. 1857, Entsch. 37 S. 79; Str. Arch. 27 S. 174.

35) (5. A. Aehnlich das Ges. über den Eig.-Erw. §. 22 Satz 3. Nach der Gr.B.O. §. 89 „erfolgt die endgültige Eintragung an der Stelle der Vormerkung auf Ersuchen des Prozeßrichters oder mit Bewilligung dessen, gegen den die Vormerkung gerichtet war.") Der §. 421 d. T. bezieht sich nur auf die protestatio pro conservando jure et loco, nicht auf den bloßen Arrest (prot. de non amplius intabulando). Denn der Arrest giebt kein Realrecht. Aber „eine im Wege des (nachher für justifizirt erkannten) Arrestes wegen einer persönlichen Anforderung eingetragene Protestation de non amplius intabulando hat die Wirkung, daß ein erst später auf eben dieses Grundstück eingetragener Hypothekengläubiger bei eintretender Unzulänglichkeit der zur Hypothek verschriebenen Sache zum Nachtheile des Arrestanten von seinem Hypothekenrechte keinen Gebrauch machen kann." O.Tr. Pl. (Pr. 1135) v. 30. Mai 1842, Entsch. 8 S. 57. Dem entsprechend hat das O.Tr. IV durch das Erk. v. 5. Oktbr. 1854, Str. Arch. 13 S. 380, erkannt, daß die im Wege des Arrestes erfolgte protestativische Eintragung bei später erfolgender Feststellung der Richtigkeit dieser Forderung ein Recht auf vorzugsweise Befriedigung vor den inzwischen obgleich definitiv eingetragenen anderweiten Hypotheken giebt. Das gerade Gegentheil ist angenommen von dem O.Tr. III in dem Erk. v. 25. Febr. 1867, Str. Arch. 66 S. 231. (5. A. Vergl. den letzten Abs. der Anm. 32 zu §. 22 des Ges.) Dabei geschieht jener entgegengesetzten Entscheidung von 1854 nicht einmal Erwähnung, nur von dem Pl.-Besch. 1135 ist die Rede, um denselben mit einer unverständlichen Phrase bei Seite zu schieben. Es wird gesagt: Der Pl.-Beschl. spricht aus: „Eine im Wege des — — Arrestes . . eingetragene . . . hat die Wirkung: daß ein erst später auf eben dieses Grundstück eingetragener Hypothekengläubiger bei eintretender Unzulänglichkeit der zur Hypothek verschriebenen Sache zum Nachtheile des

§. 422. Dadurch allein, daß ein Anspruch in das Hypothekenbuch eingetragen worden, verliert der Schuldner noch nicht die ihm sonst gegen dessen Gültigkeit zustehenden Einwendungen [36]). Von Einwendungen, welche gegen eingetragene Forderungen stattfinden *).

Arrestanten von seinem Hypothekenrechte nicht Gebrauch machen kann." Dieser Ausspruch wird mit den Worten beseitigt: „Hierauf beschränkt sich die Wirkung eines solchen Arrestes." Was soll das heißen? Wenn der nachher eingetragene Gläubiger von seinem Hypothekenrechte dem Arrestanten gegenüber keinen Gebrauch machen kann, heißt dies denn, daß dieser selbige Hypothekengläubiger doch den Arrestanten aus seiner rechtlichen Stellung vertreiben und sich doch aus dem Gegenstande des Arrestes bezahlt machen kann, dergestalt, daß der Arrestant das leere Nachsehen hat? Darauf erfolgt die ausweichende Antwort: „Der Arrest enthält keinen Titel zu einem dinglichen Rechte, sondern hindert nur alle Verfügungen über die mit Arrest belegte Sache, durch welche diese dem entzogen werden würde, daß der Arrestsucher aus derselben seine Befriedigung erhalte." Allerdings. Aber wo ist denn der Grund, aus welchem das Obert. hiervon keine Anwendung machen will? Davon ist nichts zu finden. Man kann es nur errathen aus der Schlußfolgerung: „Hat der Kläger — kein Hypothekenrecht, so kann er nach eröffnetem Konkurse seine Befriedigung nicht aus der Kaufgeldermasse — verlangen. Sein gegen die Kaufgeldermasse erhobener Anspruch ist also unbegründet, weil seine Forderung eine dinglich rechtliche Beziehung zu den subhastirten Grundstücken nie erlangt hat. Der Beklagte dagegen hat an sich, dem Besitzer der Grundstücke gegenüber ein wohlerworbenes Hypothekenrecht erlangt, und der Konkursverwalter hat erklärt, daß er auf die in Rede stehende Streitmasse irgend einen Anspruch nicht machen will." Hiernach besteht kein prinzipieller Widerspruch zwischen dieser Entscheidung und jener von 1854. Aber darum ist die vorliegende Entscheidung des gegenwärtigen Rechtsstreites doch nicht gerechtfertigt. Das ist richtig, die Konkurseröffnung hatte die Wirkung, daß der Gegenstand des Arrestes von der Gläubigerschaft zur Gemeinen Masse eingezogen werden konnte (Konk.=Ordnung §. 9); denn der Arrest ist materiell der anticipirte Anfang der Exekution. Geschah dieses, so mußte der Werth des Arrestobjekts zur Gemeinmasse genommen werden, der Arrestant mußte als ein gewöhnlicher Konkursgläubiger liquidiren und der Hypothekarius ging leer aus. So gestaltete sich aber die Rechtslage nicht. Die Gläubigerschaft ließ den Gegenstand des Arrestes fahren, denn der Konkursverwalter erklärte, „daß er auf die in Rede stehende Streitmasse irgend einen Anspruch nicht machen wolle". Zwischen dem Arrestanten und der Gläubigerschaft kam es zu gar keinem Rechtsstreit; nur mit dem Hypothekarius kam der Arrestant über die Verwendung des Arrestobjekts zur Befriedigung des Einen oder des Anderen zum Streite. Wenn nun das Obertr. als Entscheidungsgrund zum Vortheil des Hypothekarius geltend macht: „Der Beklagte dagegen hat an sich dem Besitzer der Grundstücke gegenüber ein wohlerworbenes Hypothekenrecht erlangt", so ist das ein durchaus unerheblicher, ein gleichgültiger Umstand; er mußte dem Arrestanten gegenüber ein solches Recht erlangt haben. „Wird eine mit Arrest belegte Sache von dem Eigenthümer — verpfändet, so ist diese Handlung, wenn in der Folge der Arrest für gerechtfertigt erklärt worden ist, in Ansehung des Arrestanten null und nichtig, und die Sache kann von dem, welcher sie pfandweise an sich gebracht hat, unentgeltlich zurückgefordert werden." A.G.O. I. 29 §. 83. Gegen diesen Rechtsgrundsatz verstößt die Entscheidung des Obertribunals. Der Hypothekarius mußte vor dem Arrestanten weichen; dadurch, daß die Gläubigerschaft das Arrestobjekt fahren ließ, erhielt derselbe dem Arrestanten gegenüber kein besseres Recht. Dagegen s. m. das dem Erk. III v. 25. Febr. 1867 widersprechende Erk. IV v. 15. Dezbr. 1868, oben Anm. 31 Abs. 3 zu §. 13 d. T.

Durch die Worte: „die Forderung selbst — zu allen Zeiten eintragen zu lassen", soll nicht gesagt werden, daß erst die Umschreibung der Protestation das dingliche Recht gebe; sondern es soll heißen, daß der Berechtigte, nach gehobenem Anstande, diese Beseitigung des anfänglichen Hindernisses, auch nach eingetretener Besitzveränderung, nachtragen und dadurch die bedingte Eintragung in eine unbedingte verwandeln könne. Denn das Recht selbst ist schon durch die Beseitigung des anfänglichen Hindernisses ipso jure an die Stelle, wo die Protestation steht, getreten und kann auch ohne vorherige Umschreibung der Protestation in eine Hypothek durch die Hypothekenklage, nach beseitigtem Hindernisse, geltend gemacht werden. O.Tr. III v. 6. Dezember 1854, Str. Arch. 16 S. 69. Vergl. Entsch. des O.Tr. 37 S. 82.

Die auf das Hypothekenfolium des Hauptgutes eingetragene konservatorische Protestation wegen der Hypothek auf ein veräußertes, aber noch nicht abgeschriebenes Trennstück gewährt das Recht, die Forderung nach gehobenem Widerspruche und ergänzter Förmlichkeit zu allen Zeiten eintragen zu lassen und nach erfolgter nothwendiger Subhastation des Trennstücks aus dessen Kaufgeldern Befriedigung zu verlangen. — Dieses dingliche Recht wird dadurch, daß gleichzeitig mit der Abschreibung des Trennstücks die Löschung der für den Realberechtigten auf dieses Trennstück eingetragenen Protestation von Amts wegen bewirkt wird, nicht eingetragenen Gläubigern gegenüber, nicht aufgehoben, wenn die Anlegung eines neuen Hypothekenfoliums für das Trennstück nicht erfolgt ist. O.Tr. IV v. 23. Juni 1853, Str. Arch. 10 S. 312.

*) (5. A.) Der §. 422 gilt neben dem Ges. über den Eig.=Erwerb. Vgl. §. 415. Die §§. 423 u. 424 sind durch §. 38 des Gesetzes ersetzt. Die §§. 425 und 426 sind beseitigt.

§. 423*. In sofern jedoch ein Dritter auf eine solche Forderung[37]), nach deren Eintragung, ein Recht durch einen lästigen Vertrag[38]) erworben hat, kann der Schuldner gegen diesen Dritten von solchen Einwendungen[39]), die er demselben vorher nicht kund gethan hat[40]), keinen Gebrauch machen[41]).

---

36) So lange der Schuldner das eingetragene Dokument noch nicht ausgehändigt hat, kann er es willkürlich wieder löschen und kassiren lassen. (5. A. Das ist jedoch in dieser Allgemeinheit nur richtig für die Frage der Legitimation des Eigenthümers, der die Eintragung der Hypothek beantragt hat, gegenüber dem Grundbuchamt. Für das Verhältniß zwischen Gläubiger und Schuldner entscheidet lediglich der Inhalt des Abkommens, welches beide mit einander getroffen haben. „Die einseitig ausgestellte Schuld- und Verpfändungsurkunde, welche auf Antrag des Schuldners zwar eingetragen, aber von ihm nicht dem Gläubiger ausgehändigt ist, begründet kein Recht für den Gläubiger; es bleibt eine nicht zur Erscheinung nach außen und zur Kenntniß des Gläubigers gelangte, stets revokabele Erklärung des Schuldners, sofern nicht durch besonderen rechtsgültigen Vertrag die Verpfändung vorher versprochen, oder doch später rechtsgültig vom Gläubiger auf die Mittheilung des Schuldners, daß er für jenen die Schuldurkunde ausgestellt, acceptirt worden. O.Tr. III v. 16. Mai 1873, Str. Arch. 90 S. 175. Das neue Recht hat hierin nichts geändert. Ges. über den Eigenthumserwerb ꝛc. §. 20.) —

Der Nachfolger im Besitz (Eigenthum) des verpfändeten Grundstücks ist dem eingetragenen ursprünglichen Hypothekengläubiger gegenüber berechtigt, die Gültigkeit der Hypothekenforderung, wenn er dieselbe nicht in Abrechnung auf das Kaufgeld übernommen hat, sowohl hinsichtlich der formellen Gültigkeit der Unterpfandsbestellung, als auch hinsichtlich der Gültigkeit der Forderung selbst anzufechten. O.Tr. III v. 28. November 1853, Str. Arch. 11 S. 73, und v. 24. April 1857, ebd. 24 S. 204. Natürlich. Der Nachfolger im Besitze des Grundstückes kann nur mit der Hypothekarklage angegriffen werden, und da muß ihm freistehen, die Erfordernisse derselben, die der Kläger behaupten und beweisen muß, zu bestreiten. (5. A.) Es kann nicht einmal zugegeben werden, daß die Uebernahme der Post in partem pretii auf die Gültigkeit der Hypothek von Einfluß ist. Die Rechte des Gläubigers werden durch das, was sein Schuldner mit dem Erwerber des Grundstücks verabredet, nicht berührt. Der Erwerber kann daher, wenn er mit der dinglichen Klage belangt wird, gegen dieselbe einwenden, die Hypothekenforderung, die er übernommen habe, sei ungültig. O.Tr. III v. 16. Dezbr. 1870, Str. Arch. 80 S. 189. Das Gesetz über den Eigenthumserwerb hat diesen Standpunkt nicht verlassen. Selbst wenn der Erwerber nach §. 41 dem Gläubiger persönlich verhaftet wird, überkommt er doch keine weitere Verpflichtung, als der Veräußerer hatte. Er kann also ganz gewiß einwenden, er hafte nicht, weil auch der Veräußerer nicht verpflichtet gewesen sei. Auch steht ihm frei, als Negatorienkläger aufzutreten und sein Grundstück von der (ungültigen) Hypothek frei zu machen.

37) (5. A.) Der dem Dritten, welcher ein Recht auf eine eingetragene Forderung erworben hat, eingeräumte Schutz findet bei Prioritätseinräumungen nicht statt. O.Tr. III v. 11. Febr. 1870, Entsch. 63 S. 187. „Die Prioritätseinräumung giebt der einen Forderung nur ein Recht, vor der anderen befriedigt zu werden, aber weder das Hypothekenrecht der Post, deren Vorzug ihr gewährt worden ist, noch sonst ein Recht auf dieselbe, welches dem aus der Cession oder der Verpfändung einer solchen Forderung entstandenen gleich zu stellen wäre. Wenn also die Hypothek, deren Priorität einer nachgehenden eingeräumt ist, als zum Schein bestellt, angefochten wird, so kann der Prioritätsberechtigte sich dagegen nicht auf seinen guten Glauben berufen." P. Hinschius, in der Zeitschr. für Gesetzgebung ꝛc. 5 S. 444.

38) Darunter ist auch die richterliche Ueberweisung im Wege der Exekution zu verstehen. O.Tr. Pl. (Pr. 2624) v. 7. Mai 1855, J.M.Bl. S. 166; Entsch. 30 S. 408; Str. Arch. 17 S. 171. (5. A. Das bezieht sich aber, wie die Begründung des Plen.-Beschl. ergiebt, nur auf die Ueberweisung (Uebereignung) an Zahlungsstatt, welche die Wirkung der Cession hat, nicht auch auf die Assignation im Wege der Exekution: „Bei einer in Folge des Gesetzes v. 4. Juli 1822 stattfindenden Ueberweisung" (Assignation) „einer hypothekarischen Forderung muß der eingewiesene Gläubiger sich diejenigen Einwendungen des Grundstücksbesitzers gefallen lassen, welche demselben gegen den Exequenden zugestanden haben würden." O.Tr. III (Pr. 705) v. 3. Juni 1839, Präj.-Samml. S. 345.) Denn der Assignatarius ist dem Schuldner gegenüber kein Dritter, sondern Vertreter des Gläubigers, procurator in rem suam. O.Tr. III v. 15. Juni 1855, Entsch. 30 S. 442; Str. Arch. 18 S. 68.

39) Ob unter den „Einwendungen" auch der Einwand der mangelnden Willensfähigkeit oder Handlungsfähigkeit begriffen sei, ist von Neuem in Frage gekommen. In einem älteren Falle hat das O.Tr. solches verneint und angenommen, daß der Einwand der Minorennität des Schuldners dem gutgläubigen Cessionar entgegengestellt werden könne; das Hypothekenbuch sei nicht bestimmt, über die Dispositionsfähigkeit der Kontrahenten Auskunft zu geben, der Cessionar müsse sich um die Dispositionsfähigkeit der Kontrahenten erkundigen; wenn er es nicht thue, den Nachtheil sich selbst beimessen.

§. 424*. Will daher[42]) der Schuldner sich seine Einwendungen wider die ein=

Bei Entscheidung eines später wieder vorgekommenen gleichen Falles hat dagegen das O.Tr. befunden: „Diese Ansicht, welche den Hypothekenverkehr ganz aufheben, jedenfalls sehr erschweren würde, kann ferner nicht aufrecht erhalten werden;" und demzufolge jene Frage bejaht. O.Tr. III v. 14. Novbr. 1864, Entsch. 59 S. 139. —

(5. A.) Die Publizität des Hypothekenbuchs schützt den Cessionar des Miteigenthümers einer Hypothekenforderung gegen die Behauptung des anderen Miteigenthümers, daß der Cedent durch Zahlung Seitens des Schuldners in Ansehung seines (aus dem Hypothekenbuche ersichtlichen) Antheilsrechtes abgefunden sei, sowie gegen den daraus hergeleiteten Anspruch, daß ihm das Alleineigenthum an der Hypothekenforderung zustehe. O.Tr. IV v. 21. Febr. 1871, Str. Arch. 80 S. 293.

Die Vorschriften der §§. 422 ff. über die Beschränkungen der Einwendungen des Schuldners gegen die Gültigkeit einer Hypothekenforderung beziehen sich nicht bloß auf den Inhalt, sondern auch auf die Fälligkeit der Forderung. O.Tr. III v. 22. Sept. 1871, Str. Arch. 82 S. 328. Aehnlich das Erk. dess. v. 14. Febr. 1868, Entsch. 59 S. 131; Str. Arch. 69 S. 337. Abweichend das auf das (jetzt aufgehobene) Gesetz v. 24. Mai 1853 §. 29 gegründete Erk. v. 25. November 1867, Entsch. 59 S. 136.

Dem Cessionar einer Hypothekenforderung kann von dem dinglichen Schuldner mit Erfolg die Einrede entgegengesetzt werden, daß diesem gegenüber der Cedent sich der Verfügung über die (bereits getilgte) Forderung begeben und sich zu deren Löschung verbindlich gemacht, dies Abkommen aber dem Cessionar bei Erwerb der Forderung bekannt gewesen sei. O.Tr. III v. 12. April 1872, Entsch. 67 S. 175; P. Hinschius, in der Zeitschr. für Gesetzgebung rc. 7 S. 139.

40) Auf irgend eine Weise. Diese Vorschrift ist auch auf eingetragene Darlehnsforderungen anwendbar. Anh. §. 53 (zu §. 511 d. T.). Vgl. Tit. 7 §. 26 und die Anm. 18 dazu. Die Vorschrift des Tit. 11 §. 739 steht nicht entgegen.

Der Cessionar einer eingetragenen Forderung kann sich gegen Einwendungen, die ihm nicht vorher kund gethan sind, auf den Glauben des Hypothekenbuchs nicht berufen, wenn er zur Zeit des Erwerbes der Forderung bei Anwendung eines gewöhnlichen Grades von Aufmerksamkeit Ursache hatte, an der Gültigkeit seines Besitztitels zu zweifeln. Der Grundsatz des §. 15 Tit. 7 kommt auch hier zur Anwendung. O.Tr. III v. 14. Juni 1861, Entsch. 46 S. 127. Sonach kann ein Cessionar einer eingetragenen Kaufgelderforderung, wenn aus dem Hypotheken=Instrumente hervorgeht, daß der Verkäufer bestimmte Verpflichtungen zu erfüllen übernommen und der Cessionar unterlassen hat, sich die Ueberzeugung zu verschaffen, daß diese Verpflichtungen des Verkäufers und Cedenten erfüllt worden, sich auf den Glauben des Hypothekenbuches und die §§. 423 ff. d. T. nicht berufen, um die geltend gemachten Gegenforderungen des Schuldners abzulehnen. Erk. dess. v. 29. November 1867, ebd. 59 S. 145.

41) Wenn daher der Hypothekenschuldner seine Einwendungen gegen die Post demjenigen, welcher sich das betroffene Forderungsrecht im Wege der Exekution mit der Wirkung der Cession richterlich hat überweisen lassen (Anm. 38), nicht vorher kund gethan, auch nicht hat eintragen lassen, so muß er die Post, dem Exekutionssucher gegenüber, als rechtsgültig und bestehend anerkennen, wenngleich die zwischen ihm und dem ursprünglichen Gläubiger bestandenen Verhältnisse den Anspruch an und für sich entkräften oder dessen erfolgte Tilgung darthun. O.Tr. III v. 20. Januar 1854, Entsch. 26 S. 324; Str. Arch. 11 S. 253. —

Der Besitzer eines Ritterguts, welcher noch eine Mühle besaß, die kein Gutspertinenz war und kein Hypothekenfolium hatte, ließ auf das Gut 5000 Thlr. eintragen. Demnächst verkaufte er die Mühle, und das Gericht, in der irrigen Meinung, dieselbe sei Pertinenz des Gutes, trug zu Gunsten des Erwerbers der Mühle auf dem Folio des Rittergutes Rubr. II eine Protestation ein. Bei Anlegung des Hypothekenfolii für die Mühle erfolgte deren Abschreibung von dem Gutsfolium und auch eine Uebertragung der 5000 Thlr. auf das Mühlenfolium. Später wurden dieselben bei dem Rittergute gelöscht und ein Rest von 3000 Thlr. ging auf einen Cessionar über. Dieser klagte die Forderung gegen den Mühlenbesitzer ein, welcher seine Verbindlichkeit bestritt, weil seine Mühle für die Post niemals verpfändet worden sei. Das Appell.=Gericht wies auch die Klage ab; das O.Tr. dagegen vernichtete dieses Urtel und verurtheilte den Bekl. nach dem Klageantrage auf Grund des §. 423, weil er bei der in Rede stehenden Post keine Protestation habe eintragen lassen und der Cessionar keine Kunde von dem Einwande, daß die Mühle nicht Gutspertinenz gewesen sei, vor dem Erwerbe gehabt habe, das Instrument auch darüber nichts ergebe, weshalb Kläger sich auf den öffentlichen Glauben des Hyp.=Buchs berufen könne. O.Tr. III v. 19. Dezember 1864 und v. 9. Januar 1865, Str. Arch. 56 S. 270. Diese Entscheidung ist nach dem bestehenden formellen Hypothekenrechte unangreifbar, aber wo bleibt bei einer derartigen Hypothekenbuch=Führung, welche die unmittelbare Mitwirkung des betheiligten Eigenthümers ausschließt, die Sicherheit des Eigenthums? —

Die §§. 423 ff. haben nur für das Hypothekenrecht, nicht für den bloßen persönlichen Anspruch Bedeutung. Erk. dess. v. 16. März 1866, ebd. 62 S. 233.

42) Dieser §. schreibt keine ausschließliche Form der Kundthuung vor, und schließt mithin die besondere Kundmachung nicht aus, vielmehr bestimmt er nur, daß **daher**, weil Alles, was im Hypo=

getragene [43]) Forderung auch gegen jeden Dritten erhalten: so muß er dieselben im Hypothekenbuche ebenfalls vermerken lassen [44]).

thekenbuche steht, für kundgethan erachtet (fingirt) wird, wenn man es auch wirklich nicht wissen sollte, die Einwendungen ebenfalls eingetragen werden müßten, um ganz sicher zu gehen. Ist die Eintragung unterblieben, dem Dritten aber vor der Erwerbung die Einwendung kund gethan (§. 423), so hat es gegen diese bestimmte Person eben die Wirkung, welche die Eintragung haben würde. O.Tr. III v. 20. Februar 1849, Entsch. 17 S. 270. Es ist gleichgültig, ob der Dritte vor der Cession von dem Einwande durch den Aussteller der Schuldurkunde benachrichtigt worden ist, oder auf andere Art davon Kenntniß erhalten hat. Erk. dess. v. 7. März 1851, Str. Arch. 2 S. 39. — Einwendungen, zu welchen der Rechtsgrund aus dem Dokumente ersichtlich ist, bedürfen weder der besonderen Kundthuung, noch der Eintragung, um dem Inhaber der Post mit Erfolg entgegengesetzt werden zu können.

43) Gegen die eingetragene Forderung oder gegen die dingliche Klage. Auf das persönliche Forderungsrecht, wenn bloß dieses geltend gemacht wird, bezieht sich die Vorschrift nicht. „Der Grundsatz, daß dem Dritten, welcher eine Hypothekenforderung nach deren Eintragung durch einen lästigen Vertrag erworben hat, solche Einwendungen und Gegenforderungen nicht entgegengesetzt werden dürfen, welche binnen vier Wochen nach Eintragung der Post im Hypothekenbuche nicht vermerkt sind, findet nur Anwendung, wenn das Hypothekenrecht selbst verfolgt wird. Macht dagegen der dritte Inhaber das persönliche Forderungsrecht, zu dessen Sicherheit die Hypothek bestellt ist, vor oder nach Löschung der letzteren geltend: so ist das Rechtsverhältniß zwischen dem Schuldner und dem Cessionar lediglich nach den von Cessionen nicht eingetragener Forderungen geltenden Grundsätzen (Tit. 11 §§. 407 ff.) zu beurtheilen.“ O.Tr. III (Pr. 815) v. 22. Februar 1840, Entsch. 5 S. 372. (Die Anmerkung daselbst, daß Koch in der Lehre von dem Uebergange der Forderungen S. 192 eine andere Meinung geltend mache, beruht auf einem Irrthum.) Die Sätze des Pr. 815 sind gegen abweichende Ansichten von dem Obertribunal aufrecht erhalten durch Plen.-Beschl. (Pr. 2627) v. 19. März 1855, J.M.Bl. S. 126; Entsch. 30 S. 21; Str. Arch. 16 S. 300.

Auch noch eine andere Ausnahme ist angenommen worden. „Hat ein Gutsherr eine intabulirte gutsherrliche Prästation auf mehrere Jahre zum Voraus erhoben, sodann aber das Gut verkauft, und nimmt hiernächst der neue Besitzer den Verpflichteten wegen der nach der Uebergabe fällig gewordenen aber im Voraus erhobenen Raten in Anspruch: so steht dem Verpflichteten der Einwand der erfolgten Entrichtung zu, wenngleich die Vorauserhebung im Hypothekenbuche seines Grundstückes nicht vermerkt worden ist. Die §§. 423 u. 424 sind auf diesen Fall nicht anwendbar. O.Tr. II (Pr. 1824) v. 13. Januar 1847, Entsch. 13 S. 527.

44) Auch der Eigenthümer, der als solcher noch nicht im Grundbuche eingetragen ist, erscheint berechtigt, seine Einwendungen gegen die auf seinem Grundstück haftende Hypothek in dem Buche vermerken zu lassen. Reskr. v. 28. Sept. 1840, J.M.Bl. S. 322. (5. A. Der Vermerk hat die rechtliche Natur einer Beschränkung des Gläubigers in der Verfügung über die Hypothek; seine Eintragung kann daher nur durch Vermittelung des Prozeßrichters erfolgen. Ges. über den Eig.-Erw. §§. 49 u. 60. Unter der Herrschaft des Landrechts wurde darüber gestritten, ob die protestativische Eintragung, die der Schuldner bei Eintragung der Klage auf theilweise Ungültigkeitserklärung der Hypothek durch richterliche Verfügung hätte erwirken können, auch zum Gegenstande des Erkenntnisses gemacht werden dürfte. Das O.Tr. III bejahte die Frage in einem Erk. v. 27. März 1865, Str. Arch. 58 S. 246. Nach dem Ges. über den Eig.-Erw. §. 70 muß dem Prozeßrichter der Einwand gegen die Hypothek, der durch die Eintragung gesichert werden soll, glaubhaft gemacht werden. Ein richterliches Urtheil über die Zulässigkeit der Protestation vor deren Eintragung liegt nicht im Sinne des Gesetzes.)

Wenn hiernächst der Besitzer die Reduktion der Hypothek ausführt und das Instrument durch Bezahlung der reduzirten Valuta an sich löst, so kann er über die Post nur auf Höhe dieser Valuta weiter verfügen. Die Hypothek ist, so weit sie ungültig, nicht Gegenstand des Verkehrs und muß zu diesem Theile gelöscht werden. R. v. 9. März 1838, Jahrb. 51 S. 169.

Zur Erhaltung der dem Schuldner gegen eingetragene Forderungen zustehenden Einwendungen, bedarf es nicht, diese Einwendungen nach Grund und Gegenstand in das Hypothekenbuch verzeichnen zu lassen; der Schuldner ist vielmehr befugt, von den ihm zustehenden Einwendungen gegen den dritten Erwerber der eingetragenen Forderung Gebrauch zu machen, wenn auch in dem Hypothekenbuche nur allgemein vermerkt ist, daß der Schuldner Einwendungen zu haben behauptet. O.Tr. III v. 20. Januar 1854, Entsch. 26 S. 324; Str. Arch. 11 S. 254. (5. A.) Die Frage ist wohl thatsächlicher Natur. Die Einrede muß jedenfalls so speziell im Grundbuch bezeichnet sein, daß sich feststellen läßt, ob die Einrede, welche der Eigenthümer im Prozesse erhebt, mit der eingetragenen identisch ist. Die Sache hat auch keine Schwierigkeiten, da dem Prozeßrichter der Einwand glaubhaft gemacht, also thatsächlich substantiirt werden muß. Und der Prozeßrichter hat in seiner Requisition an das Grundbuchamt alle wesentlichen Punkte des einzutragenden Vermerkes anzugeben. Grundbuch-Ordn. §. 41. Zu einer Eintragung dahin, daß der Eigenthümer Einwendungen gegen die Post zu haben behaupte, wird es daher gegenwärtig schwerlich kommen. Eventuell würde ein solcher Vermerk zur Er-

§§. 425 und 426. Fallen weg[45]).

§. 427*. Die Form der Eintragungen, wodurch eine Hypothek erworben werden kann, ist in der Hypothekenordnung[46]) vorgeschrieben. 4) Form der Eintragungen.

§. 428*. Fehler gegen diese gesetzmäßige Form müssen die zur Führung der Hypothekenbücher angeordneten Behörden vertreten[47]). 5) Vertretung der das Hypothekenbuch führenden Behörde*).

§. 429. Dagegen haften diese Behörden keinesweges für Fehler oder Mängel in dem Anspruche selbst[48]), zu dessen Sicherheit die Hypothek bestellt worden.

---

haltung einer bestimmten Einrede nicht hinreichen. Ges. über den Eig.-Erw. §. 38. Dagegen genügt es, wenn eingetragen wird, daß der Eigenthümer die Tilgung der Post behaupte. Eine mündliche Mittheilung dieses Inhalts an den Cessionar vor der Cession ersetzt die Eintragung. O.Tr. III v. 29. Juni 1870, Zeitschr. für Gesetzgebung &c. 4 S. 755.

45) (5. A.) In Folge des Gesetzes über den Eigenthumserwerb. Die weggefallenen Bestimmungen lauten:

„§. 425. Ist dergleichen Vermerk binnen vier Wochen nach geschehener Eintragung der Post selbst in das Hypothekenbuch eingeschrieben worden, so erhält derselbe die Rechte des Schuldners auch gegen denjenigen, welcher schon vorhin auf Verhandlungen über einen solchen Anspruch mit dem Gläubiger sich eingelassen hatte.

§. 426. Wer also auf eine eingetragene Post durch Cession, Verpfändung, oder sonst, mit völliger Sicherheit ein Recht erwerben will, der muß die ersten Vier Wochen nach der Eintragung abwarten; und sodann sich überzeugen: daß in der Zwischenzeit keine Einwendungen oder Protestationen dagegen im Hypothekenbuche vermerkt worden." Vergl. hierzu die Erkenntnisse des O.Tr. III v. 6. Februar 1857, Str. Arch. 24 S. 36, v. 9. Mai 1862, ebd. 46 S. 87, und v. 22. September 1862, Entsch. 48 S. 63; Str. Arch. 46 S. 224.

Das Gesetz über den Eig.-Erw. hat die Frist der §§. 425 u. 426 nicht aufgenommen. Nach §. 38 des Gesetzes hängt die Wirkung des eingetragenen Einwands nicht davon ab, ob derselbe längere oder kürzere Zeit nach Eintragung der Hypothek in dem Grundbuche vermerkt ist. Da indeß die Vermerkung des Einwandes eine Beschränkung des Gläubigers in der Verfügung über die Post bezweckt, so findet sie nicht mehr statt, wenn der Gläubiger über die Post bereits verfügt hat. Ist sie gleichwohl erfolgt, so kann doch dem redlichen Cessionar, dessen Cession älter ist, als der Vermerk, die Einrede nicht entgegengesetzt werden. Ges. §§. 49 u. 70.

46) (5. A.) Die Hypoth.-O. v. 20. Dezember 1783 ist durch die Grundbuch-O. v. 5. Mai 1872 §. 143 aufgehoben. Die Form der Eintragungen richtet sich jetzt nach den Bestimmungen des Gesetzes über den Eig.-Erw. §§. 23 u. 24 und der Grundbuch-O. §§. 41, 43, 44 u. 78 ff.

*) (5. A.) Die §§. 428—435 sind ersetzt durch die Bestimmungen der Grundbuch-O. §§. 29, 46 und 131, Zus. 10, 12, 13 zu diesem Titel. Das Recht der §§. 428, 429, 431—435 d. T. gilt materiell nach wie vor.

47) Wenn der Eintragungsvermerk den Umfang der dinglichen Verpflichtung klar ergiebt, so ist die Prüfung der zu Grunde liegenden Urkunden und der Richtigkeit jenes Vermerkes nicht geboten. O.Tr. III v. 23. Juni 1863, Entsch. 51 S. 203. Vgl. den §. 12 d. T. und dazu die Anm. 30 a. E., ferner Tit. 18 §§. 260 u. 665 und die Anm. zu denselben.

48) Dies soll der Gegensatz sein zu §. 428; Satz und Gegensatz erschöpfen die möglichen Fälle nicht. Der Satz des §. 428 hat es mit der Form der Einschreibung, wie sie zu fassen und wo sie einzutragen, zu thun; der Gegensatz §. 429 handelt von wesentlichen Fehlern des Titels: für diese soll der Hypothekenbuchführer nicht haften, ungeachtet des Legalitätsprinzips. Es giebt aber noch zwei Kategorien von Fällen, nämlich solchen, von welchen der folgende §. 430 spricht, und dann solchen, wo weder ein Formmangel, noch ein wesentlicher Fehler im Rechtsgeschäfte vorhanden ist, sondern wo der Richter fehlerhaft urtheilt und ein Ding für einen Titel zur Hypothek (oder Löschung) hält, das es an sich nicht ist. Für eine solche fehlerhafte Beurtheilung haftet der Richter nicht, wenn nur nicht Dolus vorfällt. Es kann aber auch dadurch schwerlich ein Schade verursacht werden, da die Urkunden das wahre Rechtsverhältniß aufweisen und jede Täuschung verhindern, welche der Betheiligte nicht selbst gegen sich begeht.

Uebrigens versteht sich nach dem Grundsatze von der Unterordnung der Stufengerichte unter einander ganz von selbst und ist aus gültigen Gründen gar nicht zu bestreiten, daß der Hypothekenrichter, welcher aus richtigen Gründen eine Eintragung oder Löschung abgelehnt hat, demnächst aber auf dagegen geführte Beschwerde von dem zuständigen Obergerichte angewiesen wird, die Handlung zu vollziehen, dafür gar nicht verantwortlich ist. Die hiergegen laut gewordene ganz vereinzelte Stimme (Jur. Wochenschrift 1837 S. 689) kommt von einem Irrwege. (5. A.) Nach der Verordnung vom 2. Januar 1849 §. 35 und der Grundbuch-O. §§. 24 und 29 ist es zweifellos, daß die Haftung des Grundbuchrichters insoweit wegfällt, als er der Anweisung des ihm vorgesetzten Appellationsgerichts Folge leistet. Denn insoweit thut er seine Pflicht, macht sich also eines Versehens nicht schuldig.

§. 430 fällt weg[49]).

12. Grundbuch-Ordnung vom 5. Mai 1872.

§. 46. Der Grundbuchrichter ist verpflichtet, die Rechtsgültigkeit der vollzogenen Auflassung, Eintragungs- oder Löschungsbewilligung nach Form und Inhalt zu prüfen[50]). Ergiebt diese Prüfung für die beantragte Eintragung oder Löschung ein Hinderniß, so hat der Grundbuchrichter dasselbe dem Antragsteller bekannt zu machen.

Mängel des Rechtsgeschäfts, welches der vollzogenen Auflassung, Eintragungs- oder Löschungsbewilligung zu Grunde liegt, berechtigen nicht, die beantragte Eintragung oder Löschung zu beanstanden.

§. 431. Für die Zulänglichkeit der durch die Hypothek dem Gläubiger verschafften Sicherheit kann von den Führern des Hypothekenbuchs keine Vertretung gefordert werden.

§. 432*. Sie machen sich aber verantwortlich, wenn ein von ihnen ausgestellter

49) (5. A. In Folge der Grundbuch-O. §§. 29 (Zus. 10 zu §. 409) und 46 (Zus. 12). Der Wortlaut des weggefallenen §. 430 ist folgender: „Liegt aber der Grund, warum durch die Eintragung gar kein Hypothekenrecht erworben werden können, in einem in die Augen fallenden Fehler des Instruments, dem es an einem nach den Gesetzen nothwendigen Erfordernisse gebricht, so haften die Hypothekenbuchführer demjenigen, der im Vertrauen auf ihre Rechtskenntnisse bei einer solchen fehlerhaften Eintragung sich beruhigt hat.") Unter den Hypothekenbuchführern sind hier nicht die Ingrossatoren, sondern die Hypothekenkollegien der Gerichte verstanden. Hyp.-O. 1 §§. 78 ff. — Der in dem §. 430 vorausgesetzte Fall ist der, wo nicht die Form der Eintragung fehlerhaft ist (§. 428), wo auch das Rechtsgeschäft alle wesentlichen Erfordernisse für sich hat (§. 429), und einen Titel zur Eintragung enthält (Anm. 48), wo aber das Dokument einen auffallenden Fehler hat, z. B. eine Notariatsurkunde an einem Mangel leidet, welcher Nichtigkeit zur Folge hat. Wenn der Hypothekenbuchführer (d. i. der Richter, welcher den Eintragungsbefehl erläßt) das übersieht, so soll er für den Nachtheil, der aus der Fehlerhaftigkeit der Hypothek entsteht, verantwortlich sein. Zur Rechtfertigung dieser Bestimmung sagt Suarez in den Schlußvorträgen: „Man könnte zweifeln: ob nicht, wenn die Partei selbst ein Rechtsverständiger ist, die Vertretung wegfallen, oder wenn sie sich eines Rechtsverständigen bei dem Negotio bedient hat, dieser principaliter und noch vor dem Richter haften müsse. Inzwischen scheint doch solches bedenklich. Eine solche Festsetzung würde die Richter gewöhnen, sorglos zu werden, und sich, wie es ehemals Mode war, auf den Justizkommissarius zu verlassen. Gleichwohl kann man nicht zu viel thun, um die Aufmerksamkeit und Akkuratesse des Richters stets wach zu erhalten, da das Publikum bei Untergerichten fast durchgehends und sehr häufig auch bei Obergerichten einmal daran gewöhnt ist, sich unmittelbar an den Richter zu wenden, und auf seine Legalität zu verlassen, ein Vertrauen, worüber man doch gewiß den Parteien keinen Vorwurf machen kann. Ueberdem dürfte der Regreß an den Justizkommissarius in sehr vielen, ja wohl in den meisten Fällen inan sein." (Aber an den negativ sehr vermögenden Richter wird er wohl in allen Fällen efficax sein!) Angemerkt ist von G. (Goldbeck): „Auch würde gewiß die Folge daraus entstehen, daß der Richter immer von der Partei verlangen würde, daß sie einen rechtsverständigen Assistenten haben müsse, um nur seinerseits sicher zu gehen." Jahrb. 41 S. 60. Dies ist die Sprache der Vertreter des Bevormundungssystems, die sich im Cirkel drehen, indem sie aus der Thatsache der Vormundschaft den Beweis entnehmen, daß das Publikum ein Recht auf seine Bevormundung habe. Darnach aber ist es inkonsequent, daß der Richter nicht auch in den Fällen des §. 429 und der Anm. 48 haften soll. Nequid nimis! (5. A.) Mit diesem System hat die Gesetzgebung v. 5. Mai 1872 gebrochen. Siehe die folgende Anm.

50) (5. A.) Nach dem Gesetz über den Eigenthumserwerb §. 19 Nr. 1 muß, wenn eine Hypothek eingetragen werden soll, außer der Eintragungsbewilligung mit der Angabe des Schuldgrundes dem Grundbuchamt auch die Schuldurkunde vorgelegt werden. Die Schuldurkunde dient also zur Ergänzung der Eintragungsbewilligung. Die dem Grundbuchrichter obliegende Prüfung der letzteren hat sich folgeweise auch auf die Urkunde zu erstrecken. Der Schlußsatz des §. 46 der Grundbuch-O. schließt indeß die Frage nach etwaigen Mängeln des Rechtsgeschäfts, welche der Eintragungsbewilligung zu Grunde liegen, aus. Die Prüfung der Urkunde kann sich mithin nicht weiter erstrecken, als darauf, ob dieselbe in der vorgeschriebenen Form errichtet, beziehungsweise beglaubigt, (§§. 31 ff.) und ob ihr Inhalt mit der Eintragungsbewilligung übereinstimmend, d. h. ob der in derselben angegebene Schuldgrund auch in der Schuldurkunde zum Ausdruck gekommen ist. Hierdurch ist das Legalitätsprinzip auf das richtig: Maß zurückgeführt. Förster geht noch weiter; er nimmt an, daß die Schuldurkunde lediglich zum Zwecke ihrer Verbindung mit dem Hypothekenbriefe (§. 122) vorgelegt werden müsse, der Grundbuchrichter daher von ihrem Inhalt keine Kenntniß zu nehmen habe. Förster, Grundbuchrecht S. 61. Siehe hiergegen: Johow, in seinem Jahrb. 2 S. 248; Achilles S. 175; Bahlmann S. 229; Heidenfeld S. 71 und 100; Werner S. LXI; Turnau S. 174.

Hypothekenschein mit dem Inhalte des Hypothekenbuches, so wie dieser zur Zeit der Ausstellung beschaffen war, nicht übereinstimmt.

13. Grundbuch-Ordnung vom 5. Mai 1872.

§. 131. Der Grundbuchrichter und der Buchführer haften für die Uebereinstimmung der Angaben des Hypotheken- oder Grundschuldbriefs mit dem Inhalt des Grundbuchs und haben diese Urkunden, sowie alle späteren Vermerke des Grundbuchamts, auf denselben zu unterschreiben.

§. 433*. Ehe der Richter wegen eines von ihm begangenen Fehlers in Anspruch genommen werden kann, muß zuvörderst[51]) derjenige haften, welcher sich mit dem Schaden des Gläubigers widerrechtlich bereichern würde.

§. 434*. Gleich diesem[52]) haftet derjenige, welcher durch seinen Betrug die fehlerhafte Handlung des Richters veranlaßt hat[53]).

§. 435*. Nur unter eben den Umständen, unter welchen, vermöge der Gesetze, ein Gläubiger, mit Uebergehung des Hauptschuldners, sich sofort an den Bürgen halten kann, ist derjenige, welcher durch eine fehlerhafte Eintragung Schaden leidet, in den Fällen des §. 428, 430, 432 den Richter sogleich in Anspruch zu nehmen berechtigt. (Tit. 14, §. 297 sqq.)[54]).

§. 436*. Durch eine gehörig[55]) erfolgte Eintragung erlangt der Gläubiger das Recht, sich wegen seiner Forderung zur Verfallzeit an die verpfändete Sache zu halten[56]). 6) Wirkungen des Hypothekenrechts.

§. 437. Die Rechte und Pflichten eines Pfandgläubigers also, welche aus dem Besitze entspringen, kommen dem Hypothekengläubiger nicht zu.

§. 438. Der Schuldner kann daher, auf die einem Gläubiger zur Hypothek verhaftete Sache, auch einem Andern[57]) ein Hypothekenrecht gültig einräumen.

§. 439*. Selbst ein Vertrag, daß die Sache keinem Andern mehr zur Hypothek verschrieben werden solle, ist ohne rechtliche Wirkung[58]). (§. 24.)

51) Die actio subsidiaria adversus magistratum aut judicem ist nur analogisch auch ad causas non tutelares, e. g. ad oppignorationes, angewandt und schon ihrer Natur nach bloß subsidiarisch. Zu vergl. Th. II. 10 §. 91. Angenommen und angewendet von dem O.Tr. IV in dem Erk. vom 1. Mai 1860, Str. Arch. 37 S. 218. Man vergl. jedoch unten §. 502 u. die Anm. dazu.

52) Nämlich vorzüglich, vor dem Richter. Vor. Anm.

53) Wie ein gegen den Richter gespielter Betrug diesen soll verbindlich machen können, ist nicht klar; man sollte glauben: ein Betrogener müsse vielmehr, wenn er beschädigt worden, Gläubiger werden. Der einzige Fall, in welchem die actio subsidiaria ad oppignorationes ausgedehnt ist, ist der, wenn das zur Eintragung vorgelegte Instrument „einen in die Augen fallenden Fehler" hat, welcher in dem Gebrechen eines nach den Gesetzen nothwendigen Erfordernisses besteht (§. 430). Es wird mithin vorausgesetzt, daß der Richter Das nicht gesehen (bemerkt) hat, was jeder Mensch sehen kann (grobes Versehen). Nun kann zwar der „in die Augen fallende Fehler" selbst durch Betrug (Fälschung) entstanden sein, aber dadurch wird doch nicht „die fehlerhafte Handlung des Richters veranlaßt"; denn die eigentliche fehlerhafte Handlung ist hier eine Unterlassung, das Nichtsehen des „in die Augen fallenden Fehlers". Wäre ein dem Richter gespielter Betrug die Veranlassung gewesen, daß der Richter den Fehler nicht gesehen hätte, so müßte der Fall doch von sehr eigenthümlicher und seltener Beschaffenheit sein, wenn der Richter dadurch eine Verbindlichkeit auf sich geladen hätte. (5. A.) Vgl. die Anm. zu §. 502 d. T.

54) Nur auf die §§. 297 ff. Tit. 14, nicht aber auf den §. 284 ebd. ist der §. 435 d. T. zu beziehen. Daher ist zur Begründung der von dem Gläubiger unmittelbar gegen den subsidiarisch haftenden Hypothekenrichter anzustellenden Regreßklage der Umstand, daß der zunächst für den Schaden Haftende schon früher unpfandbar befunden worden ist und den Manifestationseid geleistet hat, nicht ausreichend. O.Tr. I v. 27. Mai 1857, Str. Arch. 24 S. 340.

55) Die Folgen einer ungehörig erfolgten Eintragung lassen sich im Allgemeinen nicht angeben; sie können nach den Umständen und nach Beschaffenheit des Falles verschieden sein.

Dadurch wird die erfolgte Eintragung einer Hypothekenforderung keine ungehörige, daß sie auf den Antrag eines nicht gehörig legitimirten Stellvertreters des Gläubigers geschehen ist, wenn aus der Verschreibung die Absicht der Interessenten, die Eintragung bewirken lassen zu wollen, erhellet. O.Tr. II (Pr. 652) v. 5. April 1839. Vergl. auch die Anm. 25 zu §. 411 d. T.

56) (5. A.) Vgl. die §§. 1 u. 25 ff. d. T. sowie das Ges. über den Eig.-Erw. §§. 37 und 42 ff.

57) Siehe §§. 500 ff. d. T. u. die Anm. dazu.

58) (5. A. Der §. 439 ist durch die Vorschrift des Ges. über den Eig.-Erw. §. 48 ersetzt. Vgl.

§. 440. Wie weit der Hypothekengläubiger für die Unterhaltung der verpfändeten Substanz, bei dem Unvermögen des Eigenthümers, zu sorgen verpflichtet sei, ist nach den allgemeinen Vorschriften im Achten Titel §. 44 sqq. und nach den Polizeigesetzen jedes Orts zu bestimmen.

§§. 441 und 442. Fallen weg[59]).

---

die Anm. 93 dazu.) Der §. entscheidet den Streit über die Auslegung der L. 7 §. 2 D. de distract. pignor. 20, 5.

Dagegen waren Monita gemacht worden. Hierüber berichtet Suarez in der rev. mon.: „Hier wird erinnert, daß gleichwohl dem Gläubiger an einem solchen Vertrage, wegen vieler Ursachen, sehr gelegen sein könne, und kein Grund abzusehen sei, warum man einem solchen Vertrage, wenn er im Hypothekenbuche vermerkt ist, keine rechtliche Wirkung beilegen wolle. Allein es läßt sich, besonders nach den jetzt wegen der Zinsen und Kosten bei Realgläubigern in der Konkursordnung vorgeschriebenen Grundsätzen, kein wirkliches Interesse für den eingetragenen Gläubiger denken, daß nicht hinter ihm auch noch mehrere eingetragen werden. Wenigstens wird dies Interesse nie so erheblich sein, daß dasselbe gegen den großen Nachtheil und Druck des Schuldners in Betrachtung kommen könnte, der sich ein solches Paktum aus Noth gefallen lassen muß, und dadurch um allen ferneren Realkredit gebracht, mithin desto leichter zum Konkurs befördert wird." Jahrb. 52 S. 37. Und bei den Schlußverhandlungen trägt derselbe über den §. 439 vor: „Die Frage ist bisher zweifelhaft gewesen, und auch wohl auf die entgegengesetzte Art entschieden worden. Aber ein pactum de non amplius oppignorando ist für den Debitor, der sich demselben vielleicht zur Zeit der Noth hat unterwerfen müssen, höchst nachtheilig, und kann, bei seinem dadurch gänzlich gehemmten Realkredit, die Ursache seines völligen Unterganges werden. Dagegen läßt sich dann irgend ein erheblicher Nutzen für den Kreditor gar nicht absehen. Nachstehende Kreditoren schaden den früher eingetragenen niemals; und der Kreditor kann auch durch ein solches Paktum nicht verhindern, in einen Konkurs- oder Liquidationsprozeß verwickelt zu werden (welches man gemeiniglich als den Grund anführt); da er ja dem Debitor nicht wehren kann, Personalschulden zu machen; noch diesen, sich in via executionis an das verpfändete Grundstück zu halten." Jahrb. 41 S. 60.

Die Bestimmung des §. 439 setzt eine schon vorhandene Hypothekbestellung voraus, also einen Vertrag mit dem Gläubiger, dem eine Hypothek bestellt worden ist. Sie steht daher der rechtlichen Wirkung einer auf richterliche Verfügung im Wege des Arrestes erfolgten Eintragung einer protestatio de non amplius intabulando für eine nicht eingetragene Forderung in soweit nicht entgegen, als durch dieselbe der später eingetragene Gläubiger verhindert wird, zum Nachtheile des Arrestanten von seinem Hypothekenrechte Gebrauch zu machen. Dieser Grundsatz gilt auch für den Fall der auf den Grund eines Vertrages erfolgten Eintragung einer solchen Protestation und zwar auch dann, wenn für die Eintragung von vorhergehenden Hypotheken ein bestimmter Raum frei gelassen ist. O.Tr. II v. 8. Nov. 1853, Str. Arch. 11 S. 30.

Der praktische Zweck eines solchen Vertrages ist, daß dem Gläubiger, welcher sich die weitere Nichtverpfändung ausbedingt, seine Forderung an rückständigen Zinsen für mehr als zwei Jahre nicht durch nachfolgende Hypothekarien soll geschmälert werden können. Davon geht auch der alleg. §. 24 aus. Diese Wirkung kann einem Vertrage in Rede, und der auf Grund desselben geschehenen Eintragung nicht abgesprochen werden. Wenn dafür dem paziszirenden Gläubiger, der sonst nicht Kredit gegeben haben würde, Raum gelassen wird, so kann freilich der schuldnerische Besitzer noch so viel wie er will eintragen lassen; dabei hat Jener gar kein Interesse und deshalb hat in soweit sein Vertrag keinen berechtigten Gegenstand.

59) (5. A. In Folge des Gesetzes über den Eigenthumserwerb §. 50. Der Wortlaut der weggefallenen Bestimmungen ist der:

„§. 441. Dagegen hat aber auch der Gläubiger das Recht, wenn der Besitzer der Sache durch erhebliche Verringerungen ihrer Substanz seine Sicherheit schmälert, seine Befriedigung noch vor der Verfallzeit zu fordern.

§. 442. Will er von diesem Rechte keinen Gebrauch machen, oder gestattet es die Natur des versicherten Anspruches nicht: so kann der Gläubiger darauf antragen, daß dem Besitzer in seinen nachtheiligen Dispositionen durch richterliche Verfügung Schranken gesetzt werden."

Hiervon weicht das Gesetz über den Eigenthumserwerb in folgenden Punkten ab:

a. Das Landrecht macht das Recht des Gläubigers von erheblichen Substanzverringerungen abhängig. Das Gesetz gewährt seinen Schutz schon, wenn erhebliche Verschlechterungen des Grundstückes vorliegen.

b. Die Sicherheit des Gläubigers muß nach dem Landrecht geschmälert, nach dem Gesetz braucht sie nur gefährdet zu sein.

c. Das Landrecht faßt nur Handlungen und Unterlassungen des Besitzers (Eigenthümers) ins Auge. Das Gesetz legt auf die Person des Urhebers der Deteriorationen kein Gewicht.

§. 443*. Das dingliche Recht des Hypothekengläubigers erstreckt sich auf das ganze[60]) Grundstück, und alle zur Zeit der Eintragung[61]) dabei befindlichen Pertinenzstücke[62]). Worauf das dingliche Recht des Hypothekengläubigers sich erstrecke.

d. Der Gläubiger hat die ihm beigelegten Rechte nach Landrecht alternativ, beziehungsweise die Devastationsklage nur subsidiär; nach dem Gesetz hat er diese Rechte stets kumulativ.)

Der §. 441 enthält eine Anwendung des Grundsatzes, den der §. 23 d. T. ausspricht, auf die Hypothek. Welche Verringerung „erheblich" sei, ist als eine faktische Frage festzustellen; durch Anwendung eines Rechtsgrundsatzes ist es nicht auszumachen. Das R. des J.M. v. 7. Febr. 1841 beschäftigt sich damit in einem Falle, wo der Gutsbesitzer seinen Wald hatte niederhauen lassen, und es wird die Analogie der Bestimmungen des Tit. 18 §§. 564—566 angerufen. J.M.Bl. S. 99. Damit ist jedoch keine Verringerung der Substanz, noch weniger eine erhebliche, festzustellen; das Niederhauen des Waldes kann sogar eine Verbesserung, der Anfang zu einer sehr erheblichen Verbesserung sein. Die Sache aber ist diese: die Erheblichkeit ist bei Hypotheken relativ. Wer mit einer kleinen Post zur ersten Stelle auf ein großes Grundstück eingetragen steht, für den ist die Verminderung der Substanz der Sache um mehr als die Hälfte wohl unerheblich; wer aber mit seiner Post bis an die Grenze des vollen Werths oder vielleicht noch darüber hinausreicht, für den ist die geringste Substanzverringerung eine positive Vermögensbeschädigung.

Hinsichtlich der Abveräußerungen von Bestandtheilen und Zubehörungen s. m. unten die Zusätze zu §. 457.

(5. A. Der §. 442 d. T. findet seine Ergänzung in folgender Bestimmung der Allg. Ger.=O. I. 29 §. 12: „Hat ein Gläubiger sich zur Sicherstellung seiner Forderung ein Pfand einhändigen oder eine Hypothek bestellen lassen, so kann er in der Folge, wegen einer solchergestalt versicherten Forderung, nur in dem Falle Arrest suchen, wenn er nachweisen kann, daß sich Umstände ereignet haben, weshalb das Unterpfand oder die Hypothek die anfänglich davon erwartete Sicherheit nicht mehr gewähren.) Ueber die rechtliche Natur dieser Befugniß siehe oben die Anm. 25[a] zu Tit. 11 §. 183.

Ob der angelegte Arrest auf Grund des §. 442 d. T. für gerechtfertigt zu erachten und definitiv aufrecht zu halten sei, wird im ordentlichen Rechtswege entschieden. Es ist irrig, aus dem §. 12 der Pr.=O. a. a. O. zu folgern, daß ein Arrest wegen einer Hypothekenforderung nur dann zulässig sei, wenn die Forderung selbst zurückverlangt und eingeklagt wird. O.Tr. III v. 12. Juli 1858, Entsch. 39 S. 127; Str. Arch. 30 S. 189.

Ueber die Veränderung der Benutzungsart und außerordentliche Holzverkäufe vergl. das Landkultur=Edikt v. 14. Sept. 1811 §. 6, G.S. S. 303.

Für die Entscheidung der Hauptsache ist festzuhalten, daß zum Schutze einer bestehenden Hypothek dem Besitzer Schranken in seiner Disposition gesetzt werden können, daß diesen Schranken aber auch ein Dritter, welcher mit dem Besitzer einen die Hypothek gefährdenden Vertrag geschlossen hat, und in Ausführung desselben die Sicherheit des Hypothekengläubigers zu schmälern im Begriff ist, sich unterwerfen muß, sofern er dagegen nicht eigene erworbene Rechte geltend machen kann. — Eine auf die Aufrechthaltung der nach §. 442 erlassenen, die Disposition des Besitzers einschränkenden Verfügungen gerichtete Klage des Hypothekgläubigers gegen den Besitzer (und auch gegen jenen Dritten) ist daher die Hypothekenklage und zwar die noch nicht positiv auf Befriedigung, sondern die negativ auf Verhinderung nachtheiliger Dispositionen gehende Klage aus dem Hypothekenrechte. Für diese Klage ist also der dingliche Gerichtsstand nach der Allg. Ger.=O. I. 2 §. 111 begründet. O.Tr. III v. 26. Okt. 1866, Str. Arch. 65 S. 102 u. 104. Vgl. das Erk. desselben v. 12. Juli 1858, Entsch. 39 S. 122; Str. Arch. 30 S. 184. Die Klage ist die actio hypothecaria negatoria auf Abwehr unberechtigter Eingriffe in den Gegenstand der Hypothek. (5. A.) Vgl. darüber Dernburg, Lehrb. 1 S. 757. Befindet sich das Grundstück im Besitz eines Nießbrauchers, so ist die Klage gegen diesen und den Eigenthümer zu richten. O.Tr. III v. 9. Juni 1871, Str. Arch. 82 S. 198. Gegen bereits vollzogene Rechtshandlungen kann der Hypothekengläubiger auf Grund des §. 442 nichts ausrichten. Wenn der Eigenthümer vor der Beschlagnahme des Grundstücks ein darauf errichtetes Gebäude zum Abbruch verkauft, so ist das an sich auch keine rechtswidrige Handlung im Sinne des Tit. 6 §§. 8, 10 u. 29. Der Käufer, der die aus dem Abbruch gewonnenen Materialien wegschaffen läßt, kann daher aus diesem Grunde wegen Theilnahme an einer unerlaubten Handlung von den Hypothekengläubigern mit einer Schadensersatzklage nicht in Anspruch genommen werden. O.Tr. III v. 15. Mai 1874, Entsch. 72 S. 167.

60) „Diese Bestimmung und der §. 467 des T." — sagt das Obertr. in den Motiven des Pl.=Besch. v. 19. (29.) Sept. 1845, Entsch. 11 S. 54, zur Widerlegung der Meinung, daß den postlozirten Gläubigern nur der nach Abzug der vorgetragenen Posten noch übrige Rest des Werths verpfändet sei — „lassen keinem Zweifel darüber Raum, daß jedem Hypothekengläubiger, er stehe in dem Hypothekenbuche oben oder unten, das ganze Grundstück verpfändet sei, und daß sein, über das Ganze sich erstreckendes dingliches Recht nicht etwa auf denjenigen speziellen Theil des Grundstücks, oder des in dessen Stelle eintretenden Kaufgeldes beschränkt ist, welcher in der Reihe der Hypotheken durch die für ihn erfolgte Belastung des Grundstücks repräsentirt wird." Diese Auffas=

§. 444*. Was für ein mitverpfändetes Pertinenzstück der verschriebenen Sache

sung ist die allein juristische. Daraus fließt denn die durch diesen Pl.=Beschl. anerkannte Befugniß jedes postlozirten Gläubigers, die vorstehenden Scheinhypotheken, wenn sein Recht damit in Kollision tritt (im Falle der Unzulänglichkeit), aus dem Wege zu räumen. Aber die Legitimation des Inhabers einer an sich richtigen voreingetragenen Forderung zu bemängeln ist der später eingetragene Gläubiger nicht befugt. O.Tr. IV vom 28. Oktober 1852, Str. Arch. 7 S. 301. (5. A.) Vergl. das Ges. über den Eigenthumserwerb §. 49.

61) Siehe die Anm. 74 zu §. 454 d. T.

62) (5. A. Jetzt entscheidet darüber, was dem Hypothekengläubiger haftet, das Gesetz über den Eigenthumserwerb §. 30. Darnach ist das Prinzip des 443 in Ansehung der unbeweglichen Zubehörstücke nicht aufrecht erhalten.)

a. Nach dem bisherigen Recht war es streitig, ob hinsichtlich der Haftung für eingetragene Schulden ein Unterschied zwischen Theilen der Substanz (§. 467) und unbeweglichen Pertinenzien zu machen wäre. Der Justizminister verneinte die Frage in den Reskripten vom 2. Februar, 24. März, 6. August, 19. Oktbr. und 25. Dez. 1840, J.Min.Bl. 1840 S. 46, 127, 278, 352 und 1841 S. 29. Koch bejahte sie in einer eigenen Abhandlung vom Jahre 1843, Schles. Arch. 5 S. 300. Die Praxis entschied sich ebenfalls für die Bejahung der Frage. „Nach den Grundsätzen von Pertinenzien ist es nicht zu beurtheilen, wenn einzelne zu einem Gute gehörige Theile vor der Verpfändung verkauft, aber nicht abgeschrieben sind.“ O.Tr. II (Pr. 416) vom 9. Dezember 1837, Präjud.=Samml. S. 117. Ebenso O.Tr. III v. 25. Febr. 1848, Rechtsfälle 3 S. 426, und v. 14. März 1853, Str. Arch. 9 S. 51. Hiernach findet auf dergleichen, zur Zeit der Verpfändung bereits abveräußerte, aber noch nicht abgeschriebene Grundstücke, wenn sie nicht wirklich bloße Pertinenzien im Sinne des Tit. 2 §. 42 sind, der §. 410 d. T. volle Anwendung. In Uebereinstimmung hiermit führt das O.Tr. III in dem Erk. v. 20. Januar 1854, Str. Arch. 11 S. 352, aus, daß das dingliche Recht des Hypothekengläubigers sich auch auf die als Bestandtheile zu dem verpfändeten Gute gehörig gewesenen und von dem Besitzer vor der Eintragung der Hypothek veräußerten, aber in dem Hypothekenbuche von dem Gute nicht abgeschriebenen Parzellen, ohne Unterschied, ob sie auf dem Hypothekenfolium des Guts besonders vermerkt sind, oder nicht, erstrecke; daß dagegen das dingliche Recht des Hypothekengläubigers sich auf die im Hypothekenbuche des Hauptguts nicht ausdrücklich vermerkten, vor der Eintragung der Hypothek durch Veräußerung von dem Hauptgute getrennten unbeweglichen Pertinenzstücke nicht erstrecke, wenngleich deren Abschreibung nicht erfolgt ist. Dieser Rechtsgrundsatz ist gegen abermalige Anzweiflung aufrecht erhalten. O.Tr. Pl. (Pr. 2616) v. 19. März 1855, J.M.Bl. S. 119; Entsch. 30 S. 1; Str. Arch. 16 S. 306.

Zu den Pertinenzien des Gutes, im Gegensatz zu den Substanztheilen, sind auch die Dienste und Leistungen der Bauern — namentlich der früheren Laßbauern — zu rechnen. O.Tr. Pl. (Pr. 650) v. 29. April 1839, J.M.Bl. S. 212; Entsch. 5 S. 1. Vergl. Tit. 2 §. 48 und die Anm. dazu, ferner den Bericht des Obertribunals vom 30. April 1838. Deshalb findet auf solche Dienste und Leistungen auch der Grundsatz Anwendung, daß unbewegliche Pertinenzstücke eines Landguts und die ihnen gleichzuachtenden Rechte, welche nicht ausdrücklich im Hypothekenbuche vermerkt sind, dem Gläubiger nicht haften, sofern sie sich zur Zeit der Eintragung der Hypothek nicht mehr bei dem verpfändeten Gute befunden haben, wenngleich ihre Abschreibung im Hypothekenbuche nicht erfolgt sein sollte. O.Tr. v. 16. Februar 1835, Entsch. 2 S. 267.

Hinsichtlich der unkonsentirten Abtrennungen von Pertinenzstücken können die Hypothekengläubiger immer nur die Rechte verfolgen, welche dem Gutsbesitzer selbst zustanden. „Die Realgläubiger eines Ritterguts, welche bei dem öffentlichen Verkaufe desselben einen Ausfall erlitten haben, und sich deshalb an ein dazu gehörig gewesenes, ohne ihre Zustimmung veräußertes lassitisches Bauergut halten wollen, können als Gegenstand ihres Pfandrechts nur die der Gutherrschaft an das Bauergut vor dessen Veräußerung zuständig gewesenen Rechte in Anspruch nehmen, dergestalt, daß, die Regulirungsfähigkeit des Bauerguts vorausgesetzt, ihnen nur der davon der Gutsherrschaft zustehende ediktmäßige Antheil haftet.“ O.Tr. II (Pr. 1706) v. 5. März 1846, Entsch. 13 S. 272. Die lassitischen Rustikalbesitzungen selbst, deren Besitz erledigt ist und auf deren Ueberlassung keiner bestimmten Person ein Anspruch zusteht, sind nicht als Zubehör des Ritterguts zu betrachten. Ein Regulirungs- und Eigenthumsverleihungs=Rezeß, den der Besitzer eines Ritterguts, welcher zugleich Besitzer einer solchen erledigten lassitischen Stelle ist, mit sich selbst, als Besitzer dieser Stelle, abschließt, hat die Bedeutung einer deutlich ausgesprochenen Willensmeinung, daß und unter welchen Bedingungen der Besitzer des Ritterguts die Stelle, anstatt sie einzuziehen, als selbstständige Rustikalstelle fortbestehen lassen wolle. O.Tr. III v. 14. März 1859, Entsch. 40 S. 245; Str. Arch. 32 S. 337.

Die zu einem Gute als Pertinenz gehörige Erbverpächterberechtigung rücksichtlich eines anderen Grundstücks haftet, auch wenn sie auf dem Folium des ersteren nicht besonders als Pertinenz vermerkt ist, den hypothekarischen Gläubigern desselben vorzugsweise vor denjenigen Gläubigern, deren Forderungen später auf den sub rubr. II des Grundstücks des Erbpächters eingetragenen Erbpachtskanon subintabulirt sind. (Hyp.=O. Tit. 1 §. 34.) Dieser Grundsatz findet auch dann Anwendung,

oder Gerechtigkeit zu achten sei, muß, bei entstehendem Streite, nach den Vorschriften des Zweiten Titels §. 42 sqq. beurtheilt werden.

§. 445*. In sofern jedoch bewegliche Pertinenzstücke, in der Zwischenzeit von der Eintragung bis zur wirklichen Vollstreckung der richterlichen Exekution, von der Hauptsache getrennt worden[63]), geht die darauf gehaftete dingliche Verpflichtung auf den dritten Besitzer nicht mit über.

---

wenn in solchem Falle das Hypothekenbuch des Hauptguts in Gemäßheit der K.O. v. 16. Juli 1840 für die Provinz Westphalen auf das Kataster reduzirt worden ist. O.Tr. IV (Pr. 2468) v. 30. Juni 1853, Entsch. 26 S. 34; Str. Arch. 9 S. 315. — Siehe auch die Anm. zu §. 475 d. T.

b. (5. A. Das Gesetz über den Eigenthumserwerb hat in dem §. 30 zwischen Substanztheilen und unbeweglichen Pertinenzstücken nicht unterschieden, Eine solche Unterscheidung ließe sich auch nach dem Grundbuchsystem nicht rechtfertigen. Darnach muß Alles haften, „was im Buch zur Zeit der Eintragung der Hypothek als Zubehörstück des Grundstücks vermerkt ist.“ Motive, in der Anm. 60 zu §. 30 des Gesetzes. Dem Recht des Hypothekengläubigers ist daher „das ganze Grundstück mit allen seinen zur Zeit der Eintragung nicht abgeschriebenen Theilen (Parzellen, Trennstücken)“ und den „zugeschriebenen unbeweglichen Zubehörstücken (Pertinenzien) und Gerechtigkeiten“ unterworfen.) —

Gegen den Hypothekengläubiger kann auf die in dem Gute noch vorhandenen beweglichen Pertinenzstücke (z. B. Schaafe), an welchen der Gutsbesitzer ein Besitz- und Pfandrecht einem Anderen (dem Schäfer) bestellt hat, von diesem das Pfand- und Retentionsrecht nicht geltend gemacht werden. O.Tr. II (Pr. 1997) v. 15. April 1848, Entsch. 16 S. 344.

63) „Unter den Worten; „„getrennt worden““, ist ein wirkliches Fortschaffen oder Wegnehmen des Pertinenzstückes von der Hauptsache, und nicht die bloße Veränderung des Eigenthümers zu verstehen.“ Or.Tr. Pl. (Pr. 284) vom 10. Juli 1837, Entsch. 2 S. 383. Eine Trennung in rechtlicher Hinsicht genügt nicht, es muß eine räumliche Trennung hinzutreten. Die Eigenthumsübertragung durch symbolische Uebergabe ist wirkungslos in Beziehung auf den Unterpfandsgläubiger. Dieses Recht des Unterpfandsgläubigers aber ist speziell im Pfandrechte begründet und ist nicht analog auf andere Rechtsverhältnisse, namentlich nicht auf das Verhältniß eines neuen Gutskäufers zu den älteren Erwerbern beweglicher, ihnen symbolisch übergebener Pertinenzstücke anzuwenden. Vergl. Entsch. 11 S. 210.

Auf den Plenarbeschluß fußen verschiedene Aussprüche des O.Tr. III; so namentlich folgende:

Das dingliche Recht der Hypothekengläubiger an den beweglichen Pertinenzstücken des Grundstücks geht durch deren Veräußerung an einen Dritten nur dann unter, wenn zugleich eine räumliche Trennung derselben von dem Grundstücke stattfindet. Erk. vom 27. März 1854, Str. Arch. 12 S. 289. Das auf einem Landgute geschlagene, an einen Dritten veräußerte und demselben übergebene Holz bleibt, so lange es von dem Gute nicht räumlich getrennt worden, dem dinglichen Rechte der Hypothekengläubiger unterworfen. Erk. vom 12. Mai 1854, ebd. 13 S. 96. (5. A.) Durch die Fortschaffung von dem Gute aber wird das veräußerte Holz dem Hypothekenrechte entzogen. Erk. v. 1. Mai 1874, Entsch. 72 S. 233. Torf, welcher auf dem Gute gewonnen ist, wird der Veräußerung ungeachtet, so lange er sich auf dem Gute, wenn auch in Folge von Verarbeitung in veränderter Gestalt, befindet, von der Hypothek mit ergriffen. Erk. vom 12. Juli 1858, Entsch. 39 S. 122; Str. Arch. 30 S. 184.)

(5. A. Der Plenarbeschluß greift auch dann Platz, wenn das bewegliche Zubehörstück durch gerichtliche Versteigerung veräußert, aber von dem Gute nicht fortgeschafft worden ist. Erk. v. 2. Dez. 1870, Str. Arch. 80 S. 132. Der Ersteher eines Gutes kann das zur Zeit der Einleitung der Subhastation verkaufte, aber räumlich nicht getrennte Inventar, welches erst später entfernt worden ist, zurückfordern. Erk. v. 9. Sept. 1870, ebd. 79 S. 186.)

„An beweglichen Pertinenzstücken eines subhastirten Grundstücks, welche von der Adjudikation ausgeschlossen sind, bleibt, sofern sie von demselben nicht räumlich getrennt worden, das dingliche Recht der Hypothekengläubiger wegen der bei der Subhastation des Grundstücks erlittenen Ausfälle fortbestehen. — In einem solchen Falle wirkt die Löschung der Forderung im Hypothekenbuche keine Aufhebung des dinglichen Rechts an den Pertinenzien.“ O.Tr. III vom 9. April 1851, Entsch. 21 S. 429; Str. Arch. 2 S. 55. Der Fall, auf welchen sich dies Pr. bezieht, ist die Subhastation eines Gasthauses ohne das dazu gehörige bewegliche Inventarium, welches der Schuldner vorher (an seine Frau) verkauft hatte, welches aber in dem subhastirten Gasthofe verblieben war. Dieser zufällige Umstand erhielt dem Hypothekengläubiger sein Recht. Die Einleitung der Subhastation schützt den Gläubiger gegen den Verlust des Pfandrechts an den beweglichen Pertinenzien nicht. Denn „bewegliche Pertinenzstücke eines Guts können auch nach Einleitung einer nothwendigen Subhastation desselben und Eintragung des Subhastationsvermerks bis zum Zuschlage durch Veräußerung des Besitzers, verbunden mit räumlicher Trennung vom Hauptgute, von dem dinglichen Rechte der Hypothekengläubiger frei werden.“ O.Tr. III (Pr. 2221) v. 15. Juni 1850, Entsch. 19 S. 487. Hiergegen können sich die Gläubiger nur durch die Sequestration schützen, wodurch dem Schuldner der

§. 446*. Sind dagegen andere bewegliche Pertinenzstücke in dieser Zwischenzeit hinzugekommen: so werden dieselben, in sofern sie zur Zeit der Exekution noch wirklich vorhanden sind, dem dinglichen Rechte des Hypothekengläubigers mit unterworfen [64].

§. 447. Sollen unbewegliche Pertinenzstücke des verpfändeten Guts nicht mit verpfändet sein: so müssen dieselben bei der Verschreibung und deren Eintragung ausdrücklich ausgeschlossen werden [65].

§. 448*. Auf Güter und Grundstücke, die eine besondere Nummer im Hypothekenbuche haben, und auf welche die Eintragung nicht geschehen ist, erlangt der Gläubiger kein dingliches Recht; wenn sie gleich eben demselben Schuldner gehören, und in der Verschreibung ausdrücklich mit zur Hypothek eingesetzt worden [66].

§. 449*. Sind daher in dem Instrumente mehrere Güter und Grundstücke zur Hypothek verschrieben, so muß der Gläubiger bei dem Gesuche um Eintragung ausdrücklich bemerken: auf welche derselben er die Eintragung verlange [67]; und der Richter, oder die hypothekenbuchführende Behörde, kann ihn zu einer solchen bestimmten Angabe allenfalls ausdrücklich auffordern [68].

§. 450. Verfügt alsdann [69]) diese Behörde die an sich zulässige Eintragung nicht auf alle benannte Grundstücke: so macht sie sich dem Gläubiger wegen eines ihm daraus entstehenden Schadens verantwortlich.

§. 451. Doch ist auch der Gläubiger schuldig, wenn der vorgefallene Fehler aus dem Recognitionsscheine [70]) über die geschehene Eintragung ersichtlich ist, denselben

---

Besitz und damit die Möglichkeit der Trennung genommen wird. Das Pr. 2221 ist jedoch nur soweit aufrecht erhalten, als es sich darin von den im Wege der ordentlichen Wirthschaftsführung von der Hauptsache getrennten Pertinenzstücken handelt; außerdem ist dasselbe nicht festzuhalten. O.Tr. III (Pr. 2727) v. 29. Septbr. 1862, Entsch. 48 S. 11; Str. Arch. 48 S. 11. Vergl. die folgende Anm.

64) (5. A. Die §§. 445 u. 446 sind ersetzt durch das Gesetz über den Eigenthumserwerb §. 30. Darnach haftet „das bewegliche, dem Eigenthümer gehörige Zubehör, so lange bis dasselbe veräußert und von dem Grundstücke räumlich getrennt worden ist."

65) (5. A.) Vergl. die Anm. 36 zu §. 23 des Ges. über den Eigenthumserwerb. — Wenn nach der Eintragung dem durch dieselbe belasteten Grundstück ein anderes Grundstück als Zubehör zugeschrieben werden soll, so kann das Zubehörstück von der Haftung für die Belastung des Hauptgrundstücks ohne Zustimmung des Gläubigers nicht ausgeschlossen werden, weil der Gläubiger ein gesetzliches Recht darauf hat, daß das Zubehörstück durch die Zuschreibung in die Mithaft eintritt. §. 30 a. a. O.

66) (5. A.) Ueber die Modifikation dieser Bestimmung durch die Gr.B.O. §. 5, Zus. 7 zu §§. 392 — 398, siehe die Anm. 96—98 zu dem §. 5.

67) (5. A.) Nach dem Ges. über den Eigenthumserwerb §. 23 muß „die Eintragungsbewilligung das verpfändete Grundstück bezeichnen." Ist die Eintragung auf mehrere Grundstücke bewilligt, und der Gläubiger verlangt die Eintragung nicht auf alle, so muß er ebenfalls bestimmt angeben, auf welche Grundstücke die Hypothek eingetragen werden soll. Entspricht der Eintragungsantrag diesem Erfordernisse nicht, so hat der Grundbuchrichter zwar insoweit, als die Grundstücke genau bezeichnet sind, die Eintragung anzuordnen, im Uebrigen aber dieselbe zu beanstanden. Gr.B.O. §. 46, Zus. 12 zu §. 430 d. T. Vergl. die folgende Anm.

68) Das ist wegen des damit verbundenen Zeitverlustes und der möglicher Weise dazwischen fallenden Präventionen bedenklich. Zweckmäßig ist es, die Eintragung bei dem Gute, an dessen Akten der Antrag angebracht ist, sofort auszuführen und wenn in dem Antrage nicht noch andere Grundstücke bezeichnet sind, dem Gläubiger zu sagen, daß ihm überlassen bleibe, die Grundstücke zu benennen, auf welche er außerdem noch die Eintragung verlange. (5. A.) Jetzt entscheidet das Ges. über den Eig.-Erw. §. 23 u. die Gr.B.O. §. 46 (vor. Anm.).

69) Nachdem sie nämlich die Aufforderung hat ergehen lassen und darauf der Gläubiger die in ihrem Bezirk belegenen Grundstücke namhaft gemacht hat. Zu vergl. die vor. Anm.

70) (5. A.) Rekognitionsscheine werden nicht mehr ertheilt. Nach dem Gesetz v. 24. Mai 1853 §§. 19 ff. erhielt der Gläubiger einen Hypothekenbuchs-Auszug. Nach der Gr.B.O. §§. 122 ff. bekommt er von jedem Grundstück, welches eine besondere Nummer im Grundbuche hat, einen Hypothekenbrief. Dieser muß nothwendig von denjenigen Grundstücken fehlen, auf welchen die Eintragung unterblieben ist. Der Mangel ist also hieraus und, wenn auf Ertheilung des Hypothekenbriefs verzichtet ist, aus der dem Gläubiger zugehenden Benachrichtigung über die Eintragung sichtbar.

der Behörde zur Abhelfung, so weit sie alsdann noch stattfinden kann, unverzüglich anzuzeigen [71]).

§. 452. Ist diese Anzeige von ihm binnen Sechs Wochen, nachdem ihm der Recognitionsschein [72]) behändigt worden, nicht geschehen: so muß er sich den aus späteren Eintragungen anderer Gläubiger für ihn entstehenden Nachtheil selbst beimessen [73]).

§. 453. Ist die Eintragung auf die mehreren verschiedenen Güter zu unterschiedenen Zeiten geschehen: so erlangt der Gläubiger auf jedes derselben das Hypothekenrecht nur von der Zeit der auf dieses Gut erfolgten Eintragung.

§§. 454 und 455. Fallen weg [74]).

---

71) (5. A.) Die fortwährende Gültigkeit der §§. 451 u. 452 ist nicht zu bezweifeln. Förster, Grundbuchrecht S. 40 u. 176; Dernburg, Lehrb. 1 S. 432 Note 4.

72) (5. A.) Siehe die Anm. 70.

73) Das Grundbuchamt wird mithin von der ihm durch den §. 450 aufgelegten Haftung frei.

74) (5. A. Der Wortlaut der §§. 454 und 455 ist der:

„§. 454. Unbewegliche Pertinenzstücke, welche erst nach erfolgter Eintragung, aus fremdem Eigenthume dem Hauptgute beigefügt worden, sind dem dinglichen Rechte des Gläubigers nicht mit unterworfen.

§. 455. Geschieht auf selbige in der Folge eine neue Eintragung der auf dem alten Gute haftenden Schuld: so erlangt der Gläubiger, nur von dieser Zeit an, das Hypothekenrecht in Ansehung eines solchen Pertinenzstückes."

Diese Bestimmungen sind als aufgehoben anzusehen, weil nach dem Gesetz über den Eig.-Erw. §. 30 die einem Grundstück zugeschriebenen Zubehörstücke immer für die Verbindlichkeiten des Hauptgrundstücks haften, gleichviel ob sie der Eigenthümer aus seinem eigenen oder aus fremdem Eigenthum hinzugefügt hat. Vergl. §. 32 a. a. O.)

An den §. 454 d. T. knüpft sich übrigens eine höchst unfruchtbare Kontroverse. Vergl. §. 470. Der Sinn der Worte „aus fremdem Eigenthume — beigefügt worden" ist zweifelhaft. Nach den Materialien soll man dazu durch die Bemerkung gekommen sein, daß ein der See abgewonnenes Stück Land den Gläubigern mit verpfändet sei. Daraus schließt Bornemann (4 S. 357), daß die Worte, „aus fremdem Eigenthume", im Gesetz nur von einer res nullius gebraucht worden. Die Erklärung vermag nicht zu befriedigen; denn eine res nullius ist nicht „aus fremdem Eigenthume", und außerdem würde das Gesetz gerade das Gegentheil von dem, was die Verf. wollten, verordnen. (Dieses Bedenken erledigt sich dadurch, daß es bei Bornemann statt „Gesetz" vermuthlich Gegensatz heißen soll.) Der Gegensatz sind Pertinenzien, welche aus dem Eigenthume des Eigenthümers der Hauptsache beigefügt worden; und nach dem hier zutreffenden argumentum e contrario sind diese dem dinglichen Rechte des Gläubigers mit unterworfen. Das ist auch grundsätzlich richtig nach der Regel: res accessoria sequitur rem principalem, so daß unser §. 454 (u. 470) nur eine Ausnahme von dieser Regel macht. Wie diese zu verstehen, wird die Anwendung der Regel zeigen, wenn ich zuvor noch einen Zweifelsgrund gegen die Regel beseitigt habe. Dem argumentum e contrario (oder wie ich es bezeichne, der Regel) soll, nach Bornemann a. a. O., der §. 443 entgegenstehen, welcher ganz bestimmt die „zur Zeit der Eintragung dabei befindlichen Pertinenzstücke" (§. 443) der Hypothek des Gläubigers unterwirft. Allein das heißt, daß die zu jener Zeit vorhandenen Pertinenzstücke, wenn sie weggeschafft werden, von dem Gläubiger verfolgt werden können; aber über künftig hinzutretende Accessorien bestimmt die Stelle gar nichts, darüber folgen die Bestimmungen erst im §§. 446 und 454. Die Pertinenzien sind eine Art von Accessorien, und stehen daher unter dem Einflusse des von Nebensachen geltenden Grundsatzes (Tit. 2 §. 105), sofern davon keine Ausnahmen gemacht sind. Eine solche Ausnahme führt der §. 454 (470) ein. Die Frage ist nun: was hat man als „aus fremdem Eigenthume beigefügt" anzusehen? Man kann dabei an mittelbare Erwerbungen denken, welche der Besitzer des Guts diesem zuschlägt, z. B. wenn ein Gutsbesitzer von seinem Nachbar eine Wiese kauft und dieselbe seinem verpfändeten Gute zuschlägt. So habe ich es früher aufgefaßt. Doch befriedigt die Erklärung nicht. Wenn z. B. der Besitzer die Wiese als selbstständiges Grundstück mehrere Jahre besäße und nun erst dazu schlüge, so würde das „aus fremdem Eigenthume beigefügt" nicht passen. Es muß also damit noch etwas Anderes gemeint sein und das tritt hervor bei der Anwendung jenes Grundsatzes. Die Hypothekarklage ist nämlich — abgesehen von unseren Prozeßformen — eine Art Vindikation, welche bezweckt, den Gläubiger in die räumliche Lage zu bringen, daß er im Stande sei, die Sache zu verkaufen (Besitz). Der Verpfänder ist gehalten, die Sache mit allen natürlichen und künstlichen Erweiterungen und Verbesserungen herauszugeben, denn er für seine Person hat kein Recht, dem Gläubiger eine Gegenrechnung zu machen. Aber wenn der Hauptfall der actio hypothecaria vorhanden ist, d. h. die Sache einem Dritten abgefordert wird; hier soll es sich zeigen, wie weit das dingliche Recht hinsichtlich der Accessionen geht. Eine den Fall unmittelbar betreffende Bestimmung des A.R. kennt nicht einmal eine

§. 456*. Ist gegen die Erwerbung des neuen Pertinenzstückes ein anderes, welches dem dinglichen Rechte des Gläubigers unterworfen war, von der Substanz getrennt worden, so kann der Gläubiger an das neue Pertinenzstück, statt des abgetretenen, sich halten[75]).

§. 457*. Er kann aber auch, mit Entsagung auf das neue Pertinenzstück, sein dingliches Recht gegen den Besitzer des abgetretenen verfolgen[76]).

14. Grundbuch-Ordnung vom 5. Mai 1872.

§. 65. Haften auf dem Hauptgut oder auf dem ganzen Grundstück Lasten und Schulden, so wird das Trennstück frei von solchen abgeschrieben, wenn

---

besondere Benennung für unsere Pertinenzien; es bezeichnet solche Sachen mit aedium, fundi est, domus portio und dergl., im Gegensatze von ruta caesa, und behandelt sie schlechtweg wie Accessionen. Wir haben zwei Stellen, welche über die actio hypothecaria gegen einen dritten redlichen Besitzer, hinsichtlich der von diesem beigefügten Accessionen, entscheiden. Beide Fälle sind sich ähnlich. Der eine Bekl. hatte eine mit der Hypothek belastete Brandstelle, und der andere eine, ebenfalls verhypothezirte, leere Fläche (area) gekauft, und Beide hatten darauf ein Haus erbaut. Es wird entschieden, daß die Gebäude dem dinglichen Rechte des Hypothekargläubigers mit unterworfen seien, ganz so wie bei der Vindikationsklage, daß jedoch der redliche Besitzer, vermöge des Retentionsrechts, die Bezahlung des Hauses fordern könne. L. 29 §. 2 D. de pignor. 20, 1; § 30 Inst. de rer. div. 2, 1. Auf diesen Fall beziehen sich unsere §§. 454 und 470. Was das R.R. auf einem Umwege gewährt, das erreicht das A. L.R. geradezu. Die §§. 471 und 472 machen von dem Prinzip die entsprechende Anwendung auf Gebäude, woraus der dunkel ausgedrückte Sinn des §. 454 vollends klar wird. Der „Fremde" wird hier dem Verpfänder entgegengesetzt und bezeichnet einen Dritten, aus dessen Vermögen das Unterpfand eine Erweiterung erhält. Aber noch ein zweiter Fall wird von der Bestimmung getroffen, und es ist nicht unwahrscheinlich, daß man gerade an diesen zunächst gedacht hat und den Ausdruck „Pertinenzstücke" nur aus Ungenauigkeit für „Bestandtheile" und „Vermehrungen" oder „Anwüchse" gebraucht hat. Dieser Fall ist der der Vergrößerung des Grundstücks durch Naturereignisse, wohin auch die Bemerkung über „ein der See abgewonnenes Stück Land" deutet. Hier sind die Gegensätze nicht „fremdes Eigenthum" und eigenes Eigenthum, sondern Beifügung aus schon erworbenem Eigenthume und Vergrößerung des Hauptguts aus sich selbst (Accessionen). Zu vergl. Tit. 18 §§. 527 ff. und Th. II Tit. 4 §. 211. Das Obertr. hat den Grundsatz angenommen, daß unbewegliche Pertinenzstücke, welche der Verpfänder erst nach erfolgter Eintragung dem Hauptgute aus seinem Eigenthume zuschlägt, dem dinglichen Rechte des Gläubigers nicht unterworfen seien. Der Hauptgrund ist der Wortlaut des §. 443, auf die hier angedeuteten inneren Rechtsgründe, überhaupt auf innere Gründe, wird nicht eingegangen, dem argumentum e contrario wird kein Gewicht beigelegt; die Regel: accessorium sequitur suum principale (Tit. 2 §. 105), wird mit der Bemerkung, daß aus dieser ganz allgemeinen Vorschrift keine Abweichung von den speziellen Vorschriften darüber: in wiefern Pertinenzien dem Hypothekenrechte unterliegen, hergeleitet werden könne, beseitigt, doch aber eingeräumt, daß die §§. 454 und 470 für den Fall, wenn der Eigenthümer aus seinem Eigenthume ein Pertinenz zugeschlagen hat, keine Bestimmung treffen, woraus gefolgert wird, daß dieser Fall aus der allgemeinen Regel des §. 443 entschieden werden müsse. O.Tr. III v. 8. April 1861, Entsch. 45 S. 166; Str. Arch. 40 S. 361. Der §. 443 trifft jedoch, wie zu Anfang dieser Note gesagt worden ist, über das Verhältniß der erst nach der erfolgten Eintragung der Hypothek zugeschlagenen Pertinenzstücke keine Bestimmung; hierüber verhalten sich erst die folgenden §§. 445 ff., und in sofern auch hierin die vorliegende Frage nicht speziell entschieden ist, fehlt es eben an einer jene „ganz allgemeine Vorschrift" abändernden Spezialvorschrift.

75) (5. A. Vorausgesetzt, daß das neue Pertinenzstück dem Hauptgrundstücke zugeschrieben ist. Ges. über den Eig.-Erw. §. 32.) Der Grundsatz des §. 456 hat auch dann Geltung, wenn nicht Pertinenzstücke im Sinne des Gesetzes, sondern Theile der Substanz eingetauscht worden sind. Bei Expropriationen aber, wenn anstatt des dem Verkehre entzogenen Grundstücks ein anderes Grundstück gegeben wird, kommt noch der Grundsatz des §. 3 Tit. 16 (§. 256 d. T.) zur Anwendung. „Wenn eine dem Hypothekenrechte unterworfene Sache, ganz oder theilweise, behufs des Baues einer Chaussee expropriirt und dem Besitzer der verpfändeten Sache an die Stelle des zu diesem Zwecke abgetretenen Grundstücks ein anderes überwiesen wird, so geht das Hypothekenrecht, welches auf dem abgetretenen Grundstücke gehaftet, auf das in dessen Stelle getretene über." O.Tr. III v. 14. Febr. 1843, Entsch. 24 S. 403. Nach der Regel: surrogatum sapit naturam surrogati.

76) (5. A. Wenn nämlich die Hypothek auf das Blatt des abgeschriebenen Stückes mit übertragen ist. Ges. über den Eig.-Erw. §. 33.) Ein Hypothekargläubiger, der nach einer ohne seine Einwilligung geschehenen Trennung eines seinem Pfandrechte unterworfenen unbeweglichen Pertinenzstücks von der Substanz des Guts, gegen die Erwerbung eines neuen Pertinenzstücks, sich an letzteres hält, entsagt dadurch seinem Hypothekenrechte an dem abgetrennten Pertinenzstücke. O.Tr. v. 14. Dezbr. 1844, Entsch. 10 S. 166.

entweder nach gesetzlicher Vorschrift das Trennstück frei von Lasten und Schulden aus dem Verbande des Hauptgutes ausscheidet,

oder die Berechtigten das Trennstück aus der Mithaft entlassen.

§. 66. Scheidet das Trennstück nicht aus der Mithaft mit dem Hauptgut aus, so werden die Lasten und Schulden auf das Blatt oder den Artikel des Trennstücks von Amtswegen übertragen. In Betreff der Lasten wird hierbei nach §. 93 des Gesetzes vom 2. März 1850 in dessen Geltungsbereich verfahren. Die hiernach erforderliche Vertheilung der Reallasten ist bei der Auseinandersetzungsbehörde zu beantragen.

§. 67. Gehen die Lasten und Schulden ungetheilt auf das Trennstück über, so wird dies bei den betreffenden Posten in der Spalte „Veränderungen" auf dem bisherigen Grundbuchblatt oder Artikel bemerkt, und die dinglichen Verbindlichkeiten werden auf das neue Blatt oder den neuen Artikel in die entsprechende Abtheilung übertragen.

§. 68. Gehen die Lasten und Schulden antheilsweise über, so wird der auf das Trennstück fallende Antheil auf das Blatt oder den Artikel des letzteren übertragen und auf dem des Stammgrundstücks gelöscht.

§. 69. Uebernimmt der Erwerber des Trennstücks die Lasten und Schulden unter Zustimmung der Berechtigten allein, so werden dieselben auf dem Blatt oder Artikel des Stammgrundstücks gelöscht und auf das Blatt oder den Artikel des Trennstücks vollständig übertragen.

§. 70. Die Entlassung des Trennstücks aus der Mithaft, sowie die alleinige oder antheilsweise Haftung des Trennstücks wird auf den Hypothekenurkunden und Grundschuldbriefen vermerkt.

§. 71. Der Grundbuchrichter hat einzelne Theile oder Zubehörstücke des Grundstücks ohne Einwilligung der Lehns- oder Familienfideikommiß-Berechtigten, der Hypotheken- und Grundschuldgläubiger oder anderer dinglich Berechtigter unbelastet abzuschreiben oder den Umtausch gegen andere Grundstücke zu vermerken, wenn die Unschädlichkeit der Veräußerung oder des Austausches für diese Berechtigten von der zuständigen Auseinandersetzungsbehörde oder bei landschaftlich beliehenen Grundstücken von der Kreditdirektion bezeugt wird.

15. Gesetz, betreffend die Abänderung des Gesetzes vom 13. April 1841 über den erleichterten Austausch einzelner Parzellen von Grundstücken. Vom 27. Juni 1860. (G.S. S. 384.)

Wir Wilhelm rc. verordnen, mit Zustimmung beider Häuser des Landtages der Monarchie, für deren ganzen Umfang, mit Ausnahme der zum Bezirke des Rheinischen Appellationsgerichtshofes gehörigen Landestheile, der Hohenzollernschen Lande und des Jadegebietes, was folgt:

§. 1. Das Gesetz vom 13. April 1841 über den erleichterten Austausch einzelner Parzellen von Grundstücken [77]) (G.S. für das Jahr 1841 S. 79) wird hierdurch aufgehoben. An dessen Stelle treten nachfolgende Bestimmungen:

§. 2. Jeder Grundeigenthümer, sowie jeder Lehns- und Fideikommißbesitzer [78]), ist befugt, einzelne Gutsparzellen gegen andere Grundstücke auch ohne Einwilligung der Lehns- und Fideikommißberechtigten, Hypotheken- und Realgläubiger [79]) zu vertauschen, sofern bei landschaftlich beliehenen [80]) Gütern die Kreditdirektion, bei anderen die Auseinandersetzungsbehörde bescheinigt, daß der Tausch den gedachten Interessenten unschädlich sei [81]).

---

77) Das Gesetz v. 13. April 1841 war erlassen, um, wie es im Eingang desselben hieß, „den Austausch einzelner Parzellen von Grundstücken im Interesse der Landeskultur zu erleichtern." Auf städtische Gebäude fand es mithin keine Anwendung. Dagegen ist es auf die Vertauschung ländlicher Gebäude angewendet worden von dem Minister des Innern in einem Bescheid v. 11. Februar 1844, Min. Bl. der inneren Verw. S. 52.

78) (5. A.) Das Gesetz v. 13. April 1841 bezog sich nicht auf Lehns- und Fideikommißbesitzer.

79) Servitutsberechtigte sind hierunter nicht zu verstehen. Servituten haften an der Scholle. (5. A.) Vergl. die Verf. des Min. des J. v. 18. Jan. 1844, Min.Bl. der inneren Verw. S. 17.

80) Tritt ein bepfandbrieftes und ein unbepfandbrieftes Grundstück in ein solches Tauschgeschäft, so sind beide Behörden, jede für das sie angehende Grundstück, berufen. Zu vergl. ein Besch. des M. d. J. v. 11. Febr. 1844, M.Bl. d. i. V. S. 52.

81) (5. A. Der Schluß dieser Bestimmung lautete in dem Gesetz v. 13. April 1841 §. 1: „wenn

§. 3. Ein solches Unschädlichkeitsattest darf nur ertheilt werden [82]), wenn die abzutretende Parzelle, im Verhältniß zu dem Gute, von welchem sie abgetreten werden soll, von geringem Werthe und Umfange ist und das letztere durch den Tausch an Werth nicht verliert.

Sind diese Bedingungen bei dem einen der beiden Güter, zwischen denen der Austausch bewirkt werden soll, vorhanden, bei dem anderen aber nicht, so ist nur bei jenem das gegenwärtige Gesetz anzuwenden, für das andere bleibt es bei den allgemeinen Gesetzen, nach welchen die Einwilligung der einzelnen Real-, Lehns- und Fideikommißberechtigten 2c. erforderlich ist.

§. 4. Wenn der Werth der abzutretenden Parzelle mehr beträgt, als der Werth des einzutauschenden Grundstücks, so ist eine Ausgleichung durch Kapitalzahlung zulässig.

Hinsichtlich der Verwendung solcher Kapitalien in das Hauptgut kommen die gesetzlichen Vorschriften über die Verwendung der Ablösungskapitalien zur Anwendung.

§. 5. Die abgetretene Parzelle scheidet aus dem Realverbande des Gutes, zu welchem solche bis dahin gehört hat, aus und das eingetauschte Grundstück tritt in Beziehung auf die Lehns- und Fideikommißberechtigten, Hypotheken- und Realgläubiger, an die Stelle der abgetretenen Parzelle.

§. 6. Alle Bestimmungen, welche mit den Vorschriften des gegenwärtigen Gesetzes in Widerspruch stehen, oder sich mit demselben nicht vereinigen lassen, werden außer Kraft gesetzt.

Urkundlich 2c.

16. Gesetz, betreffend den erleichterten Abverkauf kleiner Grundstücke. Vom 3. März 1850. (G.S. S. 145.)

§. 1. Jeder Grundeigenthümer, sowie jeder Lehns- und Fideikommißbesitzer, ist befugt, einzelne Gutsparzellen gegen Auferlegung fester, nach den Vorschriften der Ablösungsordnung ablösbarer Geldabgaben oder gegen Feststellung eines Kaufgeldes auch ohne Einwilligung der Lehns- und Fideikommißberechtigten, Hypotheken- und Realgläubiger zu veräußern, sofern bei landschaftlich beliehenen Gütern die Kreditdirektion, bei anderen die Auseinandersetzungsbehörde, bescheinigt, daß die Abveräußerung den gedachten Interessenten unschädlich sei.

§. 2. Ein solches Unschädlichkeitszeugniß darf nur ertheilt werden, wenn das Trennstück im Verhältniß zu dem Hauptgute von geringem Werth und Umfang ist, und wenn die auferlegte Geldabgabe oder das verabredete Kaufgeld den Ertrag oder den Werth [83]) des Trennstücks erreicht.

§. 3. Das veräußerte Trennstück scheidet aus dem Realverbande des Hauptgutes, zu welchem dasselbe bis dahin gehört hat, aus, und die demselben auferlegte Geldabgabe, sowie das verabredete Kaufgeld, treten in Beziehung auf die Lehns- und Fideikommißberechtigten, Hypotheken- und Realgläubiger des Hauptgutes an die Stelle des Trennstücks.

---

dazu bei einem bepfandbrieften Gute die Kreditdirektion, bei einem anderen Gute die Provinzialbehörde, welche die Auseinandersetzungsangelegenheiten leitet, die Genehmigung ertheilt".) Nach einer Entscheidung des Staatsministeriums v. 11. April 1844 sind die Regierungen befugt, diese Genehmigungen (eigentlich Unschädlichkeitszeugnisse; denn von einer juristischen Vertretung der Persönlichkeit, d. h. einem obervormundschaftlichen Konsense, kann wohl nicht Rede sein) insoweit zu ertheilen, als dieselben bei Gelegenheit der von ihnen geleiteten Auseinandersetzungen und zur besseren Regulirung der letzteren vorkommen und dienen, und als die ordentliche Auseinandersetzungsbehörde dazu schon zufolge der Gem.-Th.-O. v. 7. Juni 1821 §. 64 u. 65 und der Verordnung v. 30. Juni 1834 §. 8 befugt gewesen sein würde. Min.-Bl. der inneren Verw. S. 209.

Wenn eine Auseinandersetzungsbehörde nach der V. vom 30. Juni 1834 §. 8 ihre Vermittelung auf solche Geschäfte ausdehnt, deren Regulirung zwar in keinem nothwendigen Zusammenhange mit dem Hauptgegenstande der bei ihr anhängigen Auseinandersetzung steht, welche aber zur besseren Regulirung des Hauptgeschäfts gereichen, und die dabei betheiligten Interessenten gegen eine solche Vermittelung keinen Widerspruch erheben, so steht der Auseinandersetzungsbehörde sowohl die Verhandlung als auch die Entscheidung über die dabei entstehenden Streitigkeiten zu. Erk. des Gerichtsh. zur Entsch. der Kompetenzkonfl. v. 3. Mai 1856, J.M.Bl. S. 235.

82) Gegen die Versagung der Genehmigung oder vielmehr des Unschädlichkeitszeugnisses ist, nach der Natur der Sache, kein Rekurs zulässig; der kompetente Sachverständige bezeugt einmal die Unschädlichkeit nicht, also ist sie unerweislich.

83) (5. A.) Der Ertrag und Werth der Trennstücke zur Zeit der Ertheilung des Attestes, nicht der Veräußerung, ist in Betracht zu ziehen. Verf. des Min. der landw. Angel. vom 17. Mai 1858, Min.-Bl. der inneren Verw. S. 151.

§. 4. Hinsichtlich der Verwendung der festgesetzten Kaufgelder in das Hauptgut kommen die gesetzlichen Vorschriften über die Verwendung der Ablösungskapitalien zur Anwendung [84]).

§. 5. Alle Bestimmungen, welche den Vorschriften des gegenwärtigen Gesetzes entgegenstehen oder sich mit denselben nicht vereinigen lassen, werden außer Kraft gesetzt.

Urkundlich ꝛc.

§. 458. Sind bei Berichtigung streitiger Grenzen, oder bei Gemeinheitstheilungen Pertinenzstücke unbeweglicher Güter gegen einander ausgetauscht worden; so finden die Vorschriften §§. 456, 457 keine Anwendung.

§. 459. Vielmehr treten, auch in Beziehung auf die Hypothekengläubiger, die neuen Pertinenzstücke an die Stelle der vorigen [85]).

§. 460. Sind bei solchen Grenzberichtigungen, oder Gemeinheitstheilungen, Pertinenzstücke eines Guts gegen eine baare ein- für allemal zu entrichtende Vergütung [86]) abgetreten worden: so müssen die Gerichte [87]), welche das Geschäft dirigiren, ein solches Abkommen den Hypothekengläubigern, zur Wahrnehmung ihrer Gerechtsame, bekannt machen [88]).

§. 461. Diesen steht alsdann frei [89]), zu verlangen, daß der Schuldner die ihm ausgesetzte baare Vergütung entweder zur Wiederherstellung ihrer durch die Abtre-

---

84) (5. A.) Das Verfahren über die Verwendung der festgesetzten Kaufgelder in das Hauptgut gehört zur Kompetenz der Auseinandersetzungsbehörde. Dies gilt selbst dann, wenn das Unschädlichkeitsattest von der Kreditdirektion ertheilt ist. Schreiben des Min. der landw. Angel. v. 18. Juni 1850 und Erwiederung des Justizministers v. 3. Juli 1850, Zeitschr. des Revisionskollegiums 3 S. 174.

85) Surrogatum sapit naturam surrogati, oder: surrogatum sapit naturam ejus, cui surrogatum est. — Hinsichtlich der Realberechtigten einer früher mahlzwangsberechtigten Mühle tritt das vom Staate für Aufhebung des Mahlzwangs gegebene Entschädigungskapital an die Stelle des aufgehobenen Mahlzwangsrechts, und bleibt denselben nach näherer Bestimmung der §§. 458 ff. verhaftet. O.Tr. III (Pr. 1974) v. 25. Jan. 1848, Pr.-Samml. 1 S. 117. Hier wird die Regel so ausgedrückt: pretium succedit in locum rei, et vice versa. Vergl. die Anm. zu §. 36 Tit. 2.

Derselbe Grundsatz kommt auch zur Anwendung, wenn nach einem Brande die Behörde das Retablissement der Ortschaft anders regulirt und den Abgebrannten für ihre Plätze andere Bau- und Hofstellen überweist. Pr. des O.Tr. v. 9. Sept. 1842, Ulrich, Arch. 9 S. 274; oder wenn bei der Expropriation eines bebauten Grundstücks dem Besitzer ein anderes Grundstück zur Entschädigung überwiesen und von ihm bebaut worden ist (oben Anm. 75 zu §. 456); zu vergl. R. des J.M. v. 10. Mai 1844, J.M.Bl. S. 119.

(5. A.) Die §§. 458 u. 459 sind neben dem Ges. über den Eigenthumserwerb in Geltung geblieben. Dernburg, Lehrb. 1 S. 386.

86) Die für abgelöste bäuerliche Leistungen und Dienste zur Entschädigung gegebenen Ablösungskapitalien, welche nicht durch ausdrücklichen Vermerk im Hypothekenbuche des berechtigten Guts mit diesem in fortdauernde Verbindung gebracht sind, sind für Pertinenzstücke des berechtigten Guts nicht zu erachten. — Bei einer nothwendigen Subhastation des letzteren gehen sie daher, wenn auch eine Abschreibung der Prästationen im Hypothekenbuche des berechtigten Guts nicht erfolgt ist, nicht auf den Adjudikatar über, sofern durch die Adjudikatoria und die Verkaufsbedingungen nicht ein Anderes festgesetzt ist. O.Tr. II (Pr. 1315) v. 23. Juni 1843, Präj.-Samml. S. 361.

87) Oder die Auseinandersetzungsbehörden. Die Privatbenachrichtigung oder die zufällige Erfahrung ersetzt die gerichtliche Bekanntmachung nicht. Ein Hypothekengläubiger kann sich, wegen des bei der Subhastation des Gutes und im Konkurse seines Schuldners erlittenen Ausfalls, an die Bauern, welche die von ihnen dem Gute zu leistenden, dem Hypothekengläubiger mit verhafteten Dienste in baarem Gelde abgelöst haben, auf Höhe der gezahlten Ablösungskapitalien halten, wenn die das Ablösungsgeschäft dirigirende Behörde das Abkommen der Dienstpflichtigen und des Gutsherrn nicht dem Hypothekengläubiger zur Wahrnehmung seiner Gerechtsame bekannt gemacht hat, und die Ablösungskapitalien weder zur Wiederherstellung der durch die Ablösung geschmälerten Sicherheit der Gläubiger, noch zur Abstoßung der zuerst eingetragenen Kapitalsposten verwendet sind. O.Tr. v. 16. Febr. 1835, Entsch. 2 S. 268.

88) Auch den bekannt gewordenen, wenngleich nicht eingetragenen Cessionarien und Erben ist die Einleitung des Verfahrens bekannt zu machen. Darüber zu vergl. die besonderen Vorschriften des Tit. 17 Abschn. 4.

89) Binnen sechs Wochen. Diese im §. 463 bestimmte Frist bezieht sich auch auf die hier gegebene Befugniß.

tung geschmälerten Sicherheit, oder zur Abstoßung der zuerst eingetragenen Capitalsposten, so weit sie dazu hinreicht, verwende[90]).

§. 462. Kann oder will der Schuldner weder eines noch das andere bewerkstelligen: so sind die Hypothekengläubiger befugt, ihre Capitalien, auch noch vor der Verfallzeit[91]), aufzukündigen.

§. 463. Sie müssen aber von diesem Rechte binnen Sechs Wochen, nach der ihnen zugekommenen Notifikation, Gebrauch machen[92]).

§. 464. Thun sie das, so bleibt ihnen ihr hypothekarisches Recht auf das abgetretene Pertinenzstück bis zum Austrage der Sache vorbehalten[93]).

§. 465. Verabsäumen sie aber die gesetzliche Frist: so erlöscht ihr Hypothekenrecht auf das abgetretene Pertinenzstück*).

§. 466. Fällt weg[94]).

§. 467*. Das Recht eines Hypothekengläubigers erstreckt sich, in Ansehung seiner ganzen Forderung, sowohl auf das Ganze, auf welches dasselbe durch die Eintragung bestellt worden, als auf die einzelnen Theile desselben[95]).

§. 468*. Er kann[96]) also, wenn ihm mehrere Grundstücke verhaftet sind, oder

90) Nach Bestätigung eines Ablösungsrezesses seitens der Generalkommission ist eine Klage der Hypothekengläubiger des berechtigten Grundstücks auf Zahlung desjenigen Theils der Ablösungssumme, deren Kompensation im Rezesse dem Verpflichteten gestattet ist, nicht zulässig. Erk. des O.Tr. I v. 17. Jan. 1860, Entsch. 42 S. 158. Eine solche Bestätigung kann also dem Hypothekengläubiger die Realsicherheit nehmen!

91) Vor der Verfallzeit geschieht die Aufkündigung der auf Kündigung ausgethanen Posten immer; hier wird aber die willkürliche Kündigung freigestellt, falls darüber oder über einen bestimmten Verfalltag Verabredung getroffen worden sein sollte.

92) Also die Kündigung muß binnen 6 Wochen geschehen, mündlich, oder schriftlich, oder gerichtlich, wie der Gläubiger will. In dem Bescheide des J.M. v. 8. Jan. 1831, Jahrb. 37 S. 76, wird behauptet, der Gläubiger müsse den Nachweis, daß sie geschehen, bei der Generalkommission, oder bei deren Spezialkommissarius, binnen 6 Wochen führen. Davon enthält das Gesetz nichts.

93) Ueber die bei Kapitalszahlungen der Verpflichteten zur Sicherstellung der eingetragenen Gläubiger zu nehmenden Maßregeln zu vergleichen R. v. 10. Nov. 1831, Jahrb. 38 S. 294, und das Gesetz wegen Sicherstellung der Rechte dritter Personen bei gutsherrlich-bäuerlichen Regulirungen, Gemeinheitstheilungen, Ablösungen u. s. w. v. 29. Juni 1835, G.S. S. 135, Zus. 15 und 16 zu Tit. 17.

*) (5. A.) Die fortdauernde Geltung der §§. 460—465 ist zweifellos. Förster, Grundbuchrecht S. 172.

94) (5. A.) Mot. zu dem Entw. des Ges. über den Eigenthumserwerb, bei Werner 2 S. 35; Förster a. a. O. — Der §. 466 lautet:

„Wenn neu hinzugekommene Pertinenzstücke auf eine rechtsgültige Weise besonders verpfändet worden (§. 454 sqq.): so muß, bei einer erfolgten Veräußerung, die Vertheilung des Kaufgeldes unter die verschiedenen Gläubiger nach Verhältniß der Taxe eines jeden Stücks geschehen."

Die Taxe ist durch die Subh.-O. v. 15. März 1869 weggefallen. Die Vertheilung des Kaufgeldes für das subhastirte Grundstück erfolgt nach den Vorschriften der §§. 60 ff. daselbst.

95) (5. A.) Diese Bestimmung findet sich in dem Ges. über den Eigenthumserwerb §. 30 wieder. Vergl. die Anm. zu §. 443 d. T.

96) Er kann, er hat die Befugniß. Die Vorschrift ist nicht so zu verstehen, daß der Gläubiger, nach geschehener Zerstückelung des Gutes, nur dieses könne. Es steht ihm frei, jedes einzelne Stück auf das Ganze seiner Forderung zu verfolgen, oder auch alle Stücke zusammen als ein Ganzes auszubieten. Thut er Jenes, so versteht sich, daß nicht gleichzeitig von jedem Theilbesitzer das Ganze gefordert werden kann, vielmehr zunächst von dem Einen und erst der Rest von einem Anderen. Zu vergl. das R. v. 19. Juli 1833, Jahrb. 42 S. 182.

Will er alle Theile zusammen als Ganzes zur Subhastation stellen lassen, so setzt dies natürlich voraus, daß er gegen sämmtliche Theilhaber ein verurtheilendes Erkenntniß ausgewirkt haben muß.

Wenn einem Hypothekengläubiger mehrere Grundstücke konjunktim verpfändet sind und derselbe auf Befriedigung aus der Kaufgeldermasse des einen mitverpfändeten und subhastirten Grundstücks verzichtet, demnächst aber seine ganze Forderung gegen den Besitzer eines anderen mitverpfändeten Grundstücks geltend macht, so kann der Letztere dem Anspruche nicht den Einwand entgegensetzen, daß er nur nach Verhältniß des Werths seines Grundstücks zur Zahlung verpflichtet sei. Es macht hierwenn das durch Eintragung verpfändete Grundstück durch Erbgangsrecht, oder auf andere Art getheilt worden, wegen seiner ganzen Forderung, an jedes Grundstück, oder an jeden getrennten Theil desselben sich halten [97]).

§. 469. Durch Veränderungen in der Substanz der verpfändeten Sache wird das Recht des Hypothekengläubigers nicht geändert.

§. 470. Fällt weg [98]).

§. 471*. Die auf ein Grundstück bestellte Hypothek begreift in der Regel auch alle darauf befindlichen, selbst die nach der Eintragung neu errichteten Gebäude [99]), mit unter sich.

§§. 472—474. Fallen weg [100]).

§. 475*. Die Früchte und Nutzungen der verpfändeten Sache haften dem Hy=

---

bei keinen Unterschied, wenn auch der klagende Gläubiger das erstgedachte mit verpfändet gewesene Grundstück in der Subhastation erworben und die Kaufgelder auf postlozirte, auf dem subhastirten Grundstücke ausschließlich für ihn haftende Posten verrechnet hat. O.Tr. III (Pr. 2405) v. 1. Okt. 1852, Entsch. 24 S. 100.

97) (5. A.) Ebenso das Ges. über den Eig.=Erw. §. 42 Satz 1.

98) (5. A.) In Folge des Gesetzes über den Eig.=Erw. Der Wortlaut des §. 470 ist dieser: „An= und Zuwüchse, sie mögen durch Natur oder durch die Handlung eines Menschen entstehen, insofern letztere nicht Pertinenzstücke sind, die aus fremdem Eigenthume der Sache beigefügt worden, sind dem Hypothekenrechte des eingetragenen Gläubigers mitunterworfen."

Nach §. 30 des Gesetzes haften „die natürlichen An= und Zuwüchse, die stehenden und hängenden Früchte" schlechthin. Vergl. die Anm. 57 zu dem §. 30 cit. und die Anm. 74 zu §§. 454 und 455 d. T.

99) (5. A.) Nach dem Ges. über den Eig.=Erw. §. 30 „die auf dem Grundstück befindlichen oder nachträglich darauf errichteten, dem Eigenthümer gehörigen Gebäude." Dadurch sind die §§. 472—474 beseitigt, beziehungsweise ersetzt.

100) (5. A. In Folge des Gesetzes über den Eig.=Erwerb. Vergl. die vorige Anmerkung und die Anm. 56 zu dem §. 30 des Gesetzes. Die weggefallenen Paragraphen lauten:

„§. 472. Ist aber Jemanden ausdrücklich nur Grund und Boden zur Hypothek verschrieben, und hat ein Dritter, außer dem Eigenthümer des Grundes, Gebäude darauf errichtet: so sind diese, zum Nachtheil des Erbauers, für mitverpfändet zwar nicht zu achten.

§. 473. Doch muß der Eigenthümer der Gebäude den auf Grund und Boden versicherten Gläubigern, bis auf den ganzen Werth des Bodens, nach der höchsten Taxe, gerecht werden.

§. 474. In so weit können also diese Gläubiger auch an das Gebäude sich halten, und gehen sogar bei einem entstehenden Konkurs= oder Liquidationsprozesse, den auf das Gebäude später eingetragenen Gläubigern vor."

Zur Erläuterung dieser Bestimmungen dienen die Erkenntnisse des O.Tr. v. 19. März 1834, Simon, Rechtsspr. 4 S. 3, III v. 2. Mai 1862, Str. Arch. 45 S. 216, und v. 19. Dez. 1862, ebd. 47 S. 276. Der §. 474 setzt die Zulässigkeit eines selbstständigen Grundbuchblattes für die Superfizies voraus. Diese Voraussetzung trifft auch unter der Herrschaft des Gesetzes über den Eigenthumserwerb noch als richtig zu. Das Erkenntniß des O.Tr. (Pr. 2655) v. 13. Dez. 1855, nach welchem die Superfizies durch das Gesetz v. 2. März 1850 aufgehoben sein soll, gründet sich auf das gemeine Recht. Entsch. 32 S. 258. Siehe Förster, Th. u. Pr. 3. Aufl. 3 S. 346 Note 193. Als vererbliches Recht wird die Superfizies auch nach Landrecht für beseitigt erachtet von Dernburg, Lehrb. 1 S. 632. Vergl. überhaupt Wächter, das Superfiziar= oder Platzrecht, in den Abhandlungen der Leipziger Juristenfakultät 1868 S. 1—248. Die Anlegung eines Grundbuchblattes über eine neu errichtete Superfizies ist durch die Gr.B.O. §§. 1, 3, 5, 8 ausgeschlossen.) Vgl. Tit. 22 §. 243 und das Reskr. v. 7. Dez. 1821, Jahrb. 18 S. 329, auch §. 9 des Anh. zur Instr. wegen Bearbeitung des Hypothekenwesens für die Gerichte der Provinz Sachsen, v. 12. August 1820. Wird das Gebäude abgebrochen und auf ein anderes Grundstück translozirt, so folgen ihm dahin Reallasten und Hypotheken. O.Tr. v. 14. Nov. 1857, Entsch. 47 S. 146. Der Satz wird jedoch auf Translokationen innerhalb des nämlichen Gemeindebezirks zu beschränken sein, wo die Identität des Gebäudes notorisch ist. Denn wenn z. B. Jemand seine auf fremdem Grunde stehende Windmühle abbricht und nach einem anderen wer weiß wie weit entfernten Orte eines anderen Gerichtsbezirks verkauft; so kann der neue Besitzer, welcher die Mühle auf seinem Grundstücke aufgerichtet hat, wohl schwerlich auf Grund des ihm unbekannten, nun gegenstandslos gewordenen alten Hypothekenfoliums belangt werden.

pothekengläubiger in sofern, als sie sich, zur Zeit der Executionsvollstreckung, noch unabgesondert 1) von der Substanz befinden *).

§. 476. Fällt weg 2).

§. 477*. Hingegen sind Verträge und andere Handlungen, wodurch der Schuldner über künftige Früchte und Nutzungen im Voraus verfügt, so weit, als dieselben zum Nachtheile der alsdann schon eingetragenen 3) Hypothekengläubiger gereichen würden, unkräftig 4).

---

1) Siehe Tit. 2 §. 49 und die Anm. dazu. (5. A.) Der positive Inhalt des §. 475 ist in das Gesetz v. 5. Mai 1872 §. 30 übergegangen. Anm. 98 zu §. 470 d. T. Der §. 475 betrifft übrigens ebenso wie der §. 443 nur den Umfang des Hypothekenrechts in Beziehung auf das Pfandgrundstück. Für die Voraussetzungen, unter denen der eine Gläubiger von dem anderen Befriedigung verlangen kann, ist aus diesem §. nichts zu entnehmen. O.Tr. IV v. 21. Dez. 1871, Str. Arch. 83 S. 238. — Vgl. Johow, zur Lehre von den Rechten des Pfandgläubigers an den Früchten rc. Berlin 1871.

*) (5. A.) An die Stelle der §§. 475—481 sind die bezüglichen Bestimmungen des Ges. über den Eig.-Erw. v. 5. Mai 1872 §§. 30 u. 31 getreten.

2) (5. A. Siehe die vorige Anmerkung. Der §. 476 lautet: „So lange also der Hypothekengläubiger die von der Substanz abgesonderten Früchte und Nutzungen, oder die an deren Stelle tretenden Pacht- und Miethgelder noch nicht in gerichtlichen Beschlag genommen hat, so lange kann der Eigenthümer gültig darüber verfügen." Diese Vorschrift setzt eine Beschlagnahme vor der Absonderung voraus. Denn die abgesonderten Früchte haften als solche nach der Auffassung des Landrechts dem Hypothekengläubiger überhaupt nicht. Werden sie wegen einer Hypothekenforderung dem Schuldner verkümmert, so können die persönlichen Gläubiger desselben der Beschlagnahme beitreten, ohne hinter dem Hypothekengläubiger zurückstehen zu müssen. In dem bloßen Verkauf liegt aber noch keine Absonderung der Früchte.) Deshalb hindert z. B. der Verkauf der Wolle auf den Schafen vor der Wollschur den Gläubiger nicht, die Wolle durch Sequestration (vor der Uebergabe an den Käufer) in Beschlag zu nehmen. Erk. des O.Tr. in der Jur. Wochenschrift 1838 S. 316. Nach der Absonderung sind die Früchte und Nutzungen nur soweit dem dinglichen Rechte des Gläubigers unterworfen, als sie gesetzlich für Pertinenzstücke gelten (§. 49 Tit. 2), oder als Wirthschaftsbestände und Vorräthe noch unveräußert vorhanden sind. §. 508 d T. verb. mit der Pr.Ordn. Tit. 50 §. 491 Nr. 2. Soweit aber Nutzungen mit Verringerung der Substanz, d. h. mit Ueberschreitung der wirthschaftlichen Grundsätze, aus der Sache genommen worden, sind dieselben als Theile der verpfändeten Sache selbst anzusehen und daher, so lange sie, wenngleich bereits veräußert, an Ort und Stelle noch vorhanden sind, Gegenstand der dinglichen Klage des Gläubigers. „Bei einem Walde ist geschlagenes Holz, so lange es aus demselben nicht fortgeschafft und dadurch räumlich getrennt ist, durch Verkauf, Uebergabe und Fällung aus dem dinglichen Rechte des Hypothekengläubigers nicht für geschieden zu achten, wenn und soweit der Holzschlag die Grenzen einer forstwirthschaftlichen Benutzung überschritten hat." O.Tr. III (Pr. 2239) v. 23. Septbr. 1850, Entsch. 23 S. 148. (5. A.) Solche Holzschläge sind übrigens keine Früchte. O.Tr. III v. 1. Mai 1874, oben in der Anm. 65 zu §. 31 des Ges. und in der Anm. 63 zu §. 445 d. T.

Nach dem Ges. über den Eig.-Erw. §. 30 haften dem Hypothekengläubiger „die auf dem Grundstück noch vorhandenen abgesonderten, dem Eigenthümer gehörigen Früchte" und im Fall der Vermiethung oder der Verpachtung, anstatt der Früchte, „die Mieth- und Pachtzinsen", denen „die sonstigen Hebungen" hinzugesetzt sind. Das neue Recht unterwirft also die abgesonderten Früchte dem dinglichen Recht des Gläubigers, woraus folgt, daß letzterer, auch wenn die Beschlagnahme erst nach der Absonderung ausgebracht wird, doch vor den Personalgläubigern befriedigt werden muß. Die Früchte können nur auf zweierlei Art aus dem Realverbande ausscheiden: 1. durch Veräußerung (Verkauf und Uebergabe), selbst wenn sie auf dem Gute bleiben; 2. durch Wegschaffung von dem Gute. Sind sie zugleich Pertinenzien des verpfändeten Grundstücks, so können sie dem Pfandnexus nur durch Veräußerung und Wegschaffung entzogen werden. Anm. 58 zu §. 30 des Gesetzes.

Bei den Mieth- und Pachtzinsen fällt die Frage nach der Absonderung weg. Sie haften den Realgläubigern stets, sofern sie noch ausstehen; durch nicht vorzeitige Erhebung oder Abtretung Seitens des Eigenthümers treten sie aus der Mithaft mit dem Grundstücke. Ges. §. 31.

3) (5. A. Und der erst nach den Vorausverfügungen eingetragenen Gläubiger, sofern diese Verfügungen über die Früchte und Nutzungen nicht im Grundbuche vermerkt sind. §§. 478 u. 479. Das Gesetz über den Eig.-Erw. §. 31 hat hieran materiell nichts geändert.) Dem Ersteher des subhastirten Grundstücks, der den von dem Subhastaten geschlossenen Pacht- oder Miethsvertrag fortsetzt, kommen die in den §§. 477—481 den Hypothekengläubigern beigelegten Rechte nicht zu. O.Tr. III v. 22. April 1861, Entsch. 57 S. 103. (5. A.) Ebenso das Appell.-Ger. zu Paderborn in der Verf. v. 3. März 1874, Johow, Jahrb. 4 S. 260.

4) D. h. die Gläubiger dürfen die künftigen Früchte nach ihrer Entstehung resp. Fälligkeit zu

§. 478. Will Jemand, der in dergleichen Verhandlungen mit dem Besitzer über künftige Früchte und Nutzungen sich einläßt, sich dabei gegen die Widersprüche künftig einzutragender Hypothekengläubiger decken, so muß er das Geschäft selbst im Hypothekenbuche vermerken lassen[5]).

§. 479. Ist dieses nicht geschehen, so kann er von seinem Rechte auf die künftigen Früchte und Nutzungen, zum Nachtheile der auch später eingetragenen Gläubiger, keinen Gebrauch machen[6]).

§. 480*. Ein Pächter also[7]), welcher die Pacht auf mehr als ein Quartal[8]) an

---

ihrer Befriedigung verwenden, ohne sich an die vorausgeschehene Veräußerung zu kehren. Dagegen haben die Gläubiger kein Recht, dergleichen Veräußerungsverträge direkt anzugreifen. Hat der Besitzer das Gut zu niedrig verpachtet oder gar den Nießbrauch geschenkt, so mögen sie von ihrem dinglichen Rechte Gebrauch machen und die Sache verkaufen, wenn die Zinsen unbezahlt bleiben. Dadurch wird die Veräußerung der Nutzungen vernichtet. Der Hypothekengläubiger kann gegen den Nießbraucher auch seine Befugniß, sich an die Früchte und Nutzungen der verpfändeten Sache zu halten, geltend machen, falls sein Hypothekenrecht älter als der Nießbrauch ist. O.Tr. II v. 8. Okt. 1863, Str. Arch. 50 S. 323. -- Die Gläubiger haben gegen den Pächter, wegen der Pachtgelder, außer durch Vermittelung des Richters (Ueberweisung, Sequestration), kein persönliches Klagerecht, so wenig wie der Pfandgläubiger wegen einer Aktivforderung, welche ihm verpfändet ist. Aber so lange z. B. die fällig gewordenen, schon voraus veräußerten Miethen und Pächte noch nicht bezahlt sind, können sich die Realgläubiger solche überweisen lassen und mit der actio locati ihres Schuldners, kraft der richterlichen Ueberweisung, für sich einziehen. Ihnen gegenüber ist der Einwand der belangten Pächter oder Miether, daß die Pächte oder Miethen schon vor der Fälligkeit veräußert (cedirt) worden seien, nach §. 477 unzulässig. In der That hat auch das O.Tr. IV in einem Erk. v. 14. Febr. 1854, Str. Arch. 12 S. 132, angenommen, daß der Vermiether zwar den Hypothekengläubigern gegenüber die Zahlung der Miethe für ein Quartal im Voraus anzunehmen, nicht aber die Quartalrate im Voraus mit der Wirkung zu cediren berechtigt sei, daß dieselbe dem dinglichen Rechte der Hypothekengläubiger entzogen würde. (5. A.) Diese Annahme aber trifft nach dem Ges. über den Eig.-Erw. nicht mehr als richtig zu. Denn nach §. 31 dieses Gesetzes müssen sich die eingetragenen Gläubiger nicht bloß die Vorauserhebung, sondern auch die Abtretung und die Verpfändung von Pacht- und Miethzinsen auf ein Vierteljahr unbedingt gefallen lassen. Gläubiger, welche nicht eingetragen sind, können, auch wenn ihr Titel zur Eintragung vorgelegt ist, auf Grund der §§. 475--481 die Verfügungen des Eigenthümers überhaupt nicht anfechten. O.Tr. III v. 4. Nov. 1872, Str. Arch. 86 S. 333.

Die eingetragenen Gläubiger haben die ihnen in den §§. 476--481 eingeräumten Rechte kraft ihres dinglichen Rechts, zu dessen Geltendmachung es nur der Beschlagnahme des Grundstücks oder der Früchte und Nutzungen bedarf. Eine Ueberweisung der Rechte des Verpächters oder Vermiethers aus dem Pacht- oder dem Miethsvertrage ist nicht erforderlich, in allen den Fällen sogar gegenstandslos, in denen der Eigenthümer dem Hypothekengläubiger nicht persönlich haftet. Der Subhastationsrichter ist zu einer solchen Ueberweisung keinesfalls befugt. O.Tr. III v. 14. Oktbr. 1872, Str. Arch. 86 S. 269. Die während der Sequestration nicht eingezogenen Pachtgeldrückstände gehören nach der Subhastation des Gutes nicht zur Kaufgeldmasse, sondern zur Revenuenmasse. Sie können indeß, soweit der Subhastat darüber nicht mit rechtlicher Wirkung verfügt hat, durch Beschlagnahme dem dinglichen Recht der Hypothekengläubiger erhalten werden. O.Tr. III v. 5. Mai 1873, Entsch. 70 S. 18.

5) (5. A.) Die Eintragung des Geschäfts mit der ihr in dem §. 478 beigelegten Wirkung kann auch unter der Herrschaft des Gesetzes über den Eigenthumserwerb nicht für unzulässig erachtet werden. Sie bezweckt in den Fällen der Pacht und der Miethe die Veröffentlichung des dinglichen Rechts (§. 12 des Ges.); in anderen Fällen charakterisirt sie sich als Beschränkung des Verfügungsrechts des Eigenthümers im Sinne der Gr.B.O. §. 73. Vgl. Förster, Th. u. Pr. 3. Aufl. 3 S. 467 und 468. Der Vermerk kann indeß nur mit Bewilligung des Eigenthümers eingetragen werden. Tit. 21 §. 401 und dazu der Anh. §. 56; Ges. über den Eig.-Erw. §§. 13 u. 14.

6) (5. A.) Ist die Veräußerung der zu erwartenden Ernte nicht im Hypothekenbuche eingetragen, so ist sie den später eingetragenen Hypothekengläubigern gegenüber selbst dann wirkungslos, wenn diese schon vor ihrer Eintragung die Veräußerung gekannt haben. O.Tr. III v. 17. Juni 1859, Str. Arch. 35 S. 22.

7) Ein Beispiel. Der Zweifel gegen die Anwendung des Prinzips selbst, welcher der §. 479 enthält, auf den Miether ist grundlos; solche Anwendung ist keine ausdehnende Erklärung des §. 480, wie man argumentirt hat (Mathis 9 S. 569), sondern ein anderes Beispiel. Das Prinzip ist, daß künftige Früchte und Nutzungen (Miethsgelder für ein Haus sind gleichfalls Nutzungen) dem eingetragenen Gläubiger durch Vorausveräußerung nicht entzogen werden können. Davon macht

den Gutsbesitzer voraus bezahlt hat, kann diese Zahlung den damals schon eingetragenen Gläubigern [9]), welche darein nicht gewilligt haben, nicht entgegensetzen [10]).

§. 481*. Gegen die später einzutragenden kann er sich damit nur alsdann schützen, wenn er die geleistete Vorausbezahlung im Hypothekenbuche hat vermerken lassen [11]).

Für was die Hypothek dem Gläubiger hafte*).

§. 482. Fällt weg [12]).

---

der §. 480 beispielsweise eine Anwendung auf den Pächter. Es hätte ebenso gut der Miether genannt werden können. Vergl. unten Anm. 10. Weiterhin Tit. 21 §. 73 wird davon eine Anwendung auf den Nießbraucher gemacht. Zu vergl. Pr.=O. Tit. 24 §. 130.

8) Denn die vierteljährige Entrichtung des Pacht= und Miethzinses ist ein Naturale des Kontrakts (Tit. 21 §. 297) und die vierteljährige Vorausbezahlung ist sehr gewöhnlich. Deshalb aber wird unter dem Quartale das bei der Beschlagnahme eben laufende verstanden, wie auch das O.Tr. III ausgesprochen hat durch das Erk. (Pr. 258) v. 13. Mai 1837, Entsch. 2 S. 318:

a) „Der Pächter ist nur berechtigt, die Vorausbezahlung des Pachtzinses für dasjenige Quartal, in welchem die gerichtliche Beschlagnahme der Pachtgelder erfolgt ist, den damals schon eingetragenen Hypothekengläubigern entgegen zu setzen. Er darf also die im Pachtkontrakte als Pachtvorschuß für das letzte Quartal angesehene Kaution zum Nachtheile der Hypothekengläubiger auf den Pachtzins dieses letzten Quartals nicht in Anrechnung bringen, in sofern die gerichtliche Beschlagnahme früher erfolgt ist." Ebenso Erk. v. 7. Juli 1854, Str. Arch. 14 S. 127, und v. 14. Okt. 1872, ebd. 86 S. 269.

b) „Dieser §. kommt zur Anwendung, wenn auch nicht Konkurs, sondern nur erbschaftlicher Liquidationsprozeß eingeleitet ist." Dieser Satz bezieht sich auf den abgeschafften alten erbschaftlichen Liquidationsprozeß, er gilt aber auch im Falle der nothwendigen Subhastation in Folge des eingetragenen Subhastationsvermerkes. S. unten die Anm. 10 Abs. 3.

Zu vergl. oben Anm. 15 zu §. 317 Tit. 16.

9) Auch nicht den fiskalischen Behörden bei Einziehung der öffentlichen Lasten und Abgaben. R. v. 18. Juni 1798, Rabe 5 S. 133.

10) Der §. 480 bezieht sich auch auf Miethsgelder. — Der Sequester eines Guts und der gerichtliche Administrator eines Hauses sind auf Grund des ihnen in dieser Eigenschaft zustehenden Rechts, die laufenden Einnahmen einzuziehen, nicht befugt, die dem Pacht= oder Miethsvertrage gemäß vor Einleitung der Sequestration oder Administration an den Verpächter oder Vermiether geschehenen Vorauszahlungen der Pacht= und Miethsgelder nach den §§. 480 und 481 anzufechten. O.Tr. III v. 13. Juli 1853, Entsch. 26 S. 42, und v. 21. Novbr. 1860, Str. Arch. 39 S. 227. Auch von dem Verwalter der Konkursmasse ist dieses den Realgläubigern eingeräumte Recht nicht verfolgbar. O.Tr. III v. 3. Jan. 1861, Str. Arch. 39 S. 325.

Der §. 480 bestimmt nur das Verhältniß zwischen den Hypothekengläubigern und dem Pächter. Wenn daher der Pächter die nochmalige Zahlung der zuviel im Voraus an den Verpächter berichtigten Pacht an die Hypothekengläubiger unterläßt, so verletzt er seine Vertragspflichten gegen den Verpächter nicht; vielmehr ist er berechtigt, von dem Verpächter Gewährleistung wegen der Schmälerung seines Nutzungsrechts und der Beschränkung seiner Disposition über das Pachtrecht zu verlangen, wenn auf Antrag der Hypothekengläubiger Sequestration eingeleitet wird. O.Tr. III v. 11. und 22. März 1861, Str. Arch. 41 S. 92.

Unter der Exekutionsvollstreckung und der gerichtlichen Beschlagnahme, von der die §§. 475 ff. reden, ist auch die nothwendige Subhastation zu verstehen. O.Tr. III v. 23. März 1863, Entsch. 51 S. 218, und v. 14. Okt. 1872, Str. Arch. 86 S. 269.

11) Noch außer der im §. 478 gedachten Eintragung des Pachtrechts. Denn aus der Veröffentlichung des Pachtrechts durch Eintragung kann Niemand wissen, daß der Pachtzins vorausbezahlt sei.

*) (5. A.) Nach dem Gesetz über den Eigenthumserwerb §. 30 haftet die Hypothek „für das eingetragene Kapital, für die eingetragenen Zinsen und sonstigen Jahreszahlungen und für die Kosten der Eintragung, der Kündigung, der Klage und Beitreibung." Durch diese Bestimmung sind die §§. 482—484 d. T., beziehungsweise des Ges. v. 24. Mai 1853 §. 29 ersetzt. Dagegen sind die §§. 485—489 als fortgeltend zu betrachten, da das neue Gesetz keine Vorschrift enthält, mit welcher sie unvereinbar wären.

12) (5. A. Der Wortlaut des §. 482 ist dieser:

„Das Recht, sich an die verschriebene Sache zu halten, gebührt dem Gläubiger sowohl in Ansehung des Hauptstuhls seiner Forderung, als in Ansehung der davon vorbedungenen Zinsen."

Materiell ist hieran nichts weiter geändert, als daß die Haftung des Grundstücks für die Zinsen jetzt durch deren Eintragung bedingt ist. Siehe die vorige Anm. *). Nach dem bisherigen Recht hatte sich in der Praxis die entgegengesetzte, auf die Eigenschaft der Zinsen als Accessorium des Kapitals gegründete Meinung Anerkennung verschafft. Siehe die Anm. 51 zu §. 30 des Gesetzes.

§. 483. Aufgehoben[13]).

Auch darüber ist Meinungsverschiedenheit hervorgetreten: wie lange die Hypothek für Rückstände hafte. Auf Grund der Allg. Gerichts=O. I. 50 §§. 150, 357 und 492 ist den älteren als zweijährigen Rückständen das dingliche Recht abgesprochen worden, und das O.Tr. II hat in dem Erk. (Pr. 1634) v. 28. Okt. 1845 den Satz ausgesprochen: Rückständige gutsherrliche Abgaben, welche, dem §. 49 Tit. 1 der Hyp.=O. zuwider, in das Hypothekenbuch nicht eingetragen, beziehungsweise zur Rekognition nicht angemeldet worden sind, haben nicht die Natur eines objektiv=dinglichen, gegen jeden Dritten verfolgbaren Rechts. Präj.=Samml. S. 400; Ulrich, Arch. 12 S. 32. Später hat derselbe Senat den Rechtssatz hingestellt: „Rückstände von Reallasten, sowohl von verfassungsmäßigen, keiner Eintragung in das Hypothekenbuch bedürfenden, als den auf besonderen Rechtstiteln beruhenden und hypothekarisch eingetragenen, ingleichen von Hypothekenzinsen, haben, in soweit sie nicht verjährt sind, die Natur eines objektiv=dinglichen, gegen jeden dritten Besitzer verfolgbaren Rechts. Eine Beschränkung dieser Verfolgbarkeit auf zweijährige Rückstände findet, abgesehen von dem Falle der Unzulänglichkeit der Kaufgelder des belasteten Grundstücks oder des Konkurses, nicht statt." O.Tr. II (Pr. 2288) v. 10. April 1851, Entsch. 21 S. 44; Str. Arch. 2 S. 61. In den Gründen wird gesagt, daß ein Widerspruch zwischen beiden Sprüchen nicht vorhanden sei, weil in jenem Falle nicht bloß den Rückständen, sondern dem ganzen Rechte auf Abgaben überhaupt, wegen Mangels der Eintragung, die Dinglichkeit gefehlt habe. Das zwar weniger. Das Wahre daran ist nur, daß die Dinglichkeit gegen diejenigen, welche davon nichts wissen, nicht zur Geltung kommt.

Die Dogmengeschichte dieses Rechtssatzes lehrt übrigens, daß die andere Meinung, nach welcher die Wirksamkeit des dinglichen Rechts auch gegen den dritten Besitzer des Grundstücks auf zwei Jahre beschränkt sein soll, eben so, wenn nicht noch besser, berechtigt und juristisch zu begründen ist, wie die von dem O.Tr. in dem Pr. 2288 vertretene Meinung. Der Satz hat sich aus dem Kampfe des R.R. mit dem Sachsenrechte über die öffentlichen Hypotheken und über die Zinsen entwickelt, und ist nur deshalb in besonderer Anwendung auf den Konkurs Gegenstand verschiedener Partikulargesetzgebungen geworden, weil der Konkurs der Kreditoren eine immer wiederkehrende Gelegenheit zum Streite bot und zu widersprechenden Entscheidungen der Gerichte Veranlassung gab. Die Schles. V. v. 4. Sept. 1709 über diese Frage ist z. B. dadurch veranlaßt, „daß bei den Cridae-Processen, und Concursibus creditorum, insonderheit bei Abfassung derer classificatoriarum wegen der in unterschiedenen Fürstenthümern diverso jure et modo eingeführten Observanzien und Judikaturen, einiger Anstand sich ereignet: ob die creditores hypothecarii mit denen verschriebenen Interessen gleich ihren Kapitalien vor denen chirographariis prioritative konsideriret, mithin diesfalls die geschriebene gemeine Kaiserliche, oder aber die theils Orten rezipirte Sächsische Rechte observiret werden sollen". Die Verordnung geht den Mittelweg, daß an der Stelle des gerichtlich konsentirten Hypothekenkapitals auch die Interessen davon, jedoch nur diejenigen, welche durch drei Jahre lang nacheinander versessen, angesetzt, „und solchergestalt die gemeine Kaiserliche, mit denen in Schlesien theils Orten rezipirten Sächsischen Rechten temperiret — werden sollen". Brachvogel, Samml. 1 S. 358. Diese und die anderwärts, z. B. in der Brandenburg'schen Hyp.= und Konk.=O. v. 4. Febr. 1722 §. 127 und verbesserten Sächs. Proz.=Ordn. Tit. 46 §. 3 in ganz gleichem Sinne ergangenen Entscheidungen haben gleichzeitige Rechtsgelehrte nur als Anwendungen eines Prinzips auf den Konkurs aufgefaßt und die Anwendbarkeit bei Klagen gegen den dritten Besitzer als unzweifelhaft hingestellt. So sagt Boehmer in Exercit. 60 c. 2 §. 13, daß da, wo nach Partikularrechten ein Hypothekenrecht an Grundstücken nur unter richterlicher Mitwirkung bestellt werden könne, in concursu creditorum et quando contra tertium possessorem hypothecaria agendum, nur die vorschriftsmäßige Hypothekbestellung ein jus agendi contra tertium begründe, und bringt damit die gedachte kaiserliche Verordnung v. 4. Sept. 1709, worin die Zinsenfrage bei dieser Art von Hypothekenbestellung entschieden wird, in Verbindung. Die Verfasser des Landrechts haben die vorgefundenen Verordnungen als besondere, nur für den Konkurs gegebene Bestimmungen aufgefaßt, wie die Fassung der §§. 482 u. 504 deutlich ergiebt; hiernach muß freilich das Pr. 2288 des O.Tr. als den Grundsätzen des A. L.R. entsprechend anerkannt werden.

13) (5. A. Der §. 483 lautete: „Dagegen erstreckt sich das dingliche Recht des Gläubigers nicht auf bloße Zögerungszinsen." Anders das Ges. über den Eig.=Erw. §. 30. Vgl. die Anm. 51 zu demselben.)

Auch ein Hypothekargläubiger kann, wenn ihm nach den Gesetzen höhere Zinsen erlaubt sind, vom Tage des Verzuges die Verzugszinsen nach dem ihm erlaubten höheren Satze fordern, aber nur von dem Personalschuldner. Der dritte Besitzer der verpfändeten Sache haftet gar nicht persönlich, weder für Kapital noch für Zinsen; er braucht nicht zu zahlen und kann mithin auch nicht für seine Person in Verzug kommen; er muß nur dulden, daß seine Sache zur Befriedigung des Gläubigers verwendet wird, soweit sie dem dinglichen Rechte desselben unterworfen ist. O.Tr. v. 5. Februar 1835, Jur. Wochenschr. 1835 S. 195. Daher ist das Erk. des O.Tr. III v. 28. Juni 1861, Entsch. 42 S. 133; Str. Arch. 58 S. 1, durchaus richtig, daß, wenn auf einem Gute eine Kaution in bestimmter Höhe zur Deckung des Ausfalls eines verzinslichen Kapitals eingetragen worden ist, und der Besitzer

§. 484. Abgeändert[14]).

§. 485*. Hat Jemand mit seinem Grundstücke Caution für sein eigenes[15]) Amt bestellt: so haftet das Grundstück auch für die Kosten zur Ausmittelung des Defects[16]).

§. 486. Ist aber diese Caution auf ein gewisses Quantum eingeschränkt: so haben die Kosten nur so weit, als sie aus diesem Quanto mit bestritten werden können, ein dingliches Recht.

§. 487*. Ist wegen der Kosten ein besonderer ausdrücklicher Vorbehalt gemacht, und mit eingetragen worden: so findet die Vorschrift §. 484 Anwendung[17]).

§. 488. Das verschriebene Grundstück haftet für die Kosten der Hypothekenbestellung[18]) selbst in allen Fällen nur alsdann, wenn es zum Unterpfande dafür ausdrücklich mit eingesetzt, und dieses im Hypothekenbuche mit vermerkt worden.

§. 489. Doch ist der Schuldner für die Kosten der Hypothekenbestellung und Eintragung, wenn nicht ein Anderes besonders verabredet worden, allemal persönlich verhaftet[19]).

---

des Guts, als bloßer Realschuldner, wegen Zahlung dieser Kautionssumme belangt wird, Verzugszinsen seit dem Tage der Klagebehändigung von ihm nicht gefordert werden können. Das Gleiche gilt jedoch nicht von demjenigen Besitzer, welcher selbst die Hypothek für eine fremde Schuld mit seinem Grundstücke bestellt hat. Dieser ist kein dritter Besitzer des Hypothekengrundstücks dem Gläubiger gegenüber, sondern er ist diesem aus der Hypothekenbestellung, also aus einer Obligation, gehalten, die Befriedigung desselben aus dem Grundstücke zu bewirken. Deshalb muß er auch Zögerungszinsen zahlen. So führt das O.Tr. IV in dem Erk. v. 7. Juli 1863, Str. Arch. 58 S. 14, aus. Die Ausführung ist jedoch nicht richtig. Ein bloßer Pfandkontrakt und eine ihm gleichstehende Hypothekbestellung zur Sicherstellung der Schuld eines Dritten begründet gar nicht die Verbindlichkeit des Pfandbestellers als solchen, für die Bezahlung der Schuld zu sorgen; der Inhalt der Obligation aus dem Pfandkontrakt ist ein ganz anderer. Das O.Tr. hat ein anderes Rechtsverhältniß im Sinne gehabt, nämlich das der persönlichen Kautionsleistung, verbunden mit einer Realsicherheitsbestellung für diese Kaution (Bürgschaft). Darauf deutet der Passus: „Deshalb (weil dem Hypothekgeber oblag, die Befriedigung des Kl. aus dem Grundstücke zu bewirken [?]) ist in der Urkunde die Hypothekbestellung auch dahin erfolgt: „daß die Kreditsumme an Kl. auf Verlangen prompt zurückgezahlt werde", und in der Certioration ist die Bestellerin sogar bedeutet, daß auch ihr sonstiges Vermögen und sogar ihre Person dem Kl. verhaftet sei." Wenn das nicht eine bloße Unterschiebung einer vermeinten persönlichen Bürgschaft von Seiten der Urkundsperson ist — die eigene Erklärung der Partei ist nicht mitgetheilt —, so ist das Rechtsgeschäft freilich keine bloße Hypothekbestellung, sondern eine persönliche Uebernahme einer fremden Schuld verbunden mit einer Hypothekbestellung für die Intercession.

14) (5. A.) Durch das Gesetz v. 24. Mai 1853 §. 29, oben Anm. 54 zu §. 30 des Ges. über den Eig.-Erw. Jenes Gesetz aber ist selber aufgehoben durch die Grundbuch-O. v. 5. Mai 1872 §. 143. Jetzt entscheidet der in Bezug genommene §. 30. Der §. 484 d. T. lautet: „Wegen der Kosten zur Ausklagung und Beitreibung der Forderung hat der Gläubiger kein dingliches Recht, wenn ihm nicht dasselbe in dem Hauptinstrumente ausdrücklich vorbehalten und dieser Vorbehalt im Hypothekenbuch mit vermerkt worden."

15) Anders, wenn er für das Amt eines Anderen Kaution bestellt hat. Tit. 14 §. 274.

16) (5. A.) Der §. 485 setzt eine Kaution von unbestimmter Höhe voraus. (§. 486.) Eine solche Kaution ist aber jetzt nicht mehr eintragungsfähig. Ges. über den Eig.-Erw. §. 24.

17) (5. A.) Wenn das Grundstück über die Kautionssumme hinaus noch für die Kosten der Ausmittelung des Defektes haften soll, so müssen diese Kosten ebenfalls in bestimmter Höhe eingetragen werden. Vergl. die Anm. 42 b zu §. 24 des Ges.

18) (5. A.) Unter den Kosten der Hypothekenbestellung sind hier, wie §. 489 ergiebt, die Kosten der Eintragung nicht mitzuverstehen. Der §. 488 muß daher als neben dem Ges. über den Eig.-Erw. §. 30 fortgeltend angesehen werden.

19) Dem Gläubiger nämlich, wenn dieser sie bezahlt hat. Dem Gerichte haftet nur der Extrahent. Diese Bestimmung giebt dem Gerichte kein Recht, sich an den Schuldner zu halten, wenn dieser die Eintragung nicht nachgesucht hat. Allein mittelbar, durch Ueberweisung, kann das Gericht dazu gelangen, die Kosten, die der Gläubiger nicht hat bezahlen können, von dem Schuldner einzuziehen. Dabei aber hat die Kasse nur die Rechte des Gläubigers gegen den Schuldner auf Grund dieses §. 489; sie kann nicht ihre fiskalischen Vorrechte geltend machen. Zu vergl. das R. des J.M. v. 3. Dezbr. 1841, betreffend die Kosten der hypothekarischen Eintragung von Domanialabgaben auf Antrag fiskalischer Behörden, J.M.Bl. S. 366.

7) Arten der Ausübung des Hypothekenrechts,

§. 490*. Der Gläubiger kann sein Recht auf die Hypothek durch Sequestration, Immission[20]) und Subhastation geltend machen.

§. 491. Wie dabei zu verfahren sei, ist in der Prozeßordnung vorgeschrieben[21]).

besonders gegen den dritten Besitzer.

§. 492. Der Hypothekengläubiger kann sein Recht auf die verpfändete Sache auch gegen einen dritten Besitzer derselben ausüben[22]).

§. 493. Gegen einen im Hypothekenbuche eingetragenen Gläubiger kann Niemand mit dem Vorwande, daß er redlicher Besitzer, und ihm von dem Anspruche nichts bekannt gewesen sei, sich schützen[23]).

§. 494. Auch hat der Gläubiger, wenn gleich die Sache sich in den Händen eines dritten Besitzers befindet, dennoch die freie Wahl: ob er sogleich an diese, oder zuerst an die Person seines Schuldners sich halten wolle[24]).

§. 495. Auch wenn er letzteres wählt[25]), bleibt ihm dennoch sein Recht auf die Sache, so lange er von dem Schuldner noch nicht vollständig befriedigt worden, vorbehalten[26]).

8) Ordnung und Vorzugsrechte der eingetragenen Forderungen.

§. 496. Durch die bloße Einwilligung des Hypothekengläubigers in die Veräußerung oder weitere Verpfändung der Sache an einen Dritten, wird das Recht desselben in nichts geändert[27]).

§. 497. Soll also, durch die Erklärung des Gläubigers, eine später eingetragene Post den Vorzug vor der Forderung desselben erhalten: so muß dieses Vorzugsrecht schriftlich eingeräumt, und im Hypothekenbuche vermerkt werden[28]).

---

20) (5. A.) Die Immission kommt in der Praxis wohl kaum noch vor. Das Gesetz über den Eigenthumserwerb hat sie deshalb nicht aufgenommen. Siehe §. 43 des Ges.

21) Allg. Ger.-O. I. Tit. 24 §§. 110 ff.; Konk.-O. v. 8. Mai 1855 §§. 266, 268, 383 ff.; Subh.-O. v. 15. März 1869.

22) (5. A.) Aehnlich §. 53 d. T. — Vgl. das Ges. über den Eig.-Erw. §§. 37, 41, 43, 44.

23) Denn seine Wissenschaft wird fingirt. Tit. 4 §. 19. Zu vergl. Tit. 9 §. 511.

24) Hierdurch ist das nach G.R. dem dritten Besitzer einer verpfändeten Sache zustehende beneficium excussionis abgeschafft, welches Justinian durch die Nov. IV c. 2 eingeführt hatte. (5. A.) Vergl. §§. 45 ff. d. T.

25) Durch die Klage gegen den persönlichen Schuldner innerhalb der Verjährungsfrist wird die Verjährung (der Zinsen) auch gegen den dritten Besitzer der verpfändeten Sache unterbrochen, so daß dieser dem später gegen ihn klagenden Gläubiger den Einwand der Verjährung nicht entgegensetzen kann. O.Tr. II (Pr. 201) v. 1. April 1837, Entsch. 3 S. 88. Vergl. Tit. 5 §. 439 und die Anmerk. dazu.

26) Er kann die Verfolgung des persönlichen Schuldners auch ganz aufgeben und sich doch an die verpfändete Sache halten, d. h. den dritten Besitzer mit der actio hypothecaria belangen. Anm. 77 zu §. 48 d. T.

27) Zu vergl. §§. 154—156 d. T.

28) Eine solche Prioritätscession begründet nur ein Verhältniß zwischen dem Cedenten und dem Cessionar, vermöge dessen der Letztere aus dem Perzipiendum des Ersteren, soweit es reicht, sich befriedigen, aber nicht die Löschung der Post verhindern kann, so daß, wenn sie erfolgt ist, die Prioritätscession keinen Vortheil gewährt. Dies ist anerkannt von dem O.Tr. III in dem Erk. (Pr. 547) v. 1. September 1838, Entsch. 6 S. 359:

a. Der von einem Hypothekengläubiger einem ihm nachstehenden Hypothekengläubiger eingeräumte Vorzug hat nur rechtliche Wirkung auf die besondere Stellung dieser beiden Gläubiger gegeneinander, nicht aber auf die, durch die Eintragung entstandene allgemeine Rangordnung sämmtlicher Hypothekengläubiger des verpfändeten Grundstückes.

b. Wird die voreingetragene Forderung, welche zurückgetreten ist, sei es auch ohne den Konsens des bevorzugten nacheingetragenen Gläubigers, gelöscht, so rücken die Zwischenforderungen von selbst vor, und die Vertheilung der Kaufgelder erfolgt lediglich nach der allgemeinen Rangordnung. Der durch die Prioritätseinräumung bevorzugt gewesene Gläubiger erhält daher seine Befriedigung an seiner ursprünglichen Stelle, ohne Berücksichtigung der nicht mehr wirksamen Prioritätseinräumung.

(5. A.) In einer jüngeren Entscheidung, in welcher der Satz zu a. gegen Mißverständnisse geschützt wird, ist der Gegenstand der vertragsmäßigen Einräumung der Priorität bestimmt als „das Recht, Befriedigung aus dem Kaufgelde des Pfandes für die vortretende Forderung vor dem die Priorität Einräumenden, und zugleich an der dem letzteren gebührenden Stelle der hypothekarischen Gläubiger-

§. 498. Ist der Vermerk unterblieben: so steht die Erklärung des Gläubigers zwar ihm und seinen Erben, nicht aber einem dritten Inhaber [29]) der Forderung entgegen.

§. 499. Was zu beobachten sei, wenn eine Frauensperson der Forderung eines Andern das Vorzugsrecht vor der ihrigen einräumt, ist im Titel von Bürgschaften bestimmt. (Tit. 14, §. 239.)

§. 500*. An und für sich wird also, wenn eine Sache Mehreren zur Hypothek verschrieben, und zu ihrer aller Befriedigung unzureichend ist, das Vorzugsrecht unter ihnen lediglich nach der Ordnung [30]) der geschehenen Eintragung bestimmt [31]).

---

ordnung vor, mit oder nach anderen Gläubigern zu fordern." O.Tr. III v. 5. Sept. 1870, Str. Arch. 89 S. 193. Vergl. das Ges. über den Eig.-Erw. §. 35 und die Anm. 70 zu demselben.

29) D. i. dem Singularsuccessor, im Gegensatze zum Erben. Wenn aber die Erben die Abtretung des Vorzugsrechts gelten lassen sollen, so ist gewiß, daß schon durch die Willenserklärung, und nicht erst durch die Vermerkung derselben im Hypothekenbuche, die Abtretung vollzogen ist; denn alsdann konnte der Erblasser seinen Erben nur das nachlassen, was er noch hatte. Das ist auch wahr bei der Uebertragung durch einen besonderen Titel; nur kann diese Wahrheit gegen den nicht zur Geltung kommen, welcher davon nichts weiß. Kannte aber der dritte Erwerber seinen Gegenstand ganz gut, so kann er hinterher nichts Besseres verlangen, als ihm überliefert worden ist; sein Dolus hindert ihn, das Recht des Redlichen (Getäuschten) für sich in Anspruch zu nehmen. Befindet sich z. B. die Prioritätseinräumung auf dem Hypothekeninstrumente über die cedirte Post, so ist es für den Cessionarius so gut, als wenn sie im Hypothekenbuche vermerkt stände. Zu vergl. das Pr. 2000 des O.Tr. unten in der Anm. zu §. 53 des Anh. (zu §. 511 d. T.)

30) Nach der Ordnung im Raume, nicht in der Zeit, wie sich die Allg. Ger.-O. I. 50 §. 387 ausdrückt. „Wenn mehrere Forderungen unter verschiedenen Nummern, ohne nähere Bestimmung in dem Eintragungsvermerke selbst, in das Hypothekenbuch eingetragen worden sind, so bestimmt die Reihenfolge, in welcher dieselben hintereinander eingetragen stehen, allein das Vorrecht der Hypotheken, ohne Rücksicht auf das Datum der Eintragungsverfügung." O.Tr. IV (Pr. 2123) v. 26. April 1869, Entsch. 17 S. 517. Bei Einträgen in derselben Kolonne fällt die Folge im Raume mit der in der Zeit zusammen, indem die voranstehende Post auch früher als die nachfolgende eingeschrieben worden sein muß. Von den auf Grund derselben Verfügung eingetragenen Posten hat doch die voranstehende den Vorzug. Pr. 27 unten in der Anm. 32 zu §. 501.

Von dieser Regel gelten zwei Ausnahmen:

a. Bei Eintragungen in verschiedenen Rubriken, indem die II. Rubrik an sich keinen Vorzug vor der dritten giebt. Unter diesen bestimmt das Alter der Eintragung den Vorzug; Eintragungen von gleichem Datum, wovon die eine in der II., die andere in der III. steht, haben, wenn über die Zeit nichts Näheres ermittelt werden kann, gleiche Rechte. Allg. Ger.-O. I. 50 §. 387 Satz 2. (5. A. Diese Ermittelungen fallen, als unvereinbar mit dem öffentlichen Glauben des Grundbuches, jetzt weg. Die unter demselben Datum eingetragenen Posten verschiedener Abtheilungen des Grundbuchblattes stehen nach dem Gesetz über den Eigenthumserwerb §. 36 immer zu gleichem Recht, „wenn nicht besonders dabei bemerkt ist, daß die eine der anderen nachstehen soll." Vgl. die Konk.-O. v. 8. Mai 1855 §. 55. Das Obertribunal nahm früher an, daß der Hypothekengläubiger, dem das frühere Recht des Realberechtigten bekannt gewesen sei, dem letzteren nachstehen müsse. O.Tr. III v. 23. Mai 1850, Entsch. 20 S. 193. Diese Annahme kann nach dem jetzt geltenden Recht nicht mehr für zutreffend angesehen werden.)

b. Bei Eintragungen in dieselbe Rubrik, wenn der Hypothekbesteller ausdrücklich erklärt, daß er dem Gläubiger unter dem Vorbehalte, später noch einem anderen genannten oder ungenannten Gläubiger für eine anzugebende bestimmte Summe dasselbe Grundstück mit dem Vorrechte vor der gegenwärtig bestellten Hypothek verpfänden zu dürfen, diese Hypothek bestelle; und wenn dieser Vorbehalt bei der Eintragung dieser Hypothek ausdrücklich vermerkt wird. Von den dann später eingetragenen Posten gebührt nur derjenigen das vorbehaltene Vorrecht, welcher der Besitzer dasselbe durch die in das Instrument aufgenommene Erklärung, daß dieser Forderung jenes Vorrecht zustehen solle, ausdrücklich beilegt, welches gleichfalls im Hypothekenbuche zur Verhinderung von Betrügereien vermerkt werden kann, aber nicht nothwendig vermerkt werden muß. Zu vergl. R. v. 17. April 1837, Jahrb. 49 S. 507. Der sorgfältige Richter wird den Vermerk, wenngleich er bei dieser Post nicht nothwendig ist, doch nicht unterlassen, damit aus dem Hypothekenbuche zu ersehen, daß der Besitzer über das vorbehaltene Vorrecht schon disponirt hat, und folglich nicht noch einem Anderen geben kann. Zu vergl. unten die Anm. 32 zu §. 501, betr. die gleichzeitigen Anmeldungen.

31) (5. A. Der §. 500 ist durch die Bestimmungen des Ges. über den Eig.-Erw. §§. 17, 34 und 36 ersetzt. Siehe die Anm. 69 zu dem §. 34.)

Die Ordnung zwischen einem Revenuengläubiger und einem jüngeren Substanzgläubiger regelt

§. 501*. Was der Richter zu thun habe, wenn mehrere Posten um eine und eben dieselbe Zeit zur Eintragung angemeldet werden [32]), und wie alsdann die Folge derselben zu bestimmen sei, ist in der Hypothekenordnung [33]) vorgeschrieben.

---

sich so, daß die Kaufgelder des subhastirten Grundstücks, welche nach Befriedigung der vorstehenden Gläubiger übrig bleiben, so lange im Depositorium bleiben und zinsbar belegt werden müssen, bis der Revenuengläubiger aus den gewonnenen Zinsen mit seinem Kapitale und den kurrenten und privilegirten Zinsen befriedigt worden. O.Tr. v. 31. Mai 1845, Entsch. 11 S. 316.

(5. A.) Der §. 500 kommt im Bergrecht auch dann zur Anwendung, wenn einigen Gläubigern das ganze Bergwerk (128 Kuxe), anderen nur einzelne Kuxe dinglich verhaftet sind. Die Priorität zwischen diesen und jenen Gläubigern bestimmt sich hier ebenso wie bei einer anderen im Miteigenthum befindlichen unbeweglichen Sache lediglich nach der Ordnung der Eintragung im Hypothekenbuche. O.Tr. III v. 10. Febr. 1871, Str. Arch. 81 S. 147.

Bei der Realisirung der Pfandrechte in Folge der nothwendigen Subhastation des Pfandgrundstücks bleibt die bisherige Priorität unter den nicht durch Baarzahlung befriedigten und fernerhin an das Pfand verwiesenen Gläubigern maßgebend. Ein Realrecht, welches der Ersteher neben der Zahlung des Kaufgeldes übernommen hat, fällt in den Bereich dieses Prinzips. O.Tr. III v. 17. Jan. 1873, Entsch. 68 S. 369; Str. Arch. 87 S. 326.

32) „Bei mehreren, zu gleicher Zeit zur Eintragung angemeldeten und auf den Grund derselben Verfügung, aber unter verschiedenen Nummern in das Hypothekenbuch vermerkten Posten, bestimmt die Reihenfolge dieser Nummern das Vorzugsrecht. — Für gleichzeitig eingetragene, und daher verhältnißmäßig zu befriedigende Posten sind nur diejenigen zu erachten, die entweder unter derselben Nummer, oder wenn auch unter verschiedenen Nummern, doch mit dem ausdrücklichen Beisatze, „„gleichzeitiger Eintragung"" im Hypothekenbuche vermerkt stehen." Pr. 27 des O.Tr. (ohne Datum). Dies bezieht sich nur auf Einträge in eine und dieselbe Rubrik. Zu vergl. oben die Anm. 30 Buchst. a.

33) Tit. 2 §. 30. Diese dem Hypothekenbuchführer gegebene Vorschrift hat nach dem §. 501 auch der Richter zu beobachten. Nach derselben sollen mehrere Befehle von einerlei Art nach der Zeitfolge, wie die Memoriale, worauf die Eintragung dekretirt ist, präsentirt worden sind, hinter einander eingetragen werden. (5. A. Nach dem Gesetz über den Eig.-Erw. §. 17, Zus. zu Tit. 19, und der Grundbuch-O. §. 45, Anm. 17 zu dem §. 17, entscheidet über die Reihenfolge der Eintragungen ebenfalls der Zeitpunkt der Vorlegung des Eintragungsantrages bei dem Grundbuchamt.) Das Obertribunal hat das Prinzip auch auf den Fall der Kollision ungleichartiger Rechte angewendet, also auf die Kollision einer Forderung mit dem Eigenthume, dergestalt, daß auch bei einer solchen Kollision die frühere Präsentation entscheidend ist, so daß z. B. der neue Erwerber eines Grundstückes eine Hypothek und namentlich auch einen Arrestschlag gegen den Vorbesitzer gelten lassen muß, wenn das Eintragungsgesuch des Arrestanten, falls es formell begründet ist, einen Moment früher präsentirt wenngleich später datirt worden ist als sein Erwerbungstitel, welchemgemäß das O.Tr. weiter folgert, daß ein neuer Erwerber sich nicht durch die bloße Einsicht des Hypothekenbuchs, sondern der Hypothekenakten überzeugen müsse, daß kein Eintragungsgesuch betreffs einer Forderung oder auch nur eines Arrestes, und einer Protestation für dieselbe, zu den Hypotheken-Angelegenheiten gelangt sei. O.Tr. III v. 27. Juni 1859, Str. Arch. 34 S. 104. — Diese Zumuthung ist stark; sie widerspricht dem Gesetze und der physischen Möglichkeit, weil die Einsicht der Hypothekenakten jene Ueberzeugung gar nicht verschaffen kann. Damit ist das Prinzip der Oeffentlichkeit und die Bedingung der fingirten Unredlichkeit hinsichtlich der Kenntniß der Vermerke, welche im Hypothekenbuche stehen (I. 4 §. 19), dem Wortlaute und Sinne des Gesetzes zuwider, vereitelt, und der Glaube des Hypothekenbuches vernichtet. Denn die Einsicht der Hypothekenakten giebt nicht immer Kenntniß davon: ob ein Eintragungsgesuch präsentirt worden ist, oder nicht. So lange ein solches Gesuch nicht erledigt worden ist, befindet es sich nicht bei den Akten, es liegt bei dem Dezernenten, oder bei dem Sekretär, oder bei dem Ingrossator, oder bei dem Kanzellisten, und wird den Akten erst dann beigeheftet, nachdem es seinen Lauf vollendet hat, worüber Wochen vergehen können; in älterer Zeit (1849) sind bei vielen Gerichten bisweilen darüber Monate vergangen. Nun ist es zwar einem mit den Gerichtsgeschäften Vertrauten möglich, einem Aktenstücke anzusehen, ob dazu ein Gesuch eingegangen ist, welches sich bei den Akten noch nicht befindet; denn es soll die Vortragsnummer des Exhibitums auf dem Aktendeckel oder einem dahinter befindlichen Blatte notirt werden. Allein dies setzt eine unfehlbare Akkuratesse des Büreauschreibers voraus, hängt mithin von der Aufmerksamkeit dieser Person ab, und diese ist als Gewähr für die Sicherheit des Hypotheken-Verkehrs, wobei es sich um das ganze Vermögen eines Menschen handeln kann, untauglich. Außerdem giebt es ein Stadium im Geschäftslaufe, wo auch die Nummer des eingekommenen Gesuches noch nicht bei den Akten bekannt sein kann: dies ist der Zeitraum zwischen dem Präsentatum und der Vorlegung des Gesuchs zum Vortrage. Die Dauer dieses Zeitraums ist unbestimmbar; es ist vorgekommen, daß Gesuche wochenlang im Fache liegen geblieben sind, ehe man dazu die Akten aufgesucht und die Sache, in den Tagezettel eingetragen, zum Vortrage geschickt hat. Hieraus wird der Geschäftskundige die Ueberzeugung schöpfen, daß durch eine solche Rechtsanwendung die

§. 502*. Hat der Richter bei Befolgung dieser Vorschriften gefehlt: so bleibt es dennoch bei der im Hypothekenbuche einmal angenommenen Folgeordnung [34]).

Sicherheit der Hypotheken-Einrichtung in der Luft hängt, und daß es unzulässig ist, das Publikum, statt auf das Hypothekenbuch, auf die Grundakten zu seiner Information zu verweisen. (5. A. In den Fällen, in denen der Eigenthumserwerb durch die Auflassung vermittelt wird, kann eine Kollision zwischen Eigenthum und Hypothek nicht mehr vorkommen. Auch darf nach den Gesetzen v. 5. Mai 1872 die Kenntniß von dem Inhalt der Grundakten nicht fingirt werden. Nur das Grundbuch, nicht die Akten, sind die Betheiligten einzusehen verpflichtet.)

„Der Tag und die Stunde eines Eintragungsgesuchs beim Gerichte bestimmt ohne Rücksicht darauf, wann dasselbe zu den Grundakten gekommen, die Präsentation. Wenn daher eine Ingrossation auf mehrere Grundstücke in einer Vorstellung gesucht wird, so ist sie bei allen Grundstücken zugleich präsentirt, wenn sie auch bei den Grundakten des einen früher allein zum Vortrage gelangt." O.Tr. II (Pr. 653) v. 5. April 1839, Präj.-Samml. S. 273. (5. A.) Es bezieht sich das Präjudiz selbstverständlich nur auf den Fall, wenn das Grundbuch über die mehreren Grundstücke von demselben Amte geführt wird. Ueber den entgegengesetzten Fall siehe Achilles S. 61 und 207.

34) (5. A. Das Prinzip des §. 502 liegt auch dem Gesetz über den Eigenthumserwerb §§. 17, 34, 36 zu Grunde.) Vergl. den §. 408 d. T. und die Anm. 23 zu demselben.

Bei der einmal angenommenen Folgeordnung behält es lediglich sein Bewenden, vorausgesetzt, daß der vorangestellte Gläubiger davon nichts wußte, daß der nach ihm Eingetragene sein Eintragungsgesuch früher präsentirt hatte und deshalb hätte vorgehend eingetragen werden müssen. Das O.Tr. IV hat in einem Erk. v. 1. Mai 1860, Str. Arch. 37 S. 217, mit einem gerade entgegengesetzten Ausspruche überrascht. Dadurch wird der Glaube des Hypothekenbuchs umgestoßen und dem Hypothekenrechte der Boden genommen. Zum Glücke sind die für diesen Ausspruch beigebrachten Gründe alle trüglich und unzutreffend. „Nach diesen Vorschriften (§§. 502 u. 503)," wird gesagt, „könnte es auf den ersten Anblick den Anschein gewinnen, als ob es bei der durch die erfolgte Eintragung einmal normirten Rang- und Prioritätsordnung lediglich sein Bewenden behalten müsse und demjenigen, dem dadurch zu nahe getreten, nur der Regreß an den Hypothekenrichter zustehen solle; bei näherer Erwägung erscheint jedoch diese Auslegung nicht gerechtfertigt, und namentlich in dem Falle nicht maßgebend sein zu können, wenn die Posten, zwischen denen der Prioritätsstreit erhoben, noch in den Händen derjenigen Personen sind, denen sie zur Zeit der Eintragung gehört haben." Dafür werden folgende Beweisgründe beigebracht: „Denn die Generalregel des A. L.R. II. 10 §. 91, nach welcher die Vertretungsverbindlichkeit aller Beamten — nur subsidiarischer Natur ist, und nur dann gegen sie geltend gemacht werden kann, wenn kein anderes gesetzmäßiges Mittel zur Abhülfe des Nachtheils mehr übrig ist, — gilt auch hinsichtlich der Versehen, welche die hypothekenbuchführende Behörde begangen hat." (§. 433 d. T.) Dieser Satz heißt mit anderen Worten kurz: der Beamte wird durch sein Versehen Subsidiarschuldner. Dagegen ist nichts zu erinnern, aber es ist daran keine Folgerung geknüpft. Die rechtliche Folgerung ist die: es muß daher ein Hauptschuldner vorhanden sein und zuerst in Anspruch genommen werden. Wer ist dieser in dem vorliegenden Falle? Diesen findet das Obertribunal in dem §. 433 d. T. bezeichnet, wo es heißt: „Ehe der Richter wegen eines von ihm begangenen Fehlers in Anspruch genommen werden kann, muß zuvörderst derjenige haften, welcher sich mit dem Schaden des Gläubigers widerrechtlich bereichern würde." Dies bezieht sich auf einen Dritten; denn der Hauptschuldner in erster Reihe ist immer der Schuldner aus dem Rechtsgeschäfte; jenes Erforderniß, welches als aus der Natur einer subsidiarischen Verbindlichkeit folgend an die Spitze der Entscheidungsgründe gestellt ist, ist also immer und auch hier vorhanden, selbst wenn gar kein Dritter zu finden wäre, „welcher sich mit dem Schaden des Gläubigers bereichern würde". Wie nun aber das bisher Gesagte auf den voreingetragenen Gläubiger als denjenigen führen soll, welcher dem Nachgesetzten „aus der widerrechtlichen Bereicherung" aufzukommen hätte, davon sagt das Obertribunal kein Wort, und das wäre doch gerade der Hauptpunkt, welcher hätte dargethan werden müssen. Für die widerrechtliche Bereicherung, welche die thatsächliche Unterlage des Ausspruchs, auf Grund des §. 433, ist, wird nicht eine Silbe angeführt. Statt dessen wird auf einen ganz anderen Punkt übergegangen, nämlich auf den Fall, wenn aus Versehen der Hypothekenbehörde die auf mehrere Grundstücke nachgesuchte Eintragung nicht auf alle erfolgt ist. Dann soll nach §§. 451 u. 452 Abhülfe geschehen, soweit sie noch stattfinden kann, d. h. wenn noch kein Dritter mit wohlerworbenen Rechten dazwischen gekommen ist. Hieraus soll sich von selbst ergeben, daß die nach §. 502 erfolgte Eintragung an sich nicht der Zulässigkeit der Abhülfe entgegenstehe. Das ergiebt sich keineswegs von selbst, denn die Bedingung der Abhülfe (der Abänderung der Reihenfolge) ist, wenn sie noch stattfinden kann, also der Voreingetragene noch kein Recht wohlerworben hat. Das aber muß, wenn die Abschließung des Geschäfts den in der Hyp.-Ordn. 2 §. 171 vorausgesetzten Gang genommen hat, bestritten werden, der Gläubiger hat dann ganz entschieden ein Recht wohlerworben. Seltsam. Das Obertribunal, und zwar derselbe IV. S., hat einige Tage vorher, in einem Erk. v. 26. April 1860, Str. Arch. 37 S. 199, selbst ausgeführt: „Erst nach der in das Hypothekenbuch erfolgten Eintragung des für ein Darlehn eingeräumten hypothekarischen Pfandrechts, und aus dem darüber ertheilten Hy-

§. 503. Derjenige aber, welcher durch ein solches Versehen des Richters gefährdet worden, kann von diesem, jedoch nur unter den §§. 451, 452 festgesetzten Bestimmungen, Schadloshaltung fordern[35]).

§. 504. Bei eintretender Unzulänglichkeit einer Mehreren zur Hypothek verschriebenen Sache, haben nur zweijährige Zinsenrückstände mit der Hauptforderung gleiche Rechte[36]).

---

pothekenscheine ersieht der Gläubiger mit Zuverlässigkeit, welche Sicherheit ihm für sein Kapital verschafft worden ist. Früher kann er ohne Gefährdung dasselbe nicht auszahlen, da sich bis zur wirklichen Einschreibung noch mancherlei ihm nachtheilige Veränderungen im Besitz und Hypothekenstande des Grundstücks ereignen können. Die Hyp.-Ordn. setzt daher in den §§. 172 u. 174 a. a. O. die Bestellung und Eintragung der Hypothek als der Valutenberichtigung vorhergehend ausdrücklich voraus." — Jetzt, in dem vorliegenden Falle, stößt dasselbe die „Zuverlässigkeit, womit der Gläubiger ersieht, welche Sicherheit ihm für sein Kapital verschafft worden ist", über den Haufen, und kassirt die zuverlässige Sicherheit, wenn noch ein anderes Eintragungsgesuch vorgelegen hatte, welches früher präsentirt worden war und deshalb vorher hätte eingetragen werden müssen, Umstände, welche aus dem dem Gläubiger überbrachten Hypothekeninstrumente nicht zu ersehen waren. Hätte er gewußt und wissen können, daß die „Zuverlässigkeit" eine Täuschung war, so würde er ja auf das Instrument keinen Groschen gegeben haben. Gab er im Vertrauen auf die „Zuverlässigkeit" sein Geld hin, wie vermag da eine gesunde Logik ihm eine widerrechtliche Bereicherung mit dem Schaden eines Anderen, auf Grund des §. 433 d. T., nachzusagen und das auf den Glauben des Hypothekenextrakts erworbene Recht abzusprechen, weil noch res integra sei. Dafür werden überall gar keine Gründe angegeben und sind auch nicht findbar, nicht zu gedenken, daß der Wortlaut des §. 502 bestimmt und deutlich das Gegentheil sagt. Res ist eben nicht mehr integra. Deshalb entbehrt auch das Erk. des O.Tr. III v. 10. Novbr. 1865, Str. Arch. 60 S. 31, wodurch ein eingetragener Gläubiger verurtheilt wird, einem nach ihm Eingetragenen, der sein Gesuch früher präsentirt hatte, deshalb zu weichen, weil er sich mit dem Schaden des Anderen widerrechtlich bereichern würde, der Begründung. Es ist thatsächlich unrichtig, daß der Darlehnsgeber, welcher dem Nehmer auf das ihm von demselben überbrachte und in Ordnung befundene Hypotheken-Instrument das verschriebene Darlehn auszahlt, und nichts weiter als Wiederbezahlung des Gegebenen erwartet, sich bereichert; ihm kann auch keine Unredlichkeit zur Last gelegt werden, denn aus seinem Instrumente kann er nicht ersehen, daß nach ihm noch Jemand eingetragen steht, welcher vor ihm hätte eingetragen werden sollen. Wenn das Recht sein sollte, so würde das ganze preußische Hypothekenwesen eine Falle für ehrliche Leute sein, welche harmlos dem §. 502 glauben und den gerichtlichen Hypotheken-Instrumenten trauen wollten. — In einem ähnlichen Falle, wo der voreingetragene Gläubiger, dessen Titel jünger war als der des nachgesetzten, wieder zum Zurücktreten verurtheilt ward, werden die §§. 433, 451, 452, 526 ff. angerufen als solche, welche ergeben, wie sehr das Gesetz bereit sei, in Fällen der vorliegenden Art Abhülfe zu gewähren und den aus der unrichtigen Eintragung oder Löschung hervorgegangenen widerrechtlichen Vortheil nur zu Gunsten dessen aufrecht zu erhalten, welcher, auf den Glauben des Hypothekenbuchs sich im redlichen Vertrauen verlassend, eine so begünstigte Forderung erworben hat; und diesem wird hinzugefügt: „und es gehen also alle diese Bestimmungen dahin, daß eine Herbeiführung desjenigen rechtlichen Zustandes, wie er eigentlich hätte sein sollen und bei ordnungsmäßigem Verfahren des Hypothekenrichters gewesen sein würde, soweit dies unbeschadet der wohlerworbenen Rechte des auf den öffentlichen Glauben des Hypothekenbuchs vertrauenden Dritten geschehen kann, zulässig ist; derjenige Gläubiger aber, der sich sonst mit dem Schaden des Andern bereichern würde, dem nicht widersprechen kann, wie dies Alles auch für einen ganz ähnlichen Fall in der diesseitigen Entscheidung v. 1. Mai 1860 (s. oben zu Anfang dieser Note) ausgeführt ist." O.Tr. III v. 25. Mai 1867, Str. Arch. 66 S. 364. Gegen die vorgeführten Rechtssätze ist nichts erinnert worden, bestritten sind nur die thatsächlichen Voraussetzungen derselben in jenem Falle von 1860. Anders steht das Sachverhältniß in dem jüngsten Falle von 1867: hier hatte keiner dem öffentlichen Glauben des Hypothekenbuches vertraut, denn es war keins vorhanden, die Titel waren ausgestellt, ehe noch ein Hypothekenbuch von den verpfändeten Gegenständen existirte und als dieses Hypothekenbuch regulirt wurde, waren die Titel noch in der ersten Hand. Da konnte, als die Berichtigung des Irrthums in der eingeschriebenen Reihenfolge verlangt wurde, keiner sich darauf berufen, daß er im Vertrauen auf den Glauben des Hypothekenbuchs ein Recht wohlerworben habe, wie in jenem Falle, wo dem Darlehnsgeber ein gehörig eingetragenes Hypotheken-Instrument von dem Darlehnssucher überbracht wird und jener darauf im Vertrauen auf den Glauben des Hypothekenbuches die Valuta zahlt. (5. A.) Der Ansicht von Koch sind im Wesentlichen auch Dernburg, Lehrb. 1 S. 419, und Turnau S. 168.

35) (5. A.) Grundbuch-O. v. 5. Mai 1872 §. 29, Zus. zu §. 409 d. T.

36) (5. A. Die neuere Gesetzgebung hat hieran nichts geändert. Vergl. die folgende Anm.) Der §. 504 enthält eine Ausnahme von der Regel des §. 482, aufgenommen aus der Branden-

§. 505. Abgeändert[37]).

17. Konkurs=Ordnung vom 8. Mai 1855. (G.S. S. 321.)

§. 54. An der Stelle, an welcher eine Hypothekenforderung (§. 53) anzusetzen ist, werden in der nachstehenden Reihenfolge berichtigt:

1) die Kosten der Liquidation, Kündigung, Ausklagung und Beitreibung, ingleichen sonstige Kosten, insofern die Hypothek dafür haftet;
2) die noch unberichtigten laufenden Hypothekenzinsen oder anderen Prästationen;
3) die Rückstände von Hypothekenzinsen oder anderen Prästationen aus den beiden letzten Jahren;
4) das Kapital der Forderung.

§. 57. Aus den Revenüen des Grundstücks werden zunächst die laufenden öffentlichen und gemeinen Abgaben und Leistungen, die Verwaltungsausgaben und die in Bezug auf die Revenüenmasse erwachsenen sonstigen Kommunkosten bestritten.

Demnächst werden die laufenden Hypothekenzinsen und anderen auf dem Grundstücke haftenden laufenden Prästationen nach der Rangordnung der Realrechte (§§. 51, 53 und 55) an den Fälligkeitsterminen berichtigt, soweit die jedesmaligen Revenüenbestände hinreichen.

Hierbei sind in Ansehung der Forderungen, welche ungetheilt auf mehreren zur Konkursmasse gehörigen Grundstücken haften, die Revenüen eines jeden Jahres nach den Grundsätzen zu vertheilen, welche bei der Kaufgeldervertheilung zur Anwendung kommen (§. 56 Nr. 1, 2 u. 4).

Der etwa verbleibende Revenüenüberschuß fließt zur Kaufgeldermasse.

§. 58. Wenn Hypothekengläubiger wegen der Zinsen und Kapitalien ihre Befriedigung lediglich aus den Revenüen zu fordern haben, so muß deren Vertheilung in der Weise geschehen, daß solche Gläubiger auch wegen der Rückstände und der Kapitalien in dem für die Vertheilung der Kaufgelder bestimmten Umfange (§. 54) befriedigt werden, bevor ein ihnen nachstehender Gläubiger auf laufende Zinsen etwas erhalten kann.

§. 59. Die laufenden Abgaben, Lasten, Hypothekenzinsen und andere Prästationen nehmen von dem letztverflossenen Fälligkeitstermin vor der Beschlagnahme der Revenüen oder der Einleitung der Sequestration ihren Anfang. Hat aber die Beschlagnahme der Revenüen oder die Einleitung der Sequestration vorher nicht stattgefunden, so beginnen sie mit dem letztverflossenen Fälligkeitstermin vor der Konkurseröffnung oder vor dem früheren Tage der verfügten nothwendigen Subhastation.

burg'schen Hyp.= und Konk.=Ordn. v. 4. Februar 1722 §. 127 in die späteren allg. Gesetzbücher. Sie gilt nur bei der Konkurrenz mehrerer Gläubiger im Falle der Unzulänglichkeit der Masse. Zu vergl. Pr. 2288 des O.Tr., oben in der Anm. 12 Alinea 5 zu §. 482. — Daß diese Bestimmung über die Rechte der Gläubiger nicht durch eine Uebereinkunft mit dem Schuldner abgeändert werden kann, versteht sich von selbst, nicht weil sie ein Prohibitivgesetz von zwingender Natur wäre, wie gesagt worden ist, sondern weil sie Rechte Dritter betrifft.

Diese Ausnahme ist auch auf andere Fälle ausgedehnt worden, namentlich auf Prästationen, welche aus besonderen Titeln auf das Grundstück eingetragen sind, wie z. B. jährliche Reichungen zum Unterhalte, Altentheile und dergl. Nach älterem Rechte war darüber Meinungsverschiedenheit, welche durch die Konk.=Ordn. v. 8. Mai 1855 §. 52 Nr. 2 und §. 383 beseitigt worden ist. M. s. die Anm. 1 zu §. 52 a. a. O.

Der bevorzugte zweijährige Rückstand der Gutsliedlöhner ist im Subhastations=Kaufgeldervertheilungsverfahren von dem Tage der Einleitung der Subhastation zu berechnen. O.Tr. IV v. 20. Juni 1854, Str. Arch. 73 S. 213. Der §. 59 der Konk.=Ordn. v. 1855 bestimmt den letztverflossenen Fälligkeitstermin vor der Einleitung des Verfahrens als Scheidungszeitpunkt zwischen Laufendem und Rückständen.

37) (5. A. Durch die Konk.=O. v. 8. Mai 1855, Zus. 17.)

Der Wortlaut des §. 505 ist: „Aeltere Zinsenrückstände müssen sämmtlichen übrigen auch bloß persönlichen Kapitalsschulden nachstehen." Damit waren solche Zinsen nicht von der Konkurrenz bei dem Kaufgelder=Liquidationsverfahren ausgeschlossen; sie traten nur hinter die persönlichen Kapitalsschulden, soweit solche konkurrirten, zurück. Dies wurde durch die Konk.=Ordn. v. 8. Mai 1855, Zus. 17, geändert. (5. A.) Darnach wurden jene Rückstände aus dem Kaufgelde überhaupt nicht berichtigt. Das ist jetzt wieder anders geworden. Die Subh.=O. v. 15. März 1869, Zus. 18, hat die Dinglichkeit des Anspruchs auf ältere als zweijährige Rückstände, wenn auch nur beschränkt, zur Anerkennung gebracht. Vergl. §. 482 und zu demselben die Anm. 12 Abs. 4.

Die Rückstände (§§. 47 bis 50, 52 und 54) werden von denselben Zeitpunkten zurückgerechnet.

§. 60. In einem größeren, als dem vorstehend festgesetzten Umfange haben die Forderungen der Realgläubiger keinen Anspruch auf abgesonderte Befriedigung aus der Grundstücksmasse.

18. Subhastations-Ordnung vom 15. März 1869. (G.S. S. 421.)

§. 60. Aus den Kaufgeldern des subhastirten Grundstücks werden die Realgläubiger in der Reihenfolge und dem Umfange befriedigt, welche für die Vertheilung der Kaufgelder im Falle des Konkurses festgesetzt sind.

Wenn hiernach die zur Zeit der Einleitung der Subhastation bereits vorhandenen Realgläubiger befriedigt sind, so dient der Ueberrest der Kaufgelder in nachstehender Reihenfolge zur Befriedigung 1) der Gläubiger, welche die Subhastation beantragt haben, und der Realgläubiger, deren Forderungen erst nach Einleitung der Subhastation entstanden sind; 2) sämmtlicher Realgläubiger wegen älterer als zweijähriger Rückstände an Hypothekenzinsen und anderen Leistungen und Abgaben, sowie derjenigen Gläubiger, für welche das Kaufgeld mit Beschlag belegt worden ist.

Reicht das Kaufgeld zur Befriedigung dieser Gläubiger nicht hin, so bestimmt sich die Reihenfolge im ersten Falle (Nr. 1) nach den Tagen, an denen die Subhastation eingeleitet, der Beitritt zugelassen oder die Forderung in das Hypothekenbuch eingetragen worden ist, im zweiten Falle (Nr. 2) nach den Vorschriften über die Rangordnung der Konkursgläubiger.

Insofern nach diesen Vorschriften bei Bestimmung der Vorrechte der Zeitpunkt der Konkurseröffnung in Betracht kommt, ist an dessen Stelle der Tag maßgebend, an welchem die Subhastation eingeleitet, der Beitritt zugelassen oder die Beschlagnahme erfolgt ist.

§. 506. Wie weit, bei entstandenem Konkurs- oder Liquidationsprozesse, die fortlaufenden Zinsen der eingetragenen Hypotheken aus den Nutzungen der verpfändeten Sache berichtigt werden müssen, bestimmt die Konkursordnung [38]).

§. 507. Eben daselbst ist vorgeschrieben, wie weit in einem solchen Falle die vorräthigen Bestände den eingetragenen Gläubigern, oder zur gesammten Konkursmasse, gehören [39]).

§. 508. Nach eben diesen Vorschriften muß bestimmt werden, wenn, bloß im Wege der Exekution, mehrere Gläubiger sich an die vorräthigen Bestände halten wollen, in wie fern das Vorrecht der eingetragenen Gläubiger sich auf dieselben erstrecke.

§. 509. Die Kosten, welche bei einem entstehenden Concurs- oder Liquidationsprozesse auf die Veräußerung des verschriebenen Grundstücks verwendet worden, müssen von dem dafür gelöseten Kaufgelde vorweg abgezogen werden [40]).

§. 510. Aufgehoben [41]).

---

38) (5. A.) Allg. Ger.-O. I. 50 §§. 150—152, 477 b, 503, 512, 513, Dekl. v. 20. Januar 1820, jetzt die Konk.-O. v. 8. Mai 1855 §§. 57—59, Zus. 17.

39) (5. A.) Konk.-O. v. 8. Mai 1855 §§. 31 u. 267; Ges. über den Eig.-Erw. v. 5. Mai 1872 §. 30.

40) (5. A.) Konk.-O. §. 46; Subh.-O. §. 50. Reicht das Kaufgeld zur Deckung der Subhastationskosten nicht aus, so fallen dieselben nach §. 3 des Tarifs zur Subh.-O. dem Ersteher zur Last.

41) Durch die Konk.-O. §. 54 Nr. 1, Zus. 17. Vergl. das Einf.-Ges. v. 8. Mai 1855 Art. II. Der aufgehobene §. 510 verordnete, daß im Konkurse auch der Hypothekengläubiger die Kosten zur Ausführung seines Anspruchs gegen seine Mitgläubiger, also die Liquidationskosten, selbst tragen müßte, d. h. daß er aus dem Unterpfande Erstattung dieser Kosten zu fordern nicht berechtigt sein sollte, wenn die Kaufgeldermasse nicht zureichte. Die Haftung des persönlichen Schuldners auch für diese Kosten war unbestritten. O.Tr. IV (Pr. 1966) v. 21. Dezbr. 1847, Entsch. 16 S. 181. Die Anwendbarkeit dieser Vorschrift (§. 510) wurde auch durch Vertrag und Hypothekbestellung für die Kosten (§. 482) nicht ausgeschlossen. Für diesen Fall wollten Monenten bei Abfassung des A. L.R. die Liquidationskosten an der Stelle des Kapitals passiren lassen. Das Monitum fand aber keine Beachtung, und Suarez bemerkte in der rev. mon.: „Einige Monenten glauben, daß auch diese Kosten in einem Konkurse cum sorte lozirt werden müßten. Dies heißt aber den favorem der Hypothekengläubiger zu weit getrieben.“ Mot. z. d. G.B. (1840) S. 487. Mußten ja sogar die Faustpfandgläubiger die Liquidationskosten tragen. A. Ger.-O. I. 50 §§. 381 u. 528. Dies ist durch die Konk.-Ordn. vom 8. Mai 1855 §. 54 Nr. 1 abgeändert: an der Stelle des Hypothekenkapitals werden auch die Kosten der Liquidation ꝛc. angesetzt. Eine solche Erstattung dürfte jedoch bei dem Kaufgelder-Vertheilungsver-

§. 511. So weit der Gläubiger über die eingetragene Forderung selbst verfügen kann, so weit ist er auch die dafür bestellte Hypothek einem Anderen abzutreten [42]) und zu verpfänden berechtigt.

Anh. §. 53*. Doch kann dem Cessionarius einer mit Consens des Schuldners eingetragenen hypothekarischen Schuldverschreibung ein wider den Cedenten zustehender, vor der Cession entstandener, Einwand der Compensation nur alsdann mit rechtlichem Effekte entgegengesetzt werden, wenn dieser Einwand im Hypothekenbuche vermerkt, oder dem Cessionario sonst bekannt gewesen ist [43]), und ein Gleiches findet statt, wenn Jemand ein sub reservato dominio eingetragenes rückständiges Kaufgeld cedirt worden, welches der Käufer deshalb zu agnosciren oder zu bezahlen verweigert, weil er Einwendungen hat, die aus einem im Kaufkontrakte enthaltenen Versprechen des Verkäufers entspringen [44]).

§. 512. Was bei Cessionen eingetragener Forderungen Rechtens sei, ist im Eilften Titel vorgeschrieben. (Tit. 11, Abschn. 3.) [45])

---

fahren auf thatsächliche Hindernisse stoßen. Denn ohne Liquidirung, Gegenerklärung und Festsetzung findet an sich keine zwangsweise Erstattung statt, im Vertheilungstermine kennt man mithin die Größen noch nicht, auf deren Erstattung man ein Recht haben könnte.

*) (5. A.) Die §§. 511—519 sind zum Theil ersetzt durch die Bestimmungen des Gesetzes über den Eig.-Erw. §§. 52 — 56.

42) Bei der Cession einer Hypothekenpost ist die Behandlung des Falles in Frage gekommen, wenn mit dem Kapitale nicht alle Zinsen cedirt werden, welche der Cedent zu fordern hat. Der Fall kann der sein, daß die Zinsen nur von einem bestimmten Tage ab mit cedirt werden und der Cedent noch Rückstände zu fordern hat; er kann auch der sein, daß ausdrücklich ein niedrigerer Zinssatz cedirt wird, als verschrieben ist. Was die Rückstände betrifft, so haben dieselben auf das fernere Schicksal der Hypothekenpost keinen Einfluß; der Cedent kann sie als eine selbstständige, ihm verbliebene Forderung verfolgen, auch gegen den dritten Besitzer des verpfändeten Grundstücks, so lange sie nicht verjährt sind. Das Hypothekeninstrument ist ihm dazu nicht nöthig, deshalb bedarf es auch keiner Abzweigung davon. Der Grundsatz des Tit. 11 §. 843 kann ihm nicht entgegengesetzt werden, obgleich es behauptet worden ist (R. v. 4. Dezember 1835 Nr. 2, Jahrb. 46 S. 569); denn er hat dem Schuldner nicht quittirt.

Der andere Fall, wenn statt der verschriebenen fünf Prozente nur vier cedirt werden, muß, wenn der Cedent das mehr verschriebene eine Prozent für sich künftig einziehen will, was die Konstituirung eines theilweisen Nießbrauchs enthalten würde, wie eine Partialcession behandelt werden. Ist kein ausdrücklicher Vorbehalt gemacht und kein Zweiginstrument darüber ausgefertigt worden, so behält der Cedent gar kein Recht für sich übrig, vielmehr enthält die Cession eine Herabsetzung des Zinsfußes. Es bedarf auch keiner Löschung des fünften Prozents. Zu vergl. die R. v. 4. Dez. 1835, Jahrb. 46 S. 568, und vom 24. Juli 1837, ebd. 50 S. 208. (5. A.) Ebenso Achilles S. 212; Turnau S. 476; Dernburg 1 S. 720.

43) Durch dieses „sonst bekannt gewesen ist“ wird nichts dem §. 423 d. T. Widersprechendes verordnet. Der §. 423 bezeichnet durch das „vorher kund gethan hat“ die Handlung, welche das Bekanntsein hervorbringt; denn das Bekanntsein ist der entscheidende Umstand. Wodurch der Cessionar vorher in Kenntniß gekommen, ist unerheblich, es genügt, daß er es weiß. Den Grundsätzen des A. L.R. völlig entsprechend ist es, wenn das Obertribunal sagt: „Der Cessionar einer bedingten Hypothekenforderung, welche als eine unbedingte eingetragen ist, kann sich auf den Glauben des Hypothekenbuchs gegen den Schuldner resp. Verpfänder nicht berufen, wenn die beschränkende oder auflösende Bedingung in dem über die Forderung ausgestellten Instrumente selbst enthalten ist.“ O.Tr. III (Pr. 2000) v. 14. April 1848, Entsch. 16 S. 501. Das Gleiche gilt, wenn der Cessionar sich die Post ohne Aushändigung des Instruments cediren läßt. O.Tr. III (Pr. 2367) vom 29. März 1852, unten in der Anm. 55 zu §. 522.

Allein es kommt auf die richtige Präcision des erheblichen Umstandes, den der Cessionar wissen muß, an. „Zur Kompensation gegen den Cessionar einer eingetragenen Forderung genügt es nicht, daß der Gegenanspruch des verklagten Schuldners, resp. Besitzers des verpfändeten Grundstücks vor der Cession entstanden und dem Hypothekengläubiger bekannt gewesen sei. Der Anspruch muß mindestens schon bestimmt als Tilgungsmittel gegen die Hypothekenforderung bezeichnet, und dies muß dem Cessionar bei Eingehung des Cessionsgeschäfts bekannt gewesen sein.“ O.Tr. v. 23. Mai 1846, Entsch. 13 S. 278, (5. A.) und III v. 23. Novbr. 1868, Str. Arch. 73 S. 128.

44) (5. A.) Die Vorschriften des Anh. §. 53 sind durch die allgemeine Bestimmung des Gesetzes über den Eigenthumserwerb §. 38 Satz 2 ersetzt. Materiell ist nichts geändert.

45) Dort ist in dem §. 400 wieder auf den Titel 20 verwiesen, nur der §. 427 giebt eine für Hypothekenposten eigenthümliche Vorschrift.

§. 513*. Die Eintragung einer gehörig geleisteten Cession in das Hypothekenbuch ist zur Gültigkeit des Geschäfts nicht nothwendig [46]).

§. 514. Hat jedoch der Cessionarius die Eintragung zu suchen verabsäumt: so muß er die daraus entstehenden nachtheiligen Folgen, in den durch die Hypothekenordnung näher bestimmten Fällen, wider sich gelten lassen [47]).

§. 515. Bei Verpfändungen eingetragener Hypotheken finden zuvörderst die allgemeinen Vorschriften von Verpfändungen ausstehender Forderungen überhaupt Anwendung. (§. 280 [48]) sqq.)

§. 516*. Außerdem gilt, wegen der Eintragung solcher Verpfändungen [49]), alles das, was vorstehend wegen der Cessionen verordnet ist. (§. 513, 514.)

§. 517*. Die Kosten der Verpfändung und ihrer Eintragung muß, im Mangel besonderer Verabredungen, der Verpfänder tragen [50]).

§. 518*. Die Kosten einer Cession und deren Eintragung müssen, wenn nichts Besonderes verabredet ist, von dem Cedenten und Cessionario zu gleichen Theilen getragen werden [51]).

§. 519*. Hat jedoch der Schuldner, wegen geschehener Aufkündigung, sich um einen andern Gläubiger beworben: so muß, wenn nicht ein Anderes verabredet ist, der Schuldner die Cessions- und Eintragungskosten entrichten [52]).

§. 520. So weit der Anspruch, für welchen die Hypothek bestellt worden, getilgt wird, so weit erlöscht zwar in der Regel auch das dingliche Recht des Gläubigers [53]). 10) Von Löschungen *).

46) (5. A. Ebenso nach dem Ges. über den Eig.-Erw. §. 54.) Die Eintragung der Cession kann zu jeder Zeit, auch noch nach 30 Jahren, nachgesucht und auch alsdann noch die dazu erforderliche authentische Form einer Privatcession nachgefordert werden. O.Tr. III (Pr. 1437) v. 13. April 1844, Präj.-Samml. S. 35, Anm. zu §. 506 Tit. 9.

47) (5. A.) Zu den nachtheiligen Folgen, denen der nicht eingetragene Cessionar ausgesetzt ist, gehört namentlich, daß derselbe, wie Turnau S. 460 sich ausdrückt, „niemals zugezogen werden kann, wenn etwas geschieht, was sein Interesse bei dem Grundstück in Anspruch nimmt; daß er sich mit seiner Hypothek oder Grundschuld präkludirt und dieselbe gelöscht sehen kann, ehe er es vermuthet, wenn er nicht den öffentlichen Blättern, in welchen die Aufgebote bekannt gemacht werden, ein stetes Studium widmet." Allg. Hypotheken-O. v. 20. Dez. 1783 Tit. 2 §. 213; Allg. Gerichts-O. I Tit. 38 §. 21; Tit. 47 §. 65; Tit. 50 §. 412; A. L.R. I Tit. 17 §. 153; Tit. 20 §. 529; Subh.-O. v. 15. März 1869 §§. 14, 80—87; Grundb.-O. §§. 103 ff. — Siehe auch das Erk. des O.Tr. III v. 10. Novbr. 1873, Str. Arch. 90 S. 276.

48) Statt „280" muß es heißen 281. Der Fehler steht in allen Ausgaben.

49) Vergl. die Hyp.-O. 2 §§. 228 ff., (5. A.) jetzt das Ges. über den Eig.-Erw. §§. 53 u. 54 und die Grundb.-O. §. 84.

50) (5. A.) Die §§. 517—519 sind ersetzt durch das Ges. über den Eig.-Erw. §. 56. An den §§. 517 und 518 ist materiell nichts geändert. Die Bestimmung des §. 519 ist erweitert.

51) Findet auch Anwendung bei Cessionen fiskalischer Kassen an Privatpersonen; so daß die Hälfte der Kosten von dem Cessionarius erhoben wird. R. v. 22. August 1812, Jahrb. 1 S. 250.

52) Dies bezieht sich auf das Verhältniß der Parteien zu einander. Die Gerichtskasse hält sich an den Extrahenten und retinirt das Instrument. (5. A.) Vergl. die Anm. 50.

*) (5. A.) Davon handelt das Ges. über den Eig.-Erw. §§. 57 ff. und die Gr.B.O. §§. 92—118. Die Aenderungen des bisherigen Rechts erhellen aus den Anmerkungen zu den einzelnen Paragraphen.

53) In Beziehung auf den Gläubiger; dieser kann, nachdem er befriedigt worden, kein Unterpfandsrecht mehr haben. Die Hypothek erlischt für ihn mit der Hauptforderung, ohne daß es gegen ihn dazu der Löschung bedarf. O.Tr. vom 30. August 1849, Entsch. 18 S. 264, und III vom 16. Dez. 1861, Str. Arch. 43 S. 268. Daher muß sich auch der Assignatarius, dem die Post im Wege der Exekution mit der Wirkung der Assignation überwiesen worden ist, als bloßer Vertreter des Gläubigers (procurator in rem suam) den Einwand der Zahlung entgegensetzen lassen. Anm. 38 zu §. 423 d. T.

Für den Besitzer hingegen und in Beziehung auf jeden redlichen Erwerber der Post behält, der Tilgung der Forderung ungeachtet, die Hypothek ihre Kraft, so lange dieselbe nicht gelöscht worden ist. §. 522. O.Tr. v. 14. Nov. 1846, Entsch. 15 S. 240.

§. 521. Der Schuldner ist daher auch befugt, auf die Löschung der getilgten Post im Hypothekenbuche, nach Vorschrift der Hypothekenordnung, anzutragen [54]).

§. 522*. Unterläßt er es aber: so kann er die Verhandlungen eines Dritten, worin derselbe mit dem eingetragenen Gläubiger redlicher Weise, auf den Glauben des Hypothekenbuchs, unter Beobachtung der gesetzlichen Vorschriften [55]), sich eingelassen hat, zum Nachtheile dieses Dritten nicht anfechten [56]).

Der unentgeltliche Erlaß einer Hypothekenforderung begründet die Verbindlichkeit zur Bewilligung der Löschung der Hypothek, wiewohl auf Kosten des Schuldners. (§. 532 d. T. u. Einl. §. 89.) O.Tr. III v. 16. Dezbr. 1861, Str. Arch. 43 S. 275.

(5. A.) Das Versprechen des Verkäufers eines Grundstücks, eine darauf haftende Hypothek löschen zu lassen, hat nicht die Wirkung der Tilgung des Anspruchs im Sinne des §. 520. Wenn daher der Käufer, dem gegenüber das Versprechen in dem Kaufvertrage abgegeben ist, später mit dem Verkäufer übereinkommt, daß die Verpflichtung desselben zur Herbeiführung der Löschung aufgehoben sein oder doch wenigstens von dem Eintritt eines Ereignisses abhängen solle, so ist das Hypothekenrecht in seiner Existenz und Wirkung unberührt. O.Tr. III v. 7. Okt. 1872, Str. Arch. 85 S. 353. — Das Hypothekenrecht, das der Inhaber eines gezogenen Wechsels auf ein Grundstück des solidarisch verurtheilten Ausstellers erlangt, erlischt nicht dadurch, daß der Wechselinhaber sein Recht aus dem Judikat mit dem Hypothekenrecht an den Indossanten gegen Zahlung der Valuta abgetreten hat. O.Tr. III v. 5. Nov. 1869. Entsch. 62 S. 133. Vergl. P. Hinschius, in der Zeitschrift für Gesetzgebung ꝛc. 5 S. 287.

54) Oder anderweit darüber zu verfügen. Anh. §. 52 zu Tit. 16 §. 484, (5. A.) jetzt Ges. über den Eig.-Erw. §§. 63 ff. Der Gläubiger ist nach der Wahl des Schuldners verpflichtet, nachdem er befriedigt worden, Quittung oder Löschungsbewilligung auszustellen oder die Post abzutreten. Vgl. den §. 159 d. T. und die Anm. 50 u. 51 zu demselben. Er ist aber nicht legitimirt, selbst die Löschung bei dem Grundbuch nachzusuchen. — Ueber die Erfordernisse des Löschungsantrages des Eigenthümers siehe die Bestimmungen der Gr.B.O. in der Anm. 10 zu dem Ges. über den Eigenthumserwerb §. 58.

(5. A. Der Besitzer (Eigenthümer) eines Grundstücks kann wegen einer von seinem Vorbesitzer bezahlten Hypothekenpost von dem bezahlten Gläubiger nicht in seinem besonderen Interesse einen Verzicht auf das Hypothekenrecht an dem Grundstück beanspruchen. Bescheid des App.-Ger. zu Stettin v. 25. Juni 1872, Johow, Jahrb. 3 S. 229.) Wohl aber ist der Vorbesitzer, der sich zur Löschung der Post verpflichtet hat, zur Klage auf Befreiung des Grundstücks von der vom Käufer nicht übernommenen Post gegen den befriedigten Gläubiger legitimirt. O.Tr. III v. 9. Juni 1858, Str. Arch. 30 S. 68.

55) Das Gesetz fordert, um die Hypothek nach Tilgung der Forderung in den Händen eines Dritten fortwirken zu lassen, dreierlei: 1) daß der Dritte sich redlicher Weise mit dem Gläubiger eingelassen; 2) daß er auf den Glauben des Hypothekenbuchs gehandelt; und 3) daß er die gesetzlichen Vorschriften beobachtet hat. Darauf gründet das Obertribunal folgenden Rechtssatz: „Der Realschuldner, welcher eine bezahlte Hypothekenschuld löschen zu lassen versäumt hat, ist, wenn die Forderung demnächst weiter cedirt worden, seines Zahlungseinwandes gegen den Cessionar nicht verlustig, wenn über die eingetragene Forderung kein Schulddokument vorhanden war." O.Tr. III v. 11. Juni 1850, Entsch. 20 S. 222. Der Schuldner einer Post, über welche ein solches Dokument nicht existirt, kann sich also in gültige Verhandlungen mit dem eingetragenen Gläubiger einlassen (ihn bezahlen) und ist gegen den dritten Erwerber geschützt, so lange er kein Hypotheken-Instrument ausgestellt hat und ihm die Abtretung nicht bekannt gemacht ist; denn es ist vorausgesetzt, daß die eingetragene Post in erster Hand verbleiben und, ohne Gegenstand weiteren Verkehrs zu werden, zur Tilgung gelangen werde. O.Tr. III v. 21. Dezbr. 1863, Str. Arch. 53 S. 43 u. 44. Die nachträgliche Bildung kann auch nicht ohne Zuziehung des Schuldners mit rechtlicher Wirkung geschehen. Erk. desselben v. 31. März 1865, Str. Arch. 59 S. 33. (5. A. Turnau S. 588.)

„Die nachträgliche, von dem Hypothekenrichter veranlaßte Anfertigung eines solchen Dokuments kann den Einwand der Tilgung nur beseitigen, wenn aus diesem Dokumente nicht die schon erfolgte Tilgung an den damaligen rechtmäßigen Gläubiger ersichtlich ist." O.Tr. III vom 11. Juni 1850, Entsch. 20 S. 222. Die gesetzlichen Vorschriften, welche in dem Falle, auf welchen sich das Erk. bezieht, nicht beobachtet waren, sind die Bestimmungen der Hyp.-O. 2 §§. 203 ff., wonach, wenn eine Hypothekenpost, worüber kein Dokument vorhanden, cedirt werden soll, vorher ein Dokument geschaffen werden muß. — Auf dieselben Vorschriften gründet sich folgendes Präjudiz: „Der Cessionar einer Hypothekenforderung, welcher sich das Dokument weder aushändigen, noch ein Zweigdokument ausfertigen läßt, kann, wenn sich der Schuldner im Besitze des Dokuments befindet, den Einwand der Tilgung nicht dadurch ausschließen, daß er die Forderung redlicher Weise auf den Glauben des Hypothekenbuchs an sich gebracht habe. Es macht keinen Unterschied, ob die Tilgung durch Zahlung oder durch Kompensation erfolgt ist. O.Tr. III (Pr. 2367) v. 29. März 1852, Entsch. 23

§. 523*. Will daher der Schuldner, welchem der Gläubiger seinen Consens in die Löschung der eingetragenen Post versagt, gegen alle dergleichen Verfügungen des Gläubigers sich decken: so muß er, bis zum Austrage der Sache, seinen Widerspruch dagegen im Hypothekenbuche vermerken lassen [57]).

§. 524*. Durch eine gehörig [58]) erfolgte Löschung wird das dingliche Recht des Gläubigers aufgehoben; auch wenn der Anspruch selbst, für welchen es bestellt worden, noch nicht getilgt wäre.

S. 156. Nach diesen Grundsätzen hat das O.Tr. III wiederholt entschieden. Erk. v. 22. Juni 1860, Str. Arch. 38 S. 64; v. 14. Juni 1861, Entsch. 46 S. 131; v. 12. Okt. 1863, Entsch. 50 S. 214; v. 18. Okt. 1867, Str. Arch. 58 S. 271; v. 11. März 1872, ebd. 84 S. 272.

(5. A.) Es fragt sich indeß, ob dieselben unter der Herrschaft der Gesetze v. 5. Mai 1872 aufrecht erhalten werden können. Die Gr.B.O. bestimmt allerdings unter §. 129: „Wird bei einer Post, über welche bisher ein Hypothekenbrief nicht ausgefertigt war, eine Veränderung eingetragen, so muß die nachträgliche Bildung des Hypothekenbriefes erfolgen." Allein die Gültigkeit und Wirksamkeit der Cession ist nach dem Ges. über den Eigenthumserwerb §. 54 von der Eintragung unabhängig. Der Cessionar einer Post, über welche ein Dokument nicht gebildet ist, hat also die dingliche Klage auf Grund des §. 37. Es können ihm folgeweise, wenn er die Hypothek gegen Entgelt erworben hat, Einreden aus dem persönlichen Schuldverhältnisse, insbesondere auch die Einrede der Tilgung, nach §. 38 nur entgegengesetzt werden, wenn sie ihm vorher bekannt geworden sind oder sich aus dem Grundbuch ergeben. Vergl. Dernburg, Lehrb. 1 S. 763 Note 12. Anders liegt dagegen die Sache, wenn ein Hypothekenbrief ausgefertigt ist, den der Cessionar nicht vorzulegen vermag. In diesem Fall kann seiner Klage die Einrede des Mangels der Aktivlegitimation entgegengesetzt werden. Tit. 11 §§. 395 ff. Vergl. Achilles S. 88 u. 89.

56) (5. A. Der §. 522 ist durch das Gesetz über den Eig.-Erw. §. 38 Satz 2 ersetzt.)

Die §§. 521 u. 522 finden auch auf Hypothekenforderungen Anwendung, welche bei der nothwendigen Subhastation des verpfändeten Grundstücks zwar ausgefallen, dessenungeachtet aber bei der für den Adjudikatar erfolgten Besitztitelberichtigung nicht gelöscht worden sind. O.Tr. III (Pr. 1985) v. 29. Febr. 1848, Entsch. 15 S. 514.

Der Cession des bezahlten Gläubigers steht die richterliche Ueberweisung einer solchen Post im Wege der Exekution völlig gleich, nur müssen die Voraussetzungen des §. 522 in der Person des Exekutionssuchers zusammentreffen, und namentlich muß auch das Instrument an ihn ausgehändigt worden sein. (Vergl. die Anm. 38 zu §. 423 und die Anm. 53 zu §. 520 d. T.) Wäre aber die Ueberweisung ohne vorige Herbeischaffung des Instruments geschehen (wie das wohl vorkommt), so müßte sich der Cessionarius alle Einwendungen des Hypothekenschuldners entgegensetzen lassen. Hier gelten die nämlichen Grundsätze wie bei der Eintragung einer Hypothek auf ein Grundstück, von welchem der als Besitzer eingetragene Exequendus nicht mehr Eigenthümer ist. §. 410 d. Tit. und die Anm. dazu.

57) (5. A. Dies kann nach dem Ges. über den Eig.-Erw. §. 60 nur durch Vermittelung des Prozeßrichters geschehen, und zwar setzt der bei diesem zu stellende Antrag voraus, daß der Antragsteller zugleich auf Verurtheilung des Gläubigers zur Bewilligung der Löschung klagbar wird. Vergl. auch §. 70 des Ges. und §. 424 d. T.)

Die §§. 520 u. 524 reden nicht von Erlöschung solcher dinglicher Lasten, welche ohne Eintragung den dinglichen Charakter haben, sondern nur von der Erlöschung der Hypotheken. O.Tr. III v. 11. Septbr. 1868, Str. Arch. 72 S. 170.

58) „Unter einer gehörig erfolgten Löschung ist die zu verstehen, welche unter Beobachtung der für das Verfahren bei Löschung gegebenen Vorschriften veranlaßt worden ist." O.Tr. II (Pr. 324) v. 11. August 1837. Der Rechtsfall, auf den das Pr. sich bezieht, ist mitgetheilt im Centralbl. 1838 S. 103 ff.

„Die auf Antrag eines Adjudikatars nach geschehener Einzahlung des Kaufgeldes erfolgte Löschung der Ingrossata ist, in Beziehung auf solche Parzellen, welche von dem Grundstück früher, ohne abgeschrieben zu sein, veräußert, und welche dem Adjudikatar auch nicht mit zugeschlagen worden, für ungehörig zu achten; und befreit diese Parzellen nicht von dem Realrechte der Hypothekengläubiger." O.Tr. II (Pr. 202) v. 1. April 1837, Entsch. 3 S. 88. Dieses Pr. findet sich zweimal unter verschiedenen Nummern im Pr.-B. eingetragen, einmal unter Nr. 200 zu §. 849 Tit. 11 und das andere Mal unter Nr. 202 zu §§. 524—526 d. T. (Pr.-B. 1 S. 68 u. 119). — Dasselbe darf analogisch auch bezüglich der Korrealhaft der konjunktim verpfändeten Grundstücke angewendet werden. O.Tr. III v. 11. März 1867, Str. Arch. 66 S. 270.

Die von einem Gute veräußerten, ohne Abschreibung auf dem Hypothekenfolium des Guts auf ein besonderes Folium schuldenfrei eingetragenen Parzellen bleiben für die auf dem Hauptfolium intabulirten Hypotheken so lange verhaftet, als sie sich noch im Besitze des ersten Erwerbers oder dessen Universalsuccessors befinden. Erk. dess. v. 25. Septbr. 1854, ebd. 15 S. 38.

§. 525. Die Einwilligung des Gläubigers in die Löschung ist also zum Beweise, daß die Schuld selbst getilgt sei, für sich allein noch [59]) nicht hinreichend.

§. 526*. Ist die Löschung einer eingetragenen Post zur Ungebühr erfolgt [60]): so verliert zwar der Gläubiger dadurch noch nicht sein aus der Eintragung erhaltenes dingliches Recht;

§. 527*. Doch kann er davon zum Nachtheile derjenigen, welche sich erst nach erfolgter Löschung haben eintragen lassen, keinen Gebrauch machen.

§. 528*. Hingegen können diejenigen, welche zur Zeit der Löschung schon eingetragen waren, daraus keinen Vortheil ziehen;

§. 529*. Wohl aber kommt eine solche Löschung denjenigen zu Statten, welche sich eine nachstehende schon vorher eingetragene Forderung, erst nach erfolgter Löschung abtreten oder verpfänden [61]), und die Cession oder Verpfändung im Hypothekenbuche haben vermerken lassen.

§. 530. Fällt weg [62]).

19. Grundbuch-Ordnung vom 5. Mai 1872.

§. 118. Eine aus Versehen des Grundbuchamts gelöschte oder bei Ab- und Umschreibungen nicht übertragene Post ist auf Verlangen des Gläubigers oder von Amtswegen mit ihrem früheren Vorrecht wieder einzutragen [63]). Diese Wiedereintragung wirkt jedoch nicht zum Nachtheil derjenigen, die nach der Löschung Rechte an dem Grundstück oder auf eine der gelöschten gleich- oder nachstehende Post in redlichem Glauben erworben haben [64]).

---

59) Noch nicht hinreichend, es muß noch etwas hinzukommen. Ganz beweisunkräftig für die Tilgung der Schuld ist also die Löschungseinwilligung doch nicht; sie ist als angefangener Beweis anzusehen, der, nach Beschaffenheit des Falles und der Parteien, durch einen nothwendigen Eid ergänzt oder widerlegt werden muß. Ist die Löschungseinwilligung von dem Gläubiger in der Absicht, auf die Hypothek zu verzichten, ertheilt, und in der Erklärung als Grund davon die Befriedigung angegeben, so kann der Löschungskonsens hinterdrein nicht deshalb, weil keine Befriedigung erfolgt sei, angefochten werden, vielmehr ist eine solche Willenserklärung als Entsagung auszulegen, welche bei Kraft bleibt, wenn auch ein falscher Beweggrund angegeben ist. Vergl. das Erk. des Obertr. v. 30. August 1849, in der Anm. zu §. 114 Tit. 16; und Anm. zu §. 145 Tit. 4.

60) Oder ist bei der Uebertragung des Hypothekenfoliums in ein neues Hypothekenbuch eine ungelöschte Post übergangen. Beide Fälle stehen darin gleich, daß ein Versehen der Hypothekenbehörde die Ursache des Verschwindens der Post von dem Hypothekenfolium ist. Vergl. Erk. des O.Tr. II v. 18. Jan. 1855, Str. Arch. 16 S. 183. Auf andere Fälle einer irthümlich veranlaßten Löschung, bei welcher einem Anderen der Irrthum zur Last fällt, z. B. dem Gläubiger durch irrthümliche Ausstellung der Quittung oder Löschungsbewilligung, oder dem Extrahenten der Löschung durch Einreichung einer falschen Quittung, findet der Grundsatz nicht Anwendung. Der Hypothekengläubiger soll nur gegen Schaden durch Versehen des Richters möglichst geschützt werden; den sich selbst zugefügten Schaden muß er selbst tragen, und wegen Beschädigung durch Andere hat er die ordentlichen Rechtsmittel. (5. A. Vergl. den Zus. 19 unten.)

Es hat kein Bedenken, daß der Richter, welcher die ungebührliche Löschung entdeckt, dieselbe sogleich von Amts wegen ungeschehen machen kann, soweit es möglich ist. R. vom 24. August 1838, Jahrb. 52 S. 217. In vielen Fällen werden aber faktische Schwierigkeiten eintreten, weil Einschaltungen unzulässig sind und die Räumlichkeit eine Eintragung an der alten Stelle nicht gestattet. Es muß dann durch Vermerke in einer Nebenkolonne und durch Verweisungen am gehörigen Orte geholfen werden. Daß nicht eine Besitzveränderung dazwischen gekommen sein darf, ist eine sich von selbst verstehende Sache bei einer Singularsuccession; auf das Verhältniß zwischen dem später eingetragenen Grundeigenthümer und dem Inhaber des zur Ungebühr gelöschten Realrechts finden die Vorschriften der §§. 526—529 keine Anwendung. O.Tr. II v. 9. Dezbr. 1852, Entsch. 26 S. 46; Str. Arch. 8 S. 91. Vergl. auch das Erk. vom 18. Januar 1855, Str. Arch. 16 S. 183.

61) Bis hieher ist der §. 529 eine wörtliche Abschrift der Hyp.-O. 2 §. 287. (5. A.) Der angehängte Zusatz hat seine das Prinzip beschränkende Tendenz durch den Wegfall des §. 530 verloren.

62) (5. A.) In Folge der Gr.B.O. §. 118 Satz 2. Vergl. Anm. 64. Der §. 530 lautet: „Gläubigern, die sich gar nicht haben eintragen lassen, kommt gegen den Inhaber einer eingetragen gewesenen Forderung deren zur Ungebühr erfolgte Löschung nicht zu Statten."

63) (5. A.) Vergl. das Ges. über den Eig.-Erw. §. 33.

64) (5. A.) Selbst dann nicht, wenn diese Rechte nicht eingetragen sind, vorausgesetzt, daß der

§. 531*. Wegen alles aus einer ungebührlichen Löschung wirklich entstehenden Schadens, bleibt dem Hypothekengläubiger der Regreß an denjenigen, durch dessen Schuld selbige geschehen ist, vorbehalten [65]).

§. 532*. Die Kosten der Löschung ist, im Mangel besonderer Verabredungen, der gewesene Schuldner, oder wenn alsdann die Sache in den Händen eines dritten Besitzers sich befindet, dieser, mit Vorbehalt der Rückforderung von dem Schuldner, zu tragen verpflichtet [66]).

Anh. §. 54*. Auch müssen die Kosten einer über eine hypothekarische Forderung auszustellenden Quittung, auf deren Grund die Löschung erfolgen kann, von dem Schuldner getragen werden [67]).

§. 533. Hat der dritte Besitzer die Hypothekenschuld ausdrücklich mit übernommen: so kann er, wenn nichts Besonderes verabredet ist, die Löschungskosten von dem gewesenen Schuldner nicht zurück fordern.

§. 534. So lange eine im Hypothekenbuche eingetragene Forderung nicht wieder gelöscht worden, so lange kann die Verjährung derselben nicht angefangen werden [68]).

§. 535. Doch findet das, was desfalls von Pfändern verordnet ist, auch bei Hypotheken Anwendung. (§§. 246, 247, 248.) [69]).

Zweiter Abschnitt.

Vom Zurückbehaltungsrechte*).

§. 536. Das Zurückbehaltungsrecht besteht in der Befugniß des Inhabers [1])

Rechtserwerb sich ohne Eintragung vollziehen kann. Gegen den Cessionar z. B., dessen Cession jünger ist als die Löschung „zur Ungebühr", äußert die Wiedereintragung der gelöschten Post keine Wirkung, auch wenn die Cession nicht eingetragen ist. Vergl. die Anm. 62.

65) (5. A.) Gr.B.O. §. 29, Zus. 10 zu §. 409 d. T.

66) (5. A.) Ebenso nach dem Ges. über den Eig.-Erw. §. 61.

67) (5. A.) Vergl. die Anm. 14 zu §. 61 des Ges.

68) (5. A.) Siehe die Anm. 92 zu §. 247 d. T.

69) (5. A.) Die fortdauernde Geltung der §§. 533—535 ist nicht zweifelhaft. Förster, Grundbuchrecht S. 176.

*) Literatur: Faselius, Versuch einer systematischen Darstellung der Lehre vom Retentionsrecht. Halle 1790, 2. Ausg. 1793 (Vollständig und gründlich); Schenk, die Lehre vom Retentionsrecht nach gemeinem Recht 1837; Luden, das Retentionsrecht 1839; Lenz, Retentionsrecht, in Weiske's Rechtslexikon 9 S. 377; Cramer, im Archiv für civilistische Praxis 37 S. 305 u. 415; Großkopff, zur Lehre vom Retentionsrechte 1858; Windscheid, in der kritischen Vierteljahrsschrift 1 S. 127; v. Savigny, das Recht des Besitzes, 6. Aufl. 1836 S. 19, 7. Aufl. 1865 S. 38; Hälschner, das Retentionsrecht, in den v. Kamptz'schen Jahrb. 20 S. 177—262; Bornemann, System 1 S. 544, 2. Ausg. 1 S. 274; Koch, Recht der Forderungen 2. Ausg. 1 S. 666; (5. A. Ziebarth, Realexekution und Obligation 1866 S. 310; Förster, Theorie u. Praxis 3. Aufl. 1 S. 795; Dernburg, Lehrb. des Preußischen Privatrechts 1 S. 802.)

Ueber die Natur des Zurückbehaltungsrechts wird ein ganz unfruchtbarer Streit geführt. Denn auch diejenigen, welche es für ein dingliches Recht erklären, räumen ein, daß ihm die Wirkungen der Dinglichkeit abgehen. Auf die Stellung der Lehre im A. L.R. ist gar kein Gewicht zu legen, da den obligatorischen Rechten überhaupt kein besonderer Platz eingeräumt worden ist, und die einzelnen Verträge da abgehandelt werden, wo sie nach ihren Zwecken, auf Kosten der inneren Verwandtschaft, die scheinbar beste Stelle gefunden haben. Das Retentionsrecht ist eine Art Selbsthülfe in der Form der Vertheidigung, auf dem Grundsatze beruhend, daß bei wechselseitigen Verbindlichkeiten kein Theil von dem anderen Erfüllung fordern kann, ohne selbst seinerseits zur Leistung bereit zu sein. Die prozessualische Form der Geltendmachung ist die Exception (exceptio doli). Durch eine eigenthümliche Klage ist es nicht geschützt. Ansprüche des Retentionsberechtigten sind daher, sagt das O.Tr. IV zutreffend in dem Erk. v. 17. April 1856, Str. Arch. 20 S. 334, — mit derjenigen Klage geltend zu machen, welche aus dem Geschäfte entspringt, durch welches der Retinirende die Gewahrsam der Sache überkommen hat. Die formalen Verletzungen werden auch hier durch die dafür gegebenen Rechtsmittel abgewehrt oder ausgeglichen. §. 551. Vgl. die Anm. zu §. 546 d. T.

(5. A.) Aehnlich, wie Koch, fassen das Zurückbehaltungsrecht auf: Förster S. 596; Dern-

einer fremden Sache [2]), selbige so lange in seiner Gewahrsam zu behalten, bis er wegen seiner Gegenforderung befriedigt worden.

§. 537. Dieses Recht setzt also voraus, daß derjenige, welcher es ausüben will, redlicher Weise [3]) zum Besitze [4]) der Sache gelangt sei [5]); und nach Beschaffenheit seines Titels, den Besitz wieder zu räumen, an und für sich verpflichtet sein würde.

---

burg S. 802. Gegen diese Auffassung: Lenz a. a. O. S. 382. Vergl. über die Natur des Retentionsrechts auch das Urtheil des R.O.H.G. I vom 28. Mai 1872, Entsch. 6 S. 282.

1) Es ist hier wirklich nur ein Inhaber gemeint, während in dem folgenden §. 537 bei dem „Besitzer" an einen Besitzer im eigenthümlichen Sinne (vollständigen oder unvollständigen) gedacht worden ist. Denn auf das Monitum gegen den Ausdruck „Inhaber" im Entwurfe: statt „Inhabers" solle gesagt werden: „redlichen und wirklichen Besitzers", ist bemerkt: „Da vorausgesetzt wird, daß das Recht zum vormaligen Besitze aufgehört habe, so taugt die Verbesserung nichts. Das Uebrige ergeben die folgenden Vorschriften." Motive z. b. G.B. (1840) S. 555. Man hat sich also ein Verhältniß gedacht, vermöge dessen Jemand eine fremde Sache in wirklichen Besitz erhalten hat, z. B. ein Pächter (§. 537), daß dieses Besitzverhältniß zu Ende gegangen und deshalb der gewesene Besitzer die Sache herauszugeben schuldig, daß er aber Gegenforderungen habe, gegen deren Berichtigung nur die Herausgabe gefordert werden könne. Die Vorstellung ist zu beschränkt, denn es kommen Rechtsverhältnisse vor, vermöge deren Jemand fremde Sachen in seine Gewalt erhält, ohne irgend eine Art von Besitz daran zu erwerben, dennoch aber wegen seiner Gegenforderung die Zurückhaltung bis zu seiner Befriedigung ausüben darf, wie z. B. der Depositarius Tit. 14 §. 77, der Lohnarbeiter u. dergl. Zu vergl. u. Anm. 4.

2) Sache im weiteren Sinne (Tit. 2 §§. 1 u. 2), wie der §. 542 d. T. zeigt. Daß eine unkörperliche Sache der Gegenstand eines Retentionsrechts sein könne, soll undenkbar sein, meint der Ges.-Rev., und der §. 542 soll keine Bedeutung haben; denn von demjenigen, welcher eine Summe schuldig ist, könne man nicht sagen, daß er „Inhaber einer Kapitalssumme"; er sei weder possessor noch detentor, sondern debitor. Wenn A dem B eine Handlung zu leisten habe und B dem A eine Geldsumme schulde, so könne B die Geldsumme so lange retiniren, bis A die Handlung leiste. Aber dazu bedürfe B des Retentionsrechts nicht, sondern sei hierzu schon nach der allgemeinen Regel des Tit. 5 §. 271 berechtigt, wonach Niemand die Erfüllung eines Vertrages fordern kann, welcher nicht seinerseits erfüllt. Motive zu b. G.B. (1840) S. 557. Allein hiermit wird nichts Neues gesagt; diese allgemeine Regel ist eben der Kern des Retentionsrechts selbst (Anm. 1), wie aus der buchstäblichen Anwendung desselben auf den Fall des Werkmeisters, welcher auf Bestellung ein Werk gemacht hat und nicht bezahlt wird (Tit. 11 §. 974), zu ersehen ist. Es kommt hier lediglich auf die Auffassung des Gesetzgebers an. Dieser hat sich dabei unverkennbar und wie er auch an einer anderen Stelle (Tit. 21 §. 397) mit ausdrücklichen Worten ausspricht, die Ausübung des Retentionsrechts gedacht, wobei im Grunde auch nichts Unpassendes ist. Abgesehen von Forderungen kann ich mir auch ganz gut die Zurückhaltung einer unkörperlichen Sache, z. B. einer Zollgerechtigkeit, einer Fährgerechtigkeit denken.

(5. A.) „Ein Retentionsrecht ist dann gegeben, wenn Jemand befugt ist, eine an sich schuldige Leistung so lange zu unterlassen, bis ihm die Gegenleistung geschieht, ohne Unterschied, ob der Retinent eine spezielle Sache oder eine Summe schuldet, ob er Detention, Besitz, Eigenthum hat. Das A. L.R. faßt jedoch den Besitz enger auf und bestimmt das Zurückbehaltungsrecht als die Befugniß des Inhabers einer fremden Sache, selbige bis zu seiner Befriedigung in der Gewahrsam zu halten." Dernburg, Lehrb. 1 S. 802. Vergl. §. 542. Die Möglichkeit eines Retentionsrechts an unkörperlichen Sachen wird bestritten von Hälschner, Jahrb. 20 S. 187, und von v. Rönne in seiner Ausgabe von Klein's System 1 S. 560. Förster steht auf demselben Standpunkt. Er bekämpft die Koch'sche Ansicht als unwissenschaftlich und will auf die Fälle, in denen das Landrecht eine Retention von Leistungen (im Gegensatz von körperlichen Sachen) zuläßt, die Regeln des Zurückbehaltungsrechtes nicht angewendet wissen. Förster, Th. und Pr. 1 S. 798.

3) Dies war streitig. Das Landrecht folgt der Meinung der meisten Rechtslehrer. Gegen diese Meinung: v. Wening-Ingenheim, Lehrb. 1 §. 169; Schweppe, Röm. Pr. R. §. 183 d I S. 408; Großkopff S. 86.

4) Der Ausdruck „Besitz" ist zwar nicht aus Ungenauigkeit, vielmehr mit Ueberlegung gebraucht (Anm. 1); doch ist darauf kein entscheidendes Gewicht zu legen, da auch Verwahrer, Verwalter, Bevollmächtigte, Leiher, Handwerker das Retentionsrecht an den Sachen des Anderen haben, welche in Folge ihres Rechtsverhältnisses zu ihm in ihre Hände gekommen sind. Tit. 11 §. 974; Tit. 13 §. 83; Tit. 14 §§. 77 u. 165; Tit. 21 §. 247.

5) Darauf allein kommt es an, daß der Besitzer, welcher den Besitz wieder räumen soll und wegen seiner Erhaltungs- und Verbesserungskosten das Retentionsrecht ausüben will, diesen Besitz auf unredliche Weise erlangt habe. Nur wer die Gewahrsam oder den Besitz der Sache unred-

§. 538. Der unredliche Besitzer einer Sache kann sich des Zurückbehaltungsrechts darauf niemals anmaßen [6]).

§. 539. Die Forderung, wegen welcher das Zurückbehaltungsrecht ausgeübt werden soll, muß in Ansehung der Sache selbst, oder aus dem Geschäfte, vermöge dessen dieselbe in die Hände des Besitzers gekommen ist, entstanden sein [7]).

§. 540. Sie muß zu eben dieser Zeit, wenn die Rückgabe der Sache erfolgen sollte, fällig sein.

§. 541. Sie muß wenigstens so weit bescheinigt [8]) sein, als nach den Gesetzen zur Anlegung eines Arrestes [9]), erforderlich ist.

§. 542. Unter vorstehenden Erfordernissen (§§. 539, 540, 541) kann auch der Inhaber einer Capitalssumme [10]), wegen einer an den Eigenthümer derselben ihm zu-

---

licher Weise erlangt hat, kann nach §. 538 das Zurückbehaltungsrecht nicht ausüben; mala fides superveniens hindert daran nicht, vielmehr tritt der Fall, dasselbe ausüben zu können, erst ein, wo es feststeht, daß der Besitz wegen Hinfälligkeit des Titels wieder geräumt werden muß. O.Tr. III v. 27. April 1866, Str. Arch. 62 S. 320.

6) Vergl. die Anmerkungen 3 und 5.

7) Auch dies ist eine unter den gemeinrechtlichen Rechtsgelehrten streitige Frage. Das Handelsgesetzbuch Art. 314 hat den Grundsatz des A. L.R. §. 539 in Betreff der Handelsgeschäfte verlassen. (5. A. Vergl. die §§. 543 u. 544 d. T.)

Dem früheren Eigenthümer eines Grundstücks, welcher dasselbe in einem und demselben Akte verkauft und von dem Käufer gepachtet hat, steht wegen des rückständigen Kaufpreises das Zurückbehaltungsrecht zu. O.Tr. III v. 17. Juni 1853, Str. Arch. 9 S. 281.

8) Eine Bescheinigung von der Art, wie sie ein Arrestschlag voraussetzt, wird gefordert, nicht aber das Uebrige, was sonst noch ein Arrestschlag voraussetzt, namentlich Unsicherheit des Gegners. Durch diese Bestimmung ist die Meinungsverschiedenheit der gemeinrechtlichen Juristen darüber: ob die Forderung, wegen welcher man das Retentionsrecht ausüben wolle, liquide sein müsse, beseitigt. Der Min.-Besch. v. 15. Sept. 1804 meint aber, daraus (aus der Bestimmung des §. 541) folge, daß dieses Recht nur in den Fällen, wo die Anlegung des Arrestes überhaupt gesetzlich zulässig sei, stattfinden könne. Nun finde aber wider diejenigen, welche mit Immobilien angesessen, nach Vorschrift der A. G.O. I. 29 §. 10 die Anlegung eines Arrestes nur in den dort bemerkten Fällen statt. Rabe 8 S. 176. Diese handgreiflich unlogische Folgerung hat auf Beachtung keinen Anspruch, es könnte nur gefragt werden: ob diese Belehrung die Kraft eines Gesetzes habe. Aber auch das ist entschieden zu verneinen, der Bescheid ist weder gesetzmäßig als Gesetz publizirt, noch in die Ediktensammlung aufgenommen.

Ob Eideszuschiebung für eine Bescheinigung im Sinne des §. 541 zu erachten sei, ist keine Frage des materiellen Rechts. O.Tr. III v. 7. Dez. 1853, Str. Arch. 11 S. 100.

9) Ein Prozeß, welcher lediglich die Frage über Statthaftigkeit eines Zurückbehaltungsrechts zum Gegenstande hat, darf außer dem Falle des §. 55 Tit. 44 Th. I und des §. 301 Anh. zur A. G.O. nicht im Wege des schleunigen Arrestverfahrens instruirt werden. O.Tr. II (Pr. 956) v. 12. Dez. 1840, Präj.-Samml. S. 251.

10) Unter Kapitalssumme wird hier jede Geldschuld verstanden. Zu vergl. Anm. 2 zu §. 536. Dieser Auffassung hat sich auch das O.Tr. IV angeschlossen in einem Erk. v. 6. Juli 1858, Str. Arch. 30 S. 169. (5. A.) Der Fall, der durch dieses Erk. entschieden ist, war der, daß die Verklagten, welche den Klägern Vieh zu liefern und von denselben einen Vorschuß erhalten hatten, die Rückzahlung des durch den Preis nicht absorbirten Betrages des Vorschusses verweigerten, weil sie Gegenforderungen zu haben behaupteten. Die Kläger wurden zur Zeit abgewiesen, weil der Appellationsrichter annahm, daß den Verklagten ein Retentionsrecht an der Vorschußsumme zustände. Das Obertribunal verwarf die Ausführung der Kläger, daß ein Retentionsrecht nur bei einer Klage auf eine Spezies Platz griffe, indem es (freilich ohne weitere Begründung) den Satz hinstellte, daß unter dem „Inhaber einer Kapitalssumme" im Sinne des §. 542 „eben der Schuldner eines Kapitals, welcher dasselbe als Vorschuß für Geschäftsauslagen erhalten hat, zu verstehen" wäre. In Widerspruch hiermit hat das O.Tr. III in einem Erkenntniß v. 27. Febr. 1872, Str. Arch. 84 S. 240, im Anschluß an Förster (Anm. 2 zu §. 536) ausgeführt, daß „an einer Geldsumme ein Retentionsrecht nur stattfinden kann, wenn diese die Natur einer Spezies hat." „Unter dem Inhaber einer Kapitalssumme", so wird gesagt, „kann nicht ohne Weiteres jeder Schuldner einer Forderung verstanden werden; mindestens muß die Verpflichtung in einem Zurückgeben bestehen, der Gegner muß wiederfordern. Ein Schuldner ist nicht Inhaber der Schuld, sondern der Summe des Kapitals, das er erhalten. Eine Rückforderung in specie ist wohl denkbar; aber wenn Zahlung einer Geldschuld gefordert wird, so wird nicht

stehenden Gegenforderung, selbst alsdann, wenn ihm sonst das Compensationsrecht nicht zustehen würde, das Zurückbehaltungsrecht ausüben. (Tit. 16, Abschn. 6.)

§. 543. Wegen Forderungen, die auf die Sache oder auf das Geschäft keine Beziehung haben, findet das Zurückbehaltungsrecht in der Regel nicht statt. (Tit. 14, §. 79; Tit. 20, §§. 172, 173.)

§. 544. Ausnahmen von dieser Regel müssen durch ausdrückliche gesetzliche Vorschriften begründet sein [11]).

§. 545. Wem das Zurückbehaltungsrecht zukommt, der muß gegen seinen die Sache wiederfordernden Schuldner, im Besitze derselben bis zu seiner erfolgten Befriedigung geschützt werden [12]).

§. 546. Gegen einen Dritten [13]), der die Räumung des Besitzes zu verlangen an sich befugt ist, kann das Zurückbehaltungsrecht in der Regel nicht ausgeübt werden.

Rückgabe der hingegebenen Stücke gefordert, eine Retention ist nicht denkbar." Auf gleichen Erwägungen fußt das Erkenntniß des O.Tr. III v. 4. Juli 1873, Entsch. 70 S. 180.

11) Vergl. die Anm. 7 zu §. 539.

12) (5. A.) Das folgt aus der Bestimmung des §. 536.

13) Ein Dritter ist hier jeder, welcher nicht an Stelle desjenigen, gegen den das Retentionsrecht ausgeübt werden kann, in eben dasselbe obligatorische Verhältniß eintritt. Wenn z. B. der Eigenthümer einer Maschine dieselbe einem Maschinenbauer zur Ausbesserung überliefert und nach Ausführung der Ausbesserung verkauft, ohne sie vorher abzuholen und zu bezahlen, so kann der Werkmeister gegen den neuen Eigenthümer, der ihm nichts schuldig ist, kein Retentionsrecht ausüben. Aber wahrscheinlich wird der Käufer nicht haben Eigenthümer werden können, da die Uebergabe ohne Einwilligung des Werkmeisters unmöglich war. In diesem Falle hat mithin der Käufer, bloß aus seinem Kaufkontrakte, kein Abforderungsrecht; um zur Abforderung legitimirt zu sein, müßte ihm der Verkäufer sein Klagerecht aus dem Verdingungskontrakte abtreten. Wenn aber mit dieser cedirten Kontraktsklage die Sache abgefordert würde, müßte sich der Cessionar das Retentionsrecht entgegen setzen lassen.

Eine andere Meinung versteht unter dem Dritten hier nur denjenigen, welcher das Recht auf Herausgabe der Sache schon früher gehabt, ehe sie in des Retinenten Hände gekommen. Hälschner in den Jahrb. 20 S. 233. Nach den Materialien scheint jedoch dies die Meinung der Verf. des L.R. nicht gewesen zu sein. Denn der erste Entwurf hatte im §. 35 die Bestimmung:

„daß das Zurückbehaltungsrecht gegen den Dritten nur stattfinde, in wiefern die gemachten Auslagen auch zum Vortheile dieses Dritten gereichen;"

und in den §§. 42—44 war hinzugefügt:

„§. 42. Der Schuldner kann dadurch, daß er sein Recht auf die Sache einem Anderen abtritt, das Zurückbehaltungsrecht des Anderen nicht aufheben."

„§. 43. Diese Wirkung hat die Cession nur alsdann, wenn die Forderung, derentwegen das Zurückbehaltungsrecht ausgeübt wird, mit der Sache, auf welche solches geschieht, in keiner Verbindung steht."

„§. 44. Hat jedoch der Cessionarius von der Gegenforderung des Besitzers vor oder bei der Cession Wissenschaft gehabt, so steht ihm auch das Rückbehaltungsrecht entgegen.

Hiezu bemerkte Suarez:

3. „Was die Wirkung des juris ret. betrifft, so kommt es darauf an: ob der retinens sich dessen gegen den debitorem selbst, oder gegen einen tertium prävaliren wolle. Gegen den debitorem selbst besteht die Wirkung dieses Rechts darin, daß der retinens demselben den Besitz der Sache so lange vorenthalten könne, bis er von ihm wegen seiner Forderung befriedigt worden. Daraus folgt die Befugniß, die Sache in via executionis zum Objekt derselben in Vorschlag zu bringen. Contra tertium hat es mehr Schwierigkeiten. So viel scheint mir klar, wenn die Forderung, wegen welcher das jus retentionis ausgeübt wird, bloß occasione negotii entstanden ist, so hat der retinens gegen den tertium gar kein vorzügliches Recht, sondern wenn unter ihnen ein Prioritätsstreit entsteht, so kommt es auf die übrige Qualität der beiderseitigen Forderungen lediglich an. So würde z. B. ein Pächter, der bloß wegen der ihm zu restituirenden Kaution das jus retentionis ausübt, gegen die anderen creditores des Verpächters von seinem Retentionsrechte keinen Gebrauch machen können, sondern sein Recht würde in relatione gegen sie bloß nach der Sicherheit, die er sich für seine baare gezahlte Kaution hat geben lassen, zu beurtheilen sein. Eine andere Frage ist es, wenn die Forderung ex versione in rem entspringt. Hier wird in den Materialien angenommen, daß alsdann der creditor die Rechte eines Pfandgläubigers auch contra tertium habe, weil der tertius, indem er sich die Sache zueignet, oder sich wegen seiner Befriedigung daran hält, eo ipso den Vortheil ziehe, den der retinens bei seiner Version bewirkt hat. Dies principium agnoszire ich. Es folgen aber aus demselben folgende m. v. ausdrücklich beizufügende Einschränkungen:

§. 547. Entspringt jedoch die Forderung des Inhabers aus einer zum Nutzen der Sache geschehenen Verwendung: so steht das Zurückbehaltungsrecht dem Inhaber gegen einen jeden zu, der mit dem Besitze der Sache zugleich den Vortheil aus dieser Verwendung überkommen würde[14]).

§. 548. Doch muß in einem solchen Falle der Vortheil, welcher durch die Verwendung gestiftet worden, noch wirklich vorhanden sein.

§. 549. Auch kann dieses Recht nur, nach Verhältniß des wirklich noch vorhandenen Vortheils, gegen die verwendete Summe ausgeübt werden.

§. 550. Ist also auf die Sache mehr verwendet worden, als der davon noch vorhandene Vortheil werth ist: so bestimmt nur der Betrag des letztern die Summe, nach deren Höhe dem Inhaber das Zurückbehaltungsrecht gegen einen Dritten zukommt.

§. 551. So lange jedoch über den Betrag der nach obigen Grundsätzen (§§. 548,

---

a) daß der Vortheil noch wirklich vorhanden sein müsse,
b) daß sein Werth mit der Forderung im Verhältnisse stehen müsse.

Z. B. der Pächter hat, cum consensu oder auf Ordre des Verpächters, meliorationes gemacht; tempore moti concursus aber sind diese meliorationes schon wieder zu Grunde gegangen. Hier würde zwar der Pächter gegen den Verpächter selbst ein jus retentionis haben, gegen die creditores aber hat er es nicht, weil diese von den gemachten Meliorationen keinen Vortheil mehr ziehen. It. die consensu des Verpächters gemachten meliorationes kosten 100 Thlr.; sie sind aber vielleicht nur 50 Thlr. werth. Hier hat der Pächter gegen die creditores das jus retentionis nur auf 50 Thlr.

4. Die Pflichten des retinirenden creditoris werden sich füglich relative auf den Pfandbesitzer bestimmen lassen. Sie fließen alle ex possessione. Er muß die Sache verwahren; sich in regula des Gebrauchs derselben enthalten, wenn es eine fruchttragende Sache ist, solche administriren, Rechnung über die fructus legen ꝛc. In wiefern er sich aus den Früchten und Nutzungen bezahlt machen könne, bestimmt sich aus der obigen Theorie.

5. Die modi admittendi juris retentionis sind in den Materialien §§. 37—45 vorgetragen. Ad §§. 37—41 finde ich nichts zu erinnern. §§. 42 u. 43 enthalten ihre Bestimmung aus der ad No. 3 angenommenen Theorie, in wiefern das jus retentionis überhaupt contra tertium stattfinde. §. 44 würde bei eben dieser Theorie mitzunehmen sein; ich halte aber solchen auch für unrichtig. Warum sollte ich mir nicht auf einen fundum eine Hypothek bestellen lassen, wenn ich gleich weiß, daß der Pächter ein jus retentionis darauf behauptet. Ist die Forderung des Pächters so beschaffen, daß sie das jus retentionis auch contra tertium begründet, so muß ich mir solches freilich gefallen lassen. Ist sie aber nicht von dieser Art, so habe ich ja nicht nöthig, für den Pächter zu sorgen. Jura vigilantibus scripta sunt."

Nach diesen Bemerkungen von Suarez wurde der Abschnitt: „Vom Zurückbehaltungsrechte" umgearbeitet, und in diesen umgearbeiteten Entwurf wurden diejenigen Bestimmungen, welche sich jetzt in den §§. 545—551 des A. L.R. finden, wörtlich aufgenommen. Motive z. d. G.B. (1840) S. 560.

Hiernach scheinen die Verf. auch den Singularsuccessor unter dem Dritten verstanden zu haben. Dafür hat sich auch die Praxis entschieden: „Die Vorschrift des §. 546 findet auch in dem Falle Anwendung, wenn derjenige, welcher von dem Retinirenden die Herausgabe der zurückbehaltenen Sache fordert, die letztere titulo singulari von demjenigen erworben hat, gegen welchen das Retentionsrecht begründet war." O.Tr. III (Pr. 2222) v. 18. Juni 1850, Entsch. 19 S. 488. Der Hypothekengläubiger ist im Sinne des §. 546 ebensowohl Dritter als der Singularsuccessor. Erk. dess. v. 9. Okt. 1857, Str. Arch. 28 S. 36. Bei den §§. 546 ff. ist aber überhaupt nicht an den Fall des redlichen Besitzers, gegen welchen der Eigenthümer als Vindikant auftritt, der immer ein Dritter ist, gedacht. Der §. 26 Tit. 15 macht mithin nothwendig eine Ausnahme von der Regel unseres §. 546; denn der redliche Besitzer hat nach §. 26 Tit. 15 seine Befriedigung wegen seiner Gegenforderungen gegen Herausgabe der Sache, also Zug um Zug zu fordern, und kann mithin die Sache bis dahin zurückhalten.

Uebrigens erhellet zugleich hieraus, daß die Verf. des L.R. nicht entfernt daran gedacht haben, das Retentionsrecht für ein dingliches Recht zu halten. Anm. *.

14) Dies ist nicht mehr Wirkung des Zurückbehaltungsrechts, es ist die eigenthümliche Wirkung eines dinglichen Rechts. Deshalb ist es sachgemäß, daß die Konkursordnung v. 8. Mai 1855 §. 33 Nr. 10 diesem dinglichen Rechte auch den Namen des Pfandrechts giebt. (5. A.) Hiergegen ist zu bemerken, daß der Anspruch auf Ersatz der Verwendungen nicht dinglicher Natur, sondern obligatorisch ist, und daß die Konk.-O. in dem §. 33 nicht von einem Pfandrechte spricht, sondern denjenigen, welche das Zurückbehaltungsrecht ausüben, nur die „gleichen Rechte" wie den Pfandgläubigern beilegt. Förster, Th. u. Pr. 1 S. 803 Note 33.

549) dem Inhaber zukommenden Forderung zwischen ihm und dem Dritten noch gestritten wird: kann der Inhaber sich des Zurückbehaltungsrechts auf den ganzen Betrag seiner Verwendung bedienen.

§. 552. In allen Fällen, das Zurückbehaltungsrecht mag gegen den Schuldner oder einen Dritten ausgeübt werden, erstreckt sich dasselbe nur so weit, als es zur Deckung des dem Inhaber zukommenden Anspruchs erforderlich ist[15]).

§. 553. Uebersteigt also der Werth der Sache den Betrag der Forderung: so kann der Inhaber nur einen verhältnißmäßigen Theil der Sache zurückbehalten.

§. 554. Ist die Sache untheilbar; so steht dem Rückforderer frei, darauf anzutragen, daß selbige, auf Gefahr und Kosten des Unterliegenden, in gerichtliche Verwahrung genommen werde.

§. 555. Kann der Rückforderer für den Betrag des Anspruchs annehmliche Sicherheit bestellen: so ist er auf Herausgabe der ganzen untheilbaren Sache anzutragen berechtigt.

§. 556. Ueberhaupt ist in allen Fällen, wo die Forderung, wegen welcher das Zurückbehaltungsrecht ausgeübt werden soll, noch bestritten wird, der Inhaber schuldig, die Sache dem Rückforderer gegen Bestellung einer dergleichen annehmlichen Sicherheit herauszugeben[16]).

§. 557. Ist aber die Forderung klar: so kann der Inhaber nur gegen wirklich erfolgende Befriedigung zur Herausgabe der auch untheilbaren Sache angehalten werden[17]).

§. 558. So lange sich der Inhaber vermöge des Zurückbehaltungsrechts im Besitze der Sache befindet, hat er wegen der Verwahrung, des Gebrauchs, und der Verwaltung derselben, alle Obliegenheiten eines Pfandinhabers[18]).

---

15) Darüber, wie weit sie dazu erforderlich, muß förmlich verfahren und erkannt werden.

16) Durch Sicherheitsbestellung oder Deposition wird das Retentionsrecht beseitigt. O.Tr. III v. 30. Mai 1856, Str. Arch. 21 S. 230.

17) Die §§. 556 und 557 wollen bestimmen: Wenn und in soweit die Forderung klar ist, muß der Rückforderer sogleich bezahlen; in Ansehung des bestrittenen Theils kann er Sicherheit bestellen, wenn er die Herausgabe der Sache verlangt. Dies ergeben die Materialien. Gegen die Bestimmung des gedruckten Entwurfs, daß, wenn die Forderung noch streitig, die Sache in allen Fällen gegen Sicherstellung herauszugeben sei, war monirt worden, daß in jedem Falle nach bestellter Sicherheit das Retentionsrecht aufhören möge. Hiergegen sagt Suarez in der rev. mon.: „Herr G(oßler) meint, die Zurückgabe gegen Kaution müsse in allen Fällen ohne Unterschied geschehen. Allein dies scheint mir unrichtig. Wenn die Forderung ganz liquid ist, und z. E. rechtskräftig feststeht, so kann der Kreditor nicht genöthigt werden, sein jus retentionis anders als gegen wirkliche Befriedigung aufzugeben." Motive z. d. G.B. (1840) S. 564. Unter dem „ganz liquide" kann wohl nicht die Unstreitigkeit jedes kleinsten Theils der Forderung gemeint sein. Wenn z. B. ein Pächter bei der Rückgewähr 1000 Thlr. für Superinventarium zu fordern hat und ihm 990 Thlr. zugestanden werden, so kann er wohl nicht schuldig sein, die Sache herauszugeben, ohne daß ihm die anerkannten 990 Thlr. bezahlt werden. Nur wegen der bestrittenen 10 Thlr. muß er sich mit einer Kaution begnügen. So weit der Richter unbedingt auf Zahlung erkennt, ist die Forderung, zur Fortsetzung der Retention, liquide. Der §. 557 schreibt keineswegs vor, daß die Gegenforderung schon vorher rechtskräftig feststehen müsse, findet vielmehr auch dann Anwendung, wenn der über das Retentionsrecht erkennende Richter sie gleichzeitig feststellt. O.Tr. III v. 9. Jan. 1863, Str. Arch. 49 S. 25.

18) (5. A. Der Retinent eines Grundstücks ist zur Rechnungslegung über die Nutzungen auf Grund der §§. 139 u. 558 verpflichtet. O.Tr. III v. 11. Juli 1864, Entsch. 52 S. 10.)

Wenn ein von beiden Theilen erfüllter Kaufvertrag über ein nutzbares Grundstück als Scheingeschäft rechtskräftig für ungültig erklärt ist, so kann der Käufer den Kaufpreis zurückfordern, ohne daß er nachzuweisen braucht, daß derselbe nicht durch einen etwaigen Ueberschuß der auf die Zinsen anzurechnenden Nutzungen des Grundstücks theilweise schon getilgt sei. — Der Verkäufer kann der desfallsigen Klage des Käufers den Einwand der demselben obliegenden und nicht bewirkten Rechnungslegung nur in soweit entgegensetzen, als er diesen Einwand aus der Natur des statt eines Kaufs vorliegenden anderweitigen Rechtsgeschäfts herleitet und näher begründet. O.Tr. v. 25. Sept. 1851, Str. Arch. 3 S. 289.

§. 559. Durch die Verabfolgung der Sache, auf welche das Zurückbehaltungsrecht Jemanden zusteht, geht dieses Recht verloren[19]).

§. 560. Auch durch eine Protestation bei der Ablieferung der Sache an den Schuldner, oder einen Dritten, wird dieses Recht nicht erhalten.

§. 561. Ist aber der Inhaber durch Gewalt oder List[20]) des Besitzes entsetzt worden: so verbleibt ihm sein Recht, und er kann auf Wiedereinräumung des Besitzes gegen den Entsetzenden antragen[21]).

§. 562. Wird die Sache dem Inhaber von den Gerichten abgefordert: so bleibt ihm sein Recht so lange vorbehalten[22]), als dieselbe, oder ihr Werth, in gerichtlicher Verwahrung sich befinden.

§. 563. Geschieht aber die gerichtliche Abforderung der Sache zu dem Ende, damit dieselbe einem Andern zum Besitze übergeben werde: so kann der Inhaber sein Zurückbehaltungsrecht daran nur durch eine Protestation decken.

§. 564. Diese Protestation muß spätestens binnen Acht Tagen, nach geschehener Ablieferung, bei den Gerichten selbst eingelegt werden.

§. 565. Durch eine solche Protestation erhält sich der Berechtigte die Befugniß, auf Wiedereinräumung des Besitzes der Sache, oder auf Niederlegung derselben in gerichtliche Gewahrsam anzutragen.

§. 566*. Ist aber Concurs[23]) über das Vermögen des Schuldners entstanden: so hört das Zurückbehaltungsrecht auf[24]); und der, welchem selbiges beigewohnt hat, erlangt dadurch vor anderen Gläubigern keinen Vorzug[25]).

---

19) Ganz natürlich. Man kann nicht zurückhalten, was man nicht hat, obgleich man dazu, wenn man es hätte, befugt sein würde. Damit ist nicht abgesprochen das Recht der Rückforderung auf Grund eines Kontrakts, z. B. wenn der Retentionsberechtigte die Sache Jemandem geliehen oder vermiethet hätte.

20) Nicht aber wenn er bittweise bewogen worden ist, die Sache dem Anderen zu verabfolgen. Dann kommt der §. 559 zur Anwendung. Ist einem Dritten die Sache bittweise überlassen, so kommt es auf die getroffene Verabredung an; nur auf Grund dieser, nicht auf Grund des Retentionsrechts kann ihm die Rückforderung zustehen. Anm. zu §. 559.

21) Mittels der possessorischen Rechtsmittel, von welchen hier gar keine Besonderheiten, auch nicht in Ansehung der Theilnehmer, gelten. Daß die Besitzklage wegen bittweiser Besitzentziehung hier nicht stattfindet, hat seinen Grund in der natürlichen Beschaffenheit dieser Besitzentziehung. Diese geschieht nämlich nicht schon durch die Bitte und deren Bewilligung, sondern durch die spätere Weigerung des Prekaristen, die Sache wieder zurückzustellen. Denn der Besitzer hat noch immer den Besitz, indem der Prekarist nur Inhaber der Sache, folglich wird nun durch die Weigerung des Inhabers der Besitz verletzt. Der Retentionsberechtigte hingegen, selbst nur Inhaber, kann nach Aufhebung der Gewahrsam nicht mehr precario gestört oder entsetzt werden, folglich kann ihm kein possessorisches Rechtsmittel zustehen.

(5. A.) Der Dritte, welcher dem Retentionsberechtigten die Sache entzieht, ist zum Schadensersatz erst dann verpflichtet, wenn die Forderung, wegen welcher die Sache retinirt war, von dem Schuldner nicht beigetrieben werden kann. O.Tr. III v. 17. Sept. 1869, Str. Arch. 76 S. 112.

22) Der Vorbehalt versteht sich von Rechts wegen, es ist nicht erforderlich, daß der Retentionsberechtigte solchen ausspreche. Zu vergl. O.Tr. II (Pr. 315) v. 11. August 1837, Präj.-Samml. S. 182.

23) Die Eröffnung des erbschaftlichen Liquidationsprozesses hebt, so lange derselbe nicht in einen Konkursprozeß übergegangen ist, die Wirkungen des Retentionsrechts nicht auf. O.Tr. v. 15. Nov. 1821, Simon, Rechtsspr. 1 S. 204. Der Satz hat, nachdem der alte Liquidationsprozeß abgeschafft worden, kein praktisches Interesse mehr.

24) Der Satz erfordert eine sehr vorsichtige Anwendung. Er kann nicht auf Vertragsfälle bezogen werden, wo der Retinent vertragsmäßig zur Leistung ohne sofortige Gegenleistung nicht schuldig ist. Der Schneider braucht das verfertigte Kleid nicht auszuliefern, ohne bezahlt zu werden. Tit. 11 §. 974. (Siehe die folgende Anm.) Diese Fälle sind nicht im Sinne gewesen; die ganze Theorie vom Retentionsrechte ist auf Pacht und Miethe berechnet. Anm. 13 zu §. 546.

25) Von dieser Regel machen eine Ausnahme:

a) der §. 33 der Konk.-O. vom 8. Mai 1855 hinsichtlich der dort Ziffer §. 9 u. 10 bezeichneten Fälle (oben Anm. 5 zu §. 3).

§. 567. Von dem Zurückbehaltungsrechte der Wittwen und Allodialerben eines Lehn- oder Fideikommiß-Besitzers ist das Erforderliche gehörigen Orts vorgeschrieben. (Tit. 18, §§. 600, 601; Th. II, Tit. 4, Abschn. 3.)

Dritter Abschnitt.

Vom Vorkaufs-, Näher- und Wiederkaufsrechte*).

Begriff. §. 568. Das Vorkaufsrecht ist die Befugniß, eine von dem Eigenthümer an einen Dritten verkaufte Sache[1]), unter den Bedingungen des geschlossenen Kaufs, oder unter gewissen im Voraus bestimmten Bedingungen, käuflich zu übernehmen[2])

Persönliches und dingliches Vorkaufsrecht. §. 569. Ein durch Vertrag oder letztwillige Verordnung bestelltes Vorkaufsrecht ist in der Regel nur ein persönliches Recht, wodurch nur der gegenwärtige Eigenthümer und dessen Erben verpflichtet werden.

§. 570*. Die Eigenschaft eines dinglichen Rechts erlangt dasselbe, bei unbeweglichen Sachen, erst durch die Eintragung in das Hypothekenbuch[3]).

b) die Art. 313, 314, 315 des H.G.B. hinsichtlich des dort zu Gunsten der Kaufleute eingeführten neuen Zurückbehaltungsrechts, welches gegen die Grundsätze des preußischen Rechts an das Erforderniß der Konnexität zwischen der Forderung des Gläubigers und der Sache, welche zurückbehalten werden kann, nicht geknüpft ist.

*) Literatur: Glück, Erläuterung der Pand. 16 S. 156; Walch, das Näherrecht. Jena 1766, 3. Ausg. 1795; Griesinger, gründliche Abhandlung von Losungen, in seinem Kommentar über das Würtembergische Landrecht 3 S. 684; Renaud, zur Lehre vom Näherrecht, in der Zeitschrift für deutsches Recht xc. 8 S. 240; Heimbach, Vorkaufsrecht und Retrakt, in Weiske's Rechtslexikon 13 S. 259; (5. A. Beseler, System des gem. deutschen Privatrechts §§. 106 u. 107 3. Aufl. S. 434; Gerber, System des d. Privatrechts §§. 175—177, 11. Aufl. S. 468.) Bornemann, System 4 S. 410, 2. Ausg. S. 266; Koch, Recht der Forderungen 2. Ausg. 3 §§. 242 bis 245 S. 235. (5. A. Förster, Theorie u. Pr. 3. Aufl. 3 S. 364; Dernburg, Lehrb. 1 S. 834.)

(5. A.) Das Landrecht hat unter diesem Abschnitt das (persönliche) Vorkaufsrecht und den (dinglichen) Retrakt zusammen behandelt. Beide Rechte führen den Namen „Vorkaufsrecht". Dasselbe kann durch Willenserklärungen und durch Gesetz begründet werden. Das durch Willenserklärungen begründete Vorkaufsrecht erlangt bei Grundstücken Rechtswirkung gegen Dritte nur durch die Eintragung im Grundbuch. Das gesetzliche Vorkaufsrecht ist seiner Natur nach dinglich. Die neuere Gesetzgebung aber ist im Uebrigen diesem Recht nicht günstig gewesen. Schon das Edikt v. 9. Okt. 1807 hat die Zahl der gesetzlichen Vorkaufsrechte an Grundstücken bedeutend vermindert; das Gesetz v. 2. März 1850 erkennt nur noch das Vorkaufsrecht der Miteigenthümer, beziehungsweise das Retraktrecht der Miterben, und das Vorkaufsrecht der Expropriaten an. Vergl. die Zusätze zu §. 574.

1) Unter „Sache" sind hier nicht bloß einzelne bestimmte körperliche Sachen zu verstehen, sondern auch Inbegriffe von Sachen und Rechten, namentlich Erbschaften und Erbquoten. Vgl. Tit. 17 §. 65 und die Anm. 54 dazu.

An einem ideellen Theile der verkauften Sache kann das Vorkaufsrecht nicht ausgeübt werden. O.Tr. III v. 28. Febr. 1851, Str. Arch. 1 S. 273. (5. A.) Vergl. das Erk. desselben v. 27. Okt. 1865, Entsch. 55 S. 58; Str. Arch. 60 S. 228.

2) (5. A.) „Vorkaufsrecht (Nähergeltung, Einstandsrecht, jus protimiseos) ist das Recht, zu fordern, einem anderen Käufer unter gleichen Bedingungen vorgezogen zu werden, seiner Natur und seinen Beziehungen nach wesentlich verschieden von dem Retrakte, hauptsächlich darin, daß das Vorkaufsrecht dem Berechtigten nur die Befugniß giebt, den Eigenthümer, welcher veräußern will, zu nöthigen, mit ihm zu kontrahiren, so daß er in Folge Kaufs mittelst Uebergabe das Eigenthum von seinem Kontrahenten erwirbt, wogegen der deutschrechtliche Retrakt dem Berechtigten unter gewissen Voraussetzungen ein der Vindikation ähnliches Recht gegen den fremden Erwerber in der Art giebt, daß derselbe ihm die Sache gegen Ersatz der Erwerbungskosten räumen und offen lassen muß, dergestalt, daß der Retraktberechtigte als Rechtsnachfolger dieses fremden Erwerbers erscheint, aber das Eigenthum von ihm nicht mittelst eines speziellen Rechtsgeschäfts, sondern durch Ausübung seines Retraktrechtes erwirbt." Koch, Recht der Forder. 2. Ausg. 3 S. 235. Nach dem Gesetz über den Eigenthumserwerb kann der Vorkaufsberechtigte das Eigenthum an dem Grundstück, welches den Gegenstand seines Rechtes bildet, nur durch seine Eintragung als Eigenthümer auf Grund der Auflassung erwerben.

3) (5. A.) Ges. über den Eigenthumserwerb v. 5. Mai 1872 §. 12 Satz 1, Zus. zu Tit. 19.

§. 571. Fällt weg[4]).

§. 572. Auf bewegliche Sachen kann ein Vorkaufsrecht, in der Eigenschaft eines dinglichen Rechts, durch Vertrag oder letztwillige Verordnung gar nicht bestellt werden.

§. 573*. Ein aus dem Gesetze unmittelbar entspringendes Vorkaufsrecht hingegen verpflichtet jeden Besitzer, auch ohne Eintragung[5]).

§. 574. Aufgehoben[6])

20. Ges., betr. die Ablösung der Reallasten ꝛc., v. 2. März 1850. (G.S. S. 77.)

§. 2. Ohne Entschädigung werden folgende Berechtigungen, soweit sie noch bestehen, aufgehoben:

6) Die Vorkaufs-, Näher- und Retraktrechte an Immobilien, mit Ausnahme der im §. 4 aufgeführten[7]).

§. 4. Das durch Verträge oder letztwillige Verfügungen begründete Vorkaufsrecht an Immobilien, das Vorkaufsrecht derjenigen, die eine Sache gemeinschaftlich zum vollen Eigenthume besitzen, an deren Antheilen, so wie das Retraktrecht der Miterben nach dem rheinischen Civilgesetzbuche, bleiben in Kraft[8]).

Ein gesetzliches Vorkaufsrecht findet ferner wegen aller Theile von Grundstücken statt, welche in Folge des von dem Staate ausgeübten oder verliehenen Expropriationsrechts zu gemeinnützigen Zwecken haben veräußert werden müssen, wenn in der Folge das expropriirte Grundstück ganz oder theilweise zu dem bestimmten Zwecke nicht weiter nothwendig ist und veräußert werden soll[9]).

---

4) (5. A. In Folge des Gesetzes über den Eig.-Erw. §§. 13 und 14, Zus. zu Tit. 19. Der weggefallene §. 571 lautet: „Zu dieser Eintragung bedarf es, wenn das Recht einmal gültig bestellt worden, keiner besonderen Eintragung des Eigenthümers.")

Die bei der Eintragung des Vorkaufsrechts erfolgte Allegirung des Vertrages, durch den es bestellt worden, genügt nicht, um die im Vertrage stipulirte Befugniß, jenes Recht für einen gewissen Preis auszuüben, für eingetragen, d. i. für dinglich zu erachten. O.Tr. II (Pr. 991) v. 26. Febr. 1841, Präj.-Samml. S. 119. (5. A.) Die Bedingungen, unter denen das Recht ausgeübt werden kann, wirken nur durch die Eintragung gegen Dritte. Förster 3 S. 365 Note 11. Anderer Ansicht (für das bisherige Recht) ist Schultze, in Johow's Jahrb. 4 S. 275.

5) Schon aus dieser Verordnung ist unschwer zu ersehen, daß das gesetzliche Vorkaufsrecht auch in Ansehung unbeweglicher Sachen dinglich ist, da bei beweglichen Sachen von einer Eintragung nicht Rede sein kann, folglich die Vorschrift, daß das gesetzliche Vorkaufsrecht auch ohne Eintragung dinglich sei, keine andere Beziehung als auf unbewegliche Sachen denkbarer Weise haben kann. Vollends grundlos wird die Anzweiflung dieses Rechtssatzes durch den §. 631 d. T. und durch die Bestimmungen des Gesetzes v. 2. März 1850 §. 4 a. E., Zus. 20, (5. A.) und des Gesetzes v. 5. Mai 1872 §. 12 Satz 2, Zus. zu Tit. 19.

6) (5. A. Durch die Aufhebung der gesetzlichen Vorkaufsrechte des Obereigenthümers, des Erbzinsherrn und des Erbverpächters. Zus. 20.) Der Wortlaut des §. 574 ist: „Beruht jedoch der Grund, warum eine unbewegliche Sache diesem Rechte unterworfen ist, darauf, weil derselben die Lehns-, die Erbzins- oder eine andere dergleichen Eigenschaft beiwohnt: so muß wenigstens diese Eigenschaft in dem Hypothekenbuche vermerkt sein."

7) (5. A. Vergl. das Edikt v. 9. Okt. 1807, Zus. 8 zu Tit. 18 §. 306. — „Das Vorkaufsrecht, welches in einem Erbzinsvertrage dem Erbzinsherrn ausdrücklich vorbehalten worden, ist als ein durch Vertrag begründetes anzusehen und wird daher durch die Aufhebung im §. 2 Nr. 6 des Ablösungsgesetzes v. 2. März 1850 in Gemäßheit des §. 4 Abs. 1 ebendaselbst nicht betroffen." O.Tr. Pl. (Pr. 2712) v. 5. März 1860, J.M.Bl. S. 162; Entsch. 42 S. 1; Str. Arch. 40 S. 1. Dasselbe gilt von dem Vorkaufsrechte, welches der Erbverpächter in dem Erbpachtvertrage sich ausbedungen hat. O.Tr. II v. 9. Febr. 1871, Str. Arch. 81 S. 129. Die Wirkung dieses Rechts gegen Dritte ist aber durch die Eintragung im Grundbuch bedingt. Gr.B.O. §. 73, in der Anm. 2 zu §. 11 des Ges. über den Eig.-Erw., Zus. zu Tit. 19.

8) Das Ganerbenrecht. (5. A. Gerber §. 177, 11. Aufl. S. 476; Beseler §. 106, 3. Aufl. S. 438). Anwendungen: I. 17 §. 61; I. 18 §. 304; II. 8 §. 1437; II. 16 §. 282. Der Fall des A. L.R. II. 11 §. 914 gehört zur Marklosung und ist aufgehoben.

9) Ein Fall des Gespilderechts. (5. A.) Das Gesetz über die Eisenbahnunternehmungen vom 3. Nov. 1838, G.S. S. 505, bestimmt unter §. 16: „Hat die Gesellschaft ein nach §. 8 der Expropriation unterworfenes Grundstück, sei es durch Expropriation oder durch freien Vertrag erworben, so soll für dasselbe ein Anspruch sowohl auf Wiederkauf als auf Vorkauf eintreten, wenn in der

Das Vorkaufsrecht steht dem zeitigen Eigenthümer des durch den ursprünglichen Erwerb verkleinerten Grundstücks zu. Wer das Expropriationsrecht ausgeübt hat, muß die Absicht der Veräußerung und den angebotenen Kaufpreis dem berechtigten Eigenthümer anzeigen[10]), welcher sein Vorkaufsrecht verliert, wenn er sich nicht binnen zwei Monaten darüber erklärt. Wird die Anzeige unterlassen, so kann der Berechtigte seinen Anspruch gegen jeden Besitzer geltend machen[11]).

21. Allgemeines Berggesetz vom 24. Juni 1865. (G.S. S. 705.)

§. 141. Wegen aller zu Zwecken des Bergbaubetriebes veräußerten Theile von Grundstücken findet ein Vorkaufs- und Wiederkaufsrecht statt, wenn in der Folge das Grundstück zu den Zwecken des Bergbaues entbehrlich wird.

Das Vorkaufs- und Wiederkaufsrecht steht dem zeitigen Eigenthümer des durch die ursprüngliche Veräußerung verkleinerten Grundstückes nach denselben gesetzlichen Grundsätzen zu, welche in dieser Beziehung den Eisenbahngesellschaften gegenüber gelten.

22. Gesetz über die Enteignung von Grundeigenthum vom 11. Juni 1874. (G.S. S. 237.)

§. 57. Alle den Vorschriften dieses Gesetzes entgegenstehenden Bestimmungen, sowie die Bestimmungen über das Wiederkaufsrecht bezüglich des enteigneten Grundstücks werden aufgehoben.

Ein gesetzliches Vorkaufsrecht findet wegen aller Theile von Grundstücken statt, welche in Folge des verliehenen Enteignungsrechts zwangsweise oder durch freien Vertrag an den Unternehmer abgetreten sind, wenn in der Folge das abgetretene Grundstück ganz oder theilweise zu dem bestimmten Zweck nicht weiter nothwendig ist und veräußert werden soll.

Das Vorkaufsrecht steht dem zeitigen Eigenthümer des durch den ursprünglichen Erwerb verkleinerten Grundstückes zu. Wer das Enteignungsrecht ausgeübt hat, muß die Absicht der Veräußerung und den angebotenen Kaufpreis dem berechtigten Eigenthümer anzeigen, welcher sein Vorkaufsrecht verliert, wenn er sich nicht binnen zwei Monaten darüber erklärt. Wird die Anzeige unterlassen, so kann der Berechtigte seinen Anspruch gegen jeden Besitzer geltend machen.

Fälle, wo die Ausübung dieses Rechts stattfindet oder nicht.

§. 575. Das Vorkaufsrecht[12]) kann in der Regel nur bei wirklichen Verkäufen[13]), nicht aber bei anderen Arten der Veräußerung[14]), ausgeübt werden.

Folge entweder die Anlage dieser Eisenbahn aufgegeben oder das Grundstück zu ihren Zwecken entbehrlich wird." Das Wiederkaufsrecht ist aufgehoben. Ges. v. 11. Juni 1874 §. 57.

10) Die im §. 611 d. T. vorgeschriebene Form wird hier nicht angewendet.

11) Innerhalb der gewöhnlichen Verjährungszeit. O.Tr. II (Pr. 605) v. 7. Sept. 1838, Präj.-Samml. S. 120.

12) Im Gemeinen Recht werden bekanntlich Vorkaufs- und Näherrecht streng unterschieden. Das erstere besteht darin, daß kraft desselben der Berechtigte den Verkäufer einer Sache nöthigen kann, ihn an Stelle des Käufers unter den gleichen Bedingungen in den noch nicht durch Uebergabe vollzogenen Vertrag eintreten zu lassen. In diesem Falle erwirbt also der Vorkaufsberechtigte das Eigenthum durch Uebergabe von dem Verkäufer auf Grund des Kaufvertrages. Retrakt (Näherrecht) dagegen wird die Befugniß genannt, die Sache dem Käufer oder einem späteren Erwerber gegen Schadloshaltung abzufordern, mit der Wirkung, daß der Retrahent das Eigenthum von demselben nicht durch Singularsuccession in den ursprünglichen Kaufvertrag, sondern lediglich auf Grund seines Näherrechts erwirkt. Diese von den Meisten anerkannte Unterscheidung ist auch im Preußischen Rechte festzuhalten. O.Tr. III vom 23. Juni 1865, Entsch. 54 S. 183; Str. Arch. 59 S. 267. (5. A.) Durch die Uebergabe kann aber der Vorkaufsberechtigte das Eigenthum nicht mehr erwerben. Vielmehr ist dazu die Eintragung auf Grund der Auflassung erforderlich. (Anm. 2 a. E.) Der Verkäufer, der dem Berechtigten den Eintritt in den Vertrag mit dem Käufer gestatten muß, erscheint daher auch zur Auflassung an den Berechtigten verpflichtet. Diese Verpflichtung aber geht im Fall des dinglichen Vorkaufsrechtes auf den Käufer über, wenn dieser inzwischen die Eintragung als Eigenthümer erlangt hat. Der Vorkaufsberechtigte hat also in diesem Falle gegen den eingetragenen Käufer die Klage auf Auflassung. Vergl. Dernburg 1 S. 838 u. 839.

13) (5. A.) Also nicht auch bei Cessionen. Wenn Mehrere gemeinschaftlich ein Recht haben und der Eine seinen Antheil daran einem Fremden abtritt, so können die Anderen ein Vorkaufsrecht als Miteigenthümer nicht beanspruchen. O.Tr. III v. 7. März 1873, Entsch. 69 S. 149; Str. Arch. 88 S. 248. Der Erbschaftskauf ist indeß, soweit es sich um das Vorkaufsrecht der Miterben handelt, ein wirklicher Kauf. O.Tr. III v. 4. Juni 1869, Str. Arch. 75 S. 126.

14) Dies wird auch nach G.R. angenommen, doch giebt es, hinsichtlich des Tausches, auch eine

§. 576. Doch ist die Angabe an Zahlungsstatt, ingleichen jede[15]) Veräußerung des zum Eigenthume gehörenden Nutzungsrechts[16]), welche gegen baares Entgeld geschieht, in dieser Rücksicht einem wirklichen Verkaufe gleich zu achten.

§. 577. Wenn es zweifelhaft ist, ob eine Veräußerung für einen Kauf, oder für Tausch, Schenkung, oder ein anderes dergleichen Geschäft zu achten sei: so wird im zweifelhaften Falle gegen den Kauf vermuthet[17]).

§. 578. Ist der Kauf unter einer solchen Hauptbedingung geschlossen, die kein anderer, als der gegenwärtige Käufer erfüllen kann: so bleibt das Vorkaufsrecht außer Anwendung.

§. 579. Nebenbedingungen, die einer Schätzung nach Gelde fähig sind, schließen den Vorkaufsberechtigten, der diese Schätzung noch über das vorbedungene Kaufgeld zu entrichten erbötig ist, nicht aus.

§. 580. Auf Nebenbedingungen, die, als Verträge betrachtet, gar keine Verbindlichkeit zur Erfüllung bei sich führen, wird, zum Nachtheile des Vorkaufsberechtigten, keine Rücksicht genommen. (Tit. 5, §§. 51, 70—73.)

§. 581. Die Bedingung, den Verkäufer zu verpflegen[18]), ist für eine solche, wodurch das Vorkaufsrecht ausgeschlossen wird, zu achten.

§. 582. Ist aber die Verpflegung auf gewisse Summen oder Quantitäten von Naturalien, ohne Rücksicht auf persönliche Verbindlichkeiten[19]) oder Verhältnisse des Verpflegenden, bestimmt: so kann der Berechtigte, gegen Uebernehmung eben dieser Prästationen, sein Vorkaufsrecht ausüben.

§. 583. Auch eine andere unbestimmt versprochene Verpflegung schließt den Vorkauf nicht aus, wenn der Verkäufer ausdrücklich erklärt, daß er diese Verpflegung auch von dem Vorkaufsberechtigten annehmen wolle.

§. 584. Das Vorkaufsrecht findet nicht statt, wenn der Besitzer die Sache seinem nächsten gesetzlichen Erben noch unter Lebendigen käuflich überläßt[20]).

abweichende Meinung, welche durch den §. 575 beseitigt wird. Suarez sagt in der rev. mon.: „Der Grund dieser Disposition liegt theils in dem odio des juris protimiseos, theils darin, daß z. E. beim Tausche der Vorkaufsberechtigte doch nicht idem prästiren kann." Jahrb. 52 S. 37. Diese absolute Unmöglichkeit in allen Fällen wird von den Vertretern jener Meinung bestritten.

Das dingliche Vorkaufsrecht findet nicht statt, wenn zwar die Uebereignung des Grundstücks in der Form eines Kaufvertrages, in der That aber als Erfüllung eines Vertrages über geleistete Dienste geschehen ist. O.Tr. III v. 21. Januar 1857, Str. Arch. 23 S. 260.

15) Nicht jede, sondern nur jede bleibende, also nicht Zeitpacht und Miethe. Gemeinrechtlich ist die Frage streitig. Nach dem §. 576 wird jedoch jedenfalls eine verkaufsähnliche Veräußerung, d. h. eine bleibende Veräußerung für einen ein für allemal zu zahlenden Kaufpreis vorausgesetzt, wobei wohl vorzüglich an Erbpacht gedacht worden ist. Die zeitweise Abtretung des Nutzungsrechts enthält nicht eine eigentliche Veräußerung, sondern nur eine Gestattung der Ausübung des Nutzungsrechts.

16) Nämlich des Nutzungsrechts vom ganzen Grundstücke, im Gegensatze zur Proprietät. Auf die Veräußerung einzelner Nutzungsrubriken, z. B. auf die Eisenerzförderung, findet die Vorschrift nicht Anwendung. O.Tr. III v. 12. März 1858, Str. Arch. 29 S. 226.

17) Auch diese Bestimmung beseitigt einen Meinungsstreit in Beziehung auf gemischte Geschäfte.

18) Nämlich unmittelbar durch den Käufer, denn nur dann ist auf dessen Person gerechnet. Die bloße Ausbedingung von Quantitäten zur Verpflegung ist nicht für eine den Vorkauf ausschließende Bedingung zu erachten. §. 582.

19) Darunter werden persönliche Leistungen oder Handlungen verstanden. Denn die übernommene Verpflegung überhaupt ist auch eine persönliche Verbindlichkeit; nicht eine solche also, in ihrer Gegensätzlichkeit zu Realverbindlichkeiten, ist gemeint. Zu vergl. die vor. Anm. 18.

20) Die Ausübung des Vorkaufsrechts bleibt nicht bloß alsdann ausgeschlossen, wenn die käufliche Ueberlassung an den einzigen nächsten Erben geschieht, sondern auch in dem Falle, wenn sie an einen der zunächst berufenen gleich nahen Erben erfolgt. O.Tr. III (Pr. 2203) v. 30. April 1850, Entsch. 19 S. 226; Str. Arch. 2 S. 113. Denn eine solche Abtretung unter Lebenden wird in dieser Beziehung, wie auch in manchen anderen Beziehungen, wie z. B. Tit. 18 §§. 716 u. 717, der Vererbung gleichgesetzt. Daher findet auch an die Ehefrau ein solcher, den Vorkauf ausschließender Freundeskauf statt. Desgleichen an den Schwiegersohn, wenn dieser mit der Tochter des Verkäufers in ehe-

§. 585. Außer diesen Fällen kann das Vorgeben einer besondern Zuneigung des Verkäufers gegen den Käufer, den Vorkaufsberechtigten an der Ausübung seines Rechts nicht hindern [21]).

§. 586. In vorstehenden Fällen (§§. 578, 581, 584) ruht die Befugniß des Vorkaufsberechtigten, in sofern [22]) ihm selbige unmittelbar aus dem Gesetze, oder als ein dingliches Recht zukommt, nur für den gegenwärtigen Fall; und kann bei dem nächstfolgenden Verkaufe, bei welchem keines von diesen Hindernissen eintritt, wieder ausgeübt werden.

Verhältnisse mehrerer Vorkaufsberechtigten unter einander.

§. 587. Sind mehrere zum Vorkaufe berechtigt und erbötig: so hat der, dessen Befugniß unmittelbar aus dem Gesetze entspringt, vor den übrigen den Vorzug.

§. 588*. Entsteht bei allen das Vorkaufsrecht unmittelbar aus dem Gesetze: so geht der Miteigenthümer [23]) dem Verwandten [24]), dieser dem Obereigenthümer, und der Obereigenthümer [25]) allen übrigen gesetzmäßig Berechtigten vor.

§. 589. Entsteht bei allen das Vorkaufsrecht aus Willenserklärungen: so steht der nur persönlich Berechtigte demjenigen nach, der sein Vorkaufsrecht hat eintragen lassen.

§. 590*. Unter mehreren Eingetragenen entscheidet auch hier die Erstigkeit des Eintragungsgesuches [26]).

§. 591. In welcher Ordnung das Vorkaufsrecht, so weit es ein Familienrecht ist, von mehreren dazu berufenen Mitgliedern der Familie ausgeübt werde, ist gehörigen Orts bestimmt. (Th. II, Tit. 4, Abschn. 4.) [27])

§. 592. Kann der Vorzug unter mehreren sich meldenden Berechtigten, nach obigen Vorschriften (§. 587 — 591) nicht entschieden werden: so hängt es von der Wahl des Verkäufers ab, welchem unter ihnen er den Vorkauf vorzüglich gestatten wolle.

§. 593. Kann oder will der Verkäufer sich darüber nicht erklären: so entscheidet das Loos.

---

licher Gütergemeinschaft lebt; sonst nicht. (5. A.) Auch im Fall der Veräußerung an ein uneheliches Kind des Veräußerers kann das Vorkaufsrecht nicht ausgeübt werden, vorausgesetzt, daß dem Kinde ein gesetzliches Erbrecht in den dereinstigen Nachlaß seines Vaters zusteht. O.Tr. III v. 23. Januar 1871, Entsch. 65 S. 168; Str. Arch. 80 S. 261.

21) Außer jenen bestimmten Fällen findet der Freundeskauf nicht statt. Nach G.R. ist darüber kein Einverständniß. Man vergl. darüber: Pufendorf, Observat. Vol. 3 obs. 40 §. 6 und Leyser, Meditat. ad Pandect. Sp. 194 med. 2.

22) Insofern soll heißen: wenn. Denn wenn das Vorkaufsrecht nicht dinglich ist — und ein gesetzliches ist eben dinglich (Anm. 5) —, so kann es eben nur gegen den Kontrahenten, gegen welchen es ausbedungen worden, ausgeübt werden. Da derselbe nun die Sache, in Ansehung welcher der Vorkauf eingeräumt worden, nur einmal veräußern kann, so muß das Vorkaufsrecht nothwendig durch den Wegfall der Möglichkeit seiner Ausübung (Untergang des Gegenstandes) erlöschen. Erwirbt der Veräußerer später dieselbe Sache wieder, so lebt jenes Vorkaufsrecht nicht wieder auf; denn es haftet nicht an der Sache und die neue Erwerbung ist ein neues für jenen Vorkaufsberechtigten ganz fremdes Rechtsgeschäft.

23) Mehrere Miteigenthümer haben, wenn sie konkurriren, den Vorkauf gemeinschaftlich auszuüben, nicht, weil ihr Vorkaufsrecht gemeinschaftlich wäre, denn Jeder hat dasselbe für sich; sondern weil sie völlig gleichberechtigt sind. Die Grundsätze §§. 592 u. 593 entscheiden nur unter mehreren Konkurrenten von verschiedenen Kategorien.

24) Das Vorkaufsrecht der Verwandten ist schon durch das Edikt v. 9. Oktober 1807, Zus. 8 zu Tit. 18 §. 306, abgeschafft.

25) Das Vorkaufsrecht des Obereigenthümers hat mit dem getheilten Eigenthume selbst aufgehört. Es kann nur noch bei Thronlehen und feudis extra curtem, also in sehr seltenen Fällen, vorkommen.

26) Der Ausdruck ist ungenau; die Erstigkeit der Eintragung entscheidet überhaupt (§. 500), also „auch hier". (5. A.) Vgl. das Ges. über den Eig.-Erw. §. 17, Zus. zu Tit. 19.

27) Nicht Abschn. 4, sondern Abschn. 6 ist gemeint.

§. 594. Das Vorkaufsrecht kann Andern, die für sich selbst dazu nicht befugt sind, nicht abgetreten werden[28]. In wie fern das Recht Andern abgetreten werden könne, oder

§. 595. Aeußert sich ein scheinbarer Verdacht[29], daß der Berechtigte den Vorkauf bloß unter seinem Namen zu Gunsten eines andern Unberechtigten ausüben wolle: so steht dem Käufer frei, auf richterliche Untersuchung und Entscheidung[30] darüber anzutragen, und zum Beweise einer solchen Simulation auch der Eideszuschiebung[31] sich zu bedienen.

§. 596. Das aus Willenserklärungen entstehende Vorkaufsrecht geht nur unter denjenigen Umständen, wo es beim Wiederkaufsrechte verordnet ist, auf die Erben über[32]. (Tit. 11, §. 314—318.) auf die Erben übergehe.

§. 597. Wer sich seines Vorkaufsrechts einmal ohne Vorbehalt begeben hat, kann selbiges in der Folge nicht mehr ausüben[33]. Begebung des Vorkaufsrechts.

§. 598. Ist jedoch die Begebung nur in unbestimmten Ausdrücken geschehen, und das in das Hypothekenbuch eingetragene Vorkaufsrecht nicht gelöscht worden: so bleibt dasselbe dem Berechtigten auf künftige Fälle dennoch vorbehalten.

§. 599. Ist das Vorkaufsrecht Jemanden auf eine gewisse Zeit beigelegt: so wird vermuthet, daß diese Zeitbestimmung nur zu Gunsten des Besitzers der dem Vorkaufe unterworfenen Sache beigefügt sei.

§. 600. Das Vorkaufsrecht erlöscht also, wenn der Berechtigte dasselbe binnen der gesetzten Frist nicht hat ausüben können oder wollen.

§. 601. Erhellet aber, daß die Zeitbestimmung zu Gunsten des Berechtigten beigefügt sei: so ist der Besitzer nicht befugt, demselben durch einen frühern Verkauf, dessen Bedingungen er nicht erfüllen kann oder will, sein Recht zu vereiteln[34].

§. 602. Wer das ihm noch zukommende Vorkaufsrecht ausüben will, muß alle die Bedingungen erfüllen, wozu der erste[35] Käufer sich verpflichtet. Obliegenheiten des Berechtigten.

§. 603. Dies gilt besonders auch von den wegen Zahlung, oder Sicherstellung und Verzinsung des Kaufpreises, getroffenen Verabredungen.

§. 604. Dagegen ist der erste Käufer nicht befugt, nach einmal geschehener Bekanntmachung, das in dem wirklich geschlossenen Vertrage verabredete Kaufgeld zum Nachtheile des Vorkaufsberechtigten zu erhöhen.

---

28) Ohne Unterschied des Ursprungs. Damit ist die gemeinrechtliche Kontroverse bezüglich auf das Vorkaufsrecht aus Willenserklärungen beseitigt.

29) (5. A.) Der Vorkaufsberechtigte braucht mit dem unberechtigten Dritten nicht bereits in einem rechtsverbindlichen Vertragsverhältnisse zu stehen; zur Anwendung des §. 595 genügt vielmehr schon die in einer bestimmten Richtung vorliegende Absicht des Vorkaufsberechtigten, das Kaufobjekt an die dritte Person zu überlassen, und die nur zu diesem dem Gesetze widersprechenden Zwecke erklärte Geltendmachung des Vorkaufsrechts. O.Tr. III v. 6. März 1874, Entsch. 72 S. 54; Str. Arch. 91 S. 171.

30) Die prozessualische Form ist der gewöhnliche Prozeß. Der Käufer kann als Kläger auf Absprechung des Vorkaufs auftreten, er kann sich aber auch verklagen lassen und sich durch den Einwand der Simulation schützen.

31) Ueber die Zulässigkeit dieses Beweismittels stritt man. Nach einer Meinung, die auch in manche Partikulargesetzgebung, z. B. in das Preußische Landrecht v. 1721 Bd. 4 Tit. 7 Art. 5 §. 22, aufgenommen worden ist, konnte der Eid nicht zurückgeschoben werden. Nach unserem §. 595 gilt hier bei der Eideszuschiebung nichts Abnormes. Es versteht sich also, daß, wenn der Eid nicht über eine eigene Handlung des Deferenten zugeschoben wird, der referirte Eid nur de ignorantia zu leisten ist.

32) Vergl. Tit. 18 §. 306.

33) Auch wenn es ein gesetzliches (dingliches) ist, falls es nicht eingetragen. §. 598.

34) Der Berechtigte kann daher, wenn der Verkauf früher geschehen ist, das Vorkaufsrecht noch nach Ablauf der bestimmten Zeit gegen den derzeitigen Besitzer ausüben. Vergl. die Anm. 58 zu §. 630 d. T.

35) Zu vergl. §§. 635 u. 636 d. T. Die eidliche Bestärkung des Kaufpreises seitens des Verkäufers kann der Vorkäufer nicht fordern.

§. 605. Ist ein gewisser Preis, für welchen die Ausübung des Vorkaufsrechts stattfinden solle, durch Vertrag oder letztwillige Verordnungen im Voraus bestimmt [36]): so hat es dabei in Ansehung beider Theile sein Bewenden.

36) Diese Vorausbestimmung kommt bei dem gesetzlichen Vorkaufsrechte in Beziehung auf unbewegliche Sachen nicht vor. Bei Einräumung des Vorkaufsrechts durch Willenserklärung können, außer dem Kaufpreise, auch die übrigen Kaufbedingungen willkürlich festgesetzt werden, so daß, wenn der Besitzer der dem Vorkaufsrechte unterworfenen Sache einmal wieder an einen Fremden verkaufen will, er das Geschäft mit dem Vorkaufsberechtigten nach der voraus getroffenen Verabredung eingehen muß, ohne daß auf den mit einem Fremden geschlossenen Kaufkontrakt weiter gesehen wird. Der Vorkauf könnte in solchem Falle zwar vollzogen werden, wenn auch der Veräußerer mit dem Fremden sich noch nicht geeinigt hat; doch ist es vor der Perfektion des Kaufs mit dem Dritten deshalb nicht ausführbar, weil der Verkauf an den Fremden noch nicht feststeht, mithin der Besitzer auch den Vorkauf ablehnen kann.

Wenn der Vorkaufspreis voraus festgesetzt worden ist, ohne nähere Bestimmung, so steht das Verhältniß so, daß der Vorkäufer in den mit dem Fremden abgeschlossenen Kontrakt, an Stelle des fremden Käufers, eintreten muß, mit der einzigen Abänderung, daß er nicht mehr als den voraus bedungenen Preis zu bezahlen hat. Dadurch wird das Vorkaufsrecht noch kein Wiederkaufsrecht; zwischen beiden ist der Unterschied, daß der Wiederkauf von dem Berechtigten willkürlich, zu jeder Zeit ausgeübt werden kann, während das Vorkaufsrecht nur die Befugniß giebt, künftig einmal, wenn der Erwerber die Sache an einen Fremden wieder verkaufen sollte, in dessen Stelle einzutreten. Auch beschränkt diese Befugniß sich, wenn der Vorkaufspreis voraus bedungen ist, nicht etwa auf den Fall, wo die Sache zufällig gerade für denselben Preis auch an den Fremden verkauft werden soll. Denn das Vorkaufsrecht ist ein für den Verkäufer ausbedungener Vortheil, dessen Einräumung bei Bestimmung des Kaufgeldes Einfluß hat. Die Vorausbestimmung des Vorkaufsgeldes geschieht daher zum Vortheile des Berechtigten in der Voraussetzung, daß künftig einem Fremden die Sache um diesen Preis niemals abgelassen werden wird, folglich der Verkäufer (Vorkaufsberechtigte), der nur dem Käufer und dessen Familie die Sache gönnt, seine Absicht, die Sache für den Fall der Veräußerung an einen Fremden für das, was er selbst dafür empfangen, zurückzunehmen, nicht erreichen würde. Soll also der Vorkauf um den voraus bestimmten Preis auf den Fall beschränkt sein, wo die Sache zufällig gerade für eben so viel an einen Fremden verkauft werden wird; so würde dieser Nebenvertrag den Vortheil des Käufers bezwecken, und dies ist gegen Natur und Zweck des Instituts, muß mithin ausdrücklich ausgemacht und festgesetzt werden.

Bei vorausbedungenem Vorkaufspreise kann es treffen, daß die eingetragenen Hypothekenschulden mehr betragen als der Kaufpreis. Daraus folgt nicht etwa, daß die nicht gedeckten Posten ohne Weiteres ausfallen; die Hypotheken sind völlig gültig bestellt und bleiben auch gegen den Vorkäufer gültig, wenngleich dessen Vorkaufsrecht sammt dem Preise eingetragen stände. Dieserhalb kann den Gläubigern keine Unredlichkeit vorgeworfen werden, weil sie nicht wissen können, ob das Vorkaufsrecht je ausgeübt werden wird; weil selbst in diesem Falle niemand wissen kann, ob die Meliorationskosten (§. 606) nicht den Preis so erhöhen werden, daß die Schulden gedeckt sind; und hauptsächlich weil die Eintragung ja nur die persönliche Verbindlichkeit des ersten Käufers, die Sache an den Vorkäufer für einen bestimmten Preis wieder zu verkaufen, mit jedem dritten Besitzer verknüpft — ein dinglich gemachtes Forderungsrecht, welches mit den sonst rechtsgültig bestellten Hypotheken gar nicht in Kollision tritt. Das Verhältniß eines solchen Vorkäufers zu den Hypothekengläubigern ist daher kein anderes als das eines jeden anderen Privatkäufers. — Dagegen hat der Vorkäufer, ebenfalls wie jeder andere Käufer, gegen den Verkäufer das Recht, für die nicht übernommenen Posten Gewährleistung zu fordern. Wenn er dafür Realsicherheit haben will, so muß er sich deshalb besondere Hypothek bestellen und in der III. Rubrik eintragen lassen. (5. A. Nach dem bürgerlichen Gesetzbuch für das Königreich Sachsen §. 401 sind die Hypotheken, soweit sie die als Verfügungsbeschränkung früher eingetragene Vorkaufssumme übersteigen, gegen den Vorkaufsberechtigten ohne Wirkung. Aehnlich nach dem Gesetz, betreffend die Einführung von Grund- und Hypothekenbüchern ꝛc. in Neuvorpommern und Rügen, vom 21. März 1868 §. 26.)

Bei einer nothwendigen Subhastation kann ein solcher Vorkaufsberechtigter unzweifelhaft den Zuschlag für den voraus bestimmten Preis fordern und die nicht gedeckten Gläubiger fallen aus. Damit ist jedoch die Verbindlichkeit des Vorkäufers wegen der vielleicht vorhandenen Verbesserungen noch nicht gelöst (§. 606); die verkaufenden Interessenten werden sich vorsehen und die Bedingung stellen, daß die besonders auszumittelnden Verbesserungen, im Falle der Ausübung des Vorkaufs, ihnen vorbehalten bleiben. Die dafür zu zahlende Summe fließt dann gleichfalls zur Kaufgeldermasse.

Entsteht über die Vorkaufsberechtigung selbst Streit im Lizitationstermine, so wird das Gericht gut thun, darüber im ordentlichen Verfahren verhandeln zu lassen und besonders zu entscheiden, bis dahin aber die Abfassung des Zuschlagsbescheides auszusetzen. In dem Zuschlagserkenntnisse selbst darüber zu entscheiden, ist mehr als bedenklich, weil das Urtheil nicht durch förmliche prozessualische Anhörung der Parteien vorbereitet und das Subhastationsverfahren zur Erörterung streitiger Rechte ganz

§. 606. Ob und was in diesem Falle der Vorkaufsberechtigte, außer dem im Voraus bestimmten Kaufpreise, für gemachte Verbesserungen zu vergüten schuldig sei, ist nach den beim Wiederkaufe vorgeschriebenen Regeln zu bestimmen. (Tit. 11, §§. 303, 304, 305.)

§. 607. Ist die mit dem Vorkaufsrechte belastete Sache, mit einer andern zugleich[37]), für einen und eben denselben unzertrennten Preis verkauft worden: so muß der Berechtigte sich auch diese Bedingung gefallen lassen[38]), oder von dem Vorkaufe abstehen.

---

ungeeignet ist. Dem Verletzten würde nicht bloß das ordentliche rechtliche Gehör, sondern es würden ihm zugleich die ordentlichen Rechtsmittel abgeschnitten. Anders wenn bloß die dermalige Ausübung des an sich unstreitigen Rechts streitig gemacht wird. (5. A.) Vgl. Schultze, formelle Behandlung des vertraglichen Vorkaufsrechtes in der Subhastation, in Johow's Jahrb. 4 S. 272—290.

37) Es werden hier zwei getrennte, selbstständige Sachen vorausgesetzt. Ist eine Sache, z. B. ein Haus, unter den Miteigenthümern im Wesentlichen reell getheilt (durch Errichtung von Scheidewänden, Anlegung von besonderen Ausgangsthüren ꝛc.), und sind nur einzelne Bestandtheile (z. B. der Flur, das Dach, der Schornstein) gemeinschaftlich geblieben, so ist wegen dieses ungetheilten intellektuellen Antheils das Vorkaufsrecht des Miteigenthümers (§. 4 des Abl.-Ges. v. 2. März 1850) auf die reell abgetheilten Theile, im Falle eines Sammt- oder Mengekaufs, nicht begründet. O.Tr. III v. 27. Okt. 1865, Entsch. 55 S. 59; Str. Arch. 60 S. 228. Hier hat das O.Tr. seine jüngste Meinung über die Berechtigung des Vorkaufsberechtigten beim Mengekauf (Anm. 38 Abs. 2) nicht festgehalten.

38) Aber er seinerseits hat kein Recht, den Verkauf des Ganzen zu fordern; vielmehr kann er, wenn der Käufer ihm die dem Vorkaufe nicht unterworfene Sache nicht ablassen will, sein Vorkaufsrecht nur auf die damit belastete Sache ausüben und es muß in diesem Falle der Kaufpreis durch Sachverständige getheilt werden, wenn man sich darüber nicht einigt. Ungedr. Erk. des O.Tr. von 1848 in Sachen Böddecker w. Schmidt, $^{882}/_{3443}$ III, 48.

Später hat das O.Tr. den entgegengesetzten Satz, daß nämlich der Vorkaufsberechtigte den Eintritt in den ganzen Kauf verlangen könne, behauptet u. a. E. steht angemerkt: das vorstehende Allegat beruhe auf einem Irrthume, das erwähnte Urtel habe über den jetzt streitigen Grundsatz nicht in jenem Sinne entschieden. O.Tr. III v. 17. Dezember 1856, Entsch. 34 S. 160; Str. Arch. 24 S. 29. Das allegirte Urtel kenne ich nur aus den Originalakten und kann hier nicht vorgeführt werden. Auf welcher Seite der Irrthum ist, ließe sich nur durch Vorlegung derselben feststellen. Wenn aber auch der Irrthum nicht auf meiner Seite ist, so ist weiter nichts dargethan als was schon öfter vorgekommen, nämlich daß ein Widerspruch zwischen zwei im entgegengesetzten Sinne ausgefallenen Entscheidungen nicht anerkannt wird. Der Grundsatz selbst bleibt darnach doch streitig, und es käme darauf an, die neue, bisher noch von Keinem behauptete Meinung befriedigend zu begründen. Sie hat im Voraus gegen sich, daß sie zu einer Absurdität führt, nämlich dahin, daß, wenn Jemand ein großes Landgut von mehreren Tausend Morgen zusammen mit einer kleinen dem Vorkaufsrechte unterworfenen Parzelle von etlichen Ruthen kauft, er das Landgut abtreten müßte, worauf der Vorkaufsberechtigte gar kein Recht hat. Die Entscheidungsgründe gehen nicht ein auf diejenige Kontroverse, welche der §. 607 entscheiden will. Der Rechtsstand zur Zeit der Abfassung des A. L.R. war dieser: Die meisten Rechtsgelehrten waren darüber einerlei Meinung, einerseits, daß dem Berechtigten sein Recht nicht durch einen s. g. Sammt- oder Mengekauf willkürlich vereitelt werden könne, folglich der Retrakt bei einem solchen Kaufe an sich nicht wegfalle; andererseits aber es sich auch von selbst verstehe, daß der Retrahent die übrigen in dem Sammtkaufe begriffenen, dem Vorkaufe nicht unterworfenen Stücke zu verlangen nicht befugt sei, wenn diese der Käufer behalten wolle, sondern daß er sich mit den seinem Näherrechte unterworfenen Stücken begnügen müsse. Walch, Näherrecht §. 14 S. 207; Glück, Erläuterung der Pandekten 16 S. 182 u. 184, und die dort angeführten Schriftsteller. Man stritt nur darüber: ob der Käufer sich die Herauslösung des dem Vorkaufe unterworfenen Stückes wider seinen Willen gefallen lassen, und das andere Stück, welches allein er nicht gekauft haben würde, behalten müsse, oder ob er nicht vielmehr verlangen könne, daß der Vorkaufsberechtigte, wenn er sein Vorkaufsrecht ausüben wolle, in den ganzen Kauf eintrete. Diese Kontroverse entscheidet der §. 607. Darum drückt die Fassung desselben eine Verpflichtung, nicht eine Berechtigung des Vorkaufsberechtigten aus. Hieraus erhellet, daß die ganze Auslegung, welche der §. 607 seitens des O.Tr., Entsch. 34 S. 158 u. 159, erfährt, und welche sich in unsachlichen Bemerkungen, z. B. daß eine so erhebliche Verschiedenheit in den beiderseitigen Rechten und Pflichten sich nicht als die Absicht des Gesetzes annehmen lasse, auch gar nicht in dem Wortinhalte des §. 607 liege; — daß es zu einer Interpretation, nach welcher der §. 607 nur eine Verpflichtung des Berechtigten festsetze, an den nothwendigen Gegensätzen fehle, bewegt, — völlig unzutreffend. Daß der Berechtigte nicht befugt sei, in den ganzen Kauf einzutreten, war ein unstreitiger Satz; es handelte sich nur darum: ob er dazu auf Verlangen des Käufers verpflichtet sei, wenn er von seinem Vorkaufsrechte Gebrauch machen wolle.

Obliegenheiten des Verpflichteten. §. 608. Der Verkäufer der mit dem Vorkaufsrechte belasteten Sache ist schuldig, dem Berechtigten von dem Abschlusse des Kaufs Nachricht zu geben, und ihm eine getreue Abschrift der Punktation zuzustellen [39]).

§. 609. Der Berechtigte muß seine Erklärung darüber, bei Verlust seines Rechts, in Ansehung beweglicher Sachen, binnen derjenigen Frist abgeben, welche die Gesetze bei Verträgen zur Annahme eines geschehenen Antrags bestimmen. (Tit. 5, §. 94 bis 101.)

Bekanntmachung. §. 610. Bei Grundstücken und Gerechtigkeiten muß diese Erklärung binnen Zwei Monaten [40]) von dem Tage [41]) an abgegeben werden, wo die Bekanntmachung [42]) des geschlossenen Kaufs, und der Bedingungen desselben, dem Berechtigten [43]) zugestellt worden [44]).

§. 611*. In allen [45]) Fällen, wo das Vorkaufsrecht die Eigenschaft eines dinglichen Rechts hat, muß die Bekanntmachung gerichtlich, oder durch einen Notarium [46]), geschehen.

---

39) (5. A.) Die Zustellung des Situationsplans an den Vorkaufsberechtigten, im Fall der Parzellirung des dem Vorkaufsrecht unterworfenen Grundstücks ist nicht erforderlich. Erk. des Stadtgerichts zu Berlin v. 16. Dezember 1863, Preuß. Anwalts-Zeitung 1864 S. 77; v. Rönne, Erg. zum A. L.R. I. 20 §. 608, 6. Ausg. 2 S. 451.

40) Ueber diese Frist sagt Suarez in den Schlußvorträgen: „Die Frist zur Ausübung des Vorkaufsrechts ist willkürlich, und in den Provinzialgesetzen verschieden bestimmt. Das R.R. setzt in einem Falle (L. 3 C. de jure emphyt.) 2 Monate fest. Bei diesem Termine, als dem kürzesten, ist man stehen geblieben, wie denn überhaupt der ganze Abschnitt so viel als möglich in odium des juris protimiseos als einer lästigen Einschränkung des Eigenthums und der libertatis commerciorum gearbeitet ist." Jahrb. 41 S. 61.

41) Von diesem Tage an läuft auch dem Fiskus die Frist und es findet keine Wiedereinsetzung des Fiskus in den vorigen Stand gegen die abgelaufene Frist statt. O.Tr. II (Pr. 884) v. 3. Juli 1840, Entsch. 6 S. 385.

42) Es muß eine ausdrückliche Aufforderung zur Ausübung des Vorkaufsrechts erfolgen, um die im §. 610 bestimmte zweimonatliche Verjährungsfrist zu begründen, und eine gelegentliche Bekanntwerdung des erfolgten Verkaufs kann demjenigen, welcher das Vorkaufsrecht ausüben will, nicht entgegengesetzt werden; vielmehr ist in diesem Falle das Recht nur der gewöhnlichen Verjährung unterworfen. O.Tr. II (Pr. 605) v. 7. Sept. 1838, Präj.-Samml. S. 120.

(5. A.) Der §. 610 findet keine Anwendung, wenn der Hypothekenrichter von Amtswegen den Vorkaufsberechtigten bei Gelegenheit der Besitztitelberichtigung zur Erklärung aufgefordert hat. O.Tr. III v. 13. Nov. 1871, Entsch. 66 S. 82.

43) Oder dessen gesetzlichen Stellvertreter; bei Bevormundeten dem Vormunde, nicht etwa dem Vormundschaftsgerichte. Für den Fiskus läuft die Frist von dem Tage an, wo die vorgeschriebene Bekanntmachung der zuständigen fiskalischen Station zugestellt worden ist. O.Tr. II (Pr. 884 c) in der Anm. 41. Vgl. Tit. 14 §. 177 u. die Anm. dazu.

44) Den Hypothekenrichter geht es nichts an, daß die Bekanntmachung wirklich zugestellt werde; er ist nicht berufen, darüber zu wachen, und er überschreitet seine Vorschriften, wenn er, wie es vorgekommen, dem Käufer die Berichtigung des Besitztitels verweigert, bis ihm der Nachweis der geschehenen Bekanntmachung geführt worden, um so mehr, als es nach deutlicher Vorschrift der §§. 608 und 628 gar nicht einmal Sache des Käufers ist, für die Bekanntmachung zu sorgen. Der §. 647 sagt eben so deutlich, daß der Besitztitel für den Käufer berichtigt werden muß, wenn die Bekanntmachung auch nicht geschehen ist. Welche Folgen dies für den Käufer hat, ist der Sorge des Hypothekenrichters entzogen. Vergl. das Reskr. des J.M. v. 23. März 1838, Jahrb. 51 S. 171.

(5. A.) Das Vorkaufsrecht kann zwar thatsächlich den Eigenthümer in der Verfügung über das damit belastete Grundstück hindern. Es ist jedoch kein Hinderniß, welches der Entgegennahme der Auflassung nach der Grundbuch-O. §. 48 entgegenstände. Denn es ist nicht eine Beschränkung des Eigenthumsrechts im Sinne des §. 11, sondern ein dingliches Recht im Sinne des §. 12 des Gesetzes über den Eigenthumserwerb v. 5. Mai 1872, Zus. zu Tit. 19. Vergl. John, Erört. S. 64.

45) Mit Ausnahme des neu eingeführten Falles bei expropriirten Grundstücken. G. v. 2. März 1850 §. 4, Zus. 20 zu §. 574 d. T.

46) Der Notarius muß darüber einen Akt aufnehmen. Deshalb ist diese Form nicht gebräuchlich. Gerichtlich geschieht die Bekanntmachung durch eine Verfügung unter Zufertigung einer Abschrift der Punktation; die Verfügung wird wie gewöhnlich insinuirt.

§. 612. Bei Berechtigten, deren Aufenthalt unbekannt ist, tritt ein offenes Patent an die Stelle der besonderen Bekanntmachung.

§. 613. Dergleichen Patent kann jedoch nur unter denjenigen Umständen und Maßgaben bewilligt werden, unter welchen die Edictalcitation eines abwesenden Beklagten nach der Prozeßordnung[47]) statt findet.

§. 614*. Das Patent muß an gewöhnlicher Gerichtsstelle angeschlagen, auch den Zeitungen[48]) und Intelligenzblättern[49]) der Provinz, bei beweglichen Sachen Einmal, bei unbeweglichen Dreimal, einverleibt werden.

23. Gesetz, betr. die Aufhebung rc. der amtlichen Intelligenzblätter. Vom 21. Dez. 1849. (G.S. S. 441.)

§. 4. In allen Fällen, in welchen die Gesetze eine Bekanntmachung durch das Intelligenzblatt vorschreiben, tritt mit dem 1. Januar 1850 an deren Stelle eine Bekanntmachung durch den öffentlichen Anzeiger des Amtsblatts.

§. 615*. Bei gerichtlichen[50]) Verkäufen muß der anstehende Bietungstermin dem Berechtigten auf vorstehende Art (§. 611—614)[51]) besonders bekannt gemacht werden.

24. Subhastations-Ordnung vom 15. März 1869. (G.S. S. 421.)

§. 18. Zu dem Versteigerungstermine sind mittelst Zustellung einer Abschrift des Subhastationspatents die Interessenten (§. 14) zu laden[52]).

§. 616. In diesem Falle muß der Berechtigte seine Erklärung: ob er die Sache für das darauf gefallene höchste Gebot übernehmen wolle, im Bietungstermine selbst[53]), bei Verlust seines Rechts[54]), abgeben.

§. 617. Wer nur ein persönliches Vorkaufsrecht, und selbiges bei dem Richter nicht angemeldet hat, kann sich nicht beschweren, wenn er zu dem gerichtlichen Verkaufe nicht besonders vorgeladen worden.

47) Allg. Gerichts-O. I. 7 §§. 12 ff. und 42 ff.

48) (5. A.) Die Bekanntmachung durch die Zeitungen ist nicht wesentlich, sondern von dem Ermessen des Richters abhängig. Anh. zur A. G.O. (I. 7 §. 43) §. 59.

49) (5. A.) Siehe den Zus. 23.

50) (5. A.) Zu den gerichtlichen Verkäufen im Sinne des §. 615 gehören nicht bloß die nothwendigen, sondern auch die freiwilligen Subhastationen. O.Tr. III v. 13. Nov. 1872, Entsch. 66 S. 82; Str. Arch. 86 S. 367.

51) (5. A.) Im Fall der nothwendigen Subhastation entscheidet die Subh.-O. §. 18.

52) (5. A.) Die besondere Ediktalcitation der Vorkaufsberechtigten ist ausgeschlossen. Mit der Ladung derselben wird wie mit der Ladung der übrigen Interessenten verfahren. Subh.-O. §§. 14 und 19.

53) Doch erst nachdem die übrigen Interessenten sich über den Zuschlag rechtsverbindlich erklärt haben; denn der Kontrakt muß zuvor perfekt, also von dem Bestbietenden und von jenen Interessenten unterschrieben sein, ehe dem Vorkaufsberechtigten eine Erklärung über die Ausübung seines Rechts mit Erfolg abgefordert werden kann. R. v. 26. Juni 1820, Jahrb. 15 S. 274. O.Tr. III v. 6. Oktbr. 1865, Entsch. 55 S. 282; Str. Arch. 60 S. 196. In diesem Erk. ist auch die zweifelhafte Frage behandelt, in wieweit der Ausspruch über ein bestrittenes Vorkaufsrecht in ein Adjudikationserkenntniß gehöre. Der Subhastationsrichter hatte darüber in der Adjudikatoria entschieden und die hiergegen geführte Nichtigkeitsbeschwerde wurde zurückgewiesen, doch nicht auf Grund eines Rechtsprinzips, sondern „theils weil der Einwand der Inkompetenz zur Entscheidung über das bestrittene Vorkaufsrecht im Licitationstermine nicht geltend gemacht ist, theils weil der Adjudikations-Richter gesetzlich darüber zu befinden hatte, ob und wem der Zuschlag zu ertheilen war", Entsch. S. 281 a. a. O. Die Subhastations-Ordnung v. 15. März 1869 hat im §. 36 die Sache anders geregelt. Der Subhastationsrichter hat auf den bei ihm erhobenen und rechtlich begründeten Widerspruch das Verfahren bis zur rechtskräftigen Entscheidung des Prozeßrichters über denselben auszusetzen und dem Dritten eine Frist zum Nachweise der Klageanstellung zu bestimmen. (Vgl. Anm. 36 Abs. 5.)

54) „Hat das Vorkaufsrecht die Eigenschaft eines dinglichen Rechts (§. 570), alsdann bezieht sich der im §. 616 angedrohte Verlust desselben nur auf den eben vorliegenden Veräußerungsfall, und ist ein gänzliches Erlöschen darunter nicht zu verstehen." O.Tr. II (Pr. 880) v. 5. Juni 1840.

§. 618. So lange der Berechtigte sich über die Ausübung seines Rechts noch nicht erklärt hat, können der Verkäufer und der erste Käufer mit gegenseitiger Einwilligung von dem Kaufe wieder zurücktreten[55]).

§. 619. Doch müssen sie den Berechtigten, wegen der in der Zwischenzeit etwa gemachten Vorkehrungen zur Ausübung seines Rechts, schadlos halten.

§. 620. Dagegen können der Verkäufer und der erste Käufer, nach einmal geschehener Bekanntmachung, in den Bedingungen des Contrakts, zum Nachtheile des Berechtigten, nichts mehr ändern.

§. 621. Nur allein, wenn der Verkäufer dem ersten Käufer einen Theil des Kaufgeldes ohne besondere Sicherheit creditirt hat, kann er dafür von dem, welcher den Vorkauf ausüben will, hinlängliche Sicherheitsbestellung fordern.

§. 622. Ein Gleiches gilt auch von anderen Bedingungen des Contrakts, deren Erfüllung, aus persönlichem Vertrauen gegen den Käufer, nicht durch besondere Sicherheit gedeckt ist.

§. 623. Wenn der Berechtigte sich einmal erklärt hat, den Vorkauf ausüben zu wollen: so wird der erste Käufer von seiner Verbindlichkeit frei.

§. 624. Wenn also der Berechtigte die Bedingungen nicht erfüllen kann, und der erste Käufer den Kauf nicht halten will: so haftet jener dem Verkäufer für allen ihm daraus entstehenden Schaden[56]).

§. 625. Will aber der erste Käufer bei dem Kaufe stehen bleiben: so kann der Berechtigte den Vorkauf gegen den ersten Käufer nicht ferner ausüben, wenn er auch in der Zwischenzeit in den Stand, die Bedingungen zu erfüllen, gelangt wäre.

efugnisse s Berechten nach :folgter ergabe an n Dritten dem per=nlichen orkaufs=rechte,

§. 626. Wer ein bloß persönliches Vorkaufsrecht hat, kann die ohne sein Vorwissen verkaufte Sache, wenn dieselbe dem Käufer einmal übergeben worden, von demselben nicht zurückfordern.

§. 627. Wohl aber kann er von dem Verkäufer Schadloshaltung fordern.

§. 628. Wenn erhellet, daß der Verkäufer vorsätzlich, und in der Absicht, das Recht des Vorkaufsberechtigten zu kränken, die Bekanntmachung des Kaufs an denselben unterlassen habe: so haftet er demselben nicht bloß für den verursachten Schaden, sondern auch für den entgangenen Gewinn.

§. 629. Die Erben desjenigen, welcher das persönliche Vorkaufsrecht eingeräumt hatte, haften bei einem von ihnen selbst ohne Bekanntmachung geschehenen Verkaufe, dem Berechtigten nur in sofern, als sie einer Wissenschaft von der durch den Erblasser ihm eingeräumten Befugniß überführt werden können[57]).

---

55) Hier wird vorausgesetzt, daß die Uebergabe noch nicht geschehen. Denn nach geschehener Uebergabe müßte ein neues Rechtsgeschäft, welches als Titel zur Rückgewähr des Eigenthums dienen könnte (Wiederkauf), abgeschlossen werden, welches abermals dem Vorkaufsrechte, wenn dieses dinglich, unterliegen würde. „Die Vorschrift des §. 618 Th. I Tit. 20 A. L.R. — findet keine Anwendung, wenn der Kauf durch die Uebergabe an den Käufer vollzogen worden ist." O.Tr. III (Pr. 2477) v. 9. Okt. 1853, Entsch. 26 S. 335. (5. A.) Nach dem Ges. über den Eig.-Erw. wird der Eigenthumsübergang nicht durch Uebergabe, sondern durch Auflassung vermittelt. Die Kontrahenten können mithin vom Vertrage so lange wieder abgehen, bis das Grundstück dem Käufer aufgelassen ist.

56) Dieser Anspruch ist nicht das einzige Recht des Verkäufers. Es steht ihm statt desselben auch frei, auf die Erfüllung des Kaufkontrakts zu bestehen, an welchen der Vorkaufsberechtigte durch seine Erklärung, den Vorkauf ausüben zu wollen (§. 623), gebunden ist. Der §. 624 geht in odium des juris protimiseos von der Regel des Tit. 5 §§. 393 u. 394, daß wegen Mangels der Erfüllung nicht von dem Vertrage zurückgetreten, sondern nur auf Erfüllung geklagt werden könne, ab und giebt überdies dem Verkäufer eine Schädenklage gegen den Vorkaufsberechtigten. Sobald der Vorkaufsberechtigte, nachdem er erklärt hat, daß er den Vorkauf ausüben wolle, in Verzug kommt, ist der Verkäufer, so lange die Uebergabe noch nicht geschehen, berechtigt, von dem Vertrage mit dem Vorkäufer zurückzutreten und Schadenersatz zu fordern, wenn er nicht vorzieht, die Erfüllung des Vorkaufskontrakts zu fordern. Denn der Vorkaufsberechtigte kann sich von seiner eingegangenen Verbindlichkeit nicht willkürlich befreien.

57) (5. A.) Der Satz ist eine Anomalie, die sich nur aus der Abneigung der Redaktoren des Landrechts gegen das Vorkaufsrecht erklären läßt.

§. 630*. Kann der Käufer überführt werden, vor erhaltener Uebergabe gewußt zu haben, daß einem Andern ein persönliches Vorkaufsrecht zustehe, so kann er, zum Nachtheil desselben, die erfolgte Uebergabe nicht vorschützen[58]).

§. 631. Wer ein gesetzliches oder dingliches Vorkaufsrecht hat, ist befugt, die ohne gehörige[59]) Bekanntmachung, oder vor Ablauf der gesetzmäßigen Frist, einem andern Käufer übergebene[60]) Sache von demselben gerichtlich zurückzufordern[61]). bei dem dinglichen Rückforderungsrechte.

§. 632. Will der Berechtigte dieses Recht gegen den Käufer und Besitzer ausüben: so muß er demselben alles das, was dieser dem Verkäufer an Kaufgelde bezahlt hat, sogleich bei der Uebergabe[62]), ohne Abzug entrichten[63]).

---

58) (5. A.) Diese Bestimmung hat nur noch bei beweglichen Sachen praktische Bedeutung. Für das Gebiet der unbeweglichen Sachen ist sie aufgehoben durch das Gesetz über den Eig.-Erw. §§. 12 u. 15, Zus. zu Tit. 19, und die Grundbuch-Ordn. §. 73, in der Anm. 2 zu §. 11 des Ges. — Vergl. auch die Anm. 21 zu Tit. 19.

59) D. i. eine solche, wie sie in den §§. 611—614 vorgeschrieben ist.

60) (5. A.) Auf solche Fälle, in denen das Eigenthum ohne Uebergabe erworben wird (wie z. B. beim Erbschaftskauf), paßt der §. 631 nicht. O.Tr. III v. 4. Juni 1869, Str. Arch. 75 S. 128. Vergl. die Anm. 12 zu §. 575 d. T.

61) Bei einem simulirten Kaufvertrage findet das Vorkaufsrecht nicht statt. §§. 575 u. 595. Ist in Folge des Scheinvertrages der Gegenstand in die Hände des Vorkaufsberechtigten gelangt, so ist das dem simulirt habenden Verkäufer, wenn er Eigenthümer war, zustehende Rechtsmittel zur Wiederabforderung eine gewöhnliche Vindikation und die derselben zu Grunde gelegte Behauptung der Simulation des Kaufvertrages, welche der Vindikant freilich beweisen muß, da er die äußere Erscheinung gegen sich hat, stellt sich materiell als die Verneinung einer inzwischen scheinbar eingetretenen Rechtsveränderung dar. O.Tr. III v. 23. Juni 1865, Entsch. 54 S. 189.

Das Allg. Landrecht sondert ganz unverkennbar das eigentliche Vorkaufsrecht (§§. 568—630 u. 651—654) und ein sogenanntes „dingliches Rückforderungsrecht" (eine offenbare Uebersetzung von Retrakt. §§. 631 — 647, 655, 656); nur daß es das letztere mit dem dinglichen Vorkaufsrecht ein für allemal verbindet. Wenn diese Sonderung nicht ganz bedeutungslos sein soll, so kann sie nur das ausdrücken, daß den Inhalt des Rückforderungsrechts noch etwas anderes bildet, als die bloße vorzugsweise Befugniß zum Abschluß eines Kaufs: nämlich ein Recht, welches an und für sich den Grund (Titel) zum Eigenthumserwerb darstellt und dessen Ausübung dem Rückforderer lediglich zum Rechtsnachfolger des zeitigen Besitzers macht. O.Tr. III v. 23. Juni 1865, Str. Arch. 59 S. 267. (5. A. Dieses Recht begründet die Verpflichtung des Erwerbers zur Auflassung des Grundstücks an den Vorkaufsberechtigten. Vergl. Anm. 12 zu §. 575 d. T.)

Ist durch einen von Seiten des Vorkaufsberechtigten bei dem Käufer absichtlich erregten Irrthum, daß der Verkäufer unbedingt über das Grundstück verfügen könne, das Kaufgeschäft veranlaßt und dergestalt die Gelegenheit zur Ausübung des Vorkaufsrechts erzeugt worden, so tritt der Geltendmachung desselben der allgemeine Grundsatz entgegen, wonach derjenige, durch dessen doloses Verfahren ein Rechtsgeschäft herbeigeführt worden, nicht berechtigt ist, daraus einen Vortheil zu ziehen. O.Tr. III v. 3. März 1861, Entsch. 45 S. 51.

62) Zug um Zug, wie bei Käufen. Der Besitzer ist daher in keinem Falle schuldig, die Sache eher zu übergehen, als er Zahlung erhält. Verzögert sich wegen Mangels der Zahlung die Uebergabe, so kommen die Vorschriften des Tit. 11 §§. 98, 102, 111, 112 zur Anwendung, indem der Abforderer die Obliegenheiten des Käufers hat. (5. A. Er hat aber auch die Rechte des Käufers und braucht daher nur gegen Auflassung des dem Vorkaufsrechte unterworfenen Grundstücks Zahlung zu leisten.) Die Praxis verlangt von dem Besitzer die Abschließung eines förmlichen Kaufvertrages. O.Tr. III v. 18. Juni 1858, Entsch. 39 S. 143. Dies ist unpraktisch und unausführbar, weil ein solches Erkenntniß unvollstreckbar und an sich nicht nothwendig. (5. A. Gegen die Nothwendigkeit eines Kaufvertrages auch Förster 3 S. 372 Note 66; Dernburg 1 S. 839.) Unvollstreckbar ist ein solches Urtel, weil ein willenskräftiger Mensch sich doch durch Einsperrung nicht dazu bringen lassen wird, einen gar nicht nöthigen Kontrakt abzuschließen; man nimmt also das lächerliche Mittel zur Hand, von Gerichtswegen einen Dritten mit der Errichtung dieses Aktes zu beauftragen, wodurch ein neuer Prozeß über die unnöthigen Kosten und Stempelgefälle verursacht wird. Unnöthig ist die ganze Prozedur, weil der Titel schon durch das Urtel, welches den Inhalt des Kontrakts festgestellt haben muß, glaubhaft für die Hypothekenbehörde beurkundet ist und der Modus, ohne dessen Vollziehung die Hypothekenbehörde doch nichts vornehmen kann, eventuell durch die Zwangsübergabe hergestellt wird. Auf den Grund der Beurkundung dieser Uebergabe seitens des Richters und des durch das Urtel beurkundeten Titels kann die Hypothekenbehörde den Besitztitel umschreiben. Das Obertr. hat sich auch in einem anderen Falle für diese Behandlung der Sache in Zwangsveräußerungsfällen, zu welchen der §. 631 d. T. gehört, entschieden. Vergl. Tit. 41 §. 4 und dazu die Anm.

§. 633. Die Kaufskosten hingegen, und was sonst bei der Besitzveränderung an Laudemien oder anderen Gebühren hat entrichtet werden müssen, ist der Rückforderer zu erstatten nicht schuldig[64]).

§. 634. Dagegen ist er die von dem Käufer verausgabten Kosten zum Aufgebote des Guts, und Erlangung eines Präclusionsurtels gegen die Realprätendenten, zu vergüten gehalten[65]).

§. 635. Ist vor der Ausübung des Rückforderungsrechts das Gut schon weiter für einen höhern Preis verkauft worden: so ist der Rückforderer doch nur den ersten Kaufpreis zu entrichten verbunden.

§. 636. Ist aber der Preis, für welchen der gegenwärtige Besitzer das Gut gekauft hat, niedriger als der erste: so kommt dieses auch dem Rückforderer zu Statten[66]).

§. 637. Wegen des von dem Verkäufer etwa gestundeten Kaufgeldes tritt der Rückforderer, jedoch unter der §§. 621, 622 enthaltenen Bestimmung, in die Rechte und Verbindlichkeiten des ersten Käufers.

§. 638. Ein zu Gunsten des ersten Käufers von dem Verkäufer geschehener Erlaß oder Entsagung kommt dem Rückforderer nicht zu Statten.

§. 639. Kann der Käufer und Besitzer überführt werden, daß ihm sowohl die Existenz des Vorkaufsrechts, als die Person desjenigen, dem selbiges zukam, bekannt gewesen sei: und daß[67]) er nicht dafür gesorgt, daß dieser Vorkaufsberechtigte zur

(5. A.) An die Stelle der Uebergabe ist in Folge des Gesetzes über den Eig.=Erw. die Auflassung getreten. Der Käufer, der als Eigenthümer eingetragen worden, ist daher gegebenen Falls zu verurtheilen, das Grundstück gegen Empfang des Betrages seiner Ansprüche (§§. 632—634) dem Vorkaufsberechtigten aufzulassen. Auf Grund eines solchen Urtheils wird freilich der Grundbuchrichter den Berechtigten noch nicht als Eigenthümer eintragen können, weil ihm die Kognition darüber, ob der Berechtigte die ihm obliegenden Gegenleistungen erfüllt hat, nicht zusteht. Wenn also der verurtheilte Käufer die Auflassung weigert, so muß der Berechtigte die Vollstreckung des Urtheils bei dem Prozeßrichter nachsuchen und zu dem Ende das, was er seinem Gegner zu leisten hat, behufs Verabfolgung an den letzteren nach geschehener Eintragung — an das Gericht zahlen. Der Prozeßrichter hat dann das Grundbuchamt um die Eintragung zu requiriren.

63) Der §. 632 setzt voraus, daß der Vorkaufsberechtigte nicht sein Vorkaufsrecht, sondern das daraus folgende Rückforderungsrecht gegen den Dritten ausübt. O.Tr. I v. 19. Juni 1868, Str. Arch, 71 S. 253. (5. A. In dem Falle, bei dessen Entscheidung dies ausgesprochen ist, hatte der Vorkaufsberechtigte die rechtskräftige Verurtheilung des Verkäufers zum Abschluß des Kaufvertrages mit ihm und des Käufers zur Einwilligung in diesen Abschluß erstritten. Demnächst klagte der Käufer auf Verurtheilung des Vorkaufsberechtigten zum Eintritt in den von ihm mit dem Verkäufer geschlossenen Vertrag und zur Erstattung des von ihm an denselben gezahlten Kaufgeldes. Diese Klage wurde durch das Erk. v. 19. Juni 1868 zurückgewiesen, weil der Vorkaufsberechtigte wohl befugt wäre, sein Vorkaufsrecht auszuüben, von dieser Befugniß aber bisher keinen Gebrauch gemacht und zur Ausübung derselben auch keine Verpflichtung hätte.

64) Weil man den Kauf nicht hätte vollziehen sollen, ohne vorher den Vorkaufsberechtigten zuzuziehen.

65) Denn diese kommen ihm immer zu gut. Dergleichen Aufgebote und Präklusionen kommen übrigens jetzt kaum noch vor.

66) Er kann ja auch gegen den zweiten Käufer den Vorkauf ausüben, folglich braucht er nicht mehr als dieser zu bezahlen.

67) Das Gesetzbuch hat statt „daß" die Lesart „hat", welche einen ganz anderen, den allgemeinen Grundsätzen über die Beweislast entsprechenden Sinn giebt. Durch die bei der Schlußrevision und Umformung des Gesetzbuchs zum A. L.R. ohne alle und jede bekannte Rechtfertigung geschehene Veränderung ist dem Berechtigten der Beweis einer Negative aufgebürdet, denn er soll nicht bloß die mala fides des Käufers, sondern auch noch das beweisen, daß derselbe nicht dafür gesorgt u. s. w. Nach dem Gesetzbuche war es deutlich, daß nur die mala fides bewiesen werden solle. Daran schloß sich die weitere Bestimmung: „und hat er nicht dafür gesorgt" u. s. w., wodurch über die Beweislast nichts bestimmt, folglich keine Ausnahme von der Regel gemacht wurde. Dieser Regel zufolge nahm aber, nachdem der Käufer der fraglichen Wissenschaft überführt worden, der Thatumstand, daß er dafür gesorgt habe 2c., das Verhältniß einer Exzeption ein, welche der Käufer zu beweisen hatte. Durch die, wie es scheint, unbesprochen unternommene Veränderung des Wortes „hat" in „daß" ist das materielle Recht so erheblich verändert, daß die Behauptung der in Rede stehenden Negative zur Begründung des Anspruchs gehört. Es scheint mehr als zweifelhaft, ob diese Rechtsänderung beabsichtigt worden.

Ausübung seiner Befugniß gesetzmäßig aufgefordert werde, so ist ein solcher Käufer im Verhältnisse gegen den Rückforderer, in Ansehung der während seiner Besitzzeit vorgefallenen Verbesserungen und Verschlimmerungen der Substanz, einem unrechtfertigen Besitzer (Tit. 7, §§. 239, 240) gleich zu achten [68]).

§. 640. War dem Käufer nur überhaupt aus dem Hypothekenbuche, oder sonst, bekannt, daß die Sache mit einem Vorkaufsrechte belastet sei; es fällt ihm aber weiter nichts, als die unterlassene Besorgung der gesetzmäßigen Aufforderung derjenigen, denen dieses Recht zusteht, zur Last: so wird ein solcher Käufer, sowohl in Ansehung der Früchte und Nutzungen, als in Ansehung der gemachten Verbesserungen, für einen redlichen Besitzer angesehen [69]).

§. 641. In Ansehung der Verschlimmerungen aber muß auch ein solcher Besitzer für ein mäßiges Versehen haften.

§. 642. Von dem Zeitpunkte an, wo der Rückforderer seine Erklärung, von seinem Rechte Gebrauch machen zu wollen, dem Besitzer hat gerichtlich bekannt machen lassen, hat auch ein solcher [70]) Besitzer (§. 640), in Ansehung der Substanz, alle Obliegenheiten eines unredlichen Besitzers [71]).

§. 643. In Ansehung der Früchte und Nutzungen aber bleiben ihm, bei Grundstücken, seine bisherigen Rechte, bis zum Ende desjenigen Wirthschaftsjahres, in welchem die Bekanntmachung geschehen ist [72]).

§. 644. Zu Ausübung des vorstehend beschriebenen Rückforderungsrechts [73]) kann der Besitzer den Berechtigten zu allen Zeiten auffordern. Verlust des Rückforderungsrechts.

68) Im G.B. lautet der Schluß dieses Paragraphs: „im Verhältnisse gegen den Rückforderer, einem unredlichen Besitzer durchgehends gleich zu achten." Darüber trug Suarez bei der Schlußrevision vor; Ad §. 639 scheint es bedenklich, in dem hier gesetzten Falle den Käufer pro possessore malae fidei zu erklären. Auch scheint diese Festsetzung mit dem §. 644 sqq. nicht recht übereinzustimmen. Denn ist ein solcher Käufer wirklich in mala fide, so kann ihm praescriptio extinctiva niemals zu Statten kommen. Es ist doch noch keine unredliche Handlung, wenn ich ein Gut, auf welches Cajus den Vorkauf hat, wissentlich, ohne Bekanntmachung kaufe, und es darauf ankommen ließe: ob es Cajus seiner Konvenienz gemäß finden werde, sein Recht geltend zu machen. Die Sache kann, besonders wegen Erstattung der fructuum perceptorum et percipiendorum, sehr weit führen, wenn z. E. der Vorkaufsberechtigte erst nach 20 Jahren sich zu melden für gut findet. Ich würde daher statt des Wortes: „durchgehends" setzen: „in Ansehung der während seiner Besitzzeit sich ereigneten Verbesserungen und Verschlimmerungen der Substanz einem unrechtfertigen Besitzer (Tit. 7 §§. 239, 540) gleich zu achten." Jahrb. 41 S. 61. Diese Aenderung ist denn auch, wie die Fassung des §. zeigt, eingetreten. Auf die Früchte hat hiernach der Berechtigte, bis zur Rückforderung, gar keinen Anspruch. §. 642 und Anm. 71 dazu.

69) Dieser Fall unterscheidet sich von dem des vor. §. 639 in den Thatsachen dadurch, daß der Käufer die Person des Vorkaufsberechtigten nicht kannte; und im Rechte darin, daß er nur wegen der Verschlimmerungen ein mäßiges Versehen (wie ein unrechtfertiger Besitzer) vertreten muß. Der §. 640 setzt die Bestimmung des §. 639 in der Fassung voraus, welche derselbe im G.B. hatte. Durch die bei der Schlußrevision erfolgte Umänderung ist die Gegensätzlichkeit beider Bestimmungen fast ganz verschwunden. Vor. Anm. 68.

70) Und auch ein solcher, welchen der §. 639 voraussetzt. Daß der §. 639 hier nicht gleichfalls genannt ist, kommt daher, weil der Besitzer nach dem §. 639 des G.B. „durchgehends" als unredlicher Besitzer behandelt werden sollte, was bei der Revision des G.B. abgeändert wurde, wobei man übersah, danach auch diesen §. 642 einzurichten. Anm. 68 u. 69.

71) Schadensersatz wegen verweigerter Anerkennung des Vorkaufsrechts kann der Berechtigte von dem Verpflichteten nur dann und nur in soweit fordern, als er nachzuweisen vermag, daß die Sache vom Zeitpunkte der geschehenen gerichtlichen Bekanntmachung des Vorkaufsrechts an, eine Verschlimmerung ihrer Substanz erlitten. O.Tr. v. 19. Oktober 1846, Entsch. 14 S. 378.

72) Der §. 643 setzt einen solchen Käufer voraus, welchem es aus dem Hypothekenbuche oder sonst schon beim Abschlusse des Vertrages bekannt war, daß die Sache mit einem Vorkaufsrechte belastet sei. Wo das nicht der Fall ist und das streitige Vorrecht erst erstritten werden muß, bringt erst die Rechtskraft des Erkenntnisses die Verpflichtung des Besitzers zur Herausgabe der Substanz hervor, folglich können die Früchte nur von diesem Zeitpunkte an mit der Sache gefordert werden. Entsch. des Obertrib. a. a. O. S. 386.

73) Nicht einerlei mit dem Rückforderungsrechte, wovon der Tit. 18 §. 307 spricht. Zu vergl. die Anm. dazu.

§. 645. Von dieser Aufforderung, und der Verbindlichkeit des Berechtigten, sich darüber zu erklären, gilt alles das, was wegen der ersten Bekanntmachung des geschlossenen Kaufs oben §. 608[74]) sqq. verordnet ist[75]).

§. 646. Ist keine dergleichen Aufforderung erfolgt: so erlöscht das Rückforderungsrecht nur mittelst einer gesetzmäßigen[76]) Verjährung durch Nichtgebrauch.

§. 647. Diese Verjährung nimmt bei Grundstücken und Gerechtigkeiten, die in das Hypothekenbuch eingetragen sind, durchgehends, und ohne Unterschied der Fälle, ihren Anfang mit dem Tage, da der erste Kauf in das Hypothekenbuch eingeschrieben worden.

§. 648. Ist das Vorkaufs- und Rückforderungsrecht selbst in das Hypothekenbuch eingetragen: so kann dasselbe durch den bloßen Nichtgebrauch[77]) niemals erlöschen.

§. 649. Was in Ansehung des Vorkaufs- und Näherrechts bei Familiengütern stattfinde, ist im Zweiten Theile verordnet. (Th. II, Tit. 4, Abschn. 6.)

Vorkaufsrecht unter Nachbarn.

§. 650. Auf Güter, die ehemals zusammengehört haben, ingleichen wegen der bloßen Nachbarschaft und Lage, findet nach gemeinen[78]) Rechten kein Vorkaufs- oder Näherrecht statt.

§. 651 bis 656. Aufgehoben[79]).

§. 657. Was in Ansehung des Wiederkaufs Rechtens sei, ist gehörigen Orts bestimmt. (Tit. 11, §. 296 sqq.)

---

74) Die neuen Ausgaben (seit 1806) haben den Druckfehler „603", statt 608.

75) Hat der Berechtigte auf die Aufforderung erklärt, daß er sein Recht ausüben wolle; so ist er dadurch persönlich verbindlich gemacht, die Sache abzunehmen und dagegen dem Käufer und Besitzer alles zu erstatten, was dieser nach §§. 632 bis 634 zu fordern hat. Zögert der Berechtigte damit, so hat der Besitzer, wenn er nicht die Verjährungszeit abwarten will, nur das Recht, denselben auf Erfüllung seiner Verbindlichkeit in Anspruch zu nehmen. Der Rücktritt, wie er in dem gleichen Falle, vor der Uebergabe, dem Verkäufer eingeräumt ist (§. 624 und Anm. 56), steht dem Käufer nicht zu und der Berechtigte wird auch durch den Ablauf keiner anderen Frist ausgeschlossen als durch den Ablauf der Klagverjährung. O.Tr. v. 10. August 1846, Ulrich, Archiv 13 S. 31.

76) D. i. die ordentliche Verjährung durch Nichtgebrauch.

77) Anwendung der Regel des Tit. 9 §. 511. Zu vergl. Tit. 22 §§. 44, 45, 49.

(5. A.) In seinem Privatrecht hatte Koch den §. 648 als eine Ausnahme von der Regel bezeichnet. Gegen diese Auffassung siehe Förster 3 S. 374 Note 79.

78) Auch das nach Provinzialrechten, z. B. nach dem Preuß. Landrechte 4 Tit. 7 Art. 4 §. 2—5, stattfindende Nachbarrecht ist nun durch das G. v. 2. März 1850 §. 2 Nr. 6 und §. 4, Zus. 20 zu §. 574, abgeschafft.

79) Durch das G. v. 2. März 1850 §. 2 Nr. 6 und §. 4, Zus. 20 zu §. 574. Die aufgehobenen §§. lauten:

§. 651. Wenn jedoch ein zu einem ganzen Gute gehörendes einzelnes Grundstück mit den Grundstücken eines anderen Guts dergestalt eingeschlossen oder vermischt liegt, daß aus dieser Lage zwischen den beiderseitigen Besitzern leicht Uneinigkeiten und Prozesse entstehen könnten; so soll, wenn dergleichen Grundstück einzeln verkauft wird, dem Besitzer des anderen Gutes ein Vorkaufsrecht daran zustehen.

§. 652. Der Besitzer eines solchen Grundstücks ist also schuldig, dasselbe dem Besitzer des anderen Guts zuerst zum Kauf anzutragen.

§. 653. Können sie sich über den Preis nicht einigen: so steht zwar dem Besitzer frei, das Grundstück auch einem Dritten zu überlassen;

§. 654. Entschließt er sich aber mit einem minderen als dem erst geforderten Preise zufrieden zu sein: so muß er diesen veränderten Entschluß, vor der Uebergabe an den Dritten, dem benachbarten Gutsbesitzer anzeigen.

§. 655. Ist, obigen Vorschriften zuwider, das Grundstück, ohne Vorwissen des Nachbars, dem Dritten wirklich übergeben worden, so kann Ersterer selbiges binnen Sechs Monaten nach der Uebergabe, gegen Erstattung des dafür gezahlten Preises, von dem neuen Besitzer zurückfordern.

§. 656. Doch hat in diesem Falle der Besitzer gegen den Rückforderer alle Rechte eines redlichen Besitzers.

Sachregister.

(Die Zahlen ohne Beisatz bezeichnen die Seite; die Zahlen in Klammern die Nummer der Anmerkung.)

A.

Abbaugerechtigkeiten 85, 123.
Abdeckereigerechtigkeit 85.
Abgaben 3, 19, 156. Siehe auch Lasten.
Abholzung 107 (65).
Ablieferungsschein 80 §. 352.
Ablösungskapitalien 118 (100), 143 §. 4 (87).
Ablösungsrezeß 144 (90).
Abschlagszahlung 52 §. 141, 69 §. 282.
Abschreibung von Grundstückstheilen und Zubehörstücken 106 (60), 108 §. 33, von Trennstücken und Parzellen 127 (35 a. E.), 161 (58).
Abtretung des Pfandrechts 32, 33, der Ansprüche auf Versicherungsgelder, Pacht- und Miethzinsen 107, der Hypotheken und der Grundschulden 118, 119, der Grundschuld des Eigenthümers 104, des Eigenthums 105 §. 28, des persönlichen Rechts 118; Blankoabtretung 119; Kosten der Abtr. 120, 159. Siehe auch Cession.
Abtretungserklärung 118, als Umschreibungsbewilligung 119.
Abtretungspflicht des befriedigten Pfandgläubigers 32, 33, des befriedigten Hypotheken- und Grundschuldgläubigers 121 §. 63.
Abtretungsrecht des Eigenthümers, der eine auf seinem Grundstück haftende Post erworben hat, 122 §. 64 (20).
Abverkauf kleiner Grundstücke 144.
Accessionen 140.
Accessorien 139.
Accessorische Natur des Pfandrechts 9 (25), 18, 26 §. 12, 92 §. 410, 95 Anm. *, 125 §. 415.
Actio confessoria 11 (31); hypothecaria 135, 139, 140, 151 (26); locati 147 (4); negatoria 11 (32), 121 (13); Pauliana 113 (80); pignoratitia directa 53, 57, contraria 49, 55; Serviana 49 (25), 64.
Addictio in diem 32 (62).
Adeliche Güter 78 §. 333.
Afterverpfänder 50 (31).
Agnaten 42 §. 62.
Aktien 54 (50), 81 (75).
Aktivforderungen. Verpf. ders. 70, 71.
Aktivlegitimation 161 (55).
Allodialerben 19 (5. I. c.).
Altentheil 11 (34), 117 (92).
Altentheilsrecht 13 (42).
Amtsblatt 179.
Amtskaution 150.
Amtspflichten 92.
Anfechtung eines Cessionsvertrages 7 (21), der Grundschulden und Hypotheken 113.
Angabe an Zahlnngsstatt 173 §. 576.
Anmeldung der Realrechte 87, 88, der Klage 123, 124.
Annahme an Zahlungsstatt 34.
Anrechnung von Hypotheken auf das Kaufgeld 113.
Antheil. Belastung des Antheils an einem Grundstück 99.
Antheilsweiser Uebergang der Lasten und Schulden 141.
Antichrese 51, 52, 61.
Antrag auf Eintragung eines dinglichen Rechts 4, einer Hypothek oder einer Grundschuld 97 (28), 99 §. 21, einer Grundschuld des Eigenthümers 104, auf Umwandelung einer Hypothek in eine Grundschuld 105, auf Zwangsverwaltung und Zwangsversteigerung 115, auf Löschung einer Hypothek oder Grundschuld 120, einer Vormerkung 5, 121.
Antragsprinzip 96.
An- und Zuwüchse 53, 54, 106, 145.
Apothekergerechtigkeit 85.
Appellationsgericht 86.
Arrest 6 (14), 27 (31), 54 (51), 55 §. 172, 135; Wirkung des Arrestes 126, 127; Zweck 100; Verwandschaft mit der Vormerkung; Unterschied zwischen der V. und dem A. 101.
Arrestanlegung 57 §. 190, 100.
Arrestprotestation 101.
Arrestschlag 125, 153.
Arrestsucher 127.
Assekuranz 82 §. 369.
Assignatar 71 (23), 128 (38), 159 (53).
Aufbewahrungsanstalt 80 §. 352.
Aufhebung des Pfandrechts 40, 43, 62.
Auflassung. Recht auf Auflassung 7 (25), 10; Vormerkung zur Erhaltung dieses Rechts

5 (14); Beurkundung der A. 96, 97; Bedeutung derselben für die Veräußerung des Pfandes 30 (54), beim Vorkaufsrecht 180 (55), 181 (62).
Aufseher 78—80.
Aufsicht über die Grundbuchämter 86.
Auktion 58, 59.
Auktionskosten 54 (50).
Auktionslosung 59 §. 209.
Auseinandersetzungsbehörde 141 — 143.
Ausfüllung der Blankoabtretung 120.
Aushändigung des Dokuments bei der Verpfändung von Forderungen 28 (34), des Grundschuldbriefes 99, der Urkunde über die Eintragung 128 (36).
Ausschlußerkenntniß 120, nicht Anschlußerkenntniß, wie dort Anm. 10 §. 94 Nr. 4 in Folge eines Satzfehlers gedruckt ist.
Austausch einzelner Parzellen 141.
Auszug. Siehe Altentheil.

B.

Badstuben 85 (93 Nr. 3).
Bank. Verpf. an die B. 83.
Banknoten. Verpf. ders. 70 §. 286.
Banquiers, welche auf Pfänder leihen, 67 (7) §. 3.
Barbierstuben 85 (93 Nr. 3).
Bauholzgerechtigkeit 15.
Beanstandung der Eintr. und Löschung 132.
Bedingte Eintragungen 94, 126 (34). Siehe Arrest.
Bedingung 42 §. 61.
Befriedigung des Gläubigers vor der Verfallzeit 118 §. 50, 134 (59), aus dem Grundstück 114.
Beglaubigung 46 (11), 121 (10).
Behörde 4, 6 (15), 99 §. 20 Nr. 2, 101 §. 22, 120 §. 58.
Beitreibungskosten 23 (9), 24, 105, 106, 156.
Beitritt des Gläubigers zu dem Veräußerungsvertrage 113.
Bekanntmachung 70 §. 228, 72 §. 297, 178 §. 611.
Belastung der Grundstücke 2, 11 §. 14, 90 (21), 95, eines ideellen Theils 99, eines Bestandtheils 101, 102, 108.
Beneficium ordinis 36, 38, excussionis 151.
Benefizialerben 43 (94).
Bereicherung 154 (34).
Bergeigenthum 9 (24),
Bergrechtliche Gebrauchs- und Nutzungsrechte 4, 116.
Bergwerke 84 §. 2, 123, 153 (31).
Bergwerksantheile 123.
Bergwerkseigenthum 85 (93 Nr. 1), 123.
Bergwerkserzeugnisse 77 (55).
Bergwerksgerechtigkeit 2, 9 (24).
Bescheinigung des Prozeßrichters zum Zwecke der Löschung 120 (10) §. 94 Nr. 5, als Voraussetzung der Zulässigkeit des Arrestes 123, einer Protestation 126 (33), des Zurückbehaltungsrechtes 165 §. 541.
Beschlagnahme des Grundstückswerthes 100, der Versicherungsgelder 107 (63 a. E.), der Mieth- und Pachtzinsen 148, der Revenuen 156.
Beschränkungen des Eigenthumsrechts 2, 4 (9), des Verfügungsrechts des Eigenthümers 3 (2), 101 (32), des Gläubigers in der Verfügung über die Post 23 (12), 117 §. 49 (94).
Beschwerden über das Grundbuchamt 86, 131 (48).
Besitz 7 §. 2, 48, 164, 166.
Besitzaufgabe 65 §. 255, 169.
Besitzergreifung 8, 48.
Besitztitel 25 (24), 91, 93.
Besitztitelberichtigung 90 ff.
Besitzveränderung 182.
Bestätigung des Pfandvertrages 61.
Bestandtheile des Grundstücks 102 (36), 106, 108, 136 (62), 140 (74).
Betrugseinrede gegen die hypoth. Klage 110.
Bevormundungssystem 132.
Bewilligung der Eintragung eines dinglichen Rechts 4, einer Hypothek oder Grundschuld 95 ff., der Löschung 121.
Bewilligungsurkunde 96.
Beylbrief 72 ff.
Bieter 69 (15).
Bietungsrecht des Gläubigers 33 §. 42, des Schuldners, ebenda, des Eigenthümers 116 §. 46 (90).
Bietungstermin 179 §. 616. Siehe auch Lizitationstermin.
Blankocession 101, 119.
Bodenkredit-Aktien-Bank 102 (37).
Bodmerei 75, 76, 77, 83.
Bodmereigeber 76.
Bodmereischulden 77.
Bona fides 93. Siehe Guter Glaube.
Börsenkurs 31 (57), 71 (23).
Brennereiapparat 104.
Brennholzberechtigung 12, 15.
Buchführer 86, 133.
Bürge 39, 42, 56.
Bürgschaft 38, 41, 44.

C.

Causa debendi 35, der Grundschuld 97.
Cautio discreta 97.
Caution. Siehe Kaution.
Certifikat 73, 74.
Cession 72, 158. Siehe Abtretung.
Cessionar 28 (34), 129, 131 (45), 159.
Cessionskosten 159 §§. 518 und 519.
Chirographaria pecunia 55 (55).
Condictio sine causa 57 (63).
Confessoria. Siehe actio.
Constitutum possess. 29 (47).
Correus debendi 63 (92).

D.

Darlehnsforderung 19 (4), 125 (29), 129 (40).
Darlehnsgeschäft als Causa der Hypothek 26, 27, der Bodmerei 75 (41).
Darlehnskassen 77 (55).
Datum der Eintragung 6, 109, 152 (39).

Deichlasten 3 (1 c).
Deichpflicht 4 (8).
Deposition 23 (12), 25 (22), 51 (34), 57 §. 190. Siehe auch Niederlegung.
Depositorium 113 (79 §. 96).
Deteriorationen 134 (59).
Dienste 85 (93 b).
Dingliche Klage 109, 130 (43).
Dingliche Rechte 2 ff.
Disponent der Rheder 77 §. 327.
Dispositionsfähigkeit der Kontrahenten 128 (39).
Domänen 84.
Domänen-Amortisations-Renten 4.
Durchfahrtsrecht 14 (44).

E.

Ehegatten 16, 19, 96.
Ehevermächtniß 19 (5).
Eideszuschiebung 8 (23), 165 (8), 175 §. 595 (31).
Eigennutz, strafbarer, 49 (29).
Eigenthum 1, 90; getheiltes E. 11; Freiheit des E. 11, 12; Erwerbung des E. durch den Zuschlag im Subhastationsverfahren 116.
Eigenthümer. Siehe Eigenthum, Beschränkung, Einschränkung, Eintragung, Löschung.
Eigenthumsprätendenten. Kollision mit einem Hypothekengläubiger 10 (25), 93.
Eigenthumsübergang 5 (14).
Eigenthumsverleihungsrezeß 136.
Eigenthumsvorbehalt 103, 104.
Einlösungsrecht 33 (68).
Einreden gegen die dingliche Klage des Gläubigers 109, aus dem Grundbuch 110, 111, aus dem Grundschuldbriefe 110, aus dem persönlichen Schuldverhältnisse 109, 111, gegen das Verfügungsrecht des Klägers 111, 112, der Tilgung von Zinsenrückständen 12, des Legitimationsmangels 161 (55). Siehe auch Einwand.
Einschränkungen des Eigenthums 1, 2, 10 §. 9, 11 §. 14, 12.
Einstandsrecht 170.
Eintragung der Verpfändung in das Schiffsregister 73, in die Pfandbücher der Bank 83; Eintr. in das Grundbuch: Eintr. der dinglichen Rechte 3 ff., der Hypotheken 25, 90, 95, 99, 103, 124, 125, der Grundschulden 95 ff., 104, der Vormerkungen 5, 100, der Protestationen 125, 126, der Erhöhung des Zinssatzes 103, der Einwendungen 127, der Abtretung und der Verpfändung einer Post 119, 158.
Eintragungsbewilligung 4, 95, 96, 101, 102, 132.
Eintragungskosten 105.
Eintragungsvermerk 102 (40), 131 (45 u. 47).
Eintrittsrecht 32.
Einwand. Siehe Kompensation, Betrug, Zwang, Zahlung, Tilgung.
Einwendungen gegen den eingetragenen Anspruch 127—131, 161 (56).
Eisenbahnen 84.
Empfangsschein 46, 54, 57, 58, 80, 81.
Endgültige Eintragung an der Stelle der Vormerkung 6, 101.
Enteignung 4 (4), 172.
Entgeltlichkeit der Erwerbung 111.
Entlassung des Trennstücks aus der Mithaft 141.
Entsagung des Pfandrechts 37, 38, 69 §. 278.
Entwendung 49 §. 120.
Entwerthung des Pfandstücks 29 (44).
Erbanfall 64 §. 252.
Erbbescheinigung 122 §. 65.
Erbe des Verpfänders 43 §. 76, des Eigenthümers 44 §. 78. Siehe Vorkaufsrecht.
Erbgangsrecht 145 §. 165.
Erbgelder 92.
Erbpächter 16.
Erbpachtkanon 2.
Erbpachtsgerechtigkeit 85.
Erbpachtzins 16.
Erbquote 99 (31).
Erbschaftskauf 172 (13).
Erbschaftsmasse 99.
Erbverpächter; Vorkaufsrecht dess. 171.
Erbverpächterberechtigung als Pertinenz eines Gutes 136.
Erbvertrag 122.
Erbzinsherr; Vorkaufsrecht 171 (7).
Erkenntniß auf Eintragung eines dinglichen Rechts 4; auf Verurtheilung des Eigenthümers zur Bestellung einer Hypothek oder Grundschuld 98, 99, des Gläubigers zur Bewilligung der Eintragung der Abtretung oder der Verpfändung einer Post 118, der Löschung 5, 120; Erk. als Titel zur Hypothek 22; Zuschlagsbescheid (adjud.) 33, 179, wenn der Eigenthümer Meistbietender geblieben ist 116.
Erlöschung einer Post im Fall der Korrealhaft 114.
Ersitzung eines dinglichen Rechts 3 (3), 9, einer Darlehnsforderung 19 (4).
Ersteher 34, 116, (Adjudicatar) 161.
Erwerbungsart 24, 124.
Eviktion 60 §. 218 (80).
Exceptio excussionis 36.
Exekutionsbefehl 23.
Exekutionsgrade 125.
Exekutionsrecht 24.
Expromission 34 (70 a).
Expropriation 143 (85), 171.

F.

Fabrikutensilien 67 (8).
Fährgerechtigkeit 51 (37), 85 (93 Nr. 6), 164 (2).
Faktura 81, 82.
Familie 16.
Familienfideikommißberechtigte 141, 142.
Faustpfandgläubiger 20, 21.
Feldestheile 123.
Feuerassekuranzgesellschaft 65 (1).
Feuer-Sozietäts-Reglement 107 (65).
Feuerversicherungsprämie 102 (40).
Fideikommißgut 30 (51).

Fischereigerechtigkeit 85 (93 Nr. 7).
Fischereirecht 12 (36), 13 (41).
Fiskus. Pfandrecht 20; Grundstücke des Staates 84; Vorkaufsrecht des F. 178 (43).
Fleischbänke 85 (93 Nr. 3).
Flößer 80 §. 359.
Flußschiffe 72 (27).
Forderungen. Verpf. von F. 69—72, 75.
Form der Verpfändung 45, 46, der Eintragungen 131.
Fossilien 1, 2.
Frachtgelder. Verpf. ders. 29 (46); Haftung mit dem Schiff 75 §. 311 (38).
Frachtschiffe 72.
Fremde Sachen. Verpf. ders. 43—45.
Freundeskauf 174 (21).
Früchte. Haftung der Fr. 29, 30, im Fall der Hypothek und der Grundschuld 106, 145 ff.; Verpflichtung des Pfandinhabers zur Einziehung der Fr. 51; Veräußerung der Fr. zum Nachtheil der Gl. 107, 146 ff.
Fruchttragende Sache 48, 51, 53, 167 (13).
Fuhrleute 82.
Fußwegegerechtigkeit 12 (40).

G.

Ganerbenrecht 171 (8).
Gastwirthe. Pfandr. ders. 20, 21.
Gebäude. Haftung der auf dem verpfändeten Grundstück errichteten Geb. 106, 145.
Gebäudesteuerbücher 85.
Gebrauch des Pfandes 49.
Gebrauchsrechte im Bergrecht 4, 106.
Gefährdung der Sicherheit des Gläubigers 118, 134 (59).
Gegenforderung des Retentionsberechtigten 164, 166.
Geldpapiere 31, 71.
Geldrenten 2, 85 (93b).
Gemeindebezirk 84.
Gemeindegrundstücke 84.
Gemeine Lasten 4 (8).
Gemeinheitstheilungen 143, 144.
Generalhypothek 36, 37, 89.
Generalkommission 144 (92).
Gerechtigkeiten, selbstständige 25 §. 8, 84, 85, 123, 184, andere 85 §. 5, 106 §. 30.
Gerichtskasse 105 (53), 120 (8), 159 (52).
Gerichtskosten 24, 58 §. 200. Siehe Kosten.
Gesammthaft. Eintragung zur G. 113 (82).
Gespilderecht 171 (9).
Gewahrsam des Gläubigers 48, 50, des Retentionsberechtigten 164.
Gewährsleistung 60 §. 217; Verpflichtung des befriedigten Gläubigers zur Abtr. ohne G. 121 §. 63.
Gewerbe, Pfandgew. 65, 66.
Glaubhaft machen 123, 130.
Gleichberechtigung der Konfessionen 66.
Grenzberichtigungen 143.
Grubenfelder 123.
Grundbuchämter 86.
Grundbuchbeamten. Haftung derselben 92, 133.
Grundbuchblatt 85, 86.
Grundbücher. Anlegung ders. 84.
Grundbuchführer. Siehe Buchführer.
Grundbuchrichter 86; Stellung desselben zu anderen Behörden 105 (53); Prüfungspflicht 132, Haftung 133.
Grundgerechtigkeiten 2, 10, 14.
Grundschuld. Entstehung 95; Wesen 97, 98; Eintragung 96, 99, 104; Abtretung und Verpfändung 118, 119; Löschung 120; Aufhebung durch Subh. 35, 116; Uebergang auf den Eigenthümer 121.
Grundschuldbrief. Aushändigung desselben 99; Ausfertigung für den Eigenthümer 104; Einreden des Eigenthümers aus dem Grundschuldbrief 109, 110; Vermerke auf dem Brief in den Fällen der Abtretung 118, der Beschränkung des Verfügungsrechts 117; Inhaberpapier 120.
Grundsteuerbücher 85.
Grundsteuererhebungsbezirk 84.
Gütergemeinschaft 11 (30), 23 (10), 96, 174 (20).
Guter Glaube 5 (13), 70 (19), 90 (19), 92 (26) 93.
Gutserzeugnisse. Verpf. ders. 78 §. 333.
Gutskomplex 85.
Gutsliedlöhner 156 (36).
Gutspertinenz 129.

H.

Habitatio 14 (46).
Haftkosten 24.
Haftung des Grundstücks 30, der Beamten 92, 133, des Staates 92.
Handwerker. Pfandr. ders. 21 Nr. 9; Retentionsrecht 164 (4).
Hauptgut 108, 140.
Hausgenossen 15 §. 26.
Hausvater. Pflicht des Pfandinhabers, das Pfand als ein guter Hausvater aufzubewahren, 49 §. 121.
Havereirechnung 76 §. 320.
Hebungen 53, 106.
Heimathshafen 74 (32).
Hofesstelle 15.
Holzgerechtigkeit 15 (47), 16 (51).
Holzschläge 107 (65), 146 (2).
Holzwaaren. Verpf. ders. 80.
Hülfsbaue 4 (7), 123.
Hyperochae 60 (82).
Hypothek des Eigenthümers 121. Zur Theorie derselben 122. Siehe Eintr., Abtr., Verpf., Löschung.
Hypotheka 18.
Hypothekenbestellung 90 §. 406, 92 §. 410, 99, 150 §. 489 (13, 18).
Hypothekenbrief 133, 138 (70).
Hypothekenbücher 84, 87 ff.
Hypothekenbuchführer 88.
Hypothekenbuchsauszug 138 (70).
Hypothekeninstrument 88 (7).
Hypothekenpatent 88 §. 6.
Hypothekenrechte 84 ff.
Hypothekentitel 89 ff.

J.

Jagdgerechtigkeit 14 (47) 85 (93 a. E.)
Jahresleistungen 112.
Jahreszahlungen 105, 148 (*).
Immission 151 §. 490.
Impensae modicae 62 (89).
Inhaber 164 ff., einer Kapitalssumme 165 §. 542.
Inhaberpapiere 101 (35), 112 (79), 120 (5).
Interimsrekognitionsschein 88.
Interzession durch Pfandbestellung 42.
Invekten und Illaten des Miethers 43 (91), 44 (96).
Investitur 47 (13).
Judikatshypothek 22—24, 100.
Jus ad rem 7, 10 (25), offerendi 32, protimiseos 170, 173, 180, subintrandi 32.
Justizminister 86, 105.

K.

Kähne 72 §. 299.
Kanon 124 (26).
Kapital 105, 156.
Kapitalsbelastung der Grundstücke 97 (29), 122 (16).
Kapitalssumme. Retentionsrecht an einer solchen 165 §. 542 (10).
Kapitalszahlung 69 §. 282.
Kapitän 74 §. 306.
Kassenkurator 24 (21), 93.
Kassenverwaltung 24.
Kaufgelderbelegungsverfahren 124 (26).
Kaufgeldervertheilung 35, 156, 157.
Kaufgeldmasse 147 (4).
Kaufmannswaaren. Verpf. ders. 77 ff.
Kaution 27 §. 14, 50 §. 126; Pfandrecht an einer K. 25 (22); Umschreibung der K. 21 (7); Bietungskaution des Hypothekengläubigers mit seiner Forderung 69 (15).
Kautionsbestellung 48 §. 112 (21).
Kautionshypothek 22, 102; Eintragung 103; Klage und Einrede 111 (75); Umschreibung 123 (22). Der Uebergang der K. auf den Eigenthümer findet nicht statt 122 §. 67.
Kautionsleistung 20 §. 4, 49 §. 126, 50 §. 134.
Kautionspflicht, verschieden von der Pflicht zur Hypothekenbestellung 25 (25).
Kenntniß des Rechts eines Anderen zur Sache 7 (21), 8 §. 5, 9 (24); der Einreden gegen die Klage des Realgläubigers 109, 111; der Beschränkung des Verfügungsrechts 117 (96); der Einwendungen gegen die Hypothek 128.
Kirchengrundstücke 84.
Klagebitte 109 (73).
Klagegrund. Negation dess. 110 (74 b).
Klagekosten 105, 156.
Klostergrundstücke 84.
Kohlenabbaugerechtigkeiten 85, 123.
Kollision der dinglichen Rechte 5 (13), 7 (21), mit Eigenthumsansprüchen 8, mit Hypothekenforderungen 9, 10; Kollision zwischen Hypothek und Eigenthum 10, 92, 93, 111, 153 (33), Kollis. des Retentionsrechts mit einer Hypothek 10 (25 a. E.).
Kommissionär 82 §. 376.
Kommissionsgut 30 (55).
Kommunikationswege 16 (54).
Kompensation 34, 57 §. 190 (63), 60 (81), 158 (43).
Kompensationsrecht 166 §. 542.
Konfusion 120 (10 §. 94 Nr. 3).
Konkurs des Verpfänders 60 §. 222, des Miethers 65 (97), der Rheder 77 (48), des Arrestaten 100, 101, des Schuldners, gegen welchen das Retentionsrecht ausgeübt worden, 169 §. 566; Vertheilung der Kaufgelder des subhastirten Grundstücks im Konkurse des Eigenthümers (Subhastaten) 156, 157, im Fall einer Korrealhypothek 113, 114.
Konkursverwalter 127, 148 (10).
Konnexität beim Retentionsrecht 165.
Konnossement 81, 82.
Konsens eines Dritten zur Gültigkeit der Verpfändung 42.
Konsensprinzip 95, 96.
Konsensualkontrakt 45 (2).
Konsolidation 120 (10 §. 94 Nr. 3).
Konsolidationsakt 123.
Konstitutionsurkunde 9 (24).
Konvaleszenz eines Rechtsgeschäfts 43 (94), des Hypothekenrechts 27 (31), 90 (21), 91, 97 (28), 99 (31).
Konventionalstrafe 102 (40).
Konzessionsschein 67 (7 §. 4).
Korrealhypothek 113, 138 §. 449, 144, 145.
Korrealhaft der Grundstücke 161 (58).
Kosten der Verwendungen, welche auf das Pfand gemacht sind, 44 §. 81, Kosten, welche dem Pfandgläubiger erstattet werden müssen, 45 §. 85, für welche das Pfand haftet, 54 §. 164, 59 §. 211 (78), 157; Kosten der Eintragung, der Kündigung, der Klage und der Beitreibung 105, 156; Kosten der Abtretung und der Verpfändung, der Eintragung dieser Akte, 120, 159, der Löschung und der Quittung 121, 163, der Herbeischaffung des Pfandes 54 §§. 161 u. 162, der Legitimamion des quittirenden Gläubigers 121.
Kostenforderung 24.
Kramläden 85 (93 Nr. 3).
Kreditbank 102 (40).
Kreditdirektion 141.
Kreditinstitut 30 (55), 124 §. 71.
Kreditverband 20 (5. I. 2).
Kreisgerichtsdeputation 86.
Kreisgerichtskommission 86.
Kündigungskosten 105, 109, 156 §. 54.
Kündigungsrecht 113 §. 41.
Künftige Sachen. Deren Verpf. 48 §. 113.
Kurator 117 (97).
Küstenfahrzeuge 73 (30).
Kuxe 153 (31).

L.

Ladungsschein 82 §. 374.
Landesflagge 74 (32).

Landstraße 16 (54).
Landwege 84 §. 2.
Lasten 3. Deren Begründung 124 (91), Uebergang auf den Erwerber des Grundstücks 140, 141, auf den Ersteher 116, 117, Berichtigung aus der Immobiliarmasse 156, 257. Siehe auch Reallasten.
Laßbauern. Deren Dienste als Pertinenzien des berechtigten Gutes 136 (62).
Lästiger Vertrag 128 §. 423.
Laudemien 124 (26), 182 §. 632.
Lebensversicherungspolize 71 (23).
Legalitätsprinzip 131, 132.
Legatar. Pfandr. dess. 19 (5. I. b).
Legitimation des Cessionars 28 (34).
Lehn. Verpf. dess. 42 §. 62.
Lehnsberechtigte. Deren Stellung zu der Abveräußerung von Parzellen 141, 142.
Lehnsfolger 19 (5. I. c).
Lehnsherr 42.
Leibgedinger 13 (44).
Leihanstalten 58, städtische 67.
Lex commissoria 31 (60).
Liquidationskosten 156, 157.
Lizitationstermin 58 (73, 75); Streit über das Vorkaufsrecht in diesem Termine 176 a. E.
Lohnarbeiter. Deren Retentionsrecht 164 (1).
Lokustheorie 121 (15).
Lotsengelder 77 (49).
Löschung der dinglichen Rechte 3, der Hypotheken 41 (82), 120, 121, 159 ff., der Grundschulden, 120, 121, der Vormerkungen 5, 121, zur Ungebühr 162.
Löschungsantrag des Eigenthümers 120, 121.
Löschungsbewilligung des Gläubigers, welcher befriedigt worden ist, 121, 122, 132, des aus der Vormerkung Berechtigten 121.
Löschungskonsens in dem Fall, wenn Valuta nicht gegeben ist, 27, oder der Gläubiger auf die Hypothek verzichtet, 162 (59).
Löschungskosten 121, 163.

M.

Magazin 79 §§. 345 u. 349, 80 (68).
Mala fides bei der Kollision zwischen Eigenthum und Hypothek 93, 94; des dritten Inhabers einer Hypothek oder einer Grundschuld 111 (74), des Erwerbers einer mit einem Vorkaufsrecht belasteten Sache 182, 183.
Mandatsklage 109 (73).
Mandatskündigungsklage 103 (42 b).
Mängel in dem Anspruch, zu dessen Sicherheit die Hypothek bestellt worden, begründen keine Vertretungspflicht der Behörde 131 §. 429 (48).
Manifestationseid 133 (54).
Marklosung 171 (8).
Marktgängiger Preis 31 (57).
Marktpreis 71 (24), 72 §. 292.
Marktstädte 78 §. 333.
Maßregeln, welche die Erkennbarkeit der Verpfändung resp. des Pfandrechts für jeden Dritten bezwecken, 68 §. 274 (10, 11), 69 §§. 275 u. 276, bei der Verpfändung von Waaren 78 ff., 82 (82), an die Bank 83 §§. 387 u. 388 (85).
Mauthgerechtigkeit 51 (37).
Meistgebot. Siehe Bietungsrecht.
Meliorationskosten 62 (80), 176.
Mengekauf 177 (38).
Messalien 4 (10).
Miethe. Dinglichkeit der M. ohne Eintragung 4 §. 12.
Miether 44 (98).
Miethskontrakt 7 (21 a. E.).
Miethzinsen. Haftung der M. 106, 145 ff.; Beschränkung und Anfechtung der Verfügung über die M. 107, 146—148.
Minderung des Werthes der Pfandsache 29 §. 23.
Minorennität. Einwand der M. 128 (39).
Miteigenthümer. Dessen Recht zur Belastung seines Antheils 29 §. 20, 99 §. 21 (31), Cessionar 129 (39), Vorkaufsrecht 171 §. 4, 177 (37).
Miterben. Siehe Miteigenthümer.
Mithaft mehrerer Grundstücke 113—115. Entlassung eines Trennstücks aus der Mithaft 141 §. 70.
Mitschuldner. Dessen Recht zur Empfangnahme der Pfandsache ist beschränkt 56 §§. 178 ff.
Mortifikationsschein 70 (17).
Mortifizirung des Empfangsscheins über das Pfand 81 §. 366, des Schuldinstruments 69 (17).

N.

Nachlaßgrundstück 99 (31).
Nachweide 12 (39).
Nähergeltung 170.
Näherrecht 170, 172 (12).
Naturalbesitz 48 §. 109, 69 §. 275.
Naturalgewahrsam 47 §. 105, 48 §. 108.
Naturalleistungen können nicht unmittelbar Gegenstand einer Hypothek sein 22.
Naturalrenten 71 (24).
Naturalübergabe 46 §. 99, 69 §. 276, 72 §. 299, 83 §. 388.
Natürliche An- und Zuwüchse 53 §. 157, 106.
Nebenbedingungen bei dem Vorkaufsrecht 173 §. 579.
Nebenbestimmungen in dem Eintragungsvermerk 102 (40).
Nebenleistungen 108 §. 35.
Nebenverträge im Pfandrecht 60—62.
Negatoria. Siehe actio.
Nichtigkeitsbeschwerde. Deren Einlegung ist kein Hinderniß der Eintragung der Judikatshypothek 23 (12).
Niederlegung (gerichtliche Deposition) der Pfandsache 50 §. 134, 56 §. 182; der Zinsen, wenn Quittungsscheine ausgegeben sind, 112, 113 (79); der retinirten Sache 169.
Nießbrauch wird nur durch Eintragung dinglich 3 (3), 5 (13), kann an einer persönlichen Servitut nicht bestellt werden 14 (44), wird dagegen durch den Vorbehalt des Zinsenbezuges

bei der Abtretung eines Kapitals begründet 158 (42).
Nießbraucher. Rechte des nicht eingetragenen, aber besitzenden Nießbrauchers 8 (22).
Nießbrauchsrecht kann nicht eine selbstständige Gerechtigkeit sein 85 (93).
Nothhafen 76, 77 §§. 321, 323, 326.
Noxa 55 (55).
Nummern der Grundstücke im Hypothekenbuche 84 (92), der Eintragungen in der zweiten Abtheilung 7 (18), 152 (30), in der dritten Abtheilung des Grundbuchblattes 152, 153, der bei dem Grundbuchamt eingehenden Gesuche 153 (33).
Nummerreihe 84 §. 1.
Nutzungen. Befriedigung des Pfandgläubigers aus den Nutzungen 30 §. 26; Recht desselben auf die N., wenn die verpfändete Sache eine fruchttragende ist, 51—53; Verpflichtung zur Rechnungslegung 52; Ausschließung dieser Verpflichtung 61; Beschränkung des Pfandrechts auf die Nutzungen 60 §. 225; Vorausverfügungen des Schuldners (Eigenthümers des Pfandgrundstücks) über die N. 107 (65), 146, 147; Haftung der N. für die eingetragene Forderung 106, 145.
Nutzungspfand 51 (*).
Nutzungsrecht 1, im Bergrecht 4 §. 12, 116 §. 47.

O.

Obereigenthümer 11 §. 11, 19 (2), 174 §. 588.
Obligationenrecht. Beziehung des Sachenrechts auf dasselbe 1.
Oeffentliche Abgaben 4 (8), 148 (9), 156 §. 57.
Oeffentlicher Glaube des Grundbuchs 155.
Ordnung der Eintragungen 152, 154, der Vorkaufsrechte 174. Siehe Rangordnung und Reihenfolge.
Originalpolize 75 §. 310.
Originalschiffsurkunden 74 (36), 76 §§. 317 u. 318.

P.

Pacht bedarf nicht der Eintragung 4.
Pächter. Kollision mit dem Nießbraucher 8 (22); Pfandrecht an den eingebrachten Sachen des P. 29 (47), 52 (38); Rechte des P. wegen Vorausbezahlung des Pachtzinses 147, 148.
Pachtgelder 147.
Pachtzinsen sind den Realgläubigern verhaftet 106, 146; Beschränkung und Anfechtbarkeit der Verfügung über die Pachtzinsen 107, 147, 148.
Packhof 79, 80.
Pactum de non amplius oppignorando 29 (48), 117 §. 48, 133 §. 439, 134 (58).
Partialkündigungen 55 (57).
Parzellen des Grundstücks haften dem Hypotheken- und dem Grundschuldgläubiger 106 §. 30. Siehe auch Abschreibung.
Patron 14 (44).
Patronatrecht 9 (24).
Pauliana. Siehe actio.
Personalgläubiger 41 (81 c).
Personalschuldner 63 (93).
Personalservituten 14 (46).
Persönliche Klage 113 §. 41, Rechte 1, 7.
Pertinenzeigenschaft. Siehe Brennereiapparat.
Pertinenzien 106 §. 30, 137 (63).
Pertinenzstücke haften dem Pfandgläubiger 29 §. 41, dem Hypothekengläubiger 106 (60), 135 ff. Siehe auch Zubehör.
Pfandbriefe. Zinsrekognition eines schlesischen Pfandbriefes 48 (23), 49 (24); Verpf. eines Pfandbriefes durch körperliche Uebergabe 70 §§. 286, 287, an die Bank 81 §. 365 (75); Eintragung der Rückzahlung eines Darlehens in Pfandbriefen 102 (37).
Pfandbücher der Bank 83 §. 381.
Pfandgeschäft 47 §. 101.
Pfandgewerbe 65—67.
Pfandleihegewerbe 29 (48).
Pfandleiher. Deren Bestrafung 49 (28).
Pfandschilling 53, 57, 59.
Pfandtitel. Strafurtheil als Pfandt. 24 (21). Siehe Titel.
Pfand- und Leihreglement 66.
Pfandveräußerung 29 ff.
Pfandverleiher 66, 67.
Pfandverwaltung. Siehe Antichrese.
Pfarre 14 (44).
Pflichttheil. Pfandrecht der Kinder wegen des Pf. 19 (5 f).
Prädialservituten. Siehe Grundgerechtigkeiten.
Präklusionsurtheil 182 §. 634. Siehe auch Ausschlußerkenntniß.
Präklusivtermin 88 §. 6.
Präsentation des Eintragungsgesuches 25 (24), des Eintragungsantrages 90 (19), im Fall der Kollision zwischen Forderung und Eigenthum 153 (33), zwischen mehreren Anträgen 154.
Präſtationen. Einziehung jährlicher Pr. 71 (24); Berichtigung derselben im Fall der Subhastation 156 §. 59.
Priorität 6 (18). Siehe Rangordnung.
Prioritätscession 151 (28).
Prioritätseinräumung 108 (70), 128 (37), 152 (29).
Privatverkauf des Pfandes 30 (53, 54), 58 (70).
Protestatio pro conservando jure et loco 6 (14), 94, 100 (32), 101 (32), 125 (*, 32), 126 (35), de non amplius intabulando seu disponendo 94, 125, 126.
Protestation zur Erhaltung des Vorrechts 23 (13), 153 (33), des Orts 24 (31), 126 §. 421, des Retentionsrechts 169 §§. 560, 563, 564, 565; Pr. zur Verhinderung weiterer Eintr. 29 (48); Umwandlung der Pr. in eine wirkliche Hypothek 125 (26); Gesetzwidrige Pr. 126 (32); Pr. vor Anlegung des Hypothekenbuchs 88 (9). Siehe auch Arrest.
Prozeßkosten 59 §. 211, 106 (54).

Prozeßrichter 4, 5, 6, 100, 117, 121, 161.
Prüfungspflicht des Grundbuchrichters 132.
Publizianische Klage 11 (31).
Publizitätsprinzip 18, 47 (18).
Punktation 178 §. 608.
Pupillengüter 47 (13).

Q.

Qualifikation des Grundbuchrichters 86 §. 20.
Quantum. Einschränkung einer Kaution auf ein bestimmtes Quantum 150 §. 486. Siehe Kautionshypothek.
Quartal, in welchem die Beschlagnahme des Pachtzinses erfolgt, 148 (8).
Quittung 28 (24), 69 (17), löschungsfähige 54 (51), 120 (10), 122.
Quittungspflicht des befriedigten Gläubigers 121, 160 (54).

R.

Rangordnung der auf demselben Grundstück eingetragenen Rechte 6, 109 §. 36, 156 §. 57, Hypotheken 108, 152 ff., Grundschulden 108, nach dem Kapital eingetr. Zinsen 103 §. 25.
Realbürgschaft 9 (25).
Realkontrakt 45 (6).
Reallasten. Theorie der R. 2, 3; Kollision der R. mit Hypotheken 9; Einwilligung des antichr. Pfandgläubigers in die Auflegung neuer R. 53 §§. 154—156; Rückstände 149. Siehe auch Abgaben und Rangordnung.
Realobligation 98.
Realprätendenten 182 §. 634.
Rechnungslegung im Fall der Antichrese 52; Wegfall der R. 61, 62; R. des Retinenten eines Grundstücks 168 (18).
Rechtseinwand 11 (32).
Rechtsgrund der Eintragung 95 (28), 125 (29).
Redlichkeit. Siehe Guter Glaube und Kenntniß.
Regierungen. Deren Exekutionsrecht 24.
Regimenter 80 §. 359.
Register über die Pfandverleiher §. 264.
Regreßklage 133 (54).
Reihenfolge der Eintragungen 6 §. 17, im Grundbuch 91 (23).
Rekognition über die Anmeldung eines Realrechts, wenn das Grundbuch noch nicht vollständig eingerichtet ist, 87, 89.
Rekognitionsschein 138, 139 §§. 451 u. 452.
Relaxationsklage 6 (14).
Renten 2, 4.
Rentenbanken 4.
Reparaturschulden 77 §. 324.
Retentionsrecht an der Pfandsache 55 (55), an Urkunden 120 (8); Kollision des Ret. mit einer Hypothek 10 (25 a. E.). Siehe Zurückbehaltungsrecht.
Retrakt 170, der Miterben 171 §. 4.
Revenuen 156.
Revenuengläubiger 152 (31).
Revenuenhypothek 30 (51), 61 (84), 115 (89).
Revenuenmasse 20 d, 147 (4 a. E.) 156 §. 57.
Rheder 29 (46), 76 §. 315, 77 §§. 326 u. 327.
Rückforderungsrecht der Retraktberechtigten 181 ff.
Rückgabe des Pfandes 54 ff.
Rückkaufsgeschäft 66 (2).
Rückstände von Reallasten 2, 3, 149, 156 ff., von Zinsen 112 §. 39, 149, 156 (37), 157.
Rückzahlungsbedingungen 102.
Rustikalstelle 136.

S.

Sachenrecht. Verhältniß desselben zum Obligationenrecht 1.
Sachlegitimation 109 (73).
Sammtkauf 177 (38).
Schäfereigerechtigkeit 14 (47).
Schäfereirecht 14 (45).
Schafhütungsgerechtigkeit 14 (45).
Schätzungseid 58 (69).
Scheinvertrag 181 (61).
Schenkung schließt die Ausübung des Vorkaufsrechts aus 172, 173.
Schiff 75 §§. 307 ff., 77 §. 327.
Schiffer 74 §. 305, 75 §. 314, 76 §. 321.
Schiffsgefäße 72, 73, 77.
Schiffsgläubiger 75 (38), 76 (44).
Schiffsmasse 75 (39), 76 (44).
Schiffsmühlen 85 (93 Nr. 5).
Schiffspapiere 73, 74.
Schiffsparten 77.
Schiffsregister 72.
Schiffsschulden 77 §. 325.
Schiffsurkunden 76.
Schlechtgläubigkeit. Siehe Mala fides.
Schmälerung der Sicherheit des Gläubigers 134 (59).
Schreiber 86 §. 20.
Schulden. Deren Uebertragung im Fall der Parzellirung 140, 141.
Schuldgrund bei der Hypothek 96, 132 (50), bei der Grundschuld 97 (29), 98.
Schuldübernahme 113 §. 41.
Schuldurkunde 96, 105 (50), 132 (50).
Schulen. Grundstücke der Sch. 84 §. 2.
Schulzenamt 12 (36).
Seegericht 73 §. 301.
Seeschiff 72 ff.
Selbsthülfe 163.
Sequestration 50 (30), 147 (4), 151 §. 490, 156 §. 59.
Serviana. Siehe Actio.
Servitutsberechtigte 141 (79).
Sicherheit. Anspruch des Pfandgläubigers auf bessere S. 29 §. 23; S. durch Pfand 25, 26, für das Meistgebot des Eigenthümers 116 §. 46; Rückgabe der retinirten Sache gegen Sicherheit 168 §. 556.
Sicherungsmaßregeln 118 §. 50.
Simulation bei Ausübung des Vorkaufsrechts 175 §. 595.
Sohlstätte 15 (47).
Solidarverbindlichkeit 22 (7).
Spediteur 82 §. 376.
Speicher 79 §§. 345 ff.

Spezialhypothek 36, 37.
Spezialitätsprinzip 18, in Beziehung auf das Objekt 101 (36).
Staat. Haftung des Staats für die Beamten des Grundbuchamts 92.
Staatssteuern 4 (8).
Stadtgericht 86 §. 20.
Stadtgerichtspräsident 86 §. 23.
Stammgrundstück 141 §. 69.
Stammgut. Abschreibung von demselben 108 §. 33.
Stände in den Kirchen u. Synagogen 85 (93 c).
Steuerbücher 85 §. 4.
Steuermann 74 §. 306, 80 §. 359.
Streuling 15 (47 a. E.).
Stromschiffe 72, 74.
Subhastation 34, 58 §. 199, 59 §. 207, 151 §. 490; Vorkaufsrecht bei der S. 176. Siehe auch Zwangsversteigerung.
Subhastationsrichter 35 (70 b).
Subhastationsvermerk 27 (31), 137 a. E.
Substanz der Sache bildet den Gegenstand des Pfandrechts 19 §. 1, kann jedoch dem Veräußerungsrecht des Faustpfandgläubigers entzogen werden 60 §. 225, 61 (84). Verringerung der Substanz 134 (59); Veränderung derselben 145 §. 469.
Substanzgläubiger 152 (31).
Substanztheile im Gegensatz zu den Pertinenzstücken 106 (60), 136 (62).
Summenversprechen 97, 98.
Superfizies 85 (93 a), 106 (56), 145 (99).
Superinventar 168 (17).
Surrogatum sapit naturam surrogati 140 (75), 143 (85).
Symbolische Uebergabe 48 §§. 106—108, 67 §. 271 (8), 77 §. 329, 78 §. 338, 81 (75); Waarenverpfändungen 78 §. 336.

T.

Talons 116 §. 46.
Tausch 173 §. 577.
Tauschakt im Bergrecht 123.
Taxe 30 §. 30, 31 (57, 59), 56 §. 176, 106 (56), 144 (94), 145 (100 §. 473).
Testament 122 §. 65.
Testamentserben 92 (23).
Theilabtretung 118 (3 §. 83).
Theildokument 69 (15).
Theilungsakt im Bergrecht 123.
Theilzahlungen 55 (57).
Tilgung der Schuld als Bedingung der Rückgabe der Pfandsache 54, der persönlichen Verbindlichkeit durch Konstituirung einer Grundschuld 110.
Tilgungseinrede 112, 160 (55), 161.
Titel der dinglichen Rechte (privatrechtliche T.) 3 §. 12, zu einer Reallast 8 (24), zum Pfandrecht 19—23, zu einer Hypothek 25, 89 ff., 126.
Tonnengelder 77 (49).
Translokation einer Windmühle 145 a. E., eines Wirthschaftshofes 15 (47).
Trennstücke 106, 127, 141.
Tuchscheerer 80 §. 360.

U.

Uebereignung des Kaufgelderrückstandes 35 (70 b), der Hypothek 128 (38).
Uebergabe. Vollziehung des Pfandrechts durch Ue. 47 ff., ohne körperliche Ue. 67 ff.
Uebergang der dinglichen Rechte im Fall der Zwangsversteigerung 116 §. 47, der Hypotheken und Grundschulden durch Abtretung 118, 119, der Schulden und Lasten bei Parzellirungen 141.
Uebernahme der Hypotheken in Anrechnung auf das Kaufgeld 39, 113 §. 41, 128 (36), der dinglichen Lasten des subhastirten Grundstückes 116, 117.
Ueberschuß bei der Veräußerung des Pfandes 59, 60.
Uebertragung der Gewahrsam eines Grundstücks ohne Zustimmung des Verpfänders 51 §. 138, eines Trennstücks auf ein anderes Grundbuchblatt 108 §. 33, der Lasten und Schulden auf das Blatt des Trennstücks 141.
Ueberweisung. Siehe Uebereignung, Pachtgelder.
Umfang des Hypotheken- und des Grundschuldrechts 105.
Umschreibung der Kaution in eine Hypothek 21 (7), 103 (43), 123 (22), des Arrestes 100 (32 Abs. 4), einer Protestation 127.
Umschreibungsbewilligung im Falle der Abtretung 119 (3 b).
Umtausch von Theilen und Zubehörstücken 141 §. 71.
Umwandelung der Hypothek in eine Grundschuld 105.
Unbewegliche Bergwerksantheile 123, Pertinenzstücke 106, 135 ff.
Uneheliches Kind. Veräußerung an ein uneheliches Kind des Veräußerers schließt die Ausübung des Vorkaufsrechts aus 174 (20).
Unfähigkeit des Verpfänders zur Verfügung über die Sache 28.
Ungebührliche Löschung 162, 163.
Ungelder 77 (49).
Unredlichkeit 10 (25), 117 (96); Fiktion der U. 111 (74). Siehe Mala fides.
Unschädlichkeitszeugniß 141, 142.
Unterbeamte 86.
Untereigenthümer 11 §. 11.
Untergang des Pfandes 65 §. 257.
Unterpfandsrecht 9 (25), 17 ff.
Unterschlagung 45 §. 89.
Untheilbarkeit des Pfandrechts 113 (83), des Hypotheken- und Grundschuldrechts 121 (15).
Urbarium 124 (26).
Usukapion der Erben 64 (95). Siehe Ersitzung.

V.

Veränderungen 141 §. 67, der Substanz 145 §. 469.
Veräußerung der verpfändeten Sache 29, des (Faust-) Pfandes 58, der verpfändeten Forderung 71 (23), des mit einem Vorkaufsrecht belasteten Grundstücks 172, 173.

Veräußerungsrecht des Pfandgläubigers 33 (68), des Hypotheken- und Grundschuldgläubigers 115 §. 45.
Veräußerungsvertrag 39, 93, 94.
Verbesserungen 55 §§. 167 und 168, 177 §. 606, 183 §. 639.
Verbesserungskosten der Substanz 62 §. 239, im Fall des Rententionsrechts 164 (5).
Verfügungsfähigkeit des Verpfänders 28 §. 15, des Gläubigers 117 (96).
Verfügungsrecht des Gläubigers über die Grundschuld 99 §. 20. Einreden gegen dasselbe 111 §. 38. Siehe auch Beschränkungen.
Vergleiche als Titel zum Pfandrecht 22, 23.
Verjährung der dinglichen Rechte 16 §. 32, der Schuld, für welche Pfand bestellt ist, 41 §. 82, 63 §. 247, des Pfandrechts 63 §. 246; Unterbrechung der Verj. durch Eintragung einer Protestation 126 (34); Erlöschen des Rückforderungsrechts 184 §. 646; Verjährung der Zinsen 113 (79).
Verkauf des Pfandes 30 ff.
Verkaufskommission 30 (55).
Verkaufstermin 59 § 204.
Verlautbarung 46 §. 100.
Verleihung des Bergwerkseigenthums 123.
Verlust des Pfandes 57 §. 193, 58 §. 196. des Pfandrechts 65, des Rententionsrechts 169.
Vermächtnißnehmer. Umschreibung auf den Namen desselben 119 (3 §. 85), 122 §. 65.
Vermiether. Pfandrecht des V. 20a, 21 Nr. 4, im Konkurse des Miethers 65 (97).
Verpächter. Siehe Pächter, auch Vermiether.
Verpfändung 28 ff., von Sachen 42 ff., von Forderungen 69 ff., von Inhaberpapieren 70, von Schiffen 72 ff., Kaufmannswaaren 77 ff., an die Bank 83, von Grundschulden des Eigenthümers 104 (47), von Hypotheken und Grundschulden 118, 119, 158.
Verpfändungsurkunde 65 (97).
Verreich 47 (13).
Verringerung des Substanz 134 (59), 146 (2).
Versatz. Weiterer V. des Pfandes 50.
Verschlechterungen 117 §. 50, des Grundstücks zum Nachtheil des Vorkaufsberechtigten 183 §§. 639, 641.
Versehen der Beamten des Grundbuchamts 92, des Hypothekenrichters 155, des Grundbuchamts bei der Löschung 162.
Versicherung auf das Schiff 75 §. 309 (38).
Versicherungsgelder 65 (1), 107.
Versio in rem 91 (23).
Versteigerungstermin. Ladung der Interessenten 179.
Vertretungspflicht des Pfandinhabers 49 §§. 121 ff., 62 §. 241, der das Hypothekenbuch führenden Behörde 131 ff. Siehe auch Haftung und Versehen.
Verwahrung des Pfandes 49; gerichtliche Verw. 55 §. 173. Siehe auch Niederlegung und Deposition.
Verwahrungsort des Pfandes 54 §. 162.
Verwaltung des Pfandes 52, 55. Siehe auch Antichrese.
Verwendungen auf das Pfand 55, von Kapitalien im Interesse der dinglich Berechtigten 118 §. 51, der für ein Trennstück festgesetzten Kaufgelder in das Hauptgut 143 §. 4, auf die retinirte Sache 167, 168.
Verzicht auf das Pfandrecht 43, auf das Vorkaufsrecht 175. Siehe auch Verlust und Entsagung.
Verzugszinsen 103 (42). Siehe auch Zögerungszinsen.
Vindicatio juris 11 (32).
Vindikation der verpfändeten Sache 45 (99), des Pfandes 49.
Vindikationsklage 17 (57).
Vollstreckbarkeit des Erkenntnisses als Erforderniß der Eintragung 4 (11), der Exekution in das verpfändete Grundstück 115 §. 43.
Vorausbezahlung der Pacht 148.
Vorauserhebung der Pacht- und Miethzinsen 107.
Vorausklage 36 (75).
Vorausklagung des Schuldners 42 (88).
Vorausverfügung über künftige Früchte und Nutzungen 146 §. 477.
Vorbehalt des Eigenthums 103 §. 26.
Vorkaufspreis 176.
Vorkaufsrecht 3 §. 12, 4 (4), 8 (24), 170 ff.
Vormerkung. Begriff und Zweck 6 (14), 100; Eintragung auf Requisition des Prozeßrichters 5 (14), 24 (17), 100 §. 22, 121 §. 60 (13); Voraussetzung dieser Requisition 123 §. 70; Unterscheidung der Vormerk. vom Arrest 101; Vormerk. zur Erhaltung des Rechts auf Eintragung eines dinglichen Rechts 5, einer Hypothek oder Grundschuld 100, auf Löschung 121 §. 60 (13); Wirkung 6, 101; Löschung der Vorm. 5, 121 §. 59 (12).
Vormund als Verpfänder und Pfandnehmer 47 (17), als Vertreter des vorkaufsberechtigten Mündels 178 (45).
Vorrechtseinräumung 108, 109. Siehe auch Prioritätseinräumung.
Vortragsnummer 153 (33).
Vorweide 12 (39).

W.

Währung, gesetzliche, 101, 102 §. 23.
Waldstreugerechtsame 16.
Wechsel 160 (53).
Wechselforderung 26 (27), 64 (93).
Wechselschulden. Benef. ord. findet nicht statt 36 (74).
Wegegerechtigkeit 11 (32).
Weidegerechtigkeit 15 (47).
Werkmeister. Pfandrecht der W. 21 (5 Nr. 9), Retentionsrecht ders. 164 (2).
Werth. Angabe des Pfandwerthes in dem Empfangsschein 57 §§. 194 ff. Der Werth eines Grundstücks bildet nicht den Inhalt des Pfandrechts 135 (60).
Werthaneignungsrecht 98.
Werthantheile 97.
Werthantheilsrecht 98.
Werthpapiere 31 (58), als Mittel zur Be-

stellung einer Bietungskaution 116 §. 46. Siehe auch Inhaberpapiere.
Widerspruch gegen weitere Verfügungen des Gläubigers über die Hypothek oder Grundschuld 121 §. 60, 161 §. 523.
Widerspruchsrecht. Glaubhaftmachen desselben 123 §. 70.
Wiedereinlösung des Pfandes. Vorladung des Schuldners zu derselben 58 §. 197.
Wiederkaufsrecht 170, 175 §. 596, 177 §. 606, 184 §. 657. Das Wiederkaufsrecht der Expropriaten ist aufgehoben 172 §. 57.
Wirthschaftsinventar 52 (38).
Wohnungsrecht eines Leibgedingers 13 (44), eines Ehepaars 15 (50).
Wucher. Siehe Bestätigung und Lex commissoria.
Wucherfreiheit 62 (87).

Z.

Zahlungsbefehl 23.
Zahlungseinwand gegen den Cessionar 160 (55).
Zahlungstermin 29 §. 25, 30, 31, 60 §. 221.
Zahlungsverfügungen 22.
Zehntrecht 85 (93 Nr. 4).
Zeichen. Uebertragung des Besitzes durch Z. 68 §. 272.
Zeitbestimmung bei der Verpfändung 42 §. 61.
Zerstückelung des Pfandgrundstücks 144, 145.
Zinsen 54 §. 164, 56 §. 176, bei der antichretischen Pfandverwaltung 52 §. 146; Nutzung des Pf. anstatt der Z. 61; Haftung des verpf. Grundstücks für die Zinsen 105 §. 30, 148, 149.
Zinsenrückstände im Fall der Unzulänglichkeit des Grundstücks 155.
Zinsentermine. Die versessenen Z. unterliegen der Verjährung 63 §. 248, 113 (79 a. E.).
Zinsfuß 62 (87), der öffentlichen Pfandverleiher 66 §. 269.
Zinslosigkeit 102.
Zinspflicht 112 (77).
Zinsquittungsbogen 112.
Zinsquittungsscheine 112.
Zinsraten 112.
Zinsrekognition 48 (23), 49 (24).
Zinssatz. Dessen Eintragung 102, 103, Erhöhung bis 5 Prozent 103.
Zögerungszinsen 60 §. 220. Siehe Zinsen und Verzugszinsen.
Zölle 29 (46).
Zollgerechtigkeit. Möglichkeit des Retentionsrechtes 164 (2).
Zubehör 107.
Zubehörstücke. Deren Behandlung im Grundbuch 85, 86. Siehe Pertinenzstücke.
Zurückbehaltungsrecht 21 (5 Nr. 10), 163 ff. Siehe auch Retentionsrecht.
Zurückführung der Grundbücher auf die Steuerbücher 85 §. 4.
Zuschlag an den Gläubiger 33 (68); Einlösung des Pfandes vor dem Zuschlage 58; Zuschlag einzelner Pfandstücke 58.
Zuschlagserkenntniß, wenn der Schuldner (Eigenthümer) Meistbietender geblieben ist, 33 (69), 116 §. 46, wenn auf dem Grundstück ein Vorkaufsrecht haftet, 179 (53).
Zuschreibung 108 §. 32.
Zustandsobligation 98.
Zwang 109.
Zwangsverkauf hindert die Wirksamkeit einer bedingt eingetragenen Hypothek nicht 126 (34).
Zwangsversteigerung. Geltendmachung der Grundschuld des Eigenthümers bei der Kaufgeldervertheilung 105 §. 27; Recht des Realgläubigers auf Zwangsversteigerung 115 §§. 43 und 44; Mitgebot des Eigenthümers 116 §. 46; Uebergang der Lasten 116 §. 47.
Zwangsverwaltung 114, 115, 124.
Zwangsvollstreckung in Grundschulden des Eigenthümers 104 (47); Anfechtungsrecht der im Wege der Zwangsvollstreckung eingetragenen Gläubiger 113 §. 40.
Zwischenabtretungen 118 (3 §. 81).
Zwischenposten bei der Vorrechtseinräumung 108 §. 35.

Druck von Fr. Frommann in Jena.

Kolibri 360 GmbH
Ferdinand-Jühlke-Straße 7
99095 Erfurt, Deutschland
produktsicherheit@kolibri360.de